螺絲愈來愈鬆

從政客、名流和小人物，記錄當代美國走向內在瓦解與重建的心靈史

THE UNWINDING

AN INNER HISTORY OF THE NEW AMERICA

GEORGE PACKER

喬治·派克—著

王姿云、謝濟真、黃好萱、張芩蕾—譯

陳榮彬—審訂

目次

第二部

第三部

各界讚譽

「喬治・派克結合小說家的說故事技巧和記者的嚴謹報導，揭開了美國錦繡表面下的破碎裂痕。為了記載大城和小鎮經濟上的節節衰退，他以敏銳的眼光省察銀行家和華爾街，來追蹤諸多經濟基礎設施所面臨的痛苦解體。他巨細靡遺描繪了普通勞動者奮鬥打拼的肖像，對有錢人、政商野心家、乃至惡名昭彰的名流則做出了快照般的捕捉，戲劇化地展現了富人與一般人之間日益擴大的裂隙。」

——美國國家圖書獎（National Book Award）非虛構類首獎授予理由

「作者派克娓娓道來許多故事，充滿悲傷、憤怒和憐憫……等各種情緒，就與小說大師史坦貝克（Steinback）一樣，下筆如神……這部作品有機會成為非虛構寫作的經典。」

——德懷特・賈納（Dwight Garner），《紐約時報》（*The New York Times*）

「扣人心弦……情感澎湃，報導內容太精采了。」

——戴維・布魯克斯（David Brooks），《紐約時報書評》（*The New York Times Book Review*）

「絕佳作品。」

——喬・克萊恩（Joe Klein），《時代雜誌》（*Times*）

「《螺絲愈來愈鬆》在許多層面上可謂史詩級巨作……內容完全符合新聞報導的專業精神，卻又不失層次感和親密感，相較於美國許多當代小說而言也大膽多了……《螺絲愈來愈鬆》能在眾多作品裡脫穎而出，有賴派克對故事人物的全面掌握，他除了展現這些人物的七情六慾和人性缺陷，還讓他們有響亮發聲的機會。」

——埃克多・托巴（Héctor Tobar），《洛杉磯時報》（*The Los Angeles Times*）

「這部巨作充滿磅礴的時代感，讀來也讓人倍感親暱。派克的文筆非常出色……敘事方面也相當優秀……整體效果令人驚艷不已。」

——肯・阿姆斯壯（Ken Armstrong），《西雅圖時報》（*The Seattle Times*）

「派克描述了美國現況的黑暗面，令人傷感，卻句句屬實。他不會讓讀者抱有不實的希望，書中也沒有好萊塢電影才會出現的美滿結局，但他讓我們在美國人民的心聲和尊嚴中找到向前邁進的力量。」

——《華盛頓郵報》（*The Washington Post*）

「一級棒。令人揪心。寫得非常優美……《螺絲愈來愈鬆》猶如一首安魂曲，安慰的是那些隨著歲月流逝被迫放棄希望和遠大理想的人們。這本書寫得非常精采……但也……讓人心碎，彷彿優美的藝術品，卻愈美愈讓人痛徹心扉，因為書中滿是美國人民對未來和希望的幻滅。」

——《每日科斯》（*The Daily Kos*）

「這部作品不僅講述事實，還充滿智慧、諷刺和驚人的想像力。」

——《巴黎評論》（*The Paris Review*）

「這部作品的敘事非常優秀也特別創新……派克證明了新聞寫作對未來仍非常重要……他的嘔心瀝血之作非常值得受到矚目。」

——約瑟夫・萊利維爾德（Joseph Lelyveld），《紐約書評》（*The New York Review of Books*）

「派克是美國最優秀的非虛構作家……這部作品就和精緻的掛毯一樣令人難忘……《螺絲愈來愈鬆》讀來充滿情感，因此更像是一本小說，但此書厲害之處就在這裡。」

——愛德華・盧斯（Edward Luce），《金融時報》（*The Financial Times*）

「精彩……優美……敘事豐富又錯綜複雜」

——《芝加哥論壇報》（*The Chicago Tribune*）

「對現代美國人內心的洞察令人震撼。」

——線上文學雜誌《百萬》（*The Millions*）

「這部作品非常優秀和創新，並已經超越新聞寫作，進入文學領域了。」

——《書籍論壇》（*Bookforum*）

「內容精彩無比，從頭到尾都發人深省……《螺絲愈來愈鬆》可謂長篇新聞寫作的最佳代表作。」

——《達拉斯日報》（*Dallas News*）

「技巧熟練……細膩、透徹、具說服力……派克將各種元素結合在一起，擦出令人震撼、驚艷的火花……讀者最後會記得的……是書中的人物。派克筆下的這些人物從未成為宣導某種意識型態的工具，而是努力生存、不斷創作、活生生的人，即使身邊的支柱紛紛倒塌了，他們仍努力提升自己的生活。」

——《基督科學箴言報》（*The Christian Science Monitor*）

「派克的文字……非常優美、精準，滿懷敬意，並在必要時批判，直言不諱。字裡行間瀰漫著一種直率與慷慨的人性。」

——麥可・托瑪斯基（Michael Tomasky），《野獸日報》（*The Daily Beast*）

「派克之所以那麼會說故事，是因為他能夠在一個遭社會階級嚴重分裂的國家裡跨越階級的分割，讓讀者聽到來自不同社會階層的聲音。」

——全國公共廣播電台書評（NPR Books）

「派克的敘事能夠讓最平凡的事物看起來不同凡響，讓書中美國人民的聲音特別響亮且富有人性。在美國這個現代帝國倒塌後，後人將會在廢墟中發現，書中記載的那些人民心聲才是不朽寶物。」

——英國《獨立報》（*The Independent*）

「這部作品散發出憤怒與智慧的氣息，同時又十分感人，猶如《美國國情咨文》一般，但文字微妙且風趣，因此不會讓人覺得在說教。派克並沒有提供過於簡化的解決方案，一言以蔽之：這部優秀的作品當得起「慷慨且公平」的評價，但作者在書中悲嘆的，剛好也是美國民主制度的這種精神正逐漸消失中。」

——英國《每日電訊報》（*The Telegraph*）

「傑出的新聞作品……在探討美國衰落的報導文學作品中，這本書是奠基之作。」

——《科克斯書評》（*Kirkus Reviews*）

「這部作品呈現出一個宏觀且令人信服的觀點……在作者筆下，美國衰落是個複雜無比的現象，未來能否東山再起，他也讓讀者別失去希望，而他的觀點總是深入、清晰，但偶爾又令人驚駭。」

——《書目雜誌》（*Booklist*）

「犀利無比……書中的主角們把美國塑造成現在的模樣，而這些人物小傳正是這部作品最強而有力之處，像是書中描述前財政部長勞勃・魯賓（Robert Rubin）在一九九〇年代涉及放寬銀行管制，加強了二〇〇八年經濟大蕭條的破壞力，這就像是往魯賓臉上狠狠地扇了一巴掌。派克最會挖掘小事物背後的大故事，在他筆下的美國社會組織日趨腐朽，派克對於此事有多灰心，文字就有多耐人尋味。」

——《出版者週刊》（*Publishers Weekly*）

「《螺絲愈來愈鬆》呼應了著名電視劇《火線重案組》裡的憤怒情懷……這部作品裡沒有抽象的概念和陳腔濫調的論述……無論讀者對美國的衰落有何看法都會在看完這本書後……堅信我們可以做得更好。」

——《華盛頓月刊》（*The Washington Monthly*）

「書中的敘述內容廣泛且犀利……派克是個筆法透徹犀利且深具洞察力的記者，他把書中人物刻畫得非常細膩，讓讀者可以從中看到美國社會的全貌……《螺絲愈來愈鬆》是一部既讓人深感憂傷又心存希望的作品，書中的美國人民雖然都過得很辛苦，卻都抱持著一絲樂觀。只要堅持努力向上，一定能扭轉乾坤，脫離這個由我們親手釀成的政經和社會窘境，進而讓自己和整個社會變得更堅強。」

——文化評論與政論刊物《布魯克林鐵路》（*The Brooklyn Rail*）

「派克這部作品非常獨特且讓人愛不釋手，完全不輸給書中提到的約翰・多斯帕索斯（John Dos Passo）經典小說「美國三部曲」（U.S.A trilogy）。《螺絲愈來愈鬆》也是自「美國三部曲」以來，對美國社會內幕進行最精闢的探討。二戰後美國社會曾度過人人安居樂業的數十年，但這部作品彷彿一首以爵士樂節奏演出的安魂曲，憂傷又動聽，哀嘆著那個時代的逝去。書中的美國瀕臨崩潰，人民則在這片日益喧譁的土地上愈來愈沉默，靜悄悄地陷入絕境。書中的故事都讓人笑中帶淚。」

——大衛．甘迺迪（David M. Kennedy），《免於恐懼的自由》（*Freedom from Fear*）、《在這片土地上》（*Over Here*）普立茲獎作家

「《螺絲愈來愈鬆》講述了我國在過去三十年間所發生的所有事情，讓讀者可以近距離看清原本將我國人民緊緊聯繫在一起的事物是如何走向毀滅之路，而人民的生活因此發生了什麼變化。這部作品描述的真實故事都非常巧妙，看來備感暢快淋漓，是史詩級創作無誤，注定將成為我們這個年代最具代表性的著作。」

——德克斯特．費爾金斯（Dexter Filkins），《永不停歇之戰》（*The Forever War*）作者

「美國的社會體制在短短二、三十年之間崩潰，《螺絲愈來愈鬆》讓讀者能夠從一個悲壯淒美的全景視角一探究竟。書中描述發生在美國社會與人民身上的種種鉅變。就這個主題而言，寫來能像這樣游刃有餘的莫過於派克。」

——尼可拉斯．勒曼（Nicholas Lemann），《救贖》（*Redemption*）、《應許之地》（*The Promised Land*）作者

「獨特、犀利、勇敢，不容錯過。這是我近幾年來讀過最優秀的作品之一。」

——凱瑟琳．布（Katherine Boo），《永恒美麗的背後》（*Behind the Beautiful Forevers*）美國國家圖書獎作家

「派克為我們上了一堂當代歷史課，讓我們透過一部權威性作品看清這個由我們親手搞砸的國家。」

——勞倫斯・萊特（Lawrence Wright），《巨塔殺機》（*The Looming Tower*）、《解密山達基》（*Going Clear*）普立茲獎作家

「派克能為所有因這次經濟大蕭條而傷得遍體鱗傷的人民奮戰，為他們發聲。《螺絲愈來愈鬆》講述的是美國的悲劇，但在文學上卻是一大盛舉。」

——大衛・佛魯（David Frum），《起死回生》（*Comeback*）、《羅姆尼敗戰大解析》（*Why Romney Lost*）作者

「書中每句話都帶有巨大的道德力量，完全不輸喬治・歐威爾（George Orwell）。《螺絲愈來愈鬆》是一部強而有力且影響深遠的作品，值得大家一閱。」

——大衛・格雷恩（David Grann），《失落之城Z》（*The Lost City of Z*）作者

「報導深入、內容廣泛並以史實為依據，而且作者小心翼翼，行文不帶意識型態色彩……美國近三十五年以來究竟發生了什麼事？作者並未強迫讀者接受他的理論和想法，而是讓讀者透過書中人物，自行思索解答。故事人物不是為了驗證誰的政治理念而存在，更不是為了成為誰的政治工具，他們是活生生的人。只有了解這點，我們才能開始重振這個國家，與這些人物共處。」

——蘿拉・米勒（Laura Miller），時論網站《沙龍》（*Salon*）共同創辦人

鬆脫世代

謝育昀（紐約大學博雅教育兼任助理教授、作家）

喬治．派克獲頒二〇一三年國家圖書獎的《螺絲愈來愈鬆》（*The Unwinding*）是當代美國文學中的傑作。這部原始副標題為「新美國的內在歷史」（An Inner History of the New America）的非虛構文學作品，本身即是橫跨三十多年的當代美國風情畫，時間軸清楚標示自一九七八年至二〇一二年，空間維度則幅員寬廣，穿越美國境內不同時區，從俄亥俄州到佛羅里達州，從華盛頓特區到華爾街和矽谷。而書中用來反映美國現狀的歷史，儘管著眼於數個足以撼動美國內部發展的關鍵年代——美伊戰爭、次貸危機、占領華爾街等，作者卻不企圖解釋歷史中的大敘事（grand narrative）。

相反地，記者出身的派克，顯然對於當代社會中的人物故事更加著迷。在近百小時的訪談後，他替四個主角與一座城市作傳——迪恩．普萊斯、傑夫．康諾頓、泰咪．湯瑪斯、矽谷代表彼得．提爾和佛羅里達州的塔帕市，其各自衍生的人際網絡錯綜複雜，多名角色的敘事軸線獨立發展後，還附上十則政商名流的小傳——紐特．金瑞契、歐普拉、瑞蒙．卡佛、伊莉莎白．華倫、Jay-Z等，讓本書自成一幅精巧繁複的人物群像圖。而這些人物故事，卻不約而同地反映出同一個社會現象：美國社會不停反覆地從象徵秩序的緊箍圈束縛下鬆脫、再重新凝聚。

英文書名中的「unwinding」本身即有數個詮釋的空間。韋氏字典將動詞「to unwind」定義為：解開纏繞的物品，如線圈、發條、螺絲等；指放鬆、鬆弛的狀態；也指消除或解除。以下我們將用「鬆脫」這個詞來翻譯這個帶有數個語意的詞彙。曾在《紐約客》擔任撰稿人長達十五年的派克，二〇〇三年美伊戰爭甫開戰便前去現場，這段期間他不停反思反恐戰爭的正當性。一日，同行的記者友人在閒談中說道：「我們自己也沒有好到哪去（We're just not that good anymore）。」派克心裡也明白這點，但他更想知道的是，美國究竟從何時開始變得沒那麼好？那些所謂的社會機構從何時開始逐漸失能？又或者，我們以馬克思的話來說，究竟從何時開始，「一切堅固的東西都煙消雲散了」？

時值二〇〇八年，派克回到美國，意外趕上了由國內次貸危機造成的全球金融危機，也讓他更堅定想研究當前社會現象的決心。在尋找寫作素材的路上，派克意外遇上一名叫迪恩・普萊斯男子。儘管年少多磨難，迪恩仍懷抱要將提煉生質柴油的技術推廣至全美國的遠大夢想。他不只是個有大夢的小鎮青年，從小在牧師父親的嚴厲家教下，他也將對宗教和神靈顯現的信仰一一內化。在與派克的談話中，迪恩更提及希望能「將時間倒帶」（unwind the time）至十九世紀的美國，只因為他嚮往那個自給自足的純樸社會。迪恩的老派言談及對舊社會的嚮往，則讓派克找到了書寫的起點。

目前擔任《大西洋》雜誌撰稿人的派克，出身加州書香世家。雙親都曾在史丹佛大學任教。已故的父親是法律系教授，曾在六〇年代的學運時期擔任副教務長。母親是小說家南西・派克，在史丹佛大學的英文系任教，擔任過該校寫作班的主任。姊姊安・派克也是小說家。他的外公老喬治・哈德斯登與舅舅小喬治・哈德斯登，先後擔任過阿拉巴馬州的眾議員。在這個非常關心政治的自由派文人家庭中成長，派克的文學啟蒙也相當早。從耶魯大學畢業後，派克加入和平工作團，前往西非的多哥共和國的偏鄉教英文，這段異地生活經驗日後被記載在他的第一本書中。

回國後，派克做過各式工作：在無家可歸者之家服務，曾經個做工的人，在工地做體力活等。在那段年輕歲月裡，派克還發現了喬治・歐威爾。他大量閱讀歐威爾的文字——小說、非小說與文學評論等，進而模仿歐威爾的寫作風格。也從共感到身體力行歐威爾對底層勞工與弱勢民眾的關心。彷彿歐威爾的存在，給了他可以依循前進的方向，看到寫作能帶來的可能性。儘管年屆四十才因為《紐約客》落腳紐約，正式成為記者，但在此之前，派克早從歐威爾的報導文學中學到了記者的道德良心與觀察力。

派克想在《螺絲愈來愈鬆》書中討論當代社會的鬆脫現象，他選擇的不是去分析或深究這個現象背後的成因，而是退到他的記者身分之後，專心聆聽受訪對象們講述自己的故事。一如許多勤懇的報導文學作者，派克細心考察歷史事件，耐心地記錄受訪對象的敘事後，再從他們的各自生命經驗，去拼湊、理解當代社會的鬆脫現象，如鐵鏽帶在工廠外移後的迅速沒落；那些懷抱炒房夢的小老百姓想二胎貸款，卻落得一無所有；或底層勞工因為低薪或教育程度不高，自身能動性（agency）受限，而無力改變自身現狀等。正因為作者以旁觀者的角度書寫眼前的人物，帶我們回到以人為主角的敘事，觀想當代社會契約的反覆鬆脫過程，這本書也因此以非常文學的姿態呈現在讀者眼前。

除了以小說的手法來書寫人物，本書還是本文學性（literariness）極高的報導文學作品。就文字密度而言，派克的文字優美又雕琢，他筆下的北卡羅萊州的菸草田、過度開發的坦帕灣，甚至低收入家庭被沃爾瑪剝削勞力的悲慘故事等，這些看似是當代社會鬆脫後留下的真實印記，也一一被賦予抒情的感性，讀來更像自帶渲染力的抒情歌謠。

獨特的結構形式，也讓《螺絲愈來愈鬆》讀來像是本文學小說。本書最末，派克提到書中的文學技巧是從約翰．多斯帕索斯（John Dos Passos）的「美國三部曲」（U.S.A trilogy）學到的，並向多斯帕索斯致敬。多斯帕索斯的「美國三部曲」——《北緯四十二度》、《一九一九》和《賺大錢》——於一九三〇年代依序出版，一九三七年集結成冊，講述二十世紀頭三十年中，小人物無力改變體制、也無法翻轉生活的無奈。書中夾雜了多種敘事手法：虛構小人物的主故事線，新聞標題、廣告台詞與流行歌詞的拼貼，真實歷史人物的小傳，以及來自敘述者的主觀意識流篇章。美國小說家多克托羅（E. L. Doctorow）評論「美國三部曲」時提到，多斯帕索斯筆下的小人物「被困在歷史中」，沒有人是所謂的英雄，而敘事者從高處觀望他們的不幸、為生活掙扎等。出現在書中的歷史人物——卡內基、愛迪生、老羅斯福、鄧肯等，在多克托羅看更像是「歷史的標記」。畢竟「美國三部曲」沒有主要情節，多克托羅寫道，「只有多條敘事線在歷史的主場景下不停地前進。」但這些小人物，才是讓《美國》之所以是美國的原因。

在派克的書中，我們也能看到不同的敘事手法交織出當代美國的多樣面貌。三個主角、矽谷代表，與塔帕作為敘事的主線；新聞標題、競選台詞與八卦雜誌內容都被寫入每一個關鍵年代的首頁。派克也同樣在遠處觀察他的受訪對象——十則關於政商名流名作家的側寫和小傳同樣穿雜於敘事主線裡。

但比起「美國三部曲」，本書的名人小傳所帶來的衝突感與反諷效果也許更加強烈。畢竟在《螺絲愈來愈鬆》之中，沒有人是虛構的角色。每一個受訪對象，都是真實存在的個人。他們可能出沒在四處是農場的小鎮、在快倒閉的工廠、在白宮、在矽谷、在空屋過多的坦帕灣區。也許出身各異，他們卻各自懷有想改變現狀的夢想，他們嘗試改變卻失敗，又或者在改變後才發現事情不如預期等。比如非裔美籍的泰咪．湯瑪斯，她來自俄亥俄州的揚斯敦市，母親的毒癮、社區裡幫派鬥毆、親眼目睹城市的凋零等，讓她很早就得學會照顧自己。從小看著祖奶奶在鎮裡有錢白人家的大宅院裡幫傭到靠自己努力攢錢買房，泰咪明白她可以選擇自己要的生活。即使如此，泰咪要到中年後才能真的過上理想的生活。當兒女都到外地讀大學後，她回到校園裡完成大學學業，參與社區組織的運動。然而，正因為書中主角的故事是以斷代史的方式交替呈現，當我們剛讀完泰咪得靠工廠的低薪養育年幼孩子，下一篇章來的卻是歐普拉小傳，講這個南方黑人女孩如何在媒體界大鳴大放、甚至創辦自己的媒體，成功變身為「全世界最富有的黑人女性」。從泰咪的失意到歐普拉的得意，這兩個篇章的強烈對比，是對正在鬆脫社會的有力反諷。

當派克的受訪對象在生活上遇到暫時的關卡與阻礙，書中所羅列的政商文化界名人，沒有人能置身於外。有人也許與當下所處的時空格格不入，如瑞蒙·卡佛。有人是可間接影響金融危機的幕後操盤手之一，如勞勃·魯賓。有人出身卑微，卻在時代的推波助瀾下成為受益者，進而成功躋身上流，如歐普拉、前眾議院議長金瑞契、沃爾瑪創辦人山姆·華爾頓。當然還有Jay-Z，出身布魯克林著名的馬西社會住宅。以饒舌歌手形象出道之前，他曾在街頭販毒多年，躲子彈是家常便飯。成功翻身為嘻哈天王後，Jay-Z還更有意識地運用各種商業的模式，把自己當作時尚品牌來經營。這些名人當然都是歷史的標記，但要成為安德魯·布萊巴特，或是伊莉莎白·華倫，全看個人的選擇。

川普當選總統後，派克的《螺絲愈來愈鬆》被有後見之明的評論稱作是預見美國川普時期的到來、了解川普支持者的入門書。但平心而論，四位主角中，除了電商鉅子彼得·提爾的模稜兩可外，其他主要受訪者都是民主黨的支持者。迪恩支持佩特洛、泰咪支持歐巴馬，而曾在白宮當幕僚的傑夫·康諾頓，從大學時期就是拜登鐵粉。讀者如此詮釋這本書，也許正因為派克敢直視白人身分認同政治（white identity politics）的弔詭，他花了許多篇幅在描寫莎拉·培林的崛起。

此外，派克還相當誠實地描寫底層白人勞工的真實生活，以及那個階級無法翻轉的困境。在坦帕的最後一個篇章裡，我們從哈澤爾一家看到毫不掩飾的貧窮生活：小蟑螂入侵住家後四處留下的蟲卵和黑色糞便。而最不堪的是，莫過於貧窮限制了人們的想像。哈澤爾家的男人找不到全職工作，只好都在沃爾瑪打工、領極低薪，還不時面對公司不支持工會的威脅。一日，當全家人聚在客廳看電視，一九二〇年代工人罷工的歷史紀錄片令他們感到驚訝，那股彷如隔世的惆悵感也油然而生。

派克對社會階級的敏銳度、以及他對底層勞工的同情與憐憫，在在讓人聯想起他心儀的作者歐威爾。歐威爾為了理解英國的勞工階級與窮人，曾前往英格蘭北部多個城市觀察，最後將經歷寫成了《通往威根碼頭之路》。派克在美國各地尋找當代社會契鬆脫的素材，看到更多的是美國社會中的資源分配不均、特定階級或族群得面對的歧視、心照不宣的階級問題，以及底層白人勞工近乎活在另一個時空的無奈。但派克還是有他樂觀的一面。書末，當迪恩決定改以動物油脂提鍊生質柴油時，他和事業夥伴一起到小鎮上的餐廳收集動物脂肪。當他低頭看著盛滿動物油脂的廢油桶時，閃爍的油光表面像極了夜空中的星星。

重新認識美國

李濠仲（《上報》主筆、作家）

二〇一八年夏天，趕在美國小學開學前夕，我帶著兩個女兒飛往紐約和先一步前去安頓的太太會合。新鮮感讓人忘了十多小時航程有多疲憊，直到步出甘迺迪機場坐上太太預約好的Uber，兩個孩子仍不斷聒噪地交談，我則望著車窗外，靜靜品味紐約彼時漆黑一片的夜空，心想以此作為入境「美國夢」的起點，應該是很美妙的。

不過隔天醒來，行前的一廂情願就不斷被潑冷水。首先，我們的住處環境清幽靜謐，但距離我所嚮往的曼哈頓都會生活相去甚遠。其次，這間美式雙拼的房舍屋況尚可，室內許多細節卻多是便宜行事，幾乎每走兩步就會瞄到鬆脫的螺絲需要拴緊。太太說服我勉強住下來的理由，就是住家學區內的小學曾膺選教學品質最高榮譽「藍帶」（Blue Ribbon）等級。而我們真需要因此對居住環境委曲求全？尤其我太太還得每日長途通勤上班。儘管她說：「我問過了，學區優先，凡有孩子的紐約人都是這樣……從家裡到辦公室花一個半小時是公認可接受範圍。」我聽過不少過來人唯以付出青春終於自我改造融入美國，可我不覺得自己還有拿歲月與它耗的本錢。

而後，一連串生活上始料未及的遭遇，又一一抹煞我原本對美國綺麗的想像。我還沒見識到那花俏時髦的時報廣場、孤懸島上的自由女神，或電影《明天過後》遭東河（East River）倒灌而入的紐約市立圖書館，也尚未踏進被稱作曼哈頓之肺的中央公園，就得先為了過高的貨車扯壞門前電纜造成停電、地下室鍋爐運轉失常以致無法提供熱水，甚至孩子初期在學校被孤立等林林總總的瑣務焦頭爛額。在美國，根本沒有任何神奇的方法能讓人趨吉避凶，反之，每天眼睛一睜開，生活中永遠有未知的刺要你費心挑揀。直到重新咀嚼「美國是座直截了當的賽場」這句話，才發現許多人終於放手一搏追逐美國夢，多是始於夢醒時分。

半年後我們斷然揮別紐約首站皇后區灣區（Bayside），一口氣向西挪移了十五英里，重新落腳和曼哈頓隔著東河對望的羅斯福島（Roosevelt Island），開始寓居在室內面積少掉三分之二，但距離市中心只需三十分鐘地鐵車程的小公寓。不用望遠鏡，我就能從島上清楚直視帝國大廈和洛克斐勒大樓的峰頂，入夜後的曼哈頓市景依舊燈火通明，白天是華麗的天際線，到了晚上，整座城市像鑲了鑽一樣絢爛奪目。靠攏曼哈頓的代價，就是生活開銷水漲船高，以及只能註冊島上一間差強人意的小學。

前期磕磕絆絆，美國生活第二階段儘管未達風調雨順，至少麻煩事也一件一件消化、明朗。正是此時此刻，看似步上一家設想的美式生活軌道後，當地竟爆發本世紀以來最嚴重的病毒大流行，一場 Covid-19 把全美攪和得人仰馬翻，我們一家所在的紐約還成了重災區。那段時間疫情新聞沒有一天出現過好消息，全是令人驚駭的確診、死亡數字堆疊。街頭上演了彷彿電影情節般的「出逃紐約」，倏忽空城，比真的拍電影搭景還迅速，我們搬往鄰近曼哈頓剛好見證這一切。這是自九一一事件後，當地媒體再次以「天塌下來了」形容紐約的處境。

也就是在病毒持續糾纏美國的一年多裡，不單單我這位過客對「美國怎麼會這樣」大惑不解，連當地人也難以接受自己國家竟如此脆弱。當時我們一家坐困島上，重新憶及初來乍到的適應不良，原來都只是雞毛蒜皮，眼前有多少家庭正陷入生死攸關，尤其經濟受到重創，街上商家接連關門，歇業像推骨牌一樣，損害程度遠大於二〇〇八年金融危機，直逼三〇年代的經濟大蕭條。

那愁雲慘霧的美國，屢屢逼人走上絕境，疫病高峰當下，有誰沒做過最壞打算，結果不消一年，一度死寂的曼哈頓第五大道不僅又回到人聲鼎沸、車水馬龍，美國各大城市也一一重拾原本的喧囂和嘈雜。「紐約客」曾短暫因敬畏病毒而變得謙和有禮，很快又流露出過往的粗魯和冷漠。那段期間，美國還歷經激烈的總統大選，總統大選期間，還因惡警虐待黑人爆發全美「BLM」抗議活動，之後還有不滿選舉結果的民眾闖入國會大廈，釀成嚴重失序的一幕。一年多來周遭所展演的，簡直就像典型的好萊塢災難片。我曾為這個國家各階層、領域硬碰硬的生存之道驚嘆，看它被病毒摧殘到不可置信，如今，我則再為此地充滿戲劇化的疫病篇章嘖嘖稱奇。

不過，我對美國的讚譽仍是謹慎而有所保留，更何況我所親身經驗的「美國行」不都是完美無暇，並且始終尋不得一個合宜的焦距讓我真正看清楚這個地方。究竟為什麼他們經常表現得那樣混亂又這麼堅韌？如此失序又能隨時東山再起？命運多舛又總能尋得柳暗花明？直到黑體文化寄來喬治．派克（George Packer）所寫的《螺絲愈來愈鬆》，竟意外開通許多我百思不解的環節。

這本書完成於Covid-19之前的二〇一三年，儘管不及著墨二〇二〇年世紀病毒之亂，但完書前的美國其實業已精彩萬分。而喬治所稱「螺絲愈來愈鬆」，無非是指過去數十年來，美國不僅因工業衰退出現了鐵鏽社會，交雜相間，還有整個美國民主體制的墮落和崩壞，他認為美國就像螺絲一樣逐一鬆脫，還直達集體人心崩潰的境地。

媒體人視角總是嚴苛的，更何況喬治還是個居住在布魯克林典型的「紐約客」，他所挑揀觀看自己國家的素材，無一是在讚嘆美國的偉大。包括他對現任總統拜登一路從參議員進取大位的描寫，以及詳述拜登幕僚康諾頓三十多年政商攀爬路程，還有對華爾街貪婪金融遊戲不帶寬容的直白，似乎都帶有他對美國「成也極端個人主義、敗也極端個人主義」的反思。就連提到在美國幾乎人見人愛的歐普拉，喬治恐怕也暗暗透露出他其實另有評價。喬治對歐普拉成功之道的鋪排既鮮活又平實，說她能以一個體型過重、黑人的外在，在有種族主義傳統的芝加哥獲得成功，還成為許多家庭主婦的心靈導師，簡直就是奇葩，但又補了一句：「歐普拉體重浮動劇烈，就和許多名利雙收的女性一樣，飲食、花錢和贈與的方式皆相當衝動且奢侈。」假如我們相信喬治一路以來總是惦念著美國官商巨賈如何自私自利、底層勞動者何以只能自生自滅，並批判貧富懸殊的沉痾，尤其深刻關懷美國社會系統性的道德淪喪敗壞，那麼他在書中對歐普拉功成名就後揮霍作風的「附帶一提」，就不能不說沒有丁點意在言外。

再者，要討論美國風起雲湧的商業故事，首推一九八〇年代業績爆炸性成長的沃爾瑪連鎖大型賣場，這樣的企業在任何國家都會被稱為成功典範。但在此一章節，我們讀到沃爾瑪創辦人山姆．華爾頓（Sam Walton）在成為美國首富後，仍一如往常的節儉，繼續在市中心花五美元剪頭髮還照樣不給小費，而且不刻意發起慈善活動，僅每年提供沃爾瑪所在的地區，一名高三學生一千美元大學獎學金。那麼，對照喬治在書中關於美國一九八〇年代華而不實社會風氣的描述，則華爾頓的「簡樸面」，又是否存在什麼樣的指引？何況「簡樸」剛好又是許多當前檯面上功成名就美國人最鄙夷不屑的「美德」。

就像時論網站《沙龍》（*Salon*）共同創辦人蘿拉．米勒（Laura Miller）對本書的讚許：「報導深入、內容廣泛並以史實為依據，作者小心翼翼，行文不帶意識形態色彩…作者並未強迫讀者接受他的理論和想法，而是讓讀者透過書中人物，自行思索解答。故事人物不是為了驗證誰的政治理念而存在…他們是活生生的人。只有了解這點，我們才能開始重振這個國家…」在喬治兼具宏觀和細膩的寫作中，確實十分吻合以上所說，這應該是許多記者心所嚮往的為文境界。但我相信，喬治恐怕又恰恰是個具有堅定意志、明確價值取向、信念，甚至強烈意識形態的寫作者，也正因為擁有這些極致特質，他或將更能理解任何有意義的訊息、意識型態和政治信仰，一直都得以一種不著痕跡的方式，讓讀者於字裡行間中反覆思索，然後許多解答才會慢慢浮現。

喬治筆下的美國，簡直烏煙瘴氣、百病叢生，甚至早在二、三十年前就顯露敗象。他一邊舉例佐證，一邊幫美國人重新記憶起過去國家興衰起落的種種，無論是鐵鏽帶城鎮、金融風暴、九一一事件、占領華爾街，又或者穿插一提意寓在虎口下談笑風生賺大錢的經典攝影作品《摩天樓頂上的午餐》，從人到事，從小鄉鎮到大都會，若是眾所周知的人物，喬治永遠不缺獨樹一格的側寫，就算是名不見經傳的平凡角色，他也能藉其投射出主角那個時代的社會縮影。他的本事不只在重新翻出大量多半曾見諸報端的歷史／新聞事件，更在他能把這些人事物串連成一部各自獨立而又環環相扣的美國時代劇。這樣的文字後座力就相當驚人了。

收到這本書簡直如獲至寶，因為我正困惑著在有限的美國行內，一個人究竟可以多了解這個國家，又能從它身上帶走什麼？我身邊幾位即將告別美國的朋友，幾乎都會以橫越東西岸的公路旅行作為自己美國經驗最終章，我尚未付諸實踐，但內心一直蠢蠢欲動，直到看到書裡一句：「……他看見了隱藏在美國這塊土地表象之下的真理……」它彷彿自帶螢光底線般就此落印在我腦海，原來大家不只是對公路旅行感興趣，探求這塊土地下的真理，應該才是每個旅行者的潛意識動機。

事實上，也不單單只有喬治著墨了「美國的衰退」，近年來許多探究美國的著作，十之八九都不免觸及這一面向，有聚焦民主自由失序的政治素材，有直指美式成王敗寇風作風造就的窘迫生活情境，至少二十餘年來，美國人對自我的關注，皆很難迴避這個國家許多負面的發展和悲劇事實。問題是，粗略計量那些專家學者所述，美國恐怕已經衰退超過二十年以上，但這個國家怎麼到現在還沒有真正倒下？更何況二〇二〇年疫病初期，美國東岸最具指標的核心大城市紐約瞬間淪為煉獄，卻能在一年之後，又復返大疫前的歌舞昇平，那些一度避美國唯恐不及的外來移民，當下又有多少仍把自己甚或一家幾代的未來，寄希望於喬治筆下這個「螺絲鬆脫」的國家。

這其實一點也不矛盾，喬治所寫的美國再也真實不過，一如責之切，往往來自愛之深。那麼，喬治是所謂的「愛國主義者」嗎？他的文風和筆觸，倒是怎麼看都不像，但我相信他是真的深愛著自己的國家，就如同他過往媒體生涯所為的種種批判，其目的從來不在摧毀什麼，而是意欲為許多僵固的行事開拓新局。另外，這也不脫我們對美國民主政治的了解，美式民主的糾錯機制，原來並不只存在選舉投票的一刻，更在於歷來無數寫作者對它屢仆屢起的嚴格批判和審視之中。

本世紀疫情風暴確實是讓人重新認識美國的時機，美國人其實也正在重新認識自己。這本書就像濃縮過去美國數十年變化起落的精華，一如歷史學者凱斯．詹京斯（Keith Jenkins）對「歷史」的詮釋：「我們的過去，通常與一系列任何時刻都存在的權力基礎相對應……建構並散布著各種歷史意義。」本書亦復如是。拜讀完這本書，回到我個人美國行的起始，不論有多少曲折惱人的經歷，我相信只因為它是美國，它就有很大的機會是美妙的。容我再引述書中令我眼睛為之一亮的一句話：「任誰都想活在一個重新開始永遠都不嫌晚的地方。」我想，那地方就是它了。

消逝的美國夢

王宏恩（內華達大學拉斯維加斯分校政治系助理教授、菜市場政治學共同創辦人）

《螺絲愈來愈鬆》整本書的內容編排非常有意思，雖然一開始會覺得有點突兀——本書貫穿了好幾位美國人的生命史，從二戰後的復甦、狂飆的人權運動、美國獨大與石油危機，全球化造成的資本與產業外移，直到網路泡沫與次級房貸風暴。特別地是，這本書刻意地依照時間排列，讓讀者用上帝視角的方式，看著不同角色在同樣日期的新聞報紙底下，分別過著怎麼樣的生活。這種排列方式如同班納迪克．安德森在《想像的共同體》一書裡提到的共時性（Simultaneity），而這個成為民族主義（Nationalism）基礎的共時性，或許也暗示著本書試著提供的解答。

就內容來看，本書透過好幾位不同層級的美國人物，具體建構出美國是如何從二戰之後的強盛逐漸走向衰敗、以及上下一起無從應對全球化帶給美國的劇變，得過且過造成國家的失落。

二戰過後，美國帶領民主國家對抗共產主義，工業擴張、戰後嬰兒潮，一般美國人都相信製造業的重要、相信工作的重要：只要願意勞動、只要願意工作、只要願意撐下去，最後總是可以有體面的人生、有自己的房子、有快樂的家庭、有上帝的救贖。這就是美國夢，讓無數移民願意渡海翻山的湧向美國、讓無數底層勞工願意新的一天再打好領帶去上班、讓政治人物願意重視經濟政策來爭取選票。

然而，當資本得以跨國移動，工廠逐漸搬遷海外，更低價但低品質的產品被運回美國驅逐良幣之後，美國的貧富差距開始擴大。許多書中的小人物，在一次次的失敗與摧殘之後，才驚覺已經無法與父母、祖父母一樣可以在同一個工廠生產線上安身立命。控制跨國資本集團的菁英，覺得逐利天經地義，覺得自己的地位都是自己打造出來的，並不需要對底層人民負責，也不需要對美國負責。最後則是卡在中間的中產階級，一些帶著理想往上爬，但馬上就被醬缸染黑；一些則在意外或上層貪婪的陷害中墜入底層，從此再也爬不上來，代代只有毒品與監獄相伴。

政治人物看到了這些問題，但動口遠大於動手，使得美國根本不知道該開往何方。這來自三大原因：第一，跨國資本流動基本上是很難阻擋和限制的，而華爾街菁英遊說能力強大，選舉也需要經費。第二，在二戰過後的民權運動興起、搭配高教體系與和平時期的後物質主義轉變，使得美國民眾重視道德議題的比例大增，也連帶讓美國兩大黨更在意墮胎、課綱、婚姻等道德議題，而降低了對產業政策、重分配政策的重視。

第三，則是在前兩個點的結合之下，美國政治菁英與經濟菁英們聯手脫離了群眾，終日汲汲營營於與美國生產力、社會安全網無關的道德政治。經濟菁英們短視近利，把資本投入與生產無關的股票市場、房屋市場、債券市場，炒高房價、炒高股市，再欺騙底層百姓套牢房貸或借貸。而底層百姓一邊相信美國夢、但一邊眼睜睜看著企業出走卻無力回天，本來想安身立命的房子就這樣被騙走，看著通膨與石油危機導致生活費高昂，最後不是走向毒品，就是走向赤貧。

上述這三點，其實就是民粹主義的溫床。社會被切割成菁英與群眾，然後群眾被宣導成永遠是對的、菁英永遠是邪惡的，最後勢必是菁英與群眾的對抗，而非一起為國家合作。在本書後半部，我們也到處可以看到民粹主義與民粹候選人的大聲疾呼，以及建制派想盡辦法滅火的左支右絀。

本書許多主角都是出生或成長於北卡羅萊納州（North Carolina），而這也是我博士班就讀杜克大學時待過六年的地方。許多台灣人或亞洲學生可能沒聽過這個州，這個州是最早的北美十三州之一，位在美國東岸，在華盛頓南方、佛羅里達州北方，氣候與台灣相近。但從政治來看，這裡可說是美國的縮影。北卡羅萊納州有幾個科技聚落以及大學城，而這些地方絕大多數都是民主黨的票倉。一旦開出城市來到郊外，就全都是零散的共和黨支持者小郡。北卡過去是黑奴重鎮，種植大量農作物、菸草（杜克大學靠菸草經費起家）、以及林業而有過輝煌的經濟榮景。因為氣候良好、地大、房價便宜、又有頂尖大學，是全美宜居排行前幾名。但由於全球化與產業外移，無數的家具行工人、木造業工人失業。這些人做了一輩子木工，也不會也不想學別的技能，於是只能靠救濟金養老。但在同時，北卡政治人物每天吵翻天的是墮胎要不要規定六週的期限、沒有身分證能不能投票之類的議題，而不是關照這些努力一輩子卻換來失業的人們。歐巴馬二○○八年激勵了這裡無數黑奴後裔跳出來力挺，讓北卡翻藍，但只強調左派道德的政策卻嚇跑了支持者，然後每次選舉都是共和黨獲勝，甚至包括二○二○年。

作者在編排此書時，就透過追蹤一個個小人物在大世代變動下的奮鬥，來刻劃美國各階層的人們如何都只想明哲保身，無人願意真心面對全球化、科技革新、資本流動等造成的重大變化，最後愈拖愈病入膏肓。工人只願意死守原本的夕陽產業，一旦失守就讓廢棄的城市成為犯罪溫床；華爾街菁英們透過金錢遊戲投入房產、貸款等累積滾出更多髒錢，即使這些錢都不是從穩固的製造業或貿易生產出來，拿完就跑；科技菁英只投入自己有興趣的東西，不認為對全民有責任或義務；而政治菁英們也沒有人願意帶著全國認真刻劃下一個後工業時代的經濟結構。最後，中產階級裡成功往上爬的覺得天經地義，而不幸掉下去的也只怨天尤人。結果是，每一個人自顧自的選擇，共同決定了美國分崩離析的命運。全球化、資本流動、自由市場、依法行政、需求彈性都只是一個個學術名詞，但真實存在社會之中運作時，每一個流動都是上百萬人的無家可歸。

與此同時，本書特殊的共時性編排方式，彷彿也跟著安德森問出了這個問題：假如在每一個時間點，這些不同階層的美國人面對面看到了彼此的話，是否會有所不同？當企業主看到產業外移讓多少勞工爸爸顏面無光、從此酗酒婚姻破滅，是否考量的就不再只是成本了？當批准下一批爛貸款的櫃台白領，想著手上捧著錢的老奶奶幾年後會被徵收房屋趕承街友，是否就不再只考慮自己的業績了？當勞工看到不負責任的跨國菁英們打算炒一炒就跑，是否就會認真上街推動法律規範了？當每一個美國人都真正認識其他美國人，形成想像的共同體，大家都齊心希望美國更好而一起努力，有共同的過去後再一起開創共同的未來，那麼在幾個時代之後，美國是否又會再次偉大？

過去的美國夢已逝，但美國人的美夢還沒醒，這本書可以是另一個掩耳盜鈴，也可以是暮鼓晨鐘。

作者序

曾經有個束線圈將美國人安穩地纏住，有時甚至緊得令人窒息。而線圈是在何時開始鬆脫？沒人能說得清楚。與所有的重大改變一樣，這種「鬆脫」的情況曾以無數形式發生過無數次，而在某個時刻，這個國家（總是同樣一個國家）也跨越了歷史的界線，徹底改變，再難挽回。

如果你出生在一九六〇年代，或是之後，那你的成年時期就是在令人措手不及的「鬆脫」中度過。你見證了自己出生前原有的體制像廣袤地景中的鹽柱那樣崩塌——卡羅來納皮埃蒙特（Piedmont）地區的農場、馬霍寧谷（Mahoning Valley）的工廠、佛羅里達小社區、加州的公立學校系統，都崩潰了。還有其他事物也變得面目全非：華府國會山莊黨團辦公室的運作規則與手段、紐約華爾街的交易禁忌、各領域的禮數和道德規矩，這一切較難覺察，但卻是默默支撐著日常生活的秩序。隨著維繫舊有制度的常規逐漸鬆脫，領袖棄守崗位，羅斯福總統打下基礎後曾維持近半世紀共和國體制也不復存在。在這秩序崩壞的權力真空狀態中，一股對美國社會影響深遠但卻不用負責任的力量取而代之。這股力量就是有組織的金權勢力。

「鬆脫」並不是什麼大新聞。每隔一、兩個世代就會出現一次鬆脫現象：紛擾的派系之爭推倒了建國先烈一手打造的偉大共和國；那場將美國撕裂後又使多元歸為單一的南北戰爭；摧毀了美國商業的經濟大蕭條，種種事件都為官僚及平民主宰的民主制度鋪設了道路。每一次衰頹都迎來了革新，每一次內在的瓦解都釋放出能量，每一次鬆脫後美國都會以新方式凝聚在一起。

鬆脫帶來了自由，而這自由度是前所未有的，夠享受自由的人也比以往多——我們可以自由離開、自由歸返、自由改寫自己的故事、自由編造所謂的事實、自由地受雇於人、自由地被解雇、自由地放縱自我、自由結婚、自由離婚、自由破產、自由捲土重來、自由創業、照著心意兩全其美、自由地推向極限、自由地在斷壁殘垣中轉身離去、自由地收穫成功並自我吹捧、自由地一敗塗地後再重整旗鼓。鬆脫帶來自由，也帶來了幻象，因為這一切自我追尋都脆弱得如同漫畫角色思考時頭上會出現的氣球，只要遇上狀況就會爆掉。成與敗都是美國人的遊戲，在鬆脫現象發生時贏家都收穫會比以往更多，像灌氣的飛船一樣漸漸升空，輸家則要在漫長的墜落後才會跌至谷底，有時候跌入的是無底深淵。

這樣的自由讓你必須自行作主。在美國，獨自生活的人口數來到史上之最，但就算是家人住在一起也有可能全家孤立無援，在大型軍事基地的陰影中掙扎求生，卻無人能夠伸出援手。任何地方都有可能在一夕間形成嶄新的社區，再以同樣快的速度瞬間消逝。一座老城市可能會失去其工業基礎和三分之二的人口，教堂、政府、企業、慈善機構、工會等這類城中支柱，都像樓宇般在強風中無聲地傾塌。

在這沒有堅實架構的衰頹景象中，美國人必須懂得臨機應變，才能掌握自己的命運，描繪出自己的故事，邁向成功和救贖。一位在陽光下抱著《聖經》的北卡羅來納男孩，長大後對鄉村的復興懷抱著嶄新願景。一位來到了華府的年輕人，耗費自己往後的職業生涯回想當年引領自己來到這裡的初衷。在身邊的一切瓦解之際，某位俄亥俄州的女孩必須設法重整自己的人生，直到步入中年，她才不必再為了生存而掙扎，而是能夠做出更多的貢獻。

這些小人物在鬆脫的美國社會中尋找自己的路，他們經過舊制度曾經坐落的地點，如今已成為新地標聳立之處——一個個名氣正旺的美國同胞在這裡過著浮誇生活，儘管其他事物漸漸消逝，這些名人卻只變得更加得意洋洋。這類偶像人物有時在人們心中的地位堪比神明，他們將自己塑造成一道謎題的答案，為人們解答如何過上理想或更好的生活。

在鬆脫的過程中，一切都在改變，沒有什麼能夠永恆存在，餘下的只有聲音，來自美國人的聲音：或開放、或感性、或憤怒、抑或實事求是。這些聲音也受到了種種影響，來自於上帝、電視，還有人們心中漸漸淡忘的過往。可以是連工廠組裝線噪音也壓不下的工人說笑聲、可以是拉下窗簾後對外面世界的抱怨不平、可以是對著擁擠公園或空蕩議會廳發出的正義怒吼、可以是在電話中談成的生意，也可以是深夜之際卡車倉促開過時，人們在前廊睡著後大聲說出的夢話。

THE UNWINDING

第一部

part.1

一九七八年

今晚我想要坦白和各位談一談國內目前最嚴重的問題，也就是通貨膨脹[1]……還剩二十—二十—二十四小時／我想要來點鎮靜劑[2]……全國都必須開始勒緊褲帶[3]。想要避免更糟的後果，我們就必須做出艱難的選擇。我打算做出艱難的選擇……／無事可做無處可去／我想要來點鎮靜劑[4]……天啊！念了七年大學都白費了，倒不如加入他媽的和平工作團（Peace Corps）[5]……**消保法卡關，國會重挫卡特**[6]……馬或寧谷（Mahoning Valley）的居民是否意識到揚斯敦鋼鐵工廠（Youngstown Sheet and Tube Campbell Works）倒閉影響的不只是勞工和他們的家人，還會影響到整個鄰近區域？我不知道[7]……**國內各個邪教的致命吸引力**[8]……這些邪教教友大多年過五十，只以少量的米和豆類果腹。從黎明到黃昏他們都在田裡工作，教主瓊斯（Jones）[9]則透過擴音系統對他們演講和佈道，語調激昂[10]……福特總統的夫人說，「妻子同時包辦了廚師、情婦、司機、護士和保姆的工作，有哪個男人付得起妻子的薪水？正因如此，我認為女人應該擁有平等權利。」[11]……／大多數的低焦油香菸聞起來都不怎麼樣，真糟糕。後來我試了香醇牌（Vantage）香菸。我喜歡香醇牌的味道，那就是我一直在尋找的低焦油風味[12]……**干擾議事策略奏效，工會組織法案流產**[13]……過去經濟成長與進步期間，美國的工商業與金融業長期存在著一些細微的不成文行規，如今都已經被各界領袖拋諸腦後了[15]……**寫給搖滾巨星貓王的情書**：粉絲傾訴思念之情；本期附上全彩專題報導，貓王故居已成朝聖景點[16]……紐約貧民窟的噪音污染！搶案在這裡已變成家常便飯，幼童頻頻遭老鼠咬傷，破敗公寓的水管裝置屢屢被毒蟲偷走變賣，但我國的環保署卻只擔心噪音汙染！當然，這些環保署官員過著朝九晚五的生活，晚上靜靜看著孩子們寫作業，同一時間在別處卻有刺耳的巨大噪音[17]……**加州選民投票通過下修財產稅，稅收減少七十億美元：**「去他媽的加州萬萬稅，」一名洛杉磯郊區的男性居民離開投票所時這麼說。[18]

■

1. 編註：出自於一九七八年十月二十四日美國總統卡特（Jimmy Carter）對全國發表的演講。
2. 編註：歌曲〈我想鎮靜下來〉（"I Wanna Be Sedated"），收錄於美國龐克樂隊雷蒙斯的專輯《毀滅之路》（*Road to Ruin*, 1978）。
3. 編註：同註1。
4. 編註：同註2。
5. 編註：語出美國電影《動物屋》（*National Lampoon's Animal House*, 1978）台詞。和平隊（Peace Corps）是由美國政府於一九六一年發起、向第三世界國家提供志工的援外團隊，在卡特任期內得到支持，是美國戰後公共外交計劃的重要項目之一。
6. 編註：出自《國會季刊·每週報告》評論文章，一九七八年二月十一日。
7. 編註：出自《揚斯敦維護者報》（*Youngstown Vindicator*）一九七八年十月八日讀者來信。
8. 編註：出自《華盛頓郵報》一九七八年十一月二十六日新聞。
9. 譯註：吉姆·瓊斯（Jim Jones），即人民聖殿教（Peoples Temple of the Disciples of Christ）的教主。
10. 編註：出自《新聞週刊》一九七八年十一月二十七日新聞。
11. 編註：出自貝蒂·福特傳記《我生命中的時光》（*The Times of My Life*, 1978），由貝蒂·福特（Betty Ford）、克理斯·蔡斯（Chris Chase）所著。
12. 編註：出自優勢牌（Vantage）香煙的雜誌廣告。
13. 編註：出自《芝加哥論壇報》一九七八年六月二十三日新聞，該年《勞動法改革法案》（Labor Law Reform Act）在參議院未獲通過。

14・編註：全美汽車工人聯合會（UAW）主席道格拉斯・弗雷澤一九七八年宣布退出勞工管理團體（The Labour Management Group）的辭職信。

15・編註：《明星》（*The Star*）雜誌一九七八年一月三十一日封面報導，傳奇歌手「貓王」艾維斯・普里斯萊一九七七年八月十六日逝世。

16・編註：出自「新保守主義之父」歐文・克里斯托（Irving Kristol）的政治學著作《為資本主義歡呼兩聲》（*Two Cheers for Capitalism*, 1978）。

17・編註：出自《紐約時報》一九七八年六月七日新聞。

迪恩・普萊斯之一

在千禧年即將到來之際，已經三十七、八歲的迪恩・普萊斯（Dean Price）做了一場夢。他夢見自己徒步前往牧師的家。一開始他走在水泥路上，但遇到轉彎之後走上了泥土路。後來道路又改變方向，走上了另一條泥土路。路上有四輪貨運馬車留下的痕跡，車輪所經之處寸草不生，但兩側車輪間、底下沒有被馬車輾壓的路面，草卻長得與人的胸膛一樣高，感覺上這裡好像有很長一段時間沒人走過了。普萊斯沿著其中一道馬車軌跡走，並如同老鷹一般展開雙臂，感受草叢拂過左右手臂下方的滋味。接著他聽到一個內心的聲音對他自己說：「我要你回家，我要你帶上你的拖拉機，我要你回到這裡把草剷平，這樣子其他人就可以照著既有的路走了。你將為大家指引方向，但首先你必須再次把道路清空。」普萊斯醒來時熱淚盈眶。他這輩子他都在思考自己的生命有何意義。一直以來，他就好比一艘找不到方向的船，只是不停轉圈圈。他不曉得夢境代表什麼意思，但其中一定隱含了他的天職、他的使命。

當時普萊斯剛剛開啟了便利店事業不久，但那顯然不是他的天職。五年過後，他才真正找到人生目標。普萊斯蒼白的臉上滿是雀斑，一頭黑髮，眼睛的顏色深暗。每當他輕笑或是發出尖銳的格格笑聲，眼睛總會瞇成一條線。他皮膚、頭髮和眼睛的顏色都是遺傳自父親，而好看的外表則是遺傳自母親。十二歲起他就開始嚼列維・賈瑞特（Levi Garrett）牌菸草，持續追求理想的他講話時口氣柔和卻不失堅定，但說到底他就是個樸實的鄉村男孩。他的舉止溫和有禮、氣質高雅，就連在當地麋鹿兄弟會小屋（Moose Lodge）[1]裡拿塑膠杯喝伏特加的大老粗，都很疑惑普萊斯到底能不能算是他們「紅脖子」[2]的一份子。從小到大，普萊斯最喜歡的《聖經》章節就是〈馬太福音〉第七章第七節：「你們祈求，就給你們；尋找，就找到；叩門，就給你們開門。」他這一生都在追尋個人獨立，尤其是經濟獨立。他最恐懼的兩件事就是貧窮和失敗，因為他出身貧寒，困頓對他有如家常便飯。

他的祖父母和外祖父母都是菸草農夫，兩家前幾代的祖先也都是以種植菸草為業。如果回溯到十八世紀，他們都是北卡羅萊納州羅京安郡（Rockingham County）的居民，兩個家族的住家與田地都在幾英里的範圍內。另外，從姓氏就可以看出他們是蘇格蘭—愛爾蘭裔：普萊斯、尼爾（Neal）、霍爾（Hall），都是一些字母不多，刻在墓碑上長度剛剛好的姓氏。這些人還有一個共通點：貧窮。普萊斯說：「到底有多窮呢？就好比我要走到溪邊，我走過的路八成會被我磨平。每天我都會走同一條路。基本上美國的路也是照這樣的方式鋪出來的，就是依循動物足跡造路。一旦路線已定，想要走出一條新路就必須耗費龐大心力。原因是你會陷入思想窠臼，同樣的想法還會一代又一代傳下去。」

普萊斯小時候，附近家家戶戶都在種菸草。每年四月到十月，整個羅京安郡都可以聞到菸草味。他是在麥迪遜鎮（Madison）長大的，位於格林斯伯勒市（Greensboro）北邊，走二二〇號美國國道（Route 220）的話車程是四十分鐘。雖然普萊斯一家是小鎮居民，但大部分時間他都在祖父諾福利特．普萊斯（Norfleet Price）的菸草農場度過。普萊斯的祖父之所以叫做諾福利特，是因為某次曾祖父駕著兩匹馬的馬車把一批菸草載到溫莎市（Winston-Salem）[3]販賣，某位出價優渥的男顧客就是姓諾福利特。普萊斯的父親在家裡出生，他們家是一棟有前廊的木屋，就蓋在家族土地上，位於硬木林裡的空地邊緣。離家不遠有個菸草穀倉，是普萊斯的祖父揮著斧頭，以橡木條和卡榫建造而成的。每到夏末採收菸草葉的季節，還是個小男孩的普萊斯都會央求祖父讓他一起待在穀倉過夜，而晚上每隔一、兩小時，他們會醒來檢查吊在穀倉上方烘烤的菸草葉，確保沒有任何一片葉子落入底下的火油之中。儘管採收菸草葉極為費力辛苦，但他卻樂在其中。他熱愛的不只是菸草的味道，也喜歡看著大約一百二十公分高的煙草莖上逐漸長出碩大的菸草葉，接著葉片變黃、變得和皮革一樣重。即使因為處理菸草葉導致雙手沾上黑黑黏黏的焦油，他也甘之如飴。綑綁菸草葉，再把這些狀似晒乾比目魚的菸草葉用撐桿懸掛在穀倉頂樑，整個過程充滿韻律感，家人齊心協力，這一切都讓他相當陶醉。普萊斯家族飼養自己用的牲畜，也會種菜。他們喝的白脫牛奶則是來自同一條路上某位女鄰居，她家養了一條乳牛。如果某年收成比較晚，學校就會延後開學。到了初秋，麥迪遜鎮上的一座座倉庫拍賣人聲鼎沸，大家慶祝整年收入進帳，為接下來的節慶大餐做準備。現場除了有慶祝豐收的活動，還有銅管樂團演奏遊行。當年普萊斯曾以為自己長大後會當菸農，用同樣的方式養育下一代。

祖父是普萊斯的摯友。祖父在二〇〇一年過世，享壽八十九，直到去世那年秋天仍在做砍柴的體力活。祖父臨終前，普萊斯到安養院探望他，看到他被綁在輪椅上。祖父想要脫離輪椅的束縛，於是問普萊斯：「你這小子是否帶著口袋折刀啊？」普萊斯答道：「爺爺，我不能拿刀給你。」那次探望過後一個半月，祖父便在安養院與世長辭，下葬在普萊斯家族墓園裡起伏平緩的紅土地上。祖父生前常常身兼兩三份工作，純粹只是為了遠離老婆，但如今他墓碑上還是刻了老婆的名字——露絲（Ruth），就在「諾福利特」這個名字右側對稱的地方，等到有天露絲也下葬了，再補上死亡日期。

普萊斯的父親哈羅德．迪恩．普萊斯（Harold Dean Price）曾有機會打破家族詛咒，擺脫窮人的思考模式。他父親小名「彼得」，聰明又愛讀書。彼得的韋氏字典最後三頁空白頁上滿滿都是他手寫生字定義的筆跡。這些字彙包括「鈍角的」、「消除」、「橋那邊的」、「異族通婚」、「相似物」和「貶義的」。彼得相當健談，是個狂熱的浸信會基本教義派，也是激烈的種族主義者。有一次，普萊斯來到位於格林斯伯勒市中心的民權博物館參觀，在一張放大照片裡看到了父親的身影。博物館所在地曾有一家伍爾沃斯

（Woolworth）百貨，一九六〇年四名北卡羅來納農工大學（North Carolina A&T）的非裔美國學生在百貨裡的午餐櫃台邊發起靜坐抗議。照片中那四名大學生走到大街上，經過一群狠狠盯著他們的兇惡白人青年。這些白人小子各個好勇鬥狠，手插在口袋裡，身穿T恤和褲管捲起的牛仔褲，梳著油頭髮型，還咬牙切齒地叼著根菸，而普萊斯的父親就是其中一員。普萊斯的父親痛恨民權運動人士，但他卻從未仇視在自家農場工作的黑人佃農查理和愛黛兒・史密斯。每當普萊斯的祖母在煙草工廠裡工作無暇照看孩子時，佃農就會負起照顧普萊斯父親的責任。佃農既善良又幽默，重要的是他們守本分。

普萊斯的父親彼得在家鄉的舞廳認識了普萊斯的母親芭芭拉・尼爾（Barbara Neal）。兩人在一九六一年彼得從西卡羅來納學院（Western Carolina College）[4]畢業時結婚。彼得是普萊斯家族有史以來學歷最高的人。一九六三年他們的長子哈羅德・迪恩・普萊斯二世[5]（Harold Dean Price II）出生，之後兩人又接連生了三個女兒。他們一家五口搬到了麥迪遜鎮，住在一棟磚造小屋裡，轉角就是夏普—史密斯牌（Sharp and Smith）菸草的倉庫。麥迪遜和鄰近的梅奧丹（Mayodan）都是以紡織業為主的城鎮，在六、七〇年代，只要是男性高畢業生都可以進入工廠上班，要是有大學學歷，工作更可說是任君挑選。麥迪遜鎮的主街清一色是磚造店鋪，有藥局、男裝店、家具店和簡餐店，統統門庭若市，如果碰上紡織倉庫舉辦銷售會的那幾天，更是人潮洶湧。普萊斯認為：「那個年代的美國繁榮興盛，感覺簡直是盛況空前。大家有便宜的能源可用，地底隨便就可以挖到石油。郊外附近就有農場提供工作機會，大家都不畏工作辛勞，也知道自己工作就是為了賺錢。」

普萊斯的父親選擇去化工業巨頭杜邦（DuPont）公司旗下的尼龍工廠工作。工廠位於隔壁維吉尼亞州的城市馬丁斯維爾（Martinsville）。六〇年代後期，普萊斯的父親成為詐騙大師格林・透納（Glenn W. Turner）的信徒，對他的話深信不已。透納是一名來自南卡納羅萊納州的佃農之子，父親沒受過任何教育。他的招牌裝扮是三件一套的閃亮西裝和小牛皮靴，說話特色是咬字不清，因為他曾患有兔唇。一九六七年，透納成立科斯科特星際公司（Koscot Interplanetary）販售美妝保養品。同時他也把經銷權拿來賣，加盟只要五千美元，還承諾加盟者，每找到一個下線就能獲得獎金。在透納的蠱惑下，追隨者通常還會購買一個裝滿卡式錄音帶的黑色公事包，要價將近五千美元。錄音帶名稱是《勇於邁向成功》（Dare to Be Great），內容充滿激勵人心的精神喊話，大致上就是重申透納鼓吹的致富之道：賣經銷權發財。普萊斯一家也加入了這個直銷體系，他們會在家舉辦鼓舞人心的「勇於邁向成功」派對，用電影放映機播放透納白手起家的人生故事，接著就會有一些可能成為下線的人高喊透納的名言，鼓勵大家追尋遠大目標。到了一九七一年，「勇於邁向成功」已經橫掃美國藍領階層社區，透納因此登上《生活》週刊（*Life*）。不過，好景不長，透納後來因為金字塔銷售術[6]（pyramid scheme）而遭到調查，最終入獄服刑五年，導致普萊斯一家血本無歸。

七〇年代初期，普萊斯的父親獲聘到杜克能源公司（Duke Energy）位於貝魯斯溪（Belews Creek）的發電廠擔任主管。接著他成為杰姆－丹迪（Gem-Dandy）的副總裁，那是一家開在麥迪遜的配件批發商，專賣吊襪帶等男性產品。後來他又在松堂磚廠（Pine Hall）當領班，公司地點在離梅奧丹不遠的丹河（Dan River）。普萊斯的父親認為，每個開除他的老闆都沒有他聰明，所以從另一方面來說，他其實更有可能是自己主動離職走人。換工作變成了他的習慣，「就像馬褲上的皺褶一樣，一旦出現之後就幾乎不可能撫平。他一直陷入失敗的困境走不出來，因為這樣的想法已經融入了他的思緒、呼吸和生活之中，」普萊斯如此說。這一切都始因於普萊斯家族的菸草農場，他父親分得了其中一塊比較差的地，周邊完全沒有馬路經過。而時間也證明，他父親的兄弟們更擅長務農。身高一七二左右的彼得患有矮子症候群（little man's disease）[7]，更慘的是年紀輕輕就開始掉髮。不過，最糟的還在後面，因為就算做的是自己最投入的工作，情況也不見起色。

數十年後，普萊斯在自家壁爐上擺放了一張加框的黑白照片。照片中的男孩頂著西瓜皮髮型，烏黑亮麗的頭髮蓋住額頭，身穿深色西裝，但搭配的窄長褲對他來說顯然太短了。陽光下男孩不自覺地瞇著眼，雙手將《聖經》環抱胸前，一副很寶貝的樣子。他旁邊還站著一位穿著蕾絲鑲領洋裝的小女孩。照片攝於一九七一年四月六日，再過幾個星期就是普萊斯的八歲生日，他已經準備好將自己奉獻給主、得蒙救贖[8]。普萊斯的父親在七〇年代當過好幾個小鎮教堂的牧師，但他奉行教條主義和食古不化的態度引發了信眾不滿。每次大家都必須訴諸投票來決定他的去留問題，有時教眾會投下支持票，有時則是反對票，但無論結果如何，普萊斯的父親都會憤怒離開，因為他的目標是成為像福音派領袖傑瑞·法威爾（Jerry Falwell）那樣的人物引領千萬信徒，繼續待下去只會讓他焦躁不安。這樣的事情反覆發生幾次之後，他的牧師生涯也差不多走到盡頭。接下來，他會到別的小鎮面試牧師工作，每次講道內容都是關於人死後下地獄永受煎熬，但結果卻是一次又一次碰壁。在他應徵過的教堂中，他原本以為自己一定能當上克利夫蘭郡（Cleveland County）戴維森紀念浸信會教堂（Davidson Memorial Baptist Church）的牧師，所以面試失敗後他一直耿耿於懷。

普萊斯繼承了父親有抱負的特質和愛看書的習慣，讀完了家裡全套的《世界百科全書》（*The World Book Encyclopedia*）。大概是他九歲或十歲時，某天晚上吃飯，餐桌上提起了關於未來志願的話題。「所以說你以後想做什麼呢？」普萊斯的父親語帶嘲笑的口吻問他。普萊斯回答：「我想當腦科的外科醫生，一名神經學家。」那是他在百科全書上學到的詞彙。「我確信那是我以後想做的事。」普萊斯的父親聽到後當著他的面大笑說：「如果你可以成為神經學家，那我就可以飛上月球給你看。」

普萊斯的父親可以風趣幽默、親切和善地待人，但在普萊斯面前卻不是那樣。普萊斯恨極了父親總是半途而廢和殘酷無情的一面。他曾多次聽父親講道，其中幾次還是在麥迪遜的街頭。某種程度上普萊斯對父親的話隻字不信，因為父親刻薄的嘴臉和在家打人的行為，讓他在講道壇上看來像個偽君子。孩提世代的普萊斯愛棒球勝過一切。一九七六年，他就讀公立的麥迪遜—梅奧丹中學（Madison-Mayodan Middle School）七年級，曾遭到女生恐嚇威脅，當時他體重才四十公斤上下，瘦到沒辦法打美式足球。不過，打棒球時他當游擊手的表現還不錯。可惜不久之後，普萊斯的父親一來不希望兒子待在黑白混合的棒球隊打球，二來為了進一步爭取信徒支持，不顧普萊斯苦苦哀求，將他送到一間隸屬於獨立基本浸信會（Independent Fundamental Baptist），紀律嚴格的全白人學校，他棒球之路就此斷絕，和黑人朋友的情誼也劃下句點。這家福音之光基督中學（Gospel Light Christian）位於沃克敦（Walkertown），距離梅奧丹山（Mayodan Mountain）上當時普萊斯一家居住的牧師住所，搭公車大約需要兩小時。普萊斯升上十年級時，父親開始在他的學校教授美國史和聖經史。如此一來，普萊斯想繼續打棒球其實不難，父親大可以等他放學打完球後，再順道一起載他回家。然而，普萊斯的父親卻堅持下午三點離開學校，回家鑽研學問。普萊斯和父親相互較勁的關係，顯然是他父親占上風、寸步不讓。

普萊斯十七歲時，他父親從梅奧丹山的教堂辭職，一家人搬到北卡羅萊納州東部，一個靠近格林維爾（Greenville）的地方。父親在格林維爾南邊艾登鎮（Ayden）的小教堂擔任牧師，這是他人生最後一份牧師工作。四個月後，普萊斯的父親就被迫捲鋪蓋回家，一家人再度搬回羅京安郡。由於身上沒什麼錢，他們搬進了普萊斯母親家族在二二〇號美國國道上的房子。這裡地處小鎮斯托克斯代爾（Stokesdale）的郊區，北邊幾英里處就是麥迪遜。普萊斯的外祖母歐莉·尼爾（Ollie Neal）住在普萊斯一家後方，一間尼爾家自建的公寓裡。而除了公寓之外，普萊斯家後方還有一個菸草農場。這農場是一九三二年時普萊斯的外祖父柏奇·尼爾（Birch Neal）靠一場撲克牌牌局贏來的，當時的二二〇號美國國道仍是條泥土路。

即將成年的普萊斯當時渴望脫離父親掌控，一滿十八歲就驅車前往溫莎市的海軍召募處，隔一天早上準備入伍。不過，報名當天晚上，他改變了想法。他想要自己出去四處闖一闖、看看這個世界，獨立自主，過上充實的生活。

一九八一年普萊斯高中畢業時，附近最好的工作就是到大牌菸草廠R.J.雷諾茲（R.J. Reynolds）設在溫莎市的幾家工廠製作香菸。如果順利占到缺，這輩子也差不多就穩定下來了，有一份不錯的薪水外加員工福利，每星期還可以固定領兩盒香菸。這就是大部分B咖學生的最終歸宿。至於C咖和D咖學生，則是到薪水較低的紡織工廠謀職，比方說位於馬丁斯維爾的杜邦和圖爾特克斯（Tultex）工廠、丹維爾（Danville）的丹河工廠、格林斯伯勒的Cone Mills[9]工廠，或者是其他麥迪遜鎮周圍規模比較小的紡織廠。上到馬丁斯維爾和維吉尼亞州的巴塞特（Bassett），下至海波恩特市（High Point）的家具工廠都是一種選擇。普萊斯班上僅有的三名A咖學生全部繼續升學。三十年後的高中同學會上，普萊斯發現同學都變胖了，許多人不是從事害蟲管制的工作就是在嘉年華會兜售T恤。其中有一位男同學是R.J.雷諾茲菸草公司的資深員工，他原本以為這份工作很穩定不會面臨失業，所以工作沒了後他從此一蹶不振。

在校時普萊斯不怎麼用功，高中畢業後的暑假，他獲得了一份銅管工廠海運部門的工作，地點在麥迪遜。雖然他在一九八一年賺得荷包滿滿，但同時他也為自己的未來感到擔憂，深怕自己變得像身邊同事那樣一輩子只做一種工作，沒有任何理想，天天上班聊的話題不是喝酒、飆車，就是打炮。普萊斯非常討厭那樣的氛圍，於是決定離開工作去念大學。

南卡羅萊納州的鮑勃瓊斯大學（Bob Jones University）是唯一一間普萊斯父親願意幫他負擔學費的學校。這間福音派大學禁止跨種族交往和通婚，還曾在普萊斯入學後幾個月後登上全國新聞版面。國稅局決定取消鮑勃瓊斯大學的免稅資格[10]，但雷根政府卻想推翻這決策。歷經外界炮轟之後，雷根總統最終改口。普萊斯表示，鮑勃瓊斯是全世界唯一一間大學，校園圍牆上的有刺鐵絲網方向與監獄一樣是朝內而非朝外。校方要求男學生頭髮必須剪到耳朵上面；除此之外，男女學生在校園兩側分開上課，如果想要聯繫只能透過寫便條的方式，東西寫好投入箱子後，會有信差往返各個宿舍幫忙傳遞訊息。鮑勃瓊斯大學唯一讓普萊斯喜歡之處是早晨在禮拜堂唱〈三一頌〉之類的古老聖歌。後來他開始蹺課，第一學期結束時每一科都被當。

聖誕節時普萊斯回家告訴父親他要輟學和搬出去住。父親氣得把他狠狠打倒在地上，普萊斯爬起來對他說：「你再碰我一下試試，我保證會殺了你。」這是他這輩子最後一次和父親同住一個屋簷下。

普萊斯搬走後，他父親的身心狀況急轉之下。父親大量服用羥可酮（oxycodone）藥片以減輕背痛、頭痛和其他半真半假的病痛，開藥給他的醫生有十二人之多，彼此都不知道對方存在。普萊斯的母親在父親的西裝口袋和家裡垃圾袋發現了藏匿的藥片。在藥物作用之下，父親不只變得面無表情，胃黏膜也愈來愈薄。父親會躲到書房假裝要讀宗教書籍，但實際上卻是在嗑藥和放空，因此進了勒戒所好幾次。

與此同時，在外闖蕩的普萊斯就像一匹脫韁野馬。他很快地就嘗遍了喝酒、賭博、吸大麻、打架和做愛帶來的快感。他的第一次給了牧師的女兒，兩人在教會鋼琴底下發生關係。那個時期的他叛逆反骨，完全不想要和父親的天主扯上半點關係。「我當初就是個混蛋，誰都不鳥，」普萊斯說。他遷居格林斯伯勒，和一位吸食大麻的房客分租房子。有一陣子他在格林斯伯勒鄉村俱樂部（Greensboro Country Club）當助理高爾夫教練，週薪一百二十美元。一九八三年，二十歲的普萊斯決定重回學校，他到格林斯伯勒當地的州立大學讀書。接下來他半工半讀，當調酒師，六年才畢業。期間他的學業一度中斷，和死黨克里斯（Chris）自駕前往加州玩了五個月，兩人度過了一段在福斯廂型車上吃喝拉撒睡、一起把妹的大好時光。一九八九普萊斯終於取得政治學士學位。

普萊斯是共和黨黨員，把雷根總統視為偶像。在他看來，雷根是一位親切和藹的老先生，既能言善道又很會鼓舞人心。雷根多次在演說中提到「山巔之城」[11]這個象徵，就是一個例子。普萊斯覺得會說話這點他也辦得到，因為他來自牧師家庭，從小耳濡目染，本就擅長公眾演說。雷根講話會讓人產生一種信任感，給你希望美國將再次偉大。所有政治人物中，只有雷根讓普萊斯萌生過想要成為對方的念頭，但後來普萊斯在學校大樓樓梯間呼麻而遭到搜捕，幾天後又因為酒駕被抓到警局，這才打消了想要從政的念頭。

之前普萊斯一直想出國見見世面，所以大學畢業後他花了幾個月到歐洲四處旅遊下榻青年旅館，有時甚至還睡在公園的長凳上。這時他依舊相當渴望成功，喜歡說自己是「像瘋了一樣野心勃勃。」回國後，他開始尋找他能力所及範圍內最好的工作和公司。

紐澤西州的嬌生公司一向是普萊斯心中首選。嬌生公司員工各個穿著藍色西裝，給人乾淨俐落、口齒伶俐的印象，每天可以開著公司的車到處跑，而且享有健保福利。普萊斯和某個女友搬到費城，想盡辦法搭上人脈。他第一位認識的嬌生員工是一名頭髮梳得整整齊齊的金髮男子。男子身穿泡泡紗面料的藍色西裝，打著領結，腳上一雙白鞋，他是普萊斯見過打扮最時尚的人。普萊斯幾乎天天打電話到嬌生總部，參加過七、八次公司面試。經過一年努力，一九九一年他終於得償所願，嬌生公司給了他一份派駐哈里斯堡（Harrisburg）的藥品業務工作。普萊斯買了一套藍色西裝、把頭髮剪短，還嘗試改掉他的南方口音，生怕別人覺得他不入流。公司發給他一台呼叫器和電腦，他每天的工作就是開著公司的車到醫生診間推銷藥物，拿著樣品向他們解釋那些藥的療效和副作用，有時候一天要連跑八場。

用不了多久，他就意識到自己有多討厭這份工作。每天工作結束後，他都必須向公司回報他到過哪些地方，毫無隱私可言，公司就是監視他的老大哥（Big Brother）[12]。任何個人創見都必須符合公司框架，要不然都會遭到質疑。普萊斯用了一年進公司，但卻只做了八個月就走人。

普萊斯以前對升學主義那一套深信不疑：上大學接受好的教育，再進入《財星》雜誌五百大企業工作，從此過上幸福快樂的人生。可是他覺得自己上過大學，也待過大公司，但下場卻很悲慘。他好不容易離家逃出父親的掌控，結果還是受制於人。於是他決定從頭來過，照自己的方式去做，立志成為一名企業家。

1. 譯註：全名為Loyal Order of Moose，是個只准白人加入的組織。

2. 原註：原文redneck（直譯紅脖子）由來是美國南方人因為務農，脖子晒得通紅。現在多指美國南方未受教育、思想保守的白種務農階級人士，多含貶義。

3. 譯註：北卡第四大城。

4. 目前已經升級為大學。

5. 即本章主角普萊斯。

6. 原註：又稱作「多層次傳銷」，直銷和老鼠會慣用手法。

7. 原註：亦即「拿破崙情結」，指的是身材矮小的人因為自卑心理作祟，通過攻擊性行為或語言來彌補身高不足的缺憾。

8. 譯註：受洗成為基督徒。

9. 譯註：規模世界第一的牛仔布工廠。

10. 譯註：鮑勃瓊斯大學的校規歧視黑人，因此國稅局想要取消其免稅資格。

11. 譯註：原句出自〈馬太福音〉第五章第十四節：「你們是世上的光。城造在山上是不能隱藏的。」雷根總統意在比喻美國是「世上的光」。

12. 原註：象徵極權社會對公民無所不在的監控。

火力全開：紐特・金瑞契

二戰期間，紐特・麥佛遜（Newt McPherson）曾經在賓州哈里斯堡（Harrisburg）的一家酒吧裡與人幹架。就在他與十六歲的家庭清潔工姬特・竇爾蒂（Kit Daugherty）婚後第三天，年輕的新娘姬特想要試著把宿醉的紐特叫醒，他卻對人家飽以老拳。短暫的婚姻就這樣結束了，偏偏姬特卻已懷上身孕。一九四三年，她生下了一名男嬰，即使老紐特素行不良，姬特仍然以這位即將成為前夫的男人來幫孩子命名。三年後，姬特改嫁給一位名叫勞勃・金瑞契（Robert Gingrich）的軍官，紐特為了擺脫孩子的贍養費，同意讓這位軍官領養小紐特。「這男人不可怕嗎？」多年後，姬特說道：「竟然就這樣把親生兒子給賣了？」

小紐特（Newt Gingrich）成為政治人物三十幾年後，才在年屆七十之際抓住機會，準備實踐自己做了一輩子的總統夢，在競選影片中他說：「我自小成長在田園般的環境中。」金瑞契一家住在漢莫斯敦（Hummelstown）中下層階級居民占多數的區域，家在鎮上主廣場加油站的北邊，生活僅足以餬口，過得艱難又困苦。小紐特的男性親戚多為農夫、工人、高速公路工人，都是嚴苛、粗獷的男人。他的繼父（也是收養來的孩子，和小紐特、老紐特一樣）是專斷的一家之主，不怒自威。小紐特養成了繼父的堅毅性格，但這個矮胖、脾氣暴躁的男孩永遠無法討得金瑞契中校的歡心，他們倆也就爭吵不斷。竇爾蒂患有躁鬱症，大半輩子都在服用鎮靜劑。小紐特是個近視的古怪孩子，周遭沒有親近的朋友。身邊的女性長輩會給他甜餅乾，鼓勵他多看書，他也喜歡和她們相處。這個男孩五十歲時看起來像是九歲那樣純真，現在九歲卻看起來像是五十歲小老頭。他一頭鑽入書本和電影的世界裡，最愛動物、恐龍、古代史和約翰·韋恩（John Wayne）[1]飾演的英雄們。

紐特·金瑞契十歲時，他的繼父正派駐韓國，在一個晴朗的夏日午後，母親讓他自行搭乘公車到哈里斯堡，他在那連續看了兩部以非洲狩獵為主題的電影。紐特於下午四點踏出戲院，沐浴在陽光下，仍回味著片中的鱷魚、犀牛和冒險之旅。他抬頭發現一個指向小巷的標誌，上頭寫著：市政廳（CITY HALL）。金瑞契比同齡的孩子還要成熟，早就了解公民權利有多麼重要。他跟著標誌來到了公園部門，還試圖說服官員撥款在哈里斯堡建造動物園。這件事情登上了當地報紙的頭版。那時起，金瑞契就明白自己天生就是當領袖的料。

他花了五年才更加清楚自己的志向。一九五八年復活節，金瑞契的繼父在法國服役時，金瑞契一家人造訪了凡爾登（Verdun）——人稱「凡爾登煉獄」（l'enfer de Verdun）的一戰戰場，德法兩軍曾在此血戰九個多月。終戰四十年後，這城市仍留有砲彈遺跡。金瑞契在滿目瘡痍的戰場上行走，撿起了在地面上找到的生鏽軍盔，最後他把這兩頂軍盔與手榴彈碎片一起放在家中臥室的牆上。他透過一扇窗戶望見戰役紀念塔[2]，裡面擺著一堆堆法、德國戰士的骸骨，人數多達十幾萬。他意識到生命真實無比，發現文明也有終結之時。若無能的領袖未能保家衛國，就可能摧毀文明。他意識到必須有人願意奉獻生命，才能守住自己的生活。

他讀了歷史學家湯恩比（Toynbee）和小說家艾西莫夫（Asimov）的作品，文明衰敗的觀念始終縈繞心頭。他覺得美國文明也有衰敗的可能，因此決定不當動物園主任或古生物學家了。政治才是他的未來，不只是郡行政官員，或交通委員會的主席還是國防部長，甚至不只是總統，他將成為人民的偉大領袖。他的偶像是林肯、羅斯福和邱吉爾。未來還會出現第四位，但在金瑞契造訪凡爾登時，這位偶像還沒當上總統，只是個當過演員的《奇異劇場》（General Electric Theater）主持人。金瑞契決定要花一輩子思考三件事：如何讓美國延續生命？該如何讓美國人民相信自己有能力讓美國延續下去？該如何讓自己的國家保有自由？

幾十年後，金瑞契在教室畫板架上以筆記方式，寫下了自己的命運，一如古代的象形文字，歌頌征戰四方的戰士：

金瑞契：首要使命
文明的提倡者
文明的定義者
文明規則的導師
煽動文明的群眾推動者
文明運動人士的組織者
文明部隊的領袖（或許）
這是個全面性的使命但不見得能達到最佳成效

不過，首先他必須度過一九六〇年代。

鮑勃．金瑞契於一九六〇年返回家鄉時，賓爾蒂也帶著兒子和他一起來到喬治亞州班寧堡（Fort Benning），紐特就在這裡為尼克森助選，當時的對手為甘迺迪。尼克森是第一個讓他感興趣的政壇人物，紐特更讀了所有可以找到的相關資料：尼克森也是中下階層之子、孤獨的沉思者，有個嚴厲的父親，內心憤慨，朋友不多，也懷抱著偉大的夢想。十一月，守在收音機旁的紐特聽見尼克森輸給了甘迺迪的消息，那漫漫長夜對他而言似乎沒有盡頭。

紐特總是受到女性長輩關愛。高中時，他偷偷和年長七歲的幾何學老師賈姬・巴特利（Jackie Battley）交往。紐特才十九歲他們就結婚了（鮑勃・金瑞契拒絕參加婚禮），後來生了兩個女兒。

身為一個有家室的男人，他從未被徵召入伍，所以未曾到越南參戰。繼父因此相當輕視他：「他的視力不好，還有我見過最平坦的雙腳，這種身體條件根本無法服兵役。」

巴特利繼續工作，金瑞契則在埃默里大學（Emory）讀歷史，後來到杜蘭大學（Tulane）攻讀博士學位，成為了校園中的活躍分子。杜蘭大學禁止校刊刊登兩張校方認為猥褻的照片，金瑞契發起抗議行動抵制這項決策，還參加靜坐。他仍是支持共和黨員，卻對民權、環境、政府道德抱持著改革觀點。他讀了托佛勒（Toffler）的許多作品，成為「大未來」理論的死忠信徒，更大力鼓吹資訊革命。重點是，他熱愛批判既有制度。「腐敗的菁英」是金瑞契最愛的詞，無論對象是誰都適用，這個詞就是他用來對敵人投擲的石塊，金瑞契餘生也都一直將之收在囊中。他後來掌權時也將一九六〇年代比喻為一池髒水，譴責優游其中的自由派人士，但卻也是那個時代造就了他這樣一位人物。

一九七〇年，他回到喬治亞，開始於亞特蘭大郊外的西喬治亞學院（West Georgia College）教授歷史。立刻毛遂自薦擔任該校校長，卻遭到拒絕。一九七四年，他在一個從未推舉共和黨員進入國會的選區中，與保守派民主黨員競爭席位，卻因為受尼克森的「水門案」牽連而敗北。一九七六年他再次參選，也再次落敗，而來自北美大草原的花生農[3]當選了總統。「都是福特害我丟了國會席位」，他怒氣沖沖地說。但金瑞契並未因此喪失鬥志，反而愈來愈接近目標。一九七八年，現任眾議員宣布退休，金瑞契似乎也在此時開始轉運。金瑞契和一九七八年有著密不可分的關係。

他在政壇中是個新物種：來自「新南方」的人物（實際上根本就不是南方人），是代表著現代、中產階級的南方，代表太空計畫和有錢人所住的封閉式社區。他未提出種族訴求，也沒有特別的宗教傾向。亞特蘭大北方郊區是諾曼・洛克威爾（Norman Rockwell）[4]和光纖的結合，體現出尼克森稍早於一九六八年選舉時所預測的趨勢：大多數新興共和黨員都聚集在陽光地帶[5]。金瑞契熱愛航空母艦、月球登陸和個人電腦，因此對這些人相當瞭解。

一九七八年，城市遭到破壞，舉國通貨膨脹，白宮裡還有個毫無幽默感、喜歡說教的卡特總統[6]正鼓吹全民要共體時艱，犧牲奉獻。民眾情緒相當厭煩、沮喪，對官僚和特殊利益團體抱持懷疑態度，他們反政府、反稅制——社會充斥著民粹和保守主義風氣。金瑞契的民主黨對手天生就是領導人才，是一位來自紐約的富有自由派女性，現任的州參議員。金瑞契胸有成竹，他往右翼靠近，跟著她提出福利和稅制政見。他的囊中有了新利器：以「腐敗的自由派福利政府」來攻擊對手，這套說詞也正中靶心，將了她一軍。當時道德多數派（Moral Majority）即將席捲華府，金瑞契也乘機表示，要是讓這位對手進軍國會，她的家庭就會瓦解，金瑞契更讓巴特利和女兒們出現在自己的廣告中。

但巴特利看起來肥胖又令人倒胃口，在政治圈內金瑞契背著她偷吃這件事，早就是公開的秘密。和大多數「煽動文明的群眾推動者」一樣，他的慾望也相當強烈。但他自小就不是那種有魅力的男性：大大的頭顱，如安全帽般的灰色髮型、咧嘴笑時看來裝模作樣又冷酷、寬大的肚腩擠壓著褲子腰頭，因此也難以成功餵養自己的慾望。他設法讓婚外情僅止於口交，所以有人問起時他就能說自己還是忠於婚姻，但兩年內這段婚姻就要結束了，另一位對他傾心愛慕的女人即將成為下一位金瑞契太太。這位文明的提倡者站在巴特利在的醫院病床前，手拿寫有離婚協議的黃色橫條便箋，等著剛開完子宮內膜癌手術的她簽字。多年後，金瑞契會將自己的輕率行為歸咎於他出於愛國熱忱的辛勤工作。

金瑞契在一九七八年輕鬆打贏選戰，政黨也在白宮獲得了十五個席次（迪克・錢尼〔Dick Cheney〕也是眾議院菜鳥之一）。這預告著一九八〇年將發生的一切。

這位「文明運動人士的組織者」來到華府，制定出一套剷除舊秩序的計畫。他要讓執政的民主黨從心底感到恐懼，把他們打成「腐敗的左翼機器」（又是一顆石頭，他的錦囊妙計真是多不可數），對國會主席窮追不捨、誘導眾議院院長，直到他們氣得面紅耳赤為止。他也不惜整頓膽小的共和黨員，羞辱他們的領袖，集結一群年輕的鬥士，教導他們政治之道（他喜歡引用毛澤東的名言：「政治是不流血的戰爭」），為他們提供一套新的語言，塑造一幅狂熱的願景，最終讓共和黨把救贖的希望寄託在這位不擇手段的年輕人身上。接著他將按部就班成為眾議院院長、總統，也許更能成為「文明部隊的領袖」，進而實現拯救國家的偉大願景。

金瑞契幾乎全都達成了。

在戰場上，任何東西都可以成為他的武器，有些甚至是前人從未用過的手段。在他進入國會兩個月後，公共事務衛星有線電視網（C-SPAN）將攝影機指向眾議院，首次為大眾直播國會現況。金瑞契立刻就知道該做些什麼：在例行公事結束後，他便起身發表演說，在空蕩蕩的國會大廳發表煽動性的言論，成功吸引媒體注意，並漸漸打造出電視台追隨的風潮（即使他老是把矛頭指向他所謂「菁英自由派媒體」，但他也深知這些記者就是喜歡看人吵架）。一九八四年，金瑞契在演講中指控民主黨員姑息養奸[7]，惹得眾議院民主黨黨鞭提普．歐尼爾（Tip O'Neill）大為光火：「這是我在眾議院三十二年來見過最下流的事！」歐尼爾個人的評論無人在意，這件事卻讓金瑞契登上晚間新聞。「我現在出名了」，他洋洋得意，對成為名流的規則有了進一步認識。像是「我這個人就是野心勃勃，我想要轉動整個地球，也正在付諸行動」之類的言論，說出這種話，也不是什麼壞事。

政黨舊制已經過時，充滿理想的改革人士對此嗤之以鼻，一心想終結政治密室中大老們牽扯不清的利益糾葛。金瑞契也料到這情形：政治人物如何轉型為企業家，仰賴特殊利益政治行動委員會（PAC）、智囊團、媒體和說客，而政黨階級已不再重要。所以他在華府周邊地區發表演講、寫了一本書（由支持者籌募資金），透過籌款機制和政治行動委員會為自己建立了強大的後盾。他招募全國各地的共和黨員候選人，用錄影帶和錄音帶向他們灌輸自己的用詞和想法，就像個激勵人心的演講家，因為他深知這套語言就是取得權力的關鍵。他的備忘錄還包含單字教學：如果你用下列字詞談論對手，像是**背叛**、**詭異**、**掌權者**、**官僚**、**欺騙**、**貪腐**、**危機**、**憤世嫉俗的心態**、**腐敗**、**毀滅**、**低俗**、**強迫他人接受**、**無能**、**自由主義**、**說謊**、**限制**、**過時**、**可悲**、**激進**、**羞恥**、**病態**、**僵化**、**現狀**、**行竊**、**稅制**、**他們**、**威脅**、**叛徒**、**透過工會集結工人**、**浪費**、**福利**，對手就會淪為防禦的一方，而如果你用這些字詞來描述己方：**改變**、**孩子**、**選擇**、**常識**、**勇氣**、**奮鬥**、**夢想**、**責任**、**賦予力量**、**家人**、**自由**、**努力**、**領導**、**自由**、**光明**、**道德**、**機會**、**支持**（某某議題）、**驕傲**、**改革**、**力量**、**成功**、**堅強**、**真實**、**願景**、**我們**，你就已經贏得了辯論。無論是何種情境或甚至是意義，都可以運用金瑞契的詞庫組成有力的詞句：「**我們可以為自由和真實引領道德之戰，藉此為孩子和家人賦予夢想的力量，只要我們足夠堅強、具備常識，就能無往不利。**」「**腐敗的自由主義掌權者善於欺騙、說謊和行竊，將自己病態可悲的憤世嫉俗心態和詭異激進的僵化思想強加他人身上，就是為了摧毀美國。**」因此有一整個世代的政治人物都在學習紐特・金瑞契的話術。

他也發現選民對當地政黨或國家機構不再具有認同感。他們藉由電視瞭解政治，政策介紹或理性辯論也不再能夠說服選民。象徵和情緒才能激起他們的回應。民眾也變得愈來愈偏頗，各地區漸漸出現明顯的民主黨或共和黨、自由派或保守派分立。只要可以煽動議題，讓選項僅有簡單的善惡之分，激起捐贈人士的恐慌或憤怒情緒，他們就更有可能掏出錢來。美國總是立足於歷史的交叉路口，文明岌岌可危，在這種情勢之下，要達成目的對這個男人而言可說是輕而易舉。

在一九八〇年代末期，金瑞契正對華府和共和黨帶來劇烈轉變，他的影響力也許更勝雷根，也許更勝任何人。接著歷史也走進了高潮。

一九八九年，民主黨眾議院院長吉姆・萊特（Jim Wright）因後座議員金瑞契窮追不捨的道德指控而請辭，是金瑞契生涯中捕獲到最肥美的獵物。共和黨眼見金瑞契火力全開，便推舉他成為黨內領袖之一，這位「文明規則的導師」並未讓他們失望。一九九四年，他成功說服幾乎所有共和黨候選人在國會大廈前簽署他擬定的《與美國訂約》（Contract with America）議程，統一所有候選人的期中選舉政見，表示「這是邁向嶄新美國文明的一步」。十一月，他的黨派獲得了兩院的多數席次——這是繼他一次看兩部非洲狩獵電影那年以來的頭一回。那是一次金瑞契革命，他就像是羅伯斯比爾（Robespierre）[8]，身兼眾議院議長與媒體追逐的焦點，更與白宮那位雙頰通紅、來自阿肯色州的領袖[9]平起平坐，這兩位政壇人物的背景和野心幾乎如出一轍。

金瑞契將柯林頓稱為「與主流文化對幹的麥高文—尼克」[10]、「美國公敵」。他認為自己的意志可以壓倒總統：柯林頓渴望受到愛戴，金瑞契則希望成為他人恐懼的對象。整個一九九五年他們都在預算問題上糾纏不休。兩位人物在白宮會面時，金瑞契提出條件，柯林頓則仔細觀察金瑞契，他在尖刻的言語底下發現了九歲男孩的不安全感。他瞭解為何金瑞契身邊的同儕都無法與之抗衡，他清楚該如何利用對方的驕矜自大。柯林頓渴望受到愛戴，因此能夠洞察一切，更善用這點來操弄對手，同時為對方設下陷阱。在年末，美國聯邦政府為了預算問題而被迫關閉時，金瑞契便成了眾矢之的。

當年金瑞契勾勒出來的首要使命，也就此劃下句點。

金瑞契又擔任了三年的眾議院院長。他所達成的事項並未獲得媒體表揚，功勞反而全歸那位阿肯色州男孩（他總能追到超性感的女人，在掌權前就早已充滿魅力）。隨後，不擇手段開戰的報應終於找上門來。一九九七年，金瑞契因為透過多個非營利組織用政治獻金洗錢而受到白宮譴責，並因此吃下三十萬美元的罰款，創下罰款金額的紀錄（還有些黨員想要將他推上斷頭台，和他徹底切割）。一九九八年，只發生了一件事，就是莫妮卡・陸文斯基的醜聞。儘管柯林頓總統先是與莫妮卡口交，後來又說謊，但民主黨改寫了歷史，在眾議院的期中選舉席次上仍斬獲數席。這導致曾擁護金瑞契國會革命的人紛紛倒戈，把矛頭指向他。金瑞契辭去議長職務，表示：「我不願帶領一群食人族。」他投下的最後一票就是要彈劾他的對手。之後，他承認自己在擔任議長期間始終和一名比自己年輕二十三歲的女性有婚外情。金瑞契在國會的二十年生涯畫上句點，但在華府仍相當活躍。

這座城市在當時可說是完全掌握在紐特・金瑞契的手中。無論金瑞契是否曾把自己講的話當真，十幾二十年間被他親手推上權力舞台的人都很買帳。他將炮火交到他們手上，這些人只要遇上敵人就將發動攻擊，就連對金瑞契本人也毫不手軟。二〇〇〇年，雙方互相攻伐，戰況僵持不下。戰場上屍橫遍野，去年的屍體成為今年的骸骨，沒有人能真的解釋這場戰爭的理由，也看不見盡頭，說是**華府煉獄**也不為過。

也許這就是金瑞契一直追求的結果。沒有戰爭的政治肯定相當無聊。

金瑞契瞞著第二任妻子偷吃的對象：穿戴 Tiffany 衣服配件的年輕國會助理，最後成為第三位金瑞契夫人。華府的智囊團和偏共和黨路線的媒體為他保留了一席之地，因為金瑞契也曾為他們這麼做。一如他的對手，他不在職的時間都在和富人打交道。因為手頭上永遠沒錢（他在從政生涯中一直負有債務），他也開始透過人脈和影響力賺進大把鈔票：若要轉動整個地球，就必須緊抓兩黨遊說集團帶來的所有機會。金瑞契的著作接二連三出版，八年內就出版了十七本，因為對他而言，美國的衰頹愈來愈嚴重，菁英自由主義媒體的破壞力漸長，世俗社會主義機器更加激進，白宮裡的民主黨與美國價值「漸行漸遠」[11]，而拯救美國的渴望並未褪去，想要被傾聽的需求更是難以抑制。

當他終於要角逐總統大位時，早就大勢已去。但這位面帶孩子氣詭異笑容、頂著花白安全帽髮型的老男人，總是不缺錦囊妙計。

1．譯註：美國影星，曾飾演眾多具有男子氣概的角色，牛仔形象尤其深植人心。

2．譯註：即 Douaumont Ossuary。

3．譯註：指卡特總統。

4．譯註：美國二十世紀早期的重要畫家及插畫家，作品主題為商業宣傳和美國文化。

5．譯註：美國南方。

6．譯註：指卡特總統。卡特曾於一九七九年發表「自信的危機」（Crisis of Confidence）演講因應石油危機，呼籲美國人不要過度重視自身利益，應減少能源使用。

7．譯註：指控民主黨員推崇共產主義。

8．譯註：法國大革命時期的政治家。

9．譯註：指時任總統的柯林頓

10．譯註：原文為「Counterculture McGovernik」，是金瑞契捏造的詞彙。他將柯林頓比作實際上相當溫和的參議員麥高文（George McGovern），再加上「-nik」使其聽來像是俄文名稱，令人聯想到共產黨。

11．譯註：指歐巴馬的美國公民身分爭議，許多保守人士認為歐巴馬係出生於肯亞而非美國，因此根據規定沒有選總統的資格。作者原文用“alien”一詞，有「疏離」與「異國」的雙重意涵。

傑夫・康諾頓之一

一九七九年，傑夫・康諾頓（Jeff Connaughton）與喬・拜登（Joe Biden）初次見面，那時拜登三十六歲，是美國參議院史上第六年輕的參議員，而康諾頓十九歲，就讀阿拉巴馬大學（University of Alabama），主修商學。康諾頓的父母住在阿拉巴馬州亨茨維爾市（Huntsville），父親在陸軍飛彈司令部（Army Missile Command）擔任化學工程師三十年，在那之前父親隨著美國陸軍航空隊（Army Air Corps）橫跨歐洲、中國、日本等地區，出了四十七次任務，戰後在《美國軍人權利法案》（GI Bill）的獎助之下到塔斯卡盧薩（Tuscaloosa）讀阿拉巴馬大學，之後以一美元的時薪在伯明罕（Birmingham）一家煉鋼廠工作，接著又到阿肯色州一間家具店做事，再回到阿拉巴馬州，任職於莫比爾市（Mobile）的國家建材公司（National Gypsum），最後投入戰後時期正蓬勃發展的國防產業。小型火箭推進系統的製造是個中產階級的好工作，年收入最高可達五萬五千元，因為冷戰爆發後聯邦政府在這方面投入不少資金。但其實康諾頓的父母從小就家境清寒。康諾頓的爺爺是一戰老兵，一九三二年走上華府街頭與大批同袍一起爭取撫卹金，康諾頓的父親也在場。康諾頓的母親則來自阿拉巴馬州克里克鎮（Town Creek），從小與家中姐妹到他外曾祖母的農田裡幫忙採集棉花，熬過困苦的日子。母親五歲時存了五美分想給康諾頓的外祖母買生日禮物，沒想到卻生病，發高燒燒到四十度，當時賣冰塊的車子剛好在外面經過，他母親還拒絕外祖母買塊冰來幫她降溫退燒，只因家裡除了她所存下的五分錢以外就沒錢了。康諾頓一直想著要是自己哪天決定競選公職，一定要和大家分享這個故事。

康諾頓一家的投票行為分歧不一。母親始終記得小羅斯福總統親臨克里克鎮參加惠勒大壩（Wheeler Dam）的開幕儀式，大批看熱鬧的孩子們沒想到總統居然是坐輪椅的，隨從把他從火車上扛下來，抬進一輛車裡，那一幕讓他們個個鴉雀無聲。[1]之後母親一生都把選票投給民主黨。戰後父親在阿拉巴馬第一次投票，他問投開票所員工該如何投票，得到的回覆是：「公雞底下寫了誰的名字你就投給誰啊。」公雞就是當時阿拉巴馬民主黨（Alabama Democratic Party）的黨徽，該黨是當年唯一有分量的政黨。康諾頓的父親聽了當場決定支持共和黨，隨後幾十年都不曾變心，還等到美國南方的白人接二連三地加入他的行列。即使如此，多年後康諾頓到華府替拜登做事，成為「民主黨專業幕僚」，父親終究還是把選票投給了柯林頓，接著又投給了歐巴馬，但實際上就是投給兒子。康諾頓的老家住郊區，居民大都是共和黨的鐵粉，甚至還有人偷走他們家前院歐巴馬和拜登的競選牌子。

康諾頓個子不高，頂著一頭黃沙色金髮，他既聰明又勤勞，但與所有出身阿拉巴馬的小伙子一樣，自幼就有些自卑，而且成長期間並無確切的政治立場。一九七六年，雷根在共和黨全國代表大會上的演講表示：「在民主黨執政下，國家的自由受到侵蝕」，康諾頓深受啟發；一九七九年，卡特總統判斷美國陷入「信心危機」[2]，他告誡大家：「現在有太多人對於放縱自我和過度消費抱著崇拜的心態」，演講被批評「無力感十足」，康諾頓又投書《塔斯卡盧薩新聞報》（*The Tuscaloosa News*），替卡特的演講內容辯護，總之他在移居華府之前都是個搖擺選民。康諾頓也很崇拜甘迺迪一家：一九九四年，他到山核桃莊園（Hickory Hill）參加一場為凱薩琳．甘迺迪．湯生（Kathleen Kennedy Townsend）[3]舉辦的募款活動，當時艾瑟兒．甘迺迪（Ethel）[4]與其他甘迺迪家成員都在豪宅前院竭誠歡迎賓客，康諾頓卻偷偷溜進客人不該闖入的書房，從櫃子上取出一本裝訂成冊的勞勃．甘迺迪（Robert F. Kennedy）[5]演講集，而且是附帶手寫筆記的原稿。康諾頓的目光落在一行文字上：「我們應該做得更好」，只見勞勃．甘迺迪把「應該」劃掉改成「一定要」。對康諾頓而言，這本書與《聖經》無異。那是康諾頓對政治的第一印象：偉大的演講、刺殺等重大歷史事件以及掛在白宮橢圓形辦公室與玫瑰園裡的甘迺迪總統黑白畫像。康諾頓這等人物在華府的歷史中扮演關鍵角色，但往往遭忽略，比起主角哈姆雷特，他更像是配角羅生克蘭；比起君主他更像臣子，公職和權力的浪漫對他有著巨大的吸引力，而這些浪漫最終變得密不可分。多年後康諾頓坦言：「我是最佳男配角。」

一九七九年初，一位就讀賓州大學的朋友邀請當時大二的康諾頓，以阿拉巴馬代表的身分到費城參加全美大專學生會年會（National Student Congress）。機票要價一百五十美元，學生會從預算裡撥出二十五元給康諾頓，《塔斯卡盧薩新聞報》願意付康諾頓七十五元將參加這場盛會的經驗寫成文章，而最後五十元則來自某家溫娣漢堡（Wendy's）分店的經理：康諾頓一週有好幾次都會在那裡用餐，經理聽說這個大學生正努力籌錢參加國家級的會議，藉此改善當時那種對政治冷漠的校園氛圍，並在水門事件與越戰後恢復人民對政治的信心，讓他十分感動，便從收銀機裡掏出五十元來資助。

年會邀來的第一位講者是來自伊利諾州的死硬保守派共和黨眾議員丹．克蘭（Dan Crane）。克蘭與數以千計歷任議員一樣，當選美國人民的代表後到華府國會服務再默默淡出，不留一絲痕跡。第二位講者是喬．拜登，拜登開場就說：「如果說克蘭議員剛剛那番話是自由派立場的話，那保守派立場大概就是：『你們統統被逮捕了。』」現場頓時哄堂大笑，之後拜登說了什麼，康諾頓一點也不記得，但講者本人卻在他心裡烙下深刻的印象。拜登朝氣蓬勃、幽默風趣，對大學生又有一套，這個回憶讓康諾頓永生難忘。

康諾頓回到塔斯卡盧薩後成立了阿拉巴馬州政治聯盟（Alabama Political Union），他們在秋天舉辦了第一場活動，邀請拜登及來自猶他州的共和黨參議員傑克．加恩（Jake Garn）針對《第二階段限制戰略武器談判條約》（SALT II）進行辯論，大學將提供五百元的酬金。當時是一九七九年，還沒有參議員不得收取活動酬金的禁令，但在那年一月已經開始設限：薪資以外的收入最多只能和年薪五萬七千五百元的百分之十五一樣高。兩位參議員接受了邀請，但後來加恩反悔了，而原本的辯論會幾乎不保，就快被迫成為一場演講了。

康諾頓與一位來訪的友人跳上他那台雪佛蘭轎車便上路了，他那朋友來自楊百翰大學（Brigham Young University）[6]，和傑克．加恩一樣都是摩爾門教徒。康諾頓為了讓加恩參議員回心轉意與友人開了十四小時的車到美國首都，在那之前康諾頓從未到過華府，而首都的環城公路（Beltway）像一道護城河，車子開在公路上卻看不到任何通往華府的出口，只見國會大廈的圓頂一直忽遠忽近，但兩人終於還是找到一條路可以開向國會山莊。沿途經過一條條偏僻街道，那就是華盛頓市的貧民黑人區，市容衰敗破落，城裡有八成民眾都住在這裡，但後來康諾頓在這城市工作、生活了二十年，卻很少再見到。

早上，兩人沿著羅素參議院辦公大樓（Russell Senate Office Building）一條又高又長的走廊，在一扇高聳、令人畏懼的桃花心木門後面找到了加恩的辦公室。由於康諾頓帶了一位來自猶他州[7]的摩門教徒，因此即使沒事先與參議員安排會面，議員還是賞臉在會客室接見，但康諾頓最終還是無法改變加恩的心意，因為加恩在辯論當天已另有行程。康諾頓和摩門教徒友人離開後在羅素辦公大樓附近晃了一下，周圍的白色佛蒙特大理石、康科特花崗岩、暗紅的桃花心木以及這個兩黨制組織所散發的排外感與威嚴，都讓他們兩個年輕的外地人自覺格外渺小。當時國會大廈威嚴四射，但不久後將開始出現裂縫，威信蕩然無存。康諾頓與友人原想找其他共和黨參議員出席活動，但大廳裡空蕩蕩的，而且安靜得詭異，充滿不民主的氣氛。康諾頓不認得幾個參議員，他有可能瞄到了霍華．貝克（Howard Baker）、雅各．賈維茨（Jacob Javits）、查爾斯．裴西（Chuck Percy）或貝利．高華德（Barry Goldwater）。民主黨議員當中，小休伯特．韓福瑞（Hubert Humphrey）剛去世不久，但埃德蒙．馬斯基（Edmund Muskie）、法蘭克．丘奇（Frank Church）、柏爾奇．拜爾（Birch Bayh）、蓋洛德．尼爾森（Gaylord Nelson）、喬治．麥高文（George McGovern）都還健在，只是即將被掃地出門，離開參議院。

鈴聲突然響了起來，忽然間走廊裡湧入一群白髮蒼蒼、高大且氣度非凡的男子。康諾頓和友人跟著他們進了電梯到地下室[8]（咦，那個頭上戴著蘇格蘭圓扁帽的矮小日裔美國人不正是早川一會參議員〔S. I. Hayakawa〕嗎？），地下電動輕軌列車在國會大廈與羅素辦公大樓之間來回開，車程只需三十秒。有些參議員正走向下一班車，其中泰德．甘迺迪（Ted Kennedy）被康諾頓的友人認出來後立刻露出微笑，那位友人走向前，兩人還握手。康諾頓則一時肅然起敬，在原地一動也不動。那時候甘迺迪正準備挑戰同黨總統卡特，爭取一九八〇年的民主黨總統提名，但民眾全然不知，是拜登第一個在一九七八年初告誡卡特，說甘迺迪已盯上他了。

康諾頓始終沒找到共和黨參議員來參加辯論活動，只能返回塔斯卡盧薩，但這已無所謂了。到了九月活動當天，拜登身穿一套量身定制的西裝搭配一條「權勢領帶」[9]，看來整齊俐落。他笑得很燦爛，還露出潔白的牙齒，在校園裡姐妹會大道（Sorority Row）上的 Phi Mu 姐妹會宿舍（康諾頓當時的女友是姐妹會成員）舉辦的晚宴上，可愛的女學生們都被拜登迷得神魂顛倒，康諾頓一整晚緊跟在拜登身邊當他的左右手，那時他已認真在考慮是否要從政。學生中心擠滿了兩百人來聽拜登演講，康諾頓先介紹拜登，等他來到講台便回到前排的座位上。

「我知道你們是聽說我很偉大才會出席今晚的活動，」拜登開始說道：「沒錯，大家都說我是做總統的料。」拜登的幽默感讓大家不知所措，講台下發出了尷尬的笑聲。「我才剛結束一場演講，那群學生準備了一個大牌子，上面寫著『歡迎拜登參議員蒞臨』，正當我走在牌子底下時，忽然聽到有人說：『那是白等參議員耶！』」現場笑聲變大，拜登已控制全場。他開始切入主題，論點清晰有條理且整場九十分鐘無需參考筆記，拜登支持減少美蘇雙方的核武庫存，一一反駁參議院裡反對《第二階段限制戰略武器談判條約》主張。前天才剛爆出所謂蘇聯軍隊在古巴出沒的消息，害此條約深受打擊。「各位，我要告訴大家一個秘密，」拜登小聲說道，他拿起麥克風走向人群，讓他們靠過來聽他說。「那些軍隊一直都在古巴啦！」他喊道：「而且這是眾所周知的啊！」拜登的演講以響亮且延綿不絕的掌聲落幕，康諾頓起身想要向拜登致謝，這個無心的舉動卻讓大家都跟著他起立鼓掌。

演講結束後，一名學校警衛開車將拜登載到伯明罕機場，康諾頓也跟著去了。雖然拜登看起來很累，但對於警衛的所有疑問（「民主黨和共和黨哪裡不一樣？」），拜登還是深思熟慮後再回答，就像面對新聞主播大衛．布林克里（David Brinkley）的採訪那樣謹慎。康諾頓問拜登為何天天從德拉瓦州威明頓（Wilmington）坐火車通勤到華盛頓，拜登緩緩地講述了一場車禍的故事。一九七二年十二月，拜登才剛當選參議員一個月就發生那場車禍，由年輕夫妻與年幼子女組成的家庭幾乎慘遭滅門。「我的妻子和寶貝女兒走了，」拜登說：「兩個兒子也傷勢不輕，所以我留在醫院陪我兒子。我真的無心當什麼參議員，但最後還是在兒子床邊宣誓就職，上任後我服務民眾，但我每晚都會回家陪兒子，久而久之就習慣了，所以要我搬到華府我真是沒辦法。」

那一瞬間，康諾頓被拜登迷住了。在他眼前的這個人集聚悲劇、力量與演講魅力於一身，就和甘迺迪家那些政治明星一樣。在阿拉巴馬大學那天，拜登對所有他接觸過的人都施展魅力，直到與對方建立起某種關聯才願善罷甘休，從那些姐妹會女學生、演講觀眾（其中不少人只是為了拿學分才出席）、那名警衛以及康諾頓本人就可以看出來。若想當總統就必須要有這種特質與動力。當他們在機場下車時，康諾頓拿出一個筆記本，拜登在筆記本寫了幾個字：「傑夫與APU[10]的各位，請繼續參與政治，國家需要你們。」當下康諾頓就知道自己最終將跟隨這名男子一路到白宮，到了白宮要做什麼他還不確定，但那不重要，重要的是要走到白宮，走到美國社會最頂尖的位置。

大學畢業前，康諾頓又邀請拜登來了兩次，也找數十名議員到學校來進行付費演講，每次演講拜登都說一樣的笑話，到了第三次演講，酬金高達一千元。康諾頓最後一次送拜登到機場時對拜登說：「如果哪天您競選總統，我一定會在場支持您。」

康諾頓並未立刻到華府，而是帶著拜登的推薦函先報讀了芝加哥大學商學院。《時代雜誌》一九八一年某期封面故事是〈追逐金錢〉，報導內容講述當時修讀企管碩士的風潮，雜誌封面上有個畢業生頭上頂著四方帽，帽子尖端還有一個用美元鈔票做成的帽穗。康諾頓從小就沒什麼錢，對他而言，華爾街的吸引力就只差白宮那麼一點，修讀企管碩士就是為了在華爾街打滾，否則拿到一個那麼有聲望的企管學位還到IBM、寶僑那種公司上班，那不就和到華府工作卻被派往內政部服務一樣可笑嗎？他的同學一致認為，那個年頭還在一個實際生產產品的企業上班就代表你已經遜掉了。碩二快結束時，康諾頓搭機前往邁阿密萊德貨車公司（Ryder Truck）面試，他心想要不是可以在邁阿密海灘玩一天，不然他根本沒必要那麼大費周章的。碩一結束後的暑假，康諾頓在休士頓康納公司（Conoco Oils）[11]打工，公司要聘他當正職員工，但起薪只有三萬兩千元，每半年還會從路易斯安那州查爾斯湖（Lake Charles）被派往北邊一千公里外的奧克拉荷馬州龐卡城（Ponca City），康諾頓一想到就覺得這份工作和邁阿密貨車公司一樣令人絕望。康諾頓的故鄉本來就在「飛越之地」[12]，他壓根不想在那裡工作。如果沒能在所羅門兄弟公司（Salomon Brothers）或高盛（Goldman Sachs）等投資銀行或麥肯錫（McKinsey）等管理諮詢公司上班，那康諾頓會覺得自己是人生失敗組。

康諾頓並未忘記拜登。他在大學圖書館裡忙到三更半夜，把金融書籍放一邊，挖出六〇年代出版的《時代雜誌》重溫甘迺迪總統任期的點點滴滴以及他弟弟勞勃．甘迺迪的崛起，還有他們兄弟倆先後遭到暗殺的報導。康諾頓仍想藉由瀏覽那些黑白照片讓自己不至於迷失方向：儘管他應徵了華爾街的工作，但也密切關注著拜登的消息，還寄出幾封求職信，但不是寄給拜登參議員辦公室或是康諾頓算是認識的一名拜登幕僚，而是把求職信寄給拜登本人，裡面寫道：「親愛的拜登參議員，我在芝加哥畢業後會北上，我在想……」，但終究沒下文。如果是寄給辦公室工作人員的話那還有可能收到回信，但康諾頓並不了解，拜登的辦公室只回覆一些來自德拉瓦州的信件，而康諾頓的信都直接進了垃圾桶。

康諾頓以四萬八千元的起薪加入了史密斯巴尼公司（Smith Barney's）的公共財政部，在一九八三年夏天移居紐約。那是在華爾街起家的最佳時機，如果康諾頓和其他同學一樣留了下來，或許就已經發一筆小財了。公共財政意味著州政府和地方政府可享有免稅債券，雖然這不是什麼讓人發大財的管道，但對康諾頓而言再適合不過了，康諾頓在報讀商學院時曾在申請書寫過他想了解企業與政府之間的交集，也希望未來事業可以讓他穿梭於在公部門與民間企業之間。史密斯巴尼公司在佛羅里達州承銷政府發行的水管和下水道債券，那裡的城鎮人口每隔幾年就增加一倍，需要籌集五千萬到一億元的資金來興建基礎設施。

公司會在位於曼哈頓的盧帝斯餐廳（Lutèce）花費三萬元舉辦奢華的慶功晚宴、提供豪華轎車，並向客戶保證那點錢並不會對他們當地造成任何損失，慶功晚宴和承銷費是可以賺回來的，只要把他們在免稅市場上籌到的資金再做投資就行了，這樣一來比起公共債券還能多賺百分之三利息。康諾頓對官員們說：「只要您一句話，我這裡有音樂劇《貓》的前排座位票，不會花到貴州納稅人一毛錢。」官員們會猶豫不決，但隔天早上康諾頓就會收到留言：「我們改變主意了，**還真想**去看看《貓》呀。」幾乎每次都會上演同樣的戲碼。有一次，某位銀行家來到田納西州的傑克遜郡（Jackson County）向委員會解釋為何銀行的收費愈高，傑克遜郡節省的錢就愈多。會議室後方傳來某人的回覆：「聽你在放屁咧⋯⋯」。身為南方人，康諾頓非常了解只要有來自紐約的投資銀行家南下說：「我們可以幫您省錢」就一定會有人在會議室裡回他一句：「聽你在放屁咧⋯⋯」。

康諾頓和室友一起住在公司為他們租下的紐約上東區公寓，早上九點半，康諾頓悠悠哉哉走進位於紐約中城的史密斯巴尼公司總部，埋頭工作一整天，和同事一起出去吃晚餐，再回到辦公室忙到半夜才下班。雖然他不像一些怪胎同事一樣聰明，可以在電腦上跑數字分析債券交易的預期收益，但來自南方的他有趣多了，而且與居住曼哈頓的許多阿拉巴馬女生有來往。康諾頓從不碰毒品，多年後柯林頓總統上任，康諾頓受聘在白宮工作，在進行安檢時被問到是否使用過毒品，康諾頓的回答是：「我一生都在等待有人能問我這個問題。」但波旁威士忌他倒是喝了許多，還曾經在五四俱樂部[13]跳舞玩通宵。但從十一月開始，他和同事之間的談話總離不開年終獎金的多寡。

一年後，康諾頓被調到芝加哥，他厭惡寒冷的天氣並想念南部生活，便放棄兩萬元的獎金，在一九八五年初跳槽到位於亞特蘭大的證券經紀商赫頓公司（E. F. Hutton）。幾個月後，新公司在一次大規模的支票詐欺醜聞中向兩千項郵電詐欺罪狀認罪。整個八〇年代，赫頓公司一直在開空頭支票，無法兌現龐大的金額，並在多個帳戶之間轉移資金，再將這筆錢用於無息貸款，短短一兩天內就利用浮差賺取上百萬元。在華府，擔任參議院司法委員會成員的拜登開始調查此案件，他在電視節目上討論華爾街的白領犯罪活動日益肆虐，以及雷根政權底下的司法部失責，無法制止白領犯罪。他在紐約大學的演講中提到：「大家都認為我們的法律體系對高層人員不道德或非法行為的管制失敗了，或根本沒認真嘗試過進行有效的管制。」雷根在第二任期顯得老態龍鍾，執政團隊充斥著貪污的氣息，而拜登正準備競逐大位。

赫頓公司認罪後把客戶都嚇跑了，也導致公司錢財、人才兩失，但康諾頓卻死裡逃生，倖存下來。他學習這行業的門路，獨自一人搭乘飛機到佛羅里達與市財政官會面，還提出了一個可行的點子：各郡與各城鎮的退休金負債金額龐大，那不如把這筆錢拿去套利賺差價？先以四趴利率發行一個一億美元的免稅退休金債券，再以六、七趴的利率投資幾年？這是在詐騙美國納稅人，但如果有律師事務所出面背書，那就是合法的，這方面律師也是各出奇招，只因此事愈來愈賺錢。一家債券公司表示肯定，康諾頓的老闆自己也當過債券律師，他可高興極了。一九八〇年代，康諾頓在投資銀行業摸索門道，原來遊走在稅法邊緣可以發橫財。

他年僅二十七歲就當上助理副總裁，收入十萬元以上，但傍晚回到家卻覺得這並不是他想要的人生。

一九八六年底，拜登顯然想競選總統。康諾頓不曾忘記拜登，赫頓公司的某個說客與拜登團隊有關係，康諾頓拜託他幫忙走後門，這招果然奏效。

「拜登對我來說就像是邪教教主，」康諾頓後來說。「這個人我是跟定了，我要騎著這匹馬一路騎到白宮裡，那是我人生的下一站，華爾街我歷練過了，下一站就是白宮。」

■

1．譯註：當年美國人民大多是透過廣播聽過小羅斯福總統的聲音，但不知道他是個小兒麻痺患者（他是在卸任美國海軍部助理部長一職的隔年，才在三十九歲染病後導致下肢癱瘓）。

2．譯註：前美國總統吉米．卡特的演講主題為〈一場信心的危機〉（A Crisis of Confidence）。

3．譯註：甘迺迪總統的姪女。山核桃莊園位於維吉尼亞州，曾是甘迺迪家族的房產。

4．譯註：甘迺迪總統之弟勞勃．甘迺迪的遺孀，與勞勃育有十一名子女。

5．譯註：甘迺迪總統之弟，後來步入兄長後塵，也遭人暗殺身亡。

6．譯註：位於加恩的選區猶他州，是一所基督教大學。

7．譯註：傑克．加恩參議員來自美國猶他州，從一九七四到一九九三以參議員身分代表該州。

8．譯註：美國國會地鐵的電氣化輕軌系統將美國國會大廈、眾議院與參議院連接在一起。

9．譯註：原文為「power tie」，是一種顏色醒目的領帶，一般用於加強穿戴者自信、有權勢之形象。

10．譯註：即康諾頓成立的阿拉巴馬州政治聯盟。

11．譯註：康納公司為康菲石油公司（Conoco Phillips）的前身。

12．譯註：飛越之地（flyover country）為對美國中部地區的蔑稱，因為飛機時常飛越中部地區，不停靠。

13．譯註：一九七〇年代美國紐約市一間高人氣的俱樂部。

一九八四年

蘋果電腦公司將在一月二十四日發表第一台麥金塔（Macintosh）。到時候你就會知道為什麼一九八四年看起來再也不一樣了。[1]……**銀行證券單位可望承銷債券**[2]……又到了美國的早上，在雷根總統的領導下，我們的國家更加自豪、強大和美好。誰會想要重回不到四年前那個美國呢？[3]……我有一份工作，有一個女友／我的世界開始變得不太對勁／我遭到伐木場解雇／我們的愛情變質了，日子變得艱難[4]……**坦帕首迎超級盃，努力終獲回報**……然而，那種事情所帶來的長期效益遠不如超級盃（Super Bowl）。這對我們來說是一個真正的機會，向大家展現坦帕是一個多麼棒的地方。這是一個大家來了不用擔心會被占便宜的地方。[5]……**美國小姐爆裸照曝光，主辦單位促請放棄冠軍頭銜**[6]……你的表現會覺決定外人如何評判你，所以為什麼要開一台比較差的車呢？[7]……新英格蘭銀行（Bank of New England）副總裁大衛・赫席（David E. Hersee, Jr.）之前幫一位遷居波士頓的加州客戶的女兒找房子。當然，租屋服務只會留給最好的客戶[8]……**琳達・格雷（Linda Gray）的地下戀情**就如同她在電視劇《達拉斯》（Dallas）中飾演的角色，她愛上了年紀比她小的男人[9]……在新政府上任以前，四年內一個接著一個國家加入蘇聯。不過，從一九八一年一月二十日起，就再也沒有半吋土地落入共產黨手中[10]……**U.S.A.! U.S.A.! U.S.A.!**[11] **呼叫器把各地方大量工作狂串聯起來**現在已被當成不可或缺的謀生工具；不再是奇怪的高科技產品[12]……住房金融業需要一個全國性的房貸交易所，用於處理房貸和證券化房貸的交易活動，「這就像紐約證券交易所處理公司股票交易一樣，」房利美（Fannie Mae）董事長大衛・麥斯威爾（David O. Maxwell）表示[13]……**美國的新研究發現了可能導致愛滋病的病毒**[14]……每個人的一生，有時候總是會在逆境中有所收穫，有時候則是情況看起來很糟糕，讓人不得不奮力一搏，改變命運。我相信就是那天早上被貶到倉庫裡的辦公室後，引領我走上克萊斯勒汽車公司總裁的道路[15]……**雷根壓倒性勝選連任總統**顯然廣受選民愛戴[16]……我感覺我好像乘客，搭上沉淪列車[17]……

■

1．編註：出自蘋果公司麥金塔電腦一九八四年的電視廣告，廣告借用奧威爾反烏托邦名著《一九八四》的小說創意，在眾所矚目的超級盃比賽時段中播出。

2．編註：出自《華盛頓郵報》一九八四年三月九日新聞。是指一九八四年通過《加強二級抵押貸款市場法案》（Secondary Mortgage Market Enhancement Act），該法案允許包括銀行在內的聯邦註冊金融機構對抵押貸款相關的證券產品進行投資，是二〇〇八年金融危機的導火線之一。

3．編註：出自雷根一九八四年總統大選競選廣告「更自豪，更強大，更美好」（Prouder, Stronger, Better）。

4．譯註：出自於歌手布魯斯・史普林斯汀（Bruce Springsteen）於一九八四年推出的作品〈沉淪列車〉（"Downbound Train"）。

5．編註：出自《紐約時報》一九八四年一月十七日新聞，該報導描述了坦帕市政府和市民為舉辦一九八四年超級盃比賽所做的種種努力。

6．編註：出自《洛杉磯時報》一九八四年七月二十一日新聞。美國小姐冠軍得主凡妮莎・威廉斯因早期裸照被售賣並刊登在《閣樓》雜誌，在一九八四年宣布放棄前一年所獲得的冠軍頭銜。

7．編註：出自BMW汽車一九八四年雜誌廣告。

8．編註：出自《波士頓環球報》一九八四年七月十日新聞。

9．編註：出自《國家詢問者報》一九八四年三月二十日封面報導。琳達・格雷是因演出著名電視劇《達拉斯》而家喻戶曉的美國演員。

10．編註：出自雷根在一九八四年八月二十三日共和黨全國大會上的演講，他在當天獲得總統候選人正式提名。

11．編註：同前註。

12．編註：出自《華盛頓郵報》一九八四年十月二十二日新聞，描述呼叫機在美國職場的盛行。

13．編註：出自《華盛頓郵報》一九八四年九月二十五日新聞。房利美於一九三八年由美國政府成立，最初是一家為地方銀行提供長期低利率抵押貸款的國營機構，是羅斯福新政時期為恢復住房金融市場流動性而設立的公共項目。一九六八年私有化，展開住房貸款證券化的業務，與房地美（Freddie Mac）一度幾乎壟斷美國次級房貸市場。二〇〇八年次貸危機遭遇重創後，重新被政府接管。

14．編註：出自《紐約時報》一九八四年四月二十四日新聞。一九八一年，美國通報全球首例愛滋病案例，引起公眾持續性恐慌，一九八四年才正式確知導致愛滋病的病毒。

15．編註：出自傳記《艾科卡：一部自傳》（*Iacocca: An Aurobiography*, 1984），李．艾科卡、威廉．諾瓦克（Lido Anthony "Lee" Iacocca）著。李．艾科卡曾先後任福特汽車公司和克萊斯勒汽車公司總裁，在一九七九年入主克萊斯勒後成功拯救該公司，振興美國汽車製造業，保障了數十萬美國人的工作，被譽為「美國產業界英雄」。

16．編註：出自《華盛頓郵報》一九八四年十一月七日新聞。

17．譯註：同註4。

泰咪・湯瑪斯之一

泰咪・湯瑪斯（Tammy Thomas）自小於俄亥俄州揚斯敦市（Youngstown）東區長大。幾年後大環境惡化，她便搬移到南區，南區變得難以容身後，她便又搬遷至北區。有時泰咪興致一來，就會開著自己那一輛二〇〇二出廠的金屬灰龐帝克太陽火焰（Pontiac Sunfire）轎車，回以前住過的老地方看一看駛過高速公路，而她行經的是一條興建於一九六〇年代末期，將城市一分為二的高速公路。

泰咪生長於一九六〇、七〇年代，當時東區的人口組成仍頗為複雜。泰咪就住在夏洛特大街（Charlotte Avenue）上，隔壁曾住著一個義大利裔家庭，對街鄰居是匈牙利裔的，藍色房子的屋主來自波多黎各，還有幾戶房屋自有的黑人。夏洛特大街和布魯斯街（Bruce）交會處的寬廣空地是她的小學舊址。沿著布魯斯街往下走原有座教堂，後來因為暴風損毀而拆除了。幾條街區之外的薛希街（Shehy）上，有三座木十字架佇立於地面，人行道上用噴漆寫著「**血**」還有「**費城的黑鬼到揚斯敦一遊**」，這裡原有間街區小店，隔壁就是泰咪母親的舊住處，房子後來卻被燃燒彈燒掉了。貫穿兩處草地的凹地曾是條小巷，原先種滿了桃樹和蘋果樹。那時大家都會在自家院子裡種植花果蔬菜。泰咪的家屋座落於夏洛特大街，周圍就長滿了沙龍玫瑰、連翹、鬱金香和風信子。還是小女孩時，她常坐在前廊望向街道，看著煙囪頂部，風如果順向吹來她還嗅得到硫磺味。東區居民的工作都很不錯，大部分人在工廠裡幹活。人們都很努力持家，對自家房屋的人字形屋頂、前廊和院子備感自豪。與美國東北部工人階級的住處相比，這些房子都很氣派（泰咪第一次在費城看到成排的房屋時，不禁心想，「他們的院子呢？車道在哪裡？」）。那時小混混們都還算安分，所以鄰里間大多時候也相安無事。

泰咪有位朋友名叫西碧兒．威斯特（Sybil West），泰咪都叫她西碧兒女士，因為她的年紀和泰咪的母親相仿。西碧兒女士曾經在一本小活頁簿中，寫下她在一九五〇至六〇年代期間可以在東區看見的所有景物。

撞球館

糖果店，播放著青少年喜愛的音樂

伊薩利（Isaly）乳品店

第一間購物中心

連接著電纜線的街道公車

林肯公園（Lincoln Park），附泳池

磨刀店，店裡養著猴子來取悅孩子們

駕著卡車在鄰里間販賣蔬果的農人

那時候的城裡的治安良好，夜不閉戶。人們很親切，在學校裡和鄰里間都相處融洽。

泰咪駕車駛過龜裂的柏油路面時，仍會對於眼前的裂縫和四周的一片寂靜感到驚訝，因為這裡曾經充滿生命力。她依稀還能看見舊時曾居住在這裡的鄰人，而東區的景象就這樣消逝了。那些人事物都去了哪裡？商店、學校、教堂、操場、果樹，這些社區的構成元素，連同半數房屋及三分之二的居民一起消失了。

如果你不了解這裡的過去，就不會意識到這些都已然不在。東區從來都不是揚斯敦最繁華的區域，卻有最多擁有自宅的黑人居民。對泰咪來說，這裡一直都是最綠意盎然、最沒有壓迫感、最美麗的地方，林肯公園周圍甚至還有桃子可以摘撿。現在公園幾乎有一半都已回歸自然，僅有野鹿徘徊在雜草叢生的區域，甚至淪為人們傾倒垃圾的地方。

麥格費廣場（McGuffey Plaza）的荒廢模樣簡直要將她逼瘋。這是一間由卡法羅（Cafaro）家族在一九五〇年代興建的經典購物中心，裡面曾有保齡球區、大西洋和太平洋（A&P）超市及各式各樣的商店，前方還有一處寬闊的停車場，現在卻淪為水泥廢墟，只剩一間黑人理髮店仍在營業。東區已被世人遺忘，這點讓她很是沮喪。她不是難過，也不是感傷，只是覺得挫折，因為她還未放棄，也不會像揚斯敦大多數居民那樣已經死心，只因她大半輩子都住在這座城市，覺得自己的過去仍舊如此真實，而且她也還有一些未竟之事。

夏洛特大街上的那間房屋右側有面山牆，後方則是磚砌煙囪，她曾在那裡住了二十年，眼前房屋的景象讓她備感挫折。那房子從二〇〇〇年代中期起就一直無人居住，隔板上的黃色油漆都剝蝕殆盡。雖然她大可以推開老舊的前門，或穿過窗戶上樓，來到小時候屬於她的二樓前臥室，她卻只是坐在怠速的龐帝克轎車內，視線穿越擋風玻璃，凝視著窗外景色。「我的天哪，」她喃喃自語，害怕進入屋內後變得多愁善感起來。她知道裡頭的電線和木板、木窗那些的都已被拆掉，但為了這棟房子泰咪的祖奶奶曾是如此辛勤工作。

「祖奶奶」是泰咪對外曾祖母的暱稱，她是泰咪外祖父的母親，也是她將泰咪從小女孩拉拔長大。而泰咪對祖奶奶的所知甚少。祖奶奶有兩個出生日期，一個是在一九〇四年（根據社會安全局的資料），另一個則是一九〇〇年（根據她自己的說法）。祖奶奶的母親「大嬤嬤」可能就出生於北卡羅來納州的羅利（Raleigh）

附近，而後被家人賣給維吉尼亞州里奇蒙（Richmond）的白人，祖奶奶就是在那邊出生的（要不她就是出生於北卡羅來納的溫莎市）。祖奶奶很可能是黑白混血，皮膚白皙，留著一頭長長的直髮，她的名字叫做維吉妮亞・米勒（Virginia Miller），但生下的兒子卻姓湯瑪斯，因為那時候大嬤嬤已經嫁給亨利・湯瑪斯（Henry Thomas），也就是祖奶奶的繼父，這個男孩便是由這位湯瑪斯老爺爺和大嬤嬤負責養大。

泰咪曾試圖在辛辛那提市的自由中心（Freedom Center）研究自己的家族史，但大部分紀錄都消失。祖奶奶並未出現在一九二〇年的人口普查中，但在一九三〇年被列為湯瑪斯家族中的「外甥女」，她當時十七歲，有個五歲的兒子，也就是說人口普查資料弄錯了她的年齡，在家族裡的身分也不正確。泰咪調查得愈深入，就發現愈多謎團。一九三〇年的普查出現了其他名字，有幾個不是大嬤嬤親生的姨婆和叔公都被當作是她的小孩，這在黑人家族很常見。「你會負責照顧那些孩子」，泰咪事後說道。「而這些孩子和表親與兄弟姊妹一起長大。你也搞不清誰是誰親生的，大家也不會多說，所以也造成不少混淆。」祖奶奶就從未談過這些，現在她也已經不在人世了。

不過，泰咪倒是幾乎可以確定一件事：祖奶奶在唸八年級時不得已必須從溫莎市附近的學校輟學，到煙草田裡幹活。二十多歲時，她離開南方，北上俄亥俄州，在那裡找到了幫人打掃的零工，後來則在揚斯敦《明證者日報》（*Vindicator*）的刻印部門得到一份差事。經濟大蕭條期間，姓湯瑪斯的這一家人（湯瑪斯老爺爺、大嬤嬤、各位姨婆、叔公、伯公與舅公，還有祖奶奶的兒子）都跟著她來到北方，定居在位於揚斯敦市東南邊界上，跨越馬霍寧河（Mahoning River）才到得了的史初塞鎮（Struthers），那裡有座焦炭廠，廠房的大煙囪不斷冒出藍色的火焰。泰咪有部分親戚在鋼鐵廠找到工作，家族中許多人都在史初塞買了房子。湯瑪斯老爺爺將他的農技帶到北方，並在這裡耕耘院落。他們種植一些梅樹，還有蘋果樹、桃樹、栗樹各一，再加上五棵櫻桃樹。有兩位鄰居阿姨做了果凍，用來交換泰咪姨婆釀造的梅酒。泰咪還是個小女孩時，每逢週末都會和祖奶奶一起拜訪他們住在史初塞的家人。「對我來說這就是鄉村生活，」她表示。「隨著年齡漸長，我也意識到，住在這裡的家人在某種程度上把南方的鄉村生活模式延續了下去」。

泰咪的直系親人卻截然相反。她的外祖父在二戰後染上了海洛因毒癮，外祖母則成了酒鬼。一九六六年，他們漂亮纖細的十七歲女兒維琪（Vickie）生下了一個女孩，取名為泰咪。孩子的生父叫作蓋瑞・夏普（Gary Sharp），綽號「剃刀」，是個住在社會住宅的十五歲街頭小混混。之後他和維琪再無瓜葛。維琪從高中退了學，成為媽媽不久後就開始吸毒。維琪和泰咪後來搬去和祖奶奶一起住。祖奶奶當時已年近七十，在北區一位有錢寡婦家中當女傭，負責清潔、料理和陪伴對方，每週可以賺得約五十美元。照顧嬰兒的責任就落到了祖奶奶肩上。

穿越祖奶奶舊公寓的I-680高速公路開通後，他們就住在連恩大街（Lane Avenue），有泰咪、祖奶奶、維琪和泰咪的外祖父、外祖母，以及他們的幾個孩子，還有一些來來去去的成員。祖奶奶下班時，家裡幾乎所有人都在吸毒。維琪也會抽菸，有時候香菸還沒燃盡她就睡著了。泰咪還小的時候，會試著保持清醒，等媽媽睡著後再把香菸從她手中拿走。她從三歲起就開始照顧母親。

她喜歡睡在祖奶奶的床上，但偶爾（沒有那麼頻繁）也會爬到媽媽的身側，也許是因為她從小就未得到足夠母愛，這個習慣一直延續到成年之後，尤其是心情不好需要安慰時，她就會鑽進母親的被窩裡，就算在醫院也是如此，還遭到護士制止。

祖奶奶會在星期天帶著泰咪和史初塞的湯瑪斯親戚們一起去做禮拜，星期六則會到揚斯敦購物。她們會戴上手套和帽子，泰咪也會穿著小蕾絲上衣和漆皮鞋，和祖奶奶一起搭乘往鎮上的公車來到西聯邦街（West Federal Street），順路經過祖奶奶的姊妹潔西（Jesse）工作的鞋店，再到伍爾沃斯百貨吃午餐，之後到麥克羅利零售店（McCrory’s Five and Dime）採買雜貨、買點休吉斯（Huges’s）的肉品、逛逛斯特勞斯百貨（Strouss’s）

的服飾，但一毛錢都不花，再到希格比（Higbee's）買件洋裝。祖奶奶都把錢存在家庭儲蓄及貸款公司（Home Savings and Loan），但她沒有支票帳戶，所以祖孫倆要繳帳單時，也必須到市中心逐一造訪電力公司、瓦斯公司、自來水公司和電話公司。

在家裡廚房中，泰咪會站在祖奶奶腳邊，看她料理羽衣甘藍，都是摘自湯瑪斯爺爺一家在史初塞的菜園。她喜歡和女性長輩相處，幫點小忙，聽她們說話。她很早就意識到這些女性有能夠傳承給她的智慧。她希望自己長大後可以成為關照他人的護士。

祖奶奶在揚斯敦的許多白人家庭中兼差，但她在柏尼爾（Purnell）一家待得最久，最後連平日都在那裡過夜。有時候泰咪會和祖奶奶一起工作，用祖奶奶弄濕的抹布清理玻璃門把，或是為燙衣板下籃子裡的乾淨衣服噴上燙衣噴霧。有次維琪消失了幾天，泰咪和祖奶奶一起住在柏尼爾一家為她們安排的三樓房間。她看著柏尼爾太太在後廊用手裡的食物餵松鼠，這位太太給了泰咪一支米老鼠電話，後來還為她準備了一套床組。

泰咪那時還太小，不知道柏尼爾正是揚斯敦最有錢、最顯赫的家族。安妮・陶德・柏尼爾（Anne Tod Purnell）是大衛・陶德（David Tod）的直系後代，而布瑞爾山（Brier Hill）的第一座煤礦場便是由大衛・陶德所開拓，他更在一八四四年於馬霍寧谷開始製造鋼鐵，恰好趕上了美國南北戰爭的軍需，也是大衛・陶德被選為俄亥俄州州長的時候。安妮・陶德・柏尼爾的先生法蘭克・柏尼爾（Frank Purnell）曾是美元儲蓄銀行（Dollar Savings Bank）的董事會主席，從一九三〇到一九五〇年也擔任揚斯敦鋼管與鋼板公司（Youngstown Sheet and Tube Company）總裁。當時這公司是國內第五大鋼材製造商，也是馬霍寧谷雇有最多員工的單位。柏尼爾家族住在北區克蘭達爾公園（Crandall Park）周圍的高級地帶，由磚塊砌成的豪宅座落於陶德巷（Tod Lane）二八〇號，裡面有七間房間、四間浴室、好幾個壁爐、以及圖書館、宴會廳、玻璃暖房、馬車庫各一。在二十世紀中期，這些元素都屬於揚斯敦以工業起家的新教菁英階級，當時該市正處於頂峰時期，從內戰開始大權就由菁英掌握，就算是如此小型、封閉又守舊的鋼鐵小鎮，這樣的掌控程度也非比尋常。泰咪在一九六六年出生於東區時，這種景況早已漸漸消退，但這段在柏尼爾宅院留下的記憶，對這位祖籍是北卡羅來納州的黑人女孩而言，仍舊非常鮮明。

一九二〇年代到一九七七年，馬霍寧河畔煉鋼廠林立，從西北到東南延綿了整整四十公里：從沃倫（Warren）和奈爾斯（Niles）周圍的共和鋼材公司（Republic Steel）廠房開始，到麥唐納（McDonald）的美國鋼鐵（U.S. Steel）工廠，再到布瑞爾山揚斯敦鋼管與鋼板公司的高爐，接著是美國鋼鐵公司在揚斯敦正中心開設的俄亥俄廠區，再往下則是鋼管與鋼板公司在坎貝爾（Campbell）和史初塞建造的工廠。高爐二十四小時運作不間斷，熾熱的牆面、金屬的碰撞、蒸氣的嘶嘶聲、二氧化硫的氣味瀰漫在空氣中，白天有著汙濁的碳色天空，夜晚則閃現詭異的紅色光芒。房屋四周煙塵瀰漫，河流了無生機，壅擠的小酒館，對供應者聖約瑟夫（Saint Joseph the Provider，為工人的守護聖人）的祝禱，火車載著鐵礦、石灰、煤礦，隆隆聲響徹遍布整座城市的鐵軌密網。這一切都宣示著揚斯敦與鋼鐵息息相關，鋼鐵是這裡所有居民的生活支柱，他們必須把鐵漿澆灌成人們所需要的形狀：沒有鋼鐵，就沒有生命。

這座城市的工業家族包括陶德、巴特勒（Butler）、史坦博（Stambaugh）、坎貝爾（Cambell）、威克（Wick），鋼鐵工業的地位因這些大家族屹立不搖。他們是揚斯敦僅有的菁英階級，手裡緊握著從外地來的大量勞動力，讓其他產業無法與之競爭。揚斯敦當時有兩支交響樂團，其中一支就全由鋼鐵工人和其家庭組成。這座城市繁榮又內斂，坐落於克利夫蘭和匹茲堡之間的山谷內，與世隔絕。就算是城市本身仍存在著各種隔閡——義大利人和斯洛伐克及匈牙利人間的隔閡、當地居民和外來工人的隔閡、勞動階層與管理階層間的對立、黑人則和所有人都格格不入。

在該市當地人經營的獨資鋼鐵廠中，揚斯敦鋼管與鋼板公司是規模最大的，公司在坎貝爾廠區擁有四座高爐，還有兩座位於市中心正北方的布瑞爾山廠區。揚斯敦鋼管與鋼板公司正體現了揚斯敦工業界工作環境的險惡：產能急遽成長、條件嚴苛，工廠內的工作按人種劃分，業主對工會抱持堅決的敵對態度，還有持續不斷的衝突。一九〇二年，鋼管與鋼板公司剛成立兩年，十五歲的法蘭克·柏尼爾開始在這裡當起跑腿小弟。一九一一年，他娶了安妮·陶德，大幅提升自己在揚斯敦的社會地位。夫妻倆在一九二〇年代初在陶德巷造了一間大房子。他從鋼管與鋼板公司一路力爭上游，最後在一九三〇年坐上了總裁之位。在正式肖像照中，法蘭克·柏尼爾衣著筆挺，西裝背心上掛著一條錶鏈，是位有著雙下巴和一頭銀髮的男人，鼻子如斧頭般堅挺，他的淡淡微笑透出一股資本主義階級獨有的胸有成竹。

一九三〇年代，舊秩序逐漸式微。一九三六年，同時領導礦工工會和工業組織委員會（Committee for Industrial Organization），手段激烈的約翰·盧埃林·路易斯（John L. Lewis）宣布成立鋼鐵工人組織委員會（Steel Workers Organizing Committee），地點在匹茲堡的一棟摩天大樓，不少鋼鐵大亨的辦公室也在同棟建築裡。他的副手是個性溫和的蘇格蘭裔工會人士菲利普·莫瑞（Philip Murray），被他任命為這新成立組織的會長。路易斯和莫瑞想要達成一個過去沒人達到的目標：為這個巨型產業的工人提供工會的庇護。許多工會幹部很快就來到揚斯敦等以鋼鐵工業重鎮，與各族裔成立的俱樂部、教堂和集會廳裡的工人會談。新一代公會幹部的觀念一點也不狹隘：他們推廣的是超越種族、宗教和性別的階級意識，並非打著推翻資本主義的口號，而是要讓工人進入中產階級，使他們更加富裕，成為民主制度下享有完整權益，與大家平起平坐的社會成員。雖然路易斯的手段較為激進，但他設下的目標完全符合美國的體系。

一九三七年春天，兩萬五千位馬霍寧谷工人加入了全國的鋼鐵工人罷工行動。他們被禁止使用電台廣播，因此改為在卡車上安裝喇叭，沿街宣布下一次集會或罷工糾察。這些人還儲備了球棒。罷工人士幾乎都不是黑人。在過去，業主常將黑人工作者從南方帶到北方頂替罷工者工作。幾十年來，黑人攬下的工作都是工廠中最骯髒、最瑣碎的任務，例如燒剝工人，他們需要用噴燈清除鋼鐵的瑕疵。他們和白人同事對彼此都有戒心，即使是鋼鐵工人組織委員會那一套理想化的說辭都無法矯飾。

這就是後來的「小鋼鐵罷工事件」（Little Steel）。工會幹部們並未將矛頭指向業界巨頭美國鋼鐵公司，因該公司在那年二月已經看到密西根佛林特市（Flint）通用汽車工人的靜坐抗議大獲成功，學到了教訓，也意識到勞工手握龐大的經濟力量，於是便在三月承認了工會的地位。在這次抗爭中，鋼鐵工人組織委員會反將目標鎖定在一些小型鋼鐵公司上（因此被稱「小鋼鐵罷工事件」），包括鋼管與鋼板公司和總部位於芝加哥的共和鋼材公司。他們和美國鋼鐵的不同之處在於，美國鋼鐵對於自己在現代工業社會中扮演的角色有更清楚的認識，「小鋼鐵罷工」的目標業主則短視近利，對工會有著極深的敵意。他們為了維持工廠運作，除了號召一批批「忠誠員工」力挺公司，還組織私人武裝部隊，利用廠區大門內的著陸跑道讓飛機降落，為部隊補給物資。

流血衝突勢所難免。第一起事件便發生在南芝加哥，在陣亡將士紀念日（Memorial Day）當天，一群與工會站在同一陣線的民眾遭警方從後面開槍襲擊，造成十位男性死亡，傷及婦孺。再下個月則是揚斯敦，六月十九日，兩位罷工人士在共和鋼材的廠房大門外遭到射殺。羅斯福總統麾下的勞工部長法蘭西斯·柏金斯（Francis Perkins）呼籲雙方坐下來協商，但業主卻反要求州政府派出州警保護工廠。俄亥俄州州長隨後派出美國陸軍國民兵部隊，罷工行動潰散，工人也返回工作崗位。在一九三七年的小鋼鐵罷工中，共有十七人遭殺害。這新一波的勞工運動展現出強勢好鬥的風格，令大眾開始感到反感，業主贏得了短暫的勝利。

但一九三七年罷工運動的潰敗卻迎來了一九四二年的勝利，國家勞動關係委員會（National Labor Relations

Board）判決共和鋼材以及揚斯敦鋼管與鋼板公司動用非法手段阻撓罷工，強制資方承認鋼鐵工人組織委員會並進入勞資談判程序。揚斯敦成為了團結一致的工會城市。恰好當時二戰爆發，這座工會大城也為勞工帶來他們一直渴求的經濟保障，隨著時間流逝，黑人勞工也漸漸享有相等的權益。廠房內部熾熱又骯髒，這種環境更對身心造成極大壓力，但其工資和退休金卻代表了美國經濟生活的黃金年代。

法蘭克・柏尼爾在戰後採用全新的勞資制度，繼續負責揚斯敦鋼管與鋼板公司的營運，然而舊有的階級衝突仍然存在。一九五〇年，他辭去總裁職位，改任董事會主席，在一九五三年死於腦溢血。她的遺孀安妮・陶德在陶德巷二八〇號的豪宅又居住了二十年，期間幾乎所有的菁英家族都賣掉了他們的廠房，從揚斯敦搬遷至更都會化、空氣更宜人的地區。鋼鐵公司仍持續排擠其他可能會爭奪揚斯敦勞動力的其他行業。一九五〇年代，亨利・福特二世（Henry Ford II）曾考慮把揚斯敦北區的鐵路廢料場改成汽車廠，但當地實業家及業主早已遠走他鄉的各企業都千方百計阻撓，讓這個想法胎死腹中。一九五〇年，愛德華・德巴托洛（Edward DeBartolo）於博德曼（Boardman）建造國內首批位於主要幹道旁的購物中心之一，大型商城的增長開始威脅到城鎮的商業中心地位。白人勞工搬遷至郊區，到輕型工業中謀職，因而首次為留下來的黑人勞工釋出鋼鐵廠中更好的工作機會。隨著運輸成本上漲，美國鋼鐵業的布局也漸漸移至克利夫蘭、蓋瑞、巴爾的摩和芝加哥等深水港。外國鋼鐵業的競爭力大增，開始趕上美國後，揚斯敦的鋼鐵工業也開始停滯不前。

終於在一九六九年，紐奧良的造船大廠萊克斯企業收購了揚斯敦鋼管與鋼板公司。鋼管與鋼板公司當時為全國第八大鋼鐵製造商，也是市裡最後一間由當地人營運的鋼鐵公司，萊克斯企業打的算盤是透過這項新的併購案獲取資金，運用現金流償付債務和擴大其他營運，最終也調降股利，並將「揚斯敦」三字從公司名稱中去除。就這樣，到了一九七〇年代初期，儘管一般人都還未意識到，這座城市實際上已經漸漸衰頹。

柏尼爾夫婦沒有小孩，因此獨留柏尼爾夫人獨居，陪伴者除了姊妹莉娜（Lena），還有年邁黑人女僕維吉妮亞．米勒，也就是祖奶奶。後來莉娜過世，柏尼爾夫人為了前往馬車房察看暖爐而在路上跌傷了骨盆，維吉妮亞便開始從週一至週五都在柏尼爾家過夜，陪伴夫人。一九七一年，柏尼爾夫人去世，有幾個月地產的處置方式尚不明朗，在這期間，女僕便帶著孫女和五歲的曾孫女住在這棟豪宅中，負責照看房子。

泰咪不記得和祖奶奶在柏尼爾家宅住了多久，感覺起來像是一輩子。她們搬進去時，花園裡的鬱金香和玫瑰都盛開著，泰咪也開始上幼稚園，也在柏尼爾家裡慶祝聖誕節。她們抵達時，柏尼爾家正將部分家具搬出屋外，所有漂亮的地毯都被移出了門廳。不久後客廳的家具也消失了，聖誕節時則輪到飯廳的餐桌，吊燈不久後也被扯下，只留下裸露的電線，祖奶奶還因此大發雷霆。這棟房子在售出前漸漸分崩離析。柏尼爾夫人的司機得到了她的車，園丁和祖奶奶等家庭雇傭都各獲得五千美元。泰咪的母親把柏尼爾夫人的銀框鏡子和銀梳留了下來。泰咪在聖誕節拿到的禮物是腳踏車，她在空蕩蕩的客廳中學會了如何騎乘。

這棟房子氣派又豪華，完全超出她的想像範圍之外。有好多地方可以藏身，庭園裡還有許多她沒見過的花朵。地下室裡有七間房間，其中一間還有台滾筒式洗衣機。廚房中鍍過鎳的流理台、飯廳地板上還有用來傳喚僕人的呼叫鈴。照理說泰咪不能在飯廳裡玩耍，有次卻不小心踩到呼叫鈴，鈴聲大作時更嚇著自己。她最愛的房間，是莉娜小姐位在二樓設有後廊的舊臥室。這間臥室和整棟房子一樣都被漆成了綠色，裡面的長型浴室卻鋪滿金色磁磚，淋浴間則是橙黃色。泰咪的母親維琪待在那時，他們會共用那間浴室。但維琪不喜歡一個人待在空蕩蕩的大房子裡，她覺得那棟豪宅鬧鬼。泰咪在舊行李箱中找到了有著金屬環和荷葉邊的襯裙。她會穿上襯裙在三樓的舞廳裡轉圈圈，模仿想像中人們在更早期時跳舞的模樣。她會像個公主走下宏偉的台階，在圓形露台上表演，觀眾就是眼前的灌木叢。祖奶奶要求她不能離房子太遠，禁止她離開院子或爬上大樹，但她還是不聽話。他們會在週末散步走到克蘭達爾公園餵天鵝。

一九七二年初，有一家人買下了宅院，泰咪的探險便在此畫下句點，此時大約是她六歲生日前後。祖奶奶獲准帶走一些剩餘的家具和碗盤，還有柏尼爾夫人鑲有金邊的白色手工床和梳妝台。她和泰咪回到東區，用柏尼爾夫人遺贈的錢當頭期款，買下價值一萬美元的木造房屋，地址是夏洛特大街一三一九號。泰咪就在這裡持續住到二十六歲，期間幾乎從未離開。

她上了幾間學校，全都是以總統命名：林肯、麥迪遜、格蘭特、威爾遜，這些學校最終卻都難逃拆毀夷平的命運。在全班合照中，她綁著馬尾，身形削瘦，膚色不怎麼黑，柔和的眼神充滿期待，似乎很快就會有好事發生。泰咪喜歡到埃朵拉（Idora）的老舊遊樂園遊玩，坐上園裡的野貓雲霄飛車，但她在城裡最愛的地方仍屬磨坊溪公園（Mill Creek Park），八百英畝的樹林綿延南北邊界，還有池塘與花園。從公園北端可以看見鋼鐵廠和火車鐵軌，但也可以爬過岩石、徜徉在小徑之中，與自己和上帝對談。祖奶奶有時會帶著泰咪到那兒走走，此外泰咪也會和珍珠街傳教團（Pearl Street Mission）一起前去。傳教團很靠近她們在東區的住處，泰咪在放學後都被送到那裡。孩子們會挖出柳橙的果肉、用花生醬填滿內部、在果皮上戳洞、用紗線穿過，再把整顆柳橙掛在磨坊溪公園裡的樹上餵食鳥兒，但泰咪從沒看過有鳥兒從柳丁裡啄食那些花生醬。要是有機會住在這座城市裡的某處，那公園附近對她而言就是最理想的地點。

維琪第一次入獄時，泰咪正就讀小學二年級。大人帶她去郡立看守所探望母親時，都會說維琪正在那裡度假。一兩年後，泰咪的母親在較遠的監獄中待了更長時間。這次沒有人告訴泰咪她的媽媽去了哪裡，她也沒有問，但有一天搭校車時，有個住附近，年紀大她一點的女孩取笑泰咪，說她的媽媽正在坐牢。「才沒有，」泰咪回嘴。「她在度假。」但那女孩仍不罷休，最後她倆打了起來，還被趕下校車。祖奶奶下班回家後才向她解釋她的母親去了哪裡，泰咪因此很是難過。但媽媽出獄回家的那天，泰咪高興極了，其他事都不再重要。維琪在監獄裡胖了一些，有著漂亮的頭髮、美麗的雙腿和迷人的笑容，泰咪覺得她是自己見過最美麗的黑人女性。

泰咪還小的時候，她的母親就因為吸毒、詐欺，甚至是加重竊盜罪而不斷進出監獄。維琪試著戒除海洛因毒癮時，也會帶著泰咪一起到南區名為「佛陀」的磚屋建築，她會在那裡用小杯子喝下美沙酮，泰咪想要嚐嚐看，卻總是被母親拒絕。她常常三餐不繼，所以泰咪需要學著用報紙上剪下的優惠券買東西，每週也都得分別將三餐準備妥當。好幾次維琪都把泰咪單獨留在某處，沒有回來接她。泰咪看著母親濫用藥物，總想著為什麼媽咪對自己的愛那麼不夠，不足以戒除毒癮。她以為要是能讓媽咪再多愛她一點，那媽咪就能戒毒了。「小時候，母親總讓我身處險境，」泰咪事後說道。「有時候她只把我晾在一邊，這些經歷我一直埋藏心中。但最後一切都不再重要，因為她是我的媽媽。我對她的愛難以言喻。她畢竟是我的母親。」

泰咪的人格形塑，卻要歸功於她的外曾祖母。祖奶奶一直做社會地位不怎麼高的女傭工作，到了該退休的年紀仍在煮飯打掃，最後買下了一棟房子——即使不是最體面的屋舍，卻是能遮風避雨的自宅。泰咪的曾祖母也一樣，她在聖．伊麗莎白醫院（St. Elizabeth's Hospital）擔任護理佐理員，總穿著漿得硬挺的白色制服，拖著疲憊的身軀下班回家，這樣的生活型態一直持續到她差點死於癌症為止。但她也攢了一筆足以買下一棟房子的錢，讓自己脫離社會住宅。這些女性都完成了自己的分內之事。泰咪也是這樣的人，這種特質已根植她心中，也許一部分也歸功於湯瑪斯老爺爺，史初塞的那些土地都是他名下的，甚至將其中一處捐給了教堂。

祖奶奶退休後，一家子就靠著她的社會安全保險金和維琪的社會救濟金度日，他們的錢不多，有時連瓦斯都沒得用。泰咪的爸爸和祖母還住在市區北邊的西湖（West Lake）公營社宅時，她有時會去拜訪他們。等她年紀大一點的時候，她有些朋友就住在東區的社宅，世世代代都仰賴社會救濟金維生，從未改變。他們只能在月初採買，而且因為是用救濟金的支票付款，店家還會趁機抬高價格。即使有社會救濟專案資助負擔瓦斯費，他們仍總有賒欠，到死時沒還清。泰咪默默發誓，她絕對不會仰賴津貼度日，絕不會住在社宅中。她絕不要只是勉強度日，卻沒有剩餘的資源做其他事情，她不甘願過這種被困住的人生。

泰咪就讀五年級時，她的母親開始和一個叫做威金斯（Wilkins）的男人交往，泰咪把他當繼父看待。泰咪那時也離開祖奶奶家，和媽媽及繼父一起住在南區比較偏南邊的地帶，那裡當時也是黑人的聚居地，那是一棟有幾戶的公寓，其中一戶是繼父的表親。他們那戶位於閣樓，只有一間臥室，泰咪的房間基本上就是幾乎沒有站立空間的衣櫃，他們和其他幾戶人家共用樓下的廁所。在夏洛特大街上祖奶奶家裡，她擁有自己的寬敞臥室，還有從柏尼爾夫人家來拿回來的兩張床。但她還可以接受，沒任何意見。在這段時間裡，泰咪的母親沒有吸毒。她的繼父在工廠找到了不錯的工作，但他手邊永遠沒錢，全家人仍舊一貧如洗。從小學一到五年級泰咪都在管絃樂團裡吹奏長笛，這時卻因為新就讀的學校收取樂器租金，讓她不得不退出。每週末，她都會回祖奶奶家。

泰咪住在南區那段期間，揚斯敦陷入了不斷往下沉淪的漩渦中。

一九七七年九月十九日星期一，紐奧爾良的萊克斯企業宣布將於該週末關閉旗下鋼管與鋼板公司的坎貝爾廠區，坎貝爾廠區是馬霍寧谷最大的工廠。這件事完全沒有預告，因為是在前一天倉促做出的決策，萊克斯的董事會成員是當日飛抵匹茲堡機場投票決議，再各自飛回紐奧爾良或芝加哥。五千人即將失業，包括泰咪的教母，她只在那裡工作了九、十年，買下一棟房子並獨立養兒育女，但還不足以退休。那一天，後來被揚斯敦的居民稱為「黑色星期一」。

事發突然，沒有人料想得到。多年後，泰咪的朋友西碧兒女士在自己的回憶手記中寫下：

廠房關閉

城市開始衰頹，像是漸漸被癌症蠶食鯨吞。衰頹開始得很緩慢，人們似乎驚魂未定。

其實廠區關閉前已出現過一些警訊，人們卻未放在心上。利潤即使沒有劇烈下降，卻也漸走下坡。不在當地的業主也未重新投資廠房，反而是把機器和零件拆開後拿走，從一個廠房運到另一個廠房——而且那些都是一次世界大戰時代的東西，揚斯敦從一九二一年起，便再也沒有新建高爐。這家揚斯敦的鋼鐵公司成了鋼鐵業的病夫，第一個倒閉，後來到了經濟緩慢復甦時卻是最後一個重新振作的鋼鐵業成員。美國鋼鐵工人聯合會（United Steel Workers）雖致力於解決合約紛爭，範圍卻僅限於生活津貼、撫卹退休金等，而非公司的整體健康狀況。各工廠的工會制度讓所有人都能受到照顧，工人只要都有到工廠、盡到職責就不會有問題。如果有工人因為起重機事故而斷了手，他的工作就可以改為站在生鐵推車上搖鈴就好。前人留下的這種安全保障得來不易，但到現在卻讓工人們連罷工時都掉以輕心。黑色星期一到來的一個月前，美國鋼鐵工人聯合會的揚斯敦地區負責人集結了當地工會領袖，在他位於坎貝爾廠區附近那間鑲有桃花心木板的辦公室中，向所有人保證一定不會讓勞工的權益受損。

到場的其中一位領袖為傑拉德・狄基（Gerald Dickey）。他是鋼鐵工人之子，一九六八年從空軍退役後立刻在鋼管與鋼板公司覓得一份工作。有些工人上班時會帶著不鏽鋼便當盒和史坦利牌（Stanley）保溫瓶，這意味著他們還會幹到退休為止，但狄基卻是用牛皮紙袋裝午餐去工廠，做一天是一天。「我到那裡可不是只為了說『這份工作我想做三十年』，我真正要的是賺點錢。」他一開始時薪的是三點二五美元，一年內他就買了一輛車，也漸漸打消想要離開的念頭。「你在那待了兩年後，健保補助就會增加。幹滿三年後，就有更多的假期。像是身上裹著一張給你滿滿安全感的大毯子，這就是工廠工作讓勞工死心踏地的地方。」和狄基住在同地區的黑人格蘭尼森・柴密爾（Granison Trimiar）表示：「一但你得到了鋼管與鋼板公司的薪資單，就能夠到市中心替自己買一台冰箱，想買什麼都可以，因為你信用良好。還可以上夜店狂歡。」

整個一九七〇年代，桁架廠、結構鋼製造廠、麵包工廠、伊薩利乳製品等馬霍寧谷地區較小型的工廠接二連三地關閉，就如同大地震的前奏。但沒人料得到鋼管與鋼板公司會在一夕之間倒閉，揚斯敦的菁英階層、手握大權的機構或組織都未介入，沒有試圖阻止這一切的發生。鋼鐵大亨稱霸的時代早已過去，當地企業沒有任何影響力，城裡的政治人物既無能又貪腐，揚斯敦《明證者日報》對未來抱持著不切實際的樂觀態度。這座城市的公民缺乏凝聚力。黑色星期一過後幾天，當地神職人員和激進的鋼鐵工人召開了一次會議，人們似乎迎來了一線希望。狄基是鋼鐵工人聯合會一四六二號分會[1]的秘書，他起身說道：「我們乾脆買下這玩意，自己當老闆。」他認為食物補助和失業津貼無法幫助工人度過難關，要是沒有這些工作，社區居民的生活都將大不如前。城裡的天主教與聖公會主教都同意了，馬霍寧谷的普世聯盟（Ecumenical Coalition）就此誕生。

這次運動被命名為「挽救我們的河谷」（Save Our Valley），核心理念是要透過當地人的儲蓄帳戶、聯邦資金和借貸擔保來籌得足夠資金，好讓坎貝爾的廠房歸社區所有。這次事件在這處工業重地中頗為新鮮，好幾個月都牽動人心。馬霍寧谷成為自由派人士和激進分子的關注焦點。知名運動人士都來到揚斯敦助陣，國內媒體也前來掌握事態發展動向。載滿鋼鐵工人的五輛巴士前往華府，在白宮前抗議，卡特政府接受了請願，並組成任務小組來探討此議題。但當地人卻未展現出太多的熱忱：會議參與意願低，出席者連一百人都不到。「挽救我們的河谷」銀行帳戶只募得幾百萬美元，然而要讓廠房持續營運卻需要至少五億元。鋼鐵公司極力反對讓當地人掌握所有權，美國鋼鐵工人聯合會卻不落人後，支持似乎過度傾向社會主義的高風險理念。即使是失業工人對這項運動也並不熱中。如果他們年過五十五，也有足夠的工作年資，就可以功成身退，領到全額退休金，年輕一輩的族群則漸漸離鄉。最終，根據哈佛大學做的研究顯示，即使籌得十億美元的補助金，都不足以讓工廠重生，讓它們重回競爭市場。最初為鋼鐵工業維持命脈的聯邦政府也鞠躬退場，各大廠房的壽命就此注定走到了盡頭。

如果領頭的機構當時有辦法知道揚斯敦接下來的發展，甚而是更大範圍區域的情勢，也許就能設想出一套挽救產業空洞化的方案，而非坐等這一切的發生。接下來五年間，揚斯敦各大鋼鐵廠接二連三倒閉：一九八〇年，先是鋼管與鋼板公司的布瑞爾山廠區，同年還有美國鋼鐵的俄亥俄廠區，一九八一年輪到麥唐納廠區，一九八二年是共和鋼材公司。不僅工廠，市中心內兩間主要百貨公司：希格比和斯特勞斯也很快就關閉了。從一八九九年就開始營運，位於南區的埃朵拉遊樂園也迅速衰頹。直到一九八四年野貓雲霄飛車失火，埃朵拉就此關閉。樂園裡壯觀的旋轉木馬在拍賣後，最終落腳在紐約布魯克林的海濱。一九七九到一九八〇年間，揚斯敦的倒閉潮更加洶湧，馬霍寧谷的失業率到一九八二年幾乎高達百分之二十二，是國內失業率最高的地區。黑人勞工才剛有機會在工廠中擔任更好的職務，此時受到的打擊更是強烈。東區的房屋、南區部分區域，甚至是市中心邊緣的煙谷地區（Smokey Hollow）都因為許多人無力繳房貸而房產遭銀行收回，再加上白人遷移潮，導致人口大量流失。這些閒置的房屋也開始釀成一件件房屋焚燒案，整個一九八〇年代，每天都會發生至少兩起。在總是龍蛇雜處的賽瑞克酒吧（Cyrak's）外，公共電話旁的牆上就留有一支電話號碼，讓大家能夠取得燒毀房子的服務，價格只需要由市政府拆除的一半。但在這十年間，數百起房屋縱火案件裡，只有兩人最後被判有罪：一位黑人女性為了領取保險，放火燒死了兩個親生孩子，另一位則是負責拆除建築、卻利用暴民完成工作的市府官員。一九七〇年至一九九〇年間，城市人口從十四萬降為九萬五千人，數量仍持續縮減，沒有盡頭。

約翰．盧索（John Russo）來自密西根州，當過汽車工人，他在一九八〇年開始於揚斯敦州立大學教勞動研究。當他就任時，市裡每條街道都能找到工廠的身影和高爐散發的火光。他來得正是時候，恰好目睹鋼鐵業消失的過程。經盧索計算，在一九七五到一九八五年之間，馬霍寧谷就有五萬個工作機會消失，這樣的經濟災難規模前所未有。盧索表示：「沒有人料想得到，這是整個產業體系的問題」。身為在地專家，他每六個月都會接到《時代》或《新聞週刊》的訪問電話，記者在線上詢問他揚斯敦是否已度過難關。民眾顯然很難想像，這麼多廠房和人力已經成為多餘，需求不再。

克利夫蘭、托雷多、亞克朗、水牛城、雪城、匹茲堡、伯利恆、底特律、夫林特、密爾瓦基、芝加哥、蓋瑞、聖路易等城市也面臨相同窘境，這些地區在一九八三年統一被冠上了「鐵鏽地帶」（Rust Belt）的新稱號。但揚斯敦衰頹得最早、最快速，也最徹底。也因為揚斯敦沒有其他產業，沒有大聯盟棒球隊或世界級的交響樂團，因此成了產業空洞化的最佳代表。「這是有史以來最沉默的革命，」盧索表示。「假設中西部發生一場瘟疫，也帶走這麼多人的性命，大概會被視作歷史上的大事件。」但因為這只是藍領階級丟了工作機會，而非細菌感染，人們也就將揚斯敦的衰頹幾乎視為正常。

廠房開始接連倒閉時，泰咪才十一歲。她的年紀還太小，還不明白「鋼鐵重鎮」[2]、歷史性罷工行動和產業空洞化的意義，自然也不懂得關心、不害怕整座城市的消亡。她為了求生存都已自顧不暇。在黑色星期一的隔年，泰咪和母親及繼父搬回了東區。名義上是住在布魯斯街，但其實她又回到夏洛特大街和祖奶奶住在一起。泰咪搬回去的那年夏天，祖奶奶家的前門被偷了，那扇門是件骨董，以實心橡木製成，鑲有橢圓形的玻璃，連同門邊的裝飾用雕花玻璃窗都不翼而飛。鄰居有幾戶人家也遭了小偷。祖奶奶負擔不起換門的錢，所以有好幾年的時間他們都只能用木板掩住前門，並使用後門進出。泰咪有時候都不好意思讓朋友上門拜訪。

泰咪在多年後時常會提起前門遭竊的事件，對她而言這是一個轉捩點，因為這意味著他們一家人往後必須更奮力地掙扎求生。當地幫派不再橫行街頭（即使賽瑞克酒吧離夏洛特大街並不遠），地區景況愈來愈糟。一九七〇年代中期，大多白人家庭都已經搬離東區，黑色星期一也已然退場。西碧兒女士在一九六四年自東區高中（East High School）畢業時，大多數的學生都屬白人族群，在班上一位黑人女孩當選返校節女王後，白人老師駁回投票結果時還說：「時機還未到」。但在泰咪就學的一九七〇年代，每年班上都會減少一兩位白人學童，直到她在一九八〇年升上高中時，東區高中已幾乎只剩黑人和波多黎各裔同學。從夏洛特大街出發，只要步行即可抵達這所高中，但泰咪在九年級時卻得要搭校車到南區的威爾遜高中（Wilson High）上學，教育當局的用意是藉此平衡種族分布。她和閨密葛雯（Gwen）上數學課時是班上唯二的黑人。他們倆在課堂上舉手時，老師都完全視而不見。她很想念在同學大多是黑人的學校上學的日子，所以在十年級時她轉學到了東區高中。

泰咪在家裡也負起更大的責任，學習簡單的維修工作，搭公車採買雜貨和支付帳單。最後，祖奶奶以權利轉讓契據將房子的所有權交給了泰咪。祖孫倆的角色互換，現在輪她來照顧祖奶奶了。

接著，泰咪十五歲時，發現自己懷孕了。

她寫了一封信給自己的母親，即使母親就住在三個街區之外，她仍選擇以郵遞寄出，因為她很害怕，不敢當面告訴她。終於有機會談話時，她母親很生氣，質問道：「你要不要把小孩拿掉？你這樣怎麼顧小孩？」泰咪只說她會照顧自己的寶寶，直截了當。孩子的生父叫做貝瑞（Barry），是個看起來很有風度的男孩，大泰咪一歲。貝瑞的母親曾當過維琪在被判緩刑後的監護官，她覺得湯瑪斯家的女孩配不上自己的兒子，因此找來了泰咪的祖母，告訴她貝瑞不可能承擔父親的責任。但泰咪愛著貝瑞，和母親說她愛著貝瑞。

「這只是一段不成熟的戀情」，維琪說。

但泰咪堅持：「不，媽媽，我愛他」。

「以後你就知道了」。

即使維琪當時即將為泰咪的繼父懷上第三個兒子，四年來的第三胎，但泰咪和母親卻從未談論性方面的話題（泰咪的預產期比維琪早五個月）。維琪就讀六或七年級時，大嬸嬸告訴她小孩是從石頭下蹦出來的，她也就這麼信了，這就是她接受過的性教育總結。而祖奶奶也未提供任何資訊。

最糟糕的時刻，在於泰咪必須告知祖奶奶這個消息。泰咪記得大嬸嬸過世時，祖奶奶沒有哭，但泰咪向祖奶奶坦白時，祖奶奶卻哭了，這讓泰咪心痛到了極點。幾年後她才明白，家裡沒有人能夠從高中畢業，而她應該要成為第一人才對。「又是一個畢不了業的孩子，」泰咪說道。「祖奶奶說她辛勤工作、為別人打掃煮飯、花時間外出工作，最重要的就是讓我能夠接受教育，有自己的家，但卻未能如願。我們有家，但卻沒人能夠接受教育。」泰咪的父親甚至衝入夏洛特大街上的房子告訴她：「你這輩子只能當個靠社會救濟金過日子的賤貨。」

泰咪心中卻下了決定。她絕不會和其他社宅女孩落得一樣的下場，她也不會和母親一樣。她會繼續上學，好好讀書。泰咪一直是個資質平平的學生，但她現在要認真唸書了。接著她會找到一份好工作（護理工作就別想了，她的化學成績實在太糟），因為她的孩子會過得比自己更好，比現在年幼的弟弟們還要更好，因為她會善盡母職，好好照顧這即將出生的孩子。她現在必須證明自己的能力，不只是向爸爸和家人證明，也要向自己證明。

小女孩在一九八二年五月九日誕生了，需要簽署出生證明時，貝瑞卻未出現，泰咪才意識到他一直和其他女孩糾纏不清。他們吵了一架，她決定再也不和貝瑞見面。她及時回到學校參加期末考。幾個月後，泰咪在西湖專案社宅撞見了貝瑞，她當時在那裡擔任夏季的日間營隊輔導員。他和其中一個女友在社區中心前排隊，等待領取贈品，女友還懷著身孕。這一幕讓泰咪心都碎了，但也還好，她知道自己一定有辦法走出來。她再也不上教堂，因為在這種情況下，人們都認為她很不堪。貝瑞事後想和她復合時，她拒絕了。「這不甘你的事，」泰咪告訴他。「孩子不是你的，你沒有簽出生證明。」她不希望女兒步上自己的後塵，和根本不在乎自己的男人維持一段糟糕的關係。她希望女兒能夠擁有周圍人們的愛和關心。她和寶寶相依為命，東區的一切卻是萬劫不復。

泰咪不再仰賴母親的社會救濟支票，而是自己也開始領起了社會救濟。她痛恨仰賴政府接濟，社福機構的員工都很惹人厭，但她必須負擔食物和照顧孩子。她在一九八四年準時完成高中學業，成為家中第一個獲得文憑的成員。她在高中最後一年充滿女性風韻的裝扮，讓人聯想起一九四〇年代的風格，在畢業紀念冊的照片中，女孩們打理頭髮和衣著的方式，還有選用的口紅都是模仿比莉．哈樂黛（Billie Holiday）[3]。泰咪戴著搭配黑色蝴蝶結和網狀面紗的灰色呢帽，但她的眼神，卻道盡了自己從還是綁辮子的小女孩時，就一直經歷的滄桑。

她在一所技術學院取得了副學士學位，並在超市擔任了兩年的收銀員，希望能夠進入經理階層，但卻一直沒有職位開缺。她和一位叫做喬丹的男人有了兩個孩子：一九八五年生下了一個男孩，一九八七年另一位女孩誕生。她一直很小心用錢。泰咪已經懂得開車，可以到價格較便宜的郊區購物，用分期付款替孩子採買聖誕禮物，支付押金請商店保留禮物，直到她可以全額付清為止。但有了三個孩子，還有祖奶奶和夏洛特大街上的房子要顧，她必須再找到更穩定的工作才行。

一九八〇年代末期，揚斯敦開始打造一座工業歷史博物館，由建築師麥可·格雷弗斯（Michael Graves）設計為煉鋼廠的樣貌，再搭配獨具風格的煙囪。但帕卡德電器公司（Packard Electric）的廠房仍在沃倫持續運作，其中有八千名工人負責為通用汽車的車子製作電線線束與電子元件。這與鋼鐵廠的工作相較算是輕工業，也比較環保，廠內有三分之二的員工都是女性，其中有不少人和泰咪一樣是單親媽媽。她參加了面試，並受雇在生產線上做組裝工作，時薪為每小時七點三美元。一九八八年，她終於脫離社會救濟金，成為一位工廠工人。

■

1．譯註：即揚斯敦的分會。

2．譯註：Steeltown，揚斯敦的暱稱。

3．譯註：美國知名爵士女歌手。

自立自強：歐普拉

她擁有一切，無所不能。她曾是全世界最富有的黑人女性——沒錯，就是全世界。但她仍是個「平凡女人」，這也是她的主打歌[1]。每週有五天下午，至少橫跨一百三十八個市場地區的四千萬美國人都會和她一同歡笑、哭泣、驚訝、談論八卦、許願和慶祝，她的節目在一百四十五個國家中還坐擁數以百萬計的觀眾。這位億萬富豪相當受人喜愛。她和所有女性一樣，她懂她們、和她們有相同的背景、出身比她們低下，她讓千千萬萬女性知道自己並不孤單。她們曾有過的感受，她也都有，反之亦然（而且她告訴大家：妳對自己的感受是最重要的）。當她學著隨心所欲，她們也跟著學習隨心所欲。當她學著說不，而不要因此有罪惡感時（這是她最大的成就），她們也學著照做，儘管拒絕可能不會是討喜的舉止。她想讓全國人民重新享受閱讀的樂趣。她想要瓦解那種依賴社會福利為生的心態，讓一百個家庭脫離芝加哥的專案社宅。她想要率領全國人民探討種族議題，透過電影治癒奴隸制度留下的創傷，因為「影像的力量無遠弗屆」，歐普拉如此表示。她想要幫助人們活出最理想的人生。她希望節目的現場觀眾每年聖誕節都能獲得最想要的禮物，像是 Sony 的五十二吋 3-D 高畫質電視、龐帝克（Pontiac）G6 轎車、皇家加勒比海郵輪（Royal Caribbean）行程。她希望開啟一扇門，讓觀眾能夠更透澈地瞭解自己，她要成為「引導大家走向上帝的那一道光」——或別人用其他名號稱呼她也沒關係。她希望大家擁有一切，就和她一樣。

她歌頌開放思想，敢於展現人生真實面，也有足夠本錢承受開放與真實所帶來的後果。任何人如果成為歐普拉人生的一部分，就必須交出自己畢生的話語權。她買下自己每張照片的版權，揚言若有人侵害她的肖像權，絕對提告。歐普拉出版自傳幾週前，友人告誡她書中內容揭露了太多她的個人生活，而且還有太多不實之處，所以她選擇把出版喊卡。多年來因為屢屢接受整形手術，她的面容也有大幅改變。

「根據宇宙定律，我不太可能被搶劫，因為我一直在幫助人們實現自己的潛力，」她說。「黑人應捫心自問『連歐普拉都做得到，那我呢？』他們可沒有任何藉口。」她還說：「哈莉葉・杜伯曼（Harriet Tubman）、索婕娜・楚斯（Sojourner Truth）、芬妮・路・漢默（Fannie Lou Hamer）[2]都已成為我生命的一部分。我一直覺得我代替她們把人生過得更完滿。這些前輩從沒想過人生可以這麼精采。我還是覺得她們仍與我同在，一起奮鬥，一起高呼，『加油，女孩，努力為自己爭取』，」她說。「我覺得自己充滿力量，因為我相信在人生的路途上，我的人格和靈魂使命已趨向一致。」歐普拉也說過：「我和任何人都能融洽相處。我害怕大家不喜歡我，就算是我不喜歡的人，我也希望他們喜歡我。」她還說：「主持脫口秀對我來說就像呼吸一樣自然。」「十歲時，我看見黛安娜・羅絲（Diana Ross）和至上女聲（The Supremes）在《艾德・蘇利文秀》（The Ed Sullivan Show）登台演出，之後我就再也不想成為白人了。」「所有人都覺得我只能在密西西比的工廠或棉花田裡工作，」她說。「我當時只是個可憐的黑皮膚捲髮小鬼頭。」

歐普拉名下的富饒龐大帝國，包括哈潑[3]製作公司（Harpo Productions）、哈潑攝影棚（Harpo Studios）、哈潑影視（Harpo Films）、《歐普拉脫口秀》（The Oprah Winfrey Show）、歐普拉電視網（Oprah Winfrey Network）、《O：歐普拉雜誌》（*O: The Oprah Magazine*）（每期封面都是她的照片）、《歐普拉居家雜誌》（*O at Home*）、歐普拉廣播網（The Oprah Radio Network）、歐普拉與好友（Oprah and Friends）、歐普拉工作室商品（Oprah's Studio Merchandise）、歐普拉商店（The Oprah Store）、歐普拉精品店（Oprah Winfrey's Boutique）、歐普拉讀書俱樂部（Oprah's Book Club）、〈歐普拉的最愛清單〉（Oprah's Favorite Things）[4]、《歐普拉大手筆》（*Oprah's Big Give*）[5]、歐普拉女力學院（Oprah Winfrey

Leadership Academy for Girls），還有歐普拉天使網路（Oprah's Angel Network，網址：oprah.com）。但帶領她走向如此非凡成就的康莊大道，起點其實是在密西西比州中部的一座不起眼農場。一九五四年出生的她原本是根據《聖經》角色「俄珥巴」（Orpah）被命名的，但大家常常唸錯，久而久之她也接受了「歐普拉」這個名字。年滿六歲前，她都是由外婆哈蒂・梅・李（Hattie Mae Lee）和外公厄立斯特（Earlist）扶養，李是黑奴的孫女，是一位廚師兼管家，爺爺的個性則是嚴厲得嚇死人。他們的生活貧困，歐普拉從沒有穿過從商店買來的洋裝，寵物是兩隻養在罐子裡的蟑螂，至少她在訪談中是這樣說的。歐普拉的家人都說她是為了讓故事更動聽而加油添醋，說她其實受盡寵愛，會那麼有自信其實是因為那一段歲月。

歐普拉六歲時，奶奶便再也無法照顧她，因此她被送到密爾瓦基（Milwaukee）和母親同住在出租公寓。母親凡妮塔・李（Vernita Lee）的工作是女傭，和另外兩個男人又各生了一個孩子，後來仰賴社福支票度日。母女倆相處得並不融洽，歐普拉是個聽著摩城唱片（Motown）音樂長大的野孩子。歐普拉成名後，她妹妹爆料，歐普拉會趁母親上班時偷錢、十三歲就男女關係混亂，也會為了錢和年輕男人上床。但她的書卷氣息、如戲劇般的嗓音和幹勁，也吸引了有權有勢的白人注意，更希望能夠提拔她。十四歲時，她被送到納許維爾（Nashville）和篤信基督教的理髮師父親維儂・溫芙蕾（Vernon Winfrey）同住——結果維儂根本不可能是她父親，而她也從來不知道生父是誰。與住在密爾瓦基時一樣，比起自家人，歐普拉在納許維爾和白人處得更融洽，之後她也提到，除了那些厭惡她深黑色皮膚或嫉妒她成就的黑人之外，她從來沒有感覺到受誰的壓迫。

她從田納西州立大學輟學，開始在當地的電視台工作。一九七六年，她在巴爾的摩獲得一份晚間新聞的播報工作，有可能踏上黑人版的芭芭拉・華特斯（Barbara Walters）[6]或瑪麗・泰勒・摩爾（Mary Tyler Moore）[7]之路。但她不會寫播報稿，態度過於樂天，也對新聞一無所知，因此公司將她改調到晨間脫口秀。歐普拉自認遭公司貶職，沒想到卻成為了當地的明星。她非常討喜、風趣、真情流露，提出露骨又近乎無禮的問題（大家說法蘭克・帕度〔Frank Perdue〕長得像隻小雞時，他會不會覺得很煩？[8]）。一九八三年底，芝加哥的WLS電台請她主持晨間脫口秀，開價二十萬美元。

她在一九八〇年代成為大人物，在芝加哥這個新黑人菁英階層的重鎮大放異彩。她到芝加哥發展時，哈洛德・華盛頓（Harold Washington）才剛成為第一位黑人芝加哥市長，黑人牧師傑西・傑克森（Jesse Jackson）正展開他第一次尋求被民主黨提名為總統選選人的活動，而沒多久後芝加哥公牛隊即將在選秀會上挑中麥可・喬丹。歐普拉曾在鏡子上貼了一段傑克森的話：「若我心有所感，就能由衷相信，我深知我做得到」。賦權、企業精神、白手起家的名人、財富不可避免作為終極價值的象徵——這些都是她的精神所在（她在一九七〇年代早期很厭惡田納西州大的「黑人權力」運動，也完全不關心政治）。大家都說，一個體型過重的脫口秀黑人主持人不可能在種族主義當道的芝加哥獲得成功，但歐普拉只去一週就爆紅，觀眾對她的評價讓白人主持人菲爾・唐納休（Phil Donahue）[9]看不到車尾燈，一年內他就將節目據點從芝加哥轉移至紐約。她深諳大多數住在郊區的白人觀眾和家庭主婦想要的是什麼，也不避諱低級和下流的話題：〈男性強暴犯與強暴犯的治療〉（Men Who Rape and Treatment for Rapists）、〈主婦當上娼婦〉（Housewife Prostitutes）、〈偷走我男人的那些親戚們〉（Man-Stealing Relatives）、〈希望我受虐的孩子能夠回家〉（I Want My Abused Kids Back）。歐普拉不怕面對種族主義者、殺嬰犯或重度身心殘障人士。她不怕道人長短，懂得展現同理心，可以開自己的玩笑，也敢在節目上直接講「陰莖」這個字眼（但要再經過二十年她才敢講「小妹妹」[10]）。

一九八五年十二月五日早上，在一次探討亂倫的節目中，她拿著麥克風做準備，觀眾中有位穿著保守、重聽的中老年白人婦女，承認自己的兒子其實是她父親的種，而這位膚色黝黑、身材過重、頭髮蓬鬆、戴著寬大銅耳環的年輕主持人突然要求進廣告，接著便將垮下來的臉埋入手中，伏在這位觀眾的肩頭上哭泣，雙手環抱對方的脖子尋求安慰，並說道：「我也有同樣的遭遇」。她從九歲到十四歲一直受到多位男性親戚的侵犯，幾乎從未間斷（五年後，世人才知道十四歲的歐普拉曾生下一個五週後便死去的男嬰。是她藥物成癮的妹妹為了一萬九千美元，而向小報透露此事）。

信件如雪片般湧入、電台為了接電話忙得不可開交、節目評價一飛沖天。她打破了千千萬萬女性的沉默，歐普拉．溫芙蕾於此時正式成為了歐普拉：一位勇闖難關、克服逆境的平凡女人，更是節目觀眾的國民女友。名利雙收還不夠：為了成為歐普拉，她必須找出一條秘密通道，通往廣大觀眾藏著創傷的孤寂內心深處。這麼一來，她就能和他們共享自己的偉大成就。她在物質和精神上的成功並非讓她與眾不同的特權，卻是戰勝痛苦的標誌，讓她能夠與所有人產生共鳴。她邀請大眾走進自己的生命，讓他們見識她如何不斷與自己的身材拔河。歐普拉的體重浮動劇烈，就和許多女性一樣（她的飲食方式和花錢、贈與的方式沒兩樣，都是相當衝動又奢侈），而她與史戴門．葛蘭姆（Stedman Graham）的婚禮不斷延期，但這個對象對她而言完美無瑕：高大英俊、膚色白皙、個性無趣，擔任集團行銷主管，還著有《你做得到》（*You Can Make It Happen*）和《打造你的生活品牌》（*Build Your Own Life Brand*）二書。

她和觀眾之間的連結堅不可摧。其中有許多人除了在情境喜劇見過黑人外，都不曾真的和他們相處過。歐普拉讓這些人感到沒那麼孤單、更加包容和開放、更想讀書與了解觀念思想，而這些人也讓她賺進大把鈔票。歐普拉名氣愈來愈大，年收入從一億成長到兩億六千萬，身價從七億二千五百萬上漲到十五億，主題從〈夫妻間無法容忍的舉止〉（Unforgivable Acts Between Couples）和〈對丈夫過敏的女子〉（Women Who Are Allergic to Their Husbands）到〈扭轉人生〉（Change Your Life）和〈靈魂的定位〉（The Seat of the Soul），來賓從某位女性家暴受害者到同樣遭遇過家暴的黑人女作家馬雅．安傑洛（Maya Angelou），她從未失去觀眾對她的愛。她也花更多時間在鏡頭前和湯姆、茱莉亞[11]、黛安[12]、童妮[13]、瑪麗亞、阿諾[14]和歐巴馬總統伉儷等好友話家常，一眾名流明星共享名氣，而歐普拉最忠實的朋友仍是每日準時收看節目的七百萬名觀眾。一天結束之時，她會乘坐私人飛機從普耶塔莊園（Rancho La Puerta）[15]飛回芝加哥（她說，「私人飛機實在太棒了，說私人飛機壞話的人都是在撒謊」），參加她老公葛蘭姆在麥可・喬丹開的餐廳頂樓舉行的讀書會。歐普拉會怒氣沖沖地抵達，因為《國家詢問報》（*National Enquirer*）剛剛才未經授權就發布她湖畔公寓裡充滿豪華大理石、絲緞、天鵝絨的室內陳設照片。她最死忠的支持者仍是羅克福（Rockford）和尤克萊（Eau Claire）地區的中老年中下階層婦女，這些人會心甘情願地來到鄰西區（Near West Side）[16]，在哈潑攝影棚外花上數小時排隊等候。

他們擁有的一切都是她沒有的：孩子、債務、閒暇時光。他們掏錢購買歐普拉負責代言、而自己卻沒有買下的產品，諸多品牌包括：媚比琳、珍妮・克萊格體重管理（Jenny Craig）、小凱撒（Little Caesar's）披薩連鎖店、宜家家居。隨著他們的經濟狀況益發困頓，她也會在觀眾中挑出一人，在電視上替這位幸運兒還清債務，或買棟房子，或是在聖誕節透過〈歐普拉的最愛清單〉節目發放鑽錶和托里柏奇（Tory Burch）的灰色法藍絨托特包等昂貴贈品，用來討這些人的歡心。但並非所有觀眾都可以因為歐普拉的魔法思維（疫苗會導致自閉症；正向思考帶來財富、愛與成功）而活出最理想的人生，只能眼見她成就愈來愈大、愈來愈富有。他們沒有九間房子，可能連一間都沒有。這些人也無法和約翰・屈伏塔（John Travolta）稱兄道弟。宇宙定律並未讓他們免遭搶劫，他們不總是能夠忠於自我，這些人從來都無法成為自己想要的樣子。而因為歐普拉認為生命本來就不會毫無來由讓人受苦，所以他們也覺得自己沒有藉口。

1．譯註：指歌手夏卡康（Chaka Khan）的歌曲〈I'm Every Woman〉，這首歌也是歐普拉節目的主題曲。

2．譯註：三位女性均為非裔民權運動家。

3．譯註：把"Harpo"倒過來拼，就是Oprah（歐普拉）。

4．譯註：曾是《歐普拉脫口秀》的節目單元。

5．譯註：歐普拉主持的電視實境秀。

6．譯註：美國電視記者先驅，以專訪政治人物和名流而知名。

7．譯註：美國資深女星，曾獲頒多次影視獎項。

8．譯註：帕度為雞肉加工公司帕度農場（Perdue Farms）的執行長。

9．譯註：脫口秀主持人。

10．譯註：女性生殖器（vajayjay）。

11．譯註：好萊塢明星湯姆・漢克與茱莉亞・羅勃茲。

12．譯註：美國知名新聞主播黛安・索耶（Diane Sawyer）。

13．譯註：得過諾貝爾文學獎的美國女作家童妮・摩里森（Toni Morrison）。

14．譯註：好萊塢明星阿諾・史瓦辛格與妻子瑪麗亞（Maria Shriver，現已離婚）。

15．譯註：位於墨西哥最北端接近美墨邊境的豪華度假村。

16．譯註：芝加哥的一個地區。

傑夫・康諾頓之二

一九八七年，本該讓華爾街銀行家轉行進入財政部高層職位的政治旋轉門[1]卻讓康諾頓當上拜登總統競選團的初級職員，年薪為兩萬四千美元。他放棄了全新的標緻汽車改開父母一九七六年款的雪佛蘭馬里布（Malibu），因為房屋租金讓他吃不消，但康諾頓並不介意。

康諾頓還沒離開亞特蘭大就執行了第一項任務：在喬治亞州找到二十個金主為拜登的競選活動開二十張兩百五十美金的支票。如果能在二十個州做到這件事，那麼聯邦政府將給予該候選人相對金額的補助。這是康諾頓做過最困難的事之一，但他更害怕失敗所以深受激勵，用盡了他在喬治亞州的人脈懇求所有他認識的人幫他開支票，最後也成功了。過程中康諾頓搞懂了募款這件事：其實根本就不用說服對方拜登的政見有多好或一定會當選，只要讓對方知道**你**有多需要這筆錢，懇請對方幫**你**做人情就行了。「就當作是為了我嘛。」關鍵在於電話是誰打出去的。但當康諾頓聯繫那位之前是姐妹會成員、現居喬治亞州的前女友時卻被她一口拒絕了，因為前女友聽說拜登「為了選總統連自己的奶奶都能拿去賣。」這消息還是經過好幾個人的口耳才傳到前女友耳中的。

那是「後雷根時期」的第一次選舉，所有競選活動都亂成一團，競選團隊無一日安眠，拜登的團隊也不例外，一來是因為吃太多垃圾食物，二來則是突發狀況太多，常得要隨機應變。團隊常對人說：我們還不知道要你來幹嘛，反正三天後你準時出現就對了。三月，康諾頓在華府外圍的維吉尼亞州亞歷山大市

（Alexandria）租了一個房間，房東是一位在美國洋芋片公會（Potato Chip Trade Association）任職的工會幹部。康諾頓才剛到不久就發現他的辦公地點並非競選團隊的華府辦公室而是在德拉瓦州威明頓市區邊緣一棟簡陋的辦公樓。競選團隊的辦公室也不過是辦公樓裡一間空蕩蕩的大店鋪，地上鋪了藍色的地毯還擺了幾十張桌子，要進軍白宮的陣營還真是樸實無華透頂。康諾頓先前在喬治亞州打下的勝仗已為他日後成為募款人員的路鋪陳，這與康諾頓幾年前在塔斯卡盧薩聽拜登演講時想象中的政治生涯差遠了，但康諾頓下定決心要扮演好馬前卒的角色。「要我去哪儘管吩咐，」他說。康諾頓在座位上安頓後便開始每天工作十二小時，原本還要往返維吉尼亞通勤四小時，到後來他週二到週四乾脆在辦公室附近的戴斯旅館（Days Inn）住宿算了。

康諾頓在長期追隨拜登的幕僚長泰德．考夫曼（Ted Kaufman）底下做事，考夫曼又高又瘦，下巴細長，還頂著一頭捲毛，與文藝復興時期西班牙畫家艾爾．葛雷柯（El Greco）長得有幾分相似。考夫曼在拜登社交圈裡占有很中心的位置，拜登的妹妹瓦萊麗（Valerie）把康諾頓引薦給考夫曼時還說：「能為泰德做事真是你的福氣，他與喬超麻吉，根本不會擔心地位不保。」康諾頓後悔當初沒想到要追問下去：「所以喬身邊的人都在擔心嗎？可以請您把這一點講清楚嗎？」瓦萊麗的弦外之音很明顯：「你呢，皮最好是繃緊一點，因為『拜登國』遍地都是地雷，有些已經做記號了，有些還沒，而你又和我哥沒什麼交情可言。」

考夫曼和康諾頓簡直一拍即合，他們都擁有MBA學位，也把募款活動當企業在經營，康諾頓負責規劃戰略計畫以及由許多大隊長和小隊長組成的組織金字塔，小隊長籌到的資金愈多，大隊長就愈能接觸到拜登。康諾頓緊盯著小隊之間的競賽，胸章和與拜登共進晚餐的機會最終將鹿死誰手都由康諾頓做主。康諾頓也給金主們建立了一套系統，金主想見拜登一面，至少要掏出一千元的捐款金額。康諾頓會對大金主們說：「您拿出五萬塊的話，就能到拜登參議員府上與他共進晚餐，拿出兩萬五千塊的話也可以和他一起吃飯，但不是在他家用餐就是了。」有些金主為了可以和朋友炫耀「我曾到威明頓在拜登家裡和他一起吃過飯」，最後還是會不情願地掏出那額外的兩萬五千元。

前參議員蓋瑞・哈特（Gary Hart）與唐娜・萊斯（Donna Rice）在「鬼混號」（Monkey Business）遊艇上鬼混被抓包後，哈特成為那年第一個醜聞與媒體風波的受害者，也因此拜登在提名競賽中勝算爆表。康諾頓整天待在鋪上藍色地毯的大辦公室裡日夜不休辦公。半夜，他開車回亞歷山大市，一到家就累得倒在床上，隔天一早起床又回到威明頓開啟循環模式，他一心想著：「我正在實現我人生的意義。」

那年春季某天，拜登出現在威明頓辦公室和競選團隊打招呼，他身穿一件高領毛衣配上一副飛行員墨鏡，看起來很帥氣。競選團隊中有許多成員自一九七二年拜登二十九歲選上參議員以來就跟著他做事，拜登為了鼓勵大家便簡單地更新了競選狀況。康諾頓上一次在阿拉巴馬州見到拜登已經是六年前了，期間還寄了許多封信但都沒收到回信，如今康諾頓也無法確定拜登是否還認得他。拜登轉身準備離開，康諾頓想像著自己追上去阻擋拜登的路大聲說：「我之前邀請您拜訪阿拉巴馬大學三次，最後一次見面時還答應您要幫您選上總統，所以我來了。」但康諾頓最後還是選擇回到座位上。

康諾頓頻頻升官，他在南方各城與猶太社群和庭審律師們辦的幾場募款活動都至少籌到五萬元，後來康諾頓開始和拜登一起行動，但兩人從沒講過一句話，而每當班機延誤或是拜登的演講過長或過短，康諾頓都首當其衝被捐款人炮轟。

有一天，在飛往休士頓一個募款活動的班機上，康諾頓準備向拜登介紹活動細節，他帶著資料走到頭等艙去找拜登夫婦。

「請問可以耽誤您幾分鐘時間嗎？」康諾頓問。

「資料給我就可以，你走吧，」拜登頭也不抬地答覆。

拜登顯然不記得阿拉巴馬的事了，因為在康諾頓為拜登做事好幾年後，拜登竟表示：「很慶幸當年你還在唸法學院時就遇見你了。」就這樣，兩人的相識過程在拜登口中被搞的面目全非。拜登總是願意把時間花在陌生人身上，如果他們與德拉瓦州有絲毫的關係那就更不用說了。如果是拜登家裡人或是與考夫曼一樣為拜登效勞多年，屬於拜登小圈圈內的成員且像拜登說的「連流出來的血也是『拜登藍』」的話，那麼拜登會對這個人十分講義氣。但如果只是為拜登做牛做馬工作幾年，那拜登根本不會把人放在眼裡，還會嚇唬、羞辱員工，也不在乎員工的升遷機會，甚至連名字也懶得記。拜登都會說：「嗨，老大」或「一切都還好吧，隊長？」但如果把拜登惹怒了，這個人就會變成拜登口中的「他媽的蠢貨」。拜登最喜歡用這個詞來形容男性手下了：「這他媽的蠢貨忘了幫我帶簡報資料」。而且這個詞除了是名詞還能當形容詞使用：「活動負責人是民主黨還是共和黨的呀？還是說你太他媽的蠢貨了所以不知道？」

康諾頓負責的募款工作很重要，但也非常困難且吃力不討好，康諾頓反而因此背負惡名，因為拜登討厭募款活動，募款工作太辛苦之味了，而且還需要萬般妥協。拜登有些同事花了大半輩子到處打電話籌款，像是加州參議員艾倫·克蘭斯頓（Alan Cranston）為籌到五百元還在健身房裡邊騎健身車邊撥打一通通電話。拜登代表的德拉瓦州很小，幾乎等於大州的郡，因此他幾乎不用親手打電話籌錢，也無法適應競選總統所帶來的金錢壓力。對於那些曾幫他募款或開支票掏錢又向他討人情的人，拜登深感厭惡，好似無法接受自己欠他們人情一樣。他並未和華府那些固定班底走得很近，而是每天下班後都會離開國會大廈的辦公室，經過麻州大道，（Massachusetts Avenue）走到聯合車站（Union Station）再搭乘美鐵（Amtrak）列車回到威明頓與家人團聚。對拜登而言，堅持當個「平凡的喬」讓他深感自豪，但拜登有多兩袖清風就有多忘恩負義。

華府的民選公職人員都自認是高人一等，他們膽識過人，能忍受站在公眾面前的屈辱，在這些「主人公」眼裡，工作人員是低等人類，像是寄生蟲附著在宿主身體上搭便車一樣。康諾頓知道他沒什麼可以教拜登的，拜登天生適合從政，而且已經在這行打滾了近二十年，掐指一算就知道美國人民的需求。除非康諾頓能證明自己是一匹耐操好用的馬，否則隨時有可能淪為棄車。

「他看到我眼中的搖擺不定，」康諾頓之後說道：「我完全是個菜鳥，在進入這全新的世界之前，我都是在華爾街混的。我把我和拜登的交情想得太美好了，畢竟我等了很久才終於加入他的團隊，但對拜登而言，我不過與其他人一樣就只是競選團隊的一員。我被權力吸引所以也沒多想什麼，我想要成為在就職典禮當天搬進白宮西廂辦公室（West Wing）的團隊成員之一，幫忙治理國家，那才是華府的頂尖遊戲。當拜登競選失敗後我就迷失方向了。」

九月初，康諾頓決定休息一下暫停競選業務去看球賽：阿拉巴馬大學對賓州大學的精采美式足球對決。他開車經過賓州鄉下時聽到廣播傳來一則新聞：拜登在愛荷華州的一場辯論中抄襲了英國工黨政治家尼爾・金諾克（Neil Kinnock）的演講內容，還盜用了金諾克身為礦工後人的身分。

若只是單獨個案的話，這個新聞一定站不住腳，但媒體之前就已經擊垮了哈特參議員，現在又看到新醜聞露出馬腳，《時代雜誌》的莫琳・陶德（Maureen Dowd）和尤金・迪昂（E.J. Dionne）以及《新聞週刊》的艾莉諾・克利夫特（Eleanor Clift）都搶著要挖出拜登的黑歷史。拜登不但涉及抄襲休伯特・韓福瑞（Hubert Humphrey）與勞勃・甘迺迪的演講，之前唸法學院時還有一篇報告因為注釋沒做好而不及格，甚至連自身經歷也有誇大其詞的嫌疑。之後在一名新罕布夏州（New Hampshire）居民的廚房裡又爆出一個新事件，拜登在一場競選活動中史無前例地答應全程九十分鐘都佩戴麥克風，而且競選活動的畫面將不加剪輯。前八十九分鐘拜登一如既往的很優秀，但畢竟拜登整個政治生涯都在口無遮攔的歲月中度過，因此他在最後一刻破功了。有位民眾對於他法學院的成績提出質疑，拜登不耐煩地回嗆：「我想我的智商應該比你高許多吧。」拜登在惡意攻擊那位民眾的同時還針對自己的學歷做出了至少三項不實聲明，而整個事件都被公共事務衛星有線電視網（C-SPAN）拍了下來。康諾頓沒聽過金諾克的演講，也不知道拜登是如何抄襲他的，說真的康諾頓一點也不在乎拜登的競選演說。演說中有一句話總能讓全場歡呼：「這場美夢不會因為我們的政治英雄被殺害而蕩然無存，夢還深埋在我們破碎的心裡。」然而，即使康諾頓和大家一樣很崇拜甘迺迪一家，他聽了這句話卻一點感覺也沒有。在康諾頓看來這句話太過煽情，對那些比他大十歲以上的美國人才有效。為什麼拜登就不能像在塔斯卡盧薩討論《第二階段限制戰略武器談判條約》一樣，針對各種議題提供數據與解決方案，讓演講更實在呢？拜登似乎想要靠他感動人心的能力來競選總統，這個能力還讓康諾頓苦等了六年只為加入他的競選團隊。但選民感動了要幹嘛？拜登只想著讓自己聽起來像那些被殺害的政治英雄。政論名嘴都說，甘迺迪一家引用了古希臘人[2]的話，拜登則引用了甘迺迪一家的話，有時候還忘記表明出處。

頂尖遊戲的遊戲規則正在改變。一九六八年，喬治・羅姆尼（George Romney）在電視上稱他在越南被那些將軍洗腦，然後他的總統競選就無疾而終了。一九七二年一個大雪紛飛的早上，埃德・馬斯基（Ed Muskie）站上一台平板貨車，在威廉・洛布（William Loeb）位於新罕布夏州曼徹斯特市的《工會領袖報》（*Union Leader*）總部前控訴報紙編輯詆毀了他的妻子珍（Jane），還在鏡頭前氣得哭了出來，然後馬斯基的總統夢也泡湯了。一九八〇年，雷根歪著頭笑著說：「你又來了，」結果吉米・卡特的任期縮減了一半。一九八四年，華特・孟岱爾（Walter Mondale）問：「牛肉在哪裡？」[3]讓蓋瑞・哈特瞬間看起來像個滿頭秀髮的年輕新人。上電視十秒鐘就能讓一個人的形象永遠定型，這也是競選勝敗的關鍵。有了媒體的鼎力相助，總統和競選人想要了結自己的政治生涯一點都不難。

頂尖遊戲的遊戲規則備受關注之時，康諾頓剛好把理想抱負寄託在拜登身上。一九八七年，本是政治舞台上戲劇性的小插曲轉眼變成主要的表演項目，電視播放著候選人與名譽掃地的夫人站在聚光燈底下、提名人在聽證會上針對自己的過去愈描愈黑、各種針對美國全面開戰的大小議題以及正反兩方立場的報導、每天挖掘出政治人物人生當中大大小小的過錯等等。節奏愈來愈快，媒體記者就像一群野狗一樣，一聞到有權有勢的獵物所留下的氣味就開啟競爭模式窮追不捨，縱使獵物受傷了也不放過。一九八七年的獵物包括蓋瑞・哈特、勞勃・博克（Robert Bork）以及喬・拜登，最後兩隻還是同一時間捕捉到的。

對競選團隊來說，金諾克事件爆發後的兩個禮拜，每天都有新餘震出現，簡直就像一場失控的噩夢，但回想起來，這樣的結局猶如古老部落文化裡的獻祭儀式一樣既機械化又無可避免。候選人先發誓將繼續前進並努力無視那般野狗的咆哮，但媒體繼續不斷吸血，因此候選人的同仁表示對候選人的支持，但這一連串的報導已嚴重毀損候選人的形象，有可能一輩子都無法洗白了。候選人把親朋好友聚集起來，一一詢問他們的意見，當中有人建議他為了榮譽堅持到底，有人則建議他為了榮譽乾脆放棄，最後候選人決定下台，雖然涕淚縱橫，抬頭挺胸，但面對鏡頭，就算憤怒候選人還是得嚥下那口氣。

九月二十三日早晨，考夫曼請康諾頓告知募款團隊的隊長們：拜登將在中午宣布退選。記者會召開的兩分鐘前，拜登給阿拉巴馬老家的父母打電話，他唯一說得出口的只有：「你們打開電視吧。」同事們在羅素辦公室裡收看記者會，康諾頓則在廁所裡哭泣。「我氣自己淪落今天這個地步，我氣我**讓自己**淪落今天這個地步，」拜登像面對行刑隊槍決一樣向一排排的鏡頭宣布：「我還是去忙勞勃・博克的聽證案好了，免得又說出什麼不中聽的風涼話。」就這樣，拜登回到三樓的參議院黨團議政廳（Senate Caucus Room）繼續執行他身為司法委員會主席的公務，後來雷根提名的最高法院大法官候選人勞勃・博克無法在參議院過關，讓拜登扳回一城，他的政治名譽才得以慢慢恢復。

康諾頓心目中的英雄被爆出是個騙子，並在兩個禮拜內從有能力掌管白宮的英才淪落為全國笑柄，這讓康諾頓震驚不已。「拜登聲稱自己的強項在於能夠用言語感動人心，」康諾頓說：「但後來發現他是借用了別人說過的話，這一切就毀了。」康諾頓的人生頓時失去了方向害他不知所措。當考夫曼請他在威明頓再待幾個月為競選活動收尾時，康諾頓答應了，這樣讓他看起來像個盡責的好士兵，但事實上康諾頓是嚇傻了，他不知道該如何另謀高就。康諾頓肩上背負著整個政壇最爛的工作，他必須花好幾個小時去哄那些生氣想要退款的捐款人，以及愛荷華、新罕布夏州辦公室的員工們，員工們氣得把競選活動使用的電腦私自帶走，等拿到最後一次薪水才肯把電腦交出來。之前說要贊助競選活動的人現在都寄賬單過來要債，而康諾頓也被迫在拜登由盛轉衰的過程中全程做記錄，蒐集那些可能有害拜登一九九〇年參選參議員的每一則新聞報導與專欄文章，總共有上百篇。此次磨難把拜登的皮肉都拔光，連骨頭都不剩，甚至連拜登去植髮也受到關注。康諾頓做的事簡直像是把嚴重意外中死難者的零碎屍體清理好，保存起來，以備未來對簿公堂時可當證據使用。

一九八七年底，康諾頓受邀擔任民主黨參議員競選委員會（Democratic Senatorial Campaign Committee）的募款人，但他拒絕了這工作機會，他不想一輩子都在緊盯著支票與胸章。康諾頓想要深入探討各種議題並在政壇裡做一些實質的貢獻。之後考夫曼告訴他司法委員會的工作團隊有職缺，年薪為四萬八千元，雖然這只是華爾街的起薪，但工作內容會接觸到反托拉斯法、智慧財產權、民法改革等有趣的領域，而且康諾頓與考夫曼已建立深厚的情感，對拜登也抱有一絲希望。無論如何華爾街不太可能有康諾頓的工作機會，因為股市在十月十九日崩盤，那是史上單日跌幅最大的一天。此外，一九八六年的稅務改革法案導致許多公共財政部門都無法再透過套利賺差價的方式繼續蓬勃發展了，因此康諾頓決定留在華府。所有行走華府的人都像加入了幫派，而康諾頓就是「拜登幫」的。

1．譯註：政治旋轉門指原本就職公部門的人員專職到私部門，反之亦然。

2．譯註：勞勃．甘迺迪在金恩博士遇刺身亡後曾引述希臘悲劇詩人艾斯奇勒斯（Aeschylus）的作品，呼籲全國上下團結一致。

3．譯註：「牛肉在哪裡？」（Where's the beef?）為連鎖快餐店溫娣漢堡一九八四年的廣告標語，原用於諷刺漢堡的肉排太小，現用於諷刺某想法、活動或產品缺乏實質內涵。

1987 一九八七年

他身邊一堆人在喊叫、咒罵、比手勢，該死的恐懼和貪婪氛圍籠罩著他，這一切他都非常喜愛。曾經，他是業績第一名的債券銷售員，套一句大家常用的詞，就是交易室裡「最厲害的生產者」[1]……**承辦檢察官表示：波耶斯基的內線交易醜聞預計將導致華爾街倫理淪喪的風氣**[2]……**婚外情對象唐娜・萊斯（Donna Rice）？真相大揭密**蓋瑞・哈特（Gary Hart）向我求婚；獨家公布兩人週末爽遊巴哈馬的照片[3]……我認為，自由派的觀點已經不足以觀照貧民窟下層階級的問題，這會使得此一議題的思想論述變得過於偏頗單一，要達成上述目標更加困難[4]……**驚人新趨勢，美國人害怕離家**[5]……好吧，你搞砸了，你的樣子看起來糟透了，但沒關係，你只需要來一點調製得更讚的古柯鹼就行了。……[6]文化相對論出現後，西方再也不能宣稱自己的標準普世適用，各種帝國主義主張也不再有效，西方文化只是眾多文化中的一種而已[7]……**Nike Air Jordan 運動鞋引發革命，帶來全新重力體驗**[8]……**葛林斯潘：貿易逆差擴大是「異常現象」，問題可望改善**[9]……接下來的十四個月，各家競標廠商對於佛州極具前瞻性的子彈列車計畫將主動出擊。首先各廠商將與有興趣蓋車站的開發商協議大規模土地的合約，車站位址從坦帕[10]……戈巴契夫（Gorbachev）總書記，如果您追求和平、如果您追求蘇聯與東歐的繁榮、如果您追求自由化：請你來到這道門！[11]……**雷根總統為伊朗門事件負起責任**[12]……許多員工都會講比爾・蓋茲的科技阿宅語彙。「隨機」適用於任何混亂或偶然的情況。「頻寬」是指一個人可以吸收的資訊量。事情往好的發向發展是「激進的」、「很酷」，或用蓋茲最喜歡的兩個字說來，就是「超棒」。[13]……為了挽救總統大選選情，拜登今天承認他年輕時犯下的「錯誤」，他抄襲[14]……**恐慌飆升！道瓊指數狂跌五百零八點，創下新低**[15]……

■

1．譯註：引自湯姆．沃爾夫（Tom Wolfe）於一九八四年出版的小說《名利之火》（*The Bonfire of the Vanities*）。

2．編註：出自《洛杉磯時報》一九八七年一月十一日新聞，報導中的人物指的是美國紐約的股市交易員伊凡．波耶斯基（Ivan Boesky）。

3．編註：出自《國家詢問者報》一九八七年六月二日封面報導。

4．編註：出自芝加哥南部貧民區的非裔美國人研究者威廉．朱利葉斯．威爾森（William Julius Wilson）的社會學著作《真正的弱勢：內城、下層階級與公共政策》（*The Truly Disadvantaged: The Inner City, the Underclass, and Public Policy*, 1987）。

5．編註：出自《國家詢問者報》一九八七年六月十六日文章。

6．編註：出自電影《零下的激情》（*Less Than Zero*, 1987）。

7．編註：出自政治學著作《走向封閉的美國精神》（*The Closing of American Mind*, 1987），艾倫．布魯姆（Allan Bloom）著。

8．編註：出自耐吉公司「氣墊革命」球鞋一九八七年雜誌廣告。

9．編註：出自《華爾街日報》一九八七年十二月二十一日新聞。

10．編註：出自《聖彼得斯堡時報》一九八七年二月三日新聞。

11．譯註：引自雷根總統一九八七年六月十二日在東西柏林交界處布蘭登堡門所發表的演講稿〈推倒這堵牆！〉（"Tear down this wall"）。

12．編註：出自《華盛頓郵報》一九八七年四月十三日新聞。「伊朗門事件」（Iran-Contra Affair）是指雷根政府向敵國伊朗秘密出售武器以換取人質自由的政治危機事件。

13．編註：出自《商業週刊》一九八七年四月十三日新聞。

14．編註：出自《紐約時報》一九八七年九月十八日新聞，講述拜登一九八七年競選總統時的演講稿抄襲事件。

15．編註：出自《紐約每日新聞》一九八七年十月二十日封面報導。

匠人：瑞蒙・卡佛

卡佛從他父親C.R.[1]那邊承襲了貪杯的習性。C.R.是華盛頓州亞基馬谷（Yakima Valley）一座木材廠的木鋸維修工，很擅長說故事，卡佛也承襲了這點。C.R.可以好幾個月都滴酒不沾，然後突然從家中消失一陣子。卡佛和母親、弟弟什麼也不能做，只能坐在桌邊吃晚餐，時刻帶著一種大事不妙的感覺。卡佛喝酒的方式就是如此：只要黃湯開始下肚，他就停不下來。

卡佛成長於一九四〇到五〇年間。他是個身材高大的胖男孩，站立時身體會往前駝，一隻手臂或一條腿彎曲得很不自然，就算減肥後，眼睛仍是典型的胖男孩瞇瞇眼，眼睛要閉不閉的。他的衣服和褲子看起來像是用斜紋防水布料製成：一般只有四十歲的失業中年男子才會那樣穿。他說話含糊不清，必須靠近點才聽得清，但他吐出來的話往往滑稽又尖刻。

卡佛一家人住在混凝土樓板上一幢大約二十坪的四房平房。雖然家裡幾乎沒有獨處的空間，但他們就像住在一個屋簷下的陌生人，不太來往。

卡佛喜歡在哥倫比亞河（Columbia River）的河畔獵野雁和釣鱒魚。他喜歡閱讀輕小說和戶外雜誌。某天卡佛告訴一個帶他去打獵的傢伙，說他向雜誌投稿了一則故事，也已經得到回覆。這就是卡佛整個早上看起來都很緊張的原因。

「哦，那你寫了什麼？」男人問道。

「我寫的故事和這個偏遠鄉下有關」，卡佛說。「野雁振翅飛行的樣子、獵野雁的過程，還有這處偏鄉的一切。但他們說這個題材吸引不了讀者」。

但他沒有放棄。

卡佛在《作家文摘》讀到了一則廣告，是好萊塢帕默爾寫作學院（Palmer Institute of Authorship）提供的函授課程。C.R. 幫兒子付了二十五美元的註冊費，卡佛自己繳交十六期月費，為了上課把錢都給花光。卡佛高中畢業後，爸媽希望他到鋸木廠工作，但事情並未如他們所願。

卡佛把一位漂亮女孩瑪麗安（Maryann）的肚子搞大了。瑪麗安原本準備要唸華盛頓大學（University of Washington），但小倆口陷入熱戀，因此結了婚。一九五七年，他們的女兒出生於醫院中，再往上兩個樓層，則是 C.R. 因精神崩潰在其中接受治療的精神科病房。一年後，又一個男孩誕生了。當時卡佛二十歲，瑪麗安則是十八歲，這就是他們的青春歲月。

他們開始四處遷移。他們懷抱遠大的夢想，相信只要辛勤工作就能讓這些夢想成真。卡佛想成為一位作家，在那之後，一切自然會水到渠成。

他們在西岸地區四處遷居，從未定下來。奇科（Chico）、天堂鎮（Paradise）、尤里卡（Eureka）、阿克塔（Arcata）、沙加緬度（Sacramento）、帕洛奧圖（Palo Alto）、密蘇拉（Missoula）、聖塔克魯茲（Santa Cruz）、庫伯提諾（Cupertino）都曾留下他們的蹤跡。夫妻倆每次準備安頓下來，卡佛就開始坐立難安，於是他們又會搬至別處。瑪麗安是家庭的主要支柱，她負責包裝水果、在餐廳當服務生、挨家挨戶販售百科全書。卡佛曾經在藥局、鋸木廠、加油站、倉庫工作，也曾擔任醫院的夜間警衛。這些工作並不體面，他回家時都已經筋疲力盡，什麼也做不了。卡佛想要寫小說。但老婆到餐廳工作時他必須到自助洗衣店洗好六袋髒衣服，孩子們也等著他回去接送，眼看時間愈來愈晚，排在前面的女人卻還繼續往烘衣機中投幣——這樣的男人絕對寫不成長篇小說。他必須住在一個可以讓他好好理解，然後寫進小說的世界裡：一個不要太多變化，讓他可以精準認識的世界。但卡佛的世界不是那樣。

在卡佛的世界裡，規則每天都在改變。他往往只能考慮眼前，每個月一號湊出錢繳租金和買小孩學校要求的衣服，接著再做打算。生活中最重要的是，他有兩個小孩要養，而他永遠無法擺脫養小孩這種耗費心力的義務。辛勤工作、保持善良、做對的事，但一切還不夠，狀況並未好轉。他和瑪麗安永遠得不到回報，這是他在自助洗衣店裡突然有的醒悟。而漸漸地，他的夢想開始分崩離析。

即使長篇小說才可能帶來豐厚收入，他也沒有心力寫。再加上看不見出路的絕望感，卡佛只能寫詩和篇幅較短的故事，一次又一次地改寫，有時要寫上好幾年。

故事的角色都是一些人生失敗組。卡佛寫的就是自己的人生經歷，他筆下的人物都是這樣。他的角色有失業銷售員、女服務生、工廠工人等，他們的居所再平凡不過，就只有臥室、客廳和前院，這些空間裡的家庭關係令人窒息，地方小到每個人不得不面對自己的失敗人生。他們全都是孤家寡人、漂泊無依。這些人沒有花俏的名字，不過就是厄爾、阿琳、L.D.、雷等普通稱號，他們也很少有一個以上的名字。除了薩福威超市（Safeway）和賓果遊戲廳之外，他們的人生與宗教、政治都不相干，也與社區成員不相往來。什麼也沒發生，只有釣魚時和魚奮力搏鬥的男孩、販售二手車的妻子、除了日常對話之外對生活漸漸麻木的兩對夫妻。卡佛幾乎把其餘所有細節都刪去了。

在一則故事中有位妻子得知，剛和友人捕魚歸來的丈夫為了好好釣魚，居然讓一具面目全非的女屍留在河中三天才報案。

我丈夫的胃口很好，但看起來又累又煩躁。他慢慢地咀嚼，雙臂擱在桌上，目光空洞地盯著房間裡某

處。他看看我，又將目光移開。他用紙巾擦嘴，聳聳肩又繼續吃飯。我們之間的氣氛有些古怪，但他只希望我不要想太多。

「你看我做什麼？」他開口問道。「有事嗎？」他邊說邊放下叉子。

「我有在看嗎？」我回答，笨拙地搖搖頭，笨拙地。

他筆下角色的用語聽起來相當平凡，每個字卻都散發著詭異的味道，字詞間的沉默也存在一種蓄勢待發的恐慌。他們的生活在空虛中顫動。

「我大多數的角色都希望自己的行為能夠具有某些意義，」卡佛說。「但同時他們漸漸意識到事情不如所願，真實生活中許多人也有這種領悟。他們就是無能為力。你曾經覺得很重要的事物、在所不惜想要獲得的事物，都早已一文不值。他們的生活愈來愈不如意，漸漸分崩離析。他們希望可以導正生活，卻無能為力」。

卡佛的處事方式耗時費力，他不願從眾，和當時所有潮流背道而馳。短篇小說是那個年代較為次要的文學體裁。現實主義似乎漸漸式微。說到作家，卡佛總是最先提起海明威，但當時海明威已經逝世，文學光環也開始褪色。在一九六〇到七〇年代，最廣受人討論的作家包括：諾曼・梅勒（Mailer）、索爾・貝婁（Bellow）、菲利浦・羅斯（Roth）、約翰・厄普代克（Updike）、約翰・巴斯（Barth）、湯瑪斯・沃爾夫（Wolfe）、湯瑪斯・品欽（Pynchon）等人。他們的作品都寫得太誇張，毫無節制，充滿長篇大論，充斥過多知識和語言、情色的元素，太像新聞報導。當時作家爭相要全盤呈現整個美式生活的社會現實，為的是在散文或小說中描寫一個充滿無限動盪潛能，令人驚詫的國家——難免帶有扭曲的成分。

卡佛將俄國小說家契訶夫（Chekhov）視為偶像，在當時的文學趨勢中逆勢操作。他遵循美國詩人龐德

（Ezra Pound）的格言：「寫作的唯一道德，在於根本上精準的陳述」，並維持著默默耕耘的信念。卡佛仔細覺察當代美國小說中鮮少描述和認真看待的邊緣人物（大概只有畫家愛德華・霍普〔Edward Hopper〕[2]才會在畫作裡描繪他們），他想要探索的是那種內心最深處的孤寂感。他似乎無意間透過小說作者的視角意識到，國家未來的不安與躁動，正存在於一般人的平凡生活中，存在於深夜前往超市的路上，存在於窮途末路之際把家當拿到前院拍賣的無奈中。他感受到，在平靜生活的表象之下，美國人似乎已無立足之地。

一九七〇年代初期，瑪麗安拿到了學位，開始在中學當英文老師。卡佛也因此能夠心無旁騖地投身寫作，在大學中覓得教職。他開始於東岸的一些知名雜誌發表故事。卡佛一家人在十幾年後即將發展成矽谷的地方買下他們的第一間房子。那時慶祝派對不斷，卡佛夫婦與其他工人階級作家和他們的妻子共襄盛舉。夫妻倆的人聲漸漸走上坦途，但也就是在這時，一切開始四分五裂。

孩子們都長成了青少年，卡佛覺得一切都在掌控之中。卡佛和瑪麗安各自都有了外遇，他們破產過兩次。他在申請失業救濟時，因為向加州政府謊報而遭判有罪，差點釀成牢獄之災。牢飯沒有吃成，卻也不斷進出勒戒所。他開始酒精成癮，長時間不省人事。瑪麗安也沒好到哪裡去，跟著卡佛開始酗酒。卡佛本是個安靜又神情怪異的人，但威士忌下肚後卻會變得兇殘起來。某晚因為瑪麗安和一位友人調情，被他用酒瓶毆打。瑪麗安耳朵旁的動脈破裂，流失了全身百分之六十的血液，被送往急診室，這時卡佛卻躲在廚房裡。

幾個月後，也就是一九七六年，他的第一本短篇小說集《能不能請你安靜點？》（*Will You Please Be Quiet, Please?*）在紐約出版了。這本書耗費了他近乎二十年的光陰，書的最前面題辭寫道：「謹將本書獻給瑪麗安」。

卡佛是個酒鬼，也是一位作家。他的兩種人格總是依循不同的軌道前進。第一個人格逃離、破壞、懊悔或痛恨的事物，都在第二個自我的作品中昇華為崇高的藝術。但這時他的寫作能力卻逐漸流逝。「時移事易，我和老婆一直以來認為值得推崇、尊敬的一切、所有的精神價值，都瓦解了，」他後來寫道。「我們之間發生了一些可怕的事。」他從未想過自己會變成酒鬼，從未想過會破產，從未想過會出軌、成為小偷和騙徒，但每件事他都遇上了。一九七〇年代，正當許多人都在享受美好時光之際，只有卡佛有這樣的先見之明：狂歡作樂，沒有錢卻豪飲貪杯，是通往黑暗人生的窮途末路。

一九七七年，他獨自搬到靠近俄勒岡的偏遠加州海岸。他擔心自己再也無法寫作（卻非擔憂自己的人生或家人），因此在那裡盡情豪飲一番。清醒後他重新開始寫作。卡佛於一九七八年與瑪麗安離異。

頹廢的卡佛就此離開人世，好的卡佛獲得新生。距離一九八八年因為當一輩子老菸槍而於五十歲逝世以前，他還剩下十年的人生。在這十年之中，他在一位女詩人[3]身上找到了幸福。他寫出多則出色的故事，擺脫後來被稱作極簡主義的自嘲風格，轉向更豐富的表達形式，傳遞出更寬宏的視野。他多次獲得顯赫教職，贏得各項文學大獎，成為一位去過地獄又重生的文壇巨擘。他就像一位在處決邊緣受到豁免的罪犯，小心翼翼地快樂前行。

一九八〇年代華而不實的社會風氣，反而對卡佛有利。雷根任總統時期，卡佛被譽為絕望藍領階級的編年史家，記述他們的無奈。他筆下的角色表達得愈少，作者本人就愈受到讀者的推崇。如果小說中沉淪的工人階級讀來令人著迷和感到害怕，讀者們就想像著自己可以透過卡佛的故事了解工人階級的精神，因此讀者瘋狂迷戀他。紐約文學界掀起了一陣狂熱風潮，將他席捲到文壇核心。他成為了「復古當代人」，周圍充滿了二十幾歲的作家，學著仿效這種沒有綴飾的散文風格，卻未能先從個人經驗中淬煉出內容。他穿著夾克、擺出姿勢拍攝肖像，表情透出些許過往的凶惡，就像是一位從城市陰暗角落、歷劫歸來走入讀書會的男人。

「卡佛將不得體、挫敗、拙劣又丟人現眼的男性寫進各種故事，眾多角色都是酒鬼，幾乎每一位都一無所成，雅痞（yuppies）正是對這些故事最買帳的族群，」他的其中一位老友表示。「他筆下的人物，讓雅痞們獲得了一些優越感。」

但每天早上，好的卡佛會起床沖個咖啡，坐在桌前，完成和壞卡佛完全相同的例行公事。他們倆畢竟是同一位匠人。現在，令他分心的事物已經和以前不同了，但他一樣試著爬梳眼前所見，絕對精準地感受周遭事物，而在美國的喧囂聲中，這件小事就是他的一切。

■

1．譯註：卡佛的父親名叫克萊佛・雷蒙・卡佛（Clevie Raymond Carver），簡稱C.R.。
2．譯註：二十世紀上半葉美國畫家，善於勾勒人物的寂寞心理。
3．編註：黛絲・葛拉格（Tess Gallagher, 1943-）美國小說家、詩人。瑞蒙・卡佛之妻。兩人結識於1977年，在1988年卡佛死前一個半月，兩人結為夫妻。

迪恩・普萊斯之二

普萊斯在賓州待了七年，認識了同為嬌生員工的太太。兩人婚後住在哈里斯堡，一九九三年有了大兒子蔡斯（Chase），一九九五年又有了小兒子萊恩（Ryan）。離職之後，普萊斯成為嬌生旗下的獨立合約員工，銷售人工膝關節和髖關節產品，賺了不少錢。不過，普萊斯的婚姻維持了沒幾年就出現危機。他開始酗酒，早晨愈來愈難踏出家門，也因此漸漸達不到銷售業績，最後在公司向他提出解約前自己主動走人。

他決定搬回羅京安郡，因為他在北部實在待不下去了，他無法忍受那裡的寒冬和人與人之間的冷漠，北部的車主遇到人，手都不會離開方向盤向對方打招呼。他很擔心兩個兒子在成長過程中，對於土地、務農或是釣魚一無所知，也不認識生活在鄉間，彼此住家距離才十幾公里的親戚。法官把主要的監護權判給了普萊斯的妻子，所以直到小孩開始入學接受教育以前，每個月前十天兩個兒子都是和普萊斯在一起，他們入學後則是變成隔周周末共處。當時普萊斯認為只要他回到家鄉，總有一天小孩與老婆都會受到那裡的生活吸引，跟著他搬過去住，所以他頻繁開車接送兒子往返兩地生活，有時候一個月多達六次，甚至讓他難過到忍不住在車上哭了出來。

普萊斯總是說：「我是一個好爸爸、一個混得還不錯的商人，但卻個狗屁丈夫。」一九九七年，三十四歲的普萊斯移居斯托克斯代爾時，他發誓不會因為離婚而喪失對生活的信心與動力。他下定決心改變，要成為一名更好的父親、更誠實正直的人。他熱愛家鄉充滿古樸的韻味，因為那裡充分展現美國自給自足和忠誠的立國精神。傑佛遜總統[1]曾寫道：「農民是最有價值的公民。他們生氣蓬勃、獨立自主、品德高尚，和國家休戚與共，也與其自由和利益永遠結合。」這段話依舊適用如今的美國。假設美國遭到入侵，想想有多少住在加州和紐約的人會舉槍抵抗？普萊斯說：「農夫的血液裡潛藏企業家的基因，這也正是為什麼兩百年前他們會移居此地。他們不想要打卡上班，也不想受雇於大老闆。他們可以擁有一百五十英畝的土地，做自己的主人。如果你手邊有一個培養皿，想要培育出企業家，那麼美國正好提供了最佳環境，在這裡風險都伴隨著豐厚報酬。」

普萊斯加入了薩第斯原始浸信會（Sardis Primitive Baptist Church）。教會的教堂是一棟簡約的紅磚建築，庇蔭在一棵巨大的老橡樹下。老橡樹大約一八〇一年就在那了，緊鄰普萊斯外祖父母柏奇和歐莉下葬的小墓園。他加入教會時，信眾僅剩寥寥八、九人，年紀大多都是他的兩倍。他喜歡教堂散發出的老木頭味道，以及團體清唱古老聖歌的聲音。原始浸信會教徒相當重視夢的解析，教會牧師艾爾德・明特（Elder Mintor）佈道時經常提及。除了夢境和想像以外，難道上帝還有其他方法與我們對話嗎？這在神學上稱之為「神聖的企盼」。雖然普萊斯和父母都是基督徒，但他們信仰的本質卻不盡相同。普萊斯渴望獲得救贖，但在面對未知的事物時（比如他是否終究能夠獲得救贖），則是抱持盡力而為的態度。他在丹河受洗——儘管已經是第三度受洗，但唯有這次他是抱著喜悅的心情出水，感覺終於可以邁向全新的開始。

阿帕拉契山脈和大西洋沿岸平原（Atlantic coastal plain）之間的硬木林高原和紅土地，通稱皮埃蒙特（Piedmont）。順著維吉尼亞州和北卡羅萊納州的州界，上至丹維爾和馬丁斯維爾，下至格林斯伯勒和溫莎市，二十世紀皮埃蒙特人的生活是由菸草、紡織物和家具三樣東西交織而成。二十世紀末相關行業逐漸凋零，幾乎同時走向滅亡，整個地區就好像遭到高傳染力的神祕瘟疫襲擊一樣。這在普萊斯回到家鄉時，已經初露端倪。

這裡的菸草大多是由位於溫莎市的R.J.雷諾茲公司收購，再經過倉儲發酵，加工混合之後，捲製裁切成香菸。普萊斯喜歡開上沿著維吉尼亞州州界興建的傑布·斯圖亞特高速公路（Jeb Stuart Highway）到雷諾茲的農莊，沿途可以看到賞月勝地無業山（No Business Mountain）。普萊斯很欣賞R.J.雷諾茲公司的創辦人理查·約書亞·雷諾茲（Richard Joshua Reynolds）。雷諾茲出生於一八五〇年，一八七四年他騎著一批馬來到溫斯頓（Winston）[2]，隔年在當地開始製造菸草，因發明盒裝菸而成為北卡羅萊納州首富。普萊斯覺得當時是人人有機會成為企業家的黃金年代，溫斯頓仍是一塊商業處女地，只要有好點子，就有機會闖出一片天。雷諾茲是一個發明家、一個現代實業家，他所處的美國南方當時仍過著貧困的鄉村生活。在雷諾茲的農莊，有一塊石碑上刻了一段他孫子說的話，內容大致是講述雷諾茲如何讓數以千計的當地人過上體面的生活。要是沒有雷諾茲，這些人將「因為地區發展落後注定沒有未來，身上還背負著這裡失敗的過去。」所以可以說，R.J.雷諾茲公司成就了溫莎市。R.J.雷諾茲公司照顧旗下員工，提供公司宿舍（白人、黑人分開住）、免費托兒中心，以及發放股利可觀的A股（Class A stock），還在當地開設一間美聯銀行（Wachovia）[3]，用來儲存公司資本額和其他款項。

一九八〇年代初期，公司漸漸脫離雷諾茲家族掌控，並受到來自各方競爭者的嚴峻挑戰。R.J.雷諾茲公司的銷售額在一九八三年達到高峰，之後持續走下坡。同一時期，聯邦政府的新政策也帶給R.J.雷諾茲公司龐大的壓力：先是禁止香菸廣告，接著在一九八三年又把香菸的特種銷售稅翻了一倍。與此同時，反菸團體舉辦大型宣導活動，試圖喚起公眾的菸害意識。為了保持競爭力，一九八五年R.J.雷諾茲公司與食品公司納貝斯克（Nabisco Foods）合併，總部搬到亞特蘭大（Atlanta），引發不少溫莎市民眾不滿。一九八八年，雷諾茲—納貝斯克公司（RJR Nabisco）成為當時史上最大槓桿收購案的標的物，由華爾街的私募股權投資公司KKR（Kohlberg Kravis Roberts）以兩百五十億美元的天價收購。工廠工人對於這次交易所知甚少，但幾乎是從那時候起，R.J. 雷諾茲公司開始裁減在溫莎市的人力，以償還在紐約欠下的大量債務，預示了當地菸草業的衰敗。

一九九〇年，普萊斯認識的一位菸農詹姆斯・李・亞伯特（James Lee Albert）接受《格林斯伯勒新聞與紀錄報》（Greensboro News & Record）的採訪和拍照。一九六四年，二十五歲的亞伯特在羅京安郡以每英畝一百美元的地價買下一塊面積一百七十五英畝的農地，那時一磅高檔菸草可以賣到四十七美分。亞伯特一邊養家一邊擴建房子，後來菸草價格每年都大概漲個十或十五美分，直到一九九〇年左右達到最高點二點二五美元。受訪時亞伯特告訴記者，菸農曾為美國打下發展基礎，但政府卻準備要讓我們失業。

接下來幾年，對菸草公司不利的國會聽證會與訴訟案，導致菸草需求大減，價格持續下滑。為了結束訴訟，一九九八年大型菸草公司同意支付各州超過兩千億，負擔民眾因吸菸而產生的醫療費用。二〇〇四年，聯邦政府停止補貼菸草。在新法之下，若是菸農選擇停種菸草，菸草公司將以大約每磅七美元的價格支付他們的損失，為期十年。

普萊斯所在地區的農夫，大多選擇接受這個條件，拿了錢之後不再耕種菸草。亞伯特拿到錢之後，做了開心手術，在六十七歲正式退休。他的一個兒子在自家土地展開馬匹寄宿服務的事業。普萊斯的表兄弟泰瑞・尼爾（Terry Neal），擁有兩百英畝的好地，就在普萊斯家二二〇號美國國道上房子的對面。他在二〇〇五年停止務農，用菸草公司給的那筆錢繳稅和還債。對於大部分的菸農來說，土地轉種草莓或是大豆的成本太高，所以他們只好種植乾草或是讓土地休耕。到了農作物生長季高峰，放眼望去羅京安郡淨是一片片光禿禿的農地。

紡織業的沒落又是另一個故事了。十九世紀末紡織工廠陸續在皮埃蒙特開設，分散在幾個小鎮。

一八八二年丹河工廠在丹維爾開業；一八九五年，牛仔布大廠科恩紡織公司（Cone Mills）於格林斯伯勒開設了近鄰紡織工廠（Proximity）。紡織工廠所在的各個小鎮瀰漫著保守僵化且排外的風氣，儘管工廠像家長一樣照顧員工，但卻強烈反對他們組織工會。像馬丁斯維爾這樣的地方從未有過真正的中產階級，有的只是管理階層和勞工階層而已，所以當紡織業一九九〇年代開始瓦解，這些紡織小鎮無所依靠。有些工人和地方官員將紡織業的衰落歸咎於民主黨和共和黨共同催生出來，於一九九四年元旦生效的《北美自由貿易協定》。另外也有人認為，這些自私貪婪的紡織工廠老闆才是罪魁禍首，因為他們的勢力導致其他產業無法在當地站穩腳跟，最後還把工廠賣給了與丹維爾和格林斯伯勒沒有任何淵源的大企業和華爾街公司。至於偏向資方的地方人士，則是把原因歸咎於高昂的人力成本。華府和紐約的分析師則是表示，這一切是科技革新和全球化下無可避免的結果。在工廠連續幾年裁員等警訊浮現之後，瀕死的紡織業以驚人的速度走向終點。這些立足超過百年的紡織工廠，儼然已經成為地方制度最重要的支柱，原本以為永遠都不會有走到盡頭的一天，現在卻一家家迅速消失眼前：馬丁斯維爾的圖爾特克斯工廠在一九九九年聲請破產，接著輪到格林斯伯勒的近鄰工廠和丹維爾的丹河工廠，分別於二〇〇三年和二〇〇五年提出。溫莎市的漢尼斯（Hanes）工廠二〇〇六年開始陸續關廠，而到了二〇一〇年，僅有一間只剩空殼子的工廠尚未關閉。數百個小型企業跟著工廠出走，光是北卡羅萊納州一個總人口七萬三千人的鄉下地區薩里郡（Surry），十年內就流失一萬個工作。

皮埃蒙特的家具製造歷史比方紡織業更悠久。二〇〇二年巴塞特家具公司（Bassett Furniture）慶祝成立一百周年，打造了一張高度超過六公尺、重達三公噸的白蠟木巨型椅。這張巨椅在全國巡迴七年，公司的新店開到哪，它就去到哪，最後才回到馬丁斯維爾，落腳於主街上的一個停車場。那時來自中國的廉價競爭已經消滅了當地大多數的家具業者。公司若是無法順利轉型，迎合國內規模較小的高級家具市場，注定面臨倒閉。巨椅從紀念物變成當地家具業的墓碑。

一九九七年，皮埃蒙特還處在這場產業衰敗瘟疫進入大流行前的早期階段。儘管一個個面積龐大的磚廠依舊存在，但已經出現衰弱跡象。寬廣的農地雖然尚未休耕，但有一些菸農已經不幹了。大多數的人仍有工作可做，靠政府補助過活的人相當稀少，而羅京安郡那時還未遭古柯鹼和冰毒染指。在麥迪遜市中心，麥克福爾藥房（McFall Drug）的午餐櫃台[4]，以及附近的一家男性服飾店、兩間家具店、一家鞋店和兩間銀行都仍在營業。一九八〇年代連鎖百貨凱馬特（Kmart）首度在該區引進大賣場，那時羅京安郡還沒有半家沃爾瑪（Wal-mart），但當時多數人卻已經感覺到有一股無形的龐大力量正在逼近，導致這裡的發展可能會因此落後其他地方。普萊斯常說，這裡的人骨子裡並未帶有「創業基因」，但凡是稍有進取心的年輕人都不會留下來。像普萊斯這樣上過大學的當地人，在北部成家立業之後，還會選擇重返家鄉生活，實屬罕見。不熟悉普萊斯的人，可能覺得他看起來就是個北漂失敗的例子。

這與普萊斯想得恰恰相反。他回家鄉是為了要擺脫過去，告別貧困思維。他的父親也曾試圖掙脫這個枷鎖，可還是被踹了回來，因為束縛力道太過強勁，但普萊斯相信，有朝一日他能斬斷這道鎖鏈。

普萊斯的母親把他父親掃地出門後，在二二〇號美國國道上的房子裡獨居。兩人離婚後，普萊斯的父親搬去伯靈頓（Burlington），並在那裡娶了第二任太太，靠失能給付度日。普萊斯的母親是護理師，她參加的教會是極其保守的五旬節教會（Pentecostal church），就連普萊斯也受不了。普萊斯搬進了原先外祖母住的公寓，就在母親住的房子後面。

一九九〇年代初期，二二〇號美國國道拓寬成四線道高速公路，起點就在距離普萊斯家南邊不到一點六公里處，一路向北延伸到維吉尼亞州的羅安諾克（Roanoke）。普萊斯家可取的地方就在於其地理位置，隨著這裡的道路變成長途卡車必經之地，地價也跟著大幅提高。這給了普萊斯做生意的點子，因為格林斯伯勒和羅安諾克之間只有一兩個卡車休息站，而他家剛好就在路邊，除了一間有室內壁畫的教堂之外，左右兩側好幾公里內都沒什麼建物，所以他打算利用從外祖母那邊繼承得來的兩三英畝土地，在他家隔壁開便利商店、速食快餐店和加油站。他的開店行銷計畫也反映出當時他所有的人生歷練。

待在賓州那些年，普萊斯就已經熟悉當地連鎖加油站和便利商店業者希茲（Sheetz）「游擊行銷」策略。在南方開店，你只能等著顧客上門，但是在賓州，希茲會藉著賣比其他地方便宜幾美分的汽油、柴油作為噱頭吸引顧客消費。當希茲進駐你所在的區域，大家都心裡有數它將迎頭趕上你的生意。普萊斯十分欽佩希茲的成功，決定仿照它的做法將折扣油的促銷手法引進東南部。他加盟太妃冰淇淋（Tastee Freez）花了沒多少錢，原因是冰淇淋的利潤本來就不高。為了觸及和招攬更多當地客源，他把便利商店打造成農村市集的風格，外頭有前廊還有老舊的農用車輛停靠一旁。他還跑了幾個骨董店和跳蚤市場，尋找復古的可口可樂標誌以及廣告麵包和穀物的木頭繪畫。他的夢想是在店裡販售自家菸草農場上新鮮出產的農作物，包括甜瓜、草莓、番茄和玉米等等，順便藉機教兒子如何務農。他將便利商店命名為紅樺農村市集（Red Birch Country Market），名字很快就傳了開來。「紅」象徵耶穌基督為世人流血犧牲，「樺」則是取自外祖父名字柏奇的意涵。公司的標語是「一個得蒙基督寶血救贖的家族企業」。普萊斯的大妹和妹夫是公司的小股東。至此普萊斯已經幻想他的紅樺卡車休息站在東南部遍地開花。

一九九七年十月二日普萊斯的卡車休息站正式開幕，加油站的油價訂在每加侖八十九美分。普萊斯家距離休息站才十幾公尺，一天二十四小時都會受到附近泛光燈和卡車噪音干擾。普萊斯的母親想要把房子拆掉，在離馬路比較遠的地方重建一棟新的。不過，普萊斯有別的想法。他認為這棟房子承載了家族三代人的歷史記憶，雖然回憶有好有壞，但無論如何他都不想要看著它消失。因此開業三天後，普萊斯展開了移動房子的巨大工程。他打算把房子移到離馬路有一段距離的草坡上，那裡面向母親尼爾家族的菸草田和養魚塘。他先把構成外牆和煙囪的磚一塊塊搬走，接著用電鋸鋸開公寓和主屋之間的連結。再來，他拿螺栓把長寬各十幾公分的硬木條固定在房子下方，整個頂起來之後，把同樣的硬木條置於地面，並在兩組硬木條之間擺放直徑十幾公分的鐵柱。最後，他將房子接上前置式裝載斗（front-end loader）拖行，房子藉著鐵柱滾動下坡，每次位移一兩公尺。他在賓州看到阿米希人（Amish）就是這樣搬房子的。受到聖嬰現象影響，普萊斯的搬運進度一度落後，當地連續下了四個月的雨，地面泥濘不堪。直至一九九八年感恩節總算大功告成，房子新址距離二二〇號美國國道一兩百公尺遠，搭上白色的木牆板和石造煙囪，看起來彷彿一棟十九世紀的農舍。搬房子那一年，普萊斯像個瘋子一樣住家和店面兩頭跑，不讓任何一個計畫進度落下。不少人對於普萊斯要做的事抱持著懷疑的態度，但等一切塵埃落定之後，他明白了只要他想，幾乎沒有辦不到的事。

普萊斯把卡車休息站經營得有聲有色，二〇〇〇年夏天他又新開了一間，從維吉尼亞州境內二二〇號美國國道往北開只要四十五分鐘就能抵達，靠近馬丁斯維爾外圍的NASCAR賽車賽道。除了加油站之外，他還加盟了迎合南部人口味的波強哥（Bojangles'）連鎖速食炸雞店，販賣炸雞、餅乾和斑豆，利潤比起之前加盟的太妃冰淇淋還要高。他的收益主要來源是波強哥，賣油一加侖只能賺到幾分錢。至於他的農村市集，雖然大家很愛這個構想，但實際上對於裡面販售的新鮮瓜果和蔬菜興趣缺缺，會來這裡的顧客只想圖個方便，吃吃速食而已。反正無論如何，普萊斯在祖父諾福利特的農場上種出來的東西，價格競爭力都不可能比得過連鎖超市業者雄獅食品（Food Lion）用卡車橫跨大半個美國載來的包裝農產品。普萊斯有感而發：「我們的國家似乎變了，大家不再像以前一樣看重品質。我原本用農產品來營造鄉村感，吸引人光顧波強哥等店鋪，但後來卻走到快變成賠錢賣的地步。哈密瓜是那時我用來招攬顧客的賠錢商品。」

在維吉尼亞州的新店開張不久之後，普萊斯收到消息，發跡於賓州的希茲準備插旗馬丁斯維爾，店址在他的休息站南邊一公里多的地方。他從來沒想過有一天必須和希茲競爭，接下來的幾個月，他整日憂心忡忡，感覺自己像是獵物，而希茲則是盯上他的掠食者。有一天，普萊斯和後來成為他第二任太太，同時也是婚姻關係維持最短的的女人，結束芒特艾里（Mount Airy）的古董淘寶之旅後，回程路上他突然頓悟：希茲唯一贏過他的地方只有油價。但價格就已經決定了一切，因為顧客對加油站沒有任何忠誠度，對家油價便宜個兩美分，顧客就會離你而去。直到那時普萊斯才真正意識到油價的重要性。一個星期過後，他和賣他油的中間商通電話說：「我們的食物和地點都比希茲更具優勢。一旦希茲進駐，他們就會降價把我們的顧客給吸走。那我們不妨採取攻勢趁現在開始降價，在六個月後希茲開業前賺上一把？」

先前普萊斯一個月進十萬加侖的油，每賣一加侖可賺十五美分，現在他一個月進二十五萬加侖的油，每賣一加侖可以賺五美分。中間商會拿走一半的錢，而剩下的另一半，大都讓普萊斯拿去繳信用卡帳單了。新的商業模式下，普萊斯難以達到收支平衡，但為了生存別無他法。希茲開張之後，普萊斯的店利潤下滑，但因為訂的油價與希茲一樣，還是活了下來。後來他才知道，埃克森美孚（Exxon Mobil）石油公司以每加侖三或四美分的價格把油賣給希茲，遠比他所支付的價格還要低，而這就是希茲和紅樺之間的差距，前者能夠開到兩百五十家，後者卻僅有兩家的原因所在。企業家的人生就是這樣殘酷。

普萊斯堅持他的目標繼續展店，因為這是他畢生最接近自由的一次。他在家具小鎮巴塞特開了第三間卡車休息站，距離他的第二間休息站不到十公里而已，休息站有波強哥和紅樺農村市集。後來他又在二二〇號美國國道商業帶離開馬丁斯維爾方向的路上單獨開了一家波強哥。二二〇號美國國道成為普萊斯的連鎖版圖，這個連接兩州長達五十七公里左右的高速公路，串起了他賴以為生的事業。芒特艾里之旅回程路上的那次頓悟，他一直銘記於心，用一句話來總結的話，那就是石油公司綁住了他的手腳，令他無法大顯身手。

在普萊斯的第二間休息站即將開幕之前，九〇年代末的某一天，他來到位於斯托克斯代爾和丹維爾之間的小鎮里茲維爾（Reidsville）。他走進一家古董店，拿起一本心理勵志書翻閱。這本書的中心主旨是：決定你要做的事情是什麼，相信自己一定可以辦得到，不要有絲毫懷疑，接著展開行動實踐。看書時他浮現這樣的念頭：「我得做點別的事」，因為浪費時間總是使他坐立不安，他知道自己之所以來到古董店就是為了逃避去休息站上班，日復一日的單調工作已經讓他失去了興致。但又有另一個念頭同時浮現：「這是在投資自己和自己的腦袋，你能做得最好的事就是讓自己進步。」他在店裡坐了一整天把書看完。他注意到他心底似乎有什麼在萌芽，喚起或者是重新喚起了他幼時的求知慾，那是一股他長大成人後就因為不斷忙於工作而消失的渴望。

不久之後，普萊斯做了一件改變他人生的事。曾經協助他搬房子的一名電工問他是否有任何生意計畫。普萊斯說：「我真的很想要在馬丁斯維爾開另一間休息站，在賽道角落那邊。不過我現在大概還差一百萬美元，你知道有誰有一百萬嗎？」

電工說：「我當然知道，洛基・卡特（Rocky Carter）有。」

「那你有他的電話嗎？」

電工說，「我打給他。」接著當場打電話給卡特。

卡特是一名克納斯維爾（Kernersville）的商業建築師，克納斯維爾是一個位於格林斯伯勒和溫莎市之間的菸草拍賣小鎮。兩人見面之後，卡特答應幫普萊斯在馬丁斯維爾蓋一座休息站。卡特是普萊斯遇過最有靈性的人，他永遠都在追尋一般肉眼看不到的事物，更高的境界。他給了普萊斯一本出版於一九三七年的書，叫做《思考致富》（*Think and Grow Rich*），作者是拿破崙・希爾（Napoleon Hill）。後來普萊斯把這本書讀了一次又一次，手不釋卷，讀了肯定有二十五遍。

希爾出生於一八八三年維吉尼亞州西南部阿帕拉契山脈的一棟單房小木屋。他年輕時做過記者，一九〇八年曾經因為《成功雜誌》（*Success Magazine*）的採訪任務到匹茲堡拜訪美國鋼鐵大王安德魯・卡內基（Andrew Carnegie）。訪談原本應該是三個小時結束，但卡內基把希爾留在他家三天，暢談讓他成為世界首富的人生哲學，還講到他覺得有必要建立一套新經濟哲學，讓一般人也能成功。第三天卡內基對希爾說：「如果我委託你把這一套哲學寫出來，幫你寫介紹信給各行各業的成功人士，你會願意花二十年的時間，並且在不受我任何資助的情況下持續投入研究嗎？你願意還是不願意？」卡內基提到的業界巨擘包括福特（Henry Ford）、愛迪生（Thomas Edison）和洛克斐勒（John D. Rockefeller）。希爾只思考了二十九秒就同意了。卡內基當時用他的懷錶在桌底下計時，如果希爾花超過一分鐘才回答，他就會收回這個機會。

接下來的二十年，希爾透過卡內基的關係採訪了超過五百名當代最成功的人，不只是福特和洛克菲勒之類的實業家，還有像是老羅斯福總統和威爾遜總統的政治人物，發明飛機的威爾伯・萊特（Wilbur Wright）、百貨大亨伍爾沃斯（F. W. Woolworth）和人權律師丹諾（Clarence Darrow）。普萊斯說：「希爾的人生歷經重重苦難，他的兒子出生就沒有耳朵，但他拒絕相信兒子聽不見的事實。每天晚上兒子睡前，他都會進房間對他講一個小時的話，他說：『你會聽得見的，總有一天你會聽得見，你要相信你會聽得見。』他兒子長大後，真的能夠聽到聲音。這是他心想事成的結果。」

一九二八年希爾把他歷年來的發現以《成功定律》（*The Law of Success*）為名分冊出版。又過了十年，在他結束小羅斯福總統（Franklin D. Roosevelt）的顧問工作之後，他將總結出的十六個成功法則集結成書，出版了《思考致富》。希爾的成功法則始於心態也終於心態。變得有錢意味著想要有錢，渴望程度達到「白熱化」。你要做的是教自己盡可能具體地想像擁有財富的樣子；同時，你要學會專注於你想達成的目標和方法，設法消除煩擾你已久的恐懼和其他負面想法。生活在資本主義和民主制度下的美國人，特別具備將這些法則應用於生活的能力。經過半個多世紀，希爾的想法傳遞給了普萊斯，成為他往後人生強大的信仰，分量不輸地心引力或者愛的力量。

普萊斯說：「從小到大每當有問題發生，爸媽都會對我說：『你只要祈禱就是了。』但我壓根不信。一定還有什麼其他解決辦法。希爾教會我的是，我們的腦袋擁有一股魔力，而且每一百萬人只有一個人才知道自己有這種魔力。他最有名的一句話是：『只要你相信，就能心想事成。』如果你想像得出來，那就代表這件事是有可能發生的，這是大自然運行的法則，但你是否有毅力堅持投入完成，則是另外一回事了。」

普萊斯把《思考致富》讀得透徹，他開始經常提及書中內容，就像牧師自然而然地引用《聖經》一樣。每當他遇到問題時，都可以在書中找到答案。「希爾曾說，希望是領袖能帶給大家最好的東西。」「希爾談到，人會想要在經濟上占他人便宜。人當然不能像動物那樣真的弱肉強食，但卻可以在經濟上坑害別人，這是人類的天性，深藏在我們的基因裡，我們才不會像《聖經》說的那樣守護自家兄弟[5]。」「希爾他說過，生活中遇到的每個逆境都會有同等收穫。」「希爾寫道，有時候你的潛意識比你所想的超前好幾年。」

希爾向他的讀者解釋，如何透過「自我暗示」訓練自我潛意識，在睡前專注思考自己所想要的。每天晚上像咒語一般大聲反覆朗誦寫下的內容，想要賺多少錢，想要達成目標的日期，以及為了達到目標應該要做些什麼。夜復一夜，普萊斯躺在床上，在睡前虔誠地遵照希爾的指示操作。

希爾也提醒讀者避開人的六種基本恐懼。第一種也是這當中影響力最大的，就是對於貧窮的恐懼。在《思考致富》出版的前幾年，大部分的美國人都陷入了貧窮的恐懼之中。希爾寫道：「美國人在一九二九年華爾街股災之後開始思考貧窮，這樣的集體思維一步步確實地具象化，終究實現了，導致『經濟大蕭條』。經濟蕭條注定會發生，因為這符合自然法則。」小羅斯福總統一九三三年在就職演說上說過：「我們唯一值得恐懼的就是恐懼本身。」有些人認為這句美國歷史上最有名的雋語其實就是出自希爾的手筆。

普萊斯深刻理解人們對於貧窮的恐懼，他回看自身處境，意識到父親的貧窮思維對他影響有多大。然而，現在有個人卻能明確向他說明如何掌控這一切：「你要學會駕馭自己的想法，要不然就是你的想法來支配你」。

任何兜售成功秘密的人都可能變成蛇油銷售員。美妝帝王透納一九六六年聲稱讀過希爾的書，但透納從頭到尾都是在哄騙普萊斯的父母，把希爾的話曲解成「勇於邁向成功」。美國人一直都渴求精神和物質上的滿足，而這也使他們變得容易被兜售布料、書籍和窗簾的人蒙騙。希爾所做的事情就是利用大家相信自己力量這一點。他把這個源源不絕、與生俱來的信仰，經過整理包裝變成一套思想體系，聽起來就好像是一種實踐哲學。他教會普萊斯相信自己是自身命運的主人。

普萊斯也差不多是在接觸到希爾的時候，夢到了自己走在老舊馬車道上。

■

1．譯註：即Thomas Jefferson，美國開國元勳、《獨立宣言》起草人、第三任總統。

2．譯註：溫莎市在十九世紀其實是兩個地方，即莎冷（Salem）與溫斯頓（Winston）。

3．譯註：美聯銀行其實是Francis Henry Fries在一八九三年成立的，不過該行的興盛的確與R.J.雷諾茲煙草公司的大量業務很有關係。美聯銀行目前已經隸屬於富國銀行集團（Wells Fargo & Company）旗下。

4．譯註：美國的藥房大多也賣雜貨與食物。

5．原註：原句出自《聖經．創世紀》第四章第九節：「耶和華對該隱說：『你弟弟亞伯在哪裡？』他說：『我不知道！我豈是看守我弟弟的嗎？』」

泰咪・湯瑪斯之二

這份差事一習慣後，就一點也不困難。但要在生產線上做組裝工作，她必須記住那些該死的線路該在哪裡就位，記住所有零件，而且眼睛要好好盯著生產線的移動狀況，若未好好注意，就會遺漏而沒有裝好。當時他們負責為通用汽車的電器元件製作電線線束，組裝台為長方形，約十五公尺長，各走道有八或十個組裝站，女性勞工會穿戴護目鏡和手套各就各位。一開始線束上什麼都沒有，接著第一個工作區的員工會負責裝上接頭和電線，再下個工作區則會插入八或十條電線，接著便漸漸製作成型，最後一個人會將線束從生產線上拿走，視需要替線束上油並包裝好。他們每兩或三分鐘就會完成一組線束，若進度沒有落後的話，這兩三分鐘的時間感覺算滿長的。

經驗較豐富的工人想到了更有效率的方法，像是把電線批掛在肩頭上，或是在脖子上掛著接上電線的接頭，這樣就不用每次都走回架上拿出新的電線，或是先把線路插入接頭，這樣在線束傳到手上時就只要裝上接頭，不用等到那時才開始所有工作。只要維持效率，就能有時間看書、和旁邊的人聊天或是聽音樂。工作幾個月後泰咪漸漸上手，也找到了自己的步調，還能夠一次兼顧兩個工作區。奧斯汀鎮（Austintown）廠房的工人會在酒吧裡吃午餐，有些還會醉醺醺地回來工作。有個男的會付二十美元請泰咪幫忙顧一小時的工作區，讓他有時間可以醒酒。要在生產線上維持高生產力，最需要的就是自律和一點創意，而泰咪在這方面的表現相當好。但一開始她只是照著成規辦事，有時還會試圖完成其他人工作區上的工作。弄得有些同事在自己的範圍內貼上紅色膠帶，告訴你：「我不要有人碰我的工作區，別越過這條線」。

第一年，她在工作滿九十天前就被解雇了，因為工廠如果繼續聘她就必須提供健保福利，所以會先開除她之後再回聘。之後這種情況持續了一段時間，她每年都會被解僱，通常是在二月或三月，最長曾被解雇五個月，在這段時間內她什麼都不用做，最多還能領取薪資百分之八十的失業救濟金。根據帕卡德公司和電工兄弟會（Electrical Workers）[1]所屬編號七一七的地區分會在一九八四年簽訂的協議，因為泰咪是新進工人，可以獲得百分之五十五的基本工資、福利和假期，接著她需要工作十年才能享有最高規格的待遇。一旦達到足夠資歷，她就能和資歷較淺的員工交換時段，拿到更好的工作，像是在配送中心操作堆高機，或是在更好的時段值班（例如白天），這樣孩子們放學時她就能夠待在家裡。但在前十年，她常常吃工廠中老員工的虧。帕卡德大部分的廠房都在沃倫，但馬霍寧谷各處還有其他零星的工廠，泰咪幾乎在每間廠房都工作過。在沃倫，北河路（North River Road）的主要工廠由多棟有編號的建築組成，第一棟和最後一棟距離四百公尺：十號廠房是製作電線的區域，十一號廠房是高速沖床運作的地方。你可以從工廠的一端直接走到另一端，就像是一條街道，大家都稱之為「六十六號道路」。

最糟的是八號廠房，泰咪討厭在那裡工作。單調的工作內容讓人厭煩，要用兩條電線、幾支夾子和一道索環組裝線束，整整八個小時就這樣組裝出不計其數的線束。還有，廠方規定不能打卡離開，而是必須連續工作八小時，所以要自己帶午餐。職位銀行計畫（Jobs Bank）[2]就是在八號廠房實施的，所以在那裡工作的都是新員工，也就是無法享有相同福利的三級員工。哈伯德（Hubbard）廠房則是她的最愛，想到外頭吃午餐也不必經過入口的旋轉閘門。哈伯德就像個融洽的家庭，卻於一九九九年關閉。即使她已具備資歷，仍不得不去八號廠房工作，因為其他廠房已經沒有空缺。

泰咪起初還有點期待加入工會。揚斯敦是工會重鎮，即使當時鋼鐵工人已經受過沉重打擊，她也明白工會還是很有力量。有一年，七一七號鋼鐵工會發起了罷工，她也聽聞了關於工廠的各種故事，想像自己就是在罷工糾察線沿線巡邏，充滿反抗精神的鉚釘女工蘿西（Rosie the Riveter）[3]。但她當時被排在糾察工作的第二班，等輪到她巡邏時，勞資雙方已經達成協議，罷工也落幕了。隨著時間過去，她也對工會感到相當厭煩。泰咪曾參加過一次會議，結果整場會議都在看著兩個白人吵架。她花錢請保母、開車半小時到沃倫，可不光是為了看白人爭辯。好些工會代表只在乎自己，總想著繼續往上爭取進入國際部門，爭取兩份養老金。有座叫做湯瑪斯路（Thomas Road）的廠房，就像個陰暗又骯髒的可怕地窖，裡頭有個領班會打開機台讓大家閒不下來，縮短休息時間，還曾經將電話上鎖，讓新來的員工沒辦法接聽電話，工會代表也只是坐在辦公室中，什麼也不做。隨著帕卡德縮減工作，將愈來愈多任務委派給華雷斯城（Juarez）[4]的加工廠，工會也愈來愈薄弱，最後更不可能幫上什麼大忙，大家對此都心知肚明。

這種工作不像鋼鐵廠那樣會把勞工的身體搞壞，但還是能夠將人擊垮。泰咪在湯瑪斯路的焊錫爐工作，負責將銅線浸入熔化的鉛裡，因此患上了氣喘，感覺就像是胸部和後背都被用力擠壓，前胸都快貼後背了，有時嚴重到不得不住院。和許多工人一樣，她也患有腕隧道症候群（大家稱之為「帕卡德手」，必須用夾板和藥物治療）。即使泰咪在離開工廠多年後，半夜有時仍會痛到醒過來。

她發現自己有時也可以表現出叛逆的一面。曾經有個臨時員工來到她的工作區域，是位三十幾歲的白人女子，離婚後負責撫養小孩。這個女生過於焦慮，因而無法休息、無法上廁所或是和任何人交談，因為她覺得自己會丟了工作。她會提早前來上班，其他人則會在輪班前五分鐘打卡。她看起來相當疲累，壓力極大。有天，泰咪看見這個女生跪在水泥地上清理油漬。那片油都在那裡二十年了，她是絕對擦不掉的。而且不管怎樣，漏油時都應該用吸油機把油吸乾淨才對，但她以為自己必須這麼做。有專門的臨時工負責維持廠房清潔，每小時收取二十二美元的工資。但她卻跪在地上，負責的工人只是在背後杵著，盯著那位想把地板清理乾淨的女工。泰咪不願見到這女工害怕的樣子。「你不需要跪在地上，」泰咪說。她氣得和他們的領班理論：「鮑勃，你明知道這樣不對。」但她又能怎麼樣？有些技術工人會讓臨時員工的日子很不好過，這些臨時員工領的薪資只有一半，卻要做雙倍的工作。之後泰咪說：「我覺得這個女工有家要養，她需要工作，就是這樣。她需要賺錢，這和二十、二十五、三十年前的情況沒有兩樣，她就是需要賺錢來養家活口。她願意低聲下氣，因為她需要這份工作，而且還可能隨時被炒魷魚。在她來這裡之前，我覺得我們那個部門從來沒有那麼乾淨過。」

在生產線上工作，主要重點在於想辦法消磨時間，時間到了泰咪就可以回家顧小孩。有時她會改變方向，從工作台前方走到後方，有時則是從後方來到前方。她會放音樂給自己聽（大多是一九七〇年代的節奏藍調和放克音樂，她對嘻哈沒什麼興趣，她喜歡樂器的演奏聲，而不是用程式寫出來的音樂），夾雜著工業用電扇和產線上另外四、五台收音機的聲音。某次有位白人女孩抱怨泰咪的收音機太大聲，意思就是說她的音樂太大聲了，而言下之意就是風格太「黑人」了。那是她在工作上少數幾次和他人起過的爭執。

大多時候，她都會和同事聊天來消磨時光。

她和工廠裡幾個人的相處時間，都超過與家人相處的時間了。她會和他們一起出門吃午餐，像是湯瑪斯路上的依萊知名燒烤店（Eli's Famous Bar-B-Que）、北河路上的卡巴萊餐館（Cabaret），都是大夥兒發薪日當天飽餐一頓的好去處。他們也會去三角旅店（Triangle Inn）和八三酒館（Café 83）之類的酒吧。泰咪不像某些人一樣會喝酒後再回去工作，畢竟他們還得專心盯著不斷行進的產線，她不知道那些傢伙是怎麼辦到的。他們工作時也很愉快。有個年長女人是泰咪見過最骯髒、最無知的人，但她很好笑。這女人會在臉上戴著豬鼻子面具來工作，到處嚇人，還對男人上下其手。每次有員工生日時，部門都會買個蛋糕來慶祝，他們也會下注賭足球。有次泰咪因為得了「帕卡德手」必須休息幾個月，那時她和同事贏得了超級盃賭注。但她卻毫不知情，直到他帶著八百美元來家裡和她對分才發現這意外之財。其實他根本可以把錢獨吞，不用告訴她。

有幾位同事成為泰咪的知心好友，例如來自北區的女孩凱倫，她拿不到值日班的機會，因此被調到泰咪的下午產線，由泰咪負責指導。她都說凱倫是她的小姊姊，因為凱倫大自己十歲，但身材卻矮得多。凱倫也有三個孩子，她們因此成為最好的朋友。還有泰咪於帕卡德從事最後一份工作時和她共用桌子的茱蒂，茱蒂的機械位於一側，她的則在另一側，就這樣持續了三年。泰咪表示：「這就是建立友誼的方式。我們不像在辦公室裡只是於同個空間中四處移動。我們彼此牽絆。還有什麼話題可聊？和零件製造工的寒暄只會是『你太太還好嗎？孩子怎麼樣？兒子足球踢得如何？』」。一起工作這麼久，每次同事拿自己孩子的照片出來給大家看時，會發現照片中的孩子逐漸長大。在泰咪離開工廠之後，仍很想念當時同事之間的革命情感。

泰咪來自東區的朋友，西碧兒女士，在奇異公司的燈泡工廠工作了三十八年，從一九七一年起直到她於六十三歲退休為止，都是負責搬運五十五磅的水泥袋。「要是有人以為工廠裡的工作很棒，真該去看看在生產線上的工人，」她說。「大部分的人在工廠裡都撐不下去。米特・羅姆尼（Mitt Romney）[5]大概一星期就掛了。」

泰咪卻撐了十九年。她從不認為這有什麼了不起，當有人問起她是如何忍受千篇一律的工作內容，她也不知道該如何回答。她只是完成自己分內的工作。都是為了薪水，一份還算過得去的薪水，好讓自己能夠撫養孩子。

泰咪和菲力普・威廉斯（Flip Williams）不是很熟。他年長泰咪十歲，不過她認識他的兄弟。威廉斯是東區金梅爾溪（Kimmel Brooks）社宅的藥頭。他在一九八〇年代末期曾去過加州，加入了瘸子幫（Crips），因為走私古柯鹼而鋃鐺入獄。他出獄後回到揚斯敦，試著在金梅爾溪重操舊業。一九九一年的勞動節晚上，威廉斯和三位青少年來到社宅區的一棟房屋，掌控當地快克古柯鹼交易的毒販就住在那裡，他們把他銬上手銬，用膠帶封住他的嘴（他已經策劃好一切，畫出房屋地圖，還從 RadioShack 電子零售店買無線對講機來作案）。威廉斯讓其中一個青少年，也就是他的女友，打電話給和對方一起做生意的兩位友人，再把他們騙過來。過程中第四位受害者出現了：泰迪·溫恩（Teddy Wynn）。溫恩是貝瑞（泰咪長女的父親）的表親，當時剛從空軍退役，挑錯時間來拜訪屋主，只能怪自己倒楣。威廉斯把他們全都綁了起來，接著勒死溫恩和另外一人，讓他的女友將收音機音量調高來掩蓋聲響，再一間一間搜刮財物，最後把四個人都開槍爆頭。

威廉斯於二〇〇五年因這次勞動節大屠殺而接受注射死刑處決時，金梅爾溪社宅已被拆除重建，更名為羅克福村（Rockford Village）。泰咪覺得不該讓那傢伙又多活十幾年。威廉斯在東區曾犯下其他多次謀殺案，卻從未被抓到。這種對社區造成重大傷害的人，怎能讓他好好待在獄中？

一九八〇和一九九〇年代末期，揚斯敦發生的凶殺案數量在全國城市中總是位居前十名，六十五歲以下黑人女性的遇害數更是全國之冠。媒體的報導焦點多為黑手黨的殺人案件，因為揚斯敦在這些年來一直是吉諾維斯（Genovese）和盧凱斯（Lucchese）[6]家族的戰場，發生了許多引人矚目的幫派犯罪事件。一九九六年，某名馬霍寧郡檢察官大概是整個郡唯一未被黑社會收買的官員，在自家廚房中遭到槍擊後存活下來。直到一九九〇年代末期，揚斯敦已無可供爭奪的金錢利益，黑手黨之爭也漸漸退場。但揚斯敦仍是一座凶殺之城，因為在街坊鄰里間，還是有許多人因為毒品，甚或因為在路上起衝突而遭到殺害。

泰咪知道，凶案死者多到不計其數。當她翻閱畢業紀念冊時，總能在掛著微笑的面孔中指出哪個孩子最後死了、坐牢或是染上毒癮，而至少有一半的人都落得這種下場。她就讀的高中有位女學生在金梅爾溪被駛過的汽車開槍射殺。還有個最要好的兒時玩伴捷妮瓦（Geneva），她從高中輟學，育有兩個女兒。而就在泰咪從東方高中畢業時，有個男人從車裡走出後，和捷妮瓦起了爭執，把她摔在地上，接著就一槍打爆她的頭。但從來沒有人被逮捕。泰咪的舅舅安東尼，和他姊姊維琪一樣是個毒蟲，遭人殺害後被棄屍在東區。「整個一九八〇到九〇年代末期，揚斯敦簡直是瘋了，」泰咪說。「這也難怪，當時根本沒有任何工作機會啊。」

在當地黑社會崛起時，泰咪覺得弟弟們應該是加入了瘸子幫，因為他們總是穿著藍色衣服。弟弟和母親一起住在距離夏洛特街兩個街區的薛希街上，在房子外頭販毒並掌控著街道。泰咪從沒見過他們的父親管束他們，母親曾經試過，她希望他們能成為更好的人，看他們總是惹上麻煩，讓她很是心痛，但他們只會和母親頂嘴，和乖巧的泰咪截然不同。維琪又開始吸毒，但泰咪當時還不知情。那幾年，泰咪一直以為母親在自己就讀六或七年級起就已經徹底戒毒。維琪會讓泰咪開車載她去和某個朋友拿東西，或是帶著錢還給某人，事後泰咪才知道那些都是毒品，而自己卻無意間放任母親這麼做。母親患有退化性關節炎，關節漸漸勞損，骨頭也益發脆弱，只要移動方式不正確就有可能破裂，後來母親對用來止痛的奧施康定（Oxycontin）成癮後，泰咪才明白真相。維琪的療養院醫生也告訴泰咪，她的母親當時有在使用海洛因。

維琪的住處附近還有另一個「艾爾斯街鹽湖幫」（Ayers Street Playas），是血幫（Bloods）的分會。一九九〇年代末期，泰咪的弟弟們參與了快克古柯鹼的幫派地盤爭奪戰，雖然泰咪也是事後才知道：「我對當時的狀況並不了解，因為我有孩子要顧，也不希望他們受到牽連。」某天她的大弟詹姆斯（James）在光天化日之下，於薛希街上房子的門廊遭到槍擊。另一天晚上，小弟弟艾德溫（Edwin）和朋友坐在屋旁空地的車內，有個男人帶著槍走上前來，把槍伸進去，經過艾德溫，射殺了他朋友。幾年後，艾德溫和另一位友人及二弟德韋恩（Dwayne）坐在不同的車內，艾德溫的背部被戴著滑雪面罩的人開了三槍，還好沒死。德韋恩和艾德溫兩人都在監獄裡待了很長一段時間。

維琪的住處在薛希街上，隔壁就是F&N食品超市，外頭常有人惹事生非，還有吸引暴力賭徒聚集的花旗骰賭桌。有一天，艾德溫和德韋恩（他們當時還未滿二十歲）在商店後方和兩個波多黎各人擲骰子。德韋恩還在坐墊下藏了一把槍以防萬一。這對兄弟檔有個朋友約翰・普度（John Perdue）開車前來加入了賭局。不到幾分鐘，普度就和其中一個波多黎各人雷蒙・歐提茲（Raymond Ortiz）為了五元賭注爭執了起來。歐提茲一把抓過德韋恩的槍，要求普度掏錢，但遭到拒絕。德韋恩勸歐提茲冷靜下來，歐提茲和他的朋友便走回他們的車上，但後來又折返。歐提茲仍在氣頭上，他們也持續爭執。最後歐提茲要脅普度（不然就是用槍打了他的頭），槍被普度搶走，一槍把歐提茲打到爆頭。

維琪認識死者歐提茲的母親，而兇手正是湯瑪斯兄弟的朋友（用的還是德韋恩的槍），加上事發地點就在維琪住處隔壁的花旗骰賭桌，兩家因此結下梁子。這案子發生不久後，維琪家就遭到槍擊，冰箱和烤箱上都是彈孔，於是泰咪決定把母親帶走。後來有人朝房子扔了汽油彈，一樓付之一炬。當時揚斯敦市長命令下屬「即刻拆除薛希街一三四三號遭到火吻、充滿暴力的毒窟」。《明證者日報》也報導了這件事，下的標題是：〈惹事生非的房屋終遭摧毀〉。市政府派出的挖土機從草坪長驅直入，開始剷除前廊，鄰居則是在一旁投以認可的眼光。「東區的眼中釘終於在下午稍早消失了」。房屋當時價值約四千美元，失去了家園讓維琪相當崩潰。

在那之前，泰咪就已經離開東區。

一九九〇年代早期，有好幾次都有孩子闖入夏洛特大街上的房屋。祖奶奶那時差不多九十歲了，視力嚴重退化，生活難以自理，泰咪也讓她改住在一樓。泰咪負責值下午的班，回到家都已經三更半夜。但她請不起管家，孩子也需要有人照料，所以她都讓孩子在放學後到南區友人母親的家裡待著，泰咪會在下班回家時過去接他們。這段時間祖奶奶只能獨自待在家裡，泰咪很擔心有人會闖入，傷及已經失去視力的祖奶奶。一家人在夏洛特大街一三一九號住了二十年後，她終於在一九九二年五月將全家人遷出。祖奶奶在東區度過了大半個世紀，而遷移到南區僅僅三個月後，她就去世了。

泰咪將夏洛特大街上的房屋出租三年後，一九九五年，她決定將房子賣出，售價僅僅五千美元，是祖奶奶在一九七二年買房時價格的一半。後來這位買家搬回波多黎各，將房子租出去。之後房子開始損壞，於二〇〇〇年代成為了空屋。泰咪花了兩萬三千美元買下南區一間漆成橘色的房子，前廊有四根粗大的柱子，屋子內部也很漂亮。該地區位於印地安諾拉（Indianola）的北邊，在泰咪小時候還住在南區時，是個白人住宅區，但現在卻變化迅速。白人忙著遷出，《第八節》計畫[7]的承租戶急著搬入，包括許多她在東區就認識的人。泰咪有個住在南區的未婚夫，名叫布萊恩（Brian），他們倆高中就認識，但大她兩歲（泰咪大部分的朋友都比自己年長）。他們在一九九〇年開始交往，布萊恩愈來愈像三個孩子的父親，和她的小女兒處得尤其融洽。他沒有穩定的工作，只是偶爾會去學校當教學助理，但他陪著泰咪度過失去祖祖奶奶那一段悲痛的日子，也愛著她的孩子。一九九五年，差不多是泰咪二十九歲生日時，布萊恩向她求婚了，但她未立刻給出答覆。她和三個女性朋友一起到克利夫蘭旅行，為自己過生日。她們住進飯店後討論了這件事，最後泰咪決定答應求婚。而正是在三個女孩從飯店退房準備去購物時，布萊恩就被殺害了。

她未曾弄清究竟發生了什麼事，也許是和某人起了爭執，而且泰咪從小就認識那個人的家人。「布萊恩是個很好的人，」她說。「但我不清楚他和誰有過節，也不清楚他有什麼不良紀錄。他是我見過最善良的男人，我的孩子也愛他。」有個朋友告訴泰咪，她七歲的小女兒需要接受心理諮商，但泰咪並未放在心上，她說：「她沒事的。」因為過去二十年泰咪就是這樣走過來的，她總是告訴自己：「沒事，一切都好，我一定會好起來」。十年之後，泰咪外出參加教堂靜修活動，回家後發現女兒身上多了個刺青，為此相當生氣。但她隨即意識到女兒刺的是布萊恩的出生和死亡年分，還有他名字的縮寫，她的態度才軟了下來。泰咪那時才明白，女兒未曾有機會好好地悼念這位唯一被她當成父親的男人。

布萊恩遇害後隔年，泰咪開始每週三天都往磨坊溪公園跑，有時還會天天報到。若是負責值下午班，她就會利用送孩子上學後的空檔，值早班時，則會等到下班之後再去。她會走走步道，坐在河邊老舊的木製磨坊旁，伴隨瀑布沖過水堤發出的聲響，和上帝單獨相處、沉思並自我療癒。

陰霾持續擴大，聚集的速度加快，在泰咪搬家後仍揮之不去。花了十、二十年才壟罩東區的陰鬱氛圍，僅花了幾年就席捲南區。泰咪居住的地區每況愈下，名為峽谷男孩（Dale Boys）的幫派成為了當地的主要勢力，名稱得自其中成員居住的艾文谷（Avondale）和奧本谷（Auburndale）地區。一九九七年，她和孩子搬到布萊恩母親的隔壁房屋，原本的房子卻賣不出去，一切都進行得很不順利。她最後只能和銀行協商，把房子交給銀行，以註銷剩餘的貸款金額。

泰咪曾考慮要離開揚斯敦，當地治安非常差，她也找不到比原有工作更好的機會。大多數還有餘力的人都已離開或準備要離開。整座城市每況愈下，但她在帕卡德的年資，再過兩年就滿十年了，也就是說完整的薪資和福利就近在眼前，退休後還可以領取津貼。她對於有份好工作心懷感激，揚斯敦的物價她也負擔得起。隨著時間過去，她開始在自家前廊經營副業，幫助人們策劃婚禮、設計邀請卡並用她的雷射印表機印製卡片，泰咪後來也開始製作情人節禮物籃、畢業卡，甚至是規劃喪禮。她將自己的副業稱為「一杯好茶」（A Perfect Cup of T）。有天晚上，她和小女兒一邊看電影，一邊手工製作了三百五十個蝴蝶結，每個蝴蝶結上都黏了一顆珍珠，當作新娘贈送賓客的書籤。她也會到工廠兜售雅芳產品，在充滿女性的工廠裡可以賺到不少錢。她哪裡也不想去了。

從南區前往帕卡德，比從東區出發還要不方便。而泰咪得一直設法兼顧照顧孩子、參加課後活動和工作排班的三方面需求。她會利用假期欣賞大女兒的表演和兒子的足球賽。週末時，她不需要花許多錢就能讓孩子享有充分的休閒娛樂，像是開車到鄉下採摘草莓和蘋果。星期天泰咪會帶孩子上教堂，課後也有讀經活動。要是無法參加家長座談，泰咪也會在課前的早晨和老師洽談。有了手機後，老師總會記下她的號碼，方便在泰咪上班時聯絡她。在孩子長大以前，她從不加班。孩子有朋友來訪時，泰咪也會一起待在家，因為她想知道孩子有哪些朋友，好好了解他們。泰咪的女兒們未滿十六歲都不能化妝。兒子十三歲時，有次拜訪父親後穿了耳洞回家，泰咪要求他摘下耳環。因為她告訴過孩子，在高中以前都不能穿耳洞，而兒子讀高中前就已經放棄了這個念頭。孩子們升上高中後也未曾晚歸，就算有特殊活動也不會超過凌晨一點才回家。泰咪不會對孩子又打又罵，有時也會通融，但孩子們需要管束時，她也絕不含糊。外頭的世界很險惡。她的女兒們沒有不小心懷孕，兒子也遠離幫派，他們都成功從高中畢業、升上大學。上帝保佑，讓她有三個這麼乖巧的孩子。

有個泰咪認識的人曾說過，她可以在揚斯敦撫養三個小孩，還讓他們全都平安長大，是相當了不起的一件事。泰咪了解對方的言下之意，但她也只是完成自己份內的事。「我別無選擇，因為我必須讓孩子過得比我更好。他們也必須活得比我的弟弟們更好。我只是做我自己該做的，就像我的曾祖母一樣。」

1．譯註：全名是國際電工兄弟會（International Brotherhood of Electrical Workers）。

2．譯註：工廠為留住汽車工人而於一九八四年制定的一項計畫，讓當時多餘的工人待在庫房中什麼也不做，卻仍照領薪水。所以在這制度下，雇用低薪的資淺員工是最划算的，因為只需要付較低的薪水就能把他們留下來。

3．譯註：二戰期間出現的美國女性勞工經典形象。
4．譯註：位於墨西哥。
5．譯註：羅姆尼是位有錢有勢的共和黨白人政治人物。西碧兒在諷刺羅姆尼嬌生慣養。
6．譯註：兩者均為義大利裔美國黑手黨的幫派家族。
7．譯註：美國政府為幫助中低收入家庭租房而制定的計畫。

山姆先生：山姆・華爾頓

山姆・華爾頓（Sam Walton）於一九一八年出生在美國中部奧克拉荷馬州的金菲舍郡（Kingfisher）。他童年生活困頓，經濟大蕭條爆發後，他的父親湯瑪斯・華爾頓（Thomas Walton）找到一份工作，負責代表大都會人壽保險公司（Metropolitan Life Insurance Co.）收回密蘇里州一帶的農場。華爾頓有時候會和父親一起旅行，觀察父親如何設法讓那些拖欠貸款、即將失去土地的農民保有些許尊嚴。當然，華爾頓對金錢的謹慎態度就是源自於此。他極為節儉。這就是他被拉拔長大的方式。即使之後他成了美國首富（《富比世》在一九八五年大肆報導華爾頓時，令他相當不悅，這樣的關注為他的家人帶來許多不必要的麻煩），他還是願意停下腳步撿拾地上的五美分硬幣。他從不崇尚浮華的生活方式。誠實、助人為樂、辛勤工作和節儉，這些才是根本的美德。沒有人比誰高人一等。

「對我來說，錢從來不是特別重要，」他去世前曾寫道。「只要有夠用的必需品、可以住的好地方、有地方餵養我的獵鳥犬、打獵、打網球，可以讓孩子接受良好教育，這樣就很富足了，毫無疑問。」

華爾頓的父親一直沒有太大出息，母親卻一直對兩個兒子有非常大的期待，兩夫妻因此總是爭吵。也許這就是華爾頓必須讓自己忙起來的原因。他善於合作、懂得競爭——他是鷹級童軍，在哥倫比亞希克曼高中（Hickman High）美式足球隊擔任四分衛和學生會主席，也是密蘇里大學的兄弟會成員。有人迎面而來時，他會搶先對方一步開口。華爾頓身材矮小結實，臉龐長得像隻善良的猛禽，好勝心總是很強烈。

華爾頓很年輕時就發現自己懂得推銷。他從高中到大學都一直靠送報賺錢，還曾參加挨家挨戶的訂報紙推銷比賽獲勝。大學畢業後，他在德梅因市（Des Moines）的傑西潘尼商店（J. C. Penney）獲得一份差事，週薪七十五美元。那是他在零售業的第一份工作，在傑西潘尼工作的時間也足以讓華爾頓了解到，要是員工可以被稱為「工作夥伴」，在公司裡就能享有一絲驕傲感。後來戰爭開打了，他有三年的時間都待在陸軍，但因為心律不整而留在國內。他退伍時，決定要回到零售業，這次他要自己創業。

華爾頓想要在聖路易市加盟聯合百貨公司（Federated），但他的新婚妻子海倫（一位奧克拉荷馬州富有律師的女兒）拒絕住在人口超過一萬的城鎮上。他們最後來到了人口僅有五千的阿肯色州紐波特鎮（Newport）。在岳父的幫助下，華爾頓買下了班．富蘭克林（Ben Franklin）雜貨店，對街還有一間商店，他會信步閒晃，花上數小時研究競爭對手的經營方式。後來這成為了他一輩子的習慣。華爾頓在紐波特培養出的思維模式，為他日後的成功奠定了基礎。

他以二點五美元的價格向班．富蘭克林的合作廠商購入十二件女性絲緞內褲，再以三件一美元的價格售出。但他找到了一間紐約製造代理商，願意以十二件兩美元的價格與他合作，華爾頓便以四件一美元的價格再售出，銷售量因此大幅提升。他每件內褲的利潤降低了三分之一，但銷售量卻是原本的三倍。低買低賣，大量銷售，獲利快速，這成為了華爾頓的哲學。五年內他的銷售量就翻了三倍，成為六州地區內業績第一的班．富蘭克林雜貨店。

人總愛撿便宜，絕不會錯過任何最低價格。戰後的阿肯色州、奧克拉荷馬州和密蘇里州周圍的白人小鎮確實是如此。這是放諸四海皆準、永遠不變的真理。

這道理在阿肯色州的本頓維爾（Bentonville）也沒兩樣，在狡猾的房東把紐波特的店面收走之後，華爾頓和海倫於一九五〇年帶著四個孩子遷居那裡。本頓維爾的人口僅僅三千，華爾頓在當地的大廣場開始經營華爾頓零售店（Walton's 5&10），生意極好，結果他和弟弟巴德在接下來十年又開了十五間店。他們選擇的地點偏遠落後，凱馬特（Kmart）和西爾斯（Sears）這種大型百貨根本不屑一顧：阿肯色州的西羅安泉（Siloam Springs）、堪薩斯州的科菲維爾（Coffeyville），還有密蘇里州的聖勞勃（St. Robert）。人們喜歡撿便宜，但這些地方的交易量更高，芝加哥和紐約的聰明生意人都料不到。華爾頓在尋找據點時，會乘著自己的雙人座小飛機從城鎮上方低空飛過，掃視鎮上的道路和建築模式，藉此找到適合的空地。

為了實現遠大的零售業夢想，華爾頓與家人出門度假時，會隻身前往下榻飯店附近的商店。他會仔細調查競爭對手，聘請他們最優秀的員工，以投資股權為誘因鼓勵他們開分店。他屢屢想出拓展業務的妙招，讓競爭對手誤以為他只是個鄉巴佬。他從供應商身上榨乾每一分錢，一年到頭都在工作。華爾頓必須不斷成長，什麼都無法阻撓他。

一九六二年七月二日，華爾頓在阿肯色州的羅傑斯（Rogers）開設了自己的第一間獨立廉價商店。這種大規模廉價商店將成為未來的主流，販售的商品從名牌衣飾到汽車零件一應俱全。他若不好好利用這股浪潮，就只能坐以待斃。他非常節儉，連招牌都只有幾個字母：新的商店名稱叫做「沃爾瑪」（Wal-Mart），保證「天天都低價」。

一九六九年，他已經在四個州擁有三十二間店。隔年，華爾頓正式成立了公司。華爾頓家族持有百分之六十九的股份，華爾頓本人的身價為一千五百萬美元。創業、自由經濟、冒險精神——在他看來是改善他人生活品質的唯一途徑。

整個一九七〇年代，每年沃爾瑪的銷售額都呈翻倍成長。一九七三年，五個州內就開設了五十五間店。一九七六年，數量已增加到一百二十五間，銷售額為三億四千萬。沃爾瑪以本頓維爾為中心向外拓展，據點專設於美國中部不起眼的城鎮，擊垮當地的五金行和藥局，使沃爾瑪征服的市場地區趨於飽和，沒有任何商家可以與之抗衡。每間新開的沃爾瑪在格局和設計上都一模一樣，從公司總部（配銷中心就在此處）開車前往的話，車程都不會超過一天。商店規模可媲美飛機機庫，並無窗戶，他們也把林地與田野夷平來興建巨大停車場。商店的位置遠離市鎮中心，造成市鎮無秩序地往外擴張。精良的電腦負責即時記錄庫存中每項商品的訂購、配送和出售狀態。

一九八〇年，沃爾瑪已擁有二七六間店面，銷售額超過十億美元。整個一九八〇年代沃爾瑪都呈現爆炸性成長，範圍遍及國內各個角落，並往海外發展。華爾頓甚至在達拉斯和休士頓這類大城市開設店面，但這些地方的小偷較猖獗，更不容易找到有道德操守的員工。希拉蕊成為首位加入沃爾瑪董事會的女性，她擔任州長的丈夫和其他政治人物都來到本頓維爾拜碼頭。一九八〇年代中期，華爾頓正式成為美國首富，身家達二十八億美元。但他還是一如往常地節儉：在本頓維爾市中心花五美元理頭髮，也不給小費。他和公司幾乎沒有捐錢做慈善。但各家沃爾瑪每年都會為當地的一名高三生提供一千美元的大學獎學金，比起慷慨解囊的企業慈善活動，這樣的宣傳方式居然效果更好，理由不得而知。

華爾頓每年都仍會乘坐雙引擎飛機四處奔波，造訪數百間店面。他會帶領一群「工作夥伴」大聲疾呼（這靈感來自於一九七〇年代的某次南韓之旅）：

「給我W！」
「W！」
「給我A！」
「給我L！」
「和我一起扭扭身體！」（所有人都一起稍微扭動身子，華爾頓也不例外。）
「給我M！」

「給我A！」

「給我R！」

「給我T！」

「拼起來是什麼字？」

「沃爾瑪！」

「誰是第一名？」

「我們的顧客！」

華爾頓總是配戴寫有自己名字的塑膠名牌，就和他手下的所有商店店員一樣。他重視收集意見、傾聽抱怨，並承諾會採取行動處理問題，讓領時薪的員工感覺自己備受關照，覺得這個友善的男人比他們的經理還要親切。「工作夥伴」們則會接受道德指導，而同事之間若要約會交往的話，需要先得到地區經理的允許。他們會舉起手並複誦這項承諾：「從今天起，我鄭重承諾並宣布，只要有顧客來到與我距離三公尺的範圍內，我都會面帶微笑、與對方眼神交流、親切招呼，願『山姆』幫助我[1]。」

後來大家都稱呼這位老闆「山姆先生」，他因為性格質樸而獲得眾人愛戴。年度會議總會吸引上千人來到阿肯色州，會議特別強化加油打氣的氛圍，滿溢著宗教般的狂熱。這位董事長坐在本頓維爾的簡樸辦公室裡，每月都會寫封信給他成千上萬的員工，感謝和敦促他們。華爾頓在一九八二年被診斷出血癌後，向員工保證：「我還是會繼續與大家見面，也許頻率會變低，但我會盡力，也想見見各位。你們都知道，我有多想和各位相處，了解大家的近況」。

後來，路易斯安那州有座小鎮因為擔心沃爾瑪會奪走主街的風采，想將之拒於門外，但這消息只有當地人知道。還有新聞報導揭露沃爾瑪員工的薪資極低，兼職工作無法享有福利，往往得仰賴政府資助，這時華爾頓出面澄清，領時薪的「工作夥伴」們退休時還能享有兩萬美元的持股計畫，再宣稱自己提高生活水準的方式，就是降低生活成本。店員和卡車司機想要加入工會時，沃爾瑪就會無情打壓，要是有誰笨到站出來說話，就等著被炒魷魚。山姆先生則會在事後站出來，向任何覺得自己遭到虧待的「工作夥伴」道歉。有些人還表示，要是山姆先生一開始就知道的話，情況就不會這麼糟了。工廠工作開始大量外移時，山姆先生發起了一項「支持美國貨」（Buy American）計畫，讓全國政治人物和新聞媒體讚譽有加，沃爾瑪商店更在從孟加拉進口的衣飾貨架上放上「美國製造」的標籤，消費者卻沒能駐足思考，正是因為沃爾瑪要求極低的價格，才讓美國的製造廠商不得以轉向海外，要不就準備丟掉生意。

這張在沃爾瑪藍白色鴨舌帽下、長得像隻善良猛禽的臉龐，隨著年歲漸長，也笑得益發開懷。只要山姆先生還活著，沃爾瑪就是發跡於本頓維爾的偉大美國故事。

一九八九年，華爾頓的癌症復發，侵入骨髓，是無法治癒的多發性骨髓瘤。這位山姆先生仍盡量不慢下腳步。在下個年度會議中，他預測千禧年時銷售額會超過一千億美元。「我們做得到嗎？」他在阿肯色大學的禮堂中向九千人喊話，大家的回答是：「當然可以！」他撰寫回憶錄時，問自己在晚年時是否應花更多時間和家人相處，還是要投身慈善？而他最後的結論是若能重來，他還是會做出一模一樣的選擇。由於華爾頓家族掌握大多數股份，賺得的錢財都留在家中，海倫和四個孩子的身價為兩百三十億美元（他們接受的教育可都和普通的美國中部小孩一樣）。華爾頓家族仍有六位成員在世，他們的總資產相當於百分之三十美國最低收入者的財富總和。

一九九二年初，山姆先生已來日不多。三月，老布希總統帶著第一夫人來到本頓維爾，山姆先生顫抖地從輪椅上站起來，接受總統頒發的自由勳章。在他臨終前的日子裡，只要有當地商店的經理到醫院探望他，和他聊聊銷售業績，就能讓華爾頓開心得不得了。而這位山姆先生在剛過完七十四歲生日後，便於四月與世長辭。

這位沃爾瑪創辦人向來以質樸的形象出現在社會大眾面前，到他去世後全國人民才開始了解他手下公司的所作所為。那些年來，美國變得愈來愈像沃爾瑪，變得愈來愈便宜。價格漸低，工資也一樣。有工會的工廠愈來愈少工作機會，兼職商店迎賓員的需求更高。山姆先生在其中發掘自己獲利機會的小城鎮變得益發貧窮，也就是說消費者也愈來愈依賴沃爾瑪的「天天都低價」，所有採買都是在沃爾瑪完成，甚至還可能需要為沃爾瑪工作。這種將美國中部掏空的過程對沃爾瑪的盈利很有助益。而在國內更富有的地區，如沿岸和部分大城市，許多顧客都以恐懼的眼光看待沃爾瑪，對店裡充滿劣質（也許還很危險）中國製品的寬廣走道不屑一顧，因此改在昂貴的精品店購買鞋子和肉類，好像多花點錢就可以讓自己免於廉價風氣的影響。而梅西百貨（Macy's）等身為過往中產階級經濟堡壘的商店則黯然退場，美國也因此再次變得像山姆先生的童年時代那樣民不聊生。

1・譯註：“so help me Sam”是模仿英語中誓詞的結尾語“so help me God”。

一九九四年

新的「北美自由貿易區」於新年上路，面臨新的不確定因素[1]……從十八歲起，這名三十五歲的女性紡織工人就開始在世界排名第一的牛仔布生產大廠科恩紡織公司（Cone Mills）工作，她表示：「我並未覺得備受威脅，新的自由貿易協議對於紡織業有利，可以挽救我們這個行業的未來。」[2]……**MTV頻道實境秀「真實世界」的演員病危**[3]……這世界去死，我媽和我女友也去死／我的人生就像傑瑞卷（Jheri curl）髮型／我準備好去死了[4]……**寇特・柯本（生於一九六七，一九九四年去世）**[5]**，西雅圖的青少年近來情緒低迷……**此乃因為家長們擔憂加劇。李伯曼（Lieberman）[6]表示：「愈來愈多選民說：『我們擔心社會價值觀混亂，我們擔心社會道德淪喪。』」[7]……十四歲的艾莉森・奎格（Alison Quigg）花了五百美元買了橘色低腰褲和大號T恤。她說：「我在MTV上看到這些衣服，覺得看起來很不錯。」[8]……美國現在積極鼓勵低智商婦女生育，但如果過去也一樣鼓吹高智商婦女生育，這種做法在當年就會被確切地描述為積極操縱生育。[9]……**國內城市謀殺案數量破紀錄，青少年犯案比例高**[10]……**盧安達種族大屠殺，美國反應慢半拍，該受譴責**[11]……全國電視機前的觀眾朋友昨晚都看到了開著白色福特野馬越野車的美式足球明星辛普森（O.J. Simpson）與警方在高速公路上演追逐戰[12]……正當民主黨的國會領導人在絞盡腦汁遵照柯林頓總統的原則撰寫醫療衛生法案之際，共和黨黨鞭金瑞契已經成功整合共和黨，凝聚出共識[13]……免電話費。瞭解事實。如果讓政府來幫我們做選擇，我們就輸了[14]……**歐普拉成功了**她先是減了三十公斤體重，後來又胖了四十公斤。在歐普拉與她的體重奮戰五年之後，現在她終於再度榮登瘦身女王寶座[15]……**共和黨歷史性的勝利**[16]……林博先生（Mr. Limbaugh）很喜歡用「女權納粹」一詞來幫女權支持者貼標籤，但這次共和黨國會新科議員之中，顯然沒有任何他說的那種人。這群議員齊聲歡呼鼓掌，這證明了他們都是林博的頭號粉絲。都認為林博就是這次勝選的[17]……我改了座我的右銘，不再說去他媽的明天／買酒的一塊錢／搞不好會讓我中樂透[18]

■

1. 編註：出自《布法羅新聞》一九九四年一月一日新聞。
2. 編註：出自《今日美國》一九九四年十一月二十五日新聞。該報導指出《北美自由貿易協定》生效後，紡織品和服裝關稅取消，美國紡織業可能會轉移到生產成本更低的墨西哥。
3. 譯註：編註：出自《聖彼得斯堡時報》一九九四年十月二十二日新聞。《真實世界》是由MTV製作的實境秀節目，每一季挑選七到八個年輕人共處一室生活。《真實世界》節目組邀請愛滋病患者，以及同時也愛滋病患者是並長期為病友們發聲的社會活動家佩卓．薩摩拉（Pedro Zamora）參與當年的錄製，引起美國乃至國際社會對愛滋病患者及性少數群體的關注，薩莫拉在節目錄製過程中病重，於一九九四年十一月十一日去世。
4. 編註：出自歌曲〈準備好去死〉（"Ready to Die"），收錄於美國饒舌歌手The Notorious B.I.G.在一九九四年發行的同名專輯中。歌詞中的「傑瑞卷」是指黑人常見的小卷髮型。一九九七年三月九日The Notorious B.I.G.死於原因不明的街頭槍殺，得年二十五歲。
5. 譯註：Kurt Cobain，超脫（Nirvana）合唱團主唱，《洛杉磯時報》一九九四年四月十二日新聞，他在一九九四年四月五日自殺身亡時才只有二十七歲。
6. 譯註：應為民主黨參議員Joseph Lieberman。
7. 編註：出自《華盛頓郵報》一九九四年五月十日新聞，描述了饒舌音樂對青少年的影響。
8. 編註：出自《人物》雜誌一九九四年一月三一日文章〈衣櫃戰爭〉。

9．譯註：引自社會學家查爾斯．默里（Charles Alan Murray）、理查．赫恩斯坦（Richard J. Herrnstein）著作《鐘形曲線：美國生活中的智力與階層結構》（*The Bell Curve: Intelligence and Class Structure in American Life*, 1994）一書，該書內容提出種族與智力有先天關係的種族主義論點，頗具爭議性。

10．編註：出自《紐約時報》一九九四年一月一日新聞。

11．編註：出自《紐約時報》一九九四年六月十五日評論文章。一九九四年四月到七月盧安達發生種族滅絕事件，其間有超過五十萬人被殺。

12．編註：出自《紐約時報》一九九四年六月十八日新聞。美國橄欖球明星辛普森一九九四年因涉嫌謀殺妻子及妻子友人而被控告，他在保釋期駕車潛逃遭到警方追捕。

13．編註：出自《紐約時報》一九九四年七月二十四日新聞。「柯林頓健保計畫」於一九九三年提出，主張為所有美國人提供全民醫療保險，引發爭論和反對浪潮，該計劃於一九九四年告吹。

14．編註：出自美國醫療保險協會（HIAA）為反對「柯林頓健保」而推出的電視廣告。

15．編註：出自《人物》雜誌一九九四年一月十日報導。

16．編註：出自《華盛頓郵報》一九九四年十一月九日新聞。在當年的國會選舉中，共和黨大獲全勝，自一九五四年以來首次在參眾兩院同時占多數席位。

17．編註：出自《紐約時報》一九九四年十二月十二日新聞。「林博先生」指的是媒體名嘴、右翼電台主持人拉什．林博（Rush Limbaugh）。

18．譯註：引自黑人歌手納斯（Nas）專輯《屌學》（Illmatic, 1994）的歌曲〈這人生真他媽的賤〉（“Life's a Bitch”）。

傑夫・康諾頓之三

康諾頓住在國會山莊第六街的一間地下室公寓，密契・麥康諾（Mitch McConnell）住在他樓上，丹尼爾・派屈克・莫尼漢（Daniel Patrick Moynihan）是他隔壁鄰居。一九七九年康諾頓從阿拉巴馬到這裡尋找共和黨參議員與拜登辯論時迷路誤闖的老舊社區，如今在他住家不遠處，從他住的地方往東、南與北邊走幾個街區就到了，但康諾頓從不去那裡。康諾頓還在拜登底下做事時，國會山莊是他工作、睡覺和社交的地方。平日待在辦公室的時間已經很長了，晚上還會與其他新人在「悅音小棧」（Tune Inn）、「鷹派與鴿派酒吧」（Hawk n' Dove）等國會山莊附近的店家聚會。

在接下來的二十年裡，康諾頓一直都被當成「拜登幫」一員，但他真正在拜登底下工作也只有四年之久，期間拜登總算記得康諾頓的名字，也見識到康諾頓的才幹，無論是查資料、寫作、找專家或探聽利益團體的想法，康諾頓都能讓拜登看起來具有實質能力而非紙上談兵，這也是「洗白拜登大作戰」的目的。那時拜登因腦動脈瘤而差點丟了性命，他在一九八八年接受腦部手術後，讓他在上半年只能保持低調。「洗白拜登大作戰」的目的是洗刷拜登說大話被抓包的形象並證明拜登的莊嚴沉穩與立法能力都足以讓他夠格再挑戰總統一職。康諾頓與美國庭審律師協會（Association of Trial Lawyers）合作擋下一個有關國際航空責任的法律修正案，也提議針對毒品政策舉行多次聽證會，好替拜登打響嚴厲打擊犯罪的名聲。康諾頓慢慢幫拜登累積政績，用來抵消他之前爆發的醜聞，這也在一九九〇年競選連任時發揮了作用。面對拜登在聽證會上受到的喃喃責難，以及他講笑話卻換來冷場的反應，康諾頓也只能一忍再忍。最後他的座位順利移到拜登辦公室外面，但始終不敢和老闆見面。「拜登是個政治奇才，我連基礎都沒打好，根本招架不住，」他說。「一旦進入那裡，只要露出一絲疑惑、混亂或不確定的氣息，他就會撲上來。」記者只要聞到一點血味就會撲向拜登，而拜登則是撲向自己的無能員工。

一九九一年，康諾頓覺得自己必須去報讀法學院，有了法律文憑他就能深入了解政府內部的實際情況，也可以離開政壇當律師，有機會賺點錢，說不定還能搬回阿拉巴馬。康諾頓在史丹佛大學求學三年，把在華爾街存下來的錢都花光了。一九九四年，康諾頓畢業後在哥倫比亞特區聯邦巡迴上訴法院首席法官艾伯納·米克瓦（Abner Mikva）手下當書記官，這個工作是拜登的一個助理幫康諾頓爭取到的。米克瓦是一名前芝加哥眾議員，德高望重且廣受人民愛戴，康諾頓才剛開始上班不久就立刻有傳聞說米克瓦將擔任柯林頓政權的白宮顧問。康諾頓想進軍白宮的夢裡忽然出現一條捷徑，而且完全不是靠拜登的門路。康諾頓聯繫考夫曼說：「我要麻煩拜登打電話給米克瓦說我有多優秀，請米克瓦一定要把我帶走。」康諾頓在米克瓦底下做事也不過一個月的時間，若有參議院司法委員會主席幫他美言幾句那一定會大大加分。

幾天後，考夫曼給康諾頓打了通電話：「拜登不想打給米克瓦。」

「什麼？」

「他不喜歡米克瓦，不想打給他，這不是在針對你。」

「誰管他喜不喜歡米克瓦，這攸關的是我的人生！」康諾頓第一次氣得無法克制地說道。

考夫曼歎了口氣，當拜登蔑視手下或讓手下委屈時，考夫曼就得維護主子，幫他全身而退，這是他分內的工作，他一般採用的策略包括保持緘默、裝傻或使用較委婉的言語，就像暴君似的丈夫需要老婆出面哄騙受傷的孩子一樣。但考夫曼在乎康諾頓，因此向他坦言：「別放在心裡，拜登對誰都一樣，他讓所有人都失望。」

康諾頓並未真的原諒拜登，此後也不再因拜登的行為而感到訝異或失望。多年後他仍替拜登做事，幫拜登募款、為拜登競選，他還是「**拜登幫的人**」，但從拜登拒絕幫他撥打電話的那一刻起，康諾頓就對這趟旅途幻滅了。康諾頓之所以對拜登那麼執著，一直以來都是因為兩者對彼此都有所求，但如今這已成為兩人交情的核心。拜登利用了他，他也利用了拜登，這種相互利用的關係將維持下去，不會昇華為別的關係。就只是普通的「華府關係」而已。

米克瓦還是把康諾頓帶到白宮了，因為康諾頓把當配角的天賦發揮得淋漓盡致，讓自己變得不可或缺。在被錄取之前，康諾頓就替米克瓦寫了一份詳細的計畫書好讓米克瓦為日後搬入白宮法律顧問辦公室做準備，計畫書內容包含應付媒體的策略以及米克瓦上任後可能會遇到的問題。米克瓦任命康諾頓為特別助理，年薪為三萬兩千元，與他當書記官的薪資一樣。這份工作將帶來什麼新體驗，他們兩人都還不知道。

一九九四年十月一日星期六，康諾頓首次踏入白宮西廂辦公室，他藍色西裝外套底下是一件白襯衫和卡其褲，再搭配一雙懶人鞋，彷彿要到鄉村俱樂部吃晚餐。在康諾頓看來，這身穿著應該很適合白宮的週末氛圍。他第一個認出來的人是駝著背在走廊上走著，滿臉鬍渣的喬治・史蒂芬諾伯羅斯（George Stephanopoulos）。西廂的辦公室比預期中小而且充滿美國建國初期的老舊風味，像是典雅破舊的博物館裡的小房間。顧問辦公室在二樓大廳右側的一個角落裡。接待區有四張桌子，康諾頓被安排坐在白宮志工凱瑟琳・威利（Kathleen Willey）之前的座位，威利與柯林頓有著「特殊關係」，這是眾所皆知的，而米克瓦的副法律顧問喬爾・克雷恩（Joel Klein）恨不得把這號人物趕走。辦公室裡還有一個空著的桌子，不久前還是行政助理琳達・崔普（Linda Tripp）的座位——她的老闆是副法律顧問兼柯林頓好友文森特・佛斯特（Vince Foster），前一年往自己嘴裡開了一槍自殺身亡，琳達才會離職。

整個建築對康諾頓來說很神聖，這種感覺從未真正消失過。他下班後開始帶人參觀這裡，只要他認識的人想參觀，康諾頓都有求必應。康諾頓任職十六個月裡所帶的參觀團大概有三百五十組吧。

那天，柯林頓透過早晨的廣播演講催促國會通過一項法案，法案將禁止政治說客送禮獻殷勤，並要求說客將業務完全透明化。此時，美國在海地的軍事干預行動已展開一個禮拜、塞拉耶佛圍城戰役已爆發三年、第一夫人希拉蕊的醫療改革計畫近期才被參議院打槍。韋伯斯特・哈貝爾（Webster Hubbell）、布魯斯・林賽（Bruce Lindsey）等柯林頓夫婦的摯友與高級助理都被捲入白水事件（Whitewater）而遭調查，擔任此事件特別檢察官的是肯尼斯・斯塔爾（Kenneth Starr）。此外，來自阿肯色州的公務員寶拉・瓊斯（Paula Jones）還以性騷擾的罪名對柯林頓提告。此後一個月內，國會落入紐特・金瑞契（Gingrich）帶頭的共和黨人手中，害柯林頓第一任期才剛過一半就慘不忍睹。

白水事件與旅行門事件（Travelgate）爆發後，媒體大軍每天疲勞轟炸，共和黨馬不停蹄地攻擊政府，獨立檢察官帶頭調查案件愈挖愈深，白宮東、西兩廂的辦公室都籠罩在霧霾底下，空氣中瀰漫著一股杯弓蛇影的氣息。但最慘的人莫過於白宮二樓角落辦公室的主人柯林頓：歷任總統裡，以最爛方式展開任期的非他莫屬，因此他一直在換法律顧問，替換頻率高得破天荒，不到兩年已經有兩位陣亡，米克瓦已是第三任。同事都笑康諾頓是全白宮裡唯一還沒惹上麻煩，不必另聘律師的律師。

米克瓦上任不久後就和康諾頓一起接見白宮通訊聯絡辦公室的代表大衛・德雷爾（David Dreyer）。米克瓦隔天早上將在《基督科學箴言報》（*The Christian Science Monitor*）每月一次的早餐聚會上發言，德雷爾要求米克瓦在聚會上宣布白水事件的調查沒有任何發現。年近七旬的米克瓦頂著一頭白髮，看起來智慧過人，他聽了德雷爾的話之後不發一語。

「他也才剛來兩個禮拜，憑什麼要求他這麼說？」康諾頓問。

「憑什麼？就憑他是總統的法律顧問！」德雷爾不耐煩地說。

「這不過是一份工作，沒有理由讓他在一夕之間輸掉一輩子累積的信用。這種話沒人會相信。」德雷爾堅稱，米克瓦身為總統的律師就有義務維護他。領白宮的薪水就是在替總統做事，忠於總統才是最重要的。

「我考慮一下，」米克瓦終於回覆。

在早餐會上，米克瓦並未對白水事件發表確切的立場，倒是有人針對柯林頓的法律辯護基金提出疑問。在寶拉．瓊斯對柯林頓提出訴訟後，總統支持者們就成立這個基金。據瓊斯指控，一九九一年五月，柯林頓請人把她帶到小岩城（Little Rock）一家飯店的房間後便脫下褲子要求瓊斯幫他口交。一九九八年十一月，瓊斯得到她所求的和解金八十五萬元，但總統並未道歉，和解費還是由保險公司與總統法律辯護基金和出的。一個月後，柯林頓遭眾議院提出彈劾案，原因是他在瓊斯訴訟案中提供偽證，贊成方以些微票數險勝反對方，通過了彈劾案。再兩個月後，柯林頓彈劾案遭參議院否決。柯林頓與瓊斯之間這樁醜聞的事後發展如下：兩年後，瓊斯為繳清房屋稅而把全裸寫真照刊登在二〇〇〇年十二月號的《閣樓》（*Playhouse*）雜誌上，而且這房子還是用和解金買下的；不久後，在柯林頓卸任總統的前一天，他在阿肯色州考取的律師執照遭吊銷五年；一年後的二〇〇二年，瓊斯頂替犯下槍擊案的少女艾美．費雪（Amy Fisher）參加福斯電視台的《名人打起來》（Celebrity Boxing）節目，拳擊賽中輸給了從犯下重罪的前花式溜冰選手譚雅．哈定（Tonya Harding）。關於總統法律辯護基金的問題，米克瓦的回答是：「我不是很讚同，想必總統也一樣。」但米克瓦補充說，總統法律辯護基金的存在是必要的，除非總統都是超級富豪。

這個新聞上了全國上下的報章雜誌後，米克瓦（Mikva）得知希拉蕊對於他未經許可就對第一家庭的醜聞發表意見感到不悅。從柯林頓競選活動時期到後來柯林頓出現在新聞網站《德拉吉報導》（The Drudge

Report）上，米克瓦的政治觀向來比較天真，但這是因為他尊重憲法修正案給予的言論自由，不過後來他也不再對媒體發言了。米克瓦在幾個月後才明白，白水事件的相關事宜並非由他全權處理，幕後負責人其實是希拉蕊。希拉蕊在米克瓦眼皮底下私下僱用律師處理此事，而米克瓦僅是個幌子，他在國會的聲望給柯林頓夫婦帶來庇護。

剛開始，柯林頓夫婦帶著他們的團隊水深火熱，為了存活而努力策劃戰略、大動干戈，但此時的康諾頓卻完全沾不上邊，他好不容易攻下聖母峰卻閒得發慌，因為米克瓦從未明確交代過他該做什麼。米克瓦辦公室裡開的會議都事關重大，康諾頓卻無法參與，儘管他們倆之間只隔了一道牆，但在華府，大咖小咖的區別往往只有這一牆之隔。康諾頓只需一兩個小時就能把一些雜事搞定，他因為擔心自己看起來許多餘所以會抱著一疊資料離開西廂辦公室到隔壁的艾森豪行政辦公大樓（Old Executive Office Building）邊走邊翻閱資料，像在忙什麼大事。

這種恥辱與在拜登底下做事時所受的委屈不太一樣。康諾頓聯絡考夫曼說他在考慮離職，考夫曼勸他要沉得住氣。

米克瓦想要與參議院司法委員會主席打好關係便帶著康諾頓和另一個助理到羅素辦公大樓找拜登。他們在大廳裡遇到拜登，拜登把胳膊搭在康諾頓肩上說：「歡迎歡迎，傑夫小老弟最近還好嗎？你跟著我那麼多年應該知道要把兩位貴賓帶去哪兒吧？你們先到我辦公室我隨後就到，當自己家欸！」

他們繼續走向拜登的辦公室，米克瓦低聲問道：「喬在之前就知道你在我這做事了嗎？」

「沒錯，他知道。」

「我一直以為他會打電話給我呢。」

康諾頓終於明白為何米克瓦一直與他保持距離了。二十七歲的他擔任競選活動助理時無法對總統候選人說：「我等了六年離開華爾街為您工作，但您連五分鐘都不願空出來給我。」同樣的，三十五歲的他擔任白宮顧問特助也無法對上司說：「拜登沒打電話給您是因為他覺得您很蠢。」因此康諾頓笑了笑什麼也沒說。在政治圈，有些事情避而不談反而能讓人的生涯一帆風順。

開會時，拜登一直叫康諾頓的名字，仿佛康諾頓是他圈圈內的成員一樣。「傑夫一定會說他在我這裡做事時……，」康諾頓聽了只能配合。

時間久了，康諾頓在法律顧問的幕僚團隊裡找到自己的位置，就是幫米克瓦寫演講稿。共和黨在期中選舉中獲得壓倒性的勝利，康諾頓便準備一份備忘錄，統整白宮與下一屆國會在司法改革的議題上會擦出什麼樣的火花。康諾頓漸漸搞懂白宮的權力鬥爭是什麼一回事，沒有任何人的權力是「既有的」，而是要靠自己創造。比起苦苦等待受邀參加會議，直接出現在會議現場才是上策。他對米克瓦說：「您如果不行使權力就不會有權力。」這就與募款一樣，關鍵在於主動提出募款需求，畢竟如果希望乳牛能持續供應牛奶的話就必須先把牛奶擠乾。

康諾頓很快就意識到他正在樹梢上居高臨下，他只需和其他高層的人打交道，像是與柯林頓政權有生意往來的企業領導等美國精英分子。在華府，要知道一個人是否有身分地位，一個關鍵的指標是他的電話是否有人回，而康諾頓人生第一次有了這樣的體驗，記者們特別殷勤回電，因為他們認為康諾頓的消息都很可靠。

美國司法部長珍妮特・雷諾（Janet Reno）每個禮拜都會到白宮與米克瓦討論一些法律相關事務，有一次他們開完會正離開會議室就撞見站在門外的柯林頓總統軍師威農・喬丹（Vernon Jordan）。

「嗨威農，你好嗎？」雷諾問。

「部長好，您還沒回我電話。」

「哦，抱歉，我一直都很忙，」雷諾說。

喬丹個子魁梧，身穿一件華麗的西裝，氣場強大。

「這不是藉口，」他說。

這一幕給坐在五公尺外的康諾頓上了一課：要是喬丹無法讓雷諾回他電話，那他根本不用妄想能幫他客戶做什麼事，所以他一**定要**把雷諾比下去。康諾頓很好奇雷諾會怎麼應對這個赤裸裸的權力挑釁，也許她心裡在想：「我知道你是總統的好兄弟，但我可是美國的司法部長好嗎？」兩三年後，雷諾授權獨立檢察官肯尼斯．斯塔爾擴大白水案與寶拉．瓊斯案的調查範圍，涉案的還有一個名叫莫妮卡．陸文斯基（Monica Lewinsky）的白宮實習生，喬丹也涉嫌妨礙司法。但在這當下，雷諾選擇退一步海闊天空：「下禮拜一起吃午飯吧。」

後來康諾頓開始相信華府只有兩種人：第一種人在聚會上從遠方看到熟人會主動向前打招呼，而第二中人則會被動地等對方過來打招呼。幾年後，米克瓦離職，白宮法律顧問一職由民主黨的圈內人物傑克．奎恩（Jack Quinn）接任，有一天他和康諾頓碰到威農．喬丹。

「找個時間一起吃午飯吧，記得給我打電話，」奎恩說。

「你才要打電話**給我**吧，」喬丹回答他：「你是小老弟欸。」

在紐特．金瑞契代表共和黨提出的法律倡議案《與美國訂約》（Contract with America）裡有個項目看來不起眼，但卻為康諾頓帶來白宮生涯的亮點。共和黨人所擬定的《一九九五年美國私人證券訴訟改革法案》目的是削弱《一九三四年證券交易法》中反詐欺條款的約束力，好讓那些透過三寸不爛之舌或發布誤導性股市預測等手法來操控股價的企業高層不必官司纏身。企業認為這種訴訟案不但非常無聊而且還是一種敲詐行為，他們鐵了心不為這種事對簿公堂，因此這項法案獲得了美國商界的鼎力支持，連華爾街與矽谷都大表贊同。克里斯多福・考克斯（Christopher Cox）是法案的擬定人之一，小布希總統當家後，美國證券交易委員會在考克斯的領導下踏上毀滅之路，他在證券監管這方面鬆懈怠慢，讓一些銀行從中得利。另外考克斯在二〇〇八年金融風暴的表現也非常消極，連那些之前受益的銀行家都對他嗤之以鼻。一九九五年初夏時分，這項法案才得到柯林頓政權的重視，但此時法案已在眾議院通過，正等待參議院表決。

康諾頓認為這項法案對華爾街來說是一份大禮，而且根本就是企業在搞權力鬥爭。但他的立場不一樣，並非與大公司站在同一陣線，而是站在原告的立場對民法進行詮釋。康諾頓深知庭審律師對民主黨有多重要，也意識到這是個讓自己在白宮裡提高地位、擴大權力的好機會。他每天聯繫政治說客以拉攏庭審律師，而且還向一些記者洩露消息。另外，康諾頓也和證管會的監管人員建立交情，還結識了證管會主席亞瑟・李維特（Arthur Levitt），李維特希望共和黨人所推出的法案可以多加修改，但並非所有人都這麼想——總統的工作團隊裡就有些成員不願意得罪向來是民主黨大金主的科技公司，這樣還能維持民主黨「對企業友善」的形象，因此他們連科技公司的一根汗毛都不敢碰。但康諾頓不顧這些人的反對，懇請米克瓦敦促柯林頓要求修改法案，減少原告在爭取權益過程中的阻礙。

六月的某天晚上，康諾頓工作到很晚，律師顧問辦公室接到一通電話，負責安排總統行程的職員傳話說總統已準備好要討論這件事。米克瓦、康諾頓以及副法律顧問兼柯林頓老友布魯斯・林賽（Bruce Lindsey）一起走到東廂，有人請他們到二樓柯林頓的私人書房等待。柯林頓官邸裡的牆壁上覆蓋著朱紅色的人造皮革，但此時此刻看起來更像是深酒紅色。康諾頓看到名畫《和平使者》（The Peacemakers）掛在一面牆上，畫裡林肯與將軍們在維吉尼亞一艘蒸汽船上為美國內戰的最後階段策劃戰術，窗外高掛著一道彩虹。能親眼見到總統私人書房的白宮工作人員不多，但要請白宮攝影師拍下這一幕，這個時間已經太晚了，因此康諾頓也無法留下照片讓他在離開白宮後擺在辦公桌上向朋友與客戶炫耀，他政治生涯的巔峰時刻也就和沒發生一樣。

時間才剛過九點，柯林頓便走進書房，即使他身上穿著西裝領帶，頭髮還漸漸由黑轉白，但康諾頓眼裡的柯林頓就和照片裡看到的那個身材微胖、面色紅潤、熱血沸騰還會吹薩克斯風的高中生沒兩樣。總統先與林賽小聊了一下，他們談起之前在阿肯色州認識的老朋友，笑他前天晚上因為認同美國「敗局命定」（Lost Cause）[1]的理念，居然不肯在林肯總統的臥室裡過夜。然後柯林頓突然開門見山地說：「來吧，這是怎麼回事？」

林賽與康諾頓開始解釋這個法案將給詐欺訴訟案中的原告造成什麼樣的負擔。「太慘了吧，」柯林頓放慢語速說道：「我曾在矽谷聽那些企業一直抱怨某些集體訴訟案有多糟糕，但也不能讓人覺得我在包庇證券詐欺的行為吧。」他模仿廣播廣告攻擊自己的口吻，語帶揶揄地說。

會議結束後，米克瓦和林賽走到飯廳，希拉蕊正在與她和米克瓦的老朋友安·蘭德絲（Ann Landers）共用晚餐。康諾頓獨自一人在書房外的大廳裡等著，過了幾分鐘，柯林頓也出來了，他直視康諾頓的雙眼說：「你也覺得我這樣做是對的吧？」

康諾頓永遠都不會忘記這一刻，之後他一直與柯林頓保持心靈上的連結，並相信柯林頓從政是為了造福人民。「我們是為了什麼來到這裡？是為了美國的孩子們啊！」康諾頓在活動場合中聽到白宮工作人員起立這麼說，難免會心想：「是這樣嗎？難道不是為了攀爬華府的權力階梯嗎？」但柯林頓夫婦是為了服務人民才入主白宮的。多年後，康諾頓想到柯林頓在一九九四年期中選舉大敗後在白宮南草坪（South Lawn）的演講還是會眼眶泛淚，在媒體與攝影機都不在場的情況下，柯林頓表示：「我不知道我們還剩下多少時間，但無論是一天、一個禮拜、一個月、兩年或六年，我們都有責任每天來上班，為美國人民做出最好的選擇。」彈劾案與陸文斯基醜聞爆發後，柯林頓的政治生涯迎來了另一個黑暗時期，那時候康諾頓已經離開白宮兩年，他以B咖來賓的身分參與了《交火》（Crossfire）、《與媒體見面》（Meet the Press）以及《傑拉爾多現場秀》（Geraldo Live!）等談話性節目，上電視的次數超過三十次，每一次都替柯林頓護航並對抗一面倒的國會以及那些對柯林頓虎視眈眈的檢察官。歷任總統當中，唯有柯林頓能激起康諾頓的這般情懷。

「一點也沒錯，總統先生，」康諾頓在走廊裡說。「有關證券詐騙的問題，您必須支持證交會的主席，不能自顧自把立場放軟。」曾任華爾街經紀人的李維特主席的確已接獲許多參議員來電砲轟，他們都是證券業的支持者，尤其是來自康乃狄克州的民主黨參議員克里斯多福·陶德（Christopher Dodd），他是金融業在華府的最強大靠山之一。

「沒錯，況且李維特還是體制人士[2]，不是嗎？」李維特曾有美國證券交易所主席的十年歷練，更早之前，他還是桑佛德·魏爾（Sanford Weill，未來的花旗集團執行長）在華爾街的合夥人，也曾買下國會山莊的報刊《點名報》（*Roll Call*）。在美國證券交易委員會任職八年裡，李維特也曾容許安隆（Enron）等企業放寬會計管制。李維特卸任美國證券交易委員會主席後還在凱雷集團（Carlyle Group）、高盛集團和美國國際產險集團（AIG）擔任顧問。毋庸置疑，李維特就是個體制人士。

「是的，總統先生，您說的沒錯。」康諾頓說。美國總統竟需要康諾頓的認可，這實在是非同小可。總統想聽康諾頓說：「是的，總統先生，就算被金融業與政壇的大人物們追殺，還是有人會掩護您。」與總統這等人物相比，體制的勢力龐大多了，這一點在柯林頓的第二任期裡顯露無遺，柯林頓的立場與第一任期背道而馳，並針對放鬆銀行管制的議題表示支持。這包括廢除《格拉斯－斯蒂格爾法》（Glass-Steagall Act）以及防止衍生性金融商品受到監管。但在康諾頓與柯林頓偶遇的這當下，總統的立場是屹立不搖的。

儘管總統萬般反對，參議院還是通過了證券訴訟法案。柯林頓動用否決權，卻又遭國會推翻，而這位總統任期內也不過才經歷過兩次行使否決票卻被推翻的事。就連泰德・甘迺迪（Ted Kennedy）最後也改變心意與陶德參議員以及企業主站在同一陣線，但庭審律師出生的拜登還是選擇了跟隨總統。

到了年底，米克瓦離職了，康諾頓也跟著離開，他在政壇裡打滾了近十年，三十六歲離開時卻身無分文，住的還是維吉尼亞州一間租來的的普通公寓。一九九五年十二月，康諾頓在華盛頓頂級的科文頓－柏靈律師事務所（Covington & Burling）擔任初級律師，如果成為合夥人，他就要發達了。

康諾頓恨透這份工作，明明不久前他還在給總統做簡報、與國會針鋒相對的，這下卻得要趴在地上一頁一頁翻閱五十箱文件，根據律師保密義務進行審查工作，或是困在座位上替一個污染愛達荷州地下水的銀礦寫備忘錄。在康諾頓看來，這家律師事務所只是想賺客戶的錢才會加長工作時數。此外，康諾頓也在為另一起案件找資料，案件的原告在操作堆高機搬運瓶裝的酸液時不小心把幾個瓶子打破了，他因無法逃脫而導致身體大部分慘遭灼傷。科文頓－柏靈律師事務所代表的是公司那一方。

「希望你要我做的工作是，從這世上找到足夠的錢來賠償這個人，」康諾頓說。把這項任務交給康諾頓的合夥律師回答他：「不是，我沒要你做這件事。」

權力圈說到底就是天時地利人和的結晶。有一天，米克瓦離任後上任的傑克・奎恩在找人撰寫有關總統行政保密特權的演講稿，一名白宮法律顧問辦公室的職員推薦了康諾頓。面對這項任務，康諾頓一如既往，不眠不休地趕稿，即使把夜晚與週末的時間都賠上了，也不見得會得到獎金或其他立即的利益。之後奎恩又再找人撰寫有關三權分立的演講稿，也是出自康諾頓之手。

一九九六年底，奎恩離開白宮，重返阿諾－波特律師事務所（Arnold & Porter），回到政治遊說的老本行。該事務所位於華府，與民主黨密切相關。奎恩開始尋找副手，這個人必須懂得如何襯托老闆的好，而奎恩的目光就落在康諾頓身上。

已離職的高官在離開後的五年內都不得與聯邦政府有聯繫，是柯林頓任內做出的規範。這規定對奎恩造成影響但對於還不夠資深的康諾頓而言卻不適用，因此他在三十七歲那年加入了阿諾—波特律師事務所，開啟了新的事業生涯——成為一位政治說客。

■

1．譯註：敗局命定（Lost Cause）為美國南方支持蓄奴的十一州的政治理念，支持發動叛變，掀起南北戰爭，反對林肯廢除奴隸制度。

2．譯註：體制（establishment）即包括金融圈在內的政經金權網絡，而體制人士用比較負面的詞來說，就是既得利益者。

矽谷之一

發現自己終究難逃一死時，彼得．提爾（Peter Thiel）才三歲。事情發生在一九七一年，當時他坐在克利夫蘭家裡的地毯上[1]。彼得問父親：「地毯哪裡來的？」

「從牛身上來的，」父親回答。

父子倆以德語交談，那是彼得的母語——提爾一家原先來自德國，彼得在法蘭克福出生。

「牛最後怎麼了？」

「牛死了。」

「死了是什麼意思？」

「意思是牛已經不在這世界上了。所有動物終究一死，人也不例外。我有一天會死，你也是。」

父親說著說著，神情似乎很憂傷，彼得也傷感起來。那天的死亡啟蒙衝擊太大，彼得始終未走出陰影。即使他日後成了矽谷的億萬富翁，他仍為預期的死亡惶惶不安。四十年後，當初的對話依然歷歷在耳。他無法平心靜氣地與死亡妥協，像多數人一樣學會無視死亡。大家都不假思索，坦然接受死亡，就像一群注定走向末路的牲畜。那名坐在牛皮地毯上的小男孩長大後仍將「凡是人都難逃一死」當成一種觀念，而非不可動搖的事實——即使從古迄今死亡已經帶走無數人命。

彼得的父親是化學工程師，先後任職於多間礦業公司的管理部門。彼得小時候提爾家經常遷居各地，他前後上過七間小學。他雖然有一個弟弟，卻改變不了他獨來獨往的個性，他帶著一種天才獨有的內向和孤寂，因此青少年時期以前幾乎沒什麼朋友。他年僅五歲時能說出世界上所有國家，憑著記憶畫出世界地圖。一九七三年，第一次石油危機剛結束，美國開始重視核能發展。彼得六歲時，父親獲聘到一家鈾礦公司工作，全家搬到了南非和西南非（South West Africa）[2]，體驗了兩年半的種族隔離生活。彼得開始和父母下西洋棋，很快成了西洋棋高手。住在斯瓦科普蒙德（Swakopmund；曾為德國殖民地，是西南非的海邊城鎮）期間，彼得在自家後方，面向沙丘的乾涸河床上幻想無數的冒險故事，或是到鎮上的書店閱讀地圖集、自然書籍和法國漫畫。他就讀的學校規定男生要穿西裝、打領帶去上學；每週小考拼錯一個字，就會被老師用長尺打一下手心。彼得每天回家的第一件事就是扯掉身上的制服，制式化的管教令他厭惡至極。他小考幾乎都滿分，不常受到長尺伺候。

彼得九歲時，全家搬回到克里夫蘭。一九七七年，彼得十歲時，全家搬到加州的福斯特城（Foster City），該城位於史丹佛以北二十分鐘車程的地方，也是舊金山灣區新興的計畫城市。

一九七七年，幾乎還沒有人稱呼舊金山到聖荷西（San Jose）一帶的半島區域為「矽谷」。隨著戰後軍事研究蓬勃發展，該地區聚集了如惠普（Hewlett-Packard）、瓦里安（Varian）、快捷半導體（Fairchild Semiconductors）、英特爾（Intel）等科技公司；受惠於聯邦政府寬裕的資金補助，史丹佛大學（Stanford University）也一躍成為美國頂尖名校。矽晶片電晶體和積體電路當時尚未普及，依然是電子工程師和科技愛好者才會關注的玩意兒，個人電腦也才剛起步。一九七七年，蘋果電腦公司（Apple Computer Company）正式註冊為「蘋果電腦有限公司」，員工人數不到百人。當蘋果II（Apple II）在首屆西岸電腦展覽會（West Coast Computer Fair）上亮相時，蘋果總部也剛完成喬遷，從加州洛薩托斯（Los Altos）賈伯斯住家車庫搬到庫伯提諾（Cupertino）一個租來的地方。

聖塔克拉拉谷[3]的居民都是受過教育的知識分子，過著舒適、平等的生活，是美國戰後中產階級生活的最佳範例。相較於其他地方，種族、宗教、階級等問題都在加州金色陽光的照耀下顯得微不足道。河谷附近的住宅區，街道兩旁佇立著一棟棟建物面積五、六十坪、占地三百多坪的住宅，外型都走一九五〇年代的簡樸艾克勒風[4]。帕洛奧圖（Palo Alto）平均房價為十二萬五千美金。帕洛奧圖的商業區有各種商店、運動用品店、數家電影院和一間披薩店。國王大道（El Camino Real）對面，梅西百貨（Macy's）、皇家百貨（Emporium）和伍爾沃斯百貨（Woolworth）進駐史丹佛購物中心（Stanford Shopping Center）；一九七七年，第一間維多利亞的秘密內衣專賣店（Victoria's Secret）正式開幕，但是還不見威廉斯—索諾瑪（Williams-Sonoma）和 Burberry 等高級精品店。停車場停滿福特斑馬轎車（Pinto）和達特桑（Datsun）[5]轎車。

當地的公立學校很好（當時加州的公立學校體系排名全美第一），所以當地的小孩幾乎都唸公立學校，就連少數的富家子弟也不例外。成績優異的學生之後能進入加州大學柏克萊分校（Berkerley）、戴維斯分校（Davis）和洛杉磯分校（UCLA），有的還能進入史丹佛或長春藤名校，成績普通的學生能上舊金山州立大學（San Francisco State University）和加州州立大學溪口分校（California State University, Chico），吊車尾和嗑藥的學生也能進入山麓學院（Foothill College）和迪安薩學院（De Anza College）拿到兩年制學位。那是加州爆發「抗稅運動」（Tax revolt，即第十三號公投案運動）的前一年。公投案通過後，法律規定加州的不動產以一九七六年的價值估值，地產稅不得超過估值的百分之一，這讓加州政府的稅收減少，降低對公立學校的補助，使教育品質逐漸走下坡。

彼得．提爾在中產階級鼎盛時期的末年搬到了聖塔克拉拉谷。一切將風雲變色，就連地名也要更改了。從斯瓦科普蒙德搬來，提爾在福斯特城見識到的小學與中學校園生活如同電影《周末夜狂熱》般放肆頹廢。許多小孩的父母離異。彼得小五的班導是一名長期的代課老師，完全管不住教室秩序。小孩經常站到桌上，彼此叫囂，還對老師吼叫。「我討厭你！」一名男孩吼道。「你要不要先回家？」老師擠出一絲笑容回答道。彼得開始封閉自己，將心思完全投入學業成績，把每次的考試當成攸關生死的大考，藉此逃避同學製造的紛擾，就像之前拚命讀書只為了不想被打手心一樣。他體育能力很差，卻很有數學天賦，在西洋棋方面更是天賦異稟。他在全國西洋棋U13的組別裡排名第七，對於西洋棋的好勝心不輸學校課業成績——他在棋盒上貼貼紙，寫著「天生贏家」，偶爾輸掉時會一手將棋盤上的棋子掃到地上，生自己悶氣。高中時，他帶領數學隊參加區域冠軍賽，指導老師有次隨口說道：「比賽嘛！總是有輸有贏的。」彼得心想：「難怪你還在這裡當個小小的高中老師。」

比起《星際爭霸戰》（*Star Trek*）[6]，他更喜歡《星際大戰》，但兩者都是他的心頭好。他熱愛閱讀一九五、六〇年代科幻作家的作品，如艾西莫夫（Asimov）、海萊因（Heinlein）、亞瑟·克拉克（Arthur C. Clarke），幻想著星際旅行、火星來的外星人、水底城市和飛天汽車。二、三十年後，彼得始終相信科技的神奇力量能帶來更璀璨的未來。彼得十二歲以前家裡不准看電視，但等他年紀到了，他更喜歡用家裡的Tandy TRS-80電腦玩電腦遊戲，例如當時最熱門的冒險遊戲《魔域》（Zork）——一款玩家必須在地底帝國收集寶藏的純文字遊戲，沒有圖像。他也喜歡與阿宅朋友一起挑戰角色扮演遊戲《龍與地下城》（Dungeons and Dragons），常常一玩就是好幾個小時。他也一頭栽進了托爾金（J.R.R. Tolkien）的奇幻世界，將《魔戒》三部曲翻來覆去讀了不下十次，幾乎倒背如流。他非常欣賞書中的奇幻元素，喜歡書中探討個人與機械和集體力量之間的對抗、權力腐化等主題。

提爾一家是保守的福音派基督徒，視共產主義為人類史上最大噩夢，而卡特當政期間，世界各國卻一個接著一個淪陷，走上不歸路。從減緩通貨膨脹到維持城市安全，美國政府的各項作為令人失望。一九八〇年選舉期間，彼得在八年級的社會課上表示支持共和黨總統候選人雷根，他還收集了所有關於這位保守派領袖的新聞報導。七〇、八〇年代期間，尤其是舊金山灣區的一些佼佼者身上經常能找到幾項共同興趣，那就是托爾金、西洋棋、數學和電腦，這些特質經常相互關聯，並且附帶著「自由放任主義」（libertarianism）的世界觀，這種思維背後隱藏著對於抽象邏輯的尊崇。彼得從十幾歲起就成了一名自由放任主義者，起初還混雜著雷根時代的保守主義，最後淬煉成了純粹的自由放任主義。他二十初歲才接觸到蘭德（Ayn Rand）的著作。他認為《阿特拉斯聳聳肩》（*Atlas Shrugged*）和《源頭》（*The Fountainhead*）裡的主角過於正氣凜然，壞蛋太過邪惡，與托爾金相比，蘭德所描述的前景過於悲觀，還帶著摩尼教濃濃的善惡對立色彩。這點或許和蘭德早年在蘇聯極權統治下生活有關，使得她以同樣悲觀的眼光看待美國。儘管如此，當《阿特拉斯聳聳肩》於一九五七年出版時，蘭德向世人證明了她的先見之明：故事中的兩個主角去度假時，他們來到全美最糟糕的地方，那裡無人問津，因為一切已經分崩離析；人人滿腔怒火、大家都不工作。主角在「二十世紀汽車公司」的廢棄工廠裡發現一具革命性原型引擎，這家公司的繼承人是一群扶不起的阿斗，因接受社會主義後破產。當時，通用汽車是全世界市值第一的公司，底特律的平均所得比紐約高上百分之四十，但蘭德早已一眼洞穿底特律日後的命運。隨著時間過去，彼得愈加欽佩蘭德。

高中時，彼得從不喝酒或嗑藥。他在高中一路保持優異成績，還是一九八五年的畢業生代表。他申請的所有大學，包含哈佛在內，都為他敞開大門。但是他擔心哈佛競爭過於激烈，他可能輸給別人，加上童年經常搬家，使得他想留在家鄉就讀大學。他去了史丹佛大學——在那時大家逐漸稱為「矽谷」的地區裡，這間大學可說是發展的核心。

「我只記得一九八五年時我很樂觀，」提爾後來說。他沒有明確的規劃，可以進入任何領域發展——生科、法律、財金或甚至政治。「我預設的想法是人有許多工作選擇。你能享有高薪待遇、找到受人尊敬的職業，也可以從事富含挑戰性的工作，你能想辦法實現以上所有一切。當時的我沒想太多，大概是八〇年代那種樂觀特色造成的。我的夢想大概就是以某種方式改變世界吧。」

即使進入了中年，提爾依然散發著大學新鮮人的氣息。走路時，他的上半身會輕微前傾，一副不適應自己身體的模樣。他有一頭古銅色的頭髮、淺藍色的眼睛、飽滿的長鼻和雪白潔淨的牙齒，但是他最大的特徵莫過於講話的聲音：他的喉嚨似乎像卡著金屬，讓嗓音聽起來渾厚低沉，充滿威信。有時腦筋轉得飛快時，他可能因一個想法陷入沉默，或是支支吾吾地口吃四十秒鐘。

大二修哲學課「心智、本質和意義」時提爾認識了另一名天資卓越的學生雷德．霍夫曼（Reid Hoffman）。雷夫曼的意識型態要比提爾左派許多。他們常常熬夜討論不同議題，例如財產權的本質（從大學時代開始，提爾終其一生都是用深入交談的方式來交朋友）。霍夫曼認為財產權是一種社會建構，無法脫離社會而存在。反之提爾則引述鐵娘子柴契爾夫人的話：「沒有社會這種東西。只有個人存在，他們有男有女。」霍夫曼後來成了提爾的知心好友，大學時代的爭辯將對兩人日後的創業經歷造成深遠的影響。提爾大部分的朋友都是保守派，他們享受著當一群遺世獨立的局外人，遠離主流紛擾。八〇年代末期，史丹佛開設了一系列被稱為「西方文明」（Western Culture）的必修課程，爆發激烈爭論，規模之大如同六〇年代遺留下來的大學校園論戰。少數族群和左派學生團體認為史丹佛的大一必修人文課程過於「白人男性中心主義」，忽略了其他文化經驗。另一方，傳統派則認為反西方文明的學生想藉由課程改革，在史丹佛推動左翼政治的議程。對當時的大學生而言，課程閱讀清單的爭論就和當年的人權運動和反越戰示威一樣意義非凡。抗議過程中，還有學生占領校長辦公室。

一九八七年六月，大二結束時，提爾和他一位朋友投身抗爭活動，創辦名為《史丹佛評論》（*The Stanford Review*）的保守刊物，並獲得一間國家機構的資金和學術指導。該機構由新保守主義之父歐文．克里斯托（Irving Kristol）於一九七八年創立，旨在幫助右派學生團體發聲。雖然提爾很少為《史丹佛評論》撰文，但每一期的文章看得出他編輯過的痕跡——字裡行間帶著對左派意識型態的批評，論調高傲又看似理性，還有針對學生、老師、行政人員「政治正確」理念的調侃諷刺。

由於地點在史丹佛大學，又是文化戰火綿延數十年的最新篇章，這場鬥爭很快在全國各地遍地開花。一九八七年初，第二度尋求獲民主黨提名為總統候選人的黑人牧師傑西・傑克森（Jesse Jackson）來到史丹佛大學，率領學生遊行時高呼：「**西方文明，不走不行！**」（"Hey hey, ho ho, Western Culture's got to go!"）翌年，雷根的教育部長威廉・班奈特（William Bennett）應《史丹佛評論》的邀請到史丹佛演講，談論校方對核心課程的一系列改革，例如增加非西方文化的新課程，以及非白人或非男性作家的書籍。班奈特感慨說道：「一所偉大的大學毀了。它毀於現代大學創立時所試圖消滅的力量——無知、非理性和脅迫。」

一九八九年畢業前，提爾最後一次擔任主編，他在文章中寫道：「身為總編輯，我收穫良多，但我仍然不知道該如何說服人們傾聽……對於那些不顧一切想要搞垮史丹佛，把一切都政治化的左派分子（如果你正在閱讀這篇文章，你大概不屬於這類人士），我們會繼續與他們抗爭到底。」不知道下一步怎麼走的情況下，提爾進入了史丹佛法學院。

在文化戰爭[7]屆滿三十年，邁入第四個十年之際，提爾的大學好友大衛・薩克斯（David Sacks）接任《史丹佛評論》的總編輯。在大衛的帶領下，期刊開始關注言論自由、同性戀權益和性平議題（一九九二年有一期專刊都在討論性侵害的問題，以及校方擴大非法脅迫的定義，將「輕視」和「不帶威脅的口頭施壓」納入其中）。一九九二年，提爾的法學院同學兼好友基思・拉伯斯（Keith Rabois）決定挑戰校園言論自由的底線，故意站在一名教師的住處外大喊「死玻璃！死玻璃！祝你早日死於愛滋嘿！」拉伯斯的挑釁行為在校園引起了軒然大波，他受不了同儕的嚴厲指責而離開了史丹佛。一段時間後，提爾和薩克斯決定合寫一本書，揭露政治正確和多元文化主義在校園中的危險，提爾負責繁重的分析評論，薩克斯則負責蒐集情報的採訪工作。《多元化神話》（*The Diversity Myth*）於一九九五年出版，廣受保守派名人的好評，書中還提及了拉伯斯的遭遇，把該事件當成面對集體獵巫時展現個人勇氣的案例。「他的行為直接挑戰了最根本的禁忌，」提爾和薩克斯寫道。「暗示同性戀行為和愛滋病之間有連帶關係，這意味著多元文化主義者崇尚的生活方式更容易染病，也意味著並非所有生活方式都值得學習。」

薩克斯和其他朋友從沒想過，提爾對於同性戀的敵意其來有自，因為沒人知道提爾是同性戀。直到二〇〇三年，提爾三十五、六歲時，他才向他最親密的朋友們出櫃，並向一位朋友解釋，如果他早些出櫃，同志身分一定會妨害他的工作。話說回來，反正他從不認為同性戀是他的核心身分。或許同志身分促成了他愛唱反調的個性，又或許並非如此。他說：「或許我是一個有天賦又內向的孩子，才導致我像個局外人，」而不是因為他是同性戀。「或許我連個局外人都不是。」提爾一直不喜歡與人討論同性戀的話題，就連他最親近的人也一樣。

《多元化神話》仍然是提爾的唯一著作[8]，這讓他有點懊悔，因為《多元化神話》是一本時代產物，書裡爭論的許多議題早已不如當年迫切；隨著年齡增長，提爾也對身分採取更包容的態度，使他不禁有點懷疑當初的目標是否值得他付出這麼大的努力。在《多元化神話》出版之後，史丹佛大學的文化改革正如火如荼展開，使人文課程的爭議很快被人拋之腦後，如今看來即使課程戰爭沒有過時，但也有幾分荒唐。

提爾一直夢想成為公眾知識分子，但在術業有專攻的時代，他懷疑這樣的職業是否可行。他想把自己的一生奉獻給資本主義，但他不確定他應該要在學術理論上為之辯護，還是以實務的方式賺錢致富，抑或同時投入兩者。如果他擁護資本主義卻未賺到錢，他的投入程度可能無法令人信服；如果只是賺錢（而且不是一點而已，他想要發大財），他只會變成另一個資本家。薩克斯認為，提爾有望成為下一個小威廉・巴克利（William F. Buckley）[9]和億萬富翁，不過可能不是按這個順序。

提爾從史丹佛法學院畢業之前，為《史丹佛評論》撰寫了最後一篇社論，文中大肆嘲諷自由主義者對於高收入職涯的厭惡和對「公益法」的偏好：「在我看來，公益法既不『公』也不『益』，也和『法』沒有多大關聯。」對於這個現象的成因，他提出的診斷是：講求政治正確的人為貪婪找到了替代方案，但並不是自我實現或追求幸福，而是去怨恨和嫉妒那些追求更有價值目標的人，無論那些人是從事管理諮詢、投資銀行、期權交易或以高爾夫球場為核心的房地產開發工作。（他還提到加入新創公司，這在一九九二年的史丹佛大學仍不多見，但後來不一樣了。）提爾下了一個結論：「貪婪比嫉妒可取：貪婪的破壞力較小（我寧願活在人們不肯分享的社會，也不要活在大家都想奪取他人財物的社會），也更直白。」

在史丹佛大學待了七年後，提爾前往亞特蘭大市實習（他曾受邀接受最高法院大法官安東寧・史卡利亞〔Antonin Scalia〕和安東尼・甘迺迪〔Anthony Kennedy〕面試，卻都沒被錄取。這是提爾人生的第一次挫敗，在他心中烙下巨大陰影）。接著，他前往紐約，在擁有百年歷史的蘇利文—克倫威爾國際法律事務所（Sullivan & Cromwell）擔任證券律師。他的人生似乎開始觸礁，後來他形容自己在紐約的時期是「一場跌宕起伏的青年危機」。

證券律師的工作無聊透頂，如果他是馬克思主義者，一定會稱之為異化勞動：每週工作八十小時，汲汲營營於他沒興趣的事物，只期望八年後能當上合夥人，未來四十年的生活似乎注定好了。他的主要競爭對手與他在同一個屋簷下工作，搞不好就坐在隔壁，瘋狂爭食著內部已經分配好的大餅，所作所為完全都不帶著超然高尚的目標。接著更深刻的問題就此浮現：提爾開始質疑競爭是否有意義。就讀法學院的時候，他並未像過去那樣用功讀書，也未達到以往的優異成績，因為他已經不知道這些競爭背後的意義是什麼。高中時，他知道好成績代表能上好大學，但現在的他不再能輕易地認同過去自己的那個想法：「這就是你還在當個小小高中老師的原因。」他為《史丹佛評論》撰寫的最後一篇社論以輕蔑的姿態掩飾自身的不安。

在律師事務所待滿七個月後，他辭職了，隨後去了瑞士信貸集團（Credit Suisse）擔任衍生性金融商品交易員（貨幣期權）。這份工作十分看重數學能力，他待在華爾街的時間比在律師事務所長，但也長不了多久。那裡與律師事務所的環境大同小異：他與同事競爭激烈；而且，儘管社會普遍認為這工作很重要，但他卻不太認同。他看不出這項工作的經濟價值：金融創新似乎已經達到了收益遞減的程度。而且他懷疑自己是否有能力在掌握這種遊戲後大獲全勝。他缺乏該有的政治手腕，包含拍馬屁和放冷箭。法律和金融行業的老一輩（那些六〇年代中期入行，七〇年代獲得巨額報酬的男性專業人士）完全忽略了一個現實問題：年輕人如今要往上爬比以往更困難。

這場跌宕起伏的青年危機還包含著哲學思維的挑戰。在史丹佛大學，他參加了法國教授勒內・吉拉爾（René Girard）的講座，開始閱讀教授的著作，成了他的思想信徒。吉拉爾提出「慾望模仿論」，主張衝突與暴亂的起源，來自人類渴望並爭奪相同的事物。這個理論某方面來帶有神話一般的神聖色彩。保守派天主教徒吉拉爾認為，在解決社會衝突的過程中，獻祭品[10]和代罪羔羊的機制是必要條件。這個理論深深吸引提爾，除了能為他的基督教信仰提供基礎外，還能去除父母所信仰福音教派的基本教義色彩。慾望模仿論也對提爾的世界觀產生巨大的衝擊，因為群體慾望左右個人行為的解釋與他的自由放任主義相悖。提爾有很強的競爭心理，卻又厭惡衝突。他從不聊八卦，盡力避免與他人工作時常見的內鬥，始終表現得客觀理性，使人無法隨意親近。他對暴力避之唯恐不及。最後，他在吉拉爾的理論中看見了自己的縮影：「人們為特定事物搶破頭，」他說。「可是一旦到手了，可能會覺得失望，因為人們搶奪相同的事物驅動了競爭、左右了競爭強度，但那些事物不見得有好處。我非常欣賞吉拉爾的理論，因為我比多數人更常犯這種錯。」

有一個當代詞彙能貫穿吉拉德所說的現象：社經地位。在紐約，角逐名利的鬥爭無所不在，無比激烈。在聳入雲霄的摩天大樓裡，人人踩著他人往上爬，低頭俯瞰是萬丈深淵，抬頭仰望又是看不見的盡頭。人們經年累月爬著樓梯，一邊思索自己是否更上層樓，還是這一切只是幻覺。

一九九四年夏天，提爾和室友及其他朋友在漢普頓（Hamptons）租了一個分時段使用的度假屋。那週末最後成了一場噩夢，除了花錢如流水、差勁的服務外，整個假期他們從頭到尾都在和別人一較高下。這真是個典型的例子，展示了不考慮真正價值一味盲目跟從的弊病。這件事追根究柢就是紐約的消費水平太高。律師必須穿戴昂貴的西裝領帶上班，銀行家必須炊金饌玉度日。一九九六年，提爾在瑞士信貸的年薪約為十萬美元，他室友的薪水為三十萬美元。他的室友三十一歲，比提爾大三歲，卻把日子過到身無分文，打電話向父親求助借錢。

就在那時，提爾決定離開紐約，搬回矽谷定居。

由於網路時代的來臨，提爾回到加州時，矽谷早已經不是四年前的樣子。從七十年代中期到九十年代初，個人電腦催生了矽谷無數的軟硬體公司，也造就了遍布全國的科技重鎮。在七〇至八〇年代，聖荷西的人口翻了一倍，接近一百萬人。到了一九九四年，矽谷已經有三百一十五家上市公司。但是，新創公司沒有任何一家能超越惠普、英特爾或蘋果。自麥金塔電腦發布幾年以來，電腦領域看到的更多是鞏固而非創新，而西雅圖無疑是電腦業的重鎮。

繼蘋果以來，矽谷又一重要的公司叫做Mosaic，該公司於一九九四年創立。創辦人是前史丹佛大學教授兼視算科技（Silicon Graphics）創辦人吉姆·克拉克（Jim Clark），還有甫自伊利諾伊大學畢業的馬克·安德森（Marc Andreessen）。二十二歲的安德森於前一年開發了第一個用於網際網路的圖像瀏覽器。一九九五年，當網際網路作為商業用途的最後限制解除時，兩人將公司改名網景通信公司（Netscape）後上市，總部座落於史丹佛以南的山景城（Mountain View），公司的代表產品是名為Netscape Navigator的網頁瀏覽器。在接下來的五個月裡，雖然公司沒有盈利，但網景的股價大漲十倍。在一九九五年到兩千年間（瀏覽器大戰時期），全世界的網路用戶每年都在翻漲。雅虎於一九九六年上市，亞馬遜一九九七年上市，eBay於一九九八上市。網景在矽谷帶動了科技公司的成立浪潮，這些公司以網路創業，不需要巨額資本起家，因此創辦人可以是大學畢業生、在學學生或輟學生。

提爾一九九六年回加州時，網際網路熱潮才正要起飛。他搬進門洛帕克（Menlo Park）的一間公寓，從朋友和家人那裡籌集了一百萬美元，成立名為「提爾資本管理」的對沖基金。但是他醞釀發展的還不只如此。提爾認識的人紛紛加入新創公司，提爾也想涉足看看。他說，他希望「與人建立建設性的非競爭關係。我不想和亦敵亦友的人共事，我想和朋友一起工作。在矽谷，這似乎是可能達成的目標，因為這裡沒有那種僧多粥少的內部結構。」與紐約不同，矽谷不是一場零和遊戲。

兩年過去了。一九九八年夏天，提爾受邀到史丹佛大學做了一次關於貨幣交易的演講。那天燠熱難當，只有六個聽眾。其中一位是二十三歲的烏克蘭電腦程式設計師麥克斯・樂夫勤（Max Levchin）。他剛從伊利諾伊大學畢業，那年夏天他帶著創業的初步想法來到矽谷，打算借住朋友家過夜。演講當天，樂夫勤只是想找個冷氣房待著，卻愈聽愈覺得有趣。提爾聰明年輕，穿著T恤和牛仔褲，他所說的話透漏著先人一步的洞見，與其說在分享投資經驗，不如說是在講解西洋棋策略。而且提爾和他一樣，都是自由放任主義者。演講結束，樂夫勤上前自我介紹，約定隔天一起共進早餐，談論樂夫勤的創業想法。

兩人相約王者大道，在史丹佛球場（Stanford Stadium）對面的小餐館霍比斯（Hobees）喝冰沙，學生和年輕科技創業家常約到那裡聚會。當天樂夫勤遲到，令提爾有點不爽。樂夫勤提出兩個想法：第一是線上零售，第二是手持數位裝置的加密技術。提爾很快將第一個想法棄置一旁，對第二個想法興致盎然，因為密碼學比較困難，能勝任的人不多。他問樂夫勤需要多少錢才能創業，樂夫勤回答二十萬美元。提爾將資金調高至五十萬。他們下一次討論時，他告訴樂夫勤他將投資二十四萬，並幫助樂夫勤募得剩餘的資金。

兩人愈來愈常在一起，透過交換謎題（主要是數學題目）來交流。例如：一百二十五的一百次方有幾位數？（兩百一十位。）提爾出了一道題目涉及一張假想的圓桌：假設兩名玩家在一個圓桌上輪流放一分錢，但不能與對方重疊，誰能放下最後一塊硬幣，而且不讓硬幣落在桌子邊緣，誰就獲勝，請問贏得遊戲的最佳策略是什麼？你要先放還是後放？樂夫勤花了十五分鐘才想出來，遊戲最好的策略就是擾亂其他玩家的策略（「擾亂」是提爾最喜歡的詞彙之一）。

兩位解題專家都想測驗對方的聰明才智，是否夠格與自己當朋友。某晚，在帕洛奧圖加州大道的布林特咖啡館，兩人的鬥智持續了四、五個小時，直到提爾拋出一個大難題，樂夫勤只能解開一小部分，才為馬拉松鬥智之夜畫下了句點。兩人的友誼和合作關係也因為那晚更加穩固。（即使是提爾所說的建設性非競爭關係，其實也是競爭意味十足。）

兩人將信心（confidence）和無限（infinity）組合在一起，將公司命名康菲尼迪（Confinity）。雖然樂夫勤的密碼學想法有點模糊，但提爾加入公司，擔任執行長，將當初模糊的想法化為完整目標。康菲尼迪將在 Palm Pilot 之類的掌上裝置中以數字借據紀錄的形式儲存資金。當時 Palm Pilot 似乎已經要席捲全球。只要必要的密碼，透過名為 Paypal 的軟體，一台 Palm Pilot 就能用紅外線將紀錄傳給另一台 Palm Pilot，這些紀錄會綁定信用卡或銀行帳戶。雖然這項服務如今看似繁瑣又毫無意義，但想當年風險資本家砸錢投資的項目都像少女網站 kibu.com，或試圖透過網路傳送氣味的 DigiScents，這個怪誕的想法反而令人覺得創意十足、充滿吸引力。一位天使投資人在霍比斯附近的中國餐廳意外聽到這個想法，他對公司目標一無所知，但是對於其他投資者的身分相當有興趣，因此他決定加入投資（他看了幸運籤餅裡面的紙條後立刻做了決定）。

一九九九年七月，提爾得到四百五十萬美元的融資。為了趕上發表會，樂夫勤和他的工程師連續五個晚上通宵寫程式。他們在伍德塞街（Woodside）的巴克餐廳舉行發表會，該餐廳現已成為矽谷許多大型交易的傳奇場所。當天來了十幾位記者，在電視攝影機的轉播下，諾基亞的風險資本家成功地將預存的數百萬美元從一台 Palm Pilot 轉到了另一台。「從現在起，在座各位的朋友都會變成小型虛擬自動提款機，」提爾對媒體說。

提爾的策略是盡快擴大規模。他認為要在網路上擊敗競爭對手，最大的關鍵就是爆發性成長。每位新用戶在註冊時，能獲得十美元的報酬，每推薦一位新客戶能再進帳十美元。菲尼迪透過與資料庫相連的計數器記錄用戶數量，該公司稱之為「世界統治指數」（World Domination Index）。計算器每隔幾分鐘就會發出叮一聲，跳出刷新數字的視窗。到了一九九九年十一月，發表數週後，這個數字每天都以百分之七的速度成長。但是有一件事情愈來愈明顯：透過在 Paypal 網站上建立帳戶，人們能與任何有電子郵件地址的人交易，而這種匯款方式遠比在餐桌上互相配對 Palm Pilot 要受歡迎得多。（行動網路尚在發展初期，時常出狀況。）電子郵件的概念過於簡單，競爭對手要想到是遲早的事。公司不得不加快步伐，每週工作高達一百小時。南非移民馬斯克（Elon Musk）所創立的 X.com 是提爾的頭號勁敵，位於大學道（University Avenue）的公司才在四個街區外。康菲尼迪每天都會開會討論與 X.com 的戰爭。某天，一名工程師向大家展示了他設計的真實炸彈設計圖，不用說想法很快被束之高閣。

提爾拿到資金後開始大量徵才。他不是在尋找有相關工作經驗的人，而是在找他認識，和他一樣聰明絕頂、才華洋溢的人，例如史丹佛的朋友雷德．霍夫曼、過去《史丹佛評論》參與者大衛．薩克斯和基思．拉伯斯。康菲尼迪位於單車店樓上，狹窄簡陋的辦公室裡很快擠滿了衣著邋遢、不修邊幅的二十多歲青年（提爾三十二歲，是其中年紀最大的人之一），他們當中許多人是西洋棋玩家、數學天才、自由放任主義者，沒有家庭妻小需分心照顧，也沒有浪費時間的嗜好，如運動和電視（一位面試者因承認喜歡打籃球而沒被錄取）。有些員工靠座位上的垃圾食物維生，其他人則為了延長壽命，過著限制卡路里的飲食生活。公司在《史丹佛日報》（Stanford Daily）上刊登了一則廣告：「想要為入股頂尖初創公司輟學嗎？我們要找的就是你！」康菲尼迪成為世界上第一家將遺體冷凍作為員工福利的公司。

提爾試圖打造一間能為他賺進大把鈔票的成功企業，但是他也想「擾亂」世界，尤其讓世界擺脫古老的紙幣和貨幣政策的壓迫性體制。他以創立一種網路替代貨幣為終極目標，以便規避政府控制，這無疑是自由放任主義者才會有的想法。認識樂夫勤的那個夏天，提爾讀了一本前年出版的書：由莫格（Lord William Rees-Mogg）和戴維森（James Dale Davidson）所寫的《主權個體》（*The Sovereign Individual*）。書中描述在不久的將來，電腦革命將侵蝕主權國家的權威，動搖國民的忠心，以及打破傳統職業的階級。電腦還會透過全球化的網路貿易賦予個人權力，利用電子貨幣將金融轉到網路上，借此將金融去中心化，敲響福利國家民主政體的喪鐘，同時也加劇財富不均的問題（在瘋狂的九〇年代末期，這幾乎難以想像）。同時，當地的黑幫角頭將恣意施展暴力。這本書描繪了自由放任主義的末日預言，是一個帶著黑暗陰影的夢想，這也成了 Paypal 的部分靈感來源。

提爾不喜歡管理人際的複雜關係和各種摩擦衝突（他將日常管理工作丟給其他人），但是在公司會議上，他讓員工一同參與他宏大的願景。「PayPal 能讓世界各地的民眾以前所未有的方式，更直接地掌控自己的貨幣，」他告訴員工。「腐敗的政府不再能以傳統手段從人民手中竊取財富」，如過度通貨膨脹和全面貶值，「因為一旦這麼做，人民將把貨幣轉成美元、英鎊或日元，也就是捨棄當地無用的貨幣，換成更為安全的貨幣。」他總結道：「依我之見，我們公司毋庸置疑有機會成為支付界的微軟，建立一個全球通用的金融系統。」

PayPal呈指數增長，用戶很快來到一百萬大關，卻在同時燒掉每月一千萬美元的運營資金，幾乎沒有盈利進帳。這到底是繼網景以來最大的發明，還是隨時可能消退的鬱金香熱潮？到了一九九九年，網景已經是風中殘燭。那一年，提爾看著網路公司熱潮直線升溫——愛達荷州的億萬富翁出現在矽谷，到處找人砸錢投資；許多破產的企業家試圖用公司股票支付千元美金起跳的餐費，約人到巴克餐廳吃早午餐或到佛納伊奧義大利餐廳（Il Fornaio）吃晚餐談事情；精挑細選的電子郵件邀請名單能讓人進入夜間發布會，發布會在評分系統上的星級等第將由演出的搖滾樂團名氣決定。光矽谷就有超過四百多家公司，帕洛奧圖的平均房價為七十七點六萬美元。史丹佛購物中心的停車場停滿奧迪和Infiniti名車，車主們分別在布盧明代爾購物中心和LV購物。

提爾感覺終結就近在咫尺，可能隨時到來。在千禧年的最後一晚，PayPal的除夕晚會上，他聽著王子唱著〈一九九九〉，一首八〇年代初期的歌曲。王子彷彿在終結到來前就預見了未來，為那瘋狂年分唱了首主題曲：

因為他們都說二〇〇〇年會倒數歸零，派對結束，哎呀沒時間了
所以我要趁今晚像在一九九九年嗨個痛快

二〇〇〇年二月，《華爾街日報》估計PayPal大約市值五億美元。公司其他人希望幫公司下一輪融資前爭取更高的數字，但是提爾告訴他們：「你們瘋了，難道你們看不出這是泡沫？」三月，所剩時間有限，提爾又出國籌了一億美元資金。三月十日，納斯達克指數站上五千一百三十三點的高峰（前一年十一月才剛突破三千點），接著開始下滑。韓國因之前的金融危機還在復甦階段，投資者迫切想要知道 PayPal 的秘密，甚至於有人躲在棕櫚樹後面偷聽提爾在飯店大廳的談話。當提爾的信用卡在首爾機場支付失敗時（他已經刷到了每月的額度上限），一群投資人並未將此視為線上支付公司營運不良的徵兆，而是幫他買了一張頭等艙機票。第二天，他們匯給 PayPal 五百萬美元，沒有任何協商條款，沒有簽署任何書面文件。當公司試圖退還這筆款項時，韓國人拒絕了：「我們把錢匯出了，你們必須收下。我們不會告訴你匯款來源，所以你無法將錢退回來。」

三月三十一日星期五，提爾拿到一億美元的融資。四月四日星期二，納斯達克下跌至四千點，繼續跌向一千點，網路公司泡沫破滅。

PayPal 是少數倖存的公司，它搶在崩盤之前與 X.com 完成併購。提爾辭去執行長一職，然後於二〇〇〇年，馬斯克被迫下台時回歸。二〇〇二年二月，PayPal 正式上市，這是九一一恐怖事件後第一家上市的公司（九一一事件發生無異於打臉了 PayPal 唱的自由放任主義高調，因為電子貨幣系統突然成了恐怖分子藏匿資金的理想方式）。在首次公開募股派對上，提爾經過一輪快速西洋棋比賽後招募了十幾名員工。二〇〇二年，超過半數的 eBay 顧客選擇 Paypal 為付款方式。在 eBay 不斷嘗試想要創造出更成功的替代方案卻失敗後，eBay 最終於十月以十五億美元的價格收購了 PayPal。提爾同日辭職，以二十四萬美元投資入股，帶著五千五百萬美元離開。

後來那群被稱為「PayPal 黑手黨」的公司元老陸續創辦了許多成功的企業：如 YouTube、LinkedIn、特斯拉汽車，太空探索科技公司（SpaceX）、Yelp、Yammer、Slide 等等。提爾從他位於帕洛奧圖的單房公寓搬到了舊金山的四季飯店。離開 PayPal 不到一週，他創立了名為「克萊瑞姆資本管理公司」（Clarium Capital Management）的新基金。他作為矽谷執行長的生涯告一段落，轉而開啟了他科技巨頭的新人生。

1．譯註：彼得．提爾一歲時他們家就已經從德國移民到克利夫蘭。

2．譯註：一九九一年以後改稱納米比亞共和國。

3．譯註：即後來的矽谷。

4．譯註：約瑟夫．艾克勒（Joseph Eichler）是加州建商，對該州的開發有很大影響。

5．譯註：日產汽車旗下品牌。

6．譯註：又譯為「星艦迷航記」。

7．譯註：由一九六〇年代民權運動掀起的文化論戰浪潮。

8．譯註：二〇一四年提爾出版了第二本書：《從0到1：打開世界運作的未知祕密，在意想不到》（*Zero to One: Notes on Startups, or How to Build the Future*）。

9．譯註：美國重量級知識分子，於一九五五年創立保守主義的代表性期刊《國家評論》（*National Review*）。

10．譯註：即犧牲。與代罪羔羊一樣，起源都是古代獻祭儀式。

一九九九年

二十一世紀即將到來的這幾年，世界亂成一片[1]……**柯林頓政治盟友好口才，將負責進行彈劾案的結案陳詞**[2]……當你聽到有人說「這與性無關」時，這其實就是有關[3]……根據新聞網站《德拉吉報導》（The Drudge Report）指出，柯林頓和希拉蕊目前正嘗試臨時分居[4]……「狂歡的一九九九年氛圍，復古的一九五九年香味」[5]……與此同時，調查人員正在尋找一名神秘男子，該男子在紐約俱樂部（Club New York）內用點四零口徑手槍開了兩槍，當時正值吹牛老爹（Puff）的人馬與人發生口角[6]……**網路是新的天堂嗎？**[7]……**談話雜誌（Talk Magazine）**[8]**首發，混搭風派對與最潮的名單**……蒂娜一定是賄賂了天氣之神。這是一個非常適合在戶外享用晚餐的完美夜晚，以星空下炫目奪人的曼哈頓為背景，燈火輝煌的自由女神像是主角。當眾人跳舞時，美國國旗也隨之飄揚飛舞[9]……**牛仔布大廠科恩紡織公司即將關門大吉，裁減員工改頭換面**[10]……**拯救世界委員會**[11]……三位經濟學家截至目前為止，如何成功預防全球經濟崩潰？且看我們的內幕報導[12]……**百萬富翁不稀奇，家政女王瑪莎・史都華（Martha Stewart）晉升億萬富翁**[13]……去他的瑪莎・史都華。鐵達尼號都要沉了，瑪莎還在船上把銅擦得亮晶晶。妳嘛幫幫忙。帶著妳他媽的綠色條紋沙發組滾吧[14]……**美國國家金融服務公司（Countrywide）的次級房貸業務量大增**[15]……如今，後女權時代也是後現代。在這個時代，每個人都應該知道所有符碼和文化習俗背後的意涵，每個人都應該知道他人的世界觀[16]……**美國銀行大解放，**《格拉斯—斯蒂格爾法》（Glass-Steagall Act）即將廢除，超大型金融公司將應運而生[17]……美國似乎比大多數國家更熱中於盛大慶祝千禧年：或許是因為美國既富裕又樂觀，舉辦大型派對不會看起來格格不入[18]……**從東岸到西岸，各地都施放煙火**[19]……柯林頓對聚集在國家廣場（National Mall）的人群說：「這對我國而言是一個特別的時刻。二十世紀的光芒可能正在消逝，但太陽依舊會在美國升起。」國家廣場也預定於當天週五晚間，舉行盛大慶祝活動，邀民眾共襄盛舉。[20]

1．編註：出自《洛杉磯時報》一九九九年一月八日新聞。

2．編註：出自《紐約時報》一九九九年一月二十日新聞，因為與白宮實習生陸文斯基的性醜聞及涉嫌對寶拉．瓊斯的性騷擾，時任美國總統柯林頓被眾議院彈劾。。

3．譯註：出自《紐約時報》一九九九年一月二十一日新聞，引自柯林頓好友戴爾．邦伯斯（Dale Bumpers）為彈劾案辯方所做的結案陳詞。

4．編註：出自《德拉吉報告》一九九九年三月十日文章。

5．譯註：歐仕派（Old Spice）鬍後水一九九九年廣告詞。

6．編註：出自《紐約郵報》一九九九年十二月二十九日新聞。美國知名饒舌歌手和音樂製作人「吹牛老爹」（Puff Daddy）一九九九年涉嫌參與一場槍擊案。

7．編註：出自《沙龍》一九九九年七月十五日雜誌文章。文中介紹學者珍妮佛．科布（Jennifer Cobb）的著作《賽博格恩典：在網路空間尋找上帝》（*Cybergrace: The Search for God in Cyberspace*）。

8．編註：出自《紐約時報》一九九九年八月三日新聞。《談話》（Talk）由《名利場》、《紐約客》前編輯蒂娜．布朗（Tina Brown）創辦，哈維．韋恩斯坦及其米拉麥克斯影業投資。

9．編註：出自《新聞日報》一九九九年八月四日新聞，描述《談話》創刊派對的盛況。

10．編註：出自《紐約時報》一九九九年一月七日新聞。科恩紡織公司（Cone Mills）成立於一八九一年，自一九一五年開始為時尚品牌Levis提供牛仔布，曾為全球最大的牛仔布製造商。

11・譯註：美國財政部長勞勃・魯賓（Robert Rubin）與副手薩默斯（Larry Summers），和美國聯邦準備理事會主席葛林斯潘被《時代》雜誌封面稱為「拯救世界委員會」。

12・編註：出自《時代》週刊一九九九年二月十五日封面報導。

13・編註：出自《人物》一九九九年十二月一九日新聞。

14・編註：出自電影《鬥陣俱樂部》（*Fight Club*, 1999）的台詞。

15・編註：出自《美國銀行家》一九九九年十月七日新聞。

16・編註：出自小說集《醜男人的簡陋採訪》（*Brief Interviews with Hideous Men*, 1999），大衛・弗斯特・華勒斯（David Foster Wallace）著。

17・編註：出自加拿大金融雜誌《投資執行》（Investment Executive）一九九九年十一月十五日新聞。《格拉斯—斯蒂格爾法》於一九三三年推出，將商業銀行業務和投資銀行業務嚴格區分，直到一九九九年法案部分條款被廢除，商業銀行開始被允許從事各種證券承銷和交易業務。

18・編註：出自《紐約時報》一九九九年十一月二十一日新聞。

19・同上註。

20・編註：出自CNN電視台一九九九年十二月三十一日新聞。

迪恩・普萊斯之三

二○○三年普萊斯八歲的小兒子萊恩，開始央求他的母親讓他搬到北卡羅萊納州和父親一起住。萊恩的母親只好對他說：「如果你能想起你爸的電話號碼，你可以打電話讓他來接你。」萊恩熬夜想電話號碼，大概早上六點半終於想起來，打了通電話給父親。十點鐘的時候普萊斯已經出現在門口台階。

那時普萊斯正在與第二任老婆鬧離，他和萊恩住進了主屋，普萊斯的母親則是住在後方的公寓。普萊斯意識到他們就像《安迪・格里菲斯秀》（The Andy Griffith Show）裡的安迪（Andy）、奧佩（Opie）和蜜蜂阿姨（Aunt Bee）一樣同住一個屋簷下。普萊斯把家族的房子變成了自己的，就是那間回憶中他被父親一巴掌打倒在地上的房子。他在不同房間掛上刻好的格言牌子：「**夢想**」掛在壁爐架上，「**簡化簡化簡化**」掛在石造煙囪上，「**看見更多可能**」懸掛於客廳和書房之間的通道。林肯總統的〈蓋茲堡演說〉掛在靠床的牆面，李將軍（Robert E. Lee）對於紳士的定義放在客廳桌子上，書房裡則是有裱框的菸草葉。他的滑鼠墊圖案是白髮蒼蒼的愛迪生，上面還寫有愛迪生的名言：「永遠都有辦法把事情做得更好⋯把辦法找出來！」他的書架上有各類經典名著，例如：愛默生（Emerson）的散文、經典小說《菸草路》（*Tobacco Road*）[1]、卡內基和林肯總統的傳記，關於創業精神的書以及《思考致富》。斜倚在門口的是幾把老舊但功能正常的十八毫米口徑霰彈槍。為了暖氣，他在連接到煙囪的燒柴爐燃燒小木球。他的車庫擺滿了農業機械、復古標示牌和他最喜歡的聖經章節的裱框副本，也就是〈馬太福音〉的第七章第七節。房屋擺設充分展現主人的目光同時在緬懷過去與展望未來。

到了二〇〇三年，普萊斯已經開始厭倦他的便利商店事業。他比較擅長提出構想和創業，而非經營維持。店裡的日常營運讓他備感無聊。他進入這個行業是為了能夠種植和出售自己的農產品，但從來沒有人告訴他，別人製作的凱薩沙拉都會採用十萬八千里外的食材，而非自家農作物。只需要一台計算機和一份損益表，就能知道他並不是真正在創業牟利。他有兩百名員工，都是窮困的黑人和低下階層白人，其中許多人是單親媽媽。他非常不喜歡只付給他們接近最低薪資的薪水，還沒有健保福利，因為這樣是要怎麼養小孩呢？但當他改招募社會階級比較高的員工，把時薪提高到一小時十或十二美元，員工表現卻絲毫不見改善，後來他等員工陸續自動離職，花了兩年才讓工資回到原來的水平。你在這個產業完全就是剝削別人，但也沒有其他辦法。速食吸引到的是社會底層中的底層，他們沒有人生目標，食物的品質就能反映出這一點。他知道有些員工會偷店裡的錢，許多人還在吸毒。他們會熬夜不睡直接來上班，早上六點來工作的時候整個人很嗨。

有一次，顧客打電話給普萊斯和他說：「我剛離開你旗下的一間餐廳。」

普萊斯回答：「真的嗎？你覺得怎麼樣？」

對方表示：「我進去點了一杯咖啡，問了女服務員：『你今天過得如何？』她卻說：『我過得他媽的好，我在該死的波強哥工作。』」

普萊斯一直都是靠合作夥伴幫他監督店家和看管帳本。原本是妹夫在負責，但當他妹妹和妹夫離婚之後，普萊斯不得不花五萬美元買斷他的股權，再找一個新合夥人。與他最親近的朋友是克里斯，就是那個和他一起去加州玩，住在福斯廂型車上的傢伙。他們當過彼此的伴郎，後來克里斯進入酒吧業，但在染上毒癮後失去了一切，包括酒吧、老婆、小孩。克里斯是個善良、心胸寬大的人，普萊斯花了一番工夫查到他住在佛羅里達州，問他願不願意回到北卡羅萊納州重新開始，幫他一起把紅樺發揚光大成為東南部的連鎖品牌。普萊斯一向認為一個好的調酒師必然是好的速食店員工，因為兩者工作節奏都要求快速。

普萊斯和克里斯合作了幾年，直到二〇〇三年六月六日克里斯三十七歲生日當天。那天他們一起去打高爾夫球，然後再和另一名朋友一起去馬丁斯維爾的一家餐廳吃晚餐。普萊斯沒喝酒因為他負責開車，而一整天克里斯大部分時間都在喝啤酒。晚餐吃到一半，克里斯起身離開桌子。普萊斯以為他去洗手間，但過了十五分鐘都未見他回來，普萊斯開始擔心了。普萊斯到洗手間看，也未找到人。他走到外面環顧停車場，也沒有克里斯的蹤影。他上了卡車，在馬丁斯維爾的街道繞了兩個半小時，但仍找不到他最好的朋友。他打電話給克里斯再娶的第二任太太說：「你絕對不敢相信，我把你丈夫弄丟了。」克里斯的太太與普萊斯碰面後說：「要不然你先回家，我明天打電話給你，告訴你發生了什麼事。」

普萊斯說：「不，我今天晚上就要知道，我必須負責。」

克里斯的太太於是坐上了普萊斯的卡車，給他指路到小鎮中心附近一條廢棄街道上的破爛房子。房子的門窗上釘著腐爛的木板，還有兩個黑人坐在門廊前，抽著大麻捲菸。這時已經是凌晨一點，克里斯在房子裡，普萊斯沒辦法把他弄出來。

普萊斯深愛克里斯，現實毫無防備的一擊讓他難以承受。他開車回到斯托克斯代爾，哭了整夜。事實上，普萊斯離開後，克里斯從吸毒小屋走了出來，大半夜潛入位於馬丁斯維爾的波強哥餐廳後方的紅樺辦公室。普萊斯認為，克里斯從辦公室的保險櫃取出了一些現金和一張支票拿去買毒品。他後來得出結論，克里斯偷他錢已經有好一段時間了。隔天一大早，他打電話給克里斯：「我想和你在仙女石州立公園（Fairy Stone State Park）見個面。」仙女石州立公園是鄰近巴塞特的一座公園，普萊斯打算在那裡用桃木棍把克里斯狠狠揍一頓。克里斯把大家的生活和家庭攪得一團糟，不只是那些為他工作的人的生活，還有他自己的和普萊斯的生活，所以他必須得到一個教訓。但克里斯不會去見普萊斯。

這讓普萊斯傷透了腦筋，他不知道該怎麼做才好。希爾有一個出自卡內基的「策畫者」理論，內容是關於兩個人為了特定目的共同協作而獲得的成果。這就好比氫氣和氧氣結合會產生水，兩人腦力激盪會激發出新想法，蘊藏著非凡的力量。有了「策畫者」聯盟，單靠獨立作業根本想不到的新點子就有可能浮現。普萊斯和克里斯一直是這樣的關係，可惜的是希爾並未說明當策畫「首腦」因變成毒蟲而「暈了頭」的時候該怎麼辦。

接著普萊斯想起一個關於林肯的故事。有一天，林肯坐在小木屋外的一棵老橡樹下，看到一隻松鼠從樹枝上方跑到樹幹裡面。他覺得很奇怪，於是爬上樹，往下朝松鼠消失的地方看，發現樹的整個中心都是空心的。他必須做出決定，到底是要把樹留下來？還是要砍掉？老橡樹雖然能為他家遮蔽陽光，但萬一強風把樹吹倒又該怎麼辦。這個問題讓他很苦惱，因為他很喜歡這棵樹，不過林肯還是把樹砍了。「這就是我要對克里斯做的事，我不得不與他切割。這麼做毀了他的人生。」

普萊斯和克里斯自此之後沒再說過話。普萊斯最後一次聽到克里斯的消息時，得知他已經回到佛州，在邁爾斯堡（Fort Myers）附近開了一家鞋店，但幾年之後克里斯再度消失無蹤，在債主找上門之前開溜。

當普萊斯回頭看那一段過去，失去克里斯只是個開頭，接下來還有一連串打擊等著他。就某種程度上來說，這些挫折最終導致他退出便利商店事業。不過，在這一切發生之前，普萊斯迎來了他人生唯一得過的一筆意外之財。這筆錢來自一對印度移民兄弟檔戴夫（Dave）和艾許（Ash）。他們已經在美國生活了二十年，住在北卡羅來納州的伯靈頓。他們在佛羅里達州擁有一家叫做「讚熱狗」（Hot Diggity Dog）的熱狗攤。在普萊斯送走克里斯不久後的某一天，戴夫和艾許路過普萊斯在斯托克斯代爾的店，留下了他們的名字和電話號碼。普萊斯打電話過去，兩人表示他們有興趣買下斯托克斯代爾的卡車休息站。後來雙方在紅樺開了一次又一次八小時的會議，艾許從頭到尾猛按計算機，即使不用確認金額時，他的手指還是不可控制地輸入數字，因為這麼做能給他安全感。他的眼中閃爍著光芒。

普萊斯想要把店給賣了。他一直都過度舉債，雖然與大家玩著同樣的扮家家酒商場遊戲，但不同的是其他人的遊戲等級都有達到商業化的規模。他每從平地多蓋起一間店就必須多承擔一筆債務。他和印度人來來回回巨細靡遺地討論買賣休息站的事宜。最後，戴夫和艾許付給普萊斯一百萬美元又五十美分。這金額他要花二十年才賺得到。

普萊斯那時大可以全面退出便利商店事業，把他的另外兩個卡車休息站也賣給戴夫和艾許，或者是再找一些其他心懷美國夢的印度買家，從他們身上下手。然而，普萊斯轉頭就把一部分的錢花在加盟連鎖速食店後院漢堡（Back Yard Burgers），店就開在丹維爾的皮埃蒙特購物中心（Piedmont Mall）對面。與其他連鎖速食店相比，帶有木炭燒烤味的後院漢堡，客群偏向白人中產階級。普萊斯雇用他的三個妹妹經營餐廳，將他們送去納許維爾（Nashville）的後院漢堡公司總部接受培訓。他計劃在二〇〇四年聖誕節前兩週舉行盛大的開幕典禮。

那年感恩節，普萊斯和他的妹妹與母親把一盤食物帶給他正在工作的父親，父親在梅奧丹的統一製造（Unifi Manufacturing）外面停車場入口處的警衛室工作。他的父親那時已經與住在伯靈頓的第二任太太離婚，六十五歲的父親獨自一人住在梅奧丹的一間出租公寓裡，那是一棟黃色小房子，隔壁是一座已經關閉的工廠。統一製造是一棟綿延數百碼的無窗混凝土建築，也是該地區最後一家還在運作的工廠。他的父親很幸運能在那裡繼續工作。父親流著口水，講話幾乎無邏輯可言，還必須穿著得伴（Depends）成人紙尿褲，因為止痛藥磨損了他的胃黏膜。

十二月十三日普萊斯的後院漢堡在丹維爾開始營業。三天後，他的父親用點三五七口徑手槍在床上朝自己心臟開槍，自殺身亡。父親死前留下一紙遺言，潦草的字跡寫著：「我受不了了。」

父親葬在普萊斯家族的菸草農場，他的墓就在祖父諾福利特的旁邊，墓碑上刻有「一個蒙主恩典救贖的罪人。」多年後，普萊斯站在父親的墓前說：「這就是他的思維模式，問題就出在這裡，他以為自己是個罪人。他還真的是上帝子民時，本能夠做任何事情，甚至擁有自己所不知道的力量。」

父親自殺幾個月前，普萊斯和他以及孩子祖孫三代去奧蘭多（Orlando）的迪士尼樂園家庭旅遊。有一天，普萊斯和父親坐在樂園裡的知名景點「生命之樹」下開始談論宗教和《聖經》。《聖經》裡有一句話，每次讀到都讓普萊斯感到震驚：「道成了肉身，住在我們中間。」在迪士尼樂園，普萊斯告訴父親：「這意味著你的思想言行會化為現實，所以你必須保護自己的思想，捍衛自己的話語，絕對不要把你不希望實現的東西說出口，並保持樂觀的態度。」或許是因為把斯托克斯代爾的店賣掉之後，普萊斯手頭上現金充足，看起來好像事業很成功；又或許是因為父親的信仰，將他一步步導引到這裡，總之，這次「生命之樹」下的對談，是第一次也是最後一次父子兩人坐在一起聊天，而他也傾聽父親說話。

二〇〇五年八月二十一日的星期一，卡崔娜颶風襲擊紐奧良。那一天，人在受災地一千多公里外的普萊斯，隔著電視看這一切發生。隨著墨西哥灣沿岸地區的煉油廠關閉，到了星期五，柴油價格已經從每加侖二點二五美元飆升至三點五美元，而這也導致普萊斯在馬丁斯維爾和巴塞特的卡車休息站油供不應求。除此之外，美國國道二二〇號上的商店生意幾乎全面停擺，許多北卡羅萊納州的公立學校也因為校車沒油而關閉。普萊斯拚了命想盡一切辦法存油，把非道路柴油[2]（off-road diesel）裝在道路柴油[3]（on-road diesel）的油箱來賣。這樣的做法也使得普萊斯等獨立業者，被人指控哄抬物價，但他們充其量是在保住所剩不多的油，因為一旦把價格調低，不用幾個小時，他們的加油站油槽就會見底。等他們擺脫缺油危機已經是兩個月以後的事了。

普萊斯把這次的經歷稱之為「我遇見耶穌的那一刻[4]」。

他很久以前就知道像他這樣的獨立卡車休息站業者面對連鎖加油站的競爭束手無策。小規模經銷商的利潤低到一加侖油賺不到十美分。「打從我入行第一天開始就舉步維艱，永遠都在缺乏資本的狀態下營運，永遠都在想辦法利用我所有的一切撐下去。夾在信用卡公司、大型石油公司、稅金、偷竊的員工，以及這個地區百分之二十幾的失業率之間，我從來沒有機會出頭。」卡崔娜颶風差點讓普萊斯的卡車休息站倒閉，但他也因此意識到必須另闢蹊徑才能生存。他必須實現能源獨立，讓這一點成為他的卡車休息站超越其他美國國道二二〇號同類業者的競爭優勢。他很吃驚地發現美國有多麼依賴進口油，而這些供油國當中，有的不喜歡美國，有的派恐怖分子來殺害美國人，還有的把美國捲入戰爭，危及他們性命。「我真的是氣炸了！我們的政府、小布希總統，以及所有其他相關的人，竟然讓我們的國家處在一個飽受威脅的狀態之下。這都是因為人類的貪婪和萬能的美元所致，因為我們太過相信這些讓我們吃飽穿暖和供油的跨國企業了。」

卡崔娜颶風來臨前一個月，沃爾瑪在羅京安郡開了第一間大型賣場。接下來的六個月又在當地開了兩間，其中一間進駐購物中心，占地四千四百多坪，位在梅奧丹中心和美國國道二二〇號之間的高速公路上。光是這個僅有九萬居民的窮困地方就有三間沃爾瑪：這代表郡內剩下的雜貨店、服飾店和藥局幾乎都會消失，加上沃爾瑪還販售折扣油，卡車休息站最終也會面臨同樣的命運。梅奧丹的沃爾瑪徵求三〇七個「工作夥伴」，平均時薪是九點八五美元，換算成年薪相當於一萬六千多美元，吸引了兩千五百名人來應徵。二〇〇六年一月三十一日該店在北卡一三五號公路（Highway 135）隆重開幕，梅奧丹鎮長和羅京安郡小姐（Miss Rockingham County）攜手出席典禮。

普萊斯上網瀏覽資訊，得知當大賣場進駐社區，每賺進一美元，其中就有八十六美分會流向外地，留在當地的錢非常少，來這裡居住、工作和購物的人都無法受益。這就和當地卡車休息站的情況一樣，每賣出一加侖的油，其實只能獲得十美分的利潤。即使是在沃爾瑪出現之前，麥迪遜和梅奧丹的主要街道就已經呈現空蕩蕩的景象，經濟活動重心轉移到了有連鎖零售業者羅威（Lowe's）和CVS藥局（CVS）進駐的高速公路沿路一帶。普萊斯說：「你想想看，那些在這裡經營五金行、鞋店和小餐館的人，他們原本是社區的骨幹，是地方領袖，是少棒隊教練，是鎮議會的成員，也是所有人尊敬的對象，但現在都沒了。」此時，美國其他地區理應蓬勃發展，湧入華爾街和矽谷的金額達到前所未有的高度，但羅京安郡和皮埃蒙特卻陷入了類似經濟蕭條的狀態。不過，想想全國有多少投資銀行家和軟體設計師？再想想有多少農夫？一切就都說得通了。

普萊斯的想法很快變了許多。他一向都是投票給共和黨，唯一的例外是一九九二年的美國總統大選，他把票投給了獨立參選人裴洛（Ross Perot），但在卡崔娜風災過後，他意識到小布希總統正在以最糟糕的方式與跨國公司和石油公司合作。甚至連他的偶像雷根，在與石油國家達成協議時也犯下大錯，伊朗門事件（Iran-contra）[5]不就是一個例子嗎？雷根的決策讓美國多使用了三十年化石燃料，歷史會對他做出嚴厲的批判。

有一天，普萊斯坐在廚房餐桌的高腳椅上，用撥號連線的方式瀏覽一個叫做「威士忌和火藥：關於黃金、商品、利潤和自由的獨立投資者每日指南」的網站（Whiskey and Gunpowder: The Independent Investor's Daily Guide to Gold, Commodities, Profits and Freedom）。雖然連線品質很糟，但在斯托克斯代爾也沒有更好的了。他讀到「石油頂峰」（peak oil）一詞，意思是石油生產速率將在達到頂峰之後開始下降。這個理論是海灣石油（Gulf Oil）公司的地質學家哈伯特（M. King Hubbert）在一九五六年所提出的。哈伯特預測，身為世界最大石油生產國的美國，其國內石油生產量將在一九七〇年左右達到最高點。哈伯特一語成讖，而這也是為什麼美國油價在七〇年代變得如此動盪。哈伯特的理論也提到，美國以外的國家將在二〇〇五年左右達到石油頂峰。

普萊斯站到桌旁，突然膝蓋發軟，向後踉蹌了幾步。石油頂峰對他的家鄉意味著什麼，卡崔娜颶風撲向美國時已經初見端倪。在他腦海裡出現這樣的景象：長途卡車動彈不得，食物卡在高速公路上，當地人無法獲取食物、上班工作或是加熱暖房。暴動和革命隨之而來。最起碼可以確定的是事情很快會變得一團亂。這裡的人有槍，他們的蘇格蘭—愛爾蘭裔思維，讓他們不畏懼挺身而戰。然後是實行戒嚴之類的，也可能會發生政變。這就是美國當前面臨的問題。他知道他會永遠記住這一刻，就像當初發現希爾的著作時一樣。希爾在書中提及專注的力量，大意是如果你長時間將注意力放在同一件事上，就會有想法開始湧入腦海，接著你會明瞭所有你應該知道的事情。普萊斯可以感覺到他正在經歷這一切。他立刻打電話給他的心靈導師卡特，把這個發現告訴他。卡特正是之前負責馬丁斯維爾賽道卡車休息站建設工程的承包商，他也是讓普萊斯對希爾產生興趣的人。

二〇〇六年春天，大約是普萊斯知道何謂「石油頂峰」之際，他的朋友霍華德（Howard）在 CNN 上看到一則報導，故事是關於一名田納西州的男子，他以每加侖五十美分的價格販售自製生質酒精。霍華德比普萊斯年長十二歲，從小和家人住在普萊斯菸草農場上一棟月租二十五美元的房子。他人長得壯實，前臂很有力，留著濃密的白色八字鬍，脾氣暴躁。霍華德成年後，人生大多數時間都在串接電視電纜線、喝酒打架和騎重機。他曾經在海波恩特市的一家酒吧打架，拿起手裡的撞球砸往幾個追打他的飛車黨，球丟完後被打斷了幾顆門牙。後來，他在五十三歲那年，娶了一個外表瘦小、但內心卻很堅強的小女人，按照霍華德的說法，他太太「比給狗啃的打結骨還要硬氣」。他太太是他年輕時的初戀，但卻嫁給了別人，所以霍華德等了大半輩子才終於定下來。他們住在麥迪遜的一個拖車上，而他那患有肥胖、靠著失能給付過活的繼女也跟著他們一起生活。

賣生質酒精的男子就住在田納西州的林奇堡（Lynchburg），那裡是傑克丹尼爾威士忌的發源地。霍華德和普萊斯開了八小時的車，來到一條彎曲多霧的馬路末端，在路旁的小溪找到了這名男子。男子身材矮小，眼小如珠，挺著鮪魚肚，正在製造生質酒精和添加汽油。男子以兩千一百美元的價格賣給他們一個長銅管狀的蒸餾器。蒸餾器的外觀看起來就像特大號的低音管，上面有幾個閥門。普萊斯和霍華德並不是唯一上門的顧客，受到卡崔娜颶風和油價上漲的影響，再加上新聞報導的推波助瀾，那一天男子就賣出了十或十一個蒸餾器。

普萊斯和霍華德開車回到北卡羅萊納州，從當地農民那裡買了一些玉米，然後開始用糖和酵母，胡亂做起了試驗。他們很快發現，考量到分離水和酒精所需的能量，以及政府發放的生產許可證數量，製造生質酒精的成本過高。同一時間，普萊斯也在研究另一種替代燃料：生質柴油（biodiesel）。事實上，在卡崔娜颶風之前，他從未聽說過這個詞，甚至連怎麼寫也不知道。生質柴油有吸引力的原因許多：生質柴油製造過程中的酯交換反應（Transesterification）所需能量比起製造生質酒精的化學反應來得要少。每投入一單位能量，就能產出五單位的燃料。生質柴油是由一種叫做三酸甘油酯的脂肪化合物所製成的，而油的原料來源廣泛，可以是大豆或是壓碎的芥花籽，也可以是動物脂肪，甚至可以是餐館淘汰的廢食用油。除此之外，它可以用相對較少的經費小規模生產。只要將一般的二號柴油[6]（number 2 diesel）和生質柴油混合（生質柴油的比例最多只能達百分之二十），得到的柴油就可以直接供引擎使用，無需經過轉換。再稍加調整混合比例之後，柴油引擎就可以完全靠生質柴油來發動。政客之所以會擔心汽油價格，是因為選民開的車都是吃汽油的，但柴油才是經濟發展的幕後推手，把食物運到市場的功臣。

普萊斯和霍華德又開車回到田納西州。這次賣生質柴油的男子已經與兩名德國人展開合作，一起製造他們口中的「bee-o-diesel[7]」。普萊斯在獲得卡特的投資之後，花了兩萬美元向他們買了一個安裝在墊木上的攜帶式反應器。這個反應器每天可生產一千加侖的生質柴油。普萊斯和霍華德開車載反應器回家，並把之前買的酒精蒸餾器拿去維吉尼亞州哈里斯堡，與一位農民換取兩批收穫於五十英畝土地上的芥花（canola）。芥花的英文名稱就是「加拿大低酸油」（Canadian Oil, Low Acid）一詞的縮寫。芥花是油菜（rapeseed）的一種，屬於冬季覆蓋作物。壓碎的種子百分之四十四變成了油，剩下的就拿來餵食牲畜。普萊斯得知，芥花油的BTU值[8]是二號柴油的百分之九十三，轉換成燃料所需的能源比其他原料要少，因為脂肪酸鏈會在較低的溫度下融化。芥花籽曾經被誤以為是芥菜種子。《聖經》裡有一個關於芥菜種子的比喻，耶穌將天國比喻為芥菜種子：它「雖比地上所有的種子都小，但種下去以後，它長起來，比各樣的菜都大，又長出大枝，以致天上的飛鳥可以在它的蔭下築巢」。

普萊斯收穫了一些芥花籽，黑黑小小的球看起來就像胡椒粒。他把種子拿去小型壓碎機輾了兩次，榨出油後將其過濾，接下來再把油倒入反應器中加熱，開始製造生質柴油。與那些德國人不同，他在唸「生質柴油」這個字時張大嘴巴，第一個音節發音完整高亢、語調上揚，猶如古老浸信會聖歌的音樂開頭。這就是將賦予他自由的東西。

普萊斯說：「我這一生想要做的只有務農，然後獨自一人待在農場不受打擾。」

1．譯註：作者是美國南方小說家考德威爾（Erskine Caldwell）。

2．譯註：指的是添加紅色染劑以標明未含燃料稅的一般柴油，供不會在公路運行的機械設備使用。

3．譯註：在公路上行駛的交通工具所用的柴油，價格已含燃料稅。

4．譯註：表示恍然大悟，生命發生改變的意思。

5．譯註：美國雷根政府違反國會對伊朗輸出武器禁令，向其秘密出售武器的醜聞。目的是為了讓由伊朗扶持的黎巴嫩真主黨釋放手中美國人質。

6．譯註：硫含量不超過十五ppm的超低硫柴油。

7．原註：生質柴油（biodiesel）帶有德國腔調的念法。

8．譯註：British Thermal Unit的縮寫，一BTU相當於一千焦耳左右。

泰咪・湯瑪斯之三

一九九〇年代末期，泰咪高中時的小情人貝瑞再次出現。過去幾年，他倆曾多次偶遇，但泰咪從未和他說過話。有次在節慶活動上，泰咪一見貝瑞向自己走來，就馬上帶著孩子離開。後來泰咪教母的兒子結婚時，貝瑞的阿姨剛好為婚禮提供外燴服務，貝瑞當時在一旁幫忙，兩人又因此在婚禮接待處相遇。他追上泰咪，擋住她的去路，拜託她給自己五分鐘解釋。貝瑞說他從未停止關心過泰咪，也一直愛著她，更後悔娶了當時泰咪在生下女兒後見到的那個懷孕女孩。「要是我真的只給他五分鐘就好了，」泰咪說。「結果卻又虛耗了我七年的光陰。」

童話故事似乎成真了好一段時間，就像是上帝希望讓他們破鏡重圓。有人告訴泰咪的大女兒，母親即將於一九九九年七月三日結婚的對象，也就是那個替時代華納有線電視（Time Warner Cable）接纜線的服務人員，是她的生父。她隔年就畢業前往俄亥俄州立大學主修戲劇，所以她不喜歡母親的新丈夫也沒關係。但泰咪另外兩個孩子和繼父也處得並不好。泰咪和貝瑞幾年後便開始爭執，這段婚姻也就此分崩離析。

泰咪未繼續上教堂，因為貝瑞一家人在南區相當活躍。有段時間她真希望自己能夠在市裡當個隱形人。「揚斯敦實在是太小了，」她說。「許多人沒料到我們竟然會在一起，所以分開就更困難了。」生命中她曾經想壓抑的片段，再次反彈傷及了自己。上帝和泰咪的表親領著她來到亞克朗（Akron）一家容納不同種族的大教堂：主之屋（House of the Lord），聖壇上有個標誌寫著「連結就是一切」（RELATIONSHIPS ARE

EVERYTHING）。她認為這就是療癒自己的地方，每星期除了做禮拜還會參加各種儀式，有兩三年的時間，教堂就是她生活的依歸。

泰咪在南區有過四個住處，現在這裡的狀況比東區還要糟糕。值大夜班時，每次半夜進入車裡她都覺得很不安全，晚上留小女兒獨自在家也讓她心神不寧。離婚後她將房子給了貝瑞，反正一切也夠混亂了，她不願糾纏不清（幾年後他就因為欠繳房貸而丟了房子）。她大可以搬到西區，市裡唯一一處房屋還有點價值的區域，但來自東區和南區的白人都湧入這裡，泰咪覺得加入他們也不太對勁。泰咪和貝瑞在二〇〇五年七月離婚，八月她就以七萬一千美元買下了一棟附有車庫的小房子，位於揚斯敦北端自由鎮（Liberty）的安全街區。她終於可以輕鬆開車上班了。泰咪於十月搬入新家，而就在當月，帕卡德電器公司更名，宣布破產。

泰咪在那裡工作了二十個年頭。帕卡德漸漸縮減公司在沃倫的勞動力，從一九七〇年代早期的一萬三千多位員工，減少到一九九〇年代早期的七千名，最後到二〇〇五年則只剩下三千人。這幾年，該公司在外國雇用的勞工人數增加至十萬多人，帕卡德的汽車零件工廠成為了墨西哥加工出口帶所有工廠中勞工最多的一家。泰咪意識到，像十四號廠房這類工廠再無保障，公司漸漸把所有機器設施都移至國境以南，生產線上的工作機會也隨之南移。就像是重蹈鋼鐵工人的覆轍，卻是隨著時間緩慢地受到蠶食鯨吞。

泰咪眼見工會勢力愈來愈微弱。公司在一九九三年與電工兄弟會所屬編號七一七的地區分會簽訂了協議，規定新的三級員工往後都無法獲得完整工資和福利。在湯瑪斯路廠房工作的泰咪注意到，管理階層對一九九三年後這批員工的差別待遇，工作規定更嚴苛，不准他們在生產線上和其他員工說話，還會站在背後盯著大夥兒工作，讓每個人都緊張兮兮。這次協議也提出值班十二小時的獎勵機制，對於有家要顧（泰咪就是一例）和有健康問題的人來說根本不可行。這似乎是一種讓資深員工退休的手段，好讓他們可以雇用更多新進員工。

一九九九年，通用汽車將零件部門（包括帕卡德）整併到名為德爾福汽車系統（Delphi Automotive Systems）的分公司，再將德爾福獨立出去，接著公開發行股票，向投資人發出公開說明書，保證將「對一家家廠房採取『維修／販售／關閉』的分析，提高本公司的成本競爭力，同時開發其他採購資源、勞動力並制定成本降低計畫」，進而「改善營運績效」。華爾街至少一年來都在鼓吹通用汽車將德爾福分割出來，因為比起單一一間垂直整合的通用汽車，將之分為較小型的汽車製造商和獨立的零件公司，可以提供更高的股東價值。

泰咪認為這種分割公司的行為相當可疑。「帕卡德電器明明是可以獲利的。我們一被編制到德爾福之下，就再也沒辦法賺錢了，」她說。「我那時就覺得事有蹊蹺。我不是陰謀論者，但我覺得很明顯出了些差錯。那時公司計劃要趕走一些長期員工，所以才和這些人切割，將他們孤立，接著就再也不用和他們打交道了，因為他們再也不是通用汽車的員工。」

新公司只是在名義上獨立而已，德爾福的命運仍與其最大的客戶「通用汽車」緊緊相依。一段時日後，人們也發現這只是一種用來切割公司中剩餘美國勞動力的手段。一開始，德爾福宣稱公司正在營利，結果卻只是假象，管理階層三年來都在做假帳。於是公司受到美國證券交易委員會的調查，並遭兩個退休基金控告，許多管理高層因此辭去職位。通用汽車的營運狀況在二〇〇〇年代初期急轉直下，德爾福蒙受數十億美元的損失，最後於二〇〇五年根據《美國破產法》第十一章申請破產。

不過這也是一種策略，因為破產只會影響到公司在北美的營運業務。德爾福聲稱依據第十一章的規定，他們有權在重組時與員工解除合約，而且為了監督縮減業務過程，董事會聘用了新的執行長：勞勃·米勒（Robert S. "Steve" Miller）。米勒擅於接管有困頓的企業，將這些公司拆解重組，好讓投資人有利可圖，伯利恆鋼鐵（Bethlehem Steel）過去便曾由他經手。二〇〇八年，他的自傳《逆轉小子》（*The Turnaround Kid*）出版。德爾福董事會為米勒提供總值高達三千五百萬美元的薪酬方案，一眾資深主管則獲得八千七百萬美元的紅利，股票選擇權最後也有五億元的價值。摩根大通和花旗兩間華爾街銀行向德爾福提供四十五億元貸款，等德爾福東山再起時會以第一順位債權人的身分連本帶利討回。米勒、他手下的資深主管和銀行成為了破產事件的贏家，德爾福的美國員工卻是一敗塗地。沒有人告訴這些員工接下來情況如何，但德爾福擬定了一份代號為「北極星」的機密計畫，希望「終止特定產品生產、合併據點及降低舊有開銷」，以求「大幅降低成本」。後來有人把消息走漏給《底特律新聞報》（*The Detroit News*），這計畫也於公司破產一個月後向大眾公開。

一切仍然讓泰咪始料未及。二十五美元的時薪幾乎到手，差點就能獲得稅前五萬五千美元的年薪和加班費。她在這裡工作了十年，所以公司不得將她解雇超過六個月，她休假時也理應能獲得八成的工資。小女兒即將從高中畢業，在那之後，泰咪就能專心過自己的生活，也許還能出外旅行。泰咪快要四十歲了，人生剩餘的二十年將會一帆風順。離提早退休還有十三年，到那時候她就可以自我成長，決定自己的人生，做一些圓滿快樂、不計報酬的事。她收拾了自己的婚禮副業，也在揚斯敦州立大學接觸一些課程，考慮要研讀心理諮商。這樣退休時她就可以拿到博士學位，或是依靠退休金移居某個第三世界國家。

泰咪眼見工作機會漸漸南移，工作負擔益發沉重：從操作一台機器到一次操作兩台。她是可以想像沃倫的廠房之後會縮小規模，至於整座廠房關閉呢？「不，就算有鋼鐵業的前車之鑑，我還是未料到。只要通用汽車還過得去，我們大概也不會有問題。我們工作嚴重超時，訂單還是幾乎趕不完。根本沒有人告訴我我會丟了工作。」而三十年前，鋼管與鋼板公司的工人也是這麼想的。

二〇〇六年，德爾福宣布關閉二十九間美國廠房中的二十一間，並刪去兩萬份時薪計酬的工作，占了整整三分之二的量。沃倫會繼續營運，但勞動力大幅縮減，剩餘的員工則只能領取原本六成的薪水。泰咪的工資將降到每小時十三點五美元。公司也鼓勵工人自願離職換取一次性的補償金，因為在沃倫剩餘的三千名鐘點員工中，德爾福最多只想要留下六百五十位。若自願離職，意味著員工會損失他們大部分的退休金。公司在一間大型會議室中宣布這個消息，同時向上百位員工播放 PowerPoint 投影片。每個人都得到了一份資料包，而簽署離職同意書的期限是八月。許多人哭著走出會議室，泰咪相當震驚。

但接著她心中起了變化。她感覺很平靜，就好像她原本就知道一切都會好起來的。在她經歷生命中其他難題時，也曾有過這種感覺，像是十歲時住在衣櫃裡、十六歲時成為了母親、二十九歲時痛失未婚夫。同事大都陷入恐慌，問著對方：「接下來怎麼辦？」泰咪告訴他們：「你們知道嗎？帕卡德之外還有更寬廣的世界」。她其實還有點期待。拿到這份離職補償金，她就可以當個全職大學生，成為家裡第二個拿到學位的人，因為大女兒早就拿走了第一名寶座。泰咪不知道將來該怎麼做，但這是她從小到大第一次能夠擁有夢想。

西碧兒女士總是能在泰咪身上發現自己的影子：她們都是出身東區的女孩，同為單親媽媽、工廠工人，也是在揚斯敦堅持不懈、懷抱志向的女性。西碧兒在某方面而言也許更加困頓，因為她從一九七一年就開始在奇異公司工作，當時黑人女性是工廠中最為低下的勞工。另一方面，泰咪再晚一個世代出生時，一切都正在分崩離析。西碧兒在奇異待到了六十三歲才退休，但泰咪四十歲時正經歷重大改變，西碧兒清楚其中風險。「泰咪必須走出自己的路，必須意志堅定，」她說。「有三個小孩要養對她而言肯定是很大的動力。帕卡德是非常棒的工作。她決定中途退出時，就必須承擔極高的風險。泰咪有的是決心和魄力。我認識的大部分人在離開帕卡德後，就失去了風采。你想要特立獨行，就絕不能失敗」。

二〇〇六年的最後一天，泰咪決定接受自願離職計畫。她想到了有句話是這麼說的：上帝關上一扇門，必會開啟另一扇窗。「不，上帝會為我打開一扇豪華大門。」

二〇〇三年

為阻止伊拉克戰爭，全球許多城市爆發大規模抗議[1]……此一殘暴獨裁者屢屢肆意侵略他國，不只和恐怖主義有聯繫，地底還藏有巨大財富，我們絕不會允許他繼續統治這麼重要的地區[2]……我拿著一盞燈到黃金大門旁撒尿／我發誓要解放當地民眾，找出他們的「大規模毀滅性武器」[3]……**布希下令伊拉克戰爭開打**[4]……如果末日將至，全國各地姓格林或米勒的家庭都會希望親戚就在身邊不遠處。為此他們想出了一套緊急應變計畫，以防到時候電話沒辦法使用：他們會在堪薩斯州威契塔（Wichita）市的大小阿肯色河（Big and Little Arkansas Rivers）匯流處會面，就在名為「平原守護者」（Keeper of the Plains）、高舉手臂的十三公尺高印地安戰士鋼雕下方[5]……**美國民眾怒批法國不支持美軍攻伊，但波爾多紅酒還是源源不絕進口**[6]……這些統治我們國家的混蛋是一群狡詐的竊賊和自鳴得意的白癡。我們必須把他們拉下台，用我們所掌控的全新體制取而代之[7]……**拉丁美洲裔成美國最大少數族裔**[8]……**教宗向同性戀族群喊話：你們的行徑乃邪惡之舉** 抨擊同性婚姻合法化、同性伴侶獲准收養小孩[9]……在洛杉磯湖人主場史坦波中心舉辦的一場感性記者會上，二十四歲的球星柯比緊握妻子凡妮莎的手，為他在女兒出生才六個月就出軌一事道歉[10]……**「布希主義」大放異彩的時刻**[11]……引人發笑的點就在於超級富豪的世界對比其他一般國民的生活有多與世隔絕，差距大到經常上社會新聞的二十二歲名媛芭莉絲．希爾頓，除了不太清楚水井是什麼東西之外，連沃爾瑪她也從沒聽說過[12]……**華爾街不甩景氣衰退，金融巨頭逆勢成長**[13]……他展現出「宇宙至尊」的其他特點，包括擁有一流的藝術收藏品、無敵豪華的衣櫃，以及比他高好幾公分的迷人金髮老婆[14]……**房地產成為投資人資金的最佳避風港**[15]……你應該很慶幸你在佛羅里達有房子[16]……但是就因為我簽下去了，履行義務為美國打仗，所以我有發言權：我的處境真他媽糟糕[17]……**美直升機在伊拉克遭擊落釀十六死**……他表示：「這是艱難的一週，但我們朝獨立自由的伊拉克又邁進了一步。」[18]……總統先生，我支持開戰／我相信我們自己／在西百老匯富蘭克林街車站附近的 Montrachet 法國餐廳／我用紅酒致敬那一天[19]

■

1. 編註：出自CNN電視台二〇〇三年二月十六日新聞，指出全球有超過六百場反對伊拉克戰爭的示威遊行。
2. 編註：出自布希總統二〇〇三年一月二十八日發表的國情諮文，提出伊拉克的威脅及戰爭的必要。
3. 編註：出自美國詩人弗德列克·塞德二〇〇三年詩集《Ooga-Booga》。
4. 編註：出自《紐約時報》二〇〇三年三月二十日新聞。
5. 編註：出自《華爾街日報》二〇〇三年三月十三日文章。
6. 編註：出自《哈特福德新聞報》（Hartford Courant）二〇〇三年三月二十日報導。
7. 編註：出自美國知名紀錄片導演麥可·摩爾（Michael Francis Moore）書《夥計，我的國家哪兒去了?》（*Dude, Where's My Country?*, 2003），其紀錄片作品《華氏九一一》（*Fahrenheit 9/11*）對伊拉克戰爭進行更深入的批判。
8. 編註：出自《舊金山紀事報》二〇〇三年六月十九日新聞。
9. 編註：出自《紐約每日新聞》二〇〇三年八月一日新聞，當時的教宗為若望保祿二世。
10. 編註：出自《紐約每日新聞》二〇〇三年七月十九日新聞，報導籃球明星柯比·布萊恩特被起訴性侵後公開道歉的記者會。
11. 編註：出自《華盛頓郵報》二〇〇三年十二月二十一日新聞。

12・編註：出自《哈特福德新聞報》二〇〇三年七月二十八日文章。

13・編註：出自《國際先驅論壇報》（International Herald Tribune）二〇〇三年三月二十一日報導。

14・譯註：引自《富比世》二〇〇三年六月九日對於黑石集團及聯合創辦人蘇世民（Stephen A. Schwarzman）的報導。

15・編註：出自《聖彼得斯堡時報》二〇〇三年六月四日文章。

16・編註：出自安東尼・斯沃福德（Anthony Swofford）回憶錄《鍋蓋頭：海灣戰爭老兵紀事》（*Jarhead: A Marine's Chronicle of the Gulf War and Other Battles*, 2003）。

17・編註：出自《紐約時報》二〇〇三年十一月二日新聞。

18・編註：出自《聖彼得斯堡時報》十一月十七日新聞，內容是布希總統二〇〇三年十一月十六日關於伊拉克戰爭的講話。

19・編註：出自美國詩人弗德列克・塞德二〇〇三年詩集《Ooga-Booga》。

體制人士之一：柯林．鮑威爾

從前從前，美國住著一個來自牙買加的淺膚色黑人移民家庭，他們住在移民人口居多的紐約——這裡曾孕育出拉瓜迪亞市長（Fiorello La Guardia）、洋基隊棒球巨星狄馬喬（Joe DiMaggio），更是知名遊樂區康尼島（Coney Island）的所在地。這些移民家庭的日常情景如下：週日晚餐母親會煮牛尾湯，週五晚上則在燭光中端上猶太哈拉麵包；父親會一邊看報一邊用西西里語或波蘭語咒罵，男生的錢包裡通常塞著保險套，女生嚼著口香糖，小孩一起在街頭長大成為道地的美國人。

在南布朗克斯區凱利街（Kelly Street）的九五二號三樓，客廳牆上掛著羅斯福總統的肖像，背景是美國國旗和國會大廈。出了公寓外，父母和兩個孩子從裡到外、從上到下都受到美國體制的廣泛洗禮。母親在服裝區（Garment District）的金斯堡（Ginsburg）裁縫店工作，負責幫女性套裝縫製鈕扣和邊飾，相當自豪自己是杜賓斯基國際女裝成員工會的成員（會員超過三十萬人）；父親是貨運室的領班，就連經濟大蕭條時期也總是不停在工作。每週日，他們習慣前往聖瑪格麗特聖公會教堂，坐在家庭長椅上看著熱愛儀式和薰香的小兒子擔任神父助手。小兒子先從第三十九公立小學轉到第五十二公立小學，接著就讀莫里斯中學。雖然成績平庸，但他憑著畢業證書、紐約市居民身分和十美元，錄取紐約市立學院（City College of New York）。該學院成立於一八四七年，起先名為自由學院，位於俯瞰哈林區的山丘上，第一任校長韋伯斯特（Horace Webster）說：「我們想盡力一試，看看一般人的子女，也就是全體人民的子女是否能成功地接受教育；我們也想知道頂尖教育機構能否由大眾民意來主宰，而不是落於少數特權人士的手上。」

飛越城市燈火，整個共和國從東岸到西岸，都矗立著戰後中產階級民主秩序的結構：通用汽車公司、美國勞工聯合會和產業工會聯合會（AFL-CIO）、美國全國勞資關係委員會、都會老闆、農業集團、公立學校、研究型大學、地方黨派、福特基金會、扶輪社、婦女選民聯盟、CBS電台、經濟發展委員會、社會安全局、墾務局、美國住宅管理局、聯邦補助公路法案、馬歇爾計畫、北約、外交關係協會（Council on Foreign Relations）[1]、美國軍人權利法案、美國陸軍。

在這之中，小兒子柯林・鮑威爾（Colin Powell）選擇美國陸軍作為他在美國一生的志業。他進入紐約市立學院的第一年就加入了美國陸軍儲備軍官訓練團（ROTC，就算沒加入他也會被徵召入伍），並宣誓加入潘興步槍隊兄弟會（Pershing Rifles）。剛宣誓入會的小兒子在制服和紀律中找到了歸屬感。他必須依靠體制結構才得以茁壯成長。「我很快成了領導者，」他後來寫道。「我在軍中看見無私的精神，使我想起家中互相扶持的氛圍，無論種族、膚色、背景、收入都沒有任何意義。」

一九五八年，他升上少尉。美國軍隊取消種族隔離制度屆滿十年，但美國最階級分明的機構也同時最為民主：「與南方市政廳或北方企業相比，我們的軍事部隊中有更少的歧視、更完整的考績制度和更公平的競爭場域。」這位年輕軍官努力實踐童子軍的美德：勤奮、誠實、勇氣、奉獻，深信美德會為他帶來平等的機會。

他的美國軍旅生涯讓他於一九六二年踏上南越（South Vietnam）的國土，一九六三年派駐阿拉巴馬州伯明罕市，一九六八年又再次回到越南。

他晉身上尉，在阿肖谷（A Shau Valley）採到尖竹釘陷阱，但後來成功躲過迫擊砲攻擊。幾個月後，在美國喬治亞州班寧堡（Fort Benning）附近的得來速漢堡店，店員拒絕幫他點餐。他升為少校，在越南廣義市附近遭逢直升機墜毀事故，他大難不死還成功救出幾人。種種的不順遂都沒能破壞他內心的平靜。

他榮獲許多獎章，深得上級賞識。在主要是由美國窮人血戰沙場的越戰期間，任何種族歧視的羞辱或愚蠢的戰事都無法動搖他的信念。但無論是荒謬的戰爭或種族歧視都與他的民主價值觀相悖。他說：「越戰所引發的諸多悲劇中，這種原始的階級歧視嚴重牴觸了美國的建國理念：人人生而平等，對國家持有相同的效忠義務。」然而，他仍按照這個理想建立自己的生活，腳踏實地，自制力超凡，種種表現看來就像身上沒有一絲人性缺陷。國家體制藉由拔擢素質卓越的人民展示自身運作正常，因為即使這些人走偏了，他們最重要的力量也在於能自我修正。

他會證明給任何懷疑他的人看。

他晉升中校，錄取白宮見習計畫（White House Fellows）時恰逢水門事件。但即使是美國史上最惡名昭彰的政治醜聞也證明了民主體制的力量：國會、法院、媒體和民眾會切除任何傷害民主的毒瘤。

他在南韓當上營長，開始幫越戰後的軍隊重整旗鼓，整頓軍紀和秩序。在坎貝爾堡（Fort Campbell），他成為旅長。卡特執政期間，他進入五角大廈。一九七九年，他獲頒第一顆星星，躍升准將，是軍隊中最年輕的將軍。接著是卡森堡（Fort Carson）、萊文沃思堡（Fort Leavenworth）。然後是雷根政府時期的五角大廈，屆時「軍隊已經重返榮耀」。

一九八六年，這名少將坐在國防部長辦公室外面的桌子，勉為其難地打了通電話，遵照白宮命令將四千枚反坦克導彈從軍隊轉移到中情局。導彈要賣到德黑蘭：美國軍方準備好了要販售的武器、一本《聖經》和要送給人質們的蛋糕[2]。這「伊朗門」事件是他履歷上的第一個污點，卻為他敲開雷根的白宮大門，擔任副國家安全顧問，收拾爛攤子。「若非伊朗門事件，我可能還在某個地方當個無名將軍。也許早就沒沒無聞退休去了。」

對於鮑威爾中將來說，幫助國安會（National Security Council）重整旗鼓是最為理想的工作。他喜歡修理老舊的富豪汽車和紳寶汽車。他工作很有效率，懂得鼓舞人心，在官僚體制中游刃有餘，無疑是世界上最偉大的軍事參謀。政府機構處於權力顛峰。畢竟，他們即將迎來冷戰的勝利。

一九八八年，在克里姆林宮的凱薩琳大廳，戈巴契夫（Gorbachev）眼神中帶著一絲光彩，看著他說：「現在失去了頭號勁敵，接下來貴國打算怎麼做呢？」

翌年，將軍在他五十二歲生日前一天接下了他的第四顆星星。幾個月後，他當上史上最年輕的參謀長聯席會議主席。沒有了頭號勁敵，美國可以再次大動干戈。他指揮越戰後的第一場戰爭：入侵巴拿馬的軍事行動（巴拿馬當時的領導人是一名臉皮像鳳梨表皮一樣凹凸不平的毒販[3]），接著是一場大型戰爭——沙漠風暴（即波斯灣戰爭）。美國用四天進行地面作戰，將海珊政權趕出科威特。美國恢復昔日榮光，主席將越戰的苦難轉化成一種教義：明確的目標、國家利益、政治支持、壓倒性武力、迅速撤退。（庫德族和什葉派必須好自為之，波士尼亞人也是。）

服務屆滿三十五年後，將軍卸下戎裝、光榮退休，那時他是最受美國人民愛戴的領袖。沒人清楚他的黨派立場，他曾投給甘迺迪、詹生和卡特，接著支持共和黨。兩黨都信任他，因為他代表著兩黨有所共識的中央位置（有些人則是出於同樣的原因不信任他。）他是帶著艾森豪色彩的國際主義者，從內到外謹慎至極。只要保持中立，他的聲望就會不斷上升。歷史來了一次乾坤大挪移，讓兩大劣勢（種族和越戰）反而對他有利，授予他在華府至高無上的權力。

他讓每個人都覺得美國仍然是個無往不利的國家。

一九九五年，他公開宣稱自己是共和黨人。他的朋友阿米塔吉（Rich Armitage）雖是知名共和黨人卻勸他不要這樣做：共和黨已非昔日的艾森豪政黨，甚至連雷根的政黨都不是。整個黨都不對勁，瀰漫著醜陋、非理性的氛圍，就連外交政策也不例外。（也許戈巴契夫說的有理，冷戰的確曾讓美國政治清明，政界表現中規中矩。）體制仍然把持著韁繩，但馬匹是愚昧無知。但他說他想提升共和黨在人民心中的好感度。

他本來有機會角逐成為第一位黑人總統。然而他退出競選[4]，自願將時間奉獻給貧困學校的貧童。他所體現的價值始終如一：勤奮、誠實、勇氣、奉獻。

小布希總統徵召他回鍋時，他以新任國務卿之姿重出江湖，身材高大的他站在驚險贏得選戰、看似不知所措的總統身邊。沒有任何人的經驗、能力、名氣可超越他。他將打開汽車引擎蓋，修復俄羅斯和中國，修補巴爾幹半島，潤滑中東，轉緊伊拉克，讓士氣低落的國務院重整旗鼓。但是他的朋友阿米塔吉（當時已成為他的副手）認為布希選他擔任國務卿是為了提高自己的支持率，而不是因為認同他的國防觀點。

兩年任期期間，在世人眼裡，這位國務卿堪稱美國的最佳門面。

當飛機撞上雙子星大樓時，他正在利馬與拉丁美洲各國元首會面。他處變不驚，冷靜思考一段時間後，投票支持《民主憲章》，並重申背後的價值觀。「他們可以摧毀建築、殺害人民，我們為這場悲劇哀慟不已。但我們絕不容許他們破壞民主精神。他們無法摧毀我們的社會，無法消滅我們對民主之道的信念。」

他組成反塔利班聯盟，邀請巴基斯坦加入。他讓全世界知道美國不是獨來獨往的老大哥，美國仍然重視各個盟國。一個讓南布朗克斯的黑人移民之子成為國務卿的國家，當然值得支持。他覺得自己毋庸多說，各國也都知道。

當總統將目光轉向伊拉克時，國務卿化其為戒慎諍言。他並未斷然拒絕，但他試圖邊開車邊踩剎車。他的部門對收集到的情報抱持懷疑。他立下新的方針：既然要出手摧毀，就必須挺身負起全責。他希望聯合國也能一起為美國背書，他認為美國不能失去主導地位，落入無人支持的下場。

他召集外交政策機構，卻不知道整個外交體制早已名存實亡。這時他需要強大的外交體制從旁幫助，但是曾經撐起戰後秩序的體制結構早已遭侵蝕殆盡。外交關係協會和福特基金會的重要性不如往年。政治家和將軍都轉行當起顧問和專家。軍隊由職業軍人組成，非一般公民。公立學校讓人民的孩子沒受多少教育。兩黨陷入消耗戰。

他試圖在潰敗的體制中力挽狂瀾，但他畢竟是偉大美國體制下的明星產物，認為這一切真是令人費解。政府體制遭到腐蝕，鄙視體制的倡導者和操作者無所不在。他未發現這些人讓他孤立無援，將他逼入絕境。

這位深得民心的國務卿如今只能孤軍奮戰。

總統想要藉由他獲得人民的支持。白宮為他擬了一份演講稿，已設定為單行間距居然還有整整四十八頁。他有一週的時間刪除所有的謊言，但是時間不夠，無論如何都不夠，因為他沒能退一步好好思考，質疑出兵的前提。

二〇〇三年二月五日，國務卿前往位於東河（East River）河畔的聯合國總部，那裡距離凱利街九五二號只有二十分鐘的車程距離，但他兒時的家早已焚毀拆除。他坐在安理會辦公桌旁，身旁有錄音帶、照片、圖畫和一小瓶白色粉末。在全世界的電視轉播下，他用盡一生的權威和自制發表演說，在七十五分鐘的時間內向世人解釋海珊獨裁政權對世界構成的威脅。許多美國人相信了他，因為他是象徵美國仍在成功運轉的那位體制人士。

接著他起身，像一名士兵般，抬頭挺胸地走了出去。

他帶給自己的傷害，遠勝過竹釘陷阱或南方的種族歧視。

戰爭爆發時，總統說他睡得像個嬰兒。「我也睡得像嬰兒，」國務卿說。「不過我每兩小時就會尖叫著醒來。」

1．譯註：美國重要智庫。

2．譯註：據說這巧克力蛋糕是打造成鑰匙狀，或許意味著「你們可以回家了」。另一種說法是，這蛋糕並非送給人質，而是象徵著美國向伊朗「打開大門」（"opening"）。

3．譯註：指曼紐・諾瑞嘉（Manuel Antonio Noriega）。

4．譯註：他宣稱自己是共和黨人時本來就是為了爭取黨內提名。最後他自稱退選的理由是對政治缺乏熱情。

傑夫・康諾頓之四

康諾頓初入政壇的時機不算太好，但進入遊說界的時機可說是幾近完美。**一九九七年**，康諾頓剛進入這門生意時，根據美國憲法第一修正案賦予的權利，企業主都可以每年花上十二點五億美元向政府請願，要政府替他們主持公道。十二年後康諾頓離開時，這個費用增加了近三倍，這還是直接付給說客的費用，沒申報的公關費用還有幾十億元。這筆巨款吸引了一大群政治人物，一九九八年到二〇〇四年之間，百分之四十二的眾議員以及一半的參議員在卸任後當上說客，為客戶找他們的前同事遊說。此外，轉換跑道去K街[1]的人還包括數以千計前國會助理以及數以百計與康諾頓在柯林頓政權底下做事的前同事。**一九九七年**，康諾頓首次穿過旋轉門加入華府的固定班底，那個年代還把加入遊說工作的行為稱作「出賣自己」（selling out），但二〇〇九年康諾頓從旋轉門另一邊出來，離開遊說行業[2]，這一行已改稱「現金滾滾而來」（cashing in），整個行業散發出一種令人羨慕甚或令人讚嘆的氣息——但可以肯定的是，無論如何這都是條必經之路。

二〇〇〇年一月，康諾頓的老闆奎恩離開阿諾—波特律師事務所自立門戶，這有一部分要歸功於康諾頓的勸說。成立新事務所的時機再好不過了，因為奎恩在華府是出了名的「高爾幫成員」，而高爾有望在秋天贏得總統大選。奎恩的政治生涯可以追溯到一九六八年尤金・麥卡錫（Eugene McCarthy）的總統競選專機上，之後奎恩還在柯林頓政權底下擔任要職，任職的五年裡他都埋頭於解決各種大大小小的國家危機，以致奎恩接見的客戶都相信，每逢白宮面對重要議題時，都會與他保持一樣的立場。讓人驚訝的是，奎恩的合夥人竟是艾德・吉勒斯彼（Ed Gillespie），他是共和黨大咖卡爾・羅夫（Karl Rove）的手下，曾替眾議員迪克・阿爾米（Dick Armey）做事，還協助撰寫法律倡議案《與美國訂約》，若小布希順利當選，吉勒斯彼將成為共和黨主要的「喬事人」之一。

奎恩—吉勒斯彼事務所（Quinn Gillespie & Associates）位於華府M街與N街之間的康乃狄克大道（Connecticut Avenue），辦公室位在五樓，非常有格調，在同一條街上往南走就是莫爾頓牛排館（Morton's），公司員工都會在那裡小酌幾杯。康諾頓在奎恩—吉勒斯彼事務所擔任首席副總裁，除了有薪資可領之外還擁有公司七點五趴的股權（剩下股權為奎恩和吉勒斯彼所屬），以及一間位於轉角的辦公室。

別家遊說公司不是支持民主黨的就是支持共和黨，然而當他們支持的政黨失勢時，客戶也會隨之離去，但奎恩—吉勒斯彼事務所就不一樣了，所屬的說客們都各自擁有強烈的黨派立場，像是奎恩和吉勒斯彼最初就是在福斯電視台新聞節目上鬥嘴認識的。但這裡的說客們每天早上出了電梯，進辦公室後，無論政治立場為何都只忠於公司與各自的客戶。美國國會因意識型態不同而漸漸分裂；選民在每次選舉中變得愈來愈兩極；美國各州開始分成紅、藍兩種顏色，但奎恩—吉勒斯彼事務所自認是「綠黨」[3]的。話雖如此，他們的工作還是分得很清楚，公司裡的共和黨人與民主黨人分別負責給自己政黨的政治家開支票並舉辦募款活動。二〇〇〇年的總統大選即將到來，康諾頓發覺他並不像以前那樣對於民主黨獲勝保持滿腔熱情與期待，無論當選總統的是小布希或高爾，他們公司都會好好的。選舉當晚，奎恩帶領公司的「高爾團隊」駐守納許維爾市，吉勒斯彼則帶著「小布希團隊」在德州奧斯汀市等候選舉結果。兩個總統候選人在佛羅里達州的票數不分上下，奎恩與吉勒斯彼透過黑莓機向對方更新最新消息，後來佛州決定重新計票，吉勒斯彼為共和黨扮演了重要的角色，而在最高法院宣布小布希當選總統後，吉勒斯彼成為華府的紅牌圈內人，如今他們公司已經和政府各個權力單位搭上關係了。

相比之下，康諾頓無法幫公司與華府高層人物牽線，他不是能做決策的華府頂級律師，也不是大咖的民主黨權力掮客，過去在華府擔任的最高職位不過就是個白宮法律顧問特助。康諾頓能帶給公司的是他的刻苦耐勞與幹練、他在參議院和白宮的工作經驗（那裡的工作人員都會回他的電話）、他在柯林頓面臨彈劾時上電視新聞台的經歷，以及他身為「拜登幫」成員的名聲。但說真的康諾頓更偏向於「考夫曼幫」的成員，而且正漸漸進入了「奎恩幫」。不久後，康諾頓的年薪就破五十萬元了，而且每兩個星期都會有一大筆錢像滔滔水流一樣朝他流過去，擋也擋不了。除了康諾頓還有許多沒沒無名的華府小人物，他們的年收入都破百萬。

奎恩和吉勒斯彼自認對這個行業很有一套，他們相信遊說工作已不再是替客戶找門路而已，因為現在的華府權力太分散了。現在的遊說工作要做的是發起一場廣泛的策略性運動、透過不同管道影響不同群眾、針對某個議題透過媒體帶風向，以及從參議員、眾議員的選區下手，對他們施壓。奎恩—吉勒斯彼事務所非常擅長建立暫時的「草尖聯盟」（grasstops coalitions）[4]，事務所會拉攏當地民眾支持某項計畫以展現草根階級對該計畫的擁戴。即使是面臨醜聞風波，公司也從不退縮，像是奎恩所代表的客戶億萬富翁馬克·里奇（Marc Rich）因犯罪逃亡到瑞士，他在柯林頓任職的最後一天獲得了總統特赦，隨後的幾個星期，奎恩幾乎遭批判聲浪吞沒。但同時也有另一種觀點浮出水面：奎恩替客戶完成了一件艱難的任務。舊華府圈（以及其所包含的媒體、社會體制，和那些維護高標準的群體）仍然假惺惺地唱高調，主張這種現象代表華府的道德倫理已崩壞，但新華府圈卻能從另一角度來理解馬克·里奇的特赦案，認為這是新的商機。

奎恩—吉勒斯彼事務所的客戶包括美國石油學會（American Petroleum Institute）、安養院產業、加拿大卑詩省木材貿易委員會（British Columbia Lumber Trade Council）、威訊通訊（Verizon）、美國銀行、惠普電腦，以及世貿中心的承租人賴瑞・席維斯坦（Larry Silverstein）。在安隆公司宣告破產前不久，奎恩—吉勒斯彼事務所還幫助他們對抗加州政府試圖用來規範當地電力市場的管制措施，此外公司也在洛克比空難發生後代表罹難者家屬向利比亞政府索賠。康諾頓在網路廣告界創下人生最大的成就之一：他擔任草尖組織「網路廣告促進協會」（Network Advertising Initiative）的代言人，花了半年的時間為這個產業鑽研一套自我監管的制度，並與聯邦貿易委員會（Federal Trade Commission）的五位委員以及七個州的檢察總長見面，還擋下一項國會法案，這個法案會阻止網站蒐集消費者線上消費習慣的資料。這種複雜的工作才是頂級律師事務所合夥人該做的，反觀拜登卻毫不在乎康諾頓對任何議題的看法。

康諾頓在阿諾—波特律師事務所上班時曾堅持底線拒絕擔任安聯集團（Allianz）的代表，因為這家德國保險公司涉及在二戰後欺騙其猶太客戶。同樣的，奎恩在柯林頓政權底下促成各州政府與煙草公司的和解案，要各公司拿錢出來賠償，後來也拒絕替煙草商做事。反觀奎恩—吉勒斯彼，公司確曾收下巨款，輸掉名聲，公司的顧客包括塞族共和國（Republika Srpska，巴爾幹戰爭後獨立出來的塞爾維亞族政治實體）、象牙海岸共和國（Ivory Coast），而且據說象牙海岸內戰方酣期間該國政府還養了一個暗殺隊來肅清政敵。在康諾頓看來，這種國際工作非常有趣，而且他相信他們公司在引導象牙海岸政府走上選舉這條正路。（話說回來，反正法國、波蘭這種大國也不會與他們簽約，所以只能幫一些流氓國家服務嘍。）二〇〇五年，康諾頓飛去阿比讓（Abidjan）與象牙海岸總統洛朗・巴波（Laurent Gbagbo）見面，他坐在車子裡經過一個個令人心生畏懼的檢查站，終於到達總統官邸。康諾頓雖坐在巴波總統旁邊，但巴波並不想聽他的說客康諾頓說話，對民主議題也毫無興趣，他在乎的只有如何替自己建立好形象。康諾頓在海邊的攤子買了一個巨大的大象雕像扛回華府送給公司老闆——共和黨紅人吉勒斯彼[5]。六個月後，他們終止了與象牙海岸的業務往來。

有個同事曾說過，公司在聘請說客時只在乎兩件事：「第一，他是否能自在地開口請朋友幫他的忙；

第二，他是否願意幹這行。」這名同事張開雙腿說：「他必須了解我們是來賺錢的，如果他不渴望賺錢，那他也不會把工作做好。」

康諾頓在華府打拚了那麼多年已感到饑渴，他渴望賺錢，但更渴望能有一番作為，在高層打滾。他在幫拜登做事時沒能做到這件事，公職所帶來的羞辱遠超過成就感，但民間企業就比較注重本事，只要做出成績就能得到獎賞，不必看上頭的心情。遊說工作的壓力超大，而且各行業的公會領袖特別難搞，但即使如此，這裡也沒有任何人會像拜登那樣開口閉口「他媽的蠢貨」。奎恩、吉勒斯彼和康諾頓身上都流著愛爾蘭人的血，他們出生平凡，把「刻苦忠誠」當座右銘，也不像傑克·阿博拉莫夫（Jack Abramoff）那樣是遊說這一行的壞蛋。康諾頓很喜歡他的夥伴們，也熱中於他們一起建立的事業，他在公司裡打拚的這段歲月是他在華府度過最快樂的時光，因此當有人把遊說工作說得一文不值、卑鄙齷齪時，康諾頓難免會想要站出來反駁。去他的，整個華府有誰不是喝著大企業奶水長大的？以往康諾頓也親眼目睹過科文頓－柏靈律師事務所拿企業的錢做同樣的事啊。整個華府圈都樂在其中，但只有幾千個註冊列管的說客要背這個黑鍋，飽受攻擊。

康諾頓辦了一個證券買賣帳戶也訂製了幾套西裝，幾年後，他買下一棟位於喬治城（Georgetown）的透天房屋，這也是他人生第一次買房。後來他又在墨西哥灣上的普拉亞德爾卡曼市（Playa del Carmen）買下一間公寓，要價四十二萬美元。接著他以十七萬五千元買了一台二手的義大利製快艇，但他始終沒把他那台破爛的美國汽車扔了。

康諾頓還在拜登總統競選團隊做事時認識了一位友人，這位友人曾說：「百分之九十九的美國人聽我說這些會難以理解，但這個年頭年薪四十萬真是什麼都做不了。我有大瀑布城（Great Falls）那個房子的房貸要繳，而且兩個孩子都在唸私立學校〔在華府，大家都會把孩子送到私立學校〕，除非走運了不然年薪四十萬真的存不到什麼錢。」康諾頓最要好的華圈內朋友都是在那次競選活動中認識的，其中有些與他一樣出人頭地了，但那些在公共服務體系待最久的人卻都已深陷財務窘境。在華府，人們只能跟著主流走，因為所有就業機會都源自於這裡的主要業務。這座城市是整個地球的首都，此時此刻的華府所聚集的財富已經超乎人類想像，可謂美國史上最富裕的城市。但即使如此，這座富裕的城市還是個孤立的小城，與世隔絕。

在某種程度上，遊說工作靠的是錯綜複雜的「華府圈情誼」，這也是為什麼國會助理在K街會如此搶手。如果參議員的幕僚長認識並喜歡某個說客的話就會回電話，幕僚長心裡可能還會想：「我有點想幫他耶，之後如果要他幫我辦個活動他也會答應，而且他還能給我點甜頭。」遊說工作為企業與政府官員之間帶來資訊與分析資料的流動，這是非常可貴的。若說參議員猶如法官，那麼說客就是律師，為訴訟案的一方提供最好的辯護，讓法官有判案的依據。

當然這並非全無問題的，因為通常不會有人出庭為另一方辯護，也沒有任何人能像那些大企業一樣把錢投資在說客和競選活動上。反正現在的參議員也不能比作法官了，也許在威廉·普羅克斯邁爾（Proxmire）和雅各·賈維茨（Javits）[6]兩位前參議員的時代還能這麼說，但現在的參議員不再只注重呈上法庭的簡報內容，他們在為案子下判決前還會考到慮金錢與政治因素，而現在的說客也只是扮演中間人或槍手的角色罷了。要怪就怪那些特殊利益團體，怪他們身後的金錢靠山以及這些錢所能開通的路，也怪那些競選財務法讓競選活動都染上了銅臭味。「我會在這個房間裡是因為我曾經幫你籌到錢，而且還能找到好門路籌到更多錢，」康諾頓說：「如果你的銀根斷了，就會被打回原形，變成與我和昆恩一樣的傢伙——聰明稱職的律師。」

離開華府後，康諾頓針對一九八〇年代以降的美國社會發展出一套關於金錢的「普遍理論」：他認為

「當金錢利益在華爾街和華府大爆發，當人們不屬於企業高層但還能賺到幾百萬元，當他們可以像我一樣沒沒無名卻帶著幾百萬元離開華府，當人們無需再為某些行為付出代價，當一些社會規範開始消失，人們開始炫耀自己的生財管道，那就意味著整個文化風氣改變了，而華爾街和華府就是歷經這種改變。」

康諾頓無意間成為了「民主黨專業幕僚」。在他看來，盤踞在華府的是某個特定階層，成員有說客、律師、顧問、諮詢人員、政論名嘴、軍師以及專為他人解憂排難的「喬事人」。這些專業民主黨人在華府與華爾街之間穿梭往來，一下搖晃著大企業這棵搖錢樹，讓金錢像落葉一樣嘩啦嘩啦地灑落華府滿地，一下又在民主黨的政治圈裡打滾還步步高升。財富助長了民主黨專業幕僚的權力，而權力為他們帶來更多財富，他們透過募款活動替利益團體與民主黨幹部牽線，與政客共進早餐，與各行業公會領袖吃午餐，再與其他民主黨專業幕僚一起享用晚餐。他們辦公桌後面都有一個「權力之牆」，牆上掛著他們與畢生認識的大牌政治人物的合照。這些民主黨專業幕僚首先是忠於公司，再來是忠於政治圈裡的前老闆，然後是忠於政黨，最後才是忠於總統。當然除了專業民主黨人也有像艾德·吉勒斯彼一樣的共和黨專業幕僚，他們遊走華府的能力可不輸給民主黨專業幕僚，因為身為共和黨人，他們根本無需假裝自己討厭大企業，憎惡金權政治。

華盛頓這個城市很小，人與人之間很容易找出彼此認識的朋友，所以無論是參加電信部門的休閒酒會或是金融業的社交活動，最好都要與人為善，否則很快就會遭受報應。奎恩—吉勒斯彼事務所鼓勵旗下的說客每晚都出去社交，因為在那種場合都能獲得寶貴的資訊。康諾頓也算是完成了自己該做的分，但時間久了他出去社交的頻率也減少了，他討厭大型聚會的場合，後來甚至會在參加這種活動時全身發癢，才剛把車子交給泊車小弟就決定離開。在經過幾番提問，康諾頓與他新認識的朋友大概就能判斷彼此在這座城市的地位了——拜登的人、柯林頓政權底下的員工、在幫傑克·奎恩做事、負責電信業務，而這將決定兩人是否要繼續認識彼此，但康諾頓骨子裡是個阿拉巴馬人，要他吹噓自己有多重要，他實在是辦不到。

康諾頓一直保持單身，但有好幾次他差點就結婚了，如果真結婚的話，他的遊說事業可能就要一飛沖天了。有些權力圈的夫妻檔可以在政府與民間之間穿梭自如，有人負責找錢，有人負責在政府體制裡步步高升，過程中兩人還可以交換內線消息。之前康諾頓與參議院的某位幕僚長一起處理一系列的金融業問題，後來才發現這位幕僚長的配偶在銀行當高官。在華府，枕邊人之間的悄悄話有可能價值千百萬。

有些夫妻檔屬於華府固定班底中的金融圈，也就是華府—華爾街的金權政治核心，成員包括財政部官員、銀行委員會[7]幕僚以及監管人員，康諾頓稱這些小圈子為「小部落」（Blob）。除了金融小部落以外還有許多他不認識的小圈子，像是國防部裡的軍方—軍火業小部落。金融小部落的成員間關係特別緊密，像是有一對夫妻，丈夫離開遊說界後在參議院某個重要委員會裡工作，妻子則是在卸任財務部職務後轉往證券交易委員會任職。夫妻倆一天到晚都忙於社交，他們放長線釣大魚，等哪天決定金盆洗手了就要成為大富翁了。

幫政客募款這種事，奎恩—吉勒斯彼事務所能不做就不做，在市中心辦活動衝業績不是最理想的做法，公司自以為可以戰略性地透過更聰明的方式成功，但政客們才不會善罷甘休。康諾頓會聯繫參議員的幕僚長，替客戶與參議員安排見面，但幾天後他就會接到參議員的電話邀請他參加一場募款活動，入場券一千美元起跳，此時康諾頓也只能說：「我非常樂意。」很快的，公司為每一次選舉所預留的捐款金額五萬元就被幾個合夥人用光了。公司也開始捆綁政治捐款[8]（bundling），但相較於巴頓．博格斯律師事務所（Patton Boggs）和波德斯塔集團（Podesta Group）這兩個幾乎每週都會辦活動的重量級玩家，奎恩—吉勒斯彼事務所算不了什麼。

奎恩—吉勒斯彼事務所舉辦的募款活動一般都是在自家會議室裡安排自助式早餐，提供培根和雞蛋等餐點，活動通常是在週二、週三或週四舉辦，因為參議員都只有這幾天早上才會確定待在華府。募款活動是早上八點開始，但在七點四十五分就到場的參議員多得康諾頓也數不清，他都會覺得：「完蛋了，根本還沒睡醒，卻要跟他哈拉扯淡十五分鐘。」身為活動主辦方的他和奎恩在介紹參議員時都會誇張地吹捧：「他是這時代最偉大的公職人員之一，而且私底下也是個大好人，我孩子生病時他還打電話慰問……」接下來輪到參議員講幾個冷笑話，客戶都會捧場，然後大家就言歸正傳。康諾頓剛踏入遊說行業時是不能在募款活動上談論正事的，這種行為被視為很不得體。但隨著時間的流逝，這條劃分兩者的界限，與其他各種行規一樣漸漸模糊，久而久之，連向來開放風趣的政壇高手陶德參議員也淪陷了。他臉頰泛紅、眉毛烏黑，還頂著一頭參議員風格的濃密白髮，沿著會議桌繞一圈，詢問每位捐款者：「你想要我幫什麼忙？」每一場活動結束的三個禮拜後，康諾頓會打電話給那位參議員的幕僚長，幕僚長都會說：「請稍等，參議員要親自跟您聊。」康諾頓已成為這些參議員在政界的圈內人，但如果之後的一年內都沒舉辦活動，那也就別想再和參議員通電話了，到時康諾頓要再次安排早餐聚會才行。

二〇〇一年，他和奎恩替拜登舉辦了一場募款活動，那時候拜登才剛上任參議院外交委員會主席而且即將在二〇〇二年爭取參議員任期的六連霸。那次的募款活動為康諾頓的前老闆拜登籌到近七萬五千元。兩年後，康諾頓又舉辦了另一場活動。兩次活動結束後，拜登都沒向康諾頓道謝過，這實在是太過分了，因此康諾頓向一位好友吐了苦水，這位好友在一九七九年拜登到塔斯卡盧薩演講前就在替拜登做事了，還在第二次活動結束後請康諾頓吃午餐以表謝意。兩個星期後，康諾頓收到拜登的字條，上面寫著：「傑夫你一直都很挺我，希望你知道我也會一直挺你。」

康諾頓不太會用「能接近拜登」這點來推銷自己，請拜登與客戶見面的事情在十二年裡也只發生過一次，但要維持這種與拜登親近的假象就代表他必須忍受拜登對他的無視，但康諾頓理性評估後覺得這一切都是值得的。這世上也只有拜登自己覺得他會選上總統，這件事已成為一大笑話，即使如此，身為參議院外交委員會主席的拜登仍享有崇高的權力地位，而且二〇〇四年的選舉中，總統候選人約翰．凱瑞（John Kerry）的國務卿候選人口袋名單裡也有拜登，但無論如何，「前拜登幫成員」這樣的名聲在華府也不值多少錢。不過，康諾頓能和那些還在華府投石問路的企業平起平坐，全都歸功於他是「拜登的人」，因此在公開場合裡，他還是維持這個身分。

二〇〇三年底，奎恩－吉勒斯彼事務所被倫敦企業 WPP 集團收購，WPP 集團是全世界最大的廣告與公關企業。此次收購所賺到的錢將在未來四年裡分三次發放給幾位公司合夥人，而最終價格將取決於公司的盈利能力，這代表公司的利潤愈高，最終售價也會隨之水漲船高。康諾頓比以前更努力了，而到了晚上，他坐在酒吧和餐廳裡，在餐巾紙背面計算著期望中的所得金額，這個金額會隨著公司收入的多寡而有所變動，康諾頓每次都不厭其煩地重新計算。二〇〇五年到二〇〇七年，公司的年收入近兩千萬元，轉眼就要結算盈利了（earnout），公司瘋狂地降低支出、提高利潤，奎恩還表示他們這樣就像是在沙發縫隙裡找零錢一樣。最終康諾頓離職時已經躋身有錢一族。

■

1．譯註：K 街（K Street）是華府哥倫比亞特區的一條主要幹道，被稱為遊說集團的中心。
2．譯註：離職後，與他友好的拜登幕僚長泰德．考夫曼已經繼任拜登離開參議院（去擔任副總統）而留下的德拉瓦州參議員職位，所以康諾頓又去參議院為考夫曼工作。

3．譯註：紅色（民主黨）加藍色（共和黨）就是變成綠色，表示這家事務所紅藍通吃；另外，美金也叫做"greenback"，表示他們是認錢不認人。

4．譯註：草尖階級（grasstop）與草根階級為相對應的概念，草尖階級成員為社區或組織裡具影響力的領導者，通常與當地國會議員保持良好關係。

5．譯註：大象是共和黨的象徵，民主黨則是驢子。

6．譯註：即William Proxmire與Jacob Javits兩位參議員，分別屬於民主黨與共和黨。

7．譯註：全名為銀行、住屋與都市事務委員會（United States Senate Committee on Banking, Housing, and Urban Affairs），是聯邦政府機關。

8．譯註：捆綁政治捐款（bundling）是指將幾筆個人捐款合併為一筆金額較高的捐款的合法行為。

THE UNWINDING

第二部

part.2

迪恩・普萊斯之四

一條雙向道的柏油路穿越樹林，沿途經過白橡樹、粗皮山核桃樹和卡羅來納白蠟木。樹蔭下有一座菸草倉，隨著時間一年又一年過去而逐漸坍塌，金屬製的屋頂向內傾斜，一塊塊斑駁的牆板已經脫離釘子鬆掉，搖搖欲墜。附近有半邊覆蓋樹枝和藤蔓的道路上，矗立著一棟只剩窗口、沒有窗戶的白色牆板房屋。屋子的外牆上有一塊帶著火燒痕跡的手寫招牌，牆上仍可見「**待拆**」的公告字樣。再往前走，路轉了個方向，一棟頂著巨大衛星天線、外觀整潔的磚造平房映入眼簾，座落於陽光灑落的紅棕色田野之上。另一個彎道，起初可見平緩的山丘，再來又進入深林，然後是一座位於森林空地的廢棄金屬倉庫。道路變得直又平之後，來到路口一處紅綠燈，道路兩側有商店街相望，停車位已滿，藥妝連鎖店沃爾格林（Walgreen's）正對著麥當勞，殼牌（Shell）與英國石油（BP・）的加油站面對面。另一處紅綠燈，可以看到一間有百葉窗的汽車經銷店，以及一座巨大的報廢場，報廢場扭曲變形的金屬和廢棄木材堆積成山，隔壁一家紡紗廠像是大鯨魚被開腸剖肚一樣，等著要分拆出售。再來是市區、寂寞的小主街、跆拳道教室、政府福利辦公室、封閉的餐廳、一間出租中的無名轉角商店、四個街區範圍內的兩位行人，以及標誌小鎮底端的一元商店達樂公司（Dollar General）。另一邊是一望無際的鄉村景致，道路穿過田地，除了玉米田占了一塊地之外，旁邊一塊地什麼都沒種，就只有雜草和土塊。接著是一個住宅開發區，外觀相像的兩層樓高房子整齊地排成一排，對面過去是某戶人家的菸草農場。遠離住宅區，橫向木圍籬和人工湖後方，有一棟獨立於好幾英畝草地上的超大型城堡式建築，主人是某位 NASCAR 明星賽車手。

普萊斯回到家鄉，打算在這裡度過餘生，家鄉風景新舊並存，就如同任何在美國的事物一樣，既特別又普通，既美麗又醜陋。但在他的想像中，這裡早已像是一場惡夢：千不該萬不該變成如此模樣，甚至讓他覺得這一切簡直罪大惡極，而且比起任何一位路過旅客或是遠在天邊的批評者，他對這裡都感到更為深惡痛絕。然而，他覺得這裡畢竟還有一絲獲得救贖的可能，這救贖之夢雖然虛無縹渺但卻絢爛美麗，只有他這充滿遠見的土生子能夢見。

有一次，普萊斯開車經過克利夫蘭郡，碰巧路過了父親應徵過的浸信會教堂。父親曾經想要進入這間立場保守死硬的教堂工作，但卻未能成功，而那一次的失敗經驗擊潰了父親的意志。普萊斯之所以能認出這間教堂是因為幾十年前，大約是一九七五年左右，他和父親一起來過這裡，他當時就在面試現場聽父親佈道。他也注意到教堂隔壁，現在多了一間可惡的波強哥。對於普萊斯來說，波強哥已經成為美國人生活方式錯誤的代名詞：美國人是如何生產食物，運送到全國各地；美國人是如何種植農作物，拿來餵養牲畜；美國人是如何僱人到餐館打工，以及錢潮是如何從本地流向外地，這一切都大錯特錯。普萊斯變得憎惡工作，憎惡他所經營的加油站和速食快餐店。他看見了自己犯下的錯誤，不像他的父親從未醒悟。他不該開波強哥炸雞店，就像父親不該當牧師，而此刻他們倆所犯下的錯（炸雞店與教堂）卻比鄰而立，開車路過時心底突然覺得諷刺無比。

他看見了隱藏在美國這塊土地表象之下的真理。

有些晚上他會熬夜坐在前廊，拿著一杯傑克丹尼爾威士忌，聽著卡車向南駛過二二〇號美國國道的聲音。卡車總是在夜色的掩蓋下，載著成箱的活雞運到屠宰場，就像在進行什麼不道德的大型走私活動一樣。這些雞因為施打了一堆荷爾蒙，導致體型過大無法行走。普萊斯想到牠們可能會以肉塊的型態，原路返回他家山坡上有泛光燈照射的波強哥；想到餐廳員工厭惡工作的情緒會滲入浸在油炸鍋中的雞肉；想到這些煮熟的食物接下來會供應給客人吃掉，而吃下雞肉變得肥胖的人，最終又會因為罹患糖尿病和心臟衰竭，住進格林斯伯勒的醫院接受治療，加重公共醫療負擔。用不了多久，普萊斯就看到他們騎著電動購物車，在梅奧丹的沃爾瑪內四處逛。這些人體重過重，沒辦法行走於大賣場的走道，就像那些餵食了大量荷爾蒙的雞一樣。

普萊斯的連鎖事業命脈——二二〇號美國國道，則是讓他想到那些車輛引擎燃燒所消耗的幾百萬加侖汽油，都是來自美國海外的敵人。不僅如此，還有數以百萬計的美元從地方外流到石油公司和大型零售商。因此，他將卡車開進馬拉松石油公司（Marathon）的加油站加油，看到加油機上方的標誌，有一面寫著「**條條道路通自由**」字樣的美國地圖形狀旗幟，這時他總覺得有點抓狂，因為周圍的人居然會相信這種虛偽的謊話。大家愈來愈依賴企業，逐漸失去獨立精神。他們本應是美國人，而不是「沒國人」（Americain'ts）。不過，民主正處於衰落的階段，所以除非發生什麼大事，要不然無法喚醒皮埃蒙特的人，促使他們採取行動。普萊斯認為，像石油頂峰這樣的大事，就是二十一世紀最大的事。一八五九年，艾德溫．德瑞克上校（Colonel Edwin Drake）在賓州小鎮蒂杜斯維爾（Titusville）鑽下第一口油井時，就已經開啟廉價能源的時代，石油創造了世界上有史以來最大的工業力量，而如今卻已經走到了盡頭。

希爾在《思考致富》一書結尾，引用了愛默生的話：「如果有緣，我們必會相遇。」普萊斯在他頓悟之際，認識了一位名叫做詹姆斯．哈維．康斯勒（James Howard Kunstler）的作家，他是透過康斯勒的著作和每周更新的部落格「靠北國家」（Clusterfuck Nation）認識他的。康斯勒住在紐約州北部，他預測美國會出現所謂「漫長危機」（the long emergency）的末日景象：美國將進入石油匱乏之時代，郊區仰賴汽車的生活方式將會崩壞，公共秩序將會瓦解，四處都有游擊隊起義，權力將會下放到半自治地區和地方單位。那些過去半個世紀以來都過著「世界上最豪華、舒適和悠閒生活」的人，將被迫承受巨大的苦難。那些最有生存能力的人將是靠種田維生或是生活在小鎮上的美國人。他們與地方緊密連結，擁有實用的職業與技能以及作為成人的公民責任感。失敗者將是那些在城市遠郊追逐美國夢的人，他們住在距辦公園區六十幾公里遠的百坪大房屋。他們開著車到處晃，會去達吉特（Target）和家得寶（Home Depot）等賣場購物，老早就已經喪失了自己製造燃料的和生產食物的技能。基於地理、歷史和文化的原因，在這漫長危機中，南方人生活會過得很糟，出現非常嚴重的妄想和暴力行為。而承襲古老清教徒先知一脈的康斯勒，似乎歡迎甚至是渴望的這樣的未來。

普萊斯對這一切主張深有同感。一概而論的說法，或對或錯的預測，還有懷著大多數人聽不下去的秘密，這樣的感覺正好與他心境相符。然而，世界觀只是內心想法投射到現實，而普萊斯是一個樂觀主義者，是當今的霍雷肖・阿爾傑（Horatio Alger）[1]。只要有世界末日就一定有「被提」（Rapture）[2]。普萊斯強烈相信毀滅會帶來新生，美國將出現一種全新的生活方式，不只在羅京安郡，也在全國其他地方。差不多十年內，整個美國將呈現截然不同的面貌。沃爾瑪可能不復存在，埃克森美孚石油公司（Exxon）和全球四大糧商之一的阿徹—丹尼爾斯—米德蘭公司（Archer-Daniels-Midland）將會奄奄一息，成為無腦和過時的代表。汽油價格將暴漲為每加侖六、七美元，相對於現在集中化、長途運輸以及大規模的經濟策略，新經濟將是去集中化、在地化和小規模。皮埃蒙特等農村地區即將復甦，他們所需的一切都在手邊，財富就潛藏在休耕地裡。在乘船旅行的時代，大家利用水力生產麵粉，每隔八十公里左右就有一個磨坊廠。而在未來幾年，二二〇號美國國道則是每隔八十公里左右就會湧現小型燃料精煉廠和肉類加工廠。這不是大規模生產，而是由大眾生產。未來將會把美國帶回到過去。二十年之內一切將變得面目全非。儘管這樣的轉變相當困難，但從另一方面來看，我們將會得到一個新生的美國，美得無與倫比。

普萊斯認為，這其中扮演關鍵角色的正是生質柴油。他說：「如果這是每隔一百五十年會出現的異常現象，那當我們把便宜可負擔的石油開採殆盡，我們將會從石油促成的文明發展高度回歸到以前的狀態。不過，在此之前，我們會透過我們開發出的新科技學到許多東西。這個會不斷向前發展的模式就是綠色新經濟。除非有人想出靠空氣就可以發動車子的辦法，或者是找到其他取之不盡的替代能源，否則生質柴油將會稱霸地表一千年。這是一種僅限於本地的農業經濟。誰都說不準未來會怎樣，但當這些農民可以靠種植農作物來發動自家柴油拖拉機，成為自己的老闆，不受任何人約束，這就是巨大的改變。相對於一般人認為經濟將會大衰退的看法，我反倒認為這會是我們有生以來最大的一次經濟大爆發，因為原先所有集中在上層的金錢、食物、燃料，和衣服等資源，以及他們所操控的銀行業，都有可能會回到小鎮手中。我可以預見這樣的事情發生。」

普萊斯對於這樣的願景深信不疑，他的政治立場也因此發生微妙的變化。他摒棄了他自己、家人和所在社群的保守派觀點。現在他認為美國的這些問題肇因於共和黨。他不再尊敬雷根，更不用說他從未過好感的布希總統。不過，普萊斯也稱不上是民主黨的支持者。他想辦法靠網路自行解決問題，未仰賴任何政黨、同業公會、工會或新聞報紙，也沒任何機構從旁引導和給予他支持，因為這些組織沒有半分信譽可言。他討厭銀行和企業，也不信任政府，理由是政府似乎與大企業共謀。如果真要說的話，他的觀點變得愈來愈像十九世紀末期的鄉村民粹主義者。「有時候我覺得自己晚出生了一百年。」普萊斯說。

廚房隔著牆壁的另一側，普萊斯的母親整天開著電視播放福斯新聞（Fox News）。普萊斯小時候，他們全家會一起收看華特·克朗凱特（Walter Cronkite）主持的新聞節目，那時他的母親還沒什麼鮮明的政治立場，但現在她的觀點漸趨保守。她的意識型態根基於《聖經》的金科玉律，這也意味著她反對墮胎和同性戀。再加上福斯新聞和共和黨總是將自身立場與宗教綁在一起，所以任誰也不可能說服她不要相信共和黨那一套，而這也是為什麼普萊斯和母親在一起時，都會避免談論政治。

二〇〇七年，卡特把普萊斯介紹給蓋瑞．辛克（Gary Sink）。辛克是個有著一頭白髮、體格健壯、態度保守的人。他退休前是從事印刷和包裝業，目前擔任格林斯伯勒的皮埃蒙特海上運動釣魚俱樂部（Piedmont Offshore Sport Fishing Club of Greensboro）主席。在他看來，生質柴油未來發展潛力很大，而普萊斯則是一位具有領袖魅力的企業家，除了有個人獨到的遠見，還懂得如何表達和傾聽，釐清別人的想法。二〇〇七年二月，辛克、卡特和普萊斯三人去了一趟俄勒岡州。他們去看當地農民如何使用種子粉碎機，最後買了三台運回維吉尼亞州。這次的旅行讓三人關係變得更緊密，他們也益發堅定要投入製造生質柴油的新事業。九月時，他們創立紅樺能源（Red Birch Energy），成為股份相當的合作夥伴，由辛克出任總裁，普萊斯擔任副總裁。三人都投資了三萬美元左右。其中，卡特投資的錢用於翻新儲存設施，設施座落於一塊未開發土地上的生質柴油精煉廠內，就在普萊斯位於維吉尼亞州巴塞特的卡車休息站隔壁。精煉廠是一棟由金屬板和結疤松木板搭建成的建築，旁邊還有一座塔式穀倉。他們聘請了溫莎市一名叫做德瑞克．戈特曼（Derrick Gortman）的工程師來設計精煉廠。戈特曼是在一個面積兩百英畝的菸草農場長大的。他家的菸草倉燒毀之後，他曾經先後嘗試種植玉米和草莓，但因為難以維持收支平衡，所以農場現在處於休耕狀態。戈特曼加入紅樺之後，在精煉廠安裝了反應器。廠房的牆上可以看到掛著一些普萊斯從古董店和跳蚤市場收集而來的舊蘇打水、冰淇淋和麵包招牌。二〇〇九年紅樺首度開始生產生質柴油，與當地二十五位農夫簽了合約，以每蒲式耳九美元，相當於玉米兩倍多的價格，向他們購買了一千兩百英畝的冬季芥花。普萊斯還在精煉廠和二二〇號美國國道之間種了一小塊地的芥花，為的就是向當地農民展示這種沒多少人知道的作物很容易在皮埃蒙特的紅土上生長。製作出來的燃料，也就是混合百分之二十生質柴油的燃料，會在隔壁普萊斯的卡車休息站販售，透過加油機幫上門的卡車加這種燃料。所有東西都是在同一地生產製造，形成一個封閉的循環系統。從農場到加油機完全未經過中間商，連運輸成本也省了，這樣就能和普通柴油保持競爭或是低價競爭。

美國當時沒有像這樣的地方。二〇〇八年初夏，全國油價飆升至每加侖四點五美元，皮埃蒙特周圍的道路變得荒涼，總統大選候選人正試圖安撫憤怒的群眾。在這樣的好時機，普萊斯和辛克的精煉廠完工了，他們在廠房外放上自家招牌，語氣自豪地宣布**紅樺能源：美國第一家生質柴油卡車休息站**，還在穀倉塔上頭高高掛起一面巨大的美國國旗。高速公路旁的芥花田已經長到高度及腰，開滿天鵝絨般的黃色花朵。

那年夏天，當地報社開始注意到發生在二二〇號美國國道上的有趣現象。報社派遣記者到巴塞特採訪普萊斯，拿到他們要的受訪者引言。普萊斯向《溫莎日報》（*Winston-Salem Journal*）解釋：「我們是自己種植、製造和銷售。」他告訴《格林斯伯勒新聞與紀錄報》：「整個產製流程都在屋子裡。我們不用從其他任何地方獲取燃料。」「芥花將取代菸草，成為未來的經濟作物。」他又對《里奇蒙每日快報》（*Richmond Times-Dispatch*）說：「在我看來，最好美國的油價能趕快漲到一加侖八美元，因為這反而可以更快帶領我們擺脫困境。」還說，「許多卡車司機是農民，也有許多農民是卡車司機，他們互惠互利。」他向《馬丁斯維爾公報》（*Martinsville Bulletin*）誇張地表示：「這一行充滿高薪的綠領工作。」每個卡車休息站可以創造七十五到一百個工作機會，部分休息站能夠支付每小時二十五美元的工資。這些工作沒辦法外包到中國，會流向失業率超過百分之二十的維吉尼亞州亨利郡（Henry County）民眾。如果紅樺能夠成為加盟品牌，這樣的模式甚至可以擴及全美國：有人負責種植農作物、製造設備、建造精煉廠、製造燃料，也有人在州和聯邦機構監管，或是在社區大學傳授相關技術。普萊斯向《卡羅萊納—維吉尼亞農民月刊》（*Carolina-Virginia Farmer*）表示：「我們提倡小規模的農民自有生質燃料廠。」他還說，「你每在當地生產的生質燃料上花一美元，就有九十分會留在這裡。現在想想看如果錢像這樣在本地循環個五六次，那會對經濟造成多大的衝擊。有可能大到足以刺激國家經濟繁榮。」一生質柴油不只對環境有利，還提高了半掛式卡車的燃油里程數。普萊斯引用了傑佛遜總統關於農民貢獻的那一段話，還談到復興美國公民價值的事情。他呼籲國人愛國和美國獨立。即使今天伊朗和伊拉克為了爭奪油田開打，或者美國與中國交戰，又或者穆斯林恐怖分子用髒彈炸毀美國東岸的電網，紅樺仍然可以運作下去不受影響，卡車也將在二二〇號美國國道上繼續行駛。「這是一個各方皆贏的局面，」普萊斯說。

不過，有一件事普萊斯從未提及，那就是全球暖化。在普萊斯住的地方，有太多人對於這個理論抱持著懷疑的態度，每當他們聽到這個詞，就會停止傾聽對方的話並開始爭論。普萊斯本人不是很確定全球暖化是不是真的。他對石油頂峰更有信心，因為美國早已達到石油頂峰。他不需要搬出阻止全球暖化的噱頭就能把油賣出去。

辛克有時會擔心普萊斯好高騖遠，承諾太多他們可能無法兌現的東西，他開始對普萊斯汲汲營營獲取關注的舉動感到不滿。他也想知道普萊斯剩餘的資金何時才能到位，因為普萊斯到目前為止只投資了兩萬八千美元，而且紅樺能源還借了二十五萬美元向普萊斯購置那塊他們拿來蓋精煉廠的土地。雖然普萊斯在過程中出了許多力，也從未留下任何收據報銷相關費用，但辛克還是介意普萊斯賺錢後未將利潤拿來投資他們的新公司。至於出售土地得來的錢，普萊斯都用在隔壁財務狀況不佳的卡車休息站上。隨後有消息傳來，普萊斯提供的建物平面圖有誤。他在未通知合夥人的情況下，就把土地拿去給他家商店重新融資，導致精煉廠失去了一半廠房前的銜接道路[3]、停車場和一些存放儲油罐的空間。由於精煉廠占地面積縮減，他們拿來抵押的物品也變少。

不過，普萊斯依舊設法在區域地圖上開拓紅樺能源的新天地。他比任何人都還要清楚該如何推銷生質柴油自產自銷的想法，而辛克也學會了他講的那一套。時序進入八月，他們開始從市場購買回來的廢植物油、大豆油和動物油脂中提煉生質柴油，拿去和公路用柴油混合，然後在隔壁的卡車休息站出售。普萊斯和辛克熬夜熬了好幾天，只為聽卡車引擎用了新燃料之後表現如何。一切都進行得很順利，於是他們啟用種子粉碎機，開始將北卡羅萊納州一家實驗農場買來的芥花籽加工。芥花油呈直線狀從機器射入盆中，同時分離出可用作牲畜飼料販售的黑色扁平粗粉塊。在芥花油真正轉化成生質柴油前，必須先等個兩天讓三酸甘油酯進行轉酯化反應，並從混合物中水洗分離出甘油（glycerin）。精煉廠進入製程後，每天在隔壁普萊斯的卡車休息站出售兩千加侖燃料。他們計劃之後產量增加到每日一萬加侖或是一年兩百五十萬加侖。

同年夏天，紅樺能源開始賺錢。他們得以用每加侖四美元的價格在普萊斯的卡車休息站販售混入百分之二十生質柴油的燃料，這成功為他們創造出比其他休息站便宜十美分的優勢條件。普萊斯認為他們已經克服所有問題，而這對於石油巨頭來說，就如潘朵拉的盒子（Pandora's box），一旦打開就得當心麻煩要來了。普萊斯覺得當地民眾會看見這樣的需求，會看清他們之前是如何受制於石油公司和產油國。下一步他要把這個模式授權到整個維吉尼亞州和北卡羅萊納州的鄉村地區。

普萊斯實現了他的夢想，他知道那一場關於老舊馬車道的夢已然成真。然而與此同時，他的另一份事業，也就是他先前早已厭倦的連鎖快餐和便利商店事業，正朝著截然不同的方向發展。二〇〇八年紅樺能源起步的那幾個月，適逢全國各地房價下跌。面對這樣的危機以及油價新高點，在經濟已經低迷十年的皮埃蒙特，當地人被迫做出二選一的窘境：如果他們付了房貸，就沒有錢可以加油開車上班，反之亦然。法拍屋的告示牌開始出現在那些一向都不怎麼值錢的建物。普萊斯認為這場危機是燃料成本上漲導致的連鎖效應，也就是石油頂峰造成的結果。這對新經濟有利，卻對舊經濟不利。就像成串的骨牌一樣，他原本就過度舉債的事業開始兵敗如山倒。

首當其衝的是他開在丹維爾的後院漢堡。後院漢堡的週銷售額幾乎是立刻下滑百分之三十，從一萬七千美元降為一萬兩千美元，但速食店要維持收支平衡大約要進帳一萬兩千五百美元才行。由於顧客的可支配收入減少，他們不願意負擔五點五美元購買起司漢堡和薯條，轉而穿過購物中心到麥當勞花四點五美元購買相同產品。僅僅是一美元的差別，就讓普萊斯的店在六十天內潰不成軍。隔年，餐廳損失十五萬美元，普萊斯不得不結束營業。

普萊斯犯了一個嚴重錯誤，他把旗下所有商店和餐廳都登記在馬丁斯維爾紅樺股份有限公司（Red Birch of Martinsville, Inc）底下，資金沒有切割。因此，一旦有家店出了問題，他便無法貸款維持其他家的運作，這就好比當其中一面牆出現裂縫時，龐大的建築就會開始傾頹。下一個收攤的是馬丁斯維爾賽道附近的卡車休息站：二〇〇九年末波強哥決定收回普萊斯的特許經營權，接著在二〇一〇年初，普萊斯不得不關閉卡車休息站。之後，他又把馬丁斯維爾的波強哥獨立餐廳收掉。他賣掉卡車休息站和餐廳的錢足以清償銀行貸款，但他的一些供應商卻成為了他的債權人。過去他出售斯托克斯代爾的卡車休息站給印度人所換來的錢統統煙消雲散。「我賺了一百萬美元，但又賠了一百萬美元，」普萊斯說。

經濟危機並非唯一的罪魁禍首。普萊斯已經對經營店家完全沒有興趣，他委派馬丁斯維爾的一名會計師代為管理，對員工中飽私囊的行為渾然不覺。普萊斯的朋友霍華德說：「普萊斯不會去檢查那些人在暗地裡不軌。當普萊斯拿著該死的茶匙把東西帶到前門，他們就會用鏟子把東西挖去後門洗劫一空。發生在巴塞特的事情就是一個鮮明的例子。只是普萊斯沒那麼警覺而已。」

普萊斯說：「當時我全心投入生質柴油。」但事實證明，他未來的夢想是建立於過去的成就之上。因此，當他的事業開始崩塌，必然會產生骨牌效應，砸倒他的最後一張骨牌是：美國第一家生質柴油卡車休息站。

1．譯註：霍雷肖·阿爾傑（Horatio Alger），美國十九世紀作家，作品大量描寫貧窮的年輕人白手起家實現美國夢的故事。

2．譯註：末日災難來臨時，基督徒會被提到空中與主耶穌相遇。

3．譯註：銜接道路是指可以開上主要道路的輔助道路。

白蘿蔔女王：愛麗絲・沃特斯

愛麗絲（Alice Waters）對於「美」非常執著，無時無刻都想要沉浸在美麗的事物當中。愛麗絲透過感官深刻體驗這世界，她在餐廳四處擺滿鮮花，也知道餐廳朝西的窗戶不必裝窗簾，這樣才能讓金黃色的午後陽光灑滿室內。愛麗絲的味覺從沒出過錯，食物給她留下的印象也特別深刻。若愛麗絲說：「這裡要多加點檸檬」，那一定是沒錯。餐廳的餐點包括冬季根莖類蔬菜湯、綜合沙拉配山羊起司、烤豬肉、蘆筍佐油醋（asparagus vinaigrette）和反烤蘋果塔（tarte tatin），菜色極其簡單卻讓人吃在嘴裡甜在心裡。

愛麗絲最喜歡的單詞是「**好吃**」，而她最喜愛的詩出自華萊士・史蒂文斯（Wallace Stevens）之手，六〇年代她住在柏克萊（Berkeley）時，這首詩曾掛於廚房旁的牆上，主旨是在歌頌聖烏蘇拉（Saint Ursula）：面對蠻族殘殺一萬一千個少女，她自己也難逃殉難命運之際，還不忘給上帝獻上鮮花與蘿蔔，而上帝——

感受到一絲微弱的顫抖，
那不是天父之愛，
也不是憐憫。

愛麗絲與聖烏蘇拉一樣眼裡只有蘿蔔與鮮花，她看到自己內心的慾望，並常常與身邊的人事物墜入愛河，無論是一道菜、一件大衣、一個人或一個點子，愛麗絲都會不惜任何代價把喜歡的東西弄到手（她從小就出手大方）。愛麗絲身材嬌小，聲音嬌滴滴的聽起來很緊張，她總是看起來很慌張，又特別喜歡挽著別人的手臂，但她內心卻藏著一股堅定不搖的毅力。

愛麗絲人生當中有兩次大徹大悟的經驗，第一次頓悟是在法國。在這令人五感愉悅的國度，愛麗絲對「美」有了很大的啟發。一九六五年，言論自由運動的熱潮才剛退燒，愛麗絲就在加州大學柏克萊分校休學一學期，與某個朋友到巴黎唸書，但她們很快就把唸書這回事拋到腦後，陶醉在洋蔥濃湯、高盧香煙（Gauloises cigarettes）、戶外市集以及法國男子的世界裡。有一次愛麗絲去了布列塔尼（Britanny）一趟，她與朋友在一個小石屋裡用餐，屋子樓上有十幾張桌子，各個都鋪上粉紅色的桌巾，窗外有一條小溪和一個花園，她們享用的鱒魚和覆盆子都來自那裡。用餐結束後，餐廳裡的每一個人都拍手叫好，向廚師用法文喊道：

「這太棒了！」

這就是愛麗絲夢寐以求的生活，她想要和法國婦女一樣頭上戴著曾在一九二〇年代流行過的鐘形淑女帽，早餐吃著抹上杏桃果醬的長棍麵包搭配咖啡歐蕾，在咖啡廳度過悠閒漫長的午後時光，然後晚餐要和布列塔尼的餐點一樣鮮美得令人驚艷。其實愛麗絲想要自己經營餐廳，當朋友們來訪時替他們準備餐點招待他們，在笑聲中調情、談論電影或跳舞度過幾個小時的時光，然而愛麗絲最後還是帶著法國夢回到了美國這個不解風情、只注重大量生產的地方。

愛麗絲很喜歡一九六〇年代瀰漫在柏克萊空氣中的革命氛圍，她自己也會發起一場感官上的革命，帶來一種集體歡悅的體驗。一九七〇年代，美國飲食文化的定義介於花俏的法式餐廳和史雲生牌（Swanson）冷凍食品之間。麥當勞在一九六九年賣了五十億個漢堡，三年後漢堡銷售量又增加一倍。這兩個重要的時間點之間發生了一件事：一九七一年的夏天，位於柏克萊夏塔克大道（Shattuck Avenue）的「潘尼斯之家」餐廳（Chez Panisse）開張了，餐廳名字來自導演馬塞爾．巴紐（Marcel Pagnol）一部老片裡的人物。

黑板上的菜單上只有一種套餐：

酥皮肉派（Pâté en croûte）

橄欖燉烤鴨（Canard aux olives）

法式李子塔

咖啡

三點九五美元

每當晚上店外大排長龍，有些客人等了兩個小時才等到主餐上桌，有些客人則根本沒等到入座的機會。餐廳內場一片混亂，但外場卻是一幅美食天堂的場景。餐廳所有的食材都取自當地，鴨肉來自舊金山的唐人街、農產品來自一家日本人開的農產品店，李子都來自當地的李樹，採摘的時候果實正熟。二十七的愛麗絲掀起了一股熱潮。

「潘尼斯之家」總是使用嚴選的當地、當季作物，愛麗絲與她的工作團隊會在舊金山灣區（Bay Area）尋找食材，有時候甚至還會走進溪流或沿著鐵道尋找他們想要的蔬果。愛麗斯無法接受送到客人面前的餐點使用的是冷凍或從外地運送過來的食材。某次，冷凍食品產業舉辦了一場比賽邀請專家們辨別冷凍與新鮮食材，比賽使用一種食材做出好幾道料理，同一個食材以二十種面貌出現在這些料理當中，有的是新鮮，有的是冷凍的，結果愛麗絲每一種都答對了。

這家餐廳讚揚的還有波西米亞的生活態度，餐廳選用新鮮食材並推崇簡單料理的行為看似標新立異、自命不凡，但餐廳內的氛圍確是開放自由的，餐廳員工時常彼此搞曖昧——最樂在其中的莫過於愛麗絲本人，她喜歡依戀著對方又不必負責任。餐廳的資金來自嬉皮時代的販毒收益，大廚們為了持續奮戰都在嗑古柯鹼，服務生走去外場用餐區的路上會吸幾口大麻或是在值班前把鴉片塞進肛門裡避免自己反胃，忙了一整天，到了晚上大家都會在餐廳外場翩翩起舞。愛麗絲身為老闆可以鼓舞士氣，同時也很嚴厲，但做起事來事卻沒什麼制度，在她的領導下，餐廳長年陷入財務赤字，有好幾次還差一點結束營業，但這個嬌小、清秀、頂著一頭短髮的女子總會說：「可以的，一定行，一定會成功，你等著瞧吧。」

潘尼斯之家還樂在讚揚自己，而且還不遺餘力、馬不停蹄地做這件事。

潘尼斯之家花了許多年的功夫才成為美國最有名的餐廳，一九八〇年代，美國全國各地的飲食文化發生了改變，那些白手起家的年輕有錢人只想吃到最好的食物，想聽到他們在吃的是最頂級的美食，因此愛麗絲的餐廳成為有錢人和名人的聚集地。到了九〇年代，愛麗絲成為了家喻戶曉的人物，也將良心食品當作信仰。她堅持使用有機農作物，而且選用的肉品在生前也必須是活得相對快樂自在的。愛麗絲到處宣導永續飲食有多好，只要有人願意聽她講，她都會說：「能吃到優質食品不是特權，而是人權」或「我們可以透過飲食習慣改變世界」，還有「美麗不是一件奢侈的事。」愛麗絲進而開始對享樂行為進行道德說教。她匯集波西米亞的生活態度與愛說教的個性於一身，為柯林頓籌辦募款活動並準備美味佳餚，但活動結束後又會寫信給這對年輕的總統夫婦，信中語氣咄咄逼人，促請柯林頓夫婦以身作則在白宮院子裡開墾菜園為美國人民樹立榜樣，可惜他們並未採納愛麗絲的建議。但美國人民似乎慢慢聽了進去，像一些住在大城市的情侶就時常在星期六去農民市集購買番茄和牛肝菌菇，都是用祖傳技術種植的。這個圈子的成員都是一些有經濟能力去在乎這些議題的人，在這個圈子裡，「有機」二字的地位極為高尚，幾乎到達神聖的境界。

愛麗絲第二次大徹大悟的經驗發生在一九九〇年代中期，這次是「醜」所帶來的啟發。有一天，愛麗絲與一個當地記者在潘尼斯之家進行訪問，討論在城市的空地裡發展農業，愛麗絲突然說：「你要看看土地利用的反面教材嗎？我們家附近有一所很大的學校，看起來是沒人在管的樣子，世上的萬惡都源自那裡。」那是金恩博士紀念中學（Martin Luther King Middle School），愛麗絲每天都會開車經過那裡，她看到混凝土建築和建在泊油路上的遊樂場還以為學校已經荒廢了。愛麗絲那番話上報了，學校校長也看到報導，不久後，愛麗絲受邀到學校參觀，看看可否為學校做點什麼。

愛麗絲詢問她能否在校內一塊無人問津的土地上開墾菜園。她親眼見到賣給孩子們的食物，像是一個名叫「方便吃墨西哥卷餅」的東西，也就是把番茄肉醬淋在一大袋墨西哥玉米片上，肉醬還是番茄和肉混在一起的罐裝垃圾食物。對愛麗絲來說，這種食物象徵一種徹底崩壞的文化，因為速食不僅不健康，還會助長一些不三不四的價值觀。愛麗絲萌生了一個驚天動地的想法：同學們在菜園裡種植羽衣甘藍和小白菜等作物，然後在學校廚房裡準備營養均衡又不失美味的菜餚（但學校廚房因經費不足而暫時關閉），接著和小夥伴們坐著一起用餐。一些較忙碌或感情不好的家庭裡早就不見這種社交場景的蹤影了。同學們一起用餐時還可以學習基本餐桌禮儀，並藉機喚醒感官，改變他們與食物的關係。

愛麗絲相信要徹底改善淒慘的加州公立學校就只能靠開墾菜園了。愛麗絲在面對難題時也毫不退縮，她是個鬥士，如果要她在禁酒運動時期走入貧民區質問男性為何要酗酒，愛麗絲也不會覺得困擾。若有人問她那些請不起代課老師或買不起文具教材的學校是否該把錢花在「永續發展教育」上，質疑這是否是校方該優先考慮的事項，愛麗絲會露出堅定的眼神說：「可以的，一定行，一定會成功，你等著瞧吧。」

就這樣，她不再只是餐廳老闆，變成到處「傳遞福音」，花了好幾年的時間私下籌到一筆錢並得到正式認可，順利組成工作團隊也克服了最大的難關，成功說服孩子們踴躍參與她的計畫。愛麗絲的「可食校園計畫」（Edible Schoolyard）才剛開始就特別成功，其他郡、市都紛紛開始效仿。二〇〇一年，愛麗絲的女兒在耶魯大學唸大一，學校便開始實施這個計畫，四年後，這個計畫也在美國國家廣場（National Mall）落腳。

當歐巴馬入主白宮，愛麗絲立刻寫信給他說：「此時此刻，您可以帶頭為我們國家該如何餵養自己這件事定調，這個機會非常難得。『歐巴馬運動』如此純潔、老少鹹宜，在飲食方面也須下足相對的功夫才行，而且這件事必須在我國最顯赫、最具代表性的地方進行，那就是白宮。」二〇〇九年五月，第一夫人蜜雪兒宣布白宮將新蓋一個菜園，大家都把愛麗絲視作菜園的乾媽。

一九六〇年代，美國人吃垃圾食物的習慣多多少少沒改變，白汁雞皇（Chicken à la king）搭配一整塊生菜的吃法很受歡迎，但也有部分敢於嘗新的族群開始擁抱起司火鍋。在嶄新的千禧年，食物與所有事物一樣，把美國人民截然區分開來，有些人開始注重飲食也吃得更好，但也有人長期食用加工食品導致過度肥胖。有些家庭每週都會騰出幾天的時間在家裡一起享用悉心準備的晚餐，這些家庭一般都較健全、富裕，吃的也是當地的食材。有些家庭則不常一起吃飯，有的話也是一起在車上吃外帶的速食。愛麗絲把食物變成一個圍繞著良善生活方式和社會改革的政治議題，然而潘尼斯之家盛行的那些年，食物與階級的關係仍密不可分。但愛麗絲不願意在自己的標準上做妥協，就這樣她原本的革命精神就被他人扭曲了。

有些美國人民把當地的有機運動視為一種正義的行為，而人民的消費習慣也逐漸塑造了一種新的道德標準。這場運動針對某些社會階層施壓並向世界宣告：「就算無法達成其他目標，我們還是可以淨化我們的身體。」這一點可以從一些較極端的行為看得一清二楚，像是有一位母親透過社區群組寄信（Listserv）的方式公然詢問自己是否該讓女兒與一個小女孩保持來往，因為小女孩的媽媽竟然讓她們吃熱狗。這名女士是在幫自己和女兒消毒，以免遭到這危機四伏的亂世汙染，所謂污染，隱射的正是窮苦人家。愛麗絲很討厭「菁英主義」的說法，但這些確實是菁英分子才能做出的選擇，一個身兼三份工作的單親媽媽根本就沒有時間、金錢和精力去買什麼特定品種的羽衣甘藍，也無法像愛麗絲一樣對這些善行抱持崇高的嚮往。

愛麗絲想要引導人們走向更好的生活，然而她難以想像或許一個十二歲的小朋友需要的正是能邊走邊吃的墨西哥烤餅所能帶來的立即安慰。她聽到批評的聲浪時選擇把頭轉過去，轉向那堆蘿蔔與鮮花，她相信只要夠在乎就一定買得起有機草莓。「我們每天都要決定當天要吃什麼，有些人選擇買Nike球鞋，還買兩雙，有些人則選擇吃布朗克斯葡萄攝取更多營養。要多花一點錢沒錯，但這是我想做的。」

坦帕市之一

坦帕將成為美國的「下一個偉大城市」。一九八二年出版的《大趨勢》（*Megatrends*）是這麼說的——坦帕將成為十個「潛力無窮的新興城市」之一，這些城市都坐落在美國南方的太陽帶。一九八五年，美國商會（Chamber of Commerce）決定將目標調高，把象徵七〇年代享樂主義的坦帕市座右銘「坦帕：日益美好的在地生活」，換成「美國的下一個偉大城市」。這個標語出現在大型廣告看板、保險槓貼紙和T恤上。如果細數一下坦帕的成就：坦帕蓋了新的國際機場、舉辦過一九八四年的美式足球超級盃冠軍賽、有美式足球坦帕灣海盜隊、占地約一平方公里的西岸商業購物區、有陽光和海灘，與美國其他城市一樣茁壯發展，誰能懷疑這句標語不會成真呢？每年有五千萬名移居佛羅里達州，而既然陽光和沙灘不會消失，坦帕勢必會繼續成長，透過成長實現偉大城市的預言。

坦帕市不停成長，為了成長而成長。不論經濟興衰，不論希爾斯伯勒郡（Hillsborough）管理委員會的掌權者是支持成長的保守派，還是支持計畫的進步派，整個八〇年代坦帕都在持續成長；九〇年代坦帕依舊穩定成長，那時坦帕灣迎來國家冰上曲棍球聯盟（NHL）的閃電隊和美國職棒大聯盟魔鬼魚隊[1]，還再次舉辦了超級盃球賽。千禧年之後，坦帕的成長速度更是勢如破竹。佛羅里達州州長傑布·布希（Jeb Bush）曾經是開發商，他知道如何善加利用都市成長的優勢。郡管理委員會在共和黨占多數的情況下，布希早已經有大把選票穩穩入袋，或許口袋中還足以養活開發商、土地使用權律師、建商和拉爾夫·休斯（Ralph Hughes）

的大把鈔票。休斯曾當過拳擊手，有毆打他人的重罪前科，後來他創辦的鑄模—水泥營造公司（Cast-Crete）負責承包全希爾斯伯勒郡各個社區門廊入口的混凝土樑柱預鑄工程，死前欠下三億多美元的稅金。

但真正成長的是希爾斯伯勒郡。當坦帕市的人口突破三十萬人時，擁有大片尚未劃歸任何行政區的農田、牧場和濕地的希爾斯伯勒郡，早已有超過一百萬人口。坦帕的真正賣點不是美國的「下一個偉大城市」。這座城市曾是個歷史悠久的港口，除了不復存在的雪茄業、長期的勞工問題、居高不下的犯罪率，還有拉丁裔、義大利裔、非拉丁裔白人和黑人之間的摩擦衝突。不，坦帕的發展其實不利於城市生活，充其量只是提供了一個個小社區讓大家可以心懷美國夢：人們可以住在離市中心一小時車程，遠離喧囂的全新莊園。一位開發商的促銷手冊聲稱能讓每位住戶坐擁動輒上百坪的房子，「拋開大都市裡高房價、高稅收和人滿為患的煩惱，快來這裡享受坦帕居民夢寐以求的家園吧。」這就是太陽帶的精神，自七〇年代以來以此為美國的未來樹立了典範。

只要今年搬來的人比去年多，明年搬來的人比今年多，就有更多房屋要興建，建築業、房地產業和旅館業的工作機會也會源源不絕。房地產價值會持續上漲，使得佛州政府能繼續不收所得稅，只靠營業稅和房地產稅就能籌措預算所需資金。為了鼓勵這波成長趨勢，識相的郡委員會委員們免除了原本應該向開發商收取的開發影響費，而這筆費用本來是要用於鋪設新的道路和下水道管線。在坦帕灣周圍的郊區，房地產稅依舊很低，新的學校和消防局由債券收入支付，而債券的價值隨著人們看好坦帕的未來而水漲船高。因此從某種意義上說，每個人遲早都能從投資中獲利，報酬可能於明天或明年就能進帳。

幾位當地評論家指出該政策類似龐氏騙局，但在一片情勢看漲下，所有人對此視而不見。

為了不斷成長，帕斯科郡（Pasco County）清除了沿五十四號州際公路上的松樹、棕櫚樹和柳丁園，砍掉阿波羅海灘（Apollo Beach）上的紅樹林，普蘭特城（Plant City）周邊的草莓農場全都被瀝青道路取代。為了不斷成長，沿著七十五號州際公路往南的李郡（Lee County）在麥爾斯堡（Fort Myers）附近的濕地上新開了一間大學（為此康尼·麥克參議員〔Connie Mack〕還特意致電美國陸軍工程兵團），並開出分期付款的條件，出售了珊瑚角（Cape Coral）排水溝渠之間的四分之一英畝土地。農民和牧場主人拿到現金，一夕之間，開發商在曾經是果園、牧場和沼地的土地上如火如荼地興建住宅區。開發商還為這些讓人們通稱為「欣榮社區」（boomburgs）的住宅區取了一些詩情畫意的名字，令人聯想起英國莊園的愜意生活，例如艾希頓橡園（Ashton Oaks）、鞍脊莊園（Saddle Ridge）、國王道吊床園（Hammocks at Kingsway），就連拖車公園也有像「伊斯特塢莊園」之類的名字。為了不斷成長，空曠的草地在一夕之間被鋪成筆直平坦的郊區街道，取名老威佛利街（Old Waverly Court）、滾石閣林車道（Rolling Greene Drive）和南瓜嶺路（Pumpkin Ridge Road）；街道兩旁出現了無樹庭院的車道和兩層樓高的方塊狀混凝土房屋，房屋的灰泥牆漆成黃色或米白色，前門有圓拱門設計，營造一種優雅的幻覺，以便抬高售價。開發商承諾興建娛樂中心、遊樂場和人工湖泊，以二十三萬美元的價格出售房屋；如果你等半年後才下手，到時房價可能已經飆漲至三十萬美元，等於是你不即刻入手就等著被貴死。附近冒出了許多購物中心和超大型教堂，雙向道的高速公路不堪負荷，不得不拓寬。

為了不斷成長，沒有任何地方太過偏遠或缺乏發展前景。吉布森頓（Gibsonton）位於坦帕灣東側，馬戲團的怪胎演員之前常在這裡過冬，是個老派的佛州鄉間小鎮，鎮上有許多魚餌店、狹長小木屋，橡樹上垂掛著西班牙苔蘚。邁阿密的一位建築商萊納·荷姆斯（Lennar Homes）想要用泥土和混凝土把吉布森頓的熱帶魚塭填平，打造出一個有三百八十二棟房屋的小社區。附近沒有學校，僅有的學校設在活動拖車裡；除了好幾公里外的沃爾瑪找不到大賣場，四十五分鐘車程內更是毫無工作機會可言。但這是發展的機會，所以郡委員會忽略郡內市政規劃人員的警告，免除了萊納·荷姆斯所有可能的開發影響費和稅收。二〇〇五年，他那叫做馬車角（Carriage Pointe）的小社區正式落成。

各個小社區之間沒有城鎮中心，根本沒有城鎮、山丘可以打破那千篇一律的景色，所以假設沒有GPS，你根本不知道自己身處何方；假設沒有時鐘，根本不會知道時間，因為熱帶陽光任何時刻都一樣熾熱。地標可能是兩條八線道馬路交叉路口的四向紅綠燈，附近的街角有美國大眾超市（Publix），第二個街角是山姆會員店（Sam's Club）[2]，第三個是沃爾格林藥局（Walgreen），第四個是殼牌加油站（Shell）。布蘭登（Brandon）是一個不隸屬任何行政區的龐大「欣榮社區」，人口約莫十萬，的確有個「城鎮中心」——但那是因為當地最大購物中心就叫做布蘭登城鎮中心（Brandon Town Center）。布蘭登的主要街道是西布蘭登大道（West Brandon Boulevard），或稱六十號州道。在兩個紅綠燈之間大約一公里的路邊，一家家商店林立：愛因斯坦兄弟貝果、佛羅里達洗車場、美國州立農業保險公司、冰雪皇后、快速汽車保養、傑西牛排店、麥當勞、五星漆彈場、水族館中心、陽光之州聯合信貸聯盟、洗車先生、韋福斯輪胎附帶汽車維修、溫蒂漢堡。

地區的成長帶來大量工作機會。除了在餐廳和大賣場做最低薪資的工作之外，很難在房地產業之外找到工作。在經濟繁榮時期的社會階級裡，窮人是建築工地的墨西哥臨時工，勞工階級從事建築相關工作，中下階級是銀行出納員，中產階級是房地產仲介、產權保險經紀人和土木工程師，中上階級是土地使用權律師和建築師，富人則是開發商。

部分買家是彷彿逃難而來的坦帕市民，他們相信開發商的承諾，將原本的家園拋諸腦後，搬到一個前所未聞、名叫鄉村步道（Country Walk）的社區實現家園美夢。社區居民大多來自其他州，但這裡不是邁阿密或棕櫚灘，不是那些避暑富豪的目的地。遷進這裡的人以中下階級為主，其中許多人沿著七十五號州際公路，從俄亥俄州、密西根州和其他中西部地區搬來，一併將家鄉節儉和謹慎的作風帶進鄉村步道這個新社區。希爾斯伯勒和鄰近各郡的民風也變得保守，居民勤於做禮拜，高速公路上的抽脂和樣品屋大型廣告看板之間多了許多反墮胎標語和審判日預言。但是，在彷彿一成不變的正午陽光照耀下，那些傳統價值似乎沒那麼嚴苛了。

理查・拉克斯他老婆安妮塔來自密西根。安妮塔的父親曾是福特胭脂河工廠的老員工，歷經過汽車大亨亨利・福特（Henry Ford）和知名汽車工會領袖華特・魯瑟（Walter Reuther）的年代，安妮塔曾在迪爾伯恩市（Dearborn）工作，直到八〇年代，理查的建築公司派他前往佛州開設新的分公司。安妮塔將父親節儉的美德帶到了聖彼得堡，是個善用優惠券的高手。她去了美聯銀行（Wachovia）工作，該行收購加州的世界儲蓄銀行（World Savings）後開始大量發行次級房貸，提供「房貸自由選」（Pick a Pay）方案，客戶可以自行設計自己的抵押貸款、選擇利率和付款計畫。這些房屋貸款化為利潤龐大的「汽油」，為成長機器提供動力。

珍妮佛・福摩薩（Jennifer Formosa）也來自密西根州，但她由母親在佛羅里達撫養長大。高中畢業後，她在珊瑚角擔任銀行出納員，奉子成婚，嫁給當地人榮恩（Ron）。榮恩雖然沒有高中畢業，卻靠著灌混凝土地基賺進可觀的收入。榮恩和珍妮佛建造一棟三房自宅時貸了十一萬美元抵押貸款，用二胎貸款來支付帳單，靠房屋淨值信用額度換上新的屋頂，接著再融資來付清他們的兩輛汽車、加蓋露台、買一艘船，然後將剩下的錢都花在郵輪旅遊和帶孩子到佛州迪士尼世界玩。

接著還有「邦妮」——她說，「叫我邦妮就好」。她在紐約皇后區的烏托邦公園大道上長大，為了追逐陽光和美好生活，先後去了夏威夷、亞利桑那州和西棕櫚灘，最後在帕斯科郡五十四號公路，名為雙子湖（Twin Lakes）的小社區落腳，她以十一萬四千美元的價格買下了房屋，然後看著自己的房屋在六年內一路漲到了二十八萬美元。

其他人則來自更遠的地方。烏莎・帕特爾（Usha Patel）的父親是印度古吉拉特州一名富有承包商的女兒。烏莎從小嬌生慣養，到哪裡都有司機接送，從來不需要清洗飯後碗盤。但是一九七八年一切變了，當時她十八歲，家人把她嫁給一位在倫敦工作的印度工程師。一九九一年，由於丈夫背痛的關係，他們決定與兩個孩子搬到氣候較熱的坦帕，烏莎的兄弟在那兒行醫。在坦帕，烏莎從頭開始，日以繼夜地賣命工作。從早上六點到下午兩點，她在希爾斯伯勒郡南部一間加油站當收銀員，每週工資三百美元。她的兄弟就是這加油站的老闆，由於位於毒品橫行的地區，她曾兩度遭人持槍搶劫。她從加油站開車回到布蘭登，趕著去接孩子放學，做飯給他們吃，盯著他們把功課做完。然後她換上墨西哥餐廳的制服，從下午四點到十一點在餐廳當服務生。「就是這樣才能賺到錢。」

烏莎不停存錢，並教育孩子跟著做。當她的兒子想要一雙 Air Jordan 球鞋時，她說：「你只是想要買麥克．喬丹的名字而已。」孩子大學畢業前，她甚至沒有買房子。

孩子出社會後，她面臨著與其他來自古吉拉特州，姓帕特爾的移民同樣的選擇：開加油站或汽車旅館。她很清楚深夜時分待在收銀台背後的危險，所以二〇〇五年，她將目光投向凱富飯店（Comfort Inn），它位於七十五號州際公路和五十四州際公路交錯處，帕斯科郡的幾個欣榮社區之間，距離鄉村步道社區不到三英里。那是一棟兩層樓的汽車旅館，座落在餅乾桶連鎖餐廳和澳美客牛排館之間，旅館牆壁漆成綠色和米白色，有六十八間房，每晚房價五十美元，停車場旁邊還有一個小游泳池。烏莎支付三百二十萬美元，其中五十萬是現金。剩下的款項靠兩筆貸款，一筆來自小型企業管理局的一百二十萬美元貸款，另一筆則來自名為商業特快貸款公司（Business Loan Express）的一百五十萬美元貸款。事後回想起來，她認為那筆交易涉嫌詐欺，因為估價遭到嚴重灌水。當時貸款承辦人教她如何填寫申請書，她照樣跟著填了。

「他們引誘你負債就像把奶油塞進你嘴裡一樣。」她說。這間汽車旅館與全國其他的凱富飯店一樣平淡無奇，不同的是老闆是她。

許多房屋買家都是投機者，來自各行各業——有期待半年內賺到五萬美元的投資客；有年薪三萬五千美元的秘書，買下五到十個投資房產，價值一百萬美元；有汽車銷售員因房價在兩年內翻了一倍而大賺一筆。二〇〇五年，正值投資巔峰時期，麥爾斯堡的房價在十二月二十九日為三十九萬九千六百美元，僅隔一天，到十二月三十日就飆漲成五十八萬九千九百美元。投資客就是一群把房價推到天價的人，麥克・羅斯（Mike Ross）是其中一位。

麥克在加州的新港海灘（Newport Beach）長大，十一歲時搬到佛羅里達。他出身造船世家，九年級輟學後，他去了坦帕灣另一側的格爾夫波特（Gulfport），在帕薩迪納遊艇和鄉村俱樂部工作，負責幫大富豪修船。他起先和團隊一起工作，後來開始獨立接單，過一段時間他已能賺進一百五十美金時薪，工作就是幫進氣鋁管噴沙和修補原廠的拙劣烤漆（烤漆是一門失傳的藝術）。他其中一位客戶是杜邦銷售目錄公司（duPont REGISTRY）的執行長（該公司自稱「全球名車與豪宅的銷售市場」），曾用私人飛機把麥克夫婦倆載到巴哈馬群島幫他的船隻上蠟。另一個客戶是吉姆・華特（Jim Walter），一名身價數百萬美金的坦帕富豪，他在全國各地建造廉價且快速建成的房屋。麥克為自己的技能感到驕傲，案子源源不絕，獨自接案三年後，他的市場就占了遊艇港的六成，每年能賺七萬美元。但這份工作令他經常腰酸背痛，酷熱的天氣下更是難熬，還會有高速緩衝器的化合物飛濺到他臉上。

二〇〇三年某天，麥克中暑虛脫，開始痙攣和嘔吐，從那刻起他決定停止工作。他四十二歲，體重超標，身體疲憊不堪。他一直很想炒房，但他之前膽子太小，始終無法跨出那一步。他的許多客戶都是靠炒房致富，或至少涉足其中，他們都鼓勵他試試看。麥克和妻子用斯夫特基金公司（Swift Funding Corp）的貸款買下了第一個投資房產，房貸利率比正常高出百分之三，也就是詐欺性貸款，一筆次級房貸。這真是世界上最易如反掌的事了。他認為自己能淨賺百分之七或八。房子花了他們五萬美元，他花兩個月整修廚房和浴室，接著以六萬八千美元的價格轉手出售。然後，他們花了六個月的時間翻新自己在聖彼得堡的房子，那是他們在一九八五年以四萬八千元美金購入的房子。一個週五的下午五點，麥克在門外豎起一個牌子：屋主出售。電話開始響個不停，在三天內他們就以十六萬九千美金的高價賣掉了房屋，獲利不菲。後來，他們在喬治亞州鄉下，靠近麥克父母家的地方買了一棟百年農舍，搬到那裡進行整修。他們心裡再也無所顧慮。這就是市場的熱度，一切輕而易舉。

接著，還有麥可・凡・西克勒（Michael Van Sickler）。

凡・西克勒於七〇、八〇年代在克利夫蘭郊外長大，當時這座城市已經破產或瀕臨破產。他的父親是工程師，在奇異公司（General Electric）總部內拉工業區（Nela Park）上班，負責奇異的節日燈光企劃案（凡・西克勒家總是有整個街區最漂亮的聖誕裝飾燈。）郊區的生活令麥可悶得發慌，夏天時，他無所事事，心想著：「靠，人都到哪去了？」高中時，他多了出城的選擇，和朋友從克里夫蘭高地搭乘捷運（Cleveland Rapid）[3]到市中心，觀看大聯盟印第安人棒球隊在市立棒球場（Municipal Stadium）的夜間比賽，那是球場拆除前的最後幾年，場內總是空空蕩蕩。賽後，他們走到泥灘區（the Flats），那是凱霍加河（Cuyahoga River）旁的工廠區，工廠區棄置一段時間後改建為人潮聚集的酒吧區，他們總是想碰碰運氣，看能不能把到妹子。「可能正是那時候，我了解到城市的魔力，」他說，就連克利夫蘭這樣骯髒的鐵鏽帶（Rust Belt）城市也有魔力。「發展需要靠人來帶動。」

大學畢業後，九〇年代初，凡・西克勒跟著父母到了佛羅里達，父母在新坦帕退休。他去了蓋恩斯維爾（Gainesville）攻讀新聞學碩士，大學部關於伍德華[4]（Woodward）、伯恩斯坦[5]（Bernstein）、蒂蒂安（Didion）[6]以及其他新聞學經典課程激發了他的想像力。他畢業後曾到多間州內的中型報社工作。因為犯了不少錯，所以他到市政府跑新聞，那是個像「沙盒」般的封閉環境，能避免出錯，讓他熟悉新聞業。他還沒有信心發表自己的意見，因此他為《萊克蘭紀事報》（*Lakeland Ledger*）撰寫的第一篇報導通篇都是引用別人的話。他希望能確保報導內容的完整性，以便他的讀者讀完後就知道該怎麼想。

二〇〇三年，《聖彼得堡時報》（*St. Petersburg Times*）[7]錄用了凡．西克勒，這是東南部最好的報紙，簡直是夢寐以求的工作。當時報紙的前景似乎開始走下坡。有報社開始裁員，還有少數幾間因不敵網路的競爭而失去廣告，最後被迫停刊。《聖彼得堡時報》比其他報社狀況好許多，還擊潰了海灣對岸的競爭對手《坦帕論壇報》（*Tampa Tribune*）。論壇報的老闆是一家位於維吉尼亞州里奇蒙的媒體集團，已經將報社辦成八卦小報的水平。但《聖彼得堡時報》原先的老闆波因特（*Nelson Poynter*）是當地人，於一九七八年去世時，遺囑中交代將自己的股票過戶給波因特媒體研究院（Poynter Institute of Media Research），這讓《聖彼得堡時報》不用以營利為導向。但《芝加哥論壇報》（*Chicago Tribune*）和《洛杉磯時報》（*Los Angeles Times*）等大報卻深受打擊，最後兩者都落到私募基金手上，為了追求更多獲利而遭受分拆的命運。

凡．西克勒的妻子也在同間報社上班，夫妻倆在塞米諾爾高地（Seminole Heights）買了一座一九三〇年落成的磚造平房。塞米諾爾高地位於坦帕市中心以北、古色古香的歷史街區，沒落一陣子後最近又開始變得新潮。這個街區讓西克勒想起在泥灘區夜間散步的時光，但西克勒認為整個「下一個偉大城市」的預言事有蹊蹺。

他為《棕櫚灘郵報》（*The Palm Beach Post*）報導市府新聞時，他一頭栽進了城市規劃，有一段時間他甚至考慮轉行改當市府都市計畫人員，但卻發現那些公務員的影響力甚至不及記者才作罷。不過他的書架上還是擺滿了《蔓生市郊田野指南》（*A Field Guide to Sprawl*）、《草坪史》（*The History of the Lawn*）、《郊區國度》（*Suburban Nation*），還有他奉為《聖經》的兩本書：《權力掮客》（*The Power Broker*）和《偉大城市的誕生與衰亡：美國都市街道生活的啟發》（*The Death and Life of Great American Cities*）。凡．西克勒成為珍．雅各（Jane Jacobs）的忠實門徒。

她提出一套詞彙：小街廓、行人動線距離、混合使用、藉由「街道之眼」帶來安全、密度，而這些詞彙足以描繪當年他在克里夫蘭高地成長過程中感受的渴望——那個夏日午後酷熱難當，街上空無一人的地方就是欠缺珍．雅各所說的一切。當不同背景的人可以面對面交流思想時，才能激發出最精采、最有創意的生活，而這只會發生在城市裡，一種特定類型的城市。

搬到坦帕後，他才把這一切看得清清楚楚。尤其在二〇〇五年之後，報社為凡．西克勒設了一個職位，專門跑都市規劃和發展的新聞。九〇年代初期，他二十二歲時，這座城市看上去潛力無窮，充滿希望，但是到了兩千年，坦帕感覺比較像「坦趴」：朝九晚五的市中心大概只住著五十位居民，但在兩棟公寓大廈終於出現後，大廈與街道卻毫無關聯，唯一的功能就是讓市中心在多年內都沒有居住空間的需求。所有購物中心和一流辦公大樓都在好幾公里外，位於機場附近的西岸商業區。坦帕嘗試魚躍龍門，踏上通往偉大城市的捷徑，但並未成功。坦帕的市區缺乏連貫性，人們只有去辦公室上班、看曲棍球比賽或到法院出才會去。由於坦帕在自行車和行人死亡事故數量上排名全國第二，人們無法安心地在城鎮周圍騎自行車，或步行穿過車輛高速飛馳的街道。如果看到有人步行，那可能是因為他的車拋錨了；若有女性蹲在路旁沒有遮蔽的地方一小時，那就是她在等候公車。通勤鐵路計畫從未在郡委員會審查時過關，底特律是全美國沒有通勤鐵路的最大都市，坦帕灣居次。到頭來，不同背景的人們從來不需交流。凡．西克勒說：「在坦帕，人與人不會有偶然互動的機會。如果有，那就是遇上了同一件倒楣的事。」

有人認為，城市生活不符美國精神，而就在不斷發展的風潮席捲希斯伯勒郡時，凡．西克勒深深認同這種想法。住宅區的小社區裡，房地產公司建造的房屋像極了防空洞：窗戶狹小、沒有符合當地氣候的通風口或庭院、冷氣機在漆黑洞穴般的室內不停運轉著，一家人坐在鋪著地毯的客廳，盯著大螢幕電漿電視，窗戶上的百葉窗遮擋著陽光。屋外是一條條沒有陰影遮蔽的街道，兩旁屋子看來每間都沒兩樣，人們根本沒有理由外出。居民每天下車後從車道直接走進家裡，從來沒有機會認識鄰居。他們逐漸與世隔離，四處瀰漫的偏執氛圍加深了這種隔絕感。車禍律師、快速房貸、快速致富投資方案的廣告招牌無所不在，佛州的汽車保險比其他任何地方都貴，被保險公司戲稱為「詐欺之州」。無數臨時過客和居無定所的人們遷居佛州，都是認為永遠能在那裡獲得第二次機會，但其中實在太多騙子與老千。誰敢幫隔壁鄰居打包票，說他們不是呢？

珍・雅各所說的地獄，正是像馬車角這樣的小社區。

二〇〇六年，凡・西克勒正在寫一篇關於在坦帕買房的報導。他訪問的屋主許多都住在外地，當他透過電話聯絡上他們時，他會問：「你現在住在坦帕的屋子嗎？喔，所以那邊算是度假屋嗎？你為什麼在拉斯金（Ruskin）度假呢？那邊好像不是度假勝地。」從訪問中他發現至少有一半的屋主是投資客，這是相當可觀的數字。人們對房屋所有權的觀念已經嚴重扭曲，房屋成了一種可以隨時買賣的商品，而推動房市需求的正是投資客。

凡・西克勒向來和坦帕格格不入。他身材高挑，皮膚蒼白，有著一頭玫瑰金的頭髮，穿著休閒長褲和長袖襯衫。他的聲音聽起來有點正式，像是老派的電視記者。他擁有中西部人一絲不苟的態度，但這項特徵與陽光之州假熱情的那一面互相衝突（假熱情是詐欺國度的另一面）。他對自己的工作兢兢業業。他認為一名好的調查記者必須懷抱理想主義，不應憤世嫉俗。若媒體刊出一篇報導，內容呈現雙方論點後就結束，那麼媒體非但沒有發揮自己的價值，也未讓讀者從中受益。他認為媒體有義務將客觀事實傳遞給讀者。

凡・西克勒有時擔心，他的記者風格是否過於直接，太像檢察官辦案的語調。當共和黨郡黨部委員馬克・夏普（Mark Sharpe）接到凡・西克勒的電話，問起開發商的競選捐款時，他知道大事不妙了。西克勒起初的問題都很無害，逕是些簡單的事實陳述，但是問題接連不斷，而西克勒記得夏普之前說過的話。最後，西克勒觸發他鋪陳已久的陷阱，問出夏普早就料到他要提問的問題：「如果某個開發商是主要捐款人，您認為您投票支持放棄影響費是否有錯？」

凡．西克勒認為記者分為兩種，一是講故事的記者，二是揭露不法行為的記者，而他絕對是後者。但是到最後，因為他的報導而身敗名裂的也只有桑尼．金一人。

二〇〇六年春天，凡．西克勒聽說一名叫肯尼．拉辛（Kenny Rushing）的男子。他是一名黑人房地產推銷員，這在坦帕相當少見。他的名字和面孔經常出現在廣告看板和電視上，扮演披著披風的超級英雄「救房隊長」（Captain Save-a-House，而這個稱號的靈感來自於饒舌歌曲 Captain Save-a-Hoe）。他舉辦的帳篷會總是人山人海，他出現時總是開著白色賓利、頭戴 Kangol 帽，後面還有大陣仗的悍馬車隊，車子外面裝飾著他的照片。他大力鼓吹坦帕的窮苦黑人向其他涉足房地產的人看齊，購入不良資產後出售以牟取暴利。「該是為自己著想的時候了，」拉辛對到場的易博市（Ybor）群眾說。「黑人在什麼產業發光發熱？體育和娛樂。但我想要聽見人們說，房地產是黑人的天下，這個行業製造了無數的百萬富翁。」

這一切與爭取自己的權力、維護公民權和致富息息相關。拉辛青少年時在德梅因市（Des Moines）販毒，後來在佛羅里達監獄蹲了四年。他把自己的故事加入他勵志動人的演說，告訴年輕的房地產投資客，他們應該將聰明才智轉到合法的炒房，在發大財的同時還能拯救窮苦的黑人屋主脫離苦海。凡．西克勒說：「拉辛根本是能唱饒舌歌又懂得激勵人心的黑人版卡內基。經濟繁榮的時期，佛州的經濟幾乎不見起色，唯獨房地產市場異軍突起。但假設你不在這行業裡，那麼你和其他人沒什麼兩樣，只能餬口度日。」

凡．西克勒開始調查肯尼．拉辛。依照他的說詞，他只是名低階毒販，但事實上他曾經是瘸子幫（the Crips）快克古柯鹼的中盤商。他獲得拳擊金手套殊榮全是子虛烏有的故事。事實上，他自稱「救房隊長」，帳篷會活動門票每一場都售罄，但卻是自己演講中極力譴責的那種豺狼虎豹。他曾到名為坦帕高地（Tampa

Heights）的老舊混合街區，說服高齡七十三歲的黑人老婦，將殘破不堪的老屋以兩萬美元的賤價賣給他。老婦拿到的錢幾乎都拿去償還市府貸款了，最後只剩一千七百二十九美元。三週後，拉辛以七萬美元的高價，將房屋賣給了名為土地集結（Land Assemble）的投資信託公司。

凡．西克勒向拉辛詢問這筆交易。

「我當時要是知道這房子值七萬美元，我絕對會付給她更多錢，」拉辛說。「至少六萬起跳，別誤會，我才不會占女人便宜。」

凡．西克勒進入檢察官辦案模式，他問救房隊長是否會分給她部分的利潤。

「我沒那麼佛心啦！難道你要我說，『來，這是從那棟破屋賺到的錢，都給妳』？」

四年內，拉辛和他的合夥人牟取暴利超過百萬美元。其中有十五筆交易在坦帕高地完成並非意外巧合。當時，根據大型重建計畫案「高地坦帕」（Heights of Tampa）的規劃，就是要在坦帕高地進行，建商預計投資五億，興建一千九百個高檔公寓和聯排住宅。拉辛是坦帕市兩大開發商的掛名代表，但是他盡量避免提及這層關係，而開發商也矢口否認認識拉辛。

凡．西克勒認為前古柯鹼毒販與城市菁英之間不可告人的關係相當耐人尋味，他在五月時發表了報導。他見識到美國炙手可熱房地產市場的龐大黑暗面。報導過程中，一名經紀人提供他一則內幕消息：「如果你認為肯尼有黑幕，那接著你應該查一查金桑尼。」

不幸的是，凡．西克勒找到金桑尼時，遊戲已經結束了。

部分佛州房地產人士可以明確指出遊戲是在何時結束的。對於邁爾斯堡和珊瑚角的經紀人馬克．約瑟夫（Marc Joseph）來說，這兩個地方是房產狂潮的核心重鎮。在二〇〇五年十二月的某個星期，平均房價處於三十二萬兩千美元的高峰，但是奇怪的是，電話鈴響的次數好像大不如前。那感覺就像是輪胎漏了氣，車子慢下來，最後停在路上。其他人則認為事情爆發的時間點在那之前或之後幾個月，並以「燈突然熄滅」來形容。在二〇〇五年末或二〇〇六年初的某個時刻，房地產市場發展來到十年中期令人暈眩的高度，投資客們突然信心大失，讓佛羅里達州飄在高處的信念瞬間煙消雲散，經濟就像華納兄弟經典卡通《樂一通》（Looney Tunes）裡的角色一樣，懸在半空時突然往下一看，接著一落千丈。借款人、放貸人、炒房者、押注買空的華爾街交易員、信用違約交換部門、房利美（Fannie Mae）、尋求百分之八利率的亞洲銀行家、出現在CNBC電視台上譁眾取寵的鼓吹者，以及聯邦準備理事會主席葛林斯潘全都跌破了眼鏡，他們做夢沒想過的事發生了：房價開始下跌。

但是必須經過一兩年，才能在欣榮社區、經紀人辦公室、建築工地和零售商場看見崩盤的種種後續效應。二〇〇七年初，聯合貨運公司（Allied Van Lines）[8]的職員向塔拉哈西（Tallahassee）的佛羅里達商會報告，公司正在幫更多的人搬出而非遷入佛州。在二〇〇七年至二〇〇八年間，活動拖車電插頭的數量下滑，這是四十年來的第一次。而且佛州的淨移入居民數（成長機器的動力）首度降至為零。

鋸木場賣掉設備，汽車經銷商解雇銷售員，開發商申請破產，妻子訴請離婚。到二〇〇八年初，榮恩．福摩薩在珊瑚角工作的混凝土公司開始裁員。首先，榮恩發現他的工時銳減一半，接著被炒了魷魚。在此同時，可調利率上升，次級房貸的期末整付時間也到了。對於處境與福摩薩一樣，看著收入和財產一夕蒸發的貸款人而言，這讓按時償還貸款難上加難。榮恩和珍妮佛聲請破產。榮恩開始替鎖匠行工作，負責替銀行回收的法拍屋更換門鎖，時薪九美元，但即使這樣，一千四百美元的房貸還是遠遠超出他們的負擔範圍。福摩薩整整一年繳不出房貸後，銀行只好在他們家門上貼上醜陋的黃色法拍貼紙。他們在附近租了房，搬出原本的家門。珍妮佛發誓從此之後要盡力存錢，不再花錢。「我絕不會再有買房的念頭，」她說。但這是瘟疫般法拍屋風暴的開始而已。

在帕斯科郡的五十四號佛州公路上，開發商停止了鄉村步道建案，留下鋪設到一半的人行道，後方雜草叢生，街道上只見招牌和燈光，卻沒有房屋，或是有房屋卻沒住戶。開發商承諾的網球場和沙灘排球場都跳票。房屋前院子裡，充氣聖誕老人癱倒在地，旁邊立著「房屋出售」的牌子。南瓜嶺街三〇七五〇號門前的台階上躺著三份泛黃的《坦帕論壇報》，廚房留下大量垃圾，冰箱門大開，院子裡豎著「屋主出售」的牌子。半數到三分之二的房屋無人居住，但留在鄉村步道的居民將汽車停在空曠的車道上，幫鄰居家的聖奧古斯丁草坪割草，盡量維護住光鮮的形象。在更多住戶搬離的街區，衰敗的跡象更為明顯：雜草長到十五公分高，連車道上也是雜草叢生、冷氣壓縮機電線裡的銅線外露、米白色的灰泥牆上布滿綠色黴菌，「空屋」或「廢棄」的通知貼在前門上。但是這場龐氏騙局的潰敗沒有以非常顯眼的方式落幕，沒有遺留任何拆除的工廠或廢棄的農莊。從某個角度來說，鬼城般的小社區依然很美。在藍寶石般的明亮天空下，房屋看上去簡直像是完美的紙板屋，外表光滑整齊，百葉窗拉下，眼前一切似乎沒有被半點人類生活玷汙過的痕跡。

房價一落千丈的速度如同房市飆漲一樣快。從鄉間步道沿五十四號佛州公路向北，邦妮的房子曾在六年內從十一萬四千美元飆漲到二十八萬美元，卻又在短短兩年內下跌至十六萬。曾經與邦妮同住在一條街上的人，有些是炒房客，有些是負擔不起房貸搬離該處的住戶，但不論哪種，現在都是人去樓空。在一個週末的下午，住在烏托邦公園大道（Utopia Parkway）上的邦妮正在幫草坪澆水，她穿著緊身的八分牛仔褲、無袖上衣，塗著銀綠色眼影，視線所及空無一人。

烏莎・帕特爾的凱富飯店第一年進帳了一百萬美元，第二年賺了八十萬美元。她發現美國人都是無可救藥的員工。他們得過且過，週五領薪水後就跑去夜店狂歡，有孩子也照常享樂，週一蹺班，週二遲到，以薪水太低為由拒絕某些工作，還總是滿腹牢騷和藉口。（例如「我的兒子拿走了鑰匙。」）他們可能賣命工作一週，接著就要求要休假。即使不抽菸，他們每十分鐘就要求休息一下去抽菸。談到美國員工，烏莎就皺鼻癟嘴，瞇起眼睛，彷彿這個話題令她渾身不舒服。美國人被慣壞了，就像她曾經被寵壞了一樣，從事廉價勞工的人全是外國人。她飯店裡優秀的員工都是像她一樣的移民，他們雖領著低薪卻刻苦耐勞，值得信賴。這些移民員工包含一名來自加勒比海群島的夜班經理、一名來自印度的男子，還有來自拉丁美洲的清潔工。

但是她對美國的樂觀程度絲毫未減。這是人人都有機會成功的應許之地。「我愛美國，」她說。「如果任何外國人來到這裡都能成功，住在這裡的人們就不想工作了。」她欣賞美國的法律規範，這裡沒有貪污腐敗，任何人都能替自己伸張正義。她的兒子已經成為年輕商人，在坦帕市某個公路邊商店街開電腦店，出入以 BMW 代步，住在市區大樓的二十六樓。與印度相比，美國是一個圓夢之地。

二〇〇七年，烏莎的飯店開張第三年後，她的收入驟減至五十萬美元，住房率也只剩百分之二十五（旅館業的住房率要有百分之五十才能經營下去）。兩件事對她的經營有不利影響：首先，房價崩盤，房市泡沫化已經讓整體經濟下滑（她將原因歸咎於嚴格的邊境控管，所有優秀的外國勞工被擋在國境外）。第二，她的凱富飯店和七十五號州際公路之間的連接道路上，正在興建一個新的購物中心（約莫房地產崩盤期間開始動工），施工單位會在晚間關閉靠近她飯店的高速公路出口，並移除她在高速公路上的廣告標誌，使她的生意一落千丈（後來這購物中心並未完工）。她變得無法按時支付每月兩萬五千美元的貸款，雖然有她兒子出錢幫忙，但不久後她開始逾期還款。

房地產崩盤時，麥克．羅斯正身陷家庭危機。麥克向法院爭取孫子的監護權，因為他的女兒和她在聖彼得堡的男友會虐待孫子（男友將患有腦性麻痺的孫子扔進游泳池，狂笑不已。）麥克的妻子當時出車禍，領有失能補助，等到夫妻倆獲得孫子的監護權時，他們在喬治亞州的舊農舍翻新工程已落後兩年。但是他們翻新的速度趕不上市場變化，原本十八萬美元的房地產最終只能以十一萬美元的價格售出。麥克的遊艇業老客戶建議他們何不搬到北加州，除了遠離女兒和男友外，還能繼續炒房。然而當他們帶著孫子來到瓦卡維爾（Vacaville）時，卻發現那邊的經濟也相當萎靡，連加油站或7-11的零工機會都沒有。加上政府修改貸款規則，要靠貸款炒房根本是天方夜譚。他們搬家花掉了五萬美元，是他們積蓄的一半。在加州待了六個月後，他們搬回了東部，來到羅里（Raleigh）郊外一個不錯的小鎮，那邊有點像綠樹林立的瓦卡維爾。但是他們在北卡羅來納州又遇到與加州一樣的問題：那邊也找不到建築、汽車板金或任何其他麥克能想到的工作。他們的積蓄一天一天用完，麥克擔心他們最終將無家可歸。他們走投無路，只能和孫兒一起搬回聖彼得堡——繞了一圈又回到女兒和她男友住的城市。

麥克試著重操舊業，他企圖找回遊艇生意的老客戶，但是當年他引薦的修船工將老客戶照顧得很好。他在帕薩迪納遊艇和鄉村俱樂部附近晃了一段時間，但連一通電話都沒接到。他知道那段生涯結束了。他向一位老客戶借錢，將家人安頓在貧民區的出租公寓，但是聚集在停車場的孩子總是會欺負腦性麻痺的孫子。他們依靠食物券、妻子的失能補助，孫子的輔助性社會保障收入和慈善捐款為生。麥克的心理健康急速惡化，他的思緒彷彿以每小時快五百公里的速度在腦中馳騁：他害怕無家可歸、自殺、進瘋人院、遇到女兒男友（女兒還不知道他們已經搬回聖彼得堡），他總是惶恐不安，在腦中虛構各種情境，深怕自己的臆測成真。當年的他如此沉穩平靜，在藍天下的碼頭上給遊艇上漆。這時他的身材如吹氣球般發胖，雖然他會自我解嘲，但雙眼透過無框眼鏡，流露出服用藥物後的悲傷。他因背痛必須服用止痛藥，焦慮症服用贊安諾（Xanax）。有一次，當他想要放下這一切，好好睡一覺時，他服用三十顆贊安諾和四顆維柯汀（Vicodin），之後昏迷了兩天。

「追根究柢，罪魁禍首就是經濟不景氣，」他說。「我打擊太大，根本不想活了。我是這麼想的。」

麥克被關進瘋人院三天三夜。出院後，他尋求坦帕市急難救助單位的協助，獲得諮詢和電費賬單的補助。他一直認為自己是中產階級，卻差點住進街友的收容所。不過，在住過精神病院和接受急難救助後，他擺脫內心陰霾，研讀一本名為《創傷後尋找新生活》（*Finding Life beyond Trauma*）的書，開始深呼吸、冥想，學習如何讓自己遠離負面想法。由於醫療領域不受經濟大蕭條影響，他報名參加政府出資的培訓課程，成為一名家庭健康助理。他找到一份時薪十點五美元、沒有福利的工作，負責幫助患有失智症的九旬二戰老兵上廁所。麥克發現這不比修理百萬富翁的遊艇困難，他很高興自己有機會幫上老兵的忙。

凡．西克勒和報社同事研讀大量希爾斯伯勒郡法拍屋的資料。雖然到處都有法拍屋，但他們發現主要集中在兩個地方：老舊的貧民區和幽靈住宅小社區。凡．西克勒的地圖軟體在馬車角小社區上顯示鮮紅色的點。馬車角是蓋在吉柏森鎮熱帶魚養殖場上的建案，這時有百分之五十的社區房屋淪為法拍屋，居全郡之冠。凡．西克勒和報社攝影師克里斯．祖帕（Chris Zuppa）決定晚上開車前往馬車角，一探究竟。

在凡．西克勒的記者生涯中，馬車角絕對是他到訪過最詭異的地方。有天晚上，他和祖帕看到骨瘦如柴的母牛站在一排排單戶住宅間的空地上。養牛是為了讓部分屋主能夠按照農業土地使用標準申請減稅，但母牛現在因為沒人餵養正在挨餓。西克勒和祖帕挨家挨戶敲門，但很難找到在家或願意受訪的人。滯留在此的屋主大多是在馬車角買下首購房產，日後還要遷居他處的家庭。房價下跌百分之五十時，他們陷入困境，對開發商萊奈公司怨聲載道。開發商當初向他們保證興建游泳池和社區中心，還會把社區內投資房屋的比例限制在百分之二十以下。結果，許多開發商都住在南卡羅來納州的米爾堡和紐約的臭氧公園等地方，根本不管陷入困境的馬車角地居民。毒販或運毒業者趁虛而入，利用法拍屋做案，屋內散落著走私貨品，甚至還發生過槍擊事件。警長每晚必須巡視馬車角，居民人心惶惶，一名男子還自豪地向凡．西克勒展示了他在車道上安裝的監視攝影器。

西克勒說：「在郊區，就算你尖叫也沒人聽得到。」

龐氏騙局的伎倆是取得被害者的信任，關鍵在於是否有夠多的人願意拋棄常識。受害者雖被騙錢，但一開始他們也存著占便宜的心態，而造成人人輕言易信或疑神疑鬼的結局。馬車角原本應該是美國夢的一個縮影，現在卻像末日小城。西克勒在他的報導中作出結論，房地產崩盤不能全怪那些房主因為粗心大意而受騙。他還寫了一篇批判意味濃厚的文章，揭露開發商和政府官員如何在這場災難中扮演幫凶的角色。

金尚閔［音譯］（Sang-Min Kim），綽號桑尼（Sonny），是從南韓來到坦帕的移民。他開設「身體設計刺青店」，是一間亞洲主題的穿洞和紋身店。二〇〇〇年代中期，金桑尼在坦帕一代購入一百筆房產，大部分位於市區北部的貧民區，就是肯尼．拉辛炒房的地區。實際上，他們倆就是狼狽為奸的商業夥伴，彼此出售房屋給對方。二〇〇八夏天，西克勒開始調查金桑尼的時候，桑尼早已經四百萬美元入袋，名下超過三分之一的房屋進入止贖程序，遭銀行收回。

西克勒開車前往坦帕最貧窮的兩個街區：貝爾蒙特高地（Belmont Heights）和硫磺泉（Sulfur Springs）。他想親眼看看金桑尼的房產。他停在北十七街四八〇九號，眼前是一棟破敗的兩層灰泥房屋，屋頂鋪著藍色篷布，窗戶上釘著木板，一個個床墊堆在雜草叢生的院子裡。二〇〇六年，金桑尼在一名前科毒販的見證下，以一百美元的價格簽訂免責轉讓契據，買下房屋。三個月後，桑尼以三十萬美元的價格將房屋賣給了阿賽利斯．雷恩（Aracely Llanes），而這筆錢則是雷恩從長灘抵押貸款公司（Long Beach Mortgage，華盛頓互惠銀行的子公司）借貸而來的。西克勒站在院子裡，看著那棟房子，想著那筆貸款，內心只覺匪夷所思。銀行難道沒有人開車過來看一下嗎？十八個月後，房屋進入止贖程序，銀行收回後開出的拍賣價是三萬五千美元。西克勒想去問問附近鄰居，探聽是否有人住在裡面，但房屋位於治安不佳的街區，時間又是晚上，根本無人應門。

最後，一輛坦帕警車出現，一名警察下了車。「這裡有人希望你趕快離開，」警察說。有鄰居剛剛打電話投訴，說附近有名高大白人正在四處窺探。

西克勒試圖追查阿賽利斯・雷恩。但只有她在佛州奧帕洛卡（Opa-Locka）的地址，沒有電話號碼，根本無從找人。金桑尼的其他買家中有些是毒販、縱火犯和精神病患者。西克勒調查他過去炒過的幾十棟房屋，每間情況大同小異：屋況不佳的房屋、低價收購、以天價出售、無人起疑的銀行房貸申請、首付很低或甚至零頭期款、買家無處可尋、買家從未遷入、貸款逾期。一位專家告訴西克勒有些買家根本是幽靈買家（人稱「稻草人買家」），或可能是身分被盜用的受害者，抑或他們是金桑尼房貸詐欺的共犯。房屋交易中涉及的經紀人、鑑價師、公證人、產權代理人以及最終參與交易的銀行家也同樣是共謀，許多人甚至重複出現許多次。每個人都想從金桑尼的生意中分一杯羹，而不良貸款似乎就這樣蒸發了。

西克勒持續報導房地產，時間一路來到九月。九月中旬，雷曼兄弟倒閉。雷曼兄弟是向金桑尼的「稻草人買家」提供貸款的銀行之一。其他出現在新聞上的則是面臨破產的銀行巨頭：華盛頓互惠銀行、美聯銀行、摩根大通銀行、美國國家金融服務公司、美國銀行、房利美、房地美。頭條新聞令西克勒寒毛直豎，他突然意識到，關於紋身店老闆的地方報導（已經花了太多時間，他的編輯們實在耐心十足）與數十年來最大的金融危機息息相關。在坦帕，他擁有紐約和華府知名記者沒有的素材——都是一個個他親眼目睹的真實故事。你能將華爾街的崩盤一路追溯到北十七街四八〇九號的房屋，以及馬車角社區和鄉村步道的房屋。

由於銀行知道風險會馬上轉移到他人身上，因此不停向意圖詐欺的貸款人提供源源不絕的金源，儘管房屋破爛不堪，放款金額還是高得離譜。金融業多了一個西克勒從未聽過的新詞彙：「抵押擔保證券」，這是由貸方出售給華爾街的貸款包裹，華爾街打包成債券後再賣給投資者，以謀取巨額利潤。這個詞彙如同一種新病毒的名稱，散播著惶恐不安。現在西克勒明白了：原來是房屋貸款在支持那些證券，而正是這些違約貸款拖垮了全球金融體系。

傳統記者的看法是，每個人都該為金融危機負責。「人性的貪婪瞬間失控，不知道為什麼，我們突然變得貪得無厭，每個人都想買一棟自己付不起的房子，」西克勒說。「但我認為這是懶惰的報導方式。想逃避責任的政客才會那麼說，實際上只有部分人士才應該扛起責任。」即便事實就擺在眼前，有些記者仍試圖製造平衡報導，拒絕做出明確結論，但他討厭這種新聞。他一路向上追查，過程最後沒有將他引向「每個人」，而是某些機構——政府機構、房地產企業，特別是銀行。金桑尼只是冰山一角。「這是系統性的詐欺。銀行批准這些貸款時，根本沒人多看一眼，因為銀行太過貪婪，腦袋只有想著如何讓批准貸款的速度能夠更快。」

感恩節剛過，西克勒的報導就登上了頭版。一週之內，聯邦調查局開始介入調查，金桑尼開始戴著竊聽器與警方合作。西克勒坐等調查局一路查向食物鏈頂端，揪出騙局的幕後高層。

■

1．譯註：即現在的光芒隊。
2．譯註：沃爾瑪公司旗下的大賣場。
3．譯註：一種整合輕軌與地鐵的都市捷運系統。
4．譯註：揭發「水門案」的資深調查記者
5．譯註：揭發「水門案」的資深調查記者
6．譯註：美國文壇傳奇作家，是新新聞主義（New Journalism）寫作風格的先鋒。

7・譯註：目前已經改名為坦帕灣時報。

8・譯註：一間大型搬家公司。

矽谷之二

自從史丹佛大學時代以來，彼得・提爾和他的朋友雷德・霍夫曼對「社會本質為何」的問題一直爭論不休。一九九四年的聖誕節，兩人利用連假假期，在加州的海邊腦力激盪，討論如何創辦網路公司。霍夫曼向提爾推薦了一本新的科幻小說——尼爾・史蒂芬森（Neal Stephenson）的《潰雪》（*Snow Crash*）。故事設定在一個充滿反烏托邦色彩的世界，美國多數地區已經私有化，淪為有錢有勢的企業家和黑幫的主權飛地，讀來有點像小說版《主權個體》的前傳。故事中的人物為了逃離充斥著暴力和分裂的社會，透過網際網路後的新發明 Metaverse 進入虛擬實境，並使用虛擬化身來代表自己。霍夫曼因為《潰雪》得到了創業靈感，他快速辭去蘋果的工作，開辦名為 socialnet.com 的約會網站，這或許是網際網路上的第一個社交網站。但 socialnet 基於各種因素而未成功，例如人們只想做真正的自己，不想透過虛擬化身與他人交流。但是霍夫曼持續精進這個想法，二〇〇二年在 PayPal 出售給 eBay 後，他拿走自己的獲利，推出為商務人士打造的社交網站 LinkedIn。霍夫曼透過 LinkedIn 認識西恩・帕克（Sean Parker），而提爾則是透過霍夫曼和帕克認識馬克・祖克柏（Mark Zuckerberg）。

二〇〇四年春天，提爾和霍夫曼極力說服他們的朋友帕克打消起訴紅杉資本（Sequoia Capital）的念頭。紅杉投資了帕克的線上通訊錄公司 Plaxo，但是二十四歲的帕克有過動傾向，私生活行為不檢點，導致帕克被自己的公司開除，就像多年前他被音樂共享服務網站 Napster 炒魷魚一樣。提爾勸他與其花心思打官司，還不如創辦一個新企業。三個月後，帕克對提爾說他剛剛當上總裁，公司名稱叫 Thefacebook（也就後來的臉書），是一個僅有四名員工的大學社交網站。創辦人是名哈佛大二生，由於許多學生瘋湧而入想加入網站，電腦伺服器馬上會超載，現在急需資金。霍夫曼那一年都在關注 Thefacebook 和祖克柏的動向，但是為了避免讓人覺得與 LinkedIn 有利益衝突，他沒有成為主要投資人。提爾因此成了不二人選。

提爾總是說，一名絕對的自由放任主義者原則上不應該投資社交網站。如果沒有社會，只有個體，那投資社交網站要如何獲利呢？換成蘭德，她絕對不會投資 Thefacebook。不過，提爾關注社交網站有一陣子了：他以一種不完全違背客觀主義原則的方式，將理性的自私自利置於純粹的意識型態之上。Thefacebook 或許能在其他網站失敗的領域（例如 Friendster）異軍突起。消費網路在泡沫破裂後仍處於低迷狀態，有別以往，大環境中好的創業理念居然比投資人更多。這時 Thefacebook 已打入大約二十間學校，入侵的方式有點像溫和的布里茲涅夫主義[1]：一旦某間大學被鎖定，幾天後學生將望風傾倒加入臉書，一去不復返。Thefacebook 的用戶群如此龐大，前景似乎不錯。霍夫曼和臉書的工程師們面談過，他們看起來都很厲害。因此，二〇〇四年仲夏，提爾與祖克柏約定在克萊瑞姆資本管理公司的辦公室會面。辦公室座落於舊金山金融區中心的加利福尼亞街五百五十五號四十三樓，所在的花崗岩摩天大樓曾是美國銀行的總部，直到美國銀行於一九九八年搬去了夏洛特。

會談過程中，大都是帕克在為 Thefacebook 發言，但提爾對祖克柏印象深刻。他年僅二十歲，穿著T恤、牛仔褲和橡膠人字拖，對自己想要的東西堅持到底，有著超乎常人的專注力和程式設計師獨有的內向氣息，對他人漠不關心的程度直逼亞斯伯格症（真矛盾，如此不善社交的人居然是社交網站的創辦人）。他以實事求是的語氣描述 Thefacebook 的爆發性成長，不帶任何自誇炫耀，提爾視為是嚴肅認真的表徵。會議進行了整個下午，結束時，提爾決定成為 Thefacebook 的天使投資人。他將借給公司五十萬美元的「種子基金」，這將轉化為百分之十點二的股份，並在五人董事會中占有一席。

會議結束時，提爾告訴祖克柏：「你別搞砸就行了。」

多年過去，祖克柏「沒搞砸」之後，臉書的用戶超過了五億，提爾的股份也水漲船高，價值超過十五億美元。好萊塢將臉書的創辦故事拍成《社群網戰》（*The Social Network*），但祖克柏和帕克在電影裡的形象不太光彩，令兩人相當傻眼。提爾和一群朋友在舊金山的戲院看了《社交網戰》，螢幕上他的角色和祖克柏見面只有三十四秒的時間，雖然相比之下，他的角色形象不算太差，但他覺得扮演自己的那個演員看來過於蒼老，太像典型的投資銀行家（提爾通常穿著T恤去上班，而非有領的藍色襯衫。）後來，臉書於二〇一二年五月上市，股價立即下跌，提爾趁此時機出脫他剩餘的大部分持股，從原本投資的五十萬美元變成獲利超過十億美元。

二〇〇四年，提爾與祖克柏會面的那一年，提爾與其他人聯合創辦了帕蘭泰爾科技公司（Palantir Technologies）（名字源自於他的最愛——《魔戒三部曲》，是書中水晶球圓石的名稱），該公司使用 PayPal 曾用來打擊俄國黑幫詐騙的軟體，將軟體進一步開發後用於複雜的數據分析。公司由從大量的資訊洪流中找出細微的模式，讓政府機關能更容易追查恐怖分子、詐騙犯和其他罪犯。公司部分的種子基金來自中央情報局的風險基金，但在創辦初期，帕蘭泰爾還是主要依靠提爾的三千萬投資基金。提爾成為董事會主席，當臉書規模太大，從原本帕洛奧圖市中心大學道一五六號的辦公室搬走時，帕蘭泰爾搬了進去（地點就在 PayPal 創立時的辦公室對面）。最終，帕蘭泰爾的市值高達二十五億美元。提爾即將成為世界上最成功的科技業投資人之一。

提爾的克萊瑞姆資本管理公司也經營得有聲有色。公司是一家全球宏觀基金，主要針對世界市場和政府動向進行最高層級的分析。二〇〇三年成立滿周年後，公司負責管理的資金達兩億五千萬美元，投資回報率高達百分之六十五。提爾的策略是對長期趨勢做通盤性的評估，接著在違反正常邏輯的地方下注，例如其他人都在拋售日本政府債券時，他選擇買空；他買空能源股，因為他相信石油峰值，認為全球石油供應即將耗盡；他也買空美國國債，他預測二〇〇一年布希執政時的經濟衰退將讓景氣低迷一陣子。年復一年，克萊瑞姆每年都在急速成長，到二〇〇八年夏季，市值約莫達七十億美元，等於六年內成長了七百倍。金融媒體開始以「逆勢投資天才」形容提爾，但對他來說，他只是照自己的想法在行事，大多數人將思想外包，隨波逐流，跟隨如牲畜般的大眾。世界上的魯賓遜（Robinson Crusoes）[2]不夠多。

克萊瑞姆後來遷到了要塞公園（Presidio Park）邊一幢磚頭和玻璃建築的四樓，從那裡能將金門大橋和太平洋的壯麗景色一覽無遺。提爾能從他位於角落的辦公室窺見惡魔島（Alcatraz）和馬林山（Marin）。該大樓位於盧卡斯影業（Lucasfilm）的舊金山總部裡面，一樓裝飾著黑武士（Darth Vader）和尤達（Yoda）的雕像，出自提爾最愛的電影《星際大戰》。克萊瑞姆的休息區以一座座深色硬木書櫃隔開，書櫃上擺著塞維涅夫人（Madame de Sévigné）[3]、狄更斯、達爾文和喬治・艾略特（George Eliot）[4]等人著作的皮革精裝本，還有關於結構性金融和量化研究的書籍。休息區的中央擺著桌子，上面有一個西洋棋盤，靜待玩家前來對弈。

任何人在每週上午十點半的交易會議遲到，就會被罰款一百美元。某個星期二的上午主題是日本。十一名沒繫領帶，身穿藍色、白色或條紋襯衫的男人圍坐在狹長的會議桌旁。提爾坐在桌子的一端主持。

「日本的問題在於長年沒有變化，」他說。「如果我是日本人，我早就受不了多年的經濟放緩，但我不是日本人，所以誰知道呢？」

提爾的王牌交易員凱文・哈林頓（Kevin Harrington）曾是史丹佛大學物理系博士候選人，他插話說道：「日本的老年人不以為意，因為他們的資產不停在增值。他們就像美國的戰後嬰兒潮世代，認爲船到橋船自然直。」

「你認爲我們該做空嗎？」另一位交易員問道。

「過去二十年來，選擇做空日本是錯的，」提爾說。「但對此我的想法也不是很確定。不過，如果日本出現問題，那麼問題可能會持續下去。所以，政治上的問題是：日本到底是一個專制國家，還是無政府國家？我不認為日本是民主國家，先不討論這點。它到底是七〇年代的日本，那個強迫人民存錢的專制企業國家？還是像加州和美國一樣，其實是無人駕駛的馬車？民眾粉飾太平，假裝有人在操盤，但實際上根本沒有。」

半小時的會議最後變成了探討日本歷史和文化的研討會。最後，提爾問道：「日本人普遍看好什麼？」「他們正在期待美國和加拿大提高石油採收技術，」一位年輕交易員表示。

一名叫做派屈克．沃夫的交易員正透過電話參與討論，他說：「雖然這麼說有違自由放任主義精神，但美國壟斷能源的狀況近來不佳。」

提爾說，「下週，各位不妨想想民眾目前看好什麼或對什麼事物抱持期待。」

就像在 PayPal 時期一樣，提爾招募的員工與他十分相像。克萊瑞姆也因為成了「提爾邪教」大本營而聞名，員工各個都是年輕的自由放任主義者，對老闆崇拜有加，模仿他的工作習慣，熱愛西洋棋，討厭運動。提爾對房地產泡沫化有先見之明，所以堅持員工不該買房。他在舊金山市海港區（Marina）距離克萊瑞姆公司不遠處，租下一棟面積達兩百八十坪的豪宅，外觀彷彿白色的婚禮蛋糕，從露台可以看見舊金山藝術宮（Palace of Fine Arts）點亮的穹頂和圓拱。

他開始過起矽谷億萬富翁的生活。他聘請兩位身穿黑衣的金髮女助理，一名白衣男管家和一位廚師，廚師每天會替提爾準備一份由芹菜、甜菜、羽衣甘藍和生薑調製而成的健康飲品。他的私人晚宴上，賓客能從印有各種主菜選項的菜單點菜。他到哪裡都搭乘私人飛機。有一年，他帶幾位最親密的好友去尼加拉瓜衝浪，另一年去辛巴威玩急流泛舟，過程中保鑣如影隨形。提爾在情緒上總是莫測高深，卻不失友善的一面。他喜歡表現得頹廢沉淪，卻鮮少自我放縱，如同小說《大亨小傳》的主角蓋茲比總是像鬼魅般地現身在自己的派對。他買下一輛法拉利 360 蜘蛛跑車以享受飆車的樂趣（他的日常用車是賓士 SL500），報名參加拉斯維加斯賽車場的駕駛課程，還創辦雜誌《美國雷霆》（*American Thunder*），旨在報導關於賽車和「具有全國運動汽車競賽協會（NASCAR）風格」的狩獵、釣魚和鄉村音樂資訊。（儘管三分之二的沃爾瑪都有販售這本雜誌，第一期的封面還請來知名賽車手小戴爾．伊恩哈特〔Dale Earnhardt, Jr.〕打頭陣，雜誌卻在發行四期後停刊。）他在舊金山買下一間名爲 Frisson 的餐廳兼夜店，臉書的用戶人數達到百萬後就是在那裡舉辦慶祝派對。他也在宅邸舉辦各式各樣的派對，如募款派對、新書發表會或是公司成立發布會，參加的賓客經常五十至上百人，在最浮誇的派對上，還曾出現打赤膊或全身只穿著圍裙的男服務生。他捐出數百萬美元支持保守的議題和政黨候選人。房地產泡沫化之後，他以六百五十萬美元買下舊金山的豪宅，接著又花兩千七百萬美元買下毛伊島（Maui）海濱一棟宅邸，還在曼哈頓的聯合廣場上租了公寓。提爾的每棟房屋都是無可挑剔的現代風格，讓人看不出是為誰設計的。

「貧富不均問題正以一種詭譎的方式不停擴大，」他後來說道。「七〇年代時，街上根本沒有任何百萬富翁。百萬富翁意味著你家財萬貫，在當時非常少見。八〇年代末期，少數念史丹佛的人稍微富有一點，但如果有兩千萬到三千萬根本就是富可敵國。如果有學生的家長這麼有錢，簡直是不可思議。」然後，一本叫做《金錢強強滾》（*The First 20 Million Is Always the Hardest*），以矽谷為故事背景的小說於一九九七年出版了。「兩千萬在當時是一筆難以想像的天文數字。我認為擁有更多只會適得其反。擁有兩千萬固然很好，但是超過的話，各種問題會隨之而來。」然而，年復一年，「這個數字不知不覺地繼續攀升，」——到現在兩千萬已經算不了什麼。

在一個貧富極度不均的世界裡，如果你想和鄰居看齊（鄰居的定義爲平均上比你富有的人），那麼你肯定會迷失自我，總覺得自己難以望其項背，因爲無論你擁有多少，鄰居擁有的總是比你多，而且差距不斷擴大，你只能在後方苦苦追趕，如同追求沙漠地平線上的海市蜃樓。在一個貧富不均的世界，你需要一個安身立命的基點才不會迷失自我。

作爲自由放任主義者，提爾希望有朝一日美國能變成他心中的模樣：人們放棄固有體制，停止依賴長期提供安全感的社區，跳脫自己原先的定位和設定好的目標，從渾渾噩噩的日子徹底醒來。這一切都是與提爾世界觀背道而馳的事情。他認為人應該獨自面對虛無，透過野心、才能和抽象概念建構自己（美國的寬鬆政策提供了他大展身手的機會）。他處於眾星拱月的位置，身旁關係緊密的朋友幾乎都是與他志同道合的年輕男性，在差不多的時間點，以矽谷特有的暴富方式發跡，一夕之間他們日進斗金，但他們仍穿著牛仔褲和T恤，但提爾仍是眾人中最富有的那一位。他的朋友讓他記得過去的現實樣貌，過濾曇花一現和毫無益處的地位指標。二〇〇七年，當一個線上八卦報導爆出提爾是同性戀時，提爾稱呼該網站為「矽谷的蓋達組織」。提爾繼續讓私生活保持隱密，就連和最好的朋友也從不討論親密的話題。晚餐上，他們從不討論性事、宗教或他人生活，而是討論觀念、世界大事和科技的未來。當有人問提爾他最欽佩的投資者是誰時，他點名隱居的億萬富翁霍華・休斯（Howard Hughes）。

二〇〇八年總統大選期間，提爾接受自由放任主義雜誌《理性》（*Reason*）的專訪。「我目前很樂觀。儘管政治正在朝著自由放任主義的相反方向推進，但或許這正是世界變得更自由放任的徵兆，」他說，「也許從這趨勢我們反而可以看出現況很好。」九月，克萊瑞姆的資本額達到七十億美元的里程碑，提爾將大部分的業務和九成員工遷到曼哈頓中城。提爾正要躋身世界級對沖基金經理人的角色，他希望能進一步掌握華爾街的動向。

同月，金融市場潰堤。所有人陷入恐慌，提爾試圖接下掉落的飛刀，但這回他的逆向思維成了敵人。

提爾預期各國政府會聯手介入安定全球經濟，因此他利用當年剩下的時間買空股票市場。但股票市場仍持續暴跌，導致克萊瑞姆虧損連連。二〇〇九年，他賣空股票後，股價卻意外回升，克萊瑞姆失血持續加劇。投資者開始回贖基金，部分人士抱怨提爾想法高明，卻不會看準交易時機和管理風險。提爾多年來看準房地產市場會崩盤，卻沒能在泡沫成真時大撈一筆。二〇一〇年中，因為克萊瑞姆遲遲沒能止血，提爾只好關閉紐約的辦公室，搬回舊金山，消耗了巨額搬遷費用。截至二〇〇一年，克萊瑞姆的資產額已經銳減至三億五千萬美元，其中三分之二出自提爾的腰包，是他流動淨資產的總額。克萊瑞姆成了名副其實的家族企業。

有史以來第一回，在眾人的目光中，提爾在他引以為傲的事業上慘遭滑鐵盧。不同於他在PayPal的時期，他並未因挫折而大發雷霆，他變得謙卑為懷，坦然接受失敗，與員工一起穩住陣腳。但在此同時，他對美國的看法轉趨悲觀。他重新思考七〇年代以降的歲月，那段看似前程似錦的美好時光，尤其是在矽谷，就連臉書都黯然失去了光彩。不過，提爾的悲觀態度也促成他對未來有了激進的新想法。

1．譯註：蘇共中央總書記布里茲涅夫（Brezhnev）在一九六八年出兵鎮壓布拉格之春運動前後所推行的一套對外擴張理論。這裡是用來形容臉書對各大校園的擴張就像蘇俄的對外擴張。
2．譯註：只能夠像魯賓遜一樣自力更生的人。
3．譯註：十七世紀法國書信作家，其書信內容生動風趣，反映出法王路易十四時代的社會風貌。
4．譯註：十九世紀英國女性小說家，原名Mary Ann Evans。

二〇〇八年

歐巴馬重創希拉蕊取得歷史性勝利 他是首位贏得愛荷華州初選的非裔美國人，這揭示選民準備擁抱改變[1]……**房價慘兮兮，從急診到發出病危通知**[2]……**二〇〇七年度通用汽車損失三八七億，創美國汽車業紀錄，預計資遣七萬四千位美國勞工**[3]……**油價震撼彈：分析師預測油價跌至七美元，美國汽車「大出走」**[4]……**新世紀復甦恐無望走出經濟蕭條**[5]……**伊拉克戰爭週年紀念當週，歐巴馬關於種族的演說狂洗媒體版面**[6]……歐巴馬的所有競選宣傳都是建立在階級鬥爭和人類的嫉妒心理之上。他販售的「改變」理念並不新鮮，我們以前就見識過，而且正是這種改變行程一種比較溫和的威權主義，削弱了個人自由[7]……現在美國正在改變，而我們的政治現狀看起雖然充滿對立分歧，但其實我們還是團結的，我們都是美國人，美國是上下齊心協力的國家[8]……**雷曼兄弟申請破產，美林銀行遭收購，美國國際集團尋求現金援助**[9]……**布希提紓困計畫，砸下七千億美元**[10]……**赴俄亥俄瀕臨倒閉工廠視察，總統候選人馬侃歌頌自由貿易**[11]馬侃前陣子民調戲劇性下滑，沒想到後來東山再起，獲得共和黨總統候選人提名。他以自己最近政治生涯的遭遇為例，說明貧困的鐵鏽帶城市，例如揚斯敦，是有可能起死回生的……**培林獲提名為副總統候選人，重燃文化戰戰火**[12]……我們相信最棒的美國人就在我們造訪的這些小鎮，以及我稱之為真美國的這些美好小地方，與你們這群努力工作、很愛國的人在一起[13]……我敢打賭，賓拉登現在覺得自己真正像個蠢蛋，是吧？「什麼？我炸了美國，但卻炸錯地方了？」[14]……消息人士向八卦部落格 PerezHilton.com 獨家披露，男星希斯・萊傑（Heath Ledger）已於週二猝死[15]……**矽谷幾乎未慘遭金融危機「毒手」——至少到目前為止**[16]……你好嗎？您一定會愛上臉書！**你看起來好極了**。希望用不了多久我就可以把一些我和家人的照片下載下來[17]……我可以想像得到，等待選舉日的你有多焦慮？您還是死忠的共和黨支持者嗎？無論如何，我一直都很珍惜我們的友誼[18]……「改變的時刻來臨了。」[19]：歐巴馬成首位非裔美國總統；經濟焦慮使民主黨取得壓倒性勝利[20]……我們會一起開啟美國故事的下一個偉大篇章，大聲疾呼，讓上述那八個字響徹美國、迴盪於大西洋與太平洋：是的，我們一起。[21]

1．編註：出自《紐約每日新聞》二〇〇八年一月四日新聞。
2．編註：出自《聖彼得斯堡時報》二〇〇八年三月十三日新聞。
3．編註：出自美聯社二〇〇八年二月十二日新聞。
4．編註：出自《華爾街日報》二〇〇八年六月二十六日新聞。
5．編註：出自《芝加哥論壇報》二〇〇八年三月二十四日新聞。
6．編註：出自《赫芬頓郵報》二〇〇八年四月二日新聞。指歐巴馬二〇〇八年三月十八號發表的競選演講「絕對完美的聯盟」（"A More Perfect Union"），皮尤研究中心指出有百分之八十五的美國人知道該演講，《紐約時報》認為它對歐巴馬的成功當選至關重要。
7．編註：出自「國家評論」網站（http://nationalreview.com/）二〇〇八年十月二十五日文章。
8．編註：歌曲〈是的，我們能做到〉（"Yes We Can"），美國歌手威廉（Will.i.am）2008年的單曲作品。這首歌的音樂影片於2008年2月2日發布後席捲網路，內容是多位名流明星重複歐巴馬的競選口號。
9．編註：出自《華爾街日報》二〇〇八年九月十六日新聞。

10・編註：出自美聯社二〇〇八年九月十九日新聞。
11・編註：出自《麥克拉奇報》（McClarchy Newspapers）二〇〇八年四月二十二日新聞。
12・編註：出自《政治家》（Politico）二〇〇八年九月二日文章。
13・編註：出自ABC新聞網（http://abcnews.go.com/）二〇〇八年十月十八日新聞，內容是二〇〇八年總統大選中的共和黨副總統候選人莎拉・培林在訪問北卡羅來納州時的講話。
14・譯註：出自美國脫口秀主持人喬恩・史都華（Jon Stewart）二〇〇八年十月二十日在節目《每日秀》中講的笑話。這句話的意思是金融重鎮紐約不能代表真正的美國。
15・編註：出自八卦新聞網站perezhilton.com二〇〇八年一月二十二日新聞。希斯・萊傑是澳洲知名演員，演出《斷背山》、《蝙蝠俠：黑暗騎士》等電影，二〇〇八年一月二十二日因藥物過量在紐約逝世，得年二十八歲。
16・編註：出自《紐約時報》二〇〇八年九月二十三日新聞。
17・編註：出自二〇〇八年十一月一日發布在臉書網站上的一則帖文。
18・編註：同上註。
19・譯註：「改變的時刻來臨了。」（Change has come.）是歐巴馬的競選口號。
20・編註：出自地方報紙《克利夫蘭老實人報》（Cleveland Plain Dealer）二〇〇八年十一月五日報導。
21・編註：出自歐巴馬二〇〇八年在初選中的演講。

體制人士之二：勞勃·魯賓

一九四七年，羅比·魯賓（勞勃·魯賓的暱稱）從曼哈頓轉學到邁阿密海灘（Miami Beach）去讀小學四年級，過去從沒當過班長的他卻在新班級當選班長，令他相當錯愕。他在中學名列前茅，但若非他父親的律師朋友將他引薦給哈佛大學招生處處長，他不可能進得了哈佛。入學後，他以為自己會像其他百分之二的新生一樣遭到退學，卻意外取得優異的成績。一九六〇年，他加入校內榮譽組織 Phi Beta Kappa 並以最優等的成績畢業。

羅比·魯賓從沒想過能受到像朱蒂斯·奧森伯格（Judith Oxenberg）那般秀外慧中的女子垂青。於是他很識相地將她介紹給他耶魯法學院的朋友，希望換取機會認識與他水平相當的女子，但是沒幾個月後，羅比和朱蒂斯就在布蘭福德教堂（Branford Chapel）完婚了。

由於他在佳利事務所（Cleary Gottlieb Steen & Hamilton）成為合夥人的機率不大，一九六六年，勞勃·魯賓開始到華爾街找工作。在當時，從律師事務所跳槽到投資銀行並不尋常，但是在他父親穿針引線下，拉札德（Lazard Frères）和高盛（Goldman Sachs）銀行居然都向他提出了工作邀約。儘管他對風險套利一無所知，也沒有把握能在電話上從各公司高階主管口中問出哪些交易值得投資，但還是選擇加入高盛的套利部門。高盛的傳奇領導人葛斯·李維（Gus Levy）經常在魯賓詢問愚蠢的問題時大發雷霆，但李維卻也同時看好魯賓有朝一日會領導公司（在當時的魯賓看來，這簡直像癡人說夢。）。儘管在套利部門做得有聲有色，他從未想過自己能升格合夥人，於是他再度開始四處打聽工作。當高盛在一九七一財政年度第一天提拔他為合夥人時，他無法相信自己的耳朵。他在幾年後加入了管理委員會。

他畢生都隨身攜帶印有橫線的黃色記事本，以便隨時寫下筆記和數字，用來分析不同結果的可能性，以及計算風險和預期價值。他發現自己之所以深受交易吸引，理由在於這是一種思考機率的練習，必須經常將突發事件一併考慮進去。套利交易的壓力和波動經常令人膽顫心驚，因恐懼和貪婪而迷失自我，但魯賓總是能泰然自若地承受高風險交易的壓力。他很有商業頭腦，但是他志不在賺錢（他很清楚人們只能從內心尋求滿足），他的身分認同無關工作。這點使他能更清楚客觀地思考風險。

他高瞻遠矚，總是提醒自己：一時的交易結果並不會帶來深遠的影響。雖然他很喜歡自己在體制中的角色，但是他其實能隨時走人，開啟不同的人生經歷，例如在左岸的咖啡館閱讀《北回歸線》（*Tropic of Cancer*）[1]、談論生命的意義，或者到雲杉溪（Spruce Creek）或火地群島（Tierra del Fuego）去飛蠅釣。他堅信在人類的世界裡沒有任何事是可以百分之百確認的，因此在跌宕起伏的市場中他可以游刃有餘。（他也是一名技藝高超的撲克玩家。）這種超脫的哲學精神使他在套利事業上無往不利。

當年的高盛與現在截然不同，它曾是一間規模更小，路線更保守的私人合夥公司，主導投資銀行業務而非交易業務，資深合夥人會用心照顧客戶的每個需求。一九七〇年代，魯賓運籌帷幄，推動高盛進軍場外的衍生性金融商品交易（期權交易）和商品交易，這些業務以指數增長，收益相當可觀。一九八一年，他成為公司智囊團，說服高盛進行第一次重大併購案：買下名為J.Aron的商品交易所。當新部門有難時，他藉由承擔更多風險來化危機為轉機，這經歷令他覺得很有意思。（高盛要開除超過一半的J.Aron員工，必須處理得宜。）他以此為跳板，爬上高盛龐大的固定收益部門頂端，他和搭檔費德曼（Steve Friedman）必須設法幫非流動性投資部門止血。為了籌措更多資金，他們希望高盛效仿其他大型華爾街企業，成為上市公司，但持股較少的年輕合夥人否決了這個提案。一九八七年，費德曼和魯賓一同晉升正副董事；一九九〇年，魯賓榮登董事寶座。他很意外：儘管他目標遠大但謙默自持，在危機中處變不驚，但沒想過自己會坐上領導大位。

魯賓站在政治中心，盱衡兩黨發展。由於他同情窮人的處境，他選擇向民主黨靠攏。他也擔心雷根執政期間日益攀升的赤字。他想涉足政治，渴望體會從白宮內部看世界的滋味，於是他開始幫民主黨籌集資金。一九八二年，他的朋友施特勞斯（Bob Strauss）邀請他擔任國會募款活動的主持人。魯賓不知道自己是否有能力募得足夠資金，畢竟當時還沒有多少民主黨人涉足金融界，結果晚會意外進帳了一百多萬美元。為了獲得華爾街的資金援助，民主黨候選人開始尋求魯賓的支持，他在一九八四年為孟岱爾（Walter Mondale）募得近四百萬美元的款項，後來到一九八八年也為杜凱吉斯（Michael Dukakis）募得相同金額。

隨著魯賓年華老去，他往左旁分的頭髮仍然茂密，但是眼皮下垂的雙眼卻愈來愈哀傷，充滿疑慮。隨著華爾街成為日益龐大卻不安定的巨獸，他依舊保持心情沉穩，維持削瘦的體態。儘管金融服務業的管制解除了，他仍保持自律。當他的同行買下第五間房、迎娶第二任妻子，出現在《紐約時報》的週日時尚副刊時，他仍不改低調作風。他在高盛度過人生大半的歲月，身價超過一億美元，住在公園大道（Park Avenue）的頂層公寓，但仍然每天穿著皺巴巴的素色西裝出現在公司，穿著卡其褲在住家附近出沒，並騰出時間看書和釣魚。他的同事每天都會聽到他說「依我個人淺見」不下十次。他小心翼翼地用謙遜對沖野心，用擔憂對沖冒險。

一九九二年，柯林頓當選總統時，魯賓完全不知道自己在新政府是否能有一席職位，結果柯林頓指派他為新成立的國家經濟委員會（National Economic Council）首位主委。他對於白宮內的生態一無所知，連「決策備忘錄」是什麼都不知道，但是他帶著黃色記事本，搬進傑佛遜飯店的房間，向斯考克羅夫特（Brent Scowcroft）和鮑威爾（Jody Powell）等華府政壇大老請益。在橢圓形辦公室或羅斯福廳的會議上，他未藉機接近總統。他喜歡遠離主位，觀察房間內的人士，隔著一段距離發言。就像在華爾街，他的虛懷若谷讓他在華府大放異彩。柯林頓曾對他說：「你將成為白宮最了不起的人才」，但魯賓聽了只覺得是玩笑話。他唯一的希望就是有機會發揮長才罷了。

魯賓坐在會議桌尾端，告訴柯林頓他必須放棄競選期間對教育、職業培訓和中產階級減稅等議題做出的承諾，轉而致力於降低赤字（減少支出和給排行前百分之一點二的富人加稅），以便穩定債券市場。如果赤字仍維持在雷根－布希政府的水平居高不下，利率就會上升，進而讓經濟成長停滯。（這不僅是華爾街的觀點，也是基本的魯賓經濟學。）雖然柯林頓對自己變成艾森豪那樣的共和黨人感到不悅，還是接受了魯賓的建議。當魯賓又從桌尾告訴總統不要使用像「富人」和「企業福利」等二元對立、充滿階級色彩的字眼時，總統也欣然同意了（不是出於階級團結，而是擔心商界對總統失去信心）。就連「企業責任」也該避免。當勞工部長萊許（Robert Reich）主張採取更多平民主義政策和語言時，魯賓以冷靜、不疾不徐的聲音說：「我這輩子都在華爾街打滾，我能向你保證這麼做只是在自找麻煩。」在柯林頓主政期間的白宮，若能在華爾街度過半生遠勝其他資歷，因為債券市場是現實，其他都只是利益團體。

魯賓總是以客觀公正、利弊分析的態度給予最好的經濟建議。（如果恰巧華爾街的看法一致，那也只能說明金融業早已把持了國家經濟。任何民主黨總統一旦失去金融界的支持都將一敗塗地，尤其華爾街已經成了民主黨主要的資金來源）因此，柯林頓身為一名中產階級平民主義者，在執政時期是親近商界的中間派。魯賓在一九九五年轉任財政部長，他化解了墨西哥、亞洲、俄羅斯的金融危機，將赤字減至零，引領美國進入史上最長的經濟增長期，成了最受人民尊崇的財政部長之一。

一九九八年，美國商品期貨交易委員會（Commodity Futures Trading Commission）的女性主委布魯克絲莉・波恩（Brooksley Born）提議，對場外衍生性金融商品這個巨大的灰色市場進行監管（二十年前就是魯賓引領高盛公司涉足該市場）。在財政部的一小時會議上，同事沒見過魯賓如此氣憤（他覺得波恩蠻橫無理，固執己見），他訓誡她不要插手衍生性金融商品市場，要她聽從銀行律師的意見，而非自家部門的政府律師。他聯合他的副手薩默斯（Larry Summers）和美國聯邦準備理事會主席葛林斯潘，（《時代》雜誌封面稱三人為「拯救世界委員會」），說服共和黨國會杯葛波恩（對這市場魯賓並非不擔心：高盛的衍生性金融商品賬目規模其實令他憂心忡忡。每次交易員想擴大規模，他都勉為其難同意了。他晉身財政部長後仍為此煩惱，因為這種金融商品可能讓各金融機構糾葛不清，讓市場發展過盛的問題擴大。他原則上不反對監管衍生性金融商品，但監管人不能是波恩。他始終沒能出手解決，因為他知道他勢必要面對薩默斯、葛林斯潘和華爾街的聯合反對。二〇〇〇年，國會通過法案防止衍生性金融商品受到任何機構監管，該法案由柯林頓簽署後完成立法，也是柯林頓任內最後一項法案。（當這項《商品期貨現代化法案》〔Commodity Futures Modernization Act〕完成立法時，魯賓早已經不在政府內部工作，如他幾年後指出，他無法對法案產生的任何負面影響負責。）

後來，《金融服務法現代化法案》（Gramm-Leach-Bliley Act）也是依樣畫葫蘆，國會在一九九九年通過該法案，由柯林頓簽署後生效，法案廢除了一九三三年的《格拉斯—史蒂格爾法》（Glass-Steagall Act），允許商業金融和投資金融業務在同一個屋簷下進行。（沒錯，魯賓公開支持廢除《格拉斯—史蒂格爾法》，主要是因為商業銀行和投資銀行之間的隔閡早已大不如前——儘管他是自漢密爾頓〔Alexander Hamilton〕以來最受尊崇的財政部長，也無法改變這一事實。）

一九九九年，魯賓回到紐約。在跨出下一步之前他拿出黃色筆記本，開始振筆疾書，寫下他可能會遇到的種種問題，並與季辛吉和巴菲特等人對談，猛做筆記。他想繼續涉足公共政策，但是他沒有理由擋自己的財路，而他也不想承擔執行長的重責大任。換句話說，他夢想成為一名智者，就像另一時代的狄倫（Douglas Dillon）或哈里曼（Averell Harriman）[2]，在華爾街和華府之間游刃有餘，能同時造福股東和美國人民。（事實上，他在華爾街的工作能讓他掌握金融動態，如此一來他就能繼續幫助決策人士，透過利弊分析給予客觀建議。）

紐約的每間公司都想延攬魯賓，得到他的金字招牌，但花旗集團的桑迪・威爾（Sandy Weill）三顧茅廬，以絕佳的條件讓魯賓頷首：魯賓將登上銀行帝國的最高寶座，擔任管理委員會主席和內部顧問，負責制定戰略決策，不用對日常營運負責。年薪高達一千五百萬美元，外加紅利和股票（他相當有商業頭腦），此外還能夠搭乘花旗的公務機去釣魚或從事其他探險活動。（花旗集團是全球最大的金融服務公司，前一年由花旗公司和旅行家集團〔Travelers〕合併創立，在《格拉斯—史蒂格爾法》廢除以前，這筆交易不可能成交。儘管魯賓與法案廢除沒有直接關聯，也沒人能指證歷歷他收取花旗集團的豐厚回報，他依然遭到許多批評。）

在主持花旗集團管理委員會會議的同時，魯賓依然會找時間釣魚、閱讀，擔任參議員的顧問，晉見外國元首及撰寫自傳。他具有智者風範，頭髮依舊濃密，瘦骨嶙峋。他涉足公司所有的部門，加入了福特公司、哈佛大學的董事會和美國外交關係協會，成為布魯金斯學會（Brookings）的靈魂人物，推動他許多子弟兵在商界和政界的職涯發展。他警告政府不要實施魯莽的財政政策和短期投資，沉浸在美國歷史最悠久的經濟擴張光輝中——即使光芒已逐漸黯淡。

然而從事後看來，「魯賓經濟學」並未發揮多大效益。一九九三到一九九九年，他在白宮任職期間，他上任前已經持續十幾二十年的趨勢不見起色。從一九七〇年代末期至二〇〇七年間，魯賓在高盛、白宮、財政部和花旗集團擔任高階管理職位的那幾年，金融業蓬勃發展，而約束金融發展的規定和規範逐漸鬆綁。金融界在美國的企業營收翻倍，在國民收入比例裡，金融業的薪資也成長一倍。百分之一富人階層的收入在國民收入裡成長了三倍，然而中產階級的收入僅增長了百分之二十，底層收入則維持不變。到二〇〇七年，百分之一的富人階級坐擁全國百分之四十的財富，而底層的五分之四人口只占有百分之七的財富。魯賓站在華爾街和華府的巔峰時，美國的貧富差距擴大，達到十九世紀以來前所未有的高峰。

身為內部顧問，如同他之前鼓勵高盛一樣，他鼓勵花旗集團利用龐大的盈利來承擔更多交易風險，同時建議謹慎管理風險。此後，他沒有過多干涉，在二〇〇三年至二〇〇五年期間，花旗集團發行的債務擔保證券和不動產抵押貸款證券成長三倍，包含許多來自坦帕等地的不良貸款。這些地方的居民多年來收入不見增長，將資產全部投資在房產中，把房產當成提款機。到二〇〇七年末，花旗銀行的賬上有高達四百三十億美元的債務擔保證券。

到頭來，多數債券價值如同壁紙。二〇〇八年，當金融危機爆發時，花旗集團成了急需政府出手援助的對象。花旗的損失高達六百五十億美元，亟需兩筆巨額的紓困資金，成了美國政府唯一考慮收購的銀行。

魯賓一生致力讓自己和華爾街的利益與美國利益維持一致，而當這原則在二〇〇八年變成泡影時，他選擇消聲匿跡。他幾乎拒絕所有的訪談邀約，在少數幾次的公開談話時，將責任撇得一乾二淨。「鑑於我所了解的事實，我不認為我該負責，」他說。「顯然，有些事情出了錯。但是我不認為有人能預見這場完美的風暴。」就連葛林斯潘都承認自己錯了，但魯賓表面上看來謙沖自牧，其實自尊心很強，所以他始終無法拉下臉來認錯。

二〇〇九年一月，在魯賓當了十年顧問，進帳一點二六億美元，淨資產翻倍後，他辭去了花旗集團的職位。二〇一〇年四月，金融危機調查委員會（Financial Crisis Inquiry Commission）傳喚他到華府作證。委員會成員包括波恩，當她詢問魯賓衍生性金融商品的監管問題時，魯賓急忙同意她說的每一句話。他看起來手足無措，坐在證人席，西裝皺巴巴，焦躁不安、眼睛布滿血絲，好像前晚沒睡好。他向委員會解釋：「您剛才提到我所擔任主席的花旗集團管理委員會是一個行政單位，不具有決定權，只是在董事會會議之間集會。管委會很少開會，也未對集團的決策過程造成任何實質影響。」

「我不認為你能同時逃避兩邊的責任，」調查委員會主席菲利普・安格利德斯（Philip Angelides）說。「你要嘛是拉下控制桿的執行者，要嘛就是放行的人。」

魯賓說，他雖然是董事會成員，但他不可能對世界上最大銀行的所有政策瞭若指掌。

「你並非普通的董事會成員，」安格利德斯反駁他。「對大多數人來說，管理委員會主席象徵著領導權。一千五百萬美元的年薪更意味著領導權和責任。

魯賓提到他在二〇〇七年拒絕了一筆紅利（他這麼做並非出自罪惡感，而是無私地拒絕這筆錢，讓銀行能將款項用於其他目的）。

安格利德斯說：「到頭來，只有你能捫心自問要負多少責任。」

三小時的聽證會結束後，魯賓匆忙離開會議室。

■

1．譯註：美國小說家亨利·米勒（Henry Miller）的經典小說。

2．譯註：狄倫與哈里曼分別當過美國的財政部長與商業部長。

傑夫・康諾頓之五

康諾頓沒注意到經濟泡沫。二〇〇七年，他以購買時三倍的價格把墨西哥的公寓脫手，從中撈了一大筆。有了這筆錢再加上賣掉公司股份的利潤，康諾頓開始尋找下一個要入手的度假屋，也就是下一個要炒賣的公寓。他一直聽說哥斯大黎加有一個名叫馬爾帕伊斯海岸（Mal País）的地方，那裡的世界級海灘簡直是衝浪天堂。巴西超模吉賽兒・邦臣（Gisele Bündchen）在那裡蓋了一棟房子，房子已慢慢成為好萊塢明星的私人度假好去處。當地房價正在飆漲。那年夏天，康諾頓飛去哥斯大黎加看了兩塊相鄰的土地，都坐落在山坡上，俯瞰著太平洋的壯觀海景。康諾頓決定把兩塊地都買下，他想在其中一塊地上蓋房子後轉售出去，用賺到的錢在另一塊地為自己蓋一棟別墅。

康諾頓在奎恩—吉勒斯彼事務所工作時，蓋恩沃斯金融公司（Genworth Financial）曾是他的客戶，那家房貸保險公司的員工都提醒他說全國上下正出現房屋被銀行收回的止贖現象，彷彿瘟疫般在蔓延。他們勸康諾頓最快也要等到二〇〇九年才能買房地產。後來拜登又再次參選總統，康諾頓也加入他的競選團隊，並前往德梅因市，當地一名市議員告訴康諾頓，愛荷華州所面臨的三大問題之一正是房地產遭銀行止贖。康諾頓把這個消息轉告給拜登的幕僚，說住房危機日益嚴重，應當成為競選焦點。一九七〇年代，拜登還是個菜鳥參議員時，當過副總統的資深參議員小休伯特・韓福瑞曾勸他：「你要挑一個專屬你的議題。未來是住房議題的天下，建議你當『住房先生』。」康諾頓的提議被當耳邊風，此外也沒半個候選人拋出房地產止贖的問題。

就連康諾頓自己也沒把這些警告當一回事。二〇〇七年的秋季，房地產炒得正旺，康諾頓花了近一百萬元買下了哥斯大黎加那兩塊地，他明知道地價過高還是買了下來，因為他預計土地會持續升值。當荷蘭鬱金香的市價每個月都在翻倍[1]，想分一杯羹的人相信自己可以在市價增長四倍以前擠進市場，試問這個想法是否理智呢？「是我太貪心了。」康諾頓說。

十五年來，在華府圈內人裡，幫拜登募到最多款項的，非康諾頓莫屬。他加入拜登第二次競選總統的團隊，並擔任拜登政治行動委員會「團結美國」（Unite our States）的財務長。這件事從一開始就注定失敗。基本上，拜登的政治演講都是在即興發揮，等於把他的履歷拿出來講一講：每件事都可以講得非常精彩，但下一件事往往與前面毫無關聯。此外，拜登對金錢遊戲還是非常厭惡。某次一個新來的幕僚上了拜登的車，他手裡拿著一份名單說：「來吧參議員，該是打電話募款的時候嘍。」拜登回了他一句：「你他媽的給我滾下車。」他相信比起親自打電話籌款，在辯論會上表現精湛更能為他獲得政治獻金。三十年前，這個政治人物在塔斯卡盧薩一場演講中虜獲康諾頓的心，如今他在台上仍寶刀未老，氣場不輸希拉蕊、約翰·愛德華茲（John Edwards）和歐巴馬等人氣更旺的對手們。但即使如此，拜登的民調總是看不見對手的車尾燈。

康諾頓是在愛荷華州度過那年十二月的。華府的固定班底每兩年[2]都會走入「真實的美國」各地，那裡住著「真實的美國人」，任務是幫自己的老闆競選。他們藉此累積人脈，蒐集資訊，並重新找回加入政黨的初衷。二〇〇〇年某天，早上六點康諾頓就在威斯康辛州沃索市（Wassau）一個路口舉起高爾的競選牌子，路過的車輛當中，所有的黑人以及一半的女性都向他豎起大拇指，但白人男性看他的眼神則透露出厭惡與敵意，甚至有個載著滿車子小孩的校車司機還向康諾頓比了中指。二〇〇四年，康諾頓在南達科塔州替參議院少數黨領袖湯姆·達希爾（Tom Daschle）助選，他每天花十小時挨家挨戶敲門，敲了三個星期後真是累壞了。當地人生活貧困的景象讓康諾頓大吃一驚，像是拉皮德城（Rapid City）有許多貨櫃屋的地板因腐爛而看得見下面的泥土。那些住在較好貨櫃的屋主都打算把票投給共和黨，因為「達希爾去府，不理我們了啦。」康諾頓也遇到一些路德宗教會的女性信眾，她們認為達希爾對墮胎議題的立場很虛偽，在南達科塔說一套，到華府又是另一套。她們對這議題非常熱中，康諾頓覺得自己還沒來得及改變她們的想法就要先被她們說服了。會在一個政治人物家鄉引起軒然大波的議題不多，墮胎是少數的幾個之一，地方人民大多不曉得也不在乎參議員對證券訴訟改革法案的立場。

有一個印第安婦女曾在松嶺印地安保護區（Pine Ridge Reservation）附近對康諾頓說：「你們每四年才來關心我們一次。」這句話直接擊中康諾頓，因為他知道這的確是實話。每一次總統大選他都會被這些人的處境深深打動，但過後又會把他們忘得一乾二淨。康諾頓試圖為當地貧民區的社區活動中心舉辦一場電腦捐贈活動，但達希爾團隊那裡始終沒有下文。來到中西部後，康諾頓少了之前那股熱情、朝氣與創業精神，彷彿這裡的每一個份子都停止不動了，氣氛迥然不同於沿岸城市與內陸大都會。每晚他回到飯店就累倒了，而他下榻的飯店酒吧裡坐滿了來自華府的說客，他們在南達科塔州逗留的原因與康諾頓一樣。那年十一月，達希爾輸了。

康諾頓在二〇〇七年的競選活動中偶爾會和拜登有些互動。有一次兩人在某場募款活動開始前獨處，康諾頓一如既往地對拜登微笑，說能見到他真好，並簡單利落地向拜登介紹他將見到的團體。拜登突然看了康諾頓一眼，他的眼神裡透露著疑問，似乎在問康諾頓：「你和我在一起時怎麼會這樣呢？為什麼我們沒能當朋友呢？」拜登甚至開口說話：「你怎麼會……我們怎麼會……？」活動的主持人們將在三秒鐘後進場，康諾頓只能任由拜登的話盤旋在空中——這也沒辦法，誰叫拜登在二十年前要頭也不抬地對康諾頓丟出那句「**資料給我就可以，你走吧！**」[3]如今一時之間康諾頓想說的太多了，但這一切似乎都為時已晚。

拜登的競選活動根本就是集體自欺欺人。擔任拜登高級顧問的考夫曼對康諾頓說：「在總統競選活動中，如果不學著偽裝就玩完了。」二〇〇八年一月三日，康諾頓在滑鐵盧（Waterloo）附近的一所高中關注愛荷華州黨代表的投票結果，歐巴馬投票處的角落大約有八十個人，希拉蕊那裡有大約六十個人，而拜登那裡只有六個人。拜登以百分之零點九的得票率排名第五，當晚就宣布退選。他向幕僚要了一份名單，名單裡列出所有對拜登競選活動有貢獻的大臣，康諾頓在裡面排名第三。

康諾頓也偽裝夠久了，而心中的大石終於可以放下。他在三十年前開始記的帳，如今終於可以不再糾結了，他和拜登的緣分將到此為止。

不久後，康諾頓飛往哥斯大黎加與他的建築師和一名美國建商共進晚餐，這名建商才剛在紐約與雷曼兄弟（Lehman Brothers）和美林證券（Merill Lynch）的貸款委員會開會。「這兩家公司實際上都已經破產了，」建商說。

「什麼？我不信。」康諾頓說。

建商解釋這兩家銀行的債務已超過資產的價值，但康諾頓仍無法相信。倘若建商所言屬實，那麼他在商學院學到有關效率市場的一切，以及他在法學院所學到的銀行資訊透明化準則都會淪為紙上談兵。說什麼銀行所聘用的律師和會計師有責任在必要時公開重要資料以保障投資人的利益——難道這也只是騙人的嗎？康諾頓選擇相信那些金融機構，他別無選擇只能這麼做。

「我估計經濟會衰退三年。」建商接著說，但康諾頓繼續與他辯論。過了很久，康諾頓多麼希望建商當年抓著他的外套對他大吼：「我們是初次見面沒錯，但你仔細想想，這兩家公司現在沒辦法還清債務啊！相信我，你要趁早行動，趕快把手上的資產都賣了吧，不然就來不及了！」

回到華府後，康諾頓讀了剛出版的《一兆美元大崩盤》（*The Trillion Dollar Meltdown*）的新書，作者是待過銀行業的查爾斯・莫里斯（Charles R. Morris），書中認為銀行槓桿過度，再加上消費者本身就負債纍纍，根本負擔不起抵押貸款，這兩個因素導致信貸市場泡沫化，泡沫很快就會爆破並帶來一場全球金融災難。康諾頓看完之後便把書丟到一旁。

那年三月，貝爾斯登公司（Bear Stearns）倒閉了，康諾頓緊盯著他的股票，他大部分的財富都投入全球市場，押在多元化投資組合上。股市在下滑，但並未暴跌，而康諾頓預計這次的股市修正[4]最多也只有百分之十。要對準時機進出市場本來就不容易，因此即使道瓊工業平均指數跌到一萬點，康諾頓也寸步不移。到了九月，雷曼兄弟（Lehman Brothers）宣布破產，整個華爾街眼看就要跟著陪葬。莫里斯在書中提到的「大崩盤」以迅雷不及掩耳之勢降臨美國，如今已變成「兩兆美元大崩盤」[5]了。短短幾個月內，康諾頓的股票投資組合以及在哥斯大黎加的房子，市價都暴跌一半。

與此同時，他的政治生涯也到了巔峰。十一月四日，拜登當選美國副總統，到了年底，康諾頓又重返公職了。

■

1．譯註：鬱金香狂熱於一六三七年在荷蘭爆發，是歷史記載最早的泡沫經濟事件。
2．譯註：美國眾議員每兩年改選一次。
3．譯註：當時康諾頓與拜登搭乘飛機前往休士頓參加募款活動，康諾頓正要拿活動資料去說明，但拜登叫他資料留下就可以離開了。
4．譯註：股市修正（correction）是指股票指數從最近的最高點下跌超過百分之十的狀態。
5．譯註：《一兆美元大崩盤》（*The Trillion Dollar Meltdown*），於二〇〇八年出版，隔年改版為《兩兆美元大崩盤》（*The Two Trillion Dollar*

Meltdown）。

泰咪・湯瑪斯之四

二〇〇八年初，大概是泰咪丟了工廠工作超過一年後，有個名叫柯克・諾登（Kirk Noden）的男人邀請她一起喝杯咖啡。諾登是專業的社區組織工作者，在離揚斯敦不遠的地區長大，就讀肯特州立（Kent State）大學，曾負責組織芝加哥和英格蘭地區伯明罕市的街區。二〇〇六年，他從海外歸國來到了揚斯敦，就和在其他地區一樣，諾登在這裡也嘗試比照索爾・阿林斯基（Saul Alinsky）提出的社區組織模式：集結人群、前往市政廳或地產開發商的辦公室，再搖動這株大樹，為街坊鄰里爭取掉落的果實。這種方法源自於更早的二十世紀中期，當時權力更加集中在城市裡。諾登嘗試一年後，意識到揚斯敦並不適合這套方式。這裡根本沒有資源可用，因為稅收基礎瓦解，市長幾乎沒有實權，產業也只剩下先前的殘影。沒有明顯的權力中心，就像是散落在全球各地。揚斯敦如此破敗，超乎他的預期，讓諾登不得已只能換個方向思考。

他諮詢了從舊時沃倫鋼鐵業承襲下來的溫恩基金會（Wean Foundation）。溫恩基金會不像其他菁英階層和機構，他們早就摒除不切實際的懷舊思維，轉而尋求較為激進的想法來拯救馬霍寧谷。二〇〇七年，諾登和溫恩決定成立新的社區組織：馬霍寧谷組織合作團[1]，這個團體為之後針對經濟衰退的全國性抗爭運動奠定了基礎，專門處理失業、階級和種族不平等的議題，並設法面對這些問題的後續效應。揚斯敦所有大型機構都無法取得人民的信任，因為他們一無所成，工業、工會、銀行、教堂、各層級的政府都一樣。只有逐一整頓街區，才能真改造馬霍寧谷。

諾登開始尋找可以僱用的社區組織工作者，準備在二〇〇八春天組織正式成立前就位。溫恩基金會的會長喬爾・瑞特納（Joel Ratner）告訴諾登，他在救世軍（Salvation Army）[2]認識了一位女性員工，當時她正透過溫恩基金會提供的資金進行實習，為單親媽媽籌備工作坊，她同時也是揚斯敦州立大學社會學系的學生。「你一定得認識她，」瑞特納說道。「會挖到寶也說不定。」

諾登聯絡上了泰咪，和她約好四月某個下午在她家附近的鮑勃・伊凡斯餐廳（Bob Evans Restaurants）碰面。諾登喝咖啡時，泰咪第一眼就注意到這位稚氣未脫的白人男子看來像個十三歲男孩（他已經三十幾歲了）。當他提到新成立的組織也許可以提供工作時，她半信半疑。泰咪還有一年才能拿到學位，也面臨許多課程上的挑戰。而且老實說，她對社工圈的想像早就有點幻滅。圈內人只顧著內鬥，大家好像都只在乎自己的生存與否，而不是真的有心服務大眾。

諾登解釋，這項職務叫做社區組織工作者：她要教導大家如何讓上位者負起責任。這是一份泰咪從沒想過的工作。「你指的是？」她說：「這地方的議員都會坐牢，警長也一樣。你要叫這些人負起責任？」接著她想了想後，又說了：「的確得有人採取行動。」

諾登詢問了她小時候的狀況、她長大的地區，問她是否記得鋼鐵廠的情形？一邊在工廠工作，一邊撫養三個孩子是什麼感覺？她不是很習慣像這樣談論自己，但還是盡量回答問題，說明自己居住的地區原本有多麼安全，卻因為黑社會猖獗而搬到了北區，還有街頭幫派和古柯鹼是如何改變了社區——雖然她覺得諾登早就已經知道了部分答案。

那又是什麼令她憤怒？

嗯，大家都喜歡說東區看起來像是貝魯特[3]，她當然會覺得「你什麼意思？這可是我的家鄉。」於是她告訴諾登：「我氣自己必須為了讓孩子離開這裡而撫養他們、讓他們接受教育，因為待在這根本沒有前途。」她的大女兒當時住在奧蘭多，兒子考慮要搬到北加州，小女兒則想要和姊姊一起住。發生德爾福自願離職事件後，兩個女兒都在想辦法讓母親搬到佛羅里達州。「這樣我就得搭飛機才能見到孩子，不應該是這樣。他們應該要平安長大，在這個社區裡買棟房子。我的曾祖母如此辛勤工作，就是為了讓我住的地方看起來像個樣子。她到人家家裡煮飯打掃，現在這些人的狀況卻大不如前。小時候祖母還會帶我到市中心買東西，我都記得。」

她從來沒想過究竟是誰該負起責任，也沒想過自己可以對那些人施壓。她益發憤怒，因此諾登成功說服了她，提供泰咪另一種助人的方法。他談到了自己在芝加哥的經歷，告訴她當地人是如何發起運動，他們嚴肅看待組織的力量、推動改變。諾登將這些故事與民權運動連結在一起，深深打動了泰咪。

他倆同坐了好一段時間。她說著自己的經歷時，神情中有一種自己無法覺察的特質，但諾登都看在眼裡：一種原始的力量，他之後才會把這樣的發現告訴她。這種力量來自於她對東區的熱情，還有對於東區被遺忘的情緒。他將此視為一株火苗，會讓她日復一日，為一份不輕鬆的工作盡心盡力。她正勇敢地往前一躍，重塑自我。她還是可能很快答應又很快放棄，但比起其他從哥倫布（Columbus）或從別州來到揚斯敦的人，她更有可能堅持下去。泰咪熟悉這裡的黑人社區歷史，因為這就是她的故事。他邀請她參加一次正式的面試，她同意了。

面試地點在揚斯敦州立大學附近榆樹街（Elm Street）上的一位論派教堂（Unitarian Church）。泰咪從未聽聞這種教堂。自從離婚後，她就一直待在亞克朗的教會。泰咪請先前帶她來到這座教堂的表親為她解釋一位論派信徒有何特質。

「他們接受所有的宗教和信仰，」表親回答。

「但這是什麼意思？」

「意思是就算你信奉撒旦，一位論派教堂還是歡迎你。」

「怎麼可能。」

「小心點就好，」表親說道。「我會為你祈禱的。」

面試當天，諾登和她在教堂門口碰面，告訴她先在禮堂裡找個位置坐下，等面試人員準備好。那時泰咪留著髒辮，多年來也增了不少體重，她不禁心想：對這些面試人員來說，我的膚色是一定很黑吧？她坐下後四處張望，一座十字架都沒有，她有點驚慌，心想：「我從未看過沒有十字架的教堂。」她拿起一本聖詩集逐頁翻過，好讓自己冷靜下來——這可是她二十年來第一次工作面試，上一次面試還是為了汽車零件組裝線的工作。她的目光來到一首關於夏至的頌歌，發現這是一座崇拜惡魔的教堂！

泰咪正準備將詩集拿開時，諾登回來了。他領著她來到一間辦公室，裡頭有兩男一女正等著她。泰咪緊張異常，只能依靠直覺讓自己冷靜下來，努力掌控全場。她的目光逐一掃過在場每個人，向他們自我介紹：「各位好嗎？我很好！」諾登請泰咪分享自己路見不平、挑戰權威的經驗時，她提起了帕卡德工廠那位伏在地上擦拭油漬的女工，而泰咪可以感覺到，大家都深受感動。她的面試非常順利，在座的面試人員都備感驚艷。但她也在想，要是自己真得到了這份工作，新同事可能會好奇為什麼自從泰咪開工後，門把就總是油膩膩，因為她每天都會給門把上油[4]。

她成為了首批受僱員工。她可以顧好學業，同時承擔這份充滿挑戰的工作，不僅薪資合理，還能夠享有福利。她心想：「我就知道，上帝肯定會為我開啟這些大門。」

諾登向他手下的新進組織工作者下了通牒：踏出家門，說服所有教堂、地區團體，還有他們可以找到的潛在領袖、招募七十五人參加會議、動員居民參與行動，不然就要將他們開除。諾登以為泰咪會想要負責東區，因為她對那裡瞭若指掌，但泰咪拒絕了，因為這反而是問題所在——東區有太多她認識的人，親朋好友都在那裡，她也知道自己的弟弟是什麼德行，因此會有利益衝突的問題。她反而開始在北區活動，這地方早已與過去大相逕庭，不再是祖奶奶當初到白人家中幫傭的樣貌。這地方漸漸已和揚斯敦其他地區並無二致。

有一天，泰咪在北區某地區遊說居民，她帶著夾著黃色便條本的夾紙板，挨家挨戶地自我介紹，試圖在五分鐘內說明來意。「你家附近都還好嗎？那邊的房子空置多久了？你覺得為何房子還未拆除？我剛剛才在街上遇到另一個人，他的感想和你一樣。市裡有許多廢棄房屋需要拆除，我跟你說，我們必須改變現況。你要不要來參加會議？如果只有一個人起身呼籲，不會有多大效果，但如果我們都有志一同……沒錯，我是土生土長的揚斯敦人，見證了這座城市的變化，你知道嗎？我已經受夠了，不能再這樣下去，是做出改變的時候了。如果你願意和另外五、六十位鄰居一起來參加這次會議，我們就可以好好討論。可以給我你的電話嗎？」他們的目標在於招募當地人，培訓他們成為領袖，讓他們繼續呼朋引伴。那麼接下來，手中沒有實權的人們就能漸漸掌握大局，找不到發聲管道的民眾就能開始發表意見。

她轉彎走到下一條街道，聽見兩個女人正在前廊上談笑風生。前廊塞滿了美式足球匹茲堡鋼人隊（Pittsburgh Steelers）的布條和道具，各種雜物散落在前方草坪，看起來像是在舉行清倉二手拍賣。其中一個女人正抱怨自己負擔不起健保費用，泰咪把這類聚會稱為「自憐派對。」她剛好可以用這點來接近她們。「妳剛剛說健保怎麼了？」她自我介紹後，準備要遊說對方。有保險問題的女人名叫哈蒂·威金斯（Hattie Wilkins），是屋主，也是鋼人隊的粉絲。她已經將近六十歲，又矮又胖，留著長長的金色髒辮，有著沙啞的大嗓門，舉止浮誇。結果威金斯其實是泰咪繼父的遠房親戚。泰咪就這樣從人行道上突然蹦出來，其實威金斯還真被她嚇了一跳。

泰咪詢問威金斯女士是否有意願和自己一對一面談，然後接受MVOC的訓練成為領袖。

「我早就是領袖了，」威金斯說。「我不需要受訓。」二十年來，她一直都是西區一間枕頭工廠的工會分會長。後來公司給她資遣費，讓她離職，因為威金斯惹了太多麻煩，這就是她必須支付部分健保的原因。左側三棟房子都是閒置的，她會割隔壁那一棟的前院草皮，另外兩棟則是已被拆除，她也會幫忙整理空地。威金斯將其中一處空地修整為「花剪園，」說是要紀念自己的孫女瑪瑞莎（Marissa），她十六歲時有次正要從一場派對離開，卻遭到子彈擊中心臟斃命。威金斯從廢棄房屋的院子裡拾來了鬱金香、水仙花球莖和玫瑰花，她絕不會剪掉任何花朵，因為瑪瑞莎就像一朵被剪去的鮮花。

威金斯離開工作後就失去了後盾，不再有枕頭工廠的數百名工人力挺。現在她只剩下附近的四、五個居民，也許她終究不算是個領袖。也許她正需要泰咪的提議，她同意接受一對一會面。

泰咪不久後就成了威金斯女士的偶像。泰咪有一種才華，諾登很早就發現了，她天生就擅長和領袖建立共鳴，用她自己的活力和對任務的專注來啟發他們，最後讓這些領袖願意為她身先士卒。威金斯喜歡泰咪說話的方式，喜歡她吸引人們注意的方式。威金斯也開始在大學裡上課，就為了能夠與鄰近孩子使用適當的文法交談，讓他們可以學習電視主播的說話方式，而非使用當地的俗語。她告訴泰咪：「我從小就想要像你這樣說話。」

組織的第一個大型專案，就是要調查揚斯敦市內的每棟房子，針對每個街區逐一進行，找出哪些有人居住、哪些是空屋、哪些已經拆除，又有哪些需要拆除。調查人員會為自己負責地區的各棟房子分配等級。假設泰咪調查東區，像夏洛特街一三一九號那間房子已遭廢棄、屋內空空蕩蕩，就會是F級。在北區她和祖奶奶住在柏尼爾家那幾年，曾經餵過天鵝的公園不遠處，她調查了兩個街區中的二十四棟房子，其中有十三棟為廢棄狀態。泰咪和郵差討論哪些房子有人居住，冬天來臨時，她會等到下雪，看看車道上是否有輪胎的痕跡。

結果揚斯敦有百分之四十的土地都為空置。幾乎四分之一的空屋屋主都是外地人，像是住在加州，還有些甚至不在國內，如奧地利、中國等。這些炒房客因為房地產跌價而蒙受損失，房子也脫不了手，他們在克雷格列表（Craigslist）和 pennyforeclosure.com 網站下單時未意識到那些房地產商品都是賠錢貨。泰咪在過程中最常聽到的抱怨，就是土地空置的問題，還有隨之而來的犯罪行為。MVOC 彙整了調查結果，在城市地圖上用顏色作為標記，綠色代表空地，紅色代表廢棄建築。在地圖上，偌大的東區呈現的是處處皆綠，上頭散布著鮮紅色的圓點。

揚斯敦的黑人市長傑伊・威廉斯（Jay Williams）早已制定政策要加速拆除廢棄建築，但這些建築的數量過於龐大，加上城市規劃人員始終懸缺未補，也就沒人知道各棟建築的確切位置。MVOC 標記出顏色的地圖，就成了唯一能夠呈現城市實際狀況的工具。二〇〇五年，揚斯敦市政府召集了一千四百名居民，於斯坦波禮堂（Stambaugh Auditorium）商討城市的未來走向，並擬定了一份野心勃勃的〈二〇一〇計畫〉。這是第一次有人願意認真解決城市衰頹的問題，解決城市**萎縮**的問題。揚斯敦當時就是這副德性，空間廣闊，卻沒有足夠的居民和建築可以充分利用，活像個因為生病而日益消瘦的人，卻仍穿著寬鬆的舊衣服。城市太大，居民太少，這讓整座城市感覺空蕩蕩，只有零星的行人在街道上遊蕩。「萎縮城市」一詞愈來愈流行，當時常用來形容底特律，而由於〈二〇一〇計畫〉探討了將市政服務縮減至符合現實水準的必要性，好因應減少的人口數量，讓揚斯敦因此被譽為先驅。社區花園、小型公園、養蜂場、雞舍都是廣受討論的話題。二〇〇五年，《紐約時代》（*New York Times Magazine*）雜誌將〈二〇一〇計畫〉列入年度最佳想法清單。揚斯敦幾乎要成為媒體矚目的焦點。

城外的人都不知道，這份計畫從未成功執行。計畫內容過於激烈，因為必須有居民願意遷移，但要讓誰負起這份責任？當然是較年長的東區黑人屋主，但其實他們都是決定不要離開，要堅持守住自己的歷史，而且大多相信工業會漸漸復甦。那要他們搬去哪裡？當然是西區這樣的白人區域。泰咪聽聞後，對這想法嗤之以鼻。她立刻想到了自己認識的人：雅蕾特・蓋特伍德（Arlette Gatewood）。雅蕾特是退休的鋼鐵工人，在工會也相當活躍，她仍住在東區偏遠處即將成為林地，與賓州接壤的地區。另一位則是西碧兒女士，也就是泰咪來自東區的老朋友，她想起了西碧兒的叔公建造的房子。沒錯，這座城市再也無法負擔整個都會區的垃圾處理和供水管線，她也明白。另外還有瓊斯小姐——「但是，她又怎會願意離開自己辛苦賺錢買下、在其中撫養孩子成人的房子，轉而搬遷至別處呢？」

泰咪將〈二〇一〇計畫〉放在一旁，專注思考在她手下受訓的居民領袖可以先從哪些小事做起。她針對一個叫做馬克・金恩（Mark King）的惡房東發起一項活動，金恩在房產泡沫化時買下了整座城市的三百處房產，放任其中的百分之二十成為空屋。當地媒體報導了這件事，隔天金恩就出現在組織的市中心辦事處，詢問該怎麼做才能阻止媒體的負面報導。泰咪請西碧兒女士在活動中發言，告訴她東區需要有人站出來發聲，這就是西碧兒女士成為MVOC副主席的緣由。她告訴泰咪，東區的居民已開始組成社區團體，感受到了一絲希望。「只要有人對你伸出援手，」她說。「你就得準備接好。」

這份工作讓泰咪有了看待揚斯敦的全新角度。她走上街頭、挨家挨戶敲門、梳理出住宅區的地圖，因此第一次得以透過更廣闊的視野來全面看待自己從小到大生活的地方。她原以為那些不願自助的人才是罪魁禍首。「看見有人一無所有，卻不願嘗試，還什麼都不想要時，是讓我很沮喪的原因之一。人要是失去了動力，就沒有心思讓自己進步。」揚斯敦瀰漫著這樣的氛圍，但現在她覺得這是社區的問題。世代貧窮、學校失能、工作機會流失，「並不是因為他們沒有意願，而是因為整個體制的設計形式，在某些情況下就是在利用民眾，擾亂人們的內心。大家深陷其中，卻不知該如何抵抗。」泰咪自己已成功掙脫，但她卻從未思考過政治問題——城市、州、國家整體的問題。

泰咪大概是揚斯敦中最後一個聽聞歐巴馬的人。她全心全意照顧孩子、工作、學業、教堂，再無額外時間關注新聞，直到二〇〇八年初，才知道有位認真的黑人正在角逐總統大位，而且他更是擔任過社區組織工作者，這讓泰咪很是驚訝。泰咪年滿十八歲時，祖奶奶曾叫她註冊投票、註冊為民主黨員，並投票支持民主黨。所以她總會投票，但從未真正關注過候選人。比起總統，她對自家市長的種族背景更為了解。在帕卡德的工廠裡她也會和大家聊一點政治話題，二〇〇四年選舉時，她無法理解為什麼有那麼多工人（尤其是白人女性），那麼多和她一樣的普通工人階級會出於宗教信仰投票支持布希。不過，大多時候她都是將政治當成航髒的事，不願去多想。揚斯敦是美國最貪腐的城市之一，法官坐牢、警長入獄，泰咪成年後該區的眾議員大多時候由詹姆斯·塔福肯（James Traficant）擔任，他是個流氓政客，即使後來因貪污而遭國會除名，吃了牢飯，他在揚斯敦仍相當受歡迎，因為揚斯敦相當民粹、反體制，塔福肯的豐功偉業，就是讓權貴對他逢迎拍馬。

讓泰咪對歐巴馬產生了興趣的人，正是泰咪在帕卡德工廠認識的朋友凱倫。泰咪覺得美國還沒準備好，她以為希拉蕊才會成為被提名人，因為大家會先接受白人女性，才輪得到黑人男子。但她和凱倫二月時一起到揚斯敦州立大學聽了歐巴馬的演講，泰咪印象非常深刻，回家時還拿了紙條寫下演講的內容。整個夏天，她都在東區挨家挨戶拜訪，推動 MVOC 提出的「出門投票活動」。有些人說「我們有機會讓黑人當總統了，」有些人則說「一定不會有人選黑人當總統，」但泰咪從未見過大家對選舉這麼期待。連她父親都到民主黨當志工，在當地辦公室撥打電話，他從來沒做過這種事，吃喝睡都想著歐巴馬。泰咪原本因為離婚和從事新工作，和父親的關係出現了很大的裂痕，但父女倆卻因為歐巴馬又走到了一起，互相打電話分享自己拜票的經歷。有次，父親打電話來說：「如果有人再告訴我他們因為害怕歐巴馬被暗殺，而不投給他，那我可能會先自殺。」

選舉當晚，MVOC 辦公室開了披薩派對，那是泰咪第一次吃到詹姆森（Jameson's）披薩。歐巴馬宣布當選，和他的家人一起發表勝選演說時，泰咪幾乎不敢相信。泰咪小時候，祖奶奶就曾給她買了總共三集的《黑人成功故事集》（*Ebony Success Library*），講述歷史上的黑人成就，泰咪也一直努力讓孩子們可以因為身為黑人而自豪。在學校的黑人歷史月（Black History Month）期間，泰咪也會要求孩子們的作業主角不能是那些司空見慣的人物。她的大女兒在五年級時寫了一篇關於民權人士艾拉・貝克（Ella Baker）的報告，但老師卻因為從未聽說過貝克這號人物，居然要女兒換題目重寫。

誰是重要發明家或運動人士，往往大家意見不一，各有一套看法，但黑人當選總統卻是鐵錚錚的事實，沒有人可以否認。這不僅是黑人歷史，更是美國歷史。之後，泰咪在自己辦公室桌子後方的牆上，掛著這位四十四歲總統的裱框照片，正是大選之夜向芝加哥人群揮手致意的歐巴馬。上方寫著他在競選期間說過的話：「我們的命運不會假手他人，我們會寫下自己的命運。」

■

1・譯註：Mahoning Valley Organizing Collaborative，後文均以首字母縮寫 MVOC 指稱。
2・譯註：基督教服務團體
3・譯註：黎巴嫩首都，飽受戰火摧殘。
4・譯註：指基督教中用於淨化的聖膏油。泰咪對一位論派的教義有所疑慮，因此想著若是在這裡工作，就得用聖膏油來「淨化」工作空間。

迪恩・普萊斯之五

普萊斯把票投給了歐巴馬，這是他生平第一次投給民主黨籍的總統候選人。他想都沒想就做出了決定。原因無他，假設歐巴馬是白人，那麼全國百分之八十的人都會支持他。在選舉那年八月，不是約翰・馬侃（John McCain）或莎拉・培林（Sarah Palin），而是頂著酷暑來到維吉尼亞州馬丁斯維爾的歐巴馬。他對聚集在社區大學體育館裡的群眾說：「我將每天為你而戰。我將在白宮醒來，日日心懷馬丁斯維爾和亨利郡的民眾，思考我如何能讓大家過上更好的生活。」歐巴馬知道舊體系已不堪用，而且先不論他是否了解生質柴油，光是他一直在談論新的綠色經濟這一點，就讓普萊斯覺得他的話很中聽。

二〇〇八年，美國其他地區開始陷入與皮埃蒙特相同的困境。九月華爾街爆發金融危機，造成數百萬人失去工作。隔年一月，歐巴馬宣誓就職，誓言打造出一個「負責任的新時代」（a new era of responsibility），但同時美國的經濟情況也惡化到數十年來最糟的地步。通用汽車等大型公司瀕臨倒閉危機。曾經一度是溫莎市經濟支柱的美聯銀行面臨破產，從東岸華爾街到西岸西雅圖，許多銀行都一樣。公司行號遭受衝擊，陸續關門大吉。作家使用諸如「經濟大衰退」和「郊區的終結」[1]之類的話來描述當時的情況。其實經濟衰退已經持續很久了，但在這時間點來到最糟糕的谷底。普萊斯認為，美國人民已經準備好迎接重大改革，選出黑人總統只是第一步。

普萊斯所在的北卡羅萊納州第五國會選區，代表的眾議員是一位六十多歲的共和黨籍女性，名叫維吉妮亞・福克斯（Virginia Foxx）。她身材肥碩、頭髮灰白，擁有教育博士學歷，向來是個力挺小布希總統的後座議員[2]。第五國會選區範圍從田納西州邊界的藍脊山脈（Blue Ridge Mountains）一直延伸到格林斯伯勒以西，選區內任何城鎮的人口都未超過兩萬五千人，其中百分之九十的居民是白人。換句話說，福克斯代表的是培林在大選前三週於格林斯伯勒競選籌款活動上所提到的「貨真價實的美國」，但她完全未提到這些人所面臨的問題，像是休耕地、失能給付和古柯鹼等等。福克斯輕鬆連任，但二〇〇八年的她，看起來像是舊時代的遺物，而且她的選民，甚或她所屬的政黨似乎也是如此。

越過北卡羅萊納州州線，另一側的維吉尼亞州第五國會選區，政壇發生小規模動盪。反移民、支持菸草，還曾是民主黨保守派的共和黨籍現任議員維吉爾・古德（Virgil Goode），對上了自稱是「信念政治」（conviction politics）實踐者的年輕律師湯姆・佩列洛（Tom Perriello）。佩列洛肩膀寬短、臉龐寬闊、下巴肌肉發達、眼神銳利，雖然外表看上去像一名大學摔角選手，正在準備開場的擒抱姿勢，但他其實已經三十四歲了。在他決定是否參選的那一天，他遭到五十隻黃蜂叮咬，引發過敏性休克，搖搖晃晃的走進父母住家外面的樹林裡，位於某個靠近沙洛茲維爾（Charlottesville）的地方。佩列洛的父親是一名婦產科醫生，恰巧從草坪對面看到了他。他父親拿起手邊的腎上腺素注射筆往樹林方向跑，給已經眼睛往上吊的兒子注射，而家裡之所以有注射筆是因為那陣子佩洛列的母親也出現過敏反應。佩列洛不知道這是不是上蒼的旨意，但他選擇這樣解讀，隨後宣布參選挑戰古德的議員寶座。

沒有人真正知道佩列洛是做哪一行為生的。他自稱是「國安顧問」、「社會正義支持者」以及「公共企業家」。他會一邊聽「意識嘻哈」（conscious hip-hop）音樂，一邊舉起手上的傑克丹尼爾威士忌，向「更美好的世界」致敬。他未婚、曾經蓄鬍，成年後短短十幾年裡大部分時間都待在紐哈芬市（New Haven）、紐約、獅子山共和國（Sierra Leone）和蘇丹的達佛地區（Darfur），這一切讓他飽受古德攻擊，因為古德競選團隊是用比較現代的手法在打強調地區性的文化戰。

對於投票給民主黨的半數美國人來說，他們心中長期以來都有一大謎團。為什麼那些住在不起眼小地方的白人一年比一年窮，同時立場也愈來愈偏向共和黨？為什麼一個世紀前擁護威廉·詹寧斯·布萊恩（William Jennings Bryan）[3]的美國人，現在會以壓倒性的票數投給民主黨——一個贊成放鬆華爾街管制，並且主張資本利得稅歸零的政黨？為什麼在沙洛茲維爾以南的二十九號美國國道上，一棟草木叢生的小屋外，會有寫著**古德**字樣的巨大標誌？不過，皮埃蒙特二〇〇八年的局勢，已經糟糕到足以讓部分人士立場轉彎。佩列洛讓他們更容易接受，因為他雖是民主黨候選人，卻沒用典型大城市自由主義者的方式說話。他不斷提及上帝，支持擁槍，避談同婚議題，他對經濟的看法聽起來很激進，譴責「企業控制政府」，批判大型銀行和跨國公司與政府勾結，導致中小企業無法與之競爭。佩列洛聽起來完全就像二十一世紀的布萊恩。然而，他並不符合這樣的描述。他的朋友都是一些人權運動者、華盛頓智庫人士、《新共和》（*New Republic*）作家，以及使用專家語言和信奉進步主義的東岸精英。這樣的他在第五國會選區，卻帶著滿腔熱情為受剝削的農民、失業的裁縫女工和小商人發聲。他不覺得這個美國政治上的大謎團有多麼令人費解。他說：「核心假設是，這些可憐的勞工階級在某種程度上壓根不知道，讓自己投下贊成票的候選人其實並不會維護他們的利益，」他說。「在我看來，民主黨支持者裡不乏富人，而他們的投票行為根本與自己的個人利益背道而馳。」

十一月四日，佩列洛橫掃大學城沙洛茲維爾周圍受教育程度較高的選區，並且攻破古德的優勢選區，挺進北卡羅萊納州邊界沿線的貧困城鎮和南區（Southside）的偏遠地帶。在沙洛茲維爾，年輕人投票率相當高，原因是歐巴馬的名字出現在選票最上面。佩列洛表示，歐巴馬是他人生中第一個啟發他的政治人物。選舉之夜的開票結果顯示，總票數是三十一萬五千張，而佩列洛以七百四十五票的差距領先對手。雖然古德要求重新計票，但六個星期後佩列洛確定當選。

佩列洛拿下保守派選區，成為當大爆冷門的年度黑馬。這場選戰使得二〇〇八年看來像是美國選舉史上的分水嶺。佩列洛是普萊斯型的政客，而維吉尼亞州第五國會選區是普萊斯打造美國第一家生質柴油卡車休息站的地方。回過頭來看，兩者的人生後來出現交集似乎是無可避免的。

佩列洛上任後的首要措施之一，就是派遣幕僚到這個比紐澤西州大的選區視察，以瞭解他的新選民有何需求，如何透過正在國會審議中的振興經濟法案來幫助他們。佩列洛的幕僚在農場周圍和南區的小鎮上注意到了再生能源發展的跡象：丹維爾外圍有一家酪農場利用糞便發電；隔一條馬路對面的苗圃，一位前固特異（Goodyear）工程師正在這裡測試作物的能源產量；在馬丁斯維爾的一個垃圾掩埋場，有官員試圖將甲烷氣轉化為電力使用。沒有人告訴這些人要這麼做，但這剛好就是佩列洛的倡議重點，有別於過去皮埃蒙特產業的新經濟實例。不同於榨乾地方財富後棄之不顧的大型工廠和大賣場，這些小型計畫能夠一次性創造五到十個工作機會，將錢留在本地。

最終，佩列洛得知了紅樺能源。

普萊斯生動演繹 PowerPoint 簡報推銷生質柴油，只要有觀眾願意聽，他都會不厭其煩地向大家報告。他每次都會帶三個罐子來，第一個裝有芥花籽，第二個是芥花油，第三個則是生質柴油燃料，罐身上半部是金色液體，而下半部則是深棕色的廢棄甘油沉澱物。他的演講從卡崔娜颶風襲擊墨西哥灣沿岸那一週開始講起，那是他生命重要的轉捩點。他講述創立紅樺能源的故事，並引用傑佛遜總統關於農民貢獻的那一段話。除此之外，他在報告中提供許多關於芥花製造生質柴油的產能數據以及生質柴油勝過普通柴油的優勢。他主張小規模生產比大規模生產好，提出有說服力的理由，也告訴大家為何需要將錢留在本地。農民和卡車休息站老闆將成為新的石油大亨！讓財富一點一滴從他們這裡，而不是從華爾街匯聚擴散！他問觀眾是否聽過石油頂峰的概念，有聽過的人占比從未超過百分之十五或二十。普萊斯深信只要紅樺做得起來，類似的廠家開到五千間絕不成問題。他以羅傑・班尼斯特（Roger Bannister）的故事作為結尾：他是世界上第一位打破極限，在四分鐘內跑完一英里[4]的人，而在他完成這項壯舉後，五年內有一百多個人也做到了。「他跨過了門檻向大家證明這是可以做得到的。紅樺能源就是扮演這樣的角色。」

久而久之，他的演講內容日益完善，會針對不同聽眾微調內容。例如，在格林斯伯勒同濟會（Greensboro Kiwanis）於星之峰森林鄉村俱樂部（Starmount Forest Country Club）舉辦的每月早餐會上，他會強調生質燃料的投資潛力。有時候，他講的東西超出大家理解範圍，常常在這個共和黨票倉引用太多民主黨籍總統的名言但卻不自覺。另外，對一群政府官員講解生質柴油精煉過程時，解釋得不夠清楚。他面對過群眾的次數不下百次，但是每次演講，聽起來他都像是第一次說出這種新鮮言論，令人為之振奮，而事實也的確是如此——因為他每次講的東西都有所調整，內容不太一樣。因為這樣的做法，唯有這樣的做法，才是通往集體救贖之路，事實就是如此。推銷員必須相信自己賣的東西，而普萊斯相信生質柴油的狂熱程度簡直像是個剛剛開始信教的信徒。他是宣傳生質柴油的「蘋果籽強尼」（Johnny Appleseed）[5]，散播好消息到一座座小鎮上。

普萊斯總說企業家和騙子之間僅有一線之隔。是什麼讓透納成為大家眼中的騙子而非企業家？透納可能真的相信他所有「勇於邁向成功」的言論。他或許是為了錢和名聲走上這條路，而普萊斯也想用同樣的方式發家致富。那兩者之間有何區別呢？普萊斯說：「我一開始就必須自我檢視。大家聽得懂我在說什麼嗎？我是個騙子嗎？我是不是試圖把生質柴油當『蛇油』來賣？」但重點是他賣的並非蛇油，差別就在這裡。生質柴油和地球一樣都是真實存在的。所有聽過生質柴油的人都會覺得很有道理：它會引領大家走出經濟蕭條、邁向未來的道路。然後普萊斯會掐自己一下確認這是不是真的，心想：「我有資格站在這裡發言嗎？我的旅程是否將我帶到了這個我們所處的十字路口？」他的內心就是充滿這種天人交戰。

二〇〇九年二月上旬的某一天，普萊斯在維吉尼亞州里奇蒙市的奧姆尼酒店（Omni Hotel），準備在該州的農業高峰會上（Virginia Agriculture Summit）發表演說。他去領取一杯星巴克咖啡的時候，看到一個坐著用筆記型電腦的熟面孔。那人正是佩列洛，普萊斯在電視廣告看過他的長相。普萊斯起了個頭說：「請稍等一下，」接著就急匆匆跑去他的休息室，拿他收到的三本《美國芥花文摘》（*U.S. Canola Digest*）雙月刊一至二月號。雜誌首篇專文內容提及華盛頓和美國鄉村地區的變化：「紅樺能源幾乎可以代表歐巴馬政府的形象，因為它具有能源獨立、永續發展、以社區為中心和啟發人心的特質。」佩列洛在原地等著，而當普萊斯帶著其中一本雜誌回來，給他看過這段引言之後，這位新晉議員立刻愛上了紅樺能源。他們聊了二十分鐘，離開之前，普萊斯邀請佩列洛造訪紅樺。

對於佩列洛來說，和普萊斯的談話證明了他過去幾年來一直相信的事，他也由此確立了他的競選宗旨：勞工階級和中產階級所面臨的問題叢叢，但美國精英階層沒辦法提供解答。精英人士認為每個人都必須成為程式設計師或是金融工程師，而且人只有兩種：要是年薪不到六位數美金，那就只能做每小時八美元時薪的工作。佩列洛相信，在美國本土再次製造東西的新興想法，將由小地方的小人物提出。

兩個月後，佩列洛和維吉尼亞州州長提姆・凱恩（Tim Kaine）前去紅樺的精煉廠參觀，一批當地官員、幕僚和記者也浩浩蕩蕩隨行。普萊斯穿了一件棕色外套，還配了條領帶，一頭黑髮整齊地中分。辛克則是穿了一套海軍藍的西裝。在清一色穿著深色西裝的男人中，普萊斯看起來尷尬得像個農場男孩。他向聚集在精煉廠內的貴賓演講。坐在第一排的凱恩實際上睡著了，普萊斯差點叫他起來回答問題，因為他想起小時候在教堂睡著時，父親對他做過同樣的事。相較之下，佩列洛是真的有在聽，他和普萊斯過去或是往後遇到的政客都不同，因為其他人讓普萊斯覺得自己好像是個鞋店推銷員，試圖把推銷的話塞進有限的幾秒鐘內。正規活動結束後，普萊斯帶佩列洛到工廠後方，向他展示正在全速運轉的粉碎機。身為國會議員的佩列洛給了普萊斯他的手機號碼，告訴普萊斯有空去華盛頓找他喝啤酒。普萊斯打過一次電話，但佩列洛未接聽。他沒有留下任何訊息就把電話掛了。

兩人七月在丹維爾北部的一個農場再次相遇，歐巴馬政府的農業部長湯姆．威薩克（Tom Vilsack）和能源部長朱棣文（Stephen Chu）也在現場，兩名內閣成員正在進行美國鄉村巡迴之旅。一個月前，佩列洛投票贊成政府的能源法案，這個法案就是所謂的「總量管制與碳排放交易制度」（cap and trade）或「氣候變遷法案」。這一票使得他在部分選民中受歡迎程度下降，因為能源公司和保守派團體說服那些人，法案通過將導致電費提高和煤炭工人失業。威薩克和朱棣文在農場談到再生能源可能如何為美國鄉村注入活水，重建遭人忽視甚至是已經喪失的職業道德和價值觀。普萊斯認為他的想法和歐巴馬總統政府高階官員不謀而合。期間有一次他們提到紅樺，佩列洛讓普萊斯站起來讓大家認識一下。

普萊斯曾言佩列洛有一天會當上總統，而佩列洛也說過，如果有哪個美國人是他希望總統能花五分鐘時間與之交流的，那人必定是普萊斯。佩列洛讓白宮注意到了紅樺。八月的某個星期四，一封電子郵件寄到了紅樺要給「親愛的友人」，邀請「經過篩選的地方和全國能源領袖」與「各部首長和白宮工作人員討論熱議中的美國能源未來，以及大家如何能為此做出正面貢獻。」活動舉行時間是隔週週一。普萊斯和辛克星期日出發搭火車去華盛頓，在華府聯合車站（Union Station）附近一家飯店過夜。隔天早上，普萊斯穿上他僅有的一套西裝，打了一條綠色領帶。這套黑西裝是他在二〇〇四年十二月購入，原本是為了陪同他第三任太太的女兒參加返校舞會而買的，但他最後卻穿去參加同一週舉行的父親葬禮。普萊斯和辛克搭計程車來到地址是賓夕法尼亞大道一六〇〇號的白宮。

不過，實際上他們並未真正踏進白宮一步。活動舉行地點是隔壁一棟法蘭西第二帝國風格的雄偉建物，艾森豪行政辦公大樓（Old Executive Office Building）。馬克・吐溫曾說，這辦公大樓是「美國最醜陋的建築，」但普萊斯卻對它滿溢敬畏之情，這是他在其他任何地方從未感受過的。花崗岩大廳和大理石階梯，這些以總統命名的房間充滿了歷史足跡！當天會議的最後一位講者是有「環保工作政策沙皇」之稱的總統特別顧問，年紀很輕的范・瓊斯（Van Jones），他也是現場最活躍的人。瓊斯講話很有一套，當提到僱用內城（inner-city）年輕人改造房屋節能時，他說：「我們會搶走他們的手槍，改發給他們填縫槍！」

普萊斯碰巧獲得機會問了當天最後一個問題。他起身說道：「既然我們所有人都在這裡提倡同樣的東西，我們都要出去傳這個福音，那麼我們就有必要談論石油頂峰。因為沒有把石油頂峰考慮進去，我們正在做的事情毫無道理可言。政府機關對於石油頂峰有什麼看法嗎？」

瓊斯似乎不怎麼熟悉歐巴馬的石油政策，更不用說是石油頂峰。他把這個問題交給了能源部的一位女士回答，但從這位女士半分鐘的發言來看，她對石油頂峰的瞭解程度與瓊斯差不多。在那之後，普萊斯認定石油頂峰這個事實對於政治人物來說太過棘手了，因為石油頂峰將會終結美國的郊區生活、快餐店以及美國各種產業（包括華爾街），難怪白宮無法對此表達立場。不過，因為會議結束後瓊斯對他和辛克擊掌致意，所以普萊斯對瓊斯還是很有好感，而兩週後瓊斯辭職時，普萊斯為他感到遺憾。瓊斯在離職前遭到電視名嘴格倫・貝克等保守派人士砲轟。他捲入的爭議包括對九一一襲擊事件的極端看法、聲援美國死刑犯穆米亞・阿布—賈邁爾（Mumia Abu-Jamal）[6]以及罵共和黨的國會議員是「混蛋」。瓊斯從未打算在羅京安郡招募農民發展綠色能源，因為這些農民不會聽他這位來自舊金山的黑人激進分子說話，他們也沒有比較喜歡歐巴馬。普萊斯結束華府之旅回家後，當地餐館的一些傢伙問他：「你跑去看那個黑鬼嗎？」這些人唯一可能聽從意見的對象是身價數十億的公司併購客湯瑪斯・布恩・皮肯斯（T. Boone Pickens）。他是個老白男，過去曾經出現在天然氣和再生能源的廣告上。

普萊斯去華盛頓完全沒有機會接觸歐巴馬總統。歐巴馬那一週在瑪莎葡萄園島（Martha's Vineyard）度假。不過，幾個月後，他真的見到了總統。二〇一〇年三月，普萊斯受邀參加安德魯空軍基地（Andrews Air Force Base）舉辦的一場活動，活動公布了第一架生質燃料戰鬥機。普萊斯帶著兒子萊恩排隊等著和歐巴馬握手。雖然沒辦法和總統說上什麼話，但總統手部的觸感給普萊斯留下了深刻的印象。這是他握過最柔軟的一雙手，沒有任何男人比得上，這也變相告訴普萊斯，歐巴馬一生未曾從事任何體力勞動工作。

二〇〇八年最後幾個星期，燃料價格暴跌，下降幅度和速度遠勝以往。汽油價格每加侖才不到四美元，導致紅樺的競爭優勢消失，開始虧損。國會通過一筆紓困金，紅樺能源提出申請尋求幫助。二〇〇九年春季，當芥花農開車載著種子來到精煉廠時，普萊斯和辛克不得不告訴他們，公司無力負擔先前合約訂好的芥花收購費用。他們能做的只有償還積欠的百分之六利息。大部分的農民都表示理解，但也有一些人威脅辛克和普萊斯，還有人撂下狠話要提告。北卡羅萊納州農夫約翰・法蘭屈（John French）看來就是會騎哈雷機車的傢伙，開著他那輛高大的六輪皮卡在紅樺門口前停下。在他卸貨前，普萊斯告訴他：「我們沒有錢。」

這句話說出口後，普萊斯已經等著被法蘭屈當場踹屁股了。

「把種子留在這裡，讓我們粉碎之後想辦法賣點燃料，」普萊斯繼續說下去，講話又快又直接。「要不然就是把種子帶回你的農場，然後試著賣到其他地方。」

不過，一旦普萊斯開口，你很難不對他產生些微好感。之後法蘭屈回到車上，載著芥花種子回北卡羅萊納州。普萊斯沒被踹，但公司名聲在皮埃蒙特一帶大受打擊。

紅樺若要有利可圖，需要油價至少在一加侖五美元以上，這是二〇〇九年普萊斯和辛克從收購芥花籽慘敗的事件中學到的慘痛教訓。他們意識到問題的答案就在於改變現有商業模式，重複利用芥花種子：首先將原料製成食用油，以每加侖十美元的價格出售給當地餐廳，然後再從餐廳回收剩下百分之七十的廢油製成生質柴油。如果他們生產的芥花油能夠達到食用級，那他們就能夠以每蒲式耳十八美元的價格支付農民。這樣一來他們收購的種子數量會增加，利潤也會跟著提高。不過，前提是他們得先花大概五十萬美元購置新的粉碎機，工廠也要升級到美國農業部訂定的標準。佩列洛的辦公室讓他們與里奇蒙的官員搭上線。地方官員表示，製造食用級芥花油不符合促進經濟發展獎助的相關規定，鼓勵他們改申請補助購買微型渦輪機。微型渦輪機可以利用製造生質燃料時分離出來的的甘油廢棄物發電，這樣精煉廠就不用靠電網運作，紅樺也能藉著出售部分電力創造新收入來源。普萊斯在申請截止日期前幾分鐘提出申請。二〇一〇年一月，佩列洛來到馬丁斯維爾告知紅樺獲得聯邦政府補助購買微型渦輪機的七十五萬美元經費。

紅樺公司獲得經費補助的儀式在一座自然史博物館的大廳內舉行，活動位置上方高懸著一副一千四百萬年前的鯨魚骨架。現場除了佩列洛之外，還有其他貴賓，當天的受補助者也不是只有普萊斯和辛克。這次普萊斯穿的是黃襯衫和黑褲子，搭配一件黃色外套。輪到佩列洛上台講話時，整個大廳氣氛活絡了起來。在炭色西裝上別了個國旗胸章的佩列洛，年齡看上去只有前面幾位講者的一半，他帶著一種義憤填膺的情緒登上了講台。

佩列洛說道：「這個地區的下一件大事是以潔淨能源為人所知，」他點名紅樺致敬，用「自由鬥士兼企業家」來稱呼辛克和普萊斯。「當你去連鎖卡車休息站加油時，雖然每一美元你可以省下三到四美分，但反過來看其實是休息站賺了你九十美分。當某些東西『過於龐大而不能承受失敗的後果』，也許首先該思考它們是不是本來就不足以成為典範。我們正處在轉型的十字路口，這就是為什麼一切都令人興奮不已，彷若一場工業革命。」他指責兩黨政策皆有利於大企業，導致美國小規模生產者無法與之競爭。「我受夠了，我已經受夠買到的東西都是從中國和海外進口的，我已經受夠把錢奉送給那些石油國家的獨裁者。我們是歷史上唯一一個資助雙方開戰的國家！」他愈講愈大聲。「兩黨的政治人物從未到過農場，除了在媒體前擺拍之外。他們認為農場工作已經是過去式，但我在這裡告訴大家這是未來趨勢。儘管這個地區的經濟曾經遭受重創，但它依然驕傲，想要重新站起來參與競爭。」

新聞媒體拍下了這些畫面。記者圍了一大圈採訪普萊斯和辛克。這筆補助款相當於政府高層對於生質柴油卡車休息站構想的肯定，證明這並非紙上談兵，美國一些最有權勢的人也認為有其價值。二〇一〇年一月十四日這一天成為了紅樺的巔峰時刻。

典禮結束後，普萊斯開車回北卡羅萊納州，辛克到工廠和第一次造訪紅樺的弗蘿・傑克森（Flo Jackson）共進午餐。傑克森是辛克聘請來幫忙撰寫新商業計畫的人。她是一名四十五歲左右的黑人女性，大學時期曾當過籃球明星，擁有詹姆斯・麥迪遜（James Madison）大學的企管碩士學位。她曾管理過一家達吉特分店和沃爾瑪分店，辛克希望她的協助能讓紅樺的財務狀況上軌道。

最迫切要處理的是隔壁卡車休息站的問題，因為卡車休息站是精煉廠的主要客戶。普萊斯很早之前就已經停止關注他的店了。他旗下員工有半數在店裡偷竊，而且如果給他們驗毒一定過不了關。二〇〇九年十月，普萊斯依照《美國破產法》第十一章的相關規定聲請破產，這使得他可以繼續卡車休息站的事業，也就是經營馬丁斯維爾紅樺股份有限公司，並且一邊進行債務重整。傑克森的合約上寫明她不必負責管理卡車休息站，但這一年她大部分時間終究還是耗在普萊斯的公司上。傑克森首先試圖挽救公司，然後再梳理公司財務。公司的帳務一團亂，有兩項加起來二十五萬美元的帳目清晰地標記了「業主提取」。卡車休息站欠了銀行兩百萬美元，沒有任何買家會願意承擔那筆債務。傑克森告訴普萊斯，他經營公司的方式不切實際。她強硬而直言不諱的態度，再加上她又是辛克從外面帶回來的人，使得普萊斯開始對她厭煩。因為傑克森是個實事求是又強悍直言的女人，講的話讓普萊斯覺得不中聽。隨著時間流逝，普萊斯變得沒那麼常去精煉廠。從他的角度來看，新的管理體系正逐漸把他擠出權力中心。

二〇一〇年壞事接二連三發生。官僚的繁文縟節導致紅樺能源等了九個月才拿到前半筆紓困金，而與此同時，撥款的消息也引起了亨利郡官員的注意。他們向普萊斯追討卡車休息站二〇〇七年到二〇〇九年之間的八萬五千美元欠稅。普萊斯信誓旦旦地說這是政治追殺，因為紅樺和佩列洛站在同一陣線，而亨利郡是共和黨的大本營。亨利郡還舉證精煉廠發生漏油事件，罰款金額水漲船高。「郡長竭盡所能想要趕走我們，」辛克說。像馬丁斯維爾這樣狹窄而封閉的地方，永遠不會接受來自北卡羅萊納州的他和普萊斯。

從高速公路上望過去，生質柴油精煉廠和卡車休息站乍看之下屬於同一家企業，座落於同樣的幾英畝地上，這些土地都是從同一座紅色山坡劃分而來的，兩者僅相隔一條長四、五十公尺的人行道。二〇〇八年當紅樺的前景還是一片光明的時候，這種運作模式被稱頌為「封閉循環系統」。不過，二〇一〇年紅樺的財務問題清楚地顯示，精煉廠和卡車休息站的業務不盡相同，兩邊的利益在某種程度上是對立的。卡車休息站，也就是馬丁斯維爾紅樺股份有限公司，完全屬於普萊斯個人；而精煉廠，也就是紅樺能源，則是合股公司，落在辛克肩上的公司責任相較普萊斯愈來愈沉重。當精煉廠成為卡車休息站的債權人時，辛克不得不拿出八萬美元的信貸額度來確保休息站的燃料供給正常。普萊斯把紅樺能源的股票過戶給辛克，用來抵債。

九月十六日，維吉尼亞州西區的美國破產法院下令普萊斯的卡車休息站進入《美國破產法》第七章的清算程序。當天還有其他三十六名債務人出庭。馬丁斯維爾紅樺股份有限公司清算完畢之後，卡車休息站賣給了全國連鎖的便利商店威爾可赫斯（WilcoHess）。威爾可赫斯拆除了普萊斯一九九七在商店安裝的立柱扶手木欄杆和兩層樓前廊。這種老派鄉村市場風格當時深受普萊斯的顧客喜愛，但如今已經被粗暴直接的粉刷混凝土外牆取代。加油站停止抽送生質柴油，並恢復成使用一般的二號柴油。二號柴油就是二〇〇五年卡崔娜颶風來襲時斷貨的進口燃料，啟發普萊斯後來投入製造生質燃料的主因。至此紅樺能源失去主要客戶，不久之後精煉廠僅以其百分之十的產能製造生質燃料。嚴格來說，工廠外面的招牌寫的還是真的：紅樺能源依舊是「美國第一家生質柴油卡車休息站」，但它的名聲已不復存在。這家能源工廠不再種植芥花，也沒再製造和販賣生質柴油。

法院發布破產令後的第四天，普萊斯遭到亨利郡的大陪審團起訴，理由是他未將將近一萬美元的代收餐飲稅繳納給政府。

普萊斯一向畏懼政府的力量，幾乎和他擔心陷入貧窮的程度一樣。政府可能會把你送進監獄，而監獄是普萊斯的噩夢。他不認為自己能夠忍受失去自由。他經常夢到這種事。他心裡有一股焦慮感，覺得自己好像不知道怎樣會把事情搞砸了。儘管他不是故意的，但這些事情還是朝他襲來。接著，他會如釋重負地從夢中醒來，心想：「感謝上帝，這只是作夢。」二〇〇七年大約是普萊斯投入製造生質柴油的那段時間，他曾經不得不在監獄度過一晚，起因是他與第二任太太的離婚協議。協議要求普萊斯在五年內，每個月寄給前妻三千三百美元。這個金額是普萊斯以婚姻存續期間每天八百美元的數字算出來的。當他的前妻再婚時，他以為自己終於可以脫身了，所以停止付她錢。然而事實證明，普萊斯欠的錢還是要補上，位於溫特沃斯（Wentworth）的羅京安郡法院法官裁定他入獄，戴上手銬腳鐐。十二歲的萊恩當時和普萊斯在一起，他親眼看見父親以受刑人的身分被帶走。那天晚上，普萊斯和另外十二個男人一起在牢房度過，他發誓絕對不要再回到那裡。

普萊斯不喜歡談論這些事情。如果有人問他關於生意狀況、個人財務狀況或是法律訴訟一類的棘手問題，他都一律回答「嗯……」。這是一個會飄向上空的高亢音節，充滿迴避的意味。同時，這也暗示了事情沒那麼嚴重，他已經或是即將會妥善處理事情。然後，他會把話題導向談論希爾的智慧妙語或是對於綠色新經濟的承諾。二〇一〇年的普萊斯與其選擇活在當下，經歷二二〇號美國國道上所發生的一切，還不如活在自己對過去和未來的想像中要輕鬆得多。逃避現實的普萊斯因此漏回了許多通電話，忽略許多迫在眉睫的事，許多該算的帳也沒算。

那是普萊斯一生中最為艱難的一年，但是二〇一一年他過得更糟。不過，他總發誓永遠不會放棄。他從未對自己的願景失去信心。他不會像希爾書中到科羅拉多州尋找金礦的人那樣，停止鑽探、出售自己的機器，但最後事實卻證明，他距離母礦只有不到一公尺遠。

■

1．譯註：郊區是美國中產階級富庶的象徵。
2．譯註：指資淺議員。福克斯在六十一歲才初次當選眾議員。
3．原註：美國十九世紀末政治人物。曾三度代表民主黨參選總統，政治立場為保護農民利益，乃民粹主義者。
4．譯註：相當於一點六公里。
5．譯註：美國十九世紀早期西進運動傳奇人物約翰・查普曼（John Chapman）的別名。他耗費近五十年的時間種植培育數千蘋果樹。
6．譯註：一九八〇年代因為涉嫌殺害一位費城警察而遭判死刑的黑人異議人士。

在商言商：JAY-Z

凡事都要看情況。

一九六九年，紹恩・科里・卡特（Shawn Corey Carter）出生於「布魯克林星球」上「貝德斯泰國」（Bed-Stuy）[1]的馬西社宅（Marcy Houses），後來才移民到「紐約星球」，進而「遨遊宇宙」。紹恩是家中四個孩子當中的老么，母親葛洛莉亞・卡特（Gloria Carter）是一名市府雇員，父親阿德尼斯・里維（Adnis Reeves）是牧師之子。馬西社宅是一座磚砌的堡壘，裡頭有二十七棟樓，每一棟有六層，上上下下住了四千多人，人人沉浸在派對和壓力的環境裡，今天慶生，搞不好明天就中槍。

紹恩四歲那年坐上一台十段變速自行車，抬起一隻腿側身滑行，整棟大樓的住戶都嚇傻了，「天啊！天啊！」一叫好聲不斷。那是紹恩第一次嘗到出名的滋味，那感覺真爽。

他爸媽有非常多唱片，都堆放在牛奶箱子裡，其中包括寇帝・梅菲（Curtis Mayfield）、史黛波唱將（The Staple Singers）、ConFunkShun、傑克森五人組（The Jackson 5）、魯費斯樂團（Rufus）和歐傑斯合唱團（The O'Jays）等音樂人的作品。紹恩最喜歡麥可・傑克森（Michael Jackson）了，母親下班回到家播放傑克森五人組的《盡情享受》（Enjoy Yourself），紹恩都會跟著唱唱跳跳，姐姐們還會幫他合音。七〇年代的馬西社宅也挺不賴的，對孩子們來說就像一場冒險，他們在水泥地上玩骰子，在遍地是玻璃碎片的草地上踢足球，看著長椅上的癮君子在打盹，孩子們還會打賭看誰敢把他們推下去。「我們偷偷把一個即將消失的文化遺產救了出來，融入我們的音樂裡並打造出一個新世界，」後來紹恩寫道。「我們在歷史和蠟像和街道上找到我們父親的足跡。」

一九七八年的夏天，紹恩偶遇一個住在馬西社宅的小伙子，這個男孩從未受到關注，他站在人群中唸出一段段押韻詞句，形容附近的長椅和聽眾，形容自己的創作有多厲害，誇自己是紐約最強的，天底下沒什麼不能激起他的靈感，他就這樣唱了半小時，紹恩心想：「這太屌了吧，我也可以啊。」那天晚上他回到家就在筆記本裡寫了幾首韻文，筆記本寫滿了，韻文創作也占據了紹恩的人生，他早上在鏡子前創作，晚上過了睡覺時間還在廚房敲打餐桌創作，把姐姐們都逼瘋了。沒錯，他的確可以。Jaz-O 是馬西社宅最厲害的饒舌歌手，他年紀比紹恩大，某次他用一台笨重的錄音機錄下他們的聲音，回放時紹恩發現自己的聲音聽起來與腦海裡的不一樣。「那是一種新契機，可以重新塑造自己、認識世界。每次錄完一段說唱我都迫不及待想要按下回放鍵，趕快聽到那個聲音。」

老子就是 hip-hop 之王
改頭換面不輸 Reebok
鑰匙給它插入門鎖
單壓讓你加倍思索
只要還有爛命一條

馬西社宅的住戶都開始叫他「Jazzy」。

六年級那年，紹恩的英文成績好得不得了，根本就是高三的程度，學校對他來說一點挑戰性也沒有，因此他翻遍了字典查找可以用於創作的詞彙。有一天，紹恩的老師勞登女士（Miss Louden）把全班同學帶到她位於曼哈頓的豪宅，老師家的冰箱門居然可供水還能製冰，那是紹恩第一次意識到自己是窮人家的孩子。投靠國民住宅計畫的人民有大半輩子都在髒兮兮的政府機關辦公室裡，坐在塑膠椅子上等待有人叫自己的姓名，那裡的孩子都互相嘲笑，只要在彼此身上聞到一丁點窮酸味就會開始互虧，他們高談闊論要不惜一切代價發大財，紹恩也渴望能那樣，他才不會每天乖乖待在教室裡呢。當紹恩終於賺夠錢買了一台乳白色的 Lexus 轎車時，他說：「頓時感受到恥辱感與窮酸味都離我而去，那種感覺太美好了，可惡的是，無論擁有多少錢都無法真的擺脫過去。」

一九八〇年，紹恩還在唸六年級時，父親說走就走，比起素未謀面的父親，這樣的父親還更糟糕。紹恩十二歲前一直都有父親陪伴，父親教會他在經過貧民區時要加快腳步，也告訴他哪家雜貨店有賣洗衣精，教他分辨店主是波多黎各人還是阿拉伯人，以及如何在時代廣場（Times Square）觀察路人（那個女生衣服的尺碼多少？）父親教會他許多事，然後突然消失得無影無蹤，再也沒回來過。這個小男孩再也不想對任何東西產生感情再眼睜睜看它被搶走，他再也不想經歷這種痛苦，再也不會讓任何人傷他的心。他變得冷酷並開始搭建心牆，眼神毫無情感，臉上也不再出現微笑了，取而代之的是冰冷刺耳的「哈、哈、哈」。

隔年，紹恩十二歲，哥哥艾瑞克偷了他的首飾，紹恩拿了一把槍，在哥哥迷糊的雙眸裡看到魔鬼，並閉上雙眼，扣下扳機。他擊中哥哥的手臂後以為自己的人生將這麼結束了，但哥哥不但沒報警還在紹恩去醫院探病時為自己吸毒的行為向弟弟道歉。總之那次的事件在馬西社宅也已經是家常便飯，類似事件以後一定會重演，但之後紹恩再也沒開槍打過人，也沒被槍擊中，只能算他走運。

饒舌樂誕生幾年後，一種俗稱「快克」的古柯鹼在一九八五年出現，席捲馬西社宅，永遠改變了這個地方；從前只會在浴室和走廊出現的古柯鹼如今都大方出現在公共場合；成年人都喪心病狂，孩子們都變成街頭混混，搞得爸媽都開始怕小孩。權威的時代一去不復返，而社會住宅的治安崩壞。紹恩再次看到一個商機。

紹恩十五歲就加入販毒行業，但他也只是隨波逐流，如果身邊的人都上大學，那孩子就會上大學，相反的如果身邊的人都在販毒，那麼孩子也會跟著販毒。紹恩的朋友希爾幫他和一個當地的毒販牽線，他們一起去見那個毒販，結果發現其實是工作面試。毒販告誡他們這份工作可不是在扮家家酒而是要全心全意地投入其中，也非常講究信用。這名毒販最後遭人槍殺，子彈打中了他的後腦勺，死前蛋蛋還被割下塞進嘴裡。這個行業真的沒在鬧著玩，但紹恩並未因此打退堂鼓而是決定入行。

紹恩開始幫母親分擔電費，也給自己買了像樣的裝備，像是NBA巨星尤恩代言的籃球鞋（Ewings）、金牙和妹子，這些都讓他感到腎上腺素暴漲。他與希爾的表親在特倫頓市（Trenton）一條死路上混，一開始只會在週末搭乘紐澤西大眾運輸系統（New Jersey Transit）通勤，不久後差不多就在那裡定居了。他身穿蓬鬆的外套和鬆垮的牛仔褲，好將武器與貨品都藏起來，到了冬天他則穿上工地用的安全鞋保暖。他很有本事，能從華盛頓高地（Washington Heights）的秘魯人那裡以低價進貨，進而以更低廉的價格把貨賣出去，重傷當地的競爭對手。這種手段讓他非常惹人厭，一天下午，他在公園裡與人對峙，要嘛就壓制對方，要嘛就地盤被搶走，他們傢伙都亮出來了但都沒人開槍。紹恩第一次被捕時並沒遭到起訴，但他的貨都丟光了。為了把錢賺回來，他不得不在馬西社宅裡連續工作六十個小時，邊吃著餅乾邊在棕色紙袋上寫歌詞才能保持清醒。

紹恩的夢想是與電影裡的疤面煞星（Scarface）一樣當富豪、開名車、拿機關槍（然後學疤面煞星，一邊拿著槍一邊大聲說：「和這小傢伙打聲招呼吧！」）。在外奔波販毒讓人神經緊繃，罩子一定要放亮。正如歌詞寫的一樣：「誤入歧途是血氣方剛，榮華富貴讓人瘋狂。」紹恩對這種刺激的生活上了癮，就和癮君子對他販賣的毒品愛不釋手一樣。那些穿著橘色制服在麥當勞打工的孩子們在街上與小混混們擦身而過，這群魯蛇只知道按部就班過日子，他們領人家的薪水過著朝九晚五的生活，沒有任何夢想，但紹恩可不一樣，他不想要苟且偷生，他想要挑戰生命的極限。與其在一間箱子大小的公寓裡渾渾噩噩地度過餘生，還不如死在街頭壯烈一些。他不常抽大麻，連喝酒也不會喝得爛醉，唯有保持清醒才能專注在金錢上。對他來說，金錢就是一切，若要他在街頭上付出最大的代價卻只能當第二名，那該有多不值，因此他學會明爭暗鬥也學會勝利，仿佛唯有這樣才能存活。

儘管紹恩加入了販毒行業，但他也沒放棄他的饒舌夢，他時常回去馬西社宅和 Jaz-O 一起創作新詞，每次回去都會待上好幾個星期。然而，有時候紹恩會在街上走跳好幾個月，根本無暇在筆記本裡創作，因此他學著把詞都背起來，而且愈背愈長，根本無須用紙筆記錄，這也成為他的絕招。他一隻腳仍待在饒舌界裡，另一隻腳卻已經跨出去了。紹恩的表親 B-High 也因此與他形同陌路，因為 B-High 認為紹恩加入販毒行業就是在辜負他的才華。紹恩的夥伴是這麼對他說的：「這些搞饒舌的人都嘛很賤，他們的錢都給那些白人搶光了。」紹恩內心很擔心自己無法在音樂界生存，而且他很有可能還要面臨收入減少的命運，特別是在一九八八年 EMI 唱片公司簽下了 Jaz-O 便把他送到倫敦，紹恩也一起去了，但後來 Jaz-O 第一張單曲表現不佳，唱片公司就與他解約了。

後來紹恩轉去投靠大老爹凱恩（Big Daddy Kane），他是布魯克林一名傳奇的饒舌歌手，紹恩跟著他上巴士巡演，中場休息時接手麥克風，以藝名「Jay-Z」表演饒舌歌來賺點飯錢。所有聽過 Jay-Z 表演的人都為之瘋狂，無論是歌詞裡的小巧思、Jay-Z 表演時所散發的自信或是他面無表情地展現快嘴饒舌的本領都讓聽眾無比驚艷。紹恩不費吹灰之力就得到觀眾青睞，但他根本沒把這當一回事，巡演結束後又回到街頭販毒了。

與他混的兄弟把業務拓展到利潤很高的馬里蘭州和華府，他們每週都會帶一公斤的古柯鹼，開著幾輛Lexus在九十五號州際公路來來回回。紹恩固然只在乎金錢，但他害怕到了三十歲還一事無成在街頭鬼混。一九九四年某天在馬里蘭，一個競爭對手近距離朝紹恩開了三槍，但一槍都沒打中，他感受到「神明保佑」，並決定金盆洗手結束十年以來的販毒生涯，他想要看看賣唱片是否與賣毒品一樣好賺。

那麼賣命是在幹嘛，歌詞寫一寫就好啦
給你看透我的心房，不愛老子我也無妨

一個來自布魯克林、藝名叫「超人DJ」（DJ Clark Kent）的製作人把紹恩和來自哈林區（Harlem）的推銷員戴蒙．大旭（Damon Dash）湊在一起。戴旭原本還還抱持著質疑的態度，直到看見紹恩腳上穿的Nike Air Force 1球鞋。但沒有任何唱片公司想簽下Jay-Z，也許是他的作品太滑頭，又或許是太寫實了。於是他把在街頭上賺到的錢用來和大旭一起成立一家唱片公司，名字和石油大亨差一個字，就叫「洛咖斐勒」（Roc-A-Fella），這樣就不會有人說他們不是玩真的。他們立志要稱霸天下。

他的首張專輯《合理懷疑》（*Reasonable Doubt*）於一九九六年發行，那是他經歷二十六年嘔心瀝血的作品，裡面收錄的歌曲是黑暗複雜的，還夾雜著七〇年代他父母熱愛的歌曲。專輯描述的是一個屬於迷失的一代的年輕混混，這個混混隨時都做好把人幹掉的準備，他甘願被遺憾與黑暗思想糾纏一生，也不惜為了大把鈔票、鑽石、勞力士、高級香檳和辣妹而賠上性命。

陋巷堆滿那些垃圾

朋友圈裡不說話了
各自上演英雄本色

雖然這首歌沒能席捲全球，但還是爆紅了，Jay-Z 橫掃了夜店，也把卡帶賣給雜貨店，直到有人終於簽下他的創作。因為 Jay-Z，馬西社宅得到了發聲權。而塵封在地下室的那種「美國噩夢」也開始在孩子們的房間裡播放。孩子們都非常想實現內心的美國夢，就與疤面煞星和 Jay-Z 一樣，他們想要透過不合法的途徑達到巔峰，這不僅是個捷徑，路上可能還有大獎可以抱走。遊戲規則早就寫好了，只有傻子才相信可以身穿橘色制服和廉價的西裝爬到頂峰。昔日的紹恩・卡特總算是苦盡甘來了，只要是懂饒舌的人都知道 Jay-Z 是個潛力股。

搞音樂就只是換個方式在混，他不甘願成為藝術家，而是毫不掩飾地只在乎錢，但想在這行混得久，就必須考慮到藝術層面。Jay-Z 與在街上混的時候一樣專注又冷漠，並在接下來七年內又推出了七張專輯，每一張都是白金唱片。他把曲目變得更溫和，歌詞也寫得更通俗易懂，歌詞裡少了遺憾，多了過上奢侈人生的內容，這樣才能吸引更多聽眾，讓收入翻倍。結果許多白人青年都對他的歌詞產生共鳴，**金錢**、**現金**、**騷貨**、**千元大鈔**、**水晶香檳**、**Lexus**、**喇舌**、**潮到出水**、**拉皮條**、**婊子**、**嗑藥**、**快克**、**槍支**和**黑鬼**等歌詞都讓這些白人青年感觸很深。饒舌唱來唱去就在說一件事：「老子就屌，比你屌。」Jay-Z 用了一百種方式敘述同一件事，但歌詞句句獨到有特色，孩子們都照單全收，Jay-Z 穿什麼他們就穿什麼，Jay-Z 喝什麼他們就喝什麼，而發大財的只有 Jay-Z。

他推出一個服裝品牌，收入破上億美元，比音樂公司更賺錢。他還成立了自己的電影工作室、與銳跑（Reebok）聯名出了一款他自己的運動鞋、推出了自己的伏特加和古龍水、為「Jay-Z 藍」註冊商標，在推廣一個產品時還不忘幫其他產品做行銷。一九九九年，他在時代廣場一個夜店的貴賓區刺傷了音樂製作人蘭斯・李維拉（Lance Rivera），原因是李維拉在偷賣他的第四張專輯，刀子捅下去的瞬間他還引用了一句《教父第二集》裡的台詞：「蘭斯，你傷透了我的心。」事後他與夥伴們和律師一直窩在川普酒店裡打牌，玩的是一種名叫「guts」的撲克牌遊戲，只需用到三張牌，要贏就必須保持沉穩冷靜。Jay-Z 發誓再也不會如此喪心病狂，在進行一番認罪交易後，僥倖獲判緩刑。

他的音樂日益商業化，在創業這方面也遊走法律邊緣，他就與矽谷那些新創公司的傢伙一樣穿著運動鞋開董事會，他做的事都合法，也實現了許多不法之徒的夢想。二〇〇三年，Jay-Z 在麥迪遜廣場花園（Madison Square Garden）宣布將退出饒舌界，但沒過多久他又重回樂壇：復出後成為一名音樂總監，也就是饒舌界最大唱片公司 Def Jam 的執行長。他一腳踢走了昔日「洛咖斐勒」的合夥人還把品牌名字占為己有。「我只是在商言商，」Jay-Z 對合夥人戴蒙・大旭說。這番話聽起來就像電影裡黑道會說的話，事後 Jay-Z 又把這件事寫進歌詞裡：

快克白粉都賣了一堆，賣 CD 難得倒誰
我不是商人，這位哥們，老子是招牌，man
我的生意我來做主，給我滾遠一點！

往上爬的路和以前走過的路一樣辛苦，無論是在市中心大樓的二十九樓做事或是在特倫頓市的街上混都一樣。主流樂壇對饒舌音樂展開雙手歡迎，饒舌音樂也開始複製主流音樂，而在這場遊戲裡，Jay-Z 比任何穿西裝打領帶的人玩得更上手，因為他在街頭上學會了這個技能。當有人批評他是叛徒或是虛榮心氾濫，他早已準備好回復：「現實當前，會自私是合理的反應。」

凡事都要看情況。

大明星才會做的事，Jay-Z 都做到了，他成為一種生活風格品牌；開了一系列運動酒吧；因拖欠員工薪資而被告；與大牌音樂製作人昆西．瓊斯（Quincy Jones）在倫敦一間雪茄室和 U2 主唱波諾（Bono）相見歡；以個人的名義行善；躋身《富比世》美國四百大富豪榜（身價四億五千萬元）；與白宮主人歐巴馬勾肩搭背；和其他明星紛爭不斷；搞上一個和他一樣大咖的女星，在她生日時為她買下一座島，在她快生產時又包下醫院一整層婦產科病房當私人套房使用，再後來他又試圖為他愛女的名字註冊商標以備未來使用，卻遭美國專利及商標局（U.S. Patent Office）拒絕。布露．艾薇．卡特（Blue Ivy Carter）才剛出生四天，Jay-Z 就發行單曲，歌詞寫道：「**我最屌的創造是妳……雖然妳還不知道什麼叫牛逼。**」

Jay-Z 愈是成功，粉絲就愈喜歡他，他們透過 Jay-Z 體驗人生，為 Jay-Z 的錢財和權勢歡呼，好像是自己出人頭地似的。演唱會上，粉絲們一起高舉「洛咖斐勒」的鑽石手勢，仿佛自己也分了一杯羹似的。他是個企業巨頭也是個革命家，是粉絲的偶像但也是個流氓，他匯集完美的混混特質於一身，粉絲之所以為他瘋狂，是因為 Jay-Z 在登上巔峰的路上特立獨行，還附帶一句響亮的「操！」，他告知天下他很屌，他比你屌。即使真的失敗了，像是在賭城拉斯維加斯的運動酒吧倒閉了，或是他那支聚集了 NBA 巨星的球隊在夏季街頭籃球錦標賽中輸了，或是他與克萊斯勒集團（Chrysler）的合作計畫泡湯了，導致他沒能推出一款 Jay-Z 藍的 Jay-Z 版吉普車，哪怕真的失敗了也不留一絲痕跡，仿佛露出馬腳就會讓世人對他魔咒般的存在幻滅，因此他必須一路成功下去。這條路上，只有成功才是王道。

後來 Jay-Z 入股了籃網隊（Nets）並帶頭把球隊遷往布魯克林，他除了當了老闆還成為籃網的門面。他是黑人版的布蘭奇．瑞奇（Branch Rickey），或者說黑道版的傑基．羅賓森（Jackie Robinson）[2]。新落成的籃網隊主場巴克萊中心開幕，Jay-Z 連開八晚演唱會，門票都銷售一空。煙霧瀰漫在黑暗的會場空氣裡，Jay-Z 對著在場的一萬六千名觀眾說：「傑基・羅賓森在這裡成為第一個打破種族藩籬的非裔美籍職業運動員，而我把籃網從紐澤西帶到這裡，這都不是什麼機緣巧合。有人說我入股後擁有的不就那麼一丁點嗎？我擁有多少股份並不重要，重要的是我的故事，就是一個來自單親家庭的黑人孩子已經出頭天，離開距離這裡六分鐘遠的馬西社宅了啦。所以我能入股這支球隊根本就是他媽的屌，我能入股這個場地就是他媽的屌。別讓那些人否定你的成就、遮住你的光芒。」Jay-Z 豎起了中指，台下一萬六千也以中指響應他。

當他偶爾回顧一生，會覺得自己簡直就是在逍遙法外。

■

1・譯註：「貝德斯泰」（"Bed-stuy"）為貝德福德—斯泰弗森特（Bedford-Stuyvesant）的簡稱，一般認為是布魯克林混混才會出沒的地方。

2・譯註：一九四五年，布魯克林道奇隊高層布蘭奇・瑞奇簽下黑人球員傑基・羅賓森，打破黑人未曾在大聯盟打球的歷史。

坦帕之二

銀行寄出的取消贖回權通知如雪片般飛往鄉村步道和馬車角，飛到內坦帕市區和最外沿的帕斯科郡，飛到格爾夫波特市和聖彼得堡市的東北邊市區。通知落腳的家家戶戶門口，有些堆積著三個月信件，有些則是屋內的小孩正看著《愛探險的朵拉》（Dora the Explorer），而大人早已不接電話了，有些則寄往入住率只剩百分之二十的汽車旅館，還有些收件者根本是空殼投資公司，地址不詳。止贖通知到來，彷彿惜字如金的傳票送達人登門拜訪——死亡天使找上門了。

止贖通知都從訴狀開始，上頭無一例外寫著：你欠錢未還！訴狀的提交人都是公開透明的金融機構，例如美國匯豐銀行（HSBC Bank USA）、EMC 抵押貸款公司、BAC 房屋貸款服務公司（前身為全國房屋貸款服務公司）、LSF6 麥屈利房地產投資信託 2008-1 系列（LSF6 Mercury REO Investments Trust Series 2008-1）、花旗銀行（該行是貝爾斯登公司 Alt-A 信託基金 2006-6 房貸轉付證明 2006-6 系列持有者的受託銀行）、德意志銀行美洲信託公司（前身為信孚銀行，該行是 IXIS 2006-HE3 的受託人和託管人，並將這項業務委託給前身為美利德房貸服務公司的薩克森房貸服務公司）。撰寫訴狀一家家法律事務所堪稱「止贖工廠」，像是大衛．斯特恩律師事務所、馬歇爾．華森律師事務所、佛羅里達違約法律集團等等。訴狀以傳票的形式由傳票遞送服務公司送上門，例如坦帕普羅維斯特有限責任公司、吉森—左耶傳票遞送服務公司，或由希爾斯伯勒郡警長辦公室代勞。傳票會送到屋主手上、釘在前門上、留給鄰居代交，或是丟進空房旁邊的垃圾桶裡；上面的屋主寫著奧莉維亞．布朗等人、傑克．哈默斯瑪、米妲·德·拉·克魯茲（又名米妲·德拉克魯斯）、歐姆·史利坦帕有限責任公司、LSC 投資人有限責任公司、收件者姓名不詳、約瑟芬·吉瓦吉茲和姓名不詳的約瑟芬·吉瓦吉茲配偶。傳票上寫著：

有人對您提起法律訴訟。您必須在本傳票送達後二十天內回覆本法庭書記官，並以書面方式回覆，因致電並無保護您的效力。如果您想要本院聽從您的訴訟請求，您必須提交書面回覆，並在回覆中注明上方的案件編號和當事人姓名。如果您未能及時提交回覆，您可能會敗訴，本院有機會在未進一步通知您的狀況下，沒收您的薪資、錢財和不動產。

止贖程序的齒輪就此轉動，案件集中在坦帕市中心第十三司法巡迴區的喬治·艾吉孔法院大樓（George E. Edgecomb Courthouse）四樓審理；海灣的另一側，案件則集中在第六司法巡迴區的聖彼得堡司法大樓（St. Petersburg Judicial Building）三樓審理。訟訴案件變成了數百萬頁、堆積如山的法律文件，文件塞進厚厚的褐色法律文件夾，文件夾整齊放入文件盒後堆在推車上，推車再由法警推入法庭，他們忙進忙出顯得疲憊不堪。身穿黑袍的法官開始清理佛州五十萬件塵封已久的止贖案件，彷彿為坦帕清理大片紅樹林沼澤地的一代代先人，甚至有些退休法官為此重新出山審案，日領六百美金酬勞，這部分支出大多由止贖案的訴訟費支應。

止贖案件多到令人咋舌，但州最高法院施壓要求盡快完成審理，有高齡七十五歲的法官甚或一次要負責三千個案子。十二月某天早上，希爾斯伯勒郡法院的訴訟時程表上顯示當天有六十個案件待審，從上午九點的「國民城市抵押貸款公司（National City Mortgage）起訴克里斯多福·邁耶」一案開始，到中午「大通置業理財公司（Chase Home Finance）起訴威廉·馬丁斯」一案結束，每個案件只有三分鐘的審理時間，通常更短。午休後，從一點半的「富國銀行（Wells Fargo Bank）起訴史蒂芬妮·貝瑟」一案開始，職到五點才以「德意志銀行起訴雷蒙·盧卡斯」一案結束，一天下來法官又解決了六十個案件。

如果貝瑟小姐或盧卡斯先生恰巧由律師代理出庭，那麼法院的「火箭發射時程表」（人們都這麼稱呼）

就可能延誤，落後預定時程。最糟的是，如果被告親自出庭，法官就必須面對那些因為即將失去家園而滿臉焦慮的當事人，使訴訟過程陷入一陣尷尬，彷彿一名絕症患者無意間闖進房間，聽見醫生正冷酷無情地討論她（或他）只剩多久可以存活，法官也可能就此刁難一下原告律師。不過，所幸這種狀況幾乎未曾發生。大多數案件都在沒有任何異議下就結束了，只有銀行的律師在場。這些律師經常都來自於佛州各家律師事務所（即前面所謂「止贖工廠」），由電腦系統自動分派案件。有時律師甚至不會到場，法院的免持聽筒傳來律師的聲音，半小時內就能解決十四個案件。在每個案件結束前，法官都會以：「此案有特別的地方嗎？有什麼疏漏嗎？」作結，接著在兩層樓下的二〇二號室敲定一個法拍日期。法庭有時甚至是空的，除了法官和一兩名法庭助理、來回推著案件的法警之外再無旁人。為了節省時間，也可能是為了掩人耳目，秘密清理大量積案，許多訴訟根本不在法庭審理，而是在法官的私人辦公室裡進行。

二〇一四年夏天，在喬治·艾吉孔法院大樓四〇九號法庭上，法庭人員開始注意到一名女子。她每天都會出席止贖案件的庭訊，但案件並非當事人。她總是坐在最後一排，一言不發，抄寫大量筆記。即使她真的有案待審，但也從未輪到她的案件。她戴著玳瑁眼鏡，身穿蛇皮花紋的V領上衣、黑色休閒褲和刺繡外套，外貌比起律師更像一名法律事務所祕書。她是六十多歲的白人女子，身材矮胖，留著到脖子後的土黃色短髮，一臉疲態。除非她舉止異常，否則不會有人多看她一眼。

她叫做希薇亞·蘭迪斯（Sylvia Landis），是沒有公職的一般公民，但她個人對法院處理的大量止贖案件和不幸遭捲入其中的當事人相當有興趣。就像許多坦帕居民一樣，她也是來自外地，本來住在賓州的多伊爾斯敦（Doylestown）。她的父親當過是推銷員，後來長期失業，使得她在三餐不繼的環境中長大。三十多歲前，她經常夢見自己餓死。後來她取得人事管理碩士學位，躋身父母曾經隸屬的中產階級。二十年來，她都在洛杉磯警察局當專任培訓師。一九九九年，中產階級掀起一股次文化熱潮——房地產投資，想為退休做準備的希薇亞也開始涉足日益膨脹的房地產市場。她報名南加州投資大師馬歇爾・雷迪克（Marshall Reddick）的課，講座上他口沫橫飛，言談中夾著各種宗教式啟發，還以終結中產階級貧困做為人生座右銘。課程每次都搞得像佈道會，上課後許多人衝出去買房。希薇亞也跟上了買房行動，她曾一度擁有五間房產：兩間在加州，後來轉手賺錢；一間公寓在北卡羅萊納州艾許維爾（Asheville）；兩間在佛州，其中之一在坦帕，用於出租，最後一間則是在珊瑚角的全新房屋，她打算退休後以那裡為家。

但天不從人願，事情不如她計畫般順利。

二〇〇四年，卵巢癌迫使她提前從洛杉磯警局退休，領了退休金。二〇〇七年，她搬到艾許維爾的公寓，打算展開新事業。二〇〇八年初，房地產市場開始崩盤，她發現自己經常感到呼吸困難，住進了醫院的心臟科病房，但珊瑚角的三房房屋還有十五萬七千五百美金的房貸要付。珊瑚角是房地產市場泡沫化的核心，止贖率位居全國之冠。後來收到的房租只剩一半，她知道珊瑚角的房子即將不保，因此搶在美國銀行申請止贖之前，試圖以賣空的方式轉手，也就是以低於所剩貸款的價格出售。從那時起，希薇亞逐漸熟悉銀行的套路。

二〇〇九年初，她找到了買家（她一半的投資即將付之東流），但每天打電話給美國銀行，電話那頭卻總是在轉接，房子交易無疾而終。在這同時，她發現銀行似乎想要揩她的油，有做假之嫌。當時「機器簽名」一詞尚未出現，但她收到的文件似乎都像偽造文件：電腦生成的副本上印著錯誤的日期和可疑的簽名，文件載明因美國銀行收購了全國金融服務中心，她的不動產抵押票據已經由最初的貸款方（全國金融服務中心）轉移給美國銀行。她投書給銀行副總裁、州檢察長、《紐約時報》的格蕾琴・摩根森（Gretchen Morgenson），給任何可能關注這件事的人。但是她最後請不起律師，只能親自出馬。事情進行的同時，她還在癌症的復原階段，不用說種種的壓力對她的健康沒有任何幫助。

二〇〇九年底，珊瑚角的房屋完成賣空交易。兩週後，代理美國銀行的大衛・斯特恩律師事務所起訴希薇亞違約，彷彿交易未曾發生。（斯特恩是佛州規模最大，也最惡名昭張的止贖工廠，公司的運作模式如同法律事務所的血汗工廠，每年經手十萬個止贖案件，多數案件來自房利美和房地美。在州法院因欺詐調查將其強制停業以前，該事務所的老闆買下了四棟豪宅、十部名車、兩架私人飛機和一艘將近四十公尺長的遊艇。）希薇亞又花了四個月的時間，才在銀行找到人幫忙解決這場對她不公平的個人止贖危機，但是信用分數已經大打折扣。

當時她早已遷居坦帕。她在坦帕的房子淨值五萬美元，但要繳的固定利率抵押貸款卻高達九萬一千美元。即使慘賠，她賣掉艾許維爾的公寓，將坦帕曾用於出租的房屋變為自住房，仍是財務上的明智之舉。希薇亞沒有孩子，只有一條好動的西施犬作伴，狗狗需要有院子的房屋。她遷入的地方是個名為糖木林（Sugarwood Grove）的質樸工人階級區，社區的鄰居開著卡車，還會親自修繕房屋。但儘管如此，她仍需要一名室友分攤貸款。二〇〇七年，她原本擁有一百萬美元的資產，現在卻一無所有。她的積蓄灰飛煙滅，幸好還有警局的退休金，否則一定會露宿街頭。這段時間，她認識了綽號「羅傑」的瓦傑・沙拉姆（Wajed "Roger" Salam）。羅傑號稱是坦帕的「合資專家」，又是 Mastermind 論壇的創辦人，還曾經和勵志演講人安東尼・羅賓斯（Anthony Robbins）合夥。她送上一大筆錢給莎拉姆做投資，想當然爾，那筆錢是肉包子打狗。回到洛杉磯，房地產大師馬歇爾・雷迪克的講座學員集體控告馬歇爾在佛州用房屋銷售當幌子詐騙他們。（據希薇亞說，雷迪克造成的中產階級貧困比他消除的更多。）當初房地產即將崩盤時，她後悔沒有相信自己的直覺，帶著一大筆錢全身而退。儘管人們現在都將房地產崩盤的矛頭指向投資客與次級房貸機構，希薇亞卻不以涉足房地產市場為恥。畢竟主動採取行動、自立自強才符合美國精神，不是嗎？

她曾在《紐約時報》專欄中讀過一個詞，形容她再貼切不過：前中產階級分子。她知道人生開始走下坡的不止她一人。希薇亞長大時沒有任何政黨色彩，服從任何權威體制，她甚至不知道自己在洛杉磯警局的工會名稱，但是與銀行周旋的經歷改變了她。銀行如此荒謬的行徑根本是「徹頭徹尾的詐欺」，她從未想過真實生活中真有這種事。她來自民風保守的多伊爾斯敦，恐懼美國社會陷入混亂，再加上內心渴望法律得以伸張正義，因此來到市中心第十三司法巡迴法院的喬治・艾吉孔法院大樓。她想一窺止贖案件進入法律程序時會是什麼樣子，認為自己的觀察或許能幫上其他人。

希薇亞選了某週一早晨首次來到法庭，內心滿懷敬意。她的直覺告訴她要待人有禮，不惹麻煩，由於聽證時程表未公開，她一直找不到審理止贖案件的法庭。六樓的接待員告訴她，案子在五一三號房審理，但是她發現五一三號房位於五樓門禁管制的區域內，四周沒有任何法庭人員在場。她下樓來到四〇九號法庭，接待人員剛剛說這裡可能也有聽證會（因為沒有白紙黑字寫下來，其實不太確定，就像法律一樣，一切都講求白紙黑字）。四〇九號法庭的門開著。裡面有一位法警，她告訴希薇亞裡面沒有什麼好看的，一切只是照行政程序走。

「請問我能旁聽嗎？」希薇亞問道。

在法官席上，道格・利特（Doug Little）法官面前有一個電話和一車的檔案盒。電話上發言的是大衛・斯特恩律師事務所的律師。「早安，法官大人。」話筒另一頭傳過來的聲音聽來粗糙乾癟，呼應著法庭的肅穆氣氛。隨著「火箭發射時程表」推進，希薇亞開始做筆記。審理過程中，當檔案中缺少原始的貸款抵押文件時，法官會交代電話另一頭的律師在週末前補件。有些案子則是整份文件不翼而飛。有幾名被告親自出庭或由律師代理出庭。其中一名被告麥可・麥克雷（Michael Mcrae）住在他家已有十八年之久，有兩個兒子和一份新工作，他想要幫貸款申請再融資（法官替他延後出售日期）。另一名被告是沒受什麼教育的黑人男子霍華・賀夫（Howard Huff）。他似乎不知道法官審問的房子在哪裡。當初找上他認識的經紀人只是想要投資一下，便在抵押貸款文件上簽名，現在卻發現自己被銀行告上法院。（希薇亞為賀夫感到難過，聽證結束後追過去，催促他一定要尋求法律援助，賀夫卻一臉疑惑地看著她。）不過，絕大多數的案件都無人提出異議。希薇亞弄清楚來龍去脈了，她終於知道銀行如何利用欺騙伎倆與搪塞手段把大眾推入陷阱。銀行刻意拒接電話，讓多數的被告在開庭前自己打退堂鼓。在被告缺席的情況下，法官當然在轉眼間就能「伸張正義」。

後來，希薇亞說：「這些人在轉瞬間就失去家園，我在麥當勞得來速點餐的時間都還比較久一點。」她代替那些受害人坐在法庭上，一種感覺油然而生：不是自己歷經煎熬的壓力，而是設身處地的同理心。

上午審理快要結束時，利特法官突然問她：「你有需要什麼文件嗎？」

「能給我一份訴訟時程表嗎？」

法官不確定地看向法警。法警堅定地搖搖頭說：「時程表每天都要送進碎紙機碎掉。」後來，希薇亞看到那位法警與一位法院人員低聲討論她的事。

然而，此刻希薇亞的人生已經歷經一番煎熬，她的內心不如外表那般溫順。等到當天案件審理完畢後，她再次向法庭要一份訴訟時程表，書記官給了她一份。有了時程表，她便能將房主姓名和銀行的名字與她目睹和旁聽記錄下來的內容連結起來。那天晚上，她將筆記整理好寫成報告，寄給一個專門從事止贖辯護的佛州律師團。她因此成了這律師團在法庭中的志工，充當眼線。希薇亞不知不覺地投入了她人生中的第一場運動：一場「中產階級運動」，她說參與運動的人士關注法律、財產權、透明化制度和民主，其中許多人都是憨厚的美國中產階級分子，他們從不知道體制能如此不公不義，也沒抗爭過。她也因此認識了麥特・魏德納（Matt Weidner）。

窗上招牌第一行寫著「**麥特・魏德納法律事務所**」，第二行則是「**專攻房地產、民事訴訟、家事法、公司法**」。基本上，只要有人上門魏德納就不會拒絕，他是個通吃型律師：法律界裡混口飯吃的自足農民，每次接案前先收幾千美元訂金。他在聖彼得堡市區治安不佳的區域有個破爛的一樓店面，兩側分別為美容院與比基尼酒吧，他凌亂的弧形辦公桌占據了大部分空間。初次見面，魏德納的模樣也看起來也不是很值得信賴。

他是土生土長的佛州人，年近四十。從一張舊金融卡上的照片來看，他曾經很胖，但參加鐵人三項後身材變得苗條。他桌子後方的牆壁上掛著學位證明，下方有許多鑲框的獎牌。他離過婚，將高額貸款還沒付清的房子留給前妻（誰叫前妻不願出售房屋）。當他看見一輛輛悍馬車在社區中囂張馳騁時，他知道距離房市崩盤的日子已經不遠了，畢竟這是如此荒謬的景象。魏德納租了一輛白色凱迪拉克，算是他為美國汽車業貢獻一份心力，他在後車廂裡放了迷彩救生背包。他的紅潤臉龐看來生氣勃勃，走路時看來有O型腿，無論遇到什麼場合都能隨機應變，插上一兩句話。他走進聖彼得堡司法大樓四百號房，睜大淡藍雙眼，裝出一臉驚恐，對所有在場穿著深色西裝的律師說道：「我看見滿屋的流氓哩。」一旦他滔滔不絕講起話來，憤怒和激動的情緒隨之而來。「我們消費來自各方的垃圾，但卻什麼都沒製造。當沒有任何製造業提供工作給美國人民，到底要叫他們用什麼償還貸款？萬一突然停電或供電不足，導致紐約和芝加哥停擺，那該怎麼辦？你們覺得恐慌蔓延開來需要多長時間？」講到最高潮的地方，他還會退一步自我檢討：「是我太大驚小怪了嗎？」

魏德納並非一開始就對美國懷抱如此厭世悲觀的想法。他的童年始於春假勝地德通納海灘（Daytona Beach），是當地童子軍的一員。他的叔叔唐恩是佛州共和黨黨部主委，當時該州大多是民主黨支持者。在唐恩叔叔的領導下，共和黨在六十七個郡插旗成功，成立分部，於一九七九年舉辦第一次佛州共和黨大會。麥特喝雷根的奶水長大，參加青年共和黨員的活動，堅信上帝和國家、美國例外主義、自立自強和小政府主義。大學時期，時逢共和黨眾議員紐特・金瑞契發起國會革命，因此他把自己的拳師犬取名紐特。他完全支持入侵伊拉克，所以他說：「我們出兵有理，還拿下了一個可以當作加油站的前線作戰據點。」然而，驀然回首，他發現早在七〇年代，他的父母那一輩就已經種下腐敗的種子。魏德納的祖父母在第二次世界大戰後胼手胝足，逝世前還清了房貸。他的父親退休時，身上背著反向抵押貸款，十年都在混吃等死，但他祖父卻仍在工作。這實在太鬼扯了。「我們的父母輩好吃懶做，」他說。「我們的祖父母絕不會抵押一切，靠信用過活。如果你看一下國內過去二十年的國內生產總值，特別是過去十年，你會發現那些數字並非來自我們的生產活動，而是靠我們祖父母在四、五十年前打下的基礎，讓我們吃老本度日。」

一九九九年，魏德納從佛州州立大學法學院畢業，接著受雇擔任佛州疼痛醫學學院的遊說人員。他經常在州內飛來飛去，招待醫生，並負責讓輝瑞公司和諾華公司的銷售代表在學院年會上簽下五萬美元的支票。他會到塔拉哈西參加會議，會議的動向設計能讓遊說人員順暢地從餐桌走向等候的國會議員。握手當下，關鍵時刻來了，魏德納與州眾議員四目相接，他把口袋裡塞滿支票的信封遞過去，對方用手打量一下信封厚度，決定給魏德納多少時間解釋某個法案絕對不能通過：例如，要是某修正案要求患者每次購買氫可酮時都必須看醫生，一旦法案通過，母親將無法再幫孩子購買止咳糖漿——話說到一半，會有人打斷魏德納。時間到了，他必須離開。

隨著時間過去，這些場合開始令他作嘔。他離開房間時都心想著：「我要找一份堂堂正正的工作。例如他媽的法律業。」

二〇〇一年，他到傑克森維爾，開始在叔叔唐恩的律師事務所工作。十二月十二日，魏德納原本與叔叔、另一位律師和兩名客戶要一起搭乘唐恩的單引擎 Piper Cherokee 飛機飛往勞德岱堡。出發前一刻，一位法官打來，拖住了魏德納。那天傍晚在大霧中，飛機墜毀於傑克遜維爾機場附近的松樹沼澤，機上所有人都罹難。

在與死神擦肩而過後，魏德納逃到聖彼得堡，成立了他個人的律師事務所。剛成立那幾年，他甚至沒有地方可坐，只有當店面辦公室裡其他律師出庭時才能弄到一張桌子。他焚膏繼晷、勉強餬口，接的多數是離婚案件，直到二〇〇七年前後，止贖案件如排山倒海而來。首批案件來自南聖彼得堡的貧困區域，接著連中產階級專業人士也開始上門。這是一場大屠殺，但都在暗地裡偷偷進行，因為每個人都羞於啟齒——顏面無光的男人無法開口告訴魏德納，自己掉入了什麼樣的房貸條款修改騙局。夫妻坐下來互相指責，妻子責備丈夫丟了飯碗，丈夫責備妻子非買大房子不可，直到魏德納制止他們：「聽著，我們現在要同心協力對抗他們，過去的事情不重要，重點是我們要團結一致。」他會繞過弧形書桌，拖來一把椅子，放在夫妻中間說道：「我要你們專心想想這對孩子的影響。」

有些客戶第一次上門就說：「不惜一切代價，我都要保住我的家。」，魏德納則會告訴他們：「包在我身上，我會為你而戰。」從二〇〇八到〇九年，大半時間裡他都以為政府和銀行會聯合出招，解決房貸的問題，像是分攤違約貸款，財政部向銀行支付一半，銀行將另一半以壞賬註銷結案。聯邦政府變成房貸債權人後，就能與房主重新談條件，民眾也能保住自己的房屋。這個做法類似於銀行的紓困方案，能將所有的幽靈債務一掃而空，畢竟那些債務就算到世界末日那天也無法還清。但是屋主卻未獲得任何紓困。他的客戶會花好幾個月打電話，試圖讓銀行人員同意將房子賣空或修改房貸條件，最後卻總是無疾而終。客戶回來對魏德納說：「我準備放棄了，我媽有個地方可以讓我去住」，或是：「我們準備在市中心租屋」。

魏德納告訴他們：「我從來沒輸過止贖案件。」沒錯，他的敗訴紀錄是零。但這不是因為他特別厲害（儘管客戶一直以為他是所向披靡的律師），而是因為體制太糟糕了。

魏德納發現，只要他提出任何異議，銀行提出訴訟的種種根據就會開始站不住腳。原始抵押票據不見了，或是產權調查無法確認連續的監管鍊，中間出了問題。抵押貸款電子註冊系統把郡法院記錄辦公室裡原本的紙本文件全部替換成電子版，但根據佛州法律，電子副本並不符合規定。文件上帶有偽造簽名、造假的日期和偽造印章。當美國經濟一片榮景時，沒有人在乎這些亂象，但是等到經濟如雪崩般潰敗，人們付不出貸款，美國的房貸市場就成了一場大騙局。一名叫雅琳．富伊諾（Arlene Fuino）的客戶（她是房地產經紀人），她的「賣空和止贖資源」被「美國銀行全國協會（結構性資產證券公司信託 2006-WF2 的受託人）」起訴違約。這是什麼鳥東西？魏德納將案件提交到第六巡迴區的法官那裡，要求原告的律師驗明正身：「我們只是要和對方確認，那個向我的客戶索討幾十萬美元的實體到底是誰。」基本上，華爾街（他稱之為高譚市、屁眼、國家黑洞，吸走了所有資金的浩劫核心）已經透過證券化將抵押貸款切割和包裝太多次，銀行又為了回收不良貸款而投機取巧，以致於現在沒有任何機構能對某棟房子主張絕對的擁有權。儘管如此，副警長們還是忙著到處敲門，把傳票送抵。

過去魏德納從未懷疑過法院的公正性，但如今他對事件背後的含義震驚不已：「原來我們整個財產權體制已經陷入混亂動盪。」

某天他坐在聖彼得堡司法大樓三〇〇號室，等候案子開庭。這時，另外一個止贖案件的原告律師告訴法官，她其實不是原告律師。她受雇於名為「放款人流程服務公司」（Lender Processing Services）的大型止贖工廠，工廠透過電腦聘用她，讓她代表富國銀行，但她認為富國銀行不是票據持有人，美國合眾銀行才是。潘蜜拉．坎貝（Pamela Campbell）法官請她去把事情弄清楚。輪到魏德納的案子開庭時，他站在法庭的淺綠色地毯上說：「法官大人，聽完剛剛的案子，我覺得我的頭快炸了。」

坎貝法官露出一絲無奈的笑容：「希望他們能弄清楚原告到底是誰。」

諸位法官都接受魏德納的論點，對法拍程序下達中止令。但是法官拒絕照他提議駁回案件，因為他的客戶們確實欠了錢。案件就這樣被束之高閣了。這段時間貸款依舊未付清、法院忙著處理其他案件，銀行拒絕修改貸款申請、客戶也提不出解決方案，但是至少他們沒被趕出家門。

傑克．漢莫斯瑪（Jack Hamersma）是其中一名客戶。傑克第一次走進魏德納的事務所時，是一名精壯的船舶銷售員，開過汽車板金行，也做過一點炒房投資。他剛滿五十，在聖彼得的房子有兩筆共六十萬美元的貸款。這數字說來荒謬，因為傑克找上魏德納時房價只剩不到一半。傑克想要他的律師以及任何願意相信他的人知道，他一生辛勤工作，他買下房子時絕對有還款能力。魏德納介入後，銀行遲遲沒辦法把最起碼的文件準備好，訴訟一拖再拖。這段期間，傑克丟掉在船舶公司的工作，沒了收入，還罹患三種癌症：大腸直腸癌、肝癌和淋巴癌。魏德納的其他客戶也有類似情況——工作、房屋、健康，通常會依序失去。魏德納看著傑克在他眼前日漸消瘦，體重掉了一百磅。第一次諮詢後過了三年，某個下午，穿短褲的傑克一拐一拐地走進事務所，要找魏德納討論案子進度。他的雙腿骨瘦如柴，肩上背著帆布包，裡頭的導管一路延伸到胸口的繃帶下方。他剛做完五個小時的化療，正要開始用攜帶式輸液器注射四十八小時的藥物。

「我的許多客戶都是健康亮起紅燈，」魏德納請傑克坐下。「我不知道原因是什麼，你知道嗎？」

「壓力很大呀，」傑克說，聲音聽起來有點梗住，臉上依稀能瞥見過去粗獷帥氣的容貌。

「當你沒了工作，幾年內都沒有任何收入進帳，那將會帶來負面影響。你的錢逐漸用光，你不是故意的，但你最後真的沒辦法還錢。」

「你是這裡最屹立不搖的人，」魏德納說。

「我想我撐不到結案吧。」

「別放棄，」光看到傑克的處境就讓魏德納怒火中燒。「大家只是想做好自己的本分工作，為社會貢獻一點什麼，我真他媽不爽政府為何不給大家機會工作。」

「政府是不是要創造就業機會我是不知道啦，」傑克說。「但他們得負責為房貸紓困呀。當我申請某個援助計畫時，他們盯著我，像是我有三顆腦袋一樣。」傑克幾乎破產了，他無法向政府申請屋主緊急資助計畫。他的醫療費每月三萬五千元，如果聯邦醫療補助（Medicaid）拒絕他的申請，他就無法繼續接受治療。「我被逼到陰暗的角落，找不到出口，整個人遲早會垮掉。」

「當初有人說我媽和你一樣撐不了多久，但到現在她還不是活蹦亂跳？」

「我也想相信自己能戰勝病魔。如果講的是態度、精神方面，我覺得沒問題。但在臨床方面，希望實在不大，根本無法手術。根據統計數字，我的病情只能讓我再拖兩年。」

話題回到傑克的案子。案子似乎奄奄一息了。「差不多一年沒有美國銀行的消息了，」傑克說。「我偶爾會收到富國銀行的聯邦快遞郵件，告訴我說如果付給他們十八萬三千美元，債務就能一筆勾銷。」

「所以，如果你今天接獲通知，明天他們收到錢——」

「說實在的，為時已晚了，」傑克笑了一下。「我不想淌這個渾水。」

「何必自找麻煩，」魏德納剛平息的怒火又再度燃起。媽的，美國這高達五十兆美元的債務到底要怎麼還清？「我們已經來到一種抽象境界，到底那些還在還錢的人憑什麼要還錢？面對這天文數字般的債務，還錢的人就像只是在餵養一頭怪物。要是大家都拒絕償還，那麼他們真的得想出法子了。」

「我不會再還錢了，」傑克說。「我做不到，完全沒辦法了。」有人送來傳票，說他未還清去家得寶賣場購物的信用卡卡債，但他沒有應門。

「唯一渺茫的希望就是全球聯合起來，進行債務抵制，」魏德納說。「媽的，讓所有一切燒得精光。要不是這樣，你兒子埋頭苦幹一輩子也休想存錢，因為他得忙著償還個人債務、政府債務和機構債務。」

「我自己是無能為力了。你還能做什麼？」

「擺爛。」

「擺爛，」傑克說。「不是我的思維、個性或作風。但我被逼到絕境，別無選擇。」

魏德納一直很納悶：為什麼銀行未對傑克的房子窮追不捨，反倒纏住他的人不放，畢竟傑克的房子仍然值一些錢。如果這是隨機的行為，那這件事比其他情況還要令人不安，例如銀行想要帳本上保留債務紀錄，好呈現給股東看，或是銀行能藉此從中獲取暴利，抑或銀行相信房地產市場很快就會回溫。還有一件事讓魏德納感到納悶：為什麼全國所有止贖浪潮中的失業屋主未集結起來，組成大型社會運動？他問傑克，得到一個答案。

「任誰都會因為遇上止贖訴訟而與社會漸行漸遠。想像一下，你每天起床、漫無目標。你沒有工作，自我價值早就沖進馬桶了。你不會找人互動。你留在家裡，不想接電話，因此與人更疏離。我甚至不想出門吃飯。連十五美元我都不想花。」

魏德納靠著椅背，雙手交叉，擺在腦後。「好消息是，我們讓你留住了房屋。」

「那真是太好不過，」傑克說。「明天總是會來的。」

「是呀。你會好好迎接明天，哪裡都不去。」

「我寧願破產但仍然活著，勝過死掉。士可辱不可殺，這不是新規定嗎？」傑克和魏德納笑了起來。

BAC房屋貸款服務公司（前全國住房貸款服務公司）起訴傑克．哈默斯瑪案繼續拖，傑克繼續住在他的家裡。兩個月後，他在家中撒手人寰。

魏德納總是感覺腦袋快要爆炸。他的腦海中漂浮著各種景象：在兩黨於背後推波助瀾之下，貪腐沉淪的政治體制迅速邁向末路——美國民眾拿著存有食物券的卡，刷一下就能購買加工過的毒物來吃；低技能勞工再也無法在結構體制上做出貢獻，還蠢到不知道自己的舊工作一去不復返；高譚市的銀行如同水蛭，將國家最後一滴財富吸乾殆盡；公司不受任何國家利益觀念束縛；財產法體制崩潰瓦解；全世界深陷債務之中。他是美國步槍協會（NRA）成員，有許可證可以秘密攜帶槍枝。他在床頭放了一把 Smith & Wesson AR-15 半自動步槍和三個四十發彈匣，但他並未感到更為安全，而是膽戰心驚，因為他在槍展上看到槍枝收藏家有多狂熱，知道佛州人有多少人持有武器：像他一樣奉公守法的愛國者、身穿迷彩裝的退休老兵和獵人，身上有刺青的城市青少年，看起來隨時都要發起民兵暴動。歐巴馬上任後，整件事情變得更失控——武器突然開始熱賣，軍火商開始販售T恤，上面寫著「**警告：我是退伍軍人。國土安全部確認我有可能被策動後鋌而走險，對國家安全造成威脅。接近我時請自行承擔風險。別說我沒警告你！**」一旦坦帕電網發生故障，究竟會發生什麼事呢？天下大亂。那就是未來的模樣——民眾動亂不安、社會分崩離析。

魏德納在聖彼得堡的公寓院子裡種了一個小小的勝利菜園[1]，有紅蘿蔔、萵苣，番茄和辣椒。親手種植蔬菜除了能吃，還可以撫摸，那感覺實在很美好。他考慮在希爾斯伯勒郡東部一個偏遠的地方買一塊地，他曾經和女友週末開車到那遊玩，在自給自足的農場購買未經加工的蜂蜜和牛奶，農場的人以種植作物、打野鹿和野豬維生。或許他找到了唯一的解答：美國人得重新開始務農生活。每位經紀人和投資客的指甲裡都要看到泥土，每天拖著曬傷、筋疲力竭的身子上床睡覺，這麼一來他們的焦慮和沮喪便能迎刃而解。愈是簡單的社區愈能繼承地球。當天下大亂時，他會到那個地方避難，或許僱用幾位有軍事能力、歷經止贖訴訟的退休老兵來照顧他家。總該給那些到處亂晃，無所事事的神經病一點事情做吧。

魏德納於二〇〇九年開始當起了部落客。起初，他是為了招攬生意，但不久後，他寫出了自己的文風——辭藻浮誇、態度嚴謹、犀利俏皮、忿忿不平，他成為了止贖辯護運動的領導者。這場運動的發起人原本是傑克森維爾的律師團，帶頭的是一名法律援助律師艾普兒・查尼（April Charney），就是她將魏德納引薦給希薇亞・蘭迪斯。魏德納的部落格口號是「為美國人民而戰，只要政治言論受到保護，就要繼續發聲」。他每天都在清晨或深夜寫部落格，動筆就是洋洋灑灑一大篇。在金恩博士生日那一週，他寫了一封〈致我親愛的律師同業〉文章，模仿金恩博士的經典散文——〈來自伯明罕拘留所的信〉：

當我身陷止贖法庭的囹圄時，偶然讀到了你們最近的聲明，稱我目前的行為「不明智且不合時宜」。或許對於從未被止贖訴訟刺痛、傷害過的人，你能輕而易舉地說「緩一緩吧」。但你若看過好端端的家庭被趕出家門、流落街頭；看到銀行在沒有法院命令下，破門而入更改門鎖；看到執法人員袖手旁觀說「這是民事問題」；看到法院判決不符基本律法；看到銀行和企業高層收割泯滅良心的利潤；看到客戶因為止贖和經濟狀況造成的壓力和痛苦而病入膏肓，撒手人寰；看到單身女性生活在極端恐懼中，深怕自己第三度遭人破門而入；看到那些只知道父母活在痛苦之中的孩子時，你就能理解我們做的事情刻不容緩。

在某次止贖訴訟案中，魏德納因為主動提議幫助一名自我代理的老婦人，遭第六巡迴區訓誡，說他擾亂法庭程序。法院說他趁機攬客，他則反批資深法官想要藉機修理他，因為他籲請聯邦政府接管佛州的「火箭發射時程表」。棕櫚港的一家公司控告他誹謗，因為他指控該公司的抵押文件都是機器簽名。一些記者甚至稱讚他推廣了「機器簽名」一詞。他開始接到《紐約時報》和《華爾街日報》的電話，也經常出現在《聖彼得堡時報》上。他喜歡接受記者採訪，媒體是他實現目標的最後希望，也是他唯一還信得過的機構。與大多數媒體人相較，他甚至比他們更信任媒體。不過，魏德納仍一如往常，在簡陋的辦公室裡執業，開著他的白色凱迪拉克到六個街區外的郡法院。「我想效法葛洛莉亞·史坦能（Gloria Steinem）[2]的精神，」他說。「我有一張大嘴巴。不知為何，人們總是願意傾聽我的聲音，但是我必須工作謀生。」他的腦袋之所以沒有爆炸，是因為他的工作和部落格發揮了作用：他在辦公室裡與部落格上提出許多建議供他人參考，導致高譚市的各大銀行必須支付巨額的法律費用。

有一天，魏德納接到一名印度移民婦女烏莎・帕特爾打來的電話。商業特快貸款中心（Business Loan Express）試圖收回她在帕斯可的凱富飯店。烏莎用電子郵件寄了一堆文件給魏德納，他看完文件後聽了她的說法，最後婉拒代理她，因為他只負責一般民眾的止贖案件，而她是複雜的商業案例。後來，當案件開庭時，他從旁稍微參與了一下。他很高興有機會參與，畢竟魏德納從未遇過像烏莎・帕特爾這樣的客戶。她力爭到底，對美國夢的信念如此屹立不搖，而這也幾乎讓他恢復當年對美國的信念。

烏莎知道她簽了票據，要為貸款負責。二〇一〇年初，當她和家人前往倫敦參加一場婚禮時，她正試著與商業特快貸款公司協商新的償還時程表。當她們回到坦帕機場時，兒子看著手機說：「媽，我們要出席緊急聽證會。」

烏莎的緊急聽證會，是千禧年開始後各種欺詐及失敗奇景中，一場微不足道的餘興表演。商業特快貸款公司（已改名為希耶納公司）已經破產，還因為藉由貸款詐欺而遭司法部起訴。由於希耶納正在想盡辦法償還債權人，華爾街的破產案對烏莎在帕斯科郡慘澹經營的汽車旅館構成了威脅。魏德納說：「高譚市的金融巨頭為希耶納的殘骸爭得你死我活，希耶納的觸角卻伸向這裡，纏住烏莎的脖子。」貸款公司欺騙烏莎，他們無意協商新的還款時間表。在三月十九日的緊急聽證會上，帕斯科郡巡迴法院將烏莎投入畢生精力的汽車旅館列入破產管理。法院要代替已破產的希耶納及其債權人將旅館收入予以沒收，使烏莎的事業付之東流。她在法庭上哭了，但兒子安慰她：「別擔心，我有錢，在法官簽署命令之前，我會請律師。」同一天，在市中心的聯邦破產法庭，烏莎根據《破產法》第十一章替她的坦帕歐姆・史利公司申請破產保護。她暫時保住了汽車旅館。但是事情卻愈來愈複雜。

第一次破產聽證會上，烏莎發現原告換人了，不是希耶納，也不是商業特快貸款公司或是任何她簽署貸款後聽過的名字。新對手居然是全球第二大銀行——匯豐銀行，抵押擔保證券的「債券信託受托人」，其中包含烏莎的貸款。原告突如其來上呈的文件顯示抵押貸款已經交給匯豐銀行，但文件上頭既沒有公證過的印章，也沒有證人或日期，只有銀行副總裁的可疑簽名。烏莎的案子捲入了全國的止贖案件浪潮。烏莎知道她沒有任何籌碼可逼迫銀行與她和解，於是她把手上持有的原始止贖文件當成唯一武器來拯救汽車旅館。

近兩年，烏莎與匯豐銀行及其律師團展開長期作戰。她閱讀每一份律師辦公室收到和寄出的文件，學習所有關於破產和財產法的知識。隨著檔案夾愈來愈厚，文件裝滿一箱又一箱，她將文件放進豐田 RAV4 休旅車的後車廂，載著文件往返於她的旅館、住處和兒子的電腦店。當她的第一位律師不得不退出時，她聘了另一位；第二位律師辭職後，她聘了第三位，然後第四位。魏德納成為顧問，代表歐姆・史利的一位股東參與其中，但比起任何一位律師，烏莎是對案子最瞭若指掌的人。烏莎經常是她律師繼續作戰的動力來源，而不是她靠律師才能撐下去。她的律師費不斷累積，高達二十萬美元。其實早在那之前她的錢就用光了，是她在美國、英國和古吉拉特邦的兒子和家人繼續支援她作戰。與麥克、希薇亞和傑克等捲入止贖訴訟的土生土長美國人不同，烏莎反而不是孤軍奮戰。

「這是我的謀生工具，」她說。「我的心血和金錢。如果我不抗爭到底，即使我拚了二十年，最後下場居然是淪落街頭。」

開庭前幾週，烏莎、魏德納和她最新雇用的律師每天都窩在她兒子的電腦店待到午夜，熬夜研讀案件的每一個字句。開庭前兩天，匯豐銀行或許認為有敗訴的可能，突然間同意和解。烏莎接受了新的償還時間表，首付款十五萬美元，每月要按時償還一萬美元，利率為百分之六。雖然這稱不上是什麼令人喜悅的勝利，但她仍自掏腰包拿出幾千美元，請她的許多律師和支持者在坦帕市歷史最悠久的餐廳大吃一頓。

烏莎與一間全球金融服務公司歷經長期抗戰，最後換來精疲力竭的和局，使她一改對美國新樂園的想法。她做出結論：正義站在有錢人那方，不屬於一般大眾。她破產時，銀行家和律師已經賺到荷包飽飽。銀行透過欺負市井小民賺錢，先是恐嚇她投降，等她進行反擊，又對她祭出文件攻勢，僱用鑑價員和檢查員對她的旅館經營狀況做出不實報告，抹黑她。當她提起匯豐銀行，她總是皺起鼻子，嘴角下垂，瞇起眼睛，露出厭惡的表情，就像她描述美國員工差勁的工作習慣時那樣。

即使如此，烏莎得出的結論和魏德納不同。她不相信美國會走下坡。對於未來，她仍然看到一片光明，就算是自己無法擁有，她的孩子也能得到。「現在，」當案子結束後，她說「上帝會保佑美國，我堅信這一點」。

■

1．譯註：過去在兩次大戰期間政府鼓勵農民在自家種植蔬果植物，紓解物資缺乏問題。這種菜園被稱為勝利菜園。

2．譯註：美國女權運動家。

THE UNWINDING

第三部

part.3

傑夫・康諾頓之六

二〇〇九到二〇一〇年，康諾頓每天早上都會開著他破爛的美國車沿著麻薩諸塞大道到國會山莊，每天都帶著一肚子火去上班。華爾街之所以惹怒他的原因多不可數，尤其是銀行家、律師和會計師，都怪他們無視法律規則和一些產業的規範與行為準則。那些都是康諾頓在商學院和法學院學到的，也只有他傻傻地把那些東西當一回事。康諾頓也氣華府兩黨任由那麼多鳥事發生，他氣的是監管單位，是證券交易委員會、儲蓄機構管理局（OTS）、貨幣總核查辦公室（OCC）、信貸評級機構，以及所有沒善盡本分而讓鳥事發生的幫兇。康諾頓替美國人民感到憤憤不平，但不是替窮苦人家感到憤怒，因為美國的窮苦人家一直都有國家幫助。康諾頓是替美國的中產階級感到不值，正如柯林頓總統所言，這些中產階級人士努力打拚了一輩子也遵循遊戲規則，換來的卻是401K退休金計畫的資金他們快要六十歲，眼見可以退休享福時，卻有一半都化為烏有，這下真他媽死定了。康諾頓替他的老同學感到憤慨，這些五十幾的男人們來自坦帕（Tampa）、奧斯丁（Austin）和麥迪遜（Madison）等地方，在一瞬間他們已不確定自己是否還能保得住房子。最後，康諾頓替自己感到生氣。雖然沒有人會為他掉眼淚，但康諾頓確實是損失慘重，這是他人生第一次擁有那麼多，但來得快去的也快。「也許我會那麼深受打擊是因為我自己付出的太多了，我才剛開始賺大錢這個體制就崩塌了，如果共和黨人連財富都守不住了，那還要他們來幹嘛？」康諾頓說。但令他驚訝的是，與他一樣生氣的人不多。康諾頓這個溫和的民主黨人正經歷一段「痛苦領悟之後思想變得比較激進的過程，我赫然意識到我們的政府是由金融界的菁英分子掌控，幕後黑手正是那些大財閥。」

二〇〇八年夏天，拜登獲得民主黨副總統候選人提名，康諾頓忽然發現自己在美國最大規模的遊戲當中，正站在核心圈子的外圍裡，遊戲規模大到康諾頓根本沒有多想就重新打開他與拜登的記帳本。康諾頓再次回到賽馬場感受騎馬時那種上下起伏令人作嘔的感覺，但這次速度加快許多，讓他暈眩不已。過去，參加全國代表大會時康諾頓都是被流放到離市區二十幾公里的飯店，是個可有可無的小咖。如今民主黨全國代表大會在丹佛（Denver）舉辦時，卻鹹魚大翻身，開始負責審查來賓名單，為週四晚上在拜登飯店套房舉辦的貴賓聚會做準備，他告知以前的幕僚同事，說自己有辦法讓他們進場，或把那些假裝忠於拜登的人擋在門外。聚會上康諾頓一直在等待，輪到拜登和他講話時，老闆把胳膊搭在他的肩上說：「兄弟，我們做到了。」

秋季競選活動中，康諾頓還是在馬背上起伏不定。前一刻工作定位不明，下一刻卻開始到考夫曼手下做事。考夫曼是任副總統交接委員會的主席之一，康諾頓花了兩個月的時間為副總統寫了一本「交接大全」，內容包括副元首職責的各個面向，連辦公室空間也不忘介紹。但大選結束後，康諾頓卻無法繼續待在接班團隊裡，因為說客一概遭禁止在新政權上位兩年內加入新團隊（除了那些沒被禁止的人以外），即使康諾頓從沒要求拜登為他做過什麼事也遭受一樣的待遇。康諾頓屬於華府固定班底當中的某個特定圈子，而歐巴馬只對這個圈子的人下手，實在太虛偽——誰不知道他的手下有一大半都曾賺過大企業的錢？總統就職典禮前，康諾頓最後拿到一張很爛的藍色入場券，觀禮位置就在距離舞台數百公尺以外的站立區，因為人太多了根本什麼也看不到，因此康諾頓最後選擇與一名前拜登幕僚在「鷹派與鴿派酒吧」透過電視轉播觀看歐巴馬與拜登的宣誓就職典禮。這酒吧還是他昔日還是「拜登幫」成員時常常光顧的國會山莊好去處。

每當康諾頓開始淪陷於圈外的黑暗裡，他的手機總會響起並把他拉回現實，打電話的人不外乎就是康諾頓在華府不可或缺的戰友考夫曼。拜登上任副總統後，考夫曼便接手拜登剩餘的兩年參議員任期[1]，他邀請康諾頓擔任他的幕僚長：準確來說，他透過另一名拜登圈內人士去打聽康諾頓的意願，畢竟都在華府坐上這個位置了，沒人想被拒絕。康諾頓比較想要一份白宮的工作，像是擔任總統的助理法律顧問之類的，但他背負著說客的臭名，拜登又不願意利用他薄弱的影響力把身邊的人捧上高層。康諾頓想了一個週末便告知奎恩，他即將離開這間讓他立下大功、結交摯友的公司了。當時康諾頓年近五旬還面臨薪水大幅縮水的命運，但他還是回到參議院了。

那次的金融危機是全國上下最棘手的問題，康諾頓與考夫曼英雄所見略同，都認為這場危機意味著法律體系已崩潰。這些銀行都已經無力償還債務，「技術性破產」了，知情的人卻只有幾個內部人員，這都是金融詐欺犯行不受監管惹的禍，但掀開表層的面紗才會發現，半個世紀以來一直確保銀行業能穩定發展的行規都已瓦解了，這才是禍端所在。在康諾頓眼中，年近古稀的考夫曼就像《斷頭谷傳奇》（*Rip Van Winkle*）裡的主角，他在華頓商學院領到的MBA證書都快發霉了，有一天醒來後發現「合成型擔保債權憑證」（synthetic collateralized debt obligations）和「無擔保信用違約交換」（naked credit default swaps）已成為金融界主流。

商業銀行和投資銀行之間本該由《格拉斯—斯蒂格爾法》區隔開來，這法案到底是怎麼了？（一九三三年在國會通過；一九九九年遭國會兩黨廢除，柯林頓簽字通過。）還有那個要求投資者等到股價上漲才能放空的「限制放空交易規定」（uptick rule）呢？（一九三八年由美國證券交易委員會設立，二〇〇七年遭同一機構廢除。）經濟榮景持續多年，期間人們與康諾頓一樣很容易就忽視正在漸漸潰爛的自由市場，可是當暴風雨降臨卻沒有任何城牆可阻擋大風，也沒有大樹來保護已被侵蝕的土壤，人們只能痛哭哀嚎。

考夫曼預計只當兩年的參議員，他沒有競選壓力，也不必像跪在斷頭台一樣，無時無刻擔心著懸吊在頭上的砍頭刀，因此他也不必一大早就到K街參加募款活動的早餐聚會。康諾頓也嘗到了解放的滋味，他之前就「大賺」過一次，如今不必再接說客的電話，也不必一直盤算未來的工作前景了。考夫曼和康諾頓有的是自由可以去追查華爾街，根本無需擔心後果。考夫曼向記者坦言：「就算要連任我也會去做這件事。」但康諾頓在華府混久了，自然不太相信這種話。歐巴馬總統剛上任的第一年，美國經濟流失了數十萬個工作機會，這正是康諾頓與考夫曼表現的時刻。

前一年的十月，選舉活動接近尾聲，康諾頓從考夫曼的言行所透露出的訊息猜測歐巴馬政權有意邀請勞勃・魯賓（Robert Rubin）擔任財政部長，當考夫曼對此表示支持時，康諾頓說：「你不知道有一半的國人都想要把魯賓給殺了嗎？」後來考夫曼表示：「這就像是車子拋錨了我們需要找修車工人處理。」但在治理國家這方面還算是個菜鳥的歐巴馬似乎認為魯賓那幫人是唯一能勝任這份工作的人選。

明眼人都知道，「體制」會在這次金融風暴中全身而退（就是柯林頓接見康諾頓與他老闆米克瓦當晚在他私人書房裡所說的，包括金融圈的那個體制），哪怕是屢戰屢敗都還會存活下來，甚至蓬勃發展。體制就和賭場一樣：操縱好就贏定了，一旦進入體制內，地位就會屹立不搖，除非犯了什麼滔天大罪，像是寫專欄把人臭罵一頓（但只要避免指名道姓就能以關心社會為藉口逃過一劫）。魯賓已不再夠格擔任財政部長，但歐巴馬考慮的都是魯賓的人，畢竟歐巴馬是歷經千辛萬苦才成為體制人士的，他的起跑點比他們任何人都遠。麥可・傅洛曼（Michael Froman）曾在柯林頓政權底下擔任魯賓的幕僚長，後來也成為花旗集團的董事，傅洛曼把魯賓介紹給歐巴馬，自己則在沒辭去銀行工作的情況下擔任歐巴馬交接團隊的人事主管，接著在領了兩百二十五萬元的紅利後就加入政府團隊了[2]。花旗銀行的營運長路傑克（Jacob Lew）領了九十萬元紅利後就去擔任美國副國務卿。高盛集團的說客馬克・派特森（Mark Patterson）也不顧說客從政禁令，成功上位財政部幕僚長。財政部長一職最終落入提摩西・蓋特納（Timothy Geithner）手中，他是魯賓的愛徒也是規劃金融紓困案的設計師，但後來蓋特納居然被踢爆他在當上部長以前居然有逃稅問題——但他逃過一劫，沒遭這場逃稅風暴毀掉。另外，勞倫斯・薩默斯（Larry Summers）也在歐巴馬政權底下擔任首席經濟顧問，然而他之前卻非常支持九〇年代後期那些對銀行友善的政策，後來也從一些獲得紓困金的銀行那裡賺取數百萬元演講費。就連歐巴馬的幕僚長拉姆・伊曼紐（Rahm Emanuel）雖然一直都是在當公務員，但卻也趁轉換職務的三十個月空窗期，在芝加哥一間投資銀行賺了一千六百五十萬元。這些人都是各領域的民主黨菁英分子，非常優秀並受過高等教育，也都多少要為這場世紀大災難負責，如今又受僱來做善後工作。他們曾經與那些銀行家一起唸書、一起工作、一起吃香喝辣，如今又怎能不從他們的角度看待事情呢？美國政治號稱任人唯賢，實際上充斥著許多利益衝突的問題，而且同一個圈子的成員總會互相提攜。這種小圈圈簡直是堅不可摧。

這些事康諾頓都看在眼裡，心裡感到很不安。他對華府的旋轉門和互惠現象都不陌生，也知道這些權貴人士內心充滿連自己都不知道的偏見，畢竟他從投資銀行到國會再到白宮，最後到遊說界，整個職業生涯都沉浸在這樣的環境裡。然而金融危機就像大地震一般，受傷的可是數以百萬計的人民，而且這次大家真的超級不爽，一定會緊盯政府。這正是華府處置華爾街的好時機。

一個參議員若真想要做出什麼成績，就必須挑幾個議題專攻，因為他根本也挪不出時間和精力處理其他議題。考夫曼和康諾頓都還在拜登手下時，每當康諾頓想向老闆提出什麼新議題，考夫曼都會說：「傑夫，如果想要這艘船多載點什麼，就要先從船上拿走什麼才行。」康諾頓雖不是參議院銀行委員會的委員，但他從一開始就專注在詐欺行為以及「體制太龐大，大到不能倒」的問題上。他參與了一項法案的編寫，法案授權撥款三億四千萬美元來僱用更多聯邦調查局人員和資助聯邦檢察官以打擊詐欺犯，這裡指的不僅僅是那些在加州長灘（Long Beach）和坦帕放貸小額抵押貸款的人，還包括華爾街高層人員。直至整個經濟坍塌之前，這些華爾街高層都刻意隱瞞了體制出現裂痕的實情。要調查誰是司法部的決定，但不外乎就是雷曼兄弟的迪克·福爾德（Dick Fuld）、美國國際集團（AIG）的喬瑟夫·卡薩諾（Joseph Cassano）和美林證券的史丹利·歐尼爾（Stanley O'Neal），說不定連高盛集團的勞爾德·貝蘭克梵（Lloyd Blankfein）本人也要接受調查。到了五月，《反欺詐執法與追償法案》（Fraud Enforcement and Recovery Act）在國會順利通過，當時仍是國會新生的考夫曼還在白宮簽字儀式中受邀與總統一同登台，他和康諾頓都以為他們已經開始有所作為了。

那年九月，考夫曼與康諾頓要求與蘭尼·布洛爾（Lanny Breuer）會面。布洛爾是司法部長艾瑞克·霍德（Eric Holder）底下負責刑事部門的助理部長，他與康諾頓十年前就在科文頓—柏靈律師事務所認識了，那時候布洛爾正準備到白宮法律顧問辦公室任職，而康諾頓正準備從那裡離職。金融詐欺行為的調查案並沒有任何成果，考夫曼要確保司法部有善用這筆錢好好調查案件，還打算舉行監督聽證會。他們在羅素辦公大樓三樓考夫曼的辦公室裡見面，布洛爾解釋他們的處境受到許多限制，例如筆電等設備都不足，他還說他很需要聯邦調查局這個管道為他從全國各地帶來案子。

康諾頓逮到開口的機會說：「蘭尼，你要深入這個管道，要確保聯邦調查局和地方檢察官都有把這件事當首要之急，不能坐著乾等啊，要盯緊他們讓他們把案子帶到你面前才行。」聯邦檢察官本來就忙到喘不過氣，對他們來說，複雜的詐欺案子實在是太難立案了。那些罪犯在犯案時都熟練地銷毀犯罪證據，而且還能為自己辯解，他們背後有高薪聘用的律師團和會計師撐腰，之後還會使出障眼法，製造大量無關緊要來混淆調查方向。有鑑於此，司法部應該成立專案小組針對各涉嫌的金融機構進行一兩年的調查，他們應該花點時間摸索該尋找什麼樣的證據，並把所有的電子郵件和通訊錄都檢查一遍。康諾頓回顧起他與布洛爾在柯林頓政權底下做事的時光：「你要學學肯尼斯·斯塔爾，要像在調查藥頭一樣去針對那些傢伙，對他們身邊的小員工施壓，直到有人受不了，當年斯塔爾就是這樣調查柯林頓的白水案。」

此次會面讓康諾頓深刻感受到，原來司法部並沒把這件事視為當務之急。

考夫曼在十二月舉行監督聽證會，出庭作證的有布洛爾、證券交易委員會高官以及聯邦調查局人員。他們紛紛表示在調查此案件，不過還需要一些了解內幕的人為犯案動機作證。「請給我們時間，」他們說。康諾頓也想要相信他們，但二〇〇九年過了也迎來二〇一〇年，卻日復一日毫無進展。

二〇一〇年一月中旬，康諾頓和考夫曼到紐約與年邁的前美聯儲主席保羅．伏克爾（Paul Volcker）[3]會面。伏克爾在卡特和雷根政權底下抑制了通貨膨脹問題，靠的全是把利率推高來引發經濟衰退。銀行家都愛死他了，但農民和建築工人都上街對他表達不滿，還在華府造成交通堵塞。然而伏克爾在體制裡算是個怪裡怪氣的角色：他雖身在政界與金融圈菁英分子交集的圈子裡，但還是把華爾街罵個臭頭。他批評華爾街太會算計與操弄，肥貓太多，以致於他成為圈內人眼裡的異議分子，表面上受人尊敬，但私底下不受信任。他曾告訴一群企業高層：「在我看來，過去二十年最偉大的發明是自動提款機……我實在是找不到什麼證據來證明，近年來金融市場所經歷的大量創新有提升我們經濟生產力，或許你們能顛覆這個現象？我只知道五、六〇年代沒有這些創新，但經濟還是頻頻增長，八〇年代沒有信用違約交換，沒有資產證券化，也沒有債務擔保證券，那時的經濟也表現良好。」

伏克爾和歐巴馬形成了完美的對比，他不僅能安撫改革派的人，也可以掩護體制，因此歐巴馬任命伏克爾為總統經濟恢復委員會主席，但卻對他的建議聽而不聞。伏克爾主要是提議政府禁止銀行成立避險基金和私募股權基金，以及禁止銀行利用存款人的資金進行私人交易，這幾乎等同於回歸《格拉斯－斯蒂格爾法》的精神。六個月後，這些提案也不了了之。

伏克爾與兩位來自華盛頓的訪客坐在他市中心的會議室裡，他說：「你們知道嗎，今天無論是誰提議，無論提議內容是什麼，銀行都會跳出來說那會減少信貸並對經濟造成傷害。」伏克爾的一張小圓臉搭配著修長身體，臉上的眼鏡把雙眼放大好幾倍，嘴角兩邊的皺紋顯得十分謹慎，他停頓許久後說：「那都是屁話。」

考夫曼笑了，他坦承自己的願望是完全恢復《格拉斯—斯蒂格爾法》。

「要是有人想要做出更瘋狂的事情，我是不會阻止的，」伏克爾說。

一週後，歐巴馬對「伏克爾規則」（Volcker Rule）表示支持。他試圖脫離自上任以來的最低潮，當時泰德·甘迺迪的參議院席位已由共和黨人史考特·布朗（Scott Brown）奪走，導致民主黨無法在參議院裡與愛唱反調的共和黨抗衡，民主黨議員提議什麼，共和黨議員就反對什麼，看來歐巴馬的健保法案是要泡湯了，而且美國的失業率還達到自經濟大蕭條以來的最高點。

康諾頓認為健保法案提的真不是時候。那年，華府人員都把這項法案掛在嘴邊，但是健保法案又與失業率和金融危機有何關聯呢？也許是因為康諾頓骨子裡是個南方人吧，但華府在國家正漸漸崩塌之時，真能透過一項幾千頁長的法案來改善國家的健保體系如此龐大且複雜的問題嗎？康諾頓深感質疑。他都會參與週五在哈特辦公大樓（Hart Building）會議室裡舉行的民主黨幕僚長會議，他聽到總統的幕僚們熱情地報告民眾對於白宮針對健保召開的會議有何看法，聽他們討論訊息行銷策略以及「減低成本」等用語的民調表現，他發現有好幾個星期，這些會議對「經濟」一詞根本隻字不提。然而在健保議題這方面，考夫曼只是聽從民主黨高層的指示辦事。康諾頓關心的是華爾街，而在這個議題上，他和考夫曼決定另闢蹊徑。

負責華爾街改革法案的參議員是銀行委員會主席克里斯·陶德。康諾頓從一九九五年開始就一直很討厭陶德，那時候康諾頓曾敦請柯林頓通過證券訴訟改革法案以對抗大企業，那是他第一次與華爾街槓上，而與他作對的正是陶德。陶德在華爾街募到的競選款項高達幾千萬美元，光是二〇〇七到二〇〇八年間就籌到近一百萬元。陶德受華爾街太多恩惠了，以致於許多選民都認為他應該為金融危機負責。之後陶德被踢爆曾受益於國家金融服務公司（Countrywide）所釋出的優惠抵押貸款利率，還批准從銀行紓困金裡撥出幾百萬元給美國國際集團高層當紅利，康乃狄克州的選民得知後都紛紛表示憤怒，陶德便識相地宣布將在二〇一〇年底退休。

這本該讓康諾頓和考夫曼可以更自由地去追查華爾街，但康諾頓並不這麼認為。要是陶德必須再面對選民的話，那麼他會倍感壓力，再不受歡迎的法案他都會盡全力推動。但如今他有的是自由可以為卸任後的生活做打算，而他的工作前景仍受制於金錢。選擇隨波逐流的人可以透過許多方式過上舒適的生活，例如和陶德一樣成為電影產業的紅牌說客，但選擇與體制作對的話就等於與許多晉升的機會過不去，因此要向體制宣戰前必須三思，要嘛被收編，要嘛就滾開。

整個冬天，陶德都在銀行委員會緊閉的大門背後與共和黨人進行協商，他做出妥協並堅稱他想要的是兩黨都支持的法案，然而這件事遲遲未能談攏。阿拉巴馬州的理查・謝爾比（Richard Shelby）拒絕合作，而田納西州的鮑伯・寇爾克（Bob Corker）根本沒什麼影響力。「伏克爾規則」變得可有可無，更別說是《格拉斯－斯蒂格爾法》了。幾個月過去後，康諾頓開始懷疑陶德其實是在與自己討價還價，他想利用共和黨人以及朝野合作的假象作為幌子，實則想削弱金融改革的力度並推出一項華爾街可以接受的法案。康諾頓開始明白，原來委員會主席的權力有多龐大，能斟酌法案內容並決定修正案該由委員會提出或透過國會辯論提出，以及哪些修正案該通過、哪些該摒棄。由於康諾頓的老闆不是委員會成員，因此他也不太了解委員會的實際情況。

有一天，他打電話給前老闆奎恩說：「我打聽不到銀行委員會那邊的消息，想必你們也打聽不到法案相關的資訊吧？」

「我昨天才剛與陶德見面四十五分鐘欸，」奎恩說。奎恩和一名他所代表的保險公司執行長和陶德一起坐下來聊天並得知實情，而康諾頓身為一名對金融改革非常熱情的參議員幕僚長卻毫不知情。他給另一名幕僚長寫信說：「我加入政府團隊是為了改變華爾街，但我現在才發現，我剛離開的行業對這項法案的影響力還比我這個參議院內部人員來得大，」那位幕僚長寫信回覆：「好悲哀。」

康諾頓與一些記者培養關係並以「參議院資深助理」的匿名身分開始在媒體裡攻擊陶德。「據我所知，陶德在推動這項法案的同時也做出一些讓步，」他向消費者新聞與商業頻道（CNBC）透露。「我還以為做出讓步是為了贏得他人的支持，但陶德四個月的協商與讓步都只是為了讓共和黨人**考慮看看**。這實在是令人費解。」之後他又以同樣的身分向《新聞週刊》表示：「我們只能盼望總統意識到事情有多嚴重。」

考夫曼決定把他的提案帶到參議院辯論會上，並在康諾頓和另一個助理的協助下寫了一系列的稿子探討華爾街的奢侈貪婪，討論金融危機以及促成這場危機的人們仍逍遙法外等事情。參議員要發言時都在座位前站起來，唸著擺在桌面桃花心木文稿架上的演講稿，由工作人員遞上一杯水擺在架子旁，但其實根本就沒人在聽他發言。主持會議的大多是多數黨的菜鳥參議員，他們要不是癱坐在高椅上閱讀《紐約時報》，就是滑著手裡的黑莓機。否則參議員就是只能面對空蕩蕩的會議廳演講，演講說到一半，下一個要發言的參議員會從會議廳後門進來走到座位上，並開始第一次翻閱那份為他準備好的演講稿。主席座位後方的記者席空無一人，根本沒有任何記者在聽或在做筆記，只有無人操作的公共事務衛星有線電視網（C-SPAN）攝影機在運作，內建程式讓攝影鏡頭得以持續聚焦在發言者身上，周圍一排排空蕩蕩的座位都不會入鏡。要兩個參議員真的去聆聽對方的立場並進行辯論實在是太難得了，某次一名民主黨議員正和一名共和黨議員你來我往地進行一場孤單的辯論，來自奧勒岡州的菜鳥參議員傑夫．默克利（Jeff Merkley）剛好進入會議廳，他停下腳步心想：「哇塞，真是難得一見，他們竟然在提出論點、互相反駁，那是在進行對話耶。」世上最偉大的決策機構就這樣在二〇一〇年繼續處理攸關人民權益的事務。

康諾頓知道沒人會認真聽考夫曼演講，因此演講稿都寫得像論文一樣又長又詳細，內容是滿滿的歷史性解釋和尖酸的攻擊性言論，目的是希望阿里安娜・哈芬登（Arianna Huffington）[4]和麻省理工學院經濟學家兼部落客賽門・強森（Simon Johnson）等戰友們會在網路上引用、傳播演講內容。

三月十一日，考夫曼面對空無一人的會議廳提出質疑：「我們在政策和監管方面付出了慘重的代價，華爾街卻繼續肆無忌憚。我們提議回到過去有效的監管方式，為什麼我們還需要證明這種立場才是對的？要提出證明的，應該是那些只會在現有金融監管制度外圍修修補補的人。這場金融危機規模之大，有些人提出的改革計畫卻在許多重要的層面上都一成不變，這讓我很驚訝。」考夫曼補充說明他無法相信監管單位能在下一次銀行開始崩解時更嚴厲地執法，因此這個責任就落在國會身上，國會必須推出法案，內容還需簡潔明了，而陶德的法案根本無法解決「體制太龐大，大到不能倒」的問題。「我們必須在這些機構倒閉**之前**就把它們拆分，而不是等到他們真的倒下來了才上前接住。」

三月十五日，破產審查員發布了雷曼兄弟的相關報告，強烈暗示禍源是公司的詐欺行為。考夫曼再次上台發言，語調和一九八五年的拜登有幾分相似：「到頭來，這考驗的是我國究竟擁有一個司法體系還是兩個司法體系。面對那些騙走投資者好幾百萬元的華爾街企業，以及從收銀機裡拿走五百元的小偷，如果我們對待兩者的方式不同，那麼還能指望人民對司法體系保有信心嗎？」

三月二十二日，陶德的銀行委員會終於提出法案，內容包含一個力道孱弱的「伏克爾規則」，對衍生性金融商品沒什麼監管，也未明確指出銀行最多能積欠多少債務。康諾頓和考夫曼一起撰文痛批這法案。

「陶德和政府都會氣炸，」康諾頓警告考夫曼。

「我這是在和時代對話，」考夫曼回他說。

考夫曼的演講開始受人矚目並登上德拉瓦州威明頓市《新聞雜誌》（*News Journal*）的頭條和社論，引用演講時抱持著認同的態度。另外，《時代雜誌》還為考夫曼做了專訪，而《哈芬登郵報》（*The Huffington Post*）也對他稱讚有加。陶德氣壞了，他遠在中美帶領國會代表團參訪，還打電話給考夫曼叫他：「別再抹黑我的法案了。」康諾頓聯繫陶德所屬銀行委員會的幕僚長，幕僚長請他放心：「批評他也不會怎樣的。別擔心，反正最後勝利的會是克里斯。」

這句話倒沒說錯。第一，其他委員會主席都站在陶德那一邊；第二，總統的高級顧問也都是他的人。四月初，勞倫斯·薩默斯親赴考夫曼辦公室說明，表示考夫曼想要把大銀行都拆分是錯誤的，這麼做只會讓美國在全球金融界失去競爭力，導致小型銀行比大型銀行更容易成為重災戶。考夫曼堅決不被壓垮，他輕拍薩默斯的手臂打斷他的插話行為，並引用聯準會葛林斯潘主席的話來反駁薩默斯。一個月後換財政部長提摩西·蓋特納上門了，康諾頓與部長在考夫曼辦公室外面等候，兩人聊了起來，康諾頓發現部長很幽默，反應也很快。兩人走進考夫曼的辦公室時，康諾頓還對考夫曼說：「搜身完畢，他身上沒帶武器。」蓋特納的態度比薩默斯溫和，他解釋，若向銀行推出新的國際資本規範，那麼大型銀行的規模都會縮水。考夫曼表示，以往的監管制度失敗了，要避免銀行再次陷入窘境，只能從限制銀行規模著手。最後，他們未能說服彼此，但都接受雙方立場有所不同。

第三，連總統和白宮都與陶德站在同一陣線。康諾頓以為回到參議院做事就能有拜登當靠山，因此他一直叫考夫曼拿起電話請他老朋友針對企業高層逍遙法外一事質問司法部，並催促財政部認真對待金融改革一事。然而考夫曼一如既往地護著拜登，他認為拜登不該插手管華爾街的事，因為拜登那艘船上的事情已經夠多了，有伊拉克、紓困案與中產階級等議題要處理，而華爾街會占用這艘船一大半的空間。這件事讓康諾頓始終無法理解，他們的前老闆明明就是這個國家的第二號人物，距離橢圓形辦公室就只有幾步之遠，他們卻只能眼睜睜地拿華爾街沒辦法。康諾頓本來就對共和黨那幫人不抱任何希望，所以他的怨氣主要都是針對自己人：「在這種全國危機的緊要關頭，如果還手下留情，那你乾脆被華府固定班底牽著鼻子走好了。」

四月下旬，考夫曼和俄亥俄州參議員謝羅德・布朗（Sherrod Brown）對陶德法案提出修正案，提議將銀行的非存款負債金額限制在國內生產總值的百分之二。實際上，若《布朗—考夫曼修正案》通過的話，銀行只要超過一定的規模就會被迫分拆。兩位參議員在會議廳裡發言，他們無須演講稿，你來我往滔滔不絕地進行闡述。考夫曼的眼鏡掛在鼻尖上，他站在座位上比桌子高許多，顫抖的聲音劃過空氣裡的緊張氛圍：「一九三三年，我們做了一個決定，這個決定讓接下來三代人民都受惠。明明能讓接下來兩三代人都受惠的法案，為什麼我們不讓它通過呢？無論總統支持自由市場與否，無論監管單位稱職與否，這個法案都能造福人民，那為什麼不讓它通過呢？為什麼不讓美國參議院做好分內的事呢？」

康諾頓正在羅素辦公大樓的辦公室裡收看電視轉播，他想到這些年所發生的點點滴滴便自言自語道：「他和拜登好像。」事後他給考夫曼寫了一張字條：「在原則問題上單槍匹馬，成為唯一的反對聲浪，沒有任何事比這更令人尊敬了。」

二〇一〇年初由冬入春那幾週是康諾頓職業生涯中最緊繃的時候，他早上七點半就到辦公室，晚上回家後還打開筆電繼續閱讀，直到凌晨才休息。他花了一個週末的時間來消化雷曼兄弟破產審查員所發布的報告，看完這兩千頁的報告後便開始幫考夫曼寫演講稿。隨著時間的流逝、長年的漂泊不定與挫敗感、為募款籌辦的各種早餐聚會和「狂歡時段」活動，以及他愈來愈妥協的姿態，曾經的政治理想就這麼煙消雲散了，但如今又重新回到他身邊，他仿佛又回到當初在塔斯卡盧薩的自己，投身於最偉大的使命。

但那也是三十年前的事了，三十年間，華府已遭錢財和權勢俘虜（是被俘虜沒錯），他自己也難逃此命運。但康諾頓此時此刻才明白，遊說、媒體宣傳、草尖族群和旋轉門等「影響力產業」完全改變了華府生態。他說：「回到政府後你會發現政府與民間利益的關係有多不對等，幾乎沒有人會告訴你人民的心聲是什麼。」他把自己當作小說《國王的人馬》（*All the King's Men*）裡的敘述者傑克・伯登（Jack Burden），在染上政壇風塵後徹底幻滅。

不是人性改變了，而是當金錢的重要性被放大得一發不可收拾，就會透過千百種不同方式讓人們的言行舉止開始腐爛。「華府改變了我，」康諾頓說。「想必也改變了許多人。」

國會山莊聚集了三千多名說客，他們促請國會不要對銀行所造成的災害做出動搖體制基礎的舉動。他們的對立面是既憤怒又不懂該如何操縱權力的人民。被說服的人當中還有幾個頗有影響力的部落客們。一九八〇年代，工會、庭審律師和消費者保護團體可以聯手對抗體制，但到了二〇一〇年，他們大多已消耗殆盡了。一個名叫「美國金融改革聯盟」（Americans for Financial Reform）的組織正在倡導要成立一個全新的消費者機構，但康諾頓還得打電話給他們說：「你們在哪裡？國會山莊上根本感受不到你們的存在。」若說《布朗－考夫曼修正案》對美國企業有利的話，那說不定康諾頓會與一些說客、軍師團隊和產業領袖合作，一起向國會施壓，但以目前的情勢來看，他幾乎在孤軍奮戰。

考夫曼和康諾頓決定針對股市不堪一擊的議題進行討論，雖然金融危機並非肇因於此，但股市仍是千千萬萬美國民眾走進金融界的橋樑，而民眾的投資金卻這麼跟著陪葬了。股票與信貸一樣，都已不是康諾頓在商學院和華爾街打滾時的模樣了，從前穿著藍色外套的工作人員揮舞著手裡的交易訂單，他們必須拉扯嗓門才有辦法讓人聽見他們的聲音，而且一次只能進行幾筆交易。但如今股市已成為電腦化的賭場，全國上下有超過五十個交易場所，各個都由高頻交易者主宰。他們就像撲克牌老手一樣，透過最新的演算法每秒進行幾千筆交易，因股票價格微小的波動而從中得利。康諾頓花了幾個月的時間研究這些股市，其中電子化的層面就像迷宮一樣完全不透明。他自認在投資方面經驗豐富，但連他也說不準，在下了交易訂單後會發生什麼事，即使是圈內人也說不上來，可見一般投資者都落居莫大的劣勢之中。股市很容易發生巨大的波動，而證券交易委員會在監管方面不知已經落後多少年了。

考夫曼開始催促證券交易委員會加強對於高頻投資者的監督。康諾頓一開始還以為他們有所進展了。瑪麗・夏皮洛（Mary Schapiro）是歐巴馬任命的證交會主席，她對考夫曼的顧慮表示認同，並稱證交會將檢視股權市場的結構。在一次會議中，委員會的一位官員告訴康諾頓：「哇，能聽聽非業內人士的意見真是太好了。」委員會辦公室位於聯合車站旁的F街，通常不會有人上門，除非是那些金融圈人士想來抱怨監管規則的問題。後來華爾街方面極力爭取把改革幅度縮到最小，證交會也就範了，所以結果就與往常一樣，毫無進展可言。

康諾頓重返政府後開啟第二段政府職業生涯，但這段旅途在二〇一〇年五月六日那天開始出現裂痕。那天下午兩點半左右，股市在短短八分鐘內暴跌了七百點，然後又自行漲回來，過程中有一兆美元瞬間灰飛煙滅，後來這個現象被稱為「股市閃崩」（flash crash）。這場股災是自動交易惹的禍，考夫曼之前就警告過了。幾個小時後，考夫曼坐在主席座位上，維吉尼亞州民主黨人馬克・華納（Mark Warner）向參議院說明剛剛發生了什麼事，他表示：「我現在相信了。」華納還邀請考夫曼上前發言，這根本就是要考夫曼宣告世界：「我早說了吧。」考夫曼還真這麼做了，然後他再次為自己提的修正案辯護，呼籲政府恢復《格拉斯—斯蒂格爾法》時代那種循規蹈矩的做法。

陶德阻止《考夫曼—布朗法案》浮上台面已有三週之久，但那天下午，他突然主動排除障礙，並提議當晚就來投票。這個修正案在媒體和國會裡都漸漸得到認同，就連一些共和黨人都表示支持，像是銀行委員會最資深的成員，也就是阿拉巴馬州的理查・謝爾比。看來是出手阻擋《布朗—考夫曼法案》的時候了。

加州參議員黛安・范士丹（Dianne Feinstein）是最有錢的參議員之一，在投票前不久，她問了伊利諾州的理查・德賓（Richard Durbin）：「這是關於什麼的修正案啊？」

「要把銀行進行拆分。」

范士丹大吃一驚。「這裡還是美國，沒錯吧？」

時間剛過晚上九點，修正案以六十一票對三十三票的成績沒能通過。結果公布後，陶德上前發言並告訴參議院同僚們那天正是理查・謝爾比的生日。陶德說，銀行委員會在下午四點左右捧了一個蛋糕與大家分享。「所以我們在辯論進行的當兒幫他慶生了。這件事很重要，美國人民都要知道，我們雖然抱持著不同的理念但還是可以合作愉快。雖然我們在重大議題上的立場不同，但我們還是可以私下保持友好關係，享受彼此的陪伴。」然後陶德參議員便祝謝爾比參議員生日快樂。

那天晚上，考夫曼回到羅素辦公大樓裡的辦公室，康諾頓問他新聞稿要寫什麼，他只說了三個字：「很失望。」雖然早就知道勝算不大，但他們也輸得太慘了，直教人絕望。短短幾個小時內，他們因股市閃崩而得以洗白，但緊接著又礙於「體制太龐大，大到不能倒」而狠狠地遭修理一番，康諾頓內心浪漫的南方人仍對看似無望的事物抱持著希望，他告訴幕僚們：「有些事情是值得爭取的。」

陶德法案於五月二十一日在參議院通過，七月二十一日，歐巴馬總統簽字通過《陶德－弗蘭克華爾街改革和消費者保護法案》（Dodd—Frank Wall Street Reform and Consumer Protection Act）。「伏克爾規則」的效力已大不如前，其詳細內容只要留給監管人員知道就好了。考夫曼一度認為法案效力太弱，他並不想支持，但最後還是跟隨民主黨改變心意了。

支持推出強硬法案的主要遊說團體「美國金融改革聯盟」辦了一場派對並邀請考夫曼的幕僚一同歡慶。

再怎麼說，新法規還是成立了消費者金融保護局（Consumer Financial Protection Bureau），這個聯邦機構為美國人民帶來更多決策權，這也是《陶德—弗蘭克法案》裡康諾頓也滿意的部分。這場派對在遠離市區的一間劇院裡舉行，餐點有白吐司、波隆那香腸和多力多滋玉米片等菜色。康諾頓回想起所有他參與過的公司活動，那都是在市區的高級會議室裡舉辦的，上的都是鮮蝦和烤牛肉等菜餚。康諾頓很高興自己可以在這裡。

考夫曼的任期本來就很短，這時更是只剩四個月，大規模的戰爭都已打完了，但大部分都打輸，或一直停留在一個進退兩難的狀態，簡直比打輸了更慘。對康諾頓而言，他可以不要《陶德—弗蘭克法案》和「伏克爾規則」，只要能夠老老實實執行法律就夠了。向華爾街投出快速近身球，讓幾個高層吃牢飯，所有的新規則加起來都沒有這麼做有效。

考夫曼即將接棒伊莉莎白．華倫（Elizabeth Warren）的工作，擔任紓困基金的國會監督委員會主席，他問康諾頓接下來有什麼打算，要在政府單位裡找工作呢，還是在華府的非營利組織帶頭進行金融改革？

康諾頓試著想像自己在內政部上班，午休時候走到位於華府西南區C街的熱狗攤販詢問：「哈維老兄，今天有賣德式酸菜嗎？」想到要加入非營利組織也讓他感到一樣絕望。若說今天掌權的是共和黨人也就算了，但此時入主白宮的人都應該與他站同一陣線才對，康諾頓想要對抗體制，但只要華府還是歐巴馬和拜登當家，那麼這件事就變得毫無意義。八月下旬的一天，康諾頓在切換電視頻道時看到葛倫．貝克（Glenn Beck）在電視上對聚集在國家廣場（National Mall）的群眾說，改變並非來自華府，而是由真真實實生活在全國各地的人民所帶動的。貝克是個人渣沒錯，但同樣的話兩天後也出現在阿里安娜．哈芬登的一篇專欄裡，而他們兩人都一點也沒錯。康諾頓默默萌生了同情茶黨的念頭。

大不了他可以回去奎恩—吉勒斯彼公司，但如果要他在那裡多待一天，他的墓碑上就會出現那一天的日期。相反的，他生命中最引以為傲的日子是那幾年跟著考夫曼做事的時光，或許這能當作他在華府打拚生涯的最終章。年近五十一的康諾頓已厭倦了當配角的生活，無論他以什麼角色賴著不走都要繼續假裝自己是拜登的人，他效忠這個人已有四分之一世紀之久，若不走的話往後的日子可能還要繼續受他羞辱。「要我說這些話我真的心如刀割，但說真的，如今拜登當選副總統，我當騙子也當累了。不管要賠上多少錢，也不管有多少人要請我喝一杯，我就是不幹了。真的繼續幹下去，我連照鏡子都會覺得自己噁心。」他愈想愈覺得有道理，接下來唯一能做的就是離開華府。

康諾頓在九月的某一天把喬治城的排屋賣掉，交易在十一月一日結束，隔天就是選舉投票日。在那場選舉中，共和黨人又奪回了眾議院的主導權，之後要找銀行算帳為金融危機負責進而阻止下一次金融危機發生也成為不可能的任務了。那天早上，康諾頓搭乘火車到紐約曼哈頓下城代替另一名參議院助理在紐約聯邦儲備銀行（New York Federal Reserve Bank）舉辦的論壇上擔任演講嘉賓，演講主題是「金融危機與金融犯罪」。位於六樓的會場來了三百人，其中包括華爾街高層、監管人員和地方檢察官辦公室的律師等人。康諾頓試著長話短說，把兩年的努力提煉成十五分鐘的重點精華。

「第一，金融危機爆發是否是因為其中有什麼詐欺行為？第二，執法單位對此危機的應對是否足以對金融詐欺行為起嚇阻的作用？第三，聯邦執法部門是否有足夠能力察覺到詐欺與壟斷行為？尤其是在日益複雜的市場裡。最後，華爾街是否該關注這些問題？

康諾頓停頓片刻。

「簡單來說，我認為答案依序為：是、否、否、是。」

接下來，康諾頓對司法部的失職行為進行檢討，因為儘管雷曼兄弟公司的破產審查團隊和美國參議院常設調查小組委員會（Permanent Subcommittee on Investigations）都提出了大量證據，但司法部卻未能起訴雷曼兄弟公司的高層人員。康諾頓也坦言，美國證券交易委員會在面對高頻交易者操縱股市時只能手足無措，現場觀眾都全神貫注在聆聽，會場一片寂靜。

「考夫曼參議員的任期將在十二天後結束，我在參議院上班的日子也將告一段落，」康諾頓在做結論時說。「這場戰爭不能只靠一名參議員發起，這些問題攸關我們法律的根本也會影響美國日後的經濟表現，為了大家好，希望上述疑問都得以解答。」

到了會場外面，康諾頓站在拿索街（Nassau）和華爾街路口，整個人都神清氣爽起來。他才剛在美國金融業的最重要場合裡往自己開了一槍，從今以後休想再回到華府擔任固定班底了。

十一月十五日，康諾頓在參議院的工作告一段落，他飛往哥斯大黎加並立刻去爬山八小時。他回到飯店後，衣服也沒脫就去洗澡了，他站在蓮蓬頭底下任由流水把他淋濕，直到他不再覺得骯髒為止。

■

1．譯註：考夫曼接任拜登的參議員席次不需改選，而是直接由州長（民主黨籍）任命。
2．譯註：擔任美國貿易代表。
3．譯註：伏克爾的繼任者就是葛林斯潘。這時伏克爾的職務是歐巴馬政府的總統經濟恢復委員會主席。
4．譯註：美國重要新聞網站《哈芬登郵報》的共同創辦人之一。

二〇一〇年

薪資差距擴大[1]……**茶黨點燃右派抗爭**[2]……**獨家報導：史努姬（Snooki）**[3]**狠甩男友艾米里歐——史努姬懷疑他只是來蹭人氣**[4]……@參議員馬侃（@SenJohnMcCain）：@史努姬（@Sn00ki）你說的沒錯，我絕對不會徵收你家日曬機的稅！歐巴馬總統的稅收政策差不多就是這麼一回事。不過，我真心建議你塗防曬油！[5]……如果沒有錢，你更會死命抓緊自己擁有的自由。即使抽煙會危害健康，即使你負擔不起小孩的養育費，即使你的小孩被瘋子用突擊步槍射殺，也依然如此。你可能很窮，但是別人無法從你身上奪走的唯一東西，就是你把自己的人生過得一團糟的自由。[6]……**國內新法上路，總統簽署健保改革法案**[7]……**銀行預計提高獎金額度，引爆眾怒**[8]……高盛銀行預計於二〇〇九年支付旗下每位員工平均約五十九萬五千元薪資，這是該行成立一四一年以來，利潤數一數二高的一年。[9]……**小賈斯汀熱潮席捲邁阿密**[10]……**中國超越日本躍升全球第二大經濟體**[11]……**兩黨都試圖操弄民粹主義砲火**[12]……我敢肯定接下來的幾個月，你一定會有臨時抱佛腳熬夜準備考試，或是在雨天早晨掙扎起床，並且思考這麼做是否值得的時候？讓我告訴你，這毫無疑問是值得的[13]……你不用取名歐巴馬來表示你認同美國。你用歐巴馬這個名字來認同什麼？你的祖籍？或許是你的祖籍沒錯，你來自肯亞的父親？一個激進分子？真是這樣嗎？[14]……**領取失業給付的九十九週期限過後，無業者仍陷入絕望**[15]……我不是女巫，我也不是你沒聽過的人，我就是你。沒有人是完美的，但我們絕不會樂見發生在周遭的這一切，那些政客[16]……克蘿伊．卡戴珊（Khloe

Kardashian）忘記要在她老公拉瑪・歐頓（Lamar Odom）來到邁阿密之前做比基尼脫毛。她的妹妹寇特妮（Kourtney）擁有多年的自我除毛經驗，於是自告奮勇攬下這份差事。[17]故事結局是克蘿伊的私處嚴重灼傷……**歐巴馬簽署金融改革法案**[18]……**共和黨拿下眾議院多數席次，全國各地席次皆有斬獲**[19]……當我想家的時候從未想過愛情／我仍欠著一屁股的債／所有我認識的人家裡地板都漸漸崩壞。[20]

■

1. 編註：出自美聯社二〇一〇年九月二十八日新聞，稱美國最富有群體和最貧窮群體之間的收入已擴大到有記錄以來的最大差距。
2. 編註：出自《紐約時報》二〇一〇年二月十六日報導。茶黨（Tea Party）崛起於二〇〇九年初，主張降低稅收以減少美國國債及聯邦預算赤字。
3. 譯註：美國真人實境秀女主持人。
4. 編註：出自八卦新聞網站「線上雷達」（RadarOnlne.com）二〇一〇年四月十九日新聞。
5. 編註：出自約翰・馬侃二〇一〇年六月九日在推特上發布的推文。二〇一〇年，史努姬在實境秀《澤西海灘》中抨擊歐巴馬政府的健保計畫和徵稅政策，聲稱「馬侃絕不會對曬黑加收百分之十的稅，因為他臉色蒼白，可能想被曬黑」。隨後，馬侃發此推文與史努姬互動，其中"The Situation"既指奧巴馬政策造成的局面，又可理解為藝名為"The Situation"的實境秀明星邁克・索倫蒂諾。
6. 編註：出自小說《自由》，強納森・法蘭岑（Jonathan Franzen）著。此書反映了二十一世紀頭十年美國中產階級家庭的生活，作者本人因此登上《時代》雜誌封面，被譽為「偉大的美國小說家」。
7. 編註：出自美聯社二〇一〇年三月二十三日新聞，俗稱「歐記健保」的《患者保護與平價醫療法案》在國會通過。
8. 編註：出自《紐約時報》二〇一〇年一月十日新聞。
9. 編註：出自《紐約時報》二〇一〇年一月二十一日新聞。
10. 編註：出自CBS新聞台二〇一〇年二月五日新聞。

11．編註：出自《紐約時報》二〇一〇年八月十五日新聞。

12．編註：出自《紐約時報》二〇一〇年一月二十一日新聞。

13．編註：出自歐巴馬二〇一〇年九月十三日在費城發表的開學季演講。

14．編註：出自美國脫口秀主持人格倫．貝克二〇一〇年在節目《格倫．貝克節目》（The Glenn Beck Program）中的發言，質疑歐巴馬使用非裔名字。

15．譯註：出自《紐約時報》二〇一〇年八月三日新聞，針對新一波景氣蕭條，美國政府把傳統的二十六週失業給付期限提高為最多九十九週。

16．編註：出自共和黨參議員候選人克莉絲汀．歐唐尼爾（Christine O'Donnell）的二〇一〇年國會選舉電視廣告。

17．譯註：出自娛樂網站「耶洗別」（Jezebel）二〇一〇年六月二一日文章，描述實境秀節目《卡黛珊姊妹征服邁阿密》（Kourtney & Kim Take Miami）某集的劇情。

18．編註：出自《紐約時報》二〇一〇年七月二十二日新聞。由歐巴馬政府推動的《多德－弗蘭克華爾街改革和消費者保護法》（Dodd-Frank Wall Street Reform and Consumer Protection Act）正式生效，作為對次貸危機的回應和彌補，該法案建立了一個監管金融機構、改革衍生性商品交易的新金融框架，加深政府對金融行業的監管力道。

19．編註：出自《芬頓郵報》二〇一〇年十一月三日新聞。在二〇一〇年美國中期選舉中，共和黨多贏得六十三個眾議院席位，共獲得二百四十二個席位，創兩黨自一九四八年以來的最高紀錄，取得眾議院的控制權。

20．編註：歌曲〈血腥俄亥俄〉（"Bloodbuzz Ohio"），出自美國搖滾樂隊「國度」（The National）的專輯《紫羅蘭》（*High Violet*, 2010）。

公民記者：安德魯·布萊巴特

時間是一九六九年二月，那時候的《CBS晚間新聞》由美國人民最信賴的華特·克朗凱特（Walter Cronkite）主持，每天都有兩千萬人準時收看，也就是六分之一的美國家庭。與此同時，洛杉磯的猶太裔牛排館老闆傑拉德·布萊巴特（Gerald Breitbart）與銀行家妻子艾琳（Arlene）領養了一名三週大的男嬰，男嬰身上流著愛爾蘭血統，兩人替他取名為安德魯。

在安德魯兩歲那年，儘管受尼克森政府威脅，《紐約時報》和《華盛頓郵報》還是刊登了《五角大廈文件》[1]。隔年，《華盛頓郵報》派了鮑勃·伍德華（Bob Woodward）和卡爾·柏恩斯坦（Carl Bernstein）去報導民主黨全國委員會華府總部遭人入侵的新聞。安德魯的童年剛好在傳統媒體業的黃金時代度過。

布萊巴特一家都支持共和黨，他們屬於中上階級，並住在富裕的布蘭特伍德區（Brentwood），他們家裡共有四個房間，一個游泳池，還看得到峽谷美景。安德魯的成長年間有美國流行文化、英國新浪潮電影和好萊塢名人陪伴，他會問父親：「有哪些名人來過我們餐廳呀？」答案是：雷根一家、布羅德里克·克勞福德（Broderick Crawford）、雪莉·瓊斯（Shirley Jones）和凱西迪一家（Cassidy family）[2]等名人。安德魯會到加州馬里布市（Malibu）與頂級的職業網球選手學打球，有一次他還和演員法拉·佛西（Farah Fawcett）一起找教練，度過了令人難忘的十五分鐘。

一九八〇年，CNN正式開播，那時安德魯才十一歲，兩年後，談話性節目《麥克勞林幫》（The

McLaughlin Group）和《交火》（Crossfire）開始邀請嘉賓一起分析新聞，因此安德魯從小就愛追新聞。他在布蘭特伍德中學（Brentwood School）唸書時並非特別有錢，也不是什麼風雲人物，因此他出於補償心態在班上玩鬧，也在校刊《布蘭特伍德之鷹》（*Brentwood Eagle*）裡發表文章討論校園裡的社交生活，文中滑稽好笑的引文還是他自己亂編的。為了跟上朋友們的生活方式，安德魯開始打工做披薩外送員還賺了不少小費，像演員賈基・雷荷（Judge Reinhold）等級的客人，給的小費特別多。後來安德魯在書中稱自己是「X世代最懶的米蟲，沒什麼政治立場，現在想想，我以前還真是自由派無誤。我一週去電影院三、四次，對電視節目表了如指掌，在淘兒唱片行（Tower Records）逛好幾個小時，我還以為這都是身為美國人理所當然的權利。」

一九八七年，聯邦通訊委員會（Federal Communications Commission）以四比零的投票結果推翻了該會自一九四九年推行的公平原則政策（Fairness Doctrine）。這項政策要求廣播電台以誠實、公平、公正的方式對重要的議題進行呈現。多虧那年的投票結果，沙加緬度的廣播電台主持人拉許・林博（Rush Limbaugh）才能在隔年將他的保守派廣播節目推廣到全國。布萊巴特在同一年進入杜蘭大學（Tulane），接下來四年他都和一群幽默糜爛的有錢人朋友在紐奧良鬼混，把自己喝得不省人事，再將父母給的錢花在賭球與賭桌上。

在大學修讀美國研究的四年裡，布萊巴特多半神志不清，完全擋不住系上教授的「熏陶」，他們的閱讀書目都是什麼傅柯（Foucault）、霍克海默（Horkheimer）、阿多諾（Adorno）和馬庫色（Marcuse）等法國與德國思想家著作，與美國土生土長的愛默生（Emerson）和馬克・吐溫（Twain）則完全沾不上邊。所幸教授在講解批判理論[3]時，他都喝太醉了沒能聽進去，但他卻躲不過道德相對論的影響，導致他的個人標準受到侵蝕。說真的，學校灌輸布萊巴特這些法蘭克福學派思想（Frankfurt School），與他每晚酗酒爛醉一樣，好像沒太大差別。

在大學混了四年後，布萊巴特終於畢業並回到洛杉磯老家，但他萬萬沒想到父母會切斷他的零用錢。

他開始在威尼斯海灘（Venice Beach）附近的餐廳當服務生，並感受到辛苦工作所帶來的成就感，他認為「之前流放遠方的價值觀都回來了。」

一九九一年秋天，布萊巴特在電視上收看克拉倫斯・湯瑪斯法官（Clarence Thomas）的聽證會，他一心以為自己會站在受害者安妮塔・希爾（Anita Hill）[4]和民主黨那邊，殊不知他反而被他們氣壞了。民主黨竟然單憑幾支租來的色情片以及湯馬斯對可樂罐上莫名出現的陰毛的無心之談，就想抹黑這位德高望重的法官，只因為他是個保守派的黑人，而帶頭的正是本該保持中立的媒體記者。布萊巴特總算是開了眼界，原本愛玩的他，內心頓時燃起仇恨的星星之火。他永遠不會原諒主流媒體。

布萊巴特找到人生方向是幾年後的事了。一九九二年，《華盛頓郵報》的大金主巴菲特（Warren Buffett）告誡：「零售模式日新月異，廣告平台與娛樂活動也變多了，從前勢力強大的媒體企業，如今經濟實力都日益衰退。」後來布萊巴特開始在好萊塢地區幫人送劇本，因為比起在麥可・奧維茨（Michael Ovitz）[5]辦公室接待處拍人家馬屁，或是參加派對聽別人說「我在電視劇《我為卿狂》的服裝組做事」，布萊巴特更喜歡坐在紳寶敞篷車裡聽著FM廣播，不過當另類搖滾電台開始主打垃圾搖滾歌曲時（他曾說，「這些靠北靠母，愛死不死的怪咖到底是誰？」），他滿心厭惡地轉到AM廣播，投入談話性廣播的懷裡。

為了收聽霍華・史登（Howard Stern）和吉姆・羅姆（Jim Rome）的廣播節目，布萊巴特什麼都願意做，連下車送劇本還會帶著隨身聽。但他還是一個不太會獨立思考的自由派。有一次他在女友父親家的茶几上看到拉許・林博的書《世事應該如此》（*The Way Things Ought to Be*），他頓時不屑地笑了。

「你有聽過拉許的節目嗎？」女友的父親問道——他是演員奧森・比恩（Orson Bean），也是布萊巴特未來的丈人。

「有啊，他不就是個納粹什麼的。」

「你確定有在聽他的節目？」

奧森・比恩常在六〇年代的遊戲節目中亮相，也是談話性節目《今夜秀》（The Tonight Show）的常客，他受邀上節目的次數在所有來賓裡排行第七，因此他說的話很有分量。一九九二年總統大選期間，布萊巴特一直在收聽林博的廣播節目，並漸漸將這名自稱「拉師博」（El Rushbo）的電台節目主持人視為他真正的導師。「他可以對重大新聞提出有趣又清晰的見解，這是我以前在電視上都沒看過的，我不得不讚歎。」與此同時，布萊巴特也漸漸看清許多事物背後所隱藏的結構與脈絡。

同年，布萊巴特一個高中朋友因擔心他人生失去方向而決定登門拜訪，朋友說：「你未來要走的路就是網際網路啦。」布萊巴特回他說：「那是什麼玩意兒？」

一九九四年的一個晚上，他發誓在連上網路之前絕不離開房間半步。那個年代上網都是靠非常不先進的數據機去撥接，布萊巴特汗如雨下，幾個小時內手忙腳亂，過程中還消滅了一隻烤雞和半打啤酒，但最後鹿死他手，數據機劈啪作響，就在那瞬間，布萊巴特連上網路了。在網路的世界裡，民主黨和媒體的魔爪完全伸不進去，網路成為一個可以讓人隨心所欲、暢所欲言的空間，讓布萊巴特重獲新生。

不久後，布萊巴特發現一個名叫《德拉吉報導》（Drudge Report）的新聞網，這個單人經營的網站，新聞內容涵蓋政治、好萊塢八卦和極端天氣預報等方面，而布萊巴特完全看上癮了。之後《德拉吉報導》開始爆出柯林頓的性醜聞，那是主流媒體不敢觸碰的議題，布萊巴特瞬間找到了人生方向。德拉吉和網路是布萊巴特生命中的曙光，他從此擺脫憤世嫉俗的同溫層，也意識到一個人的力量就足以揭露體制的腐敗，這讓布萊巴特很欽佩，所以他給故作神秘的馬特・德拉吉（Matt Drudge）寄了一封電子郵件問道：「你們的團隊有五十人嗎？還是一百人？有到坐擁大樓嗎？」德拉吉把布萊巴特介紹給一名有錢的希臘裔作家阿里安娜・哈芬登（Arianna Huffington）。哈芬登曾離過婚，目前住在洛杉磯，並想與德拉吉一樣透過網路揭露名人的醜聞。一九九七年的夏天，MSNBC和福斯新聞頻道才剛開播一年，哈芬登邀請布萊巴特到她位於布蘭特伍德的豪宅，兩人喝著冰茶、吃著希臘菠菜派，哈芬登便邀請布萊巴特到她那裡上班。開工後不久，布萊巴特簡直樂得不想回家。

網際網路和美國的保守運動慢慢在布萊巴特的腦海里合二為一，他看了卡蜜兒・帕利亞（Camille Paglia）關於學術界鬥爭的作品，並認為從他的人生經歷就可以看出整個社會的體制有多極權。他從出生那一刻就一直生活在敵營裡，像是好萊塢菁英分子推崇的是自由派法西斯主義；主流媒體特別偏袒左翼；他大學課綱閱讀書目裡的那些因逃離納粹而遠離家鄉的德國哲學家們，在洛杉磯落腳後掌管了美國高等教育，把令人抑鬱絕望的馬克思主義強加在人民身上（那種抑鬱思想簡直可以找超脫樂團的主唱寇特・柯本〔Kurt Cobain〕來當代言人），目的是消滅這世上最酷的文化與生活。右翼忽略的事物，左翼都納入旗下，他們知道紐約、好萊塢和大專學院都比華府重要多了。這場政治戰爭圍繞著「文化」一詞，恰好布萊巴特樂意參戰。他曾背棄過X世代的同溫層，但後來又回心轉意。他雖患有注意力缺失症，但又自學成才。他算不上無業遊民，卻對網路成癮。他全副武裝，準備隨時出征。

接下來八年裡，布萊巴特一直與哈芬登和德拉吉合作。期間，柯林頓有個密友[6]竟假造了自己的戰績，新聞一暴出，這位友人的棺木只好搬離阿靈頓國家公墓（Arlington National Cemetery），而哈芬頓就此創下了事業巔峰，這件事布萊巴特的功勞不少。《紐約時報》算什麼？「我們在洛杉磯的資源並不多，但相較華府那些主流媒體，我們做到的可多了。」

布萊巴特不疾不徐地走進了媒體產業並發現內部已開始天崩地裂，為他另闢新路。從前的傳統媒體支柱如今不得不化身為資訊娛樂和輿論新聞，這樣才能降低成本並留住觀眾動搖的心。記者們都擔心死了，因為同行傑森・布萊爾（Jayson Blair）在《紐約時報》裡編造假新聞，而丹・拉瑟（Dan Rather）在新聞雜誌節目《六十分鐘》（60 Minutes）上播報了造假的文件。與此同時，左右兩翼的看門狗只要察覺到媒體有一絲一毫的偏袒行為就會開始亂吠，這個產業的守門員都快嚇死了，但新媒體的暴發戶都只會對他們冷嘲熱諷。到最後，誰對誰錯、真相為何，都無人知曉，人民不再相信媒體，就連媒體自身也不再相信自己。

這樣的生態環境，對於想要闖出一片天的布萊巴特而言，再完美不過了。

二〇〇五年，丹．拉瑟遭CBS解僱；《華爾街日報》把原本三十八公分長的版面寬度減少到三十公分；《洛杉磯時報》裁掉六十二名員工；哈芬登已投入自由派陣營並在布萊巴特的協助下創辦了新聞網站《哈芬登郵報》（*Huffington Post*），後來他聲稱創辦這媒體的初衷是想讓這網站成為從內部顛覆體制的第五縱隊）；布賴特巴特新聞網（Breitbart.com）也上線了，網站聚集了不同通訊社的新聞（在抨擊傳統媒體的同時還是可以索取裡頭的資源），同時也是一個讓用戶揭開真相的網路論壇，網站立志要傳承「快艇老兵」（Swift Boat Vets）[7]等公民記者的精神。新媒體最棒的地方在於**誰都能搞新媒體**。布萊巴特時常飛往紐約並想方設法讓自己可以受邀參加主流媒體的聚餐派對，他嘴裡喝著蘋果馬丁尼和黑皮諾紅酒，讓媒體人都以為他也是自己人，但活動結束前他又會對他們說：「你們還在狀況外啊？現在的故事主軸都掌握在美國人民手裡，你們休想從他們手中搶走，更不用妄想能把人民的故事推下懸崖。」

二〇〇九年，《芝加哥論壇報》（*Chicago Tribune*）把國際新聞部門關了，《華盛頓郵報》也廢除了紐約、芝加哥和洛杉磯的分局，同年八月的某一天，布萊巴特的人生徹底改變，一個名叫詹姆斯．歐基夫（James O'Keefe）的年輕公民記者帶了一堆未經剪輯的影片上門找布萊巴特。這些影片的破壞力完全不輸美軍在阿布格萊布監獄（Abu Ghraib）虐待伊拉克戰俘的事件，這就好像對民主黨推崇的「偉大社會」政策（Great Society）打了一記耳光。影片裡，歐基夫和漢娜．賈爾茲（Hannah Giles）兩位公民記者分別假扮成皮條客和性工作者，他們偷偷帶著攝影機進入左派的「即時改革社群組織協會」（ACORN）在巴爾的摩和紐約等城市的辦公處，聲稱自己想要開妓院並幫薩爾瓦多的未成年女孩拉客。一些初級員工坐在他們對面給了他們一些實用的建議，像是如何把這門生意做起來，以及如何鑽稅法漏洞。「那就好像在看西方文明跌入深淵一樣。」

布萊巴特清楚知道自己該怎麼做——要有新聞價值，只能靠炒作新聞，而對付媒體就要像馴狗一樣，影片只能一部一部慢慢公開，絕對不能全盤托出，這樣才能在不失趣味的情況下讓即時改革社群組織協會與新聞媒體都措手不及，並有效戳破他們的謊言與偏執。若要效果更佳，可考慮與福斯新聞等較友善的新聞頻道合作。總之就是要不斷進攻，要很猖狂才行。布萊巴特真正的目標是主流媒體，說真的，他才不在乎即時改革社群組織協會想保護的那些群體，像是受低薪和掠奪式貸款所困的員工與屋主。短短幾個月內，即時改革社群組織協會就被搞垮了，而布萊巴特搖身成為茶黨英雄，媒體巨擘都搶著替他做專訪。這種感覺就像是同時嗑下好幾種禁藥一樣爽。

真是太好玩了！公開真相太好玩了！得到美國人民的支持太好玩了！把記者搞得緊張兮兮耍得團團轉太好玩了！讓主流媒體去死也太好玩了！布萊巴特上了《馬厄脫口秀》（Real Time With Bill Maher），在一群政治正確的觀眾面前替自己和拉許護航，他覺得那實在是自己畢生最具使命感的時刻，太不可思議了：因為有一群像散沙般的人民，他們既愛國但又對國家不滿，而他們都把布萊巴特視為領頭羊。布萊巴特看到眼前的機會，此時此刻，他就和美國那些開國元勛一樣，能發動革命與體制抗衡。

就算農業部一個名叫雪莉·謝羅德（Shirley Sherrod）的黑人官員剛好因為布萊巴特所上傳的影片而丟了工作，就算影片內容是透過剪輯而讓謝羅德看起來是在抹黑白人，那又如何？媽的，難道民主黨就有君子之腹了？傳統媒體業對真相與客觀的標準都是過去式了，如今最重要的是新聞有多勁爆，是改變整個故事脈絡。正因如此，布萊巴特才贏的那麼爽，當然敵營媒體也功不可沒。這也說明當年他在大學，老師在講解道德相對主義時，他還是有幾分清醒的。

到了二〇一〇年，布萊巴特簡直無所不在，他出現在曼哈頓和華府，也在茶黨集會活動裡現身，就連白宮記者晚宴上也看得到他的蹤影，更不用說YouTube和推特的活動了。布萊巴特邊講電話邊操作著黑莓機，只要有鏡頭拍向他紅潤的臉頰、灰黑的頭髮和藍色透徹的雙眼，他就會擺出正義凜然又憤慨激昂的模樣，像孩子嬉鬧般地靠近鏡頭，用手指戳來戳去。「《紐約時報》的凱特·塞爾尼克（Kate Zernike）在現場嗎？妳這個卑鄙小人……泰德·甘迺迪（Ted Kennedy）這個米田共真的很屌，他就是個龜兒子王八蛋人渣……當有人問說我們健保該怎麼辦才好，我他媽的哪知道啦！這對我來說太複雜了……約翰·路易斯眾議員（John Lewis）不是個聖人嗎，那他還是閉嘴好了……就憑他們還想打倒我，想傷害我？可惜老子遇強則強啊……約翰·波德斯塔（John Podesta）。去——死——吧……你有在電視上看過我嗎？我都會轉移話題開始討論媒體生態……媒體就是一切……我無法坦然面對死亡，這是我的人格缺陷……他們想把我刻畫成瘋子，把我刻畫成神經病，好啊，沒差，哇哩咧幹，去死吧，操！」

二〇一一年，前眾議員安東尼·威納（Anthony Weiner）拍了一張自拍照，照片裡陽具勃起的形狀透過灰色內褲看得一清二楚，這張照片成就了布萊巴特的事業巔峰。不到一年後的隔年三月一日晚上，布萊巴特在布蘭特伍德一間酒吧裡品酒聊天，他才剛離開酒吧不久，突然心臟病發作倒地猝死，享年四十三歲。

■

1・譯註：即Pentagon Papers，關於美軍從二戰到一九六〇年代末期介入中南半島事務的文件。

2．譯註：指傑克・卡西迪（Jack Cassidy）與他的家人，而雪莉・瓊斯正是他的第二任妻子。

3．譯註：以阿多諾與霍克海默為首的法蘭克福學派哲學理論。

4．譯註：湯瑪斯法官的前任助理，聲稱法官對她描述色情片情節，還說「我的可樂裡面怎會出現陰毛？」有性騷擾之嫌。

5．譯註：好萊塢知名經紀人。

6．譯註：指賴瑞・勞倫斯（Larry Lawrence），是個開發商兼柯林頓的金主，後來獲柯林頓任命為駐瑞士與列支敦斯登大使。勞倫斯死後被爆料他參戰二戰的戰功做假，因此遺孀不得不將其靈柩遷出公墓。

7．譯註：指Swift Boat Veterans for Truth，一個由快艇部隊退伍軍人組和越戰戰俘組成的公民團體。

坦帕之三

二〇一〇年初，《聖彼得堡時報》將凡・西克勒調走，要他別再報導房地產危機，派他去跑聖彼得堡市政廳的新聞。他對背後的原因再清楚不過：報社的預算緊縮，大規模裁員兩三百人。他原本希望能進一步追查金桑尼，設法找到包庇他那些非法交易的關鍵人物，但是他無法確切知道要如何在三個月內達成目標，查個水落石出，而編輯也沒空等他。

六月時，聯邦政府起訴金桑尼，他承認犯下洗錢和詐欺罪。這個案子在佛州中部是非同小可的大案子，但西克勒卻被迫放棄調查。美國聯邦檢方宣布金桑尼涉入犯罪陰謀，調查持續進行，但是幾個月都過去了，警方卻遲遲未逮捕新的涉案人士。西克勒不禁納悶：「大規模的逮捕行動呢？合謀的銀行家、律師、房地產從業人員都沒事嗎？」金桑尼只是詐欺網絡的一員，那些機構怎麼說？但華府和紐約也是一片太平：調查局未起訴任何大銀行。西克勒百思不得其解，「歐巴馬執政時，為什麼司法部長艾瑞克・侯德未優先偵查此案？這真是史上最大謎題。」

二〇一〇年，坦帕周邊的經濟水平跌到谷底。希爾斯伯勒郡的失業率飆到百分之十二以上，住宅市場宛如一灘死水，商業房地產市場開始沉淪。中產階級出現在急難救助單位和社服機構，對於申請如迷宮般複雜的政府補助摸不著頭緒。電視上出現了一家四口睡在車上的報導，還有小學生不願告訴同學住在哪裡的新聞。收音機傳來廣告，警告民眾新的華府—華爾街經濟體，股市即將崩盤，惡性通膨將引發經濟蕭條，所以還是貴金屬可以保值。但是，除了坐等房地產市場復甦以外（原本預計於二〇一五年反彈），所有人都一籌莫展。儘管希爾斯伯勒郡周圍有數萬棟房屋空置，郡管理委員會仍繼續刪減法規、降低對開發商收取的影響費，好像只要可以讓成長動能恢復，可以無所不用其極。彷彿危機感會在佛州溽熱的環境中自燃後消散。陽光和海灘並未消失，反而有場大災難正在醞釀中。

有一票坦帕人突然靈機一動，想到可以靠鐵路來解套。當坦帕要成為美國下一個偉大城市時，太陽帶周圍所有的競爭對手，如夏洛特市、鳳凰城、鹽湖城，都還沒有通勤鐵路系統，而現在全部都有了，只剩坦帕獨自落後。坦帕其實已有輕軌計畫帶通過，只是需透過調漲銷售稅來支應預算，但希爾斯伯勒郡管理委員會始終沒讓計畫付諸投票表決。二〇一〇年，風向改變了。共和黨郡委員馬克・夏普（Mark Sharpe）帶來新氣象，他曾任海軍情報官，留著平頭，平常熱愛健身、閱讀。他全心支持輕軌計畫案，他認為輕軌能帶動經濟發展，最後將坦帕灣提升到過去二十五年來不曾達到的榮景。身為保守派人士，夏普曾在一九九四年嘗試加入金瑞契革命（又稱共和黨革命），以格羅弗・諾奎斯特（Grover Norquist）提出的反對加稅為政見，角逐眾議員，結果輸給了尋求連任的民主黨議員。但是到了二〇一〇年，當他發覺共和黨變得偏激、心胸狹隘時，他深感痛心。他以約翰・馬侃（John McCain）為改革典範，用其他當選黨員不敢領教的方式議論實證。他引用美國立國初期總統亞當斯（John Quincy Adams）的觀點，指出政府需透過運河和公路團結國家；引用林肯的呼籲，主張聯邦政府應將聯邦土地無償提供給民間建設鐵路；引用艾森豪總統（Eisenhower）來談論州際高速公路系統，並笑著告訴聽眾：「根據憲法，聯邦政府要參與興建道路絕對合法。」高速公路交通經常堵塞，汽油價格居高不下，而二七五號州際公路也只能拓寬到一定程度。夏普公開用挖苦的口吻來批評房地產無法帶動成長。「他們喜歡建造像『愜意橡樹園』的社區，希望有條運河貫穿其中，還蓋了一個九洞高爾夫球場。我不知道你們的想法如何，但是高爾夫球打一兩次後我就膩了。」

輕軌看似街頭電車，但速度比一般火車和地鐵慢，成本也更便宜。計畫案規劃建設一條七十四公里長的單線軌道，以機場為起點，穿越西岸到坦帕市區，再往北到南佛羅里達大學和新坦帕。軌道將沿用坦帕曾經縱橫交錯、廢棄多時的電車路線。二〇一〇年，希爾斯伯勒郡管理委員會最終投票決定於十一月交付民眾公投，議案是：是否將贊成將銷售稅調漲百分之一來支付輕軌案預算？

西克勒從青少年時期，就對火車情有獨鍾。那時他會搭乘克利夫蘭捷運到市立棒球場看球賽，到泥灘區遊玩。在他看來，想要解決坦帕市一蹶不振、都市蔓延的問題，就是要靠輕軌。建設鐵軌和車站能創造就業機會，但更重要的是，輕軌能改變人們的生活方式。民眾會下輕軌步行，而步行除了不用擔心致命的交通事故，更會改變城市景觀；城市不再只有購物廣場、停車場、加油站與路邊交通標誌，還會出現許多聯排住宅、咖啡館、書店，那種可以讓行人逗留的地方。這些店家的出現會刺激其他商店進駐聚集，不久成為高密度商圈，這就是珍·雅各所謂的城市天堂。若是在以往，陌生會偶遇往往是因為同時被捲入帶有創傷性的意外，但輕軌帶來的改變能促使人們邂逅、交流思想。如同擁有通勤鐵路建設的對手城市，坦帕將成為年輕知識分子、科技創投和公司總部的重鎮，讓經濟基礎較為穩固，不像房地產那樣容易泡沫化。坦帕的重心將移回市中心，遠離逐漸遭人淡忘的鄉村步道和馬車角。如果真要擺脫「房地產促進成長」的致命迷思，那答案非輕軌莫屬。

凱倫·賈洛奇（Karen Jaroch）從小在坦帕長大，父親是退休軍官。一九八〇年，她十六歲，鼓起勇氣在西岸區和甘迺迪大道轉角處舉牌，支持雷根和寶拉·霍金斯（Paula Hawkins）。那一年大選保守派橫掃全國，共和黨的寶拉成為佛州第一位女性參議員。那次舉牌助選之後，凱倫有三十年不再參與公開政治活動。在南佛羅里達大學，她與後來的丈夫邂逅，他是凱倫見過最自由派的人。起初南轅北轍的兩人無法討論政治，但在她安靜理性、長期潛移默化的影響下，丈夫也加入了保守陣營。夫妻倆都是工程師，住在新坦帕一個高爾夫球場旁，而新坦帕是位於市郊北側尚未劃歸任何行政區的「欣榮社區」。他們撫養四個孩子，凱倫成為全職的家庭主婦，還是學校家長會成員，周日固定上教堂。凱倫各方面都符合了美國中產階級女性的特徵，就連那無法辨別出生地的美國中部口音也是。

她的臉型方正，深色頭髮留著八〇年代風格的蓬鬆瀏海。儘管她不喜歡布希的醫療保險處方藥法案和《沒有孩子落後法案》（No Child Left Behind）（她認為政府干預太多了），她的票依然總是投給共和黨。她和丈夫量入為出，住在價值二十五萬美元的房屋。她在宴會上遇到一對夫婦，收入雖遠不及她丈夫，卻擁有價值七十萬美元的房屋，讓她相當驚訝。她說：「他們想從泡沫化市場中大撈一筆。他們打算住在那棟房屋一年，只付利息。他們有許多好高騖遠的規劃，而我們卻在這裡腳踏實地生活。我當時就有預感那是災難的開始。」她認為政府才是罪魁禍首，問題的根源並非解除金融管制、華爾街或出借房貸的金融機構。一九九二年的《社區再投資法》（Community Reinvestment Act）迫使銀行改變規則，向不符資格的人提供次級房貸，讓更多美國人擁有房屋。這都要怪政府推動銀行改革，不能反過來歸咎於銀行。想也知道怎麼會有銀行想賠錢呢？

儘管如此，二〇〇八年以前，凱倫從未想要參與政治活動。布希實施經濟振興方案，她在該年年初收到六百美元的紓困金支票時心想：「這是什麼？政府為什麼要發支票給每個人？政府的職責可不是先收錢然後重新分配啊。」但是她依然未參與選舉活動，她對約翰．馬侃一點興趣也沒有。接著在八月，馬侃提名的副總統候選人揭曉：是莎拉．培林（Sarah Palin）。培林讓凱倫內心激起滔天巨浪。「培林有好多特點能讓我產生共鳴。她果斷大膽、發表的觀點和我相似，而且不以為恥。她和我同齡，而且都在同樣的年紀結婚，她有小孩，也是家長會成員，還對經濟抱持與我一樣的見解。」凱倫是素食主義者，而培林喜歡打獵，但是她並不介意，只要培林把打到的獵物吃掉，不是只為了打獵就好。培林並非社會菁英，這又是一個凱倫欣賞的特質。強大的商界菁英操控著坦帕，例如艾爾．奧斯丁（Al Austin），他建立了西岸區，但這些人卻不斷讓政府介入，導致同樣的錯誤不斷重演。凱倫涉足政治活動的契機來自雷根。雷根以政治素人之姿，一手推翻了政治體系，就和培林一樣。這就是凱倫一直等候的人選。

銀行紓困方案，歐巴馬的經濟刺激計畫、「舊車換現金」政策、汽車工業的救助計畫……政府的支出已經失控，但大企業似乎與政府狼狽為奸。有人在賺錢，但絕不是市井小民。凱倫不知道刺激計畫有三分之一是要靠減稅達成，她也不需要知道，因為她一聽到「隨時可下鏟的計畫」[1]就反對了。像她這樣勤勞守本分的人，卻一而再、再而三必須去援助揮霍無度的人。從歐巴馬的行為來看，他大概不相信努力會有所回報、人民有權保障自己的收入等美國精神。歐巴馬寫了一本關於父親的書，所以凱倫知道他父親信奉共產主義，再加上一些偏激的精神導師，她深信歐巴馬已被洗腦了。

凱倫開始擔心她的美國，養育她長大成人的國家，等到她的孩子長大時可能已經變樣。有一天，在幫兒子準備古埃及歷史的期中考時，她不禁開始思索。最初，百姓都在尼羅河沿岸耕種土地，向法老貢獻稻米，但後來法老好大喜功，開始建造金字塔，向人民徵稅。同樣的歷史也曾在羅馬重演。這時輪到美國了。美國正在向下沉淪，她擔心未來孩子享有的機會可能遠不及她自己。

凱倫一直是保守派媒體人格倫．貝克（Glenn Beck）的忠實聽眾。早在二〇〇〇年，貝克就在坦帕的談話性廣播節目中一炮而紅。他的言論都能打動凱倫，她經常轉到福斯新聞台錄下他的新節目。歐巴馬當選後，格倫．貝的克節目收視率更是一飛沖天，每天下午有近三百萬人收看。二〇〇九年二月初，就職典禮過後幾週，貝克開始呼籲他的觀眾互相認識：「你會發現社會上與你想法一樣的人多到難以想像。」凱倫聽進貝克的話，她花了十美元成立線上網站，負責籌畫坦帕 9/12 計畫的首次聚會。貝克的改革運動包含九個原則，如「美國很美好」和「我努力工作換來我所擁有的東西，我有權決定與誰分享」，以及十二個價值觀，包含敬畏和希望等精神。

二〇〇九年三月十三日，人們分別在肯塔基州的希伯倫（Hebron）、亞利桑那州的金谷（Golden Valley）以及其他城鎮，參加觀看派對，坦帕啤酒屋吸引了八十人聚集。下午五點，《格倫・貝克秀》開始播出。節目播放著九一一事件的影片，展現恐攻後美國人勇氣可嘉、團結一致的畫面；留著金髮平頭的貝克站在後台，一身條紋西裝搭配運動鞋，鏡頭逐漸拉近，特寫在貝克臉上，只見他強忍淚水，語帶哽咽說道：「各位準備好要在九一一後，在九月十二日浴火重生了嗎？過去幾週我一直對大家說，『你不是孤軍奮戰』。」貝克抬起頭，伸出雙手。「我他媽都要變成電視福音牧師了！」他的聲音斷斷續續，眼睛浮腫，面容滿是羞愧，彷彿背負著讓數百萬觀眾痛心疾首的挫敗和悲情。他抹去一滴眼淚。「對不起。我太愛我的國家了，為她擔心受怕。我們的周遭充斥著領導人、利益團體和媒體的聲音，聽起來很駭人！但是大家知道嗎？**拉開布幕後**，你會發現幕後根本沒有多少人！只有少數幾個人在操縱按鈕，他們的聲音**其實很微弱**。」他往前走一步，目光變得嚴厲。「事實是，他們才沒有主宰我們，是我們主宰他們，這是**我們的**國家。」

聚集在坦帕啤酒屋的民眾沒有看完節目，他們忙著聊天居多。凱倫生性害羞，直到成年都是（她光是代表家長會參加學校的拼字比賽就嚇得半死），但是她發現自己膽子變大了。「某種意義來說，我們是最熟悉的陌生人。」她說，「我們雖然互不相識，但我們心手相連。我們從未替自己發聲，而我們現在就是要挺身而出，讓聲音傳出去。」她周圍的人與她一樣，都不是出入鄉村俱樂部的「高級共和黨人」，只是認為現況有待改善的一群人。她將這股力量匯聚在一起。那是凱倫政治生涯的開始。

那年夏天，「歐記健保」（Obamacare）引起了全國抗爭。八月六日，坦帕的民主黨眾議員凱西・卡斯特（Kathy Castor）在市政廳裡召開會議，場內根本容不下一千五百位想要擠進會議室的民眾。參與 9/12 計畫的成員不滿卡斯特、不滿歐巴馬的醫療改革，會議室已經擠爆，但關上大門時仍有數百位抗議民眾進不去，他們的情緒爆發，開始高呼：「妳是公僕！妳是公僕！這是暴政！暴政！」現場頓時陷入混亂，民眾不停叫囂使卡斯特無法發言，最終被人護送離去。凱倫當天在場，隔天下午她接到了CNN製作人打來的電話，問她晚上是否有興趣去市中心上坎貝爾．布朗（Campbell Brown）的節目。三個小時後，她獨自一人坐在連接衛星訊號的導播室裡，耳機中的聲音與攝影機黑洞下方的小螢幕不同步，她設法緊盯著小螢幕，內心嚇壞了。

坎貝爾開始向她開砲。「我絕對力挺公民參與，但是實在不懂，向眾議員大吼大叫有什麼意義？這能讓妳達成什麼目標嗎？」凱倫正要開口回答，但坎貝爾打斷她。「我等等會讓妳講完。可是當時你們根本不讓眾議員講話，現場是一片混亂，每個人都在胡亂叫囂而已。」

「民眾很失望，」凱倫說，瀏海落到她的左眼上。她與坎貝爾共用一個分割畫面，占據螢幕的八分之一，另外還有三位名嘴（共和黨策士、有線電視分析員和網路作家），受邀上節目討論這起事件。「美國中部的人民覺得自己的權利遭剝奪，沒有任何人聽進我們的聲音。國會議員正囫圇吞棗地通過計畫，」她說。「人們擔心失去健保，這將造成巨大的財政赤字，禍留子孫。」

坎貝爾問，他們是哪些人領導的？

「我們只是一群基層民眾，」凱倫的聲音輕柔，立場堅定。「我們是當地組織。我並未從任何人那裡得到好處。」她覺得坎貝爾刻意扭曲茶黨的運動，使黨員看起來比實際上更火爆。反正無所謂，她認識的人都從別的管道收看新聞。後來，她在運動中的朋友紛紛向她道謝，感謝她為美國的社會邊緣人挺身而出，她的言論讓主流媒體顯得有失公正、愚昧無知。

接著，輕軌案登場。與歐巴馬和國會的所作所為相較，由納稅人買單的坦帕輕軌案更讓凱倫熱血沸騰。

她把二〇一〇整年都投注在輕軌案。她成立名為「反輕軌，反交稅」的小組，透過研讀傳統基金會（Heritage Foundation）[2]的反鐵路報告來臨時惡補該有的知識。她的論點是輕軌系統成本過高、不能創造就業機會、乘客人數不足、在其他地方有失敗的前例，還會讓該地區負債數十年。但是每當有人以事實擊破她的論點時，她又提出另一個論點。凱倫反對公投的真正理由遠遠超出輕軌的興建成本。

十九世紀時，鐵路是未來的運輸系統，推動美國財富的引擎。到了二十世紀，鐵路則已變成公共政策和預算專家拿來說到爛的話題。二〇一〇年，鐵路成為美國右派最恐懼和憎恨的象徵：大政府主義、稅收和支出、歐洲風格的社會主義，人們必須生活在與陌生人分享公共服務，還要為之付費的社會。這鐵路的終點站就在新坦帕，但卻也威脅到當地人固有的生活模式。在新坦帕，人們習慣每週開車去賣場一次，不像在城市每天走路或搭乘公車；周末開車前往家得寶，將滿滿的用品載回家。凱倫透過公開演講砲轟市政規劃人員造成的不良影響，警告民眾關於《二十一世紀議程》（Agenda 21）帶來的危險。該議程是聯合國於一九九二年通過，不具約束性的「永續發展」決策，卻被許多茶黨人士視為世界政府的特洛伊木馬。他們認為若成功推動議程，美國主權將遭到破壞，嚴重威脅美國土地上的一草一木，包括單戶住宅、鋪設的道路和高爾夫球場。歐巴馬總統的經濟復甦方案主打城際高鐵計畫，更是讓右派長期以來內心最深層的疑慮成真。因此，輕軌案捲入了全國民眾憤怒的情緒聲浪中，也成為坦帕茶黨二〇一〇年最具代表性的議題，如同保守派當年關注減稅和墮胎一樣。

有一回，在與坦帕市市長潘蜜拉．伊奧里歐（Pam Iorio）進行電視辯論前，凱倫提到她的土木工程師丈夫最近剛被裁員。他們將失去健保，生活陷入困頓。伊奧里歐剛好是輕軌背後的主要政治力量。

「凱倫，這個計畫不是正好能讓他重新得到工作嗎？」市長問道。

「你錯了，你的計畫不會帶來任何就業機會，」凱倫說。這是一個神聖的原則：她不能因家人的不幸而在立場上退縮。凱倫覺得輕軌的鬥爭就像大衛對上巨人歌利亞，是一場小蝦米對抗大鯨魚的鬥爭。敵方陣營有許多舉足輕重的勢力，為支持鐵路砸下超過一百萬美元，例如美國商會、南坦帕菁英分子、《聖彼得堡時報》的社論專欄以及郡委員馬克・夏普。在凱倫的陣營，她有茶黨人士莎朗・卡弗特（Sharon Calvert）不遺餘力的幫忙，她的道奇牌休旅車的保險槓上貼滿**「有種踐踏我！」**、**「搶回美國！」**等裝飾貼紙。還有大衛・凱頓（David Caton）：他曾對色情片、古柯鹼、酒精、安眠酮、蘿拉西泮、自慰成癮，洗心革面後成了保守派的聖戰士，推動三反——針對色情、同性戀和輕軌展開聖戰。還有出生在克拉嗤，現居布蘭登的商人山姆・拉錫（Sam Rashid），他有著一副職業撲克玩家的冷峻臉孔（他曾經當過），長期資助右派候選人，包含馬克・夏普在內，直到夏普因支持輕軌，成了欺騙民眾感情的叛徒、騙子、「名義上的共和黨人」。這是天理不容的背叛之舉，拉錫誓言要透過期中選舉拉下夏普，連同他心愛的輕軌案一同陪葬。

十一月二日，希爾斯伯勒郡的輕軌案沒通過，反對者百分之五十八，支持者四十二。由於市郊未劃入任何行政區的欣榮社區和幽靈小社區的居民看不到輕軌的優點，也不想在經濟蕭條時多付一丁點稅金，凱倫和茶黨人士才能勝過市區的商人政客。茶黨的主要人士里克・史考特（Rick Scott）拒絕與任何報社編輯會面，也沒得到任何報社支持，卻成功當選州長，延續了共和黨自一九九八年以來不曾間斷的佛州執政權。[3]史考特上任後不久，聯邦決定撥付一筆二十四億美元的復甦經濟資金給坦帕市，用於興建一條連接坦帕和奧蘭多的高速鐵路，預計於數週內動工，最後卻遭史考特斷然拒絕（資金最後流向加州）。州際公路旁，占地七十英畝的坦帕市中心新輕軌總站選址依然是一片空蕩蕩的骯髒空地。某間數據研究公司列舉了五十個大都市地區的統計數據，列入了失業、通勤時間、自殺、酗酒、暴力犯罪、財產犯罪、精神健康和陰天等因素，最後得出結論：坦帕是生活壓力最大的美國城市，排名前十的城市有八個位於太陽帶，五個在佛州。

馬克・夏普對決拉錫親手挑選的茶黨候選人，於激戰後倖存。連任郡委員後，夏普投票支持凱倫・賈洛奇成為希爾斯伯勒郡區域運輸管理局的董事會成員。畢竟，她的陣營贏得了輕軌之戰，而在他眾多的茶黨批評者中，他認為凱倫是最能溝通的。

選舉結束後幾週，西克勒被派去報導皮尼拉斯郡（Pinellas）交通運輸小組的會議，地點選在聖彼得堡－清水機場附近，一間名為艾皮中心（EpiCenter）的產官學聯合設施。當他駛過兩層樓公寓、單排購物區和沒有街道號碼的辦公大樓時，他根本找不到他媽的什麼艾皮中心。「迷失在清水，」西克勒喃喃自語道，緊握福特 Focus 小轎車的方向盤。「這就叫做缺乏地方感啊！[4]怎麼連一個路牌都沒有！」什麼遠景大河、遠景海灣，一些沒屁用的假名！他討厭這裡，如果他放聲尖叫，大概也沒人聽到。

輕軌案的失敗讓西克勒出乎意料地沮喪。好像連美國都成了灰心喪志的國家。「我們辦不到、辦不到、辦不到。我們不要實施輕軌計畫，因為沒辦法成功。我們無法成為下一個偉大城市。我們守住現有的一切就夠了，儘管我們不滿意現況，但我們也無法做得更好了。」這可不是他成長時所認識的美國，他所知道的美國要樂觀積極多了。

西克勒找到艾皮中心時，早已經遲到了半個小時，他因憤怒滿臉通紅。希爾斯伯勒的輕軌宣告失敗後，皮涅拉斯郡交通運輸小組正在討論是否該繼續推動自己的鐵路計畫。會議室裡有一百個人，包含凱倫・賈洛奇在內。前排坐著兩個二十多歲的小夥子，一個身穿綠色T恤，上面印著愛爾蘭幸運草，另一個人穿著紅色T恤，上頭寫著「我還在等待救助金！」。每當小組成員說「我們不斷談論『經濟好轉的時候』，但實施這項計畫的原因就是為了扭轉經濟——」時，這兩個穿著T恤的傢伙就會摀住臉或仰頭默默地笑。

會議結束後，穿著燈芯絨外套，打著領帶的西克勒，手拿筆記本走向穿著愛爾蘭幸運草T恤那傢伙，自我介紹說他是《聖彼得堡時報》的記者。那傢伙端詳了他一下。西克勒詢問他對會議的看法。

「他們只是一群想提高稅收的共產王八蛋。如果你剛剛有在聽，你就會知道他們在討論要如何欺騙大眾。他們想強迫人民接受自己的計畫。你會搭嗎？我想去的地方輕軌又沒經過。到底誰會在帕斯科搭輕軌，牛或柵欄嗎？」

這小夥子是麥特・班德（Matt Bender）：一名失業的建築工人，正在尋找任何工作機會，但是他拒絕申請失業救濟金。「我會撐下去的，」班德說。「我們追求幸福，但可沒保證能得到。我厭倦兩黨都未將民意聽進去，討厭腐敗、內線交易、幕後交易。我們必須一點一滴剷除既有的政治階級。」

西克勒開車回辦公室寫下他的報導時，班德看著他的眼神、那個鄙視的臉孔浮現他腦海。這就像他的報導在網路上發表後湧入的評論一樣，評論都與他的報導內容無關，人們心中早已經有了成見，全國性有線電視新聞上的喧囂謾罵掩蓋了每個地方議題。打從一開始，人們就已經找不到共識。例如，他的報社付出了大量心血和金錢調查坦帕輕軌的收益和成本，但根本沒有人讀進報導的內容。人們反而聽進了「反輕軌，反交稅」的口號。也許對希爾斯伯勒郡的居民來講，輕軌過於華而不實，他們只是想腳踏實地、養家餬口、保住飯碗。西克勒關於金融危機的重量級報導——金桑尼的故事也是這樣。他等了足足兩年，想看看是否有高層涉案人員下台坐牢，但美國檢方除了逮捕底層的抵押貸款詐欺犯之外，根本沒有其他動作。西克勒開始懷疑報業的重要性。調查記者花了數週到數個月來撰寫報導，弄清楚事情來龍去脈、查證事實、刊登報導，希望能帶來什麼變化，到頭來卻什麼都沒發生。他做這一切到底是為了什麼？自我滿足？因為似乎沒有任何人在乎他的報導。

但是他並不想放棄自己進入新聞業的初衷。「人總是要有信念，」他說。「我不相信上帝，但我相信新聞。我相信人會自我檢討，我們的文明社會會更進步，而新聞業就是能確保一切正常運作的社會機制。」

在二十世紀的大部分時間裡，美國的發展如同人類歷史一樣順遂。即使事與願違，大多數美國人不再相信像他一樣的記者，人們還有什麼選擇呢？還有誰能成為公眾的耳目與喉舌？他在市政廳未看到「每日科斯論壇」（Daily Kos）或「紅州論壇」（RedState）[5]派人在那裡蹲點，在郡管理委員會也沒看見Google或臉書的使用者過去關心時政。報紙還是有其功用。

某個星期天早晨，西克勒塗上防曬油（儘管才三月而已），開車前往希爾斯伯勒郡東部。他想看看馬車角的現況，為那個全國最凋敝的小社區做深入報導。他曾造訪過數十次的馬車角似乎還是人煙稀少，採訪過的房屋現在人去樓空。但是當他走在街上時（一片樹蔭也沒有），看到一名紐澤西婦女正在整理院子，一名來自西棕櫚灘的黑人正和他的家人坐在敞開的車庫裡。他駐足和他們聊天，拼湊出一個景象：人們開始搬回這裡了。他們大多數人買不起這裡的房屋，所以幾乎都是用租的，因為房租便宜。他們對鄰居完全不了解，如果想靠附近的課後中心來照顧孩子，那就失算了，因為郡政府刪減預算，導致課後中心關閉。最近的工作在四十五分鐘的車程外，導致汽車油錢占據了他們薪水的大半，如果哪天汽車拋錨，他們真的會完蛋。

但是馬車角仍然苟延殘喘著，西克勒開車離開時，他已經預見這裡五到十年後的模樣：一片荒野中的貧民窟。富人住在城裡，窮人住在曾經的郊區，坦帕將進入蟄伏期，直到再度有人以成長為口號推動當地發展。

1．譯註：即"shovel-ready projects"，指一切興建條件都已到位，隨時能破土動工的興建計畫。

2．譯註：美國保守派智庫。

3．譯註：史考特是共和黨籍。茶黨是該黨的極右派保守勢力，但一般都被稱為黨，其實只是黨內的鬆散派系。

4．譯註：地方感是珍．雅各等理論家強調的都市規劃要素，而希克勒深受珍．雅各影響。

5．譯註：分別屬於自由派與保守派的網路論壇。

迪恩・普萊斯之六

如果你曾在二〇一〇年期中選舉前幾週開車經過維吉尼亞州南區或北卡羅萊納州的皮埃蒙特三角地帶[1]，就會在路邊看到黑色的告示牌寫著：**十一月即將來臨**。這些標誌語意模糊且帶有不祥的預兆，但所有人都知道上面文字代表什麼意思。一輛黑底白字的「十一月即將來臨」公車在該地區的道路出沒，車身上寫著「失敗的經濟刺激方案」、「接管醫療健康保險」和「總量管制與碳排放交易制度下的能源稅」三大政策所需政府預算的數字。「促進美國繁榮協會」（Americans for Prosperity）支付了這些告示牌和公車廣告的費用。普萊斯從未聽說過這個團體，該團體的贊助人是堪薩斯州的石油天然氣億萬富翁科氏兄弟（Koch brothers）。他們認為歐巴馬總統蓄意破壞美國原本讓企業能自由經營的環境。

茶黨（The Tea Party）在普萊斯所在地區的勢力大到他無法大肆發表個人意見，但據他所知，這個團體簡直就像納粹衝鋒隊。他的鄰居從未給過歐巴馬一個機會。他們把歐巴馬當成社會主義者、激進分子和穆斯林，但最切合歐巴馬形象的詞彙卻是一個N開頭的單字——黑鬼。像他們這樣的人很容易遭格倫・貝克之流的媒體人蒙騙。以前普萊斯經常收看一檔貝克在CNN主持的節目。由於CNN是正規的新聞頻道，所以當貝克在九一一事件後，發表各種諸如「還有另一次恐攻陰謀在進行中」、「炸彈明天會在某某時間爆炸」的預測言論時，普萊斯就會想說「求主憐憫，如果真的發生這種事，那這個國家就完蛋了。」幾次之後，普萊斯認定貝克是個瘋子，節目娛樂性質重於一切，貝克就是另一個蛇油推銷員。然而，貝克仍然不乏追隨者，包括住在普萊斯他家後面那傢伙。另一方面，MSNBC電視台更是令人感到絕望。瑞秋．梅道（Rachel Maddow）長得太沒有女人味了，凱斯．歐伯曼（Keith Olbermann）則是純粹不對普萊斯的胃口。

對於歐巴馬，普萊斯的確也有一些疑問，但他仍喜歡和尊重總統，只是不明白歐巴馬為什麼不再多費點心闡明對於新經濟的看法。二〇〇九年，美國政府終止了生質燃料稅的減免政策，投資者對未來的情況充滿不確定感。把這一切和全球暖化綁在一起只會讓事情變得一團亂，變得過於偏執狹隘。歐巴馬還是把再生能源掛在嘴邊，但他似乎不知道該怎麼做，也有可能是他不認為美國有辦法接受真相，或者是他仍有「愈大愈好」的舊觀念。他的農業部長威薩克有句鼓吹小規模生產的口號叫做「瞭解你的農民，瞭解你的食物」，但這並不代表他不挺工業化農業。歐巴馬政府在玩兩面手法。每個人都認為歐巴馬會挺身說出真相，而非與跨國企業站在同一陣線，但說不定這些企業已經收買了他。這有可能嗎？或他只是找了太多問題製造者來當他的手下？比方說薩默斯（Summers）和蓋特納（Geithners）兩位前後任的財政部長，就像讓狐狸去看守雞窩一樣，分明是監守自盜。但是二〇〇八年總統大選時，美國人民在意的是全面改革，而非維持現狀，所以歐巴馬的施政並未符合期待。

普萊斯常常想到歐巴馬，在心裡對他提出質疑，想要與他爭論，想知道他是個怎麼樣的人，兩人幾乎好像認識彼此一般。他一直夢到歐巴馬，原因為何他不清楚，但他卻想辦法做這樣的夢。根據希爾的理論，非常重要的一件事是要設法在睡前好好思考，並把那些想法變成我們唯一的人生願景，設法實現。我們幾乎必須用意志力去刻意做這件事。理由是，睡著後我們的潛意識便會啟動，引領我們走向自己持續專注的事物。普萊斯躺在床上，想著他如果發大財之後要做什麼。他對這個問題有非常具體的看法。接著他會入睡，夢見與總統在一起。他們倆獨自坐在一個房間，普萊斯講話時歐巴馬會在一旁聽著。他從沒記得自己說過什麼，只知道自己不斷強調：這是人生目標、這是人生目標、這是人生目標。

到了十一月，茶黨衝著佩列洛而來。他上任未滿一個月，電視上就已經出現反對他的廣告，差不多是他在國會的共和黨同僚開始不回他電話的時候。他說：「最高級別的領導層決定，他們不會插手任何事情。他們夠聰明，知道在二〇一〇年十一月之前不可能扭轉經濟頹勢，他們可能會與我們針鋒相對。這或許是明智的戰略行動，但從根本上說這樣的做法是不道德和不愛國的。就我個人來看，這多少有些邪惡。」

佩列洛所在的選區經濟衰退程度十分嚴峻，當地官員面臨抉擇，必須在關閉學校和提高房地產稅之間二選一，而且一開始幾乎沒有人反對使用聯邦的補助款。丹維爾一位曾經擔任維吉尼亞州銀行家協會（Virginia Bankers Association）主席且支持共和黨的銀行家，很疑惑為什麼經濟刺激法案中沒有任何款項是用在公共工程上。例如：徹底檢修市中心建於經濟大蕭條時代的郵局——他認為這情況實在是太糟糕。佩列洛本人則把這些措施當成「懦弱的舉動」。他想要的是更大更有遠見，諸如「全國性的智慧電網」之類的東西。《復甦法案》（Recovery Act）[2]確實為他所在的選區帶來了三億美元，這筆錢讓教師得以留任，把該鋪路的地方鋪好。然而，幾個月過去了，經濟還是不見起色，相關經濟刺激計畫遲遲未展開，丹河上破敗老舊的羅伯森大橋（Robertson Bridge）不見任何開始動工重建的跡象。華府的共和黨人士和媒體人貝克砲轟政府所做的一切，不斷謊稱振興措施並未創造半點工作機會，第五選區的輿論開始反轉，形勢開始轉向對歐巴馬和佩列洛不利。

接著就來到了二〇〇九年那個水深火熱的夏天。在佩列洛和眾議院六月投票支持總統的能源法案後，來自「促進美國繁榮協會」等反歐巴馬組織的外部資金湧入該地區。當地的茶黨組織了一場抗議活動，大約五十或一百人聚集在佩列洛位於沙洛茲維爾的辦公室外停車場。當佩列洛出來與抗議人士溝通時，他們譴責聯邦能源警察這個制度。他們確信法案將授權警方進屋搜索，檢查大家家裡冰箱的能源效率。然而，這只是暖身運動而已，等到歐巴馬政府推動健保改革方案後，情況更激烈。到了八月，佩列洛在該區舉行了二十一次市民大會，比其他國會議員都要來得多。不管他走到哪，都會有五百、一千、一千五百人擠滿老年活動中心或是劇院，人手拿一張紙，上面寫有從網路上載下來的談話要點。在某些情況下，這些人甚至氣到會去踢佩列洛的辦公室人員或是朝他們吐口水，排隊叫囂反對「死亡委員會」（death panel）[3]，大罵健保改革違憲：「你想要讓政府掌控醫生的決定？那你是瘋了，太愚蠢還是太邪惡？」佩列洛站在麥克風前，看上去像個二十來歲的小伙子，他穿著藍色襯衫和卡其褲，打著領帶。他流汗、點頭、記筆記、喝水，傾聽每一位選民的聲音。儘管整個過程耗時五小時，他仍回答完所有人的問題，直到最後他發不出聲音來。「過去兩百多年來，最高法院以一種令人難以置信的方式，擴大解讀美國憲法第一條。」

後來，佩列洛說：「沒有人因此改信我。我參與的是一場耐力賽。」

市民大會出現在電視新聞上，造成一種這個地區所有人都反對健保改革的印象，但其實有許多與會者和沒參加會議的人都贊成改革或是尚未做決定。他們的聲音比較小，所以有時即使挺身說出自己的看法，也會被別的聲音蓋過去。隨著時間一個月、一個月過去，那些聲音小的人，看過電視上會議早先喧囂的情況，也決定不去市民大會了，導致八月底佩列洛所在選區的茶黨認為，議員佩列洛無視當地人近乎一致的反對意見。

市民大會呈現出來的景象是如此醜陋，以致於一些歷史悠久的公民團體、各地扶輪社（Rotary Clubs）和花園俱樂部[4]以及社區中的無黨派中流砥柱，不再向他們的國會議員禮貌性地發送邀請函，因為他們擔心議員若真的蒞臨會場，萬一遇到抗議群眾會很尷尬。佩列洛還注意到，傳統商會，譬如小企業和社區銀行家的協會，過去常常向成員提供基於事實的有用訊息，以及解釋會如何與政府談判，盡可能幫大家爭取到最好的條件，但如今這些商會在民意沸騰的情況下影響力逐漸減弱，不願出來淌渾水。

歐巴馬政府執政的第一個夏天結束時，任誰都可能會有一種感覺，好像美國大部分地區的人，都在公然反對一位在九個月前取得壓倒性勝利的總統。

佩列洛就健保改革法案投下了艱難的一票。二〇一〇年三月法案通過後，一名茶黨的激進人士在沙洛茲維爾張貼了佩列洛家的住址，呼籲大家踴躍表達意見，讓佩列洛知道他們的想法。結果沒想到那個住址其實是佩列洛兄弟的住家，住在那裡的人是他的兄弟、弟媳和他們的四個小孩。隔天他們發現有人切斷了住宅的天然氣管線。

佩列洛開始感覺到，第一位啟發他的政治人物正使他陷入困境。他表示：一方面來說，歐巴馬「做事的意願極為強烈，而他想做的事就是促使我踏入政壇的使命。也就是解決共和、民主兩黨在我一生中都不敢碰觸的那些問題。」而另一方面，總統第一年任期都花在嘗試與永遠不可能讓步的共和黨達成協議。當時許多銀行家因金融危機而聲名狼藉，但總統卻竭盡所能地讓他們免於垮台。總統誓言打造「負責任的新時代」，但他解救的那些人似乎都是一些不負責任的傢伙。歐巴馬的團隊充滿了缺乏想像力的顧問，他們對華爾街太友好了，不知道如何在各個小鎮的主街創造就業機會。「如果你只知道其他在華爾街賺六到七位數薪水的人，那你在做的只是想辦法重回九〇年代，」佩列洛說。「但是，我居住地區的九〇年代卻是個工作大量消失的時代啊。」精英即使敗得一蹋糊塗，還是會有其他精英偏袒他們。「當精英階層變得不負責任時，帝國就會衰落。」歐巴馬是一個激進的精英階層內部人士，而不是一個懂得搞民粹主義的外部人士。當佩列洛踏出去面對這些生活艱困、憤怒、被誤導的選民時，他完全未獲得來自政府的庇護。

市政廳、AM 廣播電台、有線電視和網路上大喊大叫的嘈雜聲；煤炭、保險公司以及科氏兄弟付錢播送的匿名敵對商業廣告充斥廣播電視；現金、利益集團和沒有肩膀的國會，多方彼此糾葛；異常無能的歐巴馬白宮；皮埃蒙特持續經濟蕭條：在這樣的情況下，誰又會知道或關切紅樺？在意佩列洛為紅樺所做的努力？

六名共和黨人跳出來，想要挑戰現任的佩列洛。初選獲勝者是一位順應民意、行事平穩的州參議員勞勃・赫特（Robert Hurt）。八月某一天，也就是期中選舉三個月前，佩列洛開始嘔吐不止。有幾個晚上他睡不著覺。佩列洛連續兩年整天喝咖啡和健怡可樂，晚上喝蘇格蘭威士忌或是傑克丹尼爾，永遠處於缺水狀態的他這下徹底脫水。

十一月到了。選舉前一天，佩列洛攜手參議員馬克・華納（Mark Warner）在馬丁斯維爾瘋狂拜票。兩位政治人物在餐館沙朗之家（Sirloin House）一桌又一桌向食客打招呼，其中有些人吃著起司薯條，壓根不想抬頭看他們一眼。普萊斯也在那裡。他露面向佩列洛問好，並祝他好運，然後兩人相互擁抱了一下。

佩列洛對他說：「您已經忍了很久，我也忍了很久，但是我們走的是正確的道路，正義的道路！你知道我相信自己在做什麼，把財富留在社區，而不是送給那些石油國家獨裁者。」新聞攝影機正在拍攝，記者示意普萊斯發言。「這就是我所說的『漏桶效應』。我們付出的油價，每一美元有九十美分會流向外地，付給大賣場的則是有八十六美分流向外地。」佩列洛降低音量小聲說：「等過幾週這瘋狂的情況結束後，我們一起坐下來喝杯啤酒吧。」

佩列洛沒有時間再說了。他準備前往下一個拜票地點 Pigs-R-Us 碳烤肉排餐廳，而這一天才剛剛開始。

第二天，一個名叫洛娜（Lorna）的婦女到瑞基威・魯里坦俱樂部（Ridgeway Ruritan Club）投票。俱樂部是一棟一層樓的煤渣磚建築，位於樹木繁茂的小巷裡，鄰近馬丁斯維爾以南的高速公路。然後她站在人行道上，旁邊有一塊寫著「赫特」的牌子。洛娜是一名退休老師，年約七十歲。她身材矮胖，身穿有鴨舌帽的綠色羊毛外套。她的墨鏡邊緣有豹紋圖案，塗著厚重唇膏，雙唇緊閉。

洛娜厲聲說道：「這個國家不是以社會主義為本，我們是建立在猶太教－基督教原則的基礎之上，如果有必要我會上街抗議。輕忽職責的總統當然有，但從來沒有一位像歐巴馬這樣讓我感到羞恥。他穿著不當，稱呼特定人士為敵人，大肆批評某些金權關係網絡。他就是個來自芝加哥的煽動者。他不具備擔任總統的資質，他不代表所有人。過去我國有政治家，但現在只有政客。我從未見過試圖改變這個國家、從根本改變這個國家的總統。這個國家不需要改變，我們不需要那個來自芝加哥的煽動者。」

洛娜收聽談話性廣播和收看福斯新聞，因為她認為其他媒體明顯偏頗。前一天，大衛・布羅德（David Broder）在他的專欄中說，歐巴馬遠比任何人聰明！然後是高爾（Al Gore），住在豪宅還搭乘私人飛機，反觀洛娜，無論買什麼都要繳稅。她和她的丈夫從沒搭過郵輪，也未買過名車。她的丈夫在杜邦工廠擔任主管，省下掙來的每一分錢，讓他們可以一起享受生活，讓他自己退休後也能打高爾夫球，可惜後來他們從未有機會這麼做。如果他能聽到她這樣滔滔不絕地講話，他會氣得從棺材裡跳出來說：「洛娜，閉嘴！」不過，現在洛娜已經從學校退休了，她可以暢所欲言，而且她腦子裡想著許多事情。「我想吃我想吃的東西。他們想叫我不能吃炸薯條或喝可口可樂，休想！他們想告訴我該想什麼。我一生都在為自己著想，過得還不錯。我一無所有，但我從未像現在這樣沮喪過。如果經濟疲弱，美國不可能成為世界強權。我只是希望和祈禱這個國家能回到正軌。」

洛娜的怒火逐漸退卻。她連一次都未提過她所在區域的國會議員。

那天晚上，佩列洛和他的家人以及員工聚在歷史悠久的沙洛茲維爾市中心，到某家小型金融服務公司的辦公室裡等開票結果，樓下是一家酒吧，位於第五選區最繁華的地段。

「好了，各位，」佩列洛喊道，「我們在丹維爾勝出超過一千票！」一陣歡呼聲響起。到了八點鐘，有半數投票區結果已經出爐，佩列洛以百分之四十五的得票率落後對手的百分之五十三，不過這時開出來的主要還是農村地區的選票。沙洛茲維爾開始開票，但赫特持續領先。許多電視台打電話進來要訪問佩列洛，但都被新聞秘書想辦法擋掉。佩列洛面帶苦笑地說，「我們的票數還在回升！不過也沒多少票。但我們的表現的確愈來愈好。讓我們繼續縮小差距。」亨利郡的結果終於在八點三十分出爐，佩列洛在那裡被殺得片甲不留。紅樺並未帶來任何改變，連一丁點改變都沒有。

佩列洛敗選，得票率百分之四十七，對手則是拿下百分之五十一選票。就得票率來講，在維吉尼亞州的民主黨候選人裡面，他輸得最少，包括那些數度連霸的議員、對健保改革法案投下反對票或棄權，以求自保的議員，得票率都更低。曾在二〇〇九年年初前往該地區幫佩列洛募款的幕僚告訴他：「我們遇上強勁的逆風。」總統所屬的政黨在這次選舉面臨全國性慘敗。佩列洛和他的家人聚在一起，他們當中有些人在哭，反而他自己沒那麼難過。

「說實話，不知道為什麼，但我感覺很好。我們已經盡力了。今晚的落選者，不是每個都會為四千萬美國人爭取醫療保險，為他們治療疾病的費用買單。不是每個都會提出國家能源戰略。這就是我們做事情的方式：高風險、高報酬，付出一切，」佩列洛微笑說道。「我反而有點如釋重負的感覺。」

大概是萊恩十三歲的時候，有一次，普萊斯帶他去了維吉尼亞州希爾斯維爾（Hillsville）的大型勞動節跳蚤市場和槍械展。在普萊斯的建議下，萊恩把錢用來買一台泡泡糖機。當時的想法是將泡泡糖機放在位於巴塞特的生質柴油精煉廠旁邊的便利商店中，賺點小錢。普萊斯說：「這在某種程度上是教了他一課。在我看來，大多數人一直貧窮的原因是他們不知道資產和債務之間的區別。大部分的人把房屋視為資產，但其實房屋是債務。區別兩者的最好方法是，如果某個東西會放錢進你的口袋，那就是資產，如果它會從你口袋掏錢，那就是債務，非常簡單。買一台泡泡糖機器並從中獲得資產的回報，我認為這是非常寶貴的一課。」

隔年，普萊斯的卡車休息站公司解散清算，沒了店鋪，他不得不把泡泡糖機帶回家，放進櫃子收起來。普萊斯實在不想看到萊恩的投資就這樣泡湯。但希爾說過，每當遭逢逆境時，都會收穫同等的好處。

普萊斯一直在尋找那個好處。

他覺得他待在精煉廠一無是處。他持有的紅樺能源股份幾乎被稀釋殆盡，精煉廠一直是辛克和傑克森在經營。普萊斯告訴辛克他整個營運方式是錯的。辛克試圖在短時間內發大財，而不是建立業務關係。他們正在失去有意加盟紅樺的潛在客戶，原因是辛克的報價太高，一位來自紐澤西州的商人就遇到了這樣的情況。普萊斯對辛克說：「小豬可以愈吃愈肥，但大豬會被宰殺。」

「你再說一遍！」體型與大豬差不了多少的辛克厲聲質問。他現在要負責承擔公司全部將近一百萬美元的債務，這使他不得不將房子和船隻拿來抵押。從辛克的角度來看，普萊斯一直都很願意花任何人的錢，只要不是花他自己的就好。第三位合夥人卡特希望有人來收購他的股份，因為房地產泡沫化導致他的建築事業遭受重創，但辛克付不出錢。債務讓他們像三條蛇一樣糾纏在一起。

辛克和普萊斯不斷爭論。有一天辛克告訴普萊斯：「我不再喜歡你了，你已經不是那個當初與我共創事業的人了。」他開始質疑普萊斯的心理狀態是否穩定，暗示普萊斯的結局可能會和他父親一樣。這讓普萊斯非常惱火。他人在低谷，而他的夥伴還這樣貶損他。

二〇一一年冬天，一切開始分崩離析。

首先是逃漏稅案。維吉尼亞州亨利郡的大陪審團已於前一年九月起訴普萊斯，因為他未能繳納將近一萬美元的代收餐飲稅。二〇一一年一月二十七日他被判輕罪以及處以兩千五百美元的罰款。另外，他還必須支付法院一百美元的費用，再加上補繳拖欠的稅務。同年冬天，國稅局來查紅樺的帳目。由於普萊斯身為公司董事會成員卻欠稅，公司的燃料製造許可證因此遭取消，害紅樺停業了七週。

普萊斯在三月辭職，他放棄了薪水，把剩餘股票拿去換回十美元。國稅局解除對紅樺的限制，精煉廠在沒有他的情況下重新開始營運。這就是普萊斯的結局：這家由普萊斯命名和從他身上獲得靈感的生質柴油公司與他不再有任何瓜葛。他離職不久後，紅樺能源的網站上出現一條公告。公告上寫著「所有權和管理階層的最新變動」，附上一則「新聞稿」連結：「紅樺能源公司前共同創辦人**迪恩・普萊斯**與紅樺能源**不再有任何關係。自二〇一一年四月起，他不再以任何形式參與公司事務。**」然而，辛克持續聽到風聲，普萊斯不只談論紅樺，還以公司的一份子自居，於是他在七月發了一封信給普萊斯：

迪恩，

以我們之間的關係，寄這樣的一封信給你，向你說個明白，對我來說真的很困難。但是你讓我走上了這條道路，逼得我沒有其他選擇的餘地。我好幾次嘗試與你溝通未果。我瞭解你現在的生活一團糟，我真的很不想要再增加你的負擔，但話又說回來，我別無他法，只能做出以下結論。

結論就是，你擅自代表紅樺能源對外界發言，這是行不通的⋯⋯**我真的很抱歉，但是我必須堅持，你未來不能再以任何形式代表紅樺能源**。

迪恩，如你所知，我們一直為你和你的家人提供健康保險。既然你現在已經和我們沒有牽扯，我們必須從二〇一一年九月一日起停止為你支付保費。

迪恩，我內心深處的感覺是，事情走到這一步讓我失望透頂，而我真心希望這一切未發生。我們剛起步的時候，你是一個很好的合作夥伴，但是當卡車休息站開始走下坡時，你變了。是的，你依舊是一個好人，但是你逃避所有公司責任，切斷了與我們所有人的溝通，在許多情況下對我們撒謊⋯⋯我可以繼續說下去，但我不會。我只能說我祝你一切安好，希望你能找到辦法，讓自己的生活恢復正常。

祝一切順利，

蓋瑞・辛克
紅樺公司董事長

普萊斯不曾回覆那封信。他說：「在我鬱鬱寡歡的時候，他們踢了我一腳，然後逼我離開。」

在此同時，公司清算後他的債務問題並未解決。位於羅京安郡的伊登石油公司（Eden Oil）是普萊斯卡車休息站的其中一位債權人，這家小公司負責供應燃料給他。普萊斯過去把伊登石油的負責人瑞德・提格（Reid Teague）視為朋友，但是當法院針對普萊斯未支付伊登石油三十二萬五千美元的燃油費一事做出判決後，提格就成了他的仇人。首先，提格切斷了卡車休息站的燃料供應，這便是迫使休息站進入《破產法》第七章程序的緣由。然而，清算馬丁斯維爾紅樺股份有限公司並沒有辦法保護普萊斯，因為提格在後頭追討他的個人資產。二〇一一年二月，普萊斯得知自己的房子預定於五月十五日在溫特沃斯的羅京安郡法院台階上拍賣。這棟房子是他的外祖父柏奇於一九三四年所建，而房子所在的土地是外祖父在撲克牌牌局上贏來的。這裡是他母親長大和尼爾家族數十來年種植菸草的地方。這裡也是普萊斯父親一巴掌把他打倒在地上，兩人最後一晚同住一個屋簷底下的地方。一九九七年普萊斯從賓州回到家鄉後，花了一年的時間把房子從高速公路移下山坡，然後在新基地上加以重建。這棟房子是他的兒子萊恩搬去與他一起生活時的住處，為他的母親和他所共同擁有。普萊斯未告訴母親房子即將拍賣的消息，但相關告示卻出現在當地報紙上。普萊斯的一位表親在拍賣前的星期天藉著回憶的名義途經此地，但是她離開時卻告訴普萊斯，她來這裡是為了查看房屋的出售價格。

從二〇〇九年年底開始，普萊斯就在考慮宣布個人破產，但是基於一兩個理由卻沒那麼做：除了他一直把注意力放在生質柴油上之外，他的律師在收取一千五百美元的費用之後就再也沒回過他電話，而且他與大家一樣都不想面對破產的事實。不過，在五月九日星期一，房子預定拍賣的前六天，普萊斯根據美國《破產法》第七章的規定，在格林斯伯勒的北卡羅萊納州中區美國破產法院（Bankruptcy Court）以「自僱企業家」的身分聲請破產。他這樣做是為了挽救他的房子。那天還有其他二十六位債務人與他一起出庭。全美國那一年總計有一百四十一萬零六百五十三宗聲請破產案。

普萊斯的債務總計達一百萬美元。包括他在斯托克斯代爾的半間房子，普萊斯家族菸草農場剩餘四十四英畝土地的四分之一，他的家具、拖拉機、衣服、書籍和獵槍，他的復古招牌，他的一九八八年福特皮卡，以及他在萊恩十六歲生日時購買的二手藍哥牧馬人吉普車（Jeep Wrangler）在內，這些資產都在北卡羅萊納州所允許的豁免範圍，所以他可以繼續持有。不過，他必須接受信用諮詢和參加財務管理課程。

七月二十五日，他前往格林斯伯勒的法院參加舉債權人會議。會議地點在法院二樓的某個房間。普萊斯發現現場沒什麼債權人，其實債權人本來就鮮少參加聽證會。他的周圍都是和他一樣的債務人，有老人，坐在輪椅上或靠枴杖上行走的人，依賴呼吸器生存的人，一個個等著破產管理人唱名。他們讓普萊斯想起了自己的父親，想起父親失敗而破產的經過。他從未像這樣感受到生活在父親的陰影之下，陰影就像馬褲上的皺痕那樣無法抹滅。

聲請破產後，實際上他曾有幾次考慮過了結自己的性命。這的確是最容易走的一條路，但他絕不可能如此殘忍地對待自己的兩個兒子。再者，從某種意義上來說，破產是一件很棒的事，因為破產讓人得以重新開始。感謝上帝，幸好普萊斯生活在一個即使負債累累也不會被抓去砍頭的國家。

八月三十日，普萊斯的案子結案。他覺得自己整個過程都有天主相伴。

那時，他已經看到了邁向未來的正確道路。在辛克一行人把普萊斯趕出公司之後，普萊斯差點放棄生質柴油，但事實卻證明這是他人生中遇過最好的事情。否則，他永遠不會萌生新想法，他會一直待在紅樺到老死。他曾經在某個地方看到福特的一句名言：「失敗只不過是重新開始的契機，但失敗後你會更明智。」

■

1．譯註：即格林斯伯勒、溫莎、海波恩特三個城市構成的區域。

2．譯註：全稱為《二〇〇九美國復甦暨再投資法》（American Recovery and Reinvestment Act of 2009）。

3．原註：「死亡委員會」一詞出自二〇〇九年美國前副總參選人培林，借指美國民眾對政府醫療改革不信任。

4．譯註：美國一個以推廣園藝與保育為宗旨的公民團體，當時已有將近百年歷史。

泰咪・湯瑪斯之五

泰咪是個行動派。她享受更大的舞台，更大型的活動。公開演講曾讓她很害怕，但MVOC於二〇〇九年開始和工會及其他團體一同參與集會，為整個俄亥俄州和華府的健康照護改革及其他理念而奮鬥，讓泰咪勇敢站上遊行車前端，帶領大家大聲唱歌吟誦。她很清楚該如何提振士氣，懂得如何保持氣氛活絡。有次，在哥倫布市大通銀行的外頭，一位社區組織工作者拿著擴音器，試圖讓民眾喊出「Si se puede，」也就是歐巴馬口號「沒錯，我們做得到」（Yes we can）的西班牙文翻譯，但群眾裡幾乎沒有拉丁美洲人。泰咪最後把擴音器拿到手裡，成功讓所有人開口。要是再讓他們喊「Si se puede，」這次行動很可能就直接結束了。

俄亥俄州的梅森（Mason）是個保守的白人城鎮，泰咪在這裡帶領群眾喊著口號，衝進聯合健保集團（United Healthcare）的大廳。在華府，泰咪和其他來自揚斯敦的民眾（她招募的當地人，如威金斯女士）加入K街上的全國進步團體，癱瘓了整個十字路口。為了譴責華爾街，遊行隊伍從K街路口一路行進到美國銀行（Bank of America），接著在銀行主管住宅前的草坪抗議。即使泰咪穿著自己用垃圾袋做成的雨衣，卻還是渾身濕透。她之後雖然生了病，但仍感到很振奮。她心想：「嘿，接招吧！看看你們這些人對我們做了什麼，該受到一點報應了。」她登高一呼，「我再也無法忍受了。」（那些人是否有受到報應是另一回事。）她想起記憶中人們被法拍的房屋，還有東區這樣的黑人社區，被當作一切貸款、保險的拒絕往來戶，還得忍受高利貸。「看見有人被這樣利用，我就覺得噁心。利用的對象還是本來就比較弱勢的人？美國不就是如此嗎？

多麼獸性，我們也似乎都深陷其中。」她想起自己被迫從帕卡德退休，執行長和高階主管卻可以撈到油水，同時讓所有人失去工作，摧毀整個社區。政府還拿她和其他納稅人繳的稅去解救某些銀免於倒閉，每個月都要繳房貸的她卻無法透過銀行辦理貸款。「面對這一切，我只想說『搞什麼鬼？』太不公平了。」

這些行動將她手下的領導人推上了他們先前未曾夢想過的舞台。比如才剛從俄亥俄燈具工廠水泥運輸部退休的西碧兒女士就去了一趟華府，與歐巴馬的美國住宅與都市發展部長紹恩．唐納文（Shaun Donovan）會面。她告訴唐納文，部分配給城市的紓困金應用於拆除建築。西碧兒女士拿出 MVOC 的地圖，解釋揚斯敦的問題並不在於中產階層化，不像紐約或芝加哥，揚斯敦不需要建造低收入住宅，而是需要拆除空置的房屋。經過三次會議後，部長也明白了現況，而且他還記住了她的名字。

威金斯女士則成為了當地的紅人。泰咪讓她四處發表演講，談論健康照護、空置房屋，還有銀行是如何對待居民。人們上街買東西時若遇見她，還會走上前來攀談：「雖然你不認識我，但我認得妳。我在電視上看過妳。妳替我們說出了我們無法表達的訴求。」接著泰咪帶她來到華府，威金斯女士起身演講時緊張得半死，因為國會山莊的聽眾就她看來有幾千人之多。當她開始結巴、說錯話時，接任塔福肯的揚斯敦議員提姆．萊恩（Tim Ryan）給了她一個擁抱。「您是位活力充沛的講者，」他說。「以後都必須讓您介紹我才行。」感覺就像是母親輕拍她的背，說著：「一切都會好起來的。」她接下來的表現一直都非常好。威金斯女士之後表示：「是泰咪將我塑造成這樣一位領袖。」

威金斯女士的花剪園對街有另一塊空地，她把那裡打造成費爾蒙女子鄰家社區菜園（Fairmont Girls and Vicinity Community Garden）。她像郊區的居民一樣搭起白色尖頭柵欄，接著用撿拾來的木材和硬木板，還有工廠集貨架上的堆肥桶做了高架菜圃。喬治娜餐廳（Georgine）每天都會將十幾公斤的堆肥裝載到她的卡車上，她的醫生也會提供自家農場裡的馬糞。泰咪向溫恩基金會寫了封補助申請書，為威金斯女士爭取到三千七百美元，將理想付諸行動。她努力美化鄰里，將受用無窮的知識教給孩子。「你一開始可能會很討厭蔬菜，但蔬菜可以用來做各種料理，不一定要老是吃肉。只要我們努力幹活，就有便宜、免費的食物可以吃。努力就是關鍵。我年輕時還不懂，但大概也隨著年紀增長了些智慧。」這座菜園是一處寧靜之地，讓威金斯女士想起了父親的菜園。但附近的孩子都還是青少年，很難引起他們的興趣，菜園隔壁的房子閣樓失火後就更不用說了，元凶是一位玩火柴的七歲男孩，之後屋主便拆除房子的鋁製牆板，將之出售作廢。

西碧兒女士也在東區的街區開始打造一座社區菜園。這是一座都市菜園，混凝土上鋪蓋著黑土和綠色蔬菜堆肥。「我們都會回歸塵土，」她說。「一切都終將回歸塵土。」她對農藝一無所知，只知道填飽肚子，但還是和鄰居一起栽種各種可以食用的蔬果，讓大家可以自由摘採自己想要的蔬菜，只要不拆了菜園就好，而這項規定只有土撥鼠和野鹿不懂遵守。

泰咪和MVOC再次調查了揚斯敦，這次針對的是日用雜貨店。看地圖就可以發現，揚斯敦簡直是食物沙漠，整座城市中幾乎沒有像樣的商店。從東區部分地區出發的話，搭公車來回要整整四小時才能買到新鮮的雜貨，連「最後一分錢」超市（Bottom Dollar）[1]在南區開張時，都算是幫整個地區的居民一個大忙。街角小商店好的話可能會賣些馬鈴薯、洋蔥和快要發黑的萵苣，但大多數商店都只販售速食、烈酒及香菸，就像薛希街上維琪那間已被拆毀的舊家隔壁，有一間F&N食品超市就是這樣。MVOC因此對這些街角小店的店主施壓，讓他們簽署一份協議，同意庫存新鮮、營養的食物，不要讓自家商店成為藥頭逗留的場所。

這項食物運動讓泰咪接觸了揚斯敦南邊郊區的一座白人福音派教堂，那裡的牧師史蒂夫．福騰伯里（Jeff Fortenberry）成立了一座占地三十一英畝的合作農場。他的信眾不乏一些較年長的保守分子，那些人對環保主義總是抱持懷疑態度，因此他將計畫的重點調整為「為飢餓的人提供食物」，這樣比較具有說服力。揚斯敦的青少年、身心障礙者和有前科的人整個夏天都在教堂的農場幹活，泰咪和福騰伯里也安排卡車裝載食物，送到揚斯敦周圍的社區中心和農夫市集。

在泰咪早年的生活中，她不可能會遇見福騰伯里或諾登這樣的人。她不知道有人可以像諾登一樣，對弱勢群體有如此熱情。她都說他是「我所認識最『黑』的白人。」這份工作占據了泰咪的生活，讓她和家人的相處時間變少，也不像之前那麼頻繁地上教堂，沒有時間進行春季大掃除。但MVOC也讓她結識了不同的人，帶來不同的體驗，甚至是不同的菜餚（諾登曾讓她挑戰吃章魚，她也開始喜歡上印度菜）。泰咪看見白人紮著髒辮時，曾經心想：「為什麼這些人要把頭髮綁得像黑人？」現在，她再也不會因此覺得驚訝。聚會前讓某位女性用一段頌歌開場，邊唱邊打鑼——這種一位論派教堂的古怪習俗，或者是其他宗教，她也見慣不怪了。這些都是文化體驗的一部分。泰咪離婚後，曾對主之屋非常虔誠，還因此不碰酒精，但現在她會和其他組織人一起享用食物，喝點小酒，同時進行長時間的策略會議。這群人最後總會開始聊起MVOC奮鬥的過程，分享彼此的勝利與挫折。她從未接觸過對工作如此有熱忱的人，生命原來比自己認知的還要豐富得多。要是有人說諾登只是想要利用黑人，或是說他有種族歧視，都會讓泰咪大為光火。「開什麼玩笑？你知道他為我和我的家人做了多少事嗎？他大可不必雇用我。我沒有任何經驗，也沒有學位。他只是覺得必須為社區做點事，也知道各種實踐方法。如果你想要解決問題，做些正向的改變，但二十年來卻一點行動都沒有，那你還在等什麼？」

泰咪離開德爾福時，拿到的自願退休金大約有十四萬美元。金額聽起來許多，但想到這只是兩年半的薪水，卻未能找到下一份工作的保障，就也算不了多少。她失去了超過一半的退休金，結果卻成為拿到好工作的幸運兒。泰咪年長十歲的摯友凱倫也接受了自願退休計畫，卻沒能找到下一份工作，她和丈夫過得很困頓，泰咪在工廠裡認識的所有人幾乎都是如此。這間公司成功把大家嚇走，接受自願退休計畫的人數眾多，讓德爾福還得將上百人雇回沃倫廠房當作臨時員工，好湊滿六百五十人。泰咪知道有些回去工作的人來到了高速沖床機的工作區，以十三美元的時薪同時操作三或四台機器，工作量加倍，卻只有一半的薪水。

媒體預測薪水削減的威脅將招致罷工行動，但工會正悄悄地針對成員薪水和福利驟減的狀況與資方進行談判。二〇〇九年，德爾福於破產多年後又東山再起，大部分業務都轉售給通用汽車，也就是德爾福從一九三二年至一九九九年間的母公司（通用汽車也在二〇〇九年由美國政府投資五百億美元，依據《破產法》第十一章進行組織重整）。德爾福剩餘的資產由一群民間投資人持有，因而讓這間公司有了新的名稱。這間企業曾名為帕卡德電器，接著成了德爾福汽車系統，再來是德爾福股份公司：現在則是DLPH控股企業（DLPH Holdings Corp）。避險基金經理人約翰．鮑爾森（John Paulson）曾於二〇〇七年因為將次級房貸賣空而賺了近四十億美元，現在則出售這間新公司的二〇五〇萬股，以一千四百萬的投資額賺進四億三千九百萬美元的利潤。那時，該公司在全球聘了近十五萬勞工，但在美國僱用的員工卻還不到兩萬人。

泰咪曾經工作的廠房：八號廠房、哈伯德、湯瑪斯路都關閉了。建築破敗的門窗在整個馬霍寧谷隨處可見，還有叢生的雜草、空空如也的停車場——這些廠房也淪落到與路邊空屋一樣的下場。泰咪和同事過去經常光顧的餐廳和酒吧，生意也都大不如前。

德爾福完美示範了企業可以透過聲請破產來削減成本，甚至還為此受到稱頌。

二〇〇七年，泰咪將自願退休補償金的稅額付清後，還剩下八萬兩千美元。她挪出部分金額來幫助母親和孩子，再將一部分拿去定存，可賺得百分之三利息。但二〇〇七年時她還未受僱於MVOC，也開始重新思考是否要離開揚斯敦。她想要用剩下的錢再賺多一點點，讓自己有足夠的本錢離開，同時獲得固定的收入，因為她還有學業要顧。泰咪在當地有位擔任房產經紀的姻親，這個人也曾幫助泰咪和貝瑞為他們在南區的房屋融資。他很欣賞泰咪，總說她是「拚命三娘」，因為泰咪懂得如何生存，也不會一蹶不振。他一直想讓她回來為自己工作（這位親戚還經營草皮養護事業、托兒所，還有一個協助更生人重新站起來的非營利組織）。他有時甚至還會稱泰咪為「女兒」。他建議泰咪把這筆錢用來投資房地產，並擬出一份合約，保證一年有百分之十的回饋金，每月支付。泰咪便將剩下的四萬八千美元補償金交給了他。

第一年很順利，泰咪每個月都按時收到支票，金額足以負擔房子和車費。第二年，也就是二〇〇八年中起，房產市場陷入低谷，他要求泰咪再將這筆錢投資一年，但利率調降到百分之八。直到聖誕節，泰咪拿到的利率只剩下百分之五，而且未準時進帳。二〇〇九年，就再也沒有利息了。

泰咪母親的健康正在惡化，她想讓母親離開療養院，搬入照護品質更完善的地方。她請親戚將她投資金額的一萬五千美元用來投標一棟房子，而那棟房子的價值可能是這筆錢的兩倍。泰咪得標了，但他卻拿不出五千美元的頭期款，這時泰咪才意識到事情不對勁。她要求把錢拿回來時，那位姻親卻表示手頭沒錢。「我很抱歉，」他說。「我會想辦法籌錢，盡量不聲請破產，因為我要是這樣做的話，大家都會血本無歸。我一定會振作，你也會拿回你的錢。」

她知道他盡力了。付不出錢的話，泰咪就留不住自由鎮的那棟房子，銀行也會等著把房子法拍。他不知從何處弄到了一千兩百美元，讓泰咪可以修改貸款協議。但他還是拿不出泰咪投資的錢。她開始覺得這人正在進行龐氏騙局，用自己投資的錢來支付其他人的利息。後來他因為市場不景氣而罪行敗露，馬多夫（Madoff）[2]也是在相同的時間點被抓。泰咪開始聽聞其他人的類似經歷，有些人遠在加州，他們向這人投資了一筆錢，卻從未將錢拿回來。泰咪還聽說他使用自己的經紀執照把房貸轉移給親戚，再次融資，對方卻毫不知情。他手下的員工也未拿到薪水。泰咪和他對質，表示考慮要報警。這位曾在教會擔任執事的姻親卻說。「基督徒不該這樣對待彼此。」

她一直努力要做個善良的基督徒，做對的事。況且報警又能如何？她未告發他，也不會告發自己的家人。最後，他為泰咪開了一張支票，上面是部分賒欠的金額。她拿去兌現時，卻跳了票。這時他開始拒接她的電話，就此人間蒸發。他再也沒聯絡泰咪，錢也拿不回來了。泰咪離開德爾福後拮据的幾年，一直靠著這筆錢過日子，這筆錢也是她退休後的指望。她很氣自己，早知道該把錢用來投資利息較低，卻很安全的定存，也許還可以用一部分來嘗試投資股票。「你實在太蠢了，」她責罵自己。「到底為什麼要這樣做？怎麼會相信他？」比起這位姻親，泰咪更生自己的氣，因為不管怎樣她還是有點同情他，畢竟他的人生就這樣毀了。

在這段不如意的歲月中，泰咪也失去了父母。在她的一生中，父親經常表現得像凶神惡煞，泰咪從青少年起就一直反抗他。但在父親生命的盡頭，她也看見他內心深處的軟弱，讓泰咪相信父親其實愛著自己。二〇〇九年九月，他從醫院回到家中，與妻子和孩子們度過最後的時光，一家人共享烤肉、西瓜、葡萄和啤酒後，肝癌末期的父親便於睡夢中去世。

但維琪就不一樣了。她的健康狀況多年來一直很糟糕，深受骨質退化、C型肝炎還有海洛因的不良影響所苦。她情緒低落、精神衰弱，泰咪一直在想辦法把她帶回家照顧。感恩節期間，維琪被送到聖伊莉莎白醫院，泰咪到醫院探望過她。但泰咪自己也安排要再十二月二日接受手術，術後復原期為一個月。她覺得自己無法隨意把 MVOC 的工作丟下不管，不像在帕卡德時可以輕鬆找人代班。她在手術前幾天一直試圖趕上工作進度，雖然母女倆通過三次電話，但泰咪卻從此再也見不著母親。泰咪住院時，她的母親要求停止自己的一切療程，卻未告知女兒。泰咪在十二月四日出院回家。兩天後，母親就因為心臟衰竭被送入急診室，享壽六十一歲。「她臨走時孤身一人，」泰咪說。「我沒能及時趕到醫院，我保證過會陪著她。母親需要我，但我卻沒能和她在一起。」這件事讓泰咪一直無法釋懷。

他們有好多人生風景還未一起體驗過，但其實維琪老早就已經準備要離開，即使她知道泰咪絕不會允許。在她離開後，泰咪很想念可以爬到床上，在母親身旁坐著、什麼也不說的時光，想念母親輕撫自己髮絲的雙手，這是無人能取代的慰藉。畢竟無論如何，維琪都是自己的母親。

之後有很長一段時間，泰咪都在質問自己，質疑自己的工作，因為就是工作讓她沒能見到母親最後一面。她也曾質疑過上帝，為何要讓自己的生命充滿磨難，奪走她那麼多心頭摯愛。最後，泰咪剩下的也只有孩子了。

■

1．譯註：美國的折扣雜貨連鎖店。

2．譯註：當時大型龐氏騙局的主謀，於二〇〇九年遭法院定罪。

坦帕之四

在坦帕半島南部，半島沒入坦帕海灣之處，南戴爾馬布里公路（South Dale Mabry Highway）的盡頭是麥克迪爾空軍基地（MacDill Air Force Base）——美國中央司令部的所在地。舉世聞名的四星上將湯米．法蘭克斯（Tommy Franks）、約翰．阿比薩德（John Abizaid）、大衛．裴卓斯（David Petraeus）在此制定了揮軍阿富汗和伊拉克的作戰計畫，指揮數十萬部隊參戰，乘坐私人噴射機巡視自己管轄的戰區，犯下巨大戰略錯誤，事後盡力亡羊補牢。他們享受坦帕社交名媛的熱情招待，一舉一動都對美國外交政策有重大影響，手握全球最動盪區域諸國的命運——從埃及到巴勒斯坦，他們在這些地區享有絕對的權威，手裡的大權不亞於羅馬的執政官。麥克迪爾基地在美國反恐戰爭中坐擁的權力遠勝其他部門，只排在白宮和五角大廈之後。哈澤爾一家就住在距離基地僅僅四個街區之處。

哈澤爾一家包含丹尼和羅娜爾，以及他們的孩子布蘭特和丹妮爾、丹尼的弟弟丹尼斯和四隻貓。他們生活在南戴爾馬布里高速公路上社區大樓一樓的兩房公寓，對面是麥克迪爾汽車旅館和海灣支票兌現中心。鄰居都是毒販，如果有人看他們的眼神不對，就會還以顏色。哈澤爾一家經常收看專門播放房地產節目的 HGTV 電視台，但是他們太窮了，無法炒房，而且窮到買不起房子，自然不會遇上止贖的問題，也就不會成為魏德納的客戶。他們連汽車也沒有，只能依靠希爾斯伯勒區域運輸系統的公車。丹尼的年收入從未超過兩萬，全家只有在退稅時才有閒錢：某年他們用低收入退稅補助買了一台電腦，隔年買了黑色塑膠扶手椅和沙發，再來是廉價的液晶電視。他們與在世的親戚頗為疏遠，親戚多數是酒鬼。他們的朋友不多，不上教堂（儘管是基督教徒），不是工會會員（儘管他們是勞工階級），也沒參加街區聯盟（儘管他們希望街區夠安全，能讓孩子萬聖節時去玩「不給糖就搗蛋」）。他們幾乎不關注政治，只覺得擁有彼此就夠了。

二〇〇八年，經濟危機重創坦帕市時，丹尼被炒了魷魚——他當時在「包裝大王」總部附近的小工廠工作，時薪十美元，負責製作裝零食的塑膠袋。最糟的是，這個消息是由別人代轉丹尼的，儘管上司曾是他的高中同學。丹尼把粉紅色的解僱通知單帶回家，拿給羅娜爾看，她說：「我們該怎麼辦？」當時是三月。丹尼當年剩下的時間都在找工作。他向家德寶、山姆俱樂部、大眾超級市場等其他六十個公司丟了履歷，乘搭長途公車去面試，但始終沒錄取。他年近四十，身材矮小，有啤酒肚，下巴上有一小撮山羊鬍，戴著美式足球匹茲堡鋼人隊的帽子來掩飾幾乎禿光的頭髮。他缺了幾顆牙，由於一耳失聰，總是用嘶啞的聲音大聲說話。他將自己歸類為「藍領階級型男人」，而不是「在櫃檯收銀或幫你的洋裝找尺寸的男人」。但當時還在徵人的工作都是零售業，他的外貌和氣質都不符要求。

聖誕節過後不久某天晚上，一家人圍坐在擁擠的客廳裡，電視上播放著青少年益智節目，孩子們手牽手坐在灰色的地毯上（這塊地毯曾見證過去的比較美好的時光）。布蘭特十二歲，比同年紀的孩子還要嬌小；丹妮爾九歲，她仍然相信世界上有聖誕老人。他們當然非相信不可，因為看得出爸媽不可能買得起聖誕禮物。丹尼和羅娜爾要靠慈善捐款度過今年的聖誕節。丹尼不喜歡這樣（處境比他們更糟的人大有人在），他很內疚無法送丹妮爾去上舞蹈課或送布蘭特去上足球課。他每天感謝上帝有羅娜爾在身邊，但老實說，他開始氣餒喪志了。「為什麼所有人都覺得我不夠好？他們不認識我，不知道我的工作經歷，卻不給我機會。我開始懷疑，我到底那裡有問題？你有付出就有回報，所有人都是這樣，但是突然間經濟垮了，找工作的不再只有三十個人，而是三千人。」

然而，丹尼卻為此非常自責。他在高中最後一年輟學，現在懊悔不已。他覺得全世界都在針對他、報復他，遇到麻煩一定是他有錯，失敗全歸咎於他，他沒有資格尋求協助。從華爾街的銀行家到委託魏德納事務所打官司的屋主們，似乎都沒有人這樣看待自己。

丹尼來自匹茲堡郊區。他的父親是酒鬼，當過鐵路工，後來到電力公司就職，再來是當地的一所大學。八〇年代初，鋼鐵廠開始一家家倒閉，丹尼十二歲時，他們舉家遷居坦帕。父親到佛州後酗酒更厲害了，他教丹尼如何安全駕駛，讓他愛上匹茲堡鋼人隊，但除此之外，沒有人會管丹尼是否好好刷牙或把其他任何事做好。

羅娜爾的家環更悲慘。她出生在坦帕，爸媽都是酒鬼，母親更是狠心，常常目露凶光。羅娜爾的父母在她七歲時分手，母親帶著她陸續待過佛州和北卡羅來納州（母親找不到酒時就會喝消毒用酒精，只要有男人願意接受她，她就會黏過去），羅娜爾有時住在車上，時常沒去上學。羅娜爾有時會說：「媽，我餓了。」但母親吸毒後全身癱軟，或是只顧自己，不想去買東西給女兒吃，羅娜爾只好去偷瑞氏花生醬巧克力來吃。羅娜爾從小就有了一個念頭：她絕對不會成為像她母親一樣的家長。

丹尼讀十年級[1]時，羅娜爾九年級，他們是南坦帕空軍基地附近的隔壁鄰居。丹尼的哥哥道格當時正在追羅娜爾，只要他們開始親熱時，嫉妒的丹尼就會闖進房間。他會在人行道上走過羅娜爾身邊，看著她的眼睛說「婊子」，她會回嗆「你她媽混蛋」。等到他們發現彼此很聊得來，就此展開了一場長達大半輩子的戀情。羅娜爾比丹尼更早輟學，她再也受不了在學校被同學霸凌。「有幾位同學真的想殺了我，」羅娜爾說。「我被逼到牆角，沒人來幫我，加上其他一堆鳥事。」她到自助洗衣店工作，丹尼則在聖彼得堡的焊接廠找到工作，負責操作砂輪機。一九九五年，羅娜爾二十二歲，懷上布蘭特時，他們搬進了拖車小屋。一九九九年，羅娜爾又懷上第二胎丹妮爾，兩人才結婚。

哈澤爾夫婦缺乏教育、資金、家人或任何形式的支助，這對他們要在社會上立足非常不利。更糟的是，全家人有不少健康問題：丹尼失聰和蛀牙，羅娜爾有蛀牙、肥胖和糖尿病等問題，布蘭特患有注意力不足過動症（ADHD）和生長激素問題，丹妮爾有聽力障礙和焦慮症。然而，對他們一家有利的條件是：丹尼有工作，父母不喝酒也不吸毒，孩子舉止有禮，一家人無論如何都會待在一起，相親相愛。按照傳統的道德觀，這些有利的條件應該足以讓他們維持生活；或許在另一個時空背景之下，他們能撐下去。

二〇〇四年，第一次災難降臨。那是一連串狀況和錯誤導致的惡性循環。首先，焊接廠遷往新里奇港（New Port Richey），丹尼沒錢跟著搬家，所以丟了飯碗。哈澤爾一家當時住在聖彼得堡，住在一輛租來的拖車小屋上，丹尼幫車主打打零工，心想著一旦拿到低收入所得稅補助就把拖車買下來。但是車主從沒付過丹尼工錢，他把哈澤爾一家趕出去，聲稱丹尼拖欠租金。某晚，丹尼的父親和哥哥道格喝醉，決定幫丹尼出氣，把拖車砸個稀爛。警方接到報案後，在哈澤爾一家入住的汽車旅館逮捕了丹尼。丹尼和一百名男子擠在拘留所的水泥地板上，度過人生中最糟糕的夜晚。第二天，法官看他沒有任何前科，讓他簽署切結書後就當庭開釋，但全家就此流落街頭。

他們在聖彼得堡四處流浪了一個月，睡在車上。羅娜爾向食物銀行領了許多餐盒，當孩子曬傷時，她用醋幫他們擦拭，希望可以好快一點。布蘭特因為沒有電動玩具感到無聊，丹妮爾則害怕夜晚的噪音。她記得某天晚上車子停在甘迪橋下的海灘旁邊，她在車裡。「我面前有好幾個餐盒，我低頭看看餐盒，然看看沙灘上通往海裡的的足跡[2]。」隔天早上，丹尼和羅娜爾將孩子送上校車，彷彿什麼事都沒發生。

他們設法搬回坦帕，找到在南戴爾馬布里高速公路上的一棟公寓，月租為七百二十五美元，丹尼在包裝大王找到工作。接下來的四年，生活穩定了下來。丹尼的弟弟丹尼斯睡在客廳沙發上，在沃爾瑪當臨時工，負責將購物車推回原處，幫忙分擔房租。有了丹尼的工資、丹妮爾的社會安全生活補助金（SSI）和食品券，一家人還能餬口度日。然而，粉紅色的解僱通知又來了，接著遇上一樁樁壞事。

二〇〇九年春季，醫生診斷丹妮爾患有骨肉瘤，即左腿骨癌。在接下來的一年半裡，哈澤爾一家幾乎是以醫院為家，每天不是檢驗、做手術，就是化療。幾乎所有的醫療費用都來自人們的慈善捐款。一位素昧平生的陌生人捐了一筆錢，他們用來買一輛二〇〇三年雪佛蘭轎車以便帶女兒去醫院複診。丹尼暫時沒找工作，全力照顧女兒；羅娜爾原本一直抱怨老師、老闆、房東和鄰居對他們有多不好，卻很喜歡丹妮爾的醫生們，還加入癌症病童家長團體，人生第一次在社群中找到歸屬感。公寓掛滿了裱框的勵志話語：

癌症無所不能，卻
無法削弱愛的力量
無法粉碎希望
無法熄滅鬥志
無法打擊信心
無法掩蓋回憶

丹妮爾瘦小的腿裡面縫著一個義肢，隨著她成長需要定期調整四毫米。一整年她的癌症都沒復發。他們感謝上帝。除此之外，哈澤爾一家什麼都沒變。

二〇一一年春末，丹尼做了一個夢：他將舉家搬到喬治亞州。

他從十二歲起就住在坦帕，最近開始有一種受困的感覺。公寓的牆壁彷彿愈來愈狹窄，尤其是隔壁夫婦因疏於照顧兩個年幼的孩子被捕後，留下骯髒不堪的公寓，到處都是快餐盒，蟑螂穿過牆壁大舉入侵哈澤爾家。都是那種大批出沒小蟑螂，在客廳牆壁與天花板連接處留下一顆顆黑色蟲卵。小蟑螂匆匆爬過塑膠家具，爬進浴室的水槽和廚房的特百惠餐具裡，空調管道將蟑螂糞便的可怕氣味吹遍室內。羅娜爾不堪其擾，不再自己煮義大利麵，開始從沃爾瑪購買冷凍食品，如披薩、Velveeta 起司鍋、二點二八美元的六塊裝索爾伯里牛排等，反正這些比自己煮飯還便宜（買一塊蛋糕比自己從頭開始做還便宜），有時她會煮拉麵（丹尼譽為人類最偉大的發明之一）。他們對蟑螂束手無策，除非將屋子裡裡外外噴殺蟲劑除蟲，但這意味著全家要花錢在汽車旅館住三晚。蟑螂的問題令丹尼和羅娜爾顏面無光，畢竟他們曾經相當自豪把家裡打掃得一塵不染。在這同時，隔壁新搬來的住戶喜歡大聲嚷嚷，還會在凌晨一點大聲播放音樂。某天，樓上鄰居沖馬桶時把哈澤爾家廁所的石膏天花板弄出了一個洞，羅娜爾當時剛好在廁所裡。房東始終都未來修理。

有一陣子，丹尼在目標百貨（Target）兼職，於百貨公司開門前的凌晨時段卸貨和將商品上架，時薪八點五美元。起初他每週有三、四十小時的工時，還可以勉強度日，但聖誕假期結束後，公司調降他的工時，到了春季，他平均每週只能工作十個小時，每兩週拿到一張支票：扣稅後只剩一百四十美元。目標百貨在丹尼的部門以更低的工資雇用三名新員工。他不禁心想，如果他被解僱，開始領失業救濟金，或許還能拿到更多錢，更不用說食品券會跟著翻倍。某天，丹尼聽到經理說公司前一天的銷售數字下滑到五萬兩千美元。他快速算一下。「每週營業額快四十萬，卻付不起我的工資？只是因為他們嫌賺得不夠多。」

丹尼開始工作前，目標百貨播了關於工會負面形象的影片給他看，並告訴他如果有人找他加入工會，他應向管理層報告。丹尼從沒想過加入工會，但他還真納悶：工會到底哪裡有問題？某晚他和羅娜爾收看歷史頻道，節目上介紹了布萊爾山抗爭行動（Blair Mountain），這是發生在一九二〇年代的煤礦工人罷工事件。丹尼從節目學到當時西維吉尼亞州其他地區的礦工紛紛前往南部，去支援試圖加入工會的礦工，其中許多人死在煤炭公司雇用的流氓手上。但這種事情沒再發生過。勞工都怕到不敢加入工會，而大公司太有錢了，只要威脅提告就能搞定一切。如今，想讓人們團結行動、挺身而出實在太難了。他知道，過去窮人的生活沒有多好過。他甚至還記得自己在賓州的童年時光，總是縮在廚房爐火旁一邊取暖，一邊從政府發放的黑白罐頭挖豆子和花生醬來吃。但和那時比，人心變了，世風日下。當今是一個弱肉強食，大家自尋生路的世界。

某天早上，丹尼本來要去上班，但他剛好要帶丹妮爾去回診。他這輩子第一次曠工，這等於是給目標百貨開除他的理由，他們也的確照辦了。他去申請失業救濟金，再次被打回原形。

哈澤爾一家受夠了佛州。這裡十個人裡面有五個是混帳，羅妮爾說。在上次的選舉中，丹尼和羅娜爾都沒去投票，但是他們非常討厭新任州長史考特，因為他刪減窮人需要的所有福利，包含學校福利。哈澤爾夫婦十分不解，為什麼像他們這樣的美國人生活陷入困頓，而戴爾馬布里公路對面的新移民印度人卻能夠買下便利超商？丹尼聽說，移民在美國前五年不需繳稅。他沒有種族歧視，但如果這是真的，未免也太不公平。

丹妮爾生病期間，羅娜爾開始使用臉書，也讓丹尼透過她的臉書專頁重新聯繫上來自坦帕的兒時好友。這位朋友住在喬治亞州一個叫潘德葛拉斯（Pendergrass）的小鎮，以駕駛堆高機維生。哈澤爾一家開車前往潘德葛拉斯，與他和他的女兒一起度過國慶日週末。他們喜歡當地的樹木、喜歡釣魚，喜歡那裡的環境：走出朋友家都看不到別的房子。那裡的學校聽起來不錯，房租也比較便宜，聽說工作機會還許多，就連喬治亞州的沃爾瑪都更好：羅娜爾聽說公司讓員工在國慶日週末放假。如果哈澤爾一家想搬去喬治亞州，這位朋友邀請他們先住在他家，直到他們安頓好為止。

六月初，他們突然決定搬家了。他們想要一個新的開始。租約月底到期，但搬到坦帕另一間沒有蟑螂的公寓只會改變住所，而不是他們的處境。「這就像我掉入了爬不出來的深淵泥淖，」丹尼說。「也許部分原因是我不夠好，也許是我放棄努力了。我掙扎好長一段時間，疲憊不堪，終於舉手投降。也許有些人比我更有毅力。我是這麼想的：如果你爬不出來，何不直接搬家呢？」

丹尼的夢想令他們既興奮又恐懼。哈澤爾一家把那夢想當成井底梯子一樣緊抓著不放。丹尼不知道自己的決定是否對家人有好處，但裹足不前似乎更糟。羅娜爾厭倦了要用二十九美元撐到月底，她必須等丹妮爾的下一張社會安全生活補助金支票到來，才能購買減糖的百事可樂或胡椒博士。「就算害怕，但人有時就是必須放手一搏，」她說。「相信上帝，按時禱告。」除了迪士尼樂園和丹妮爾的醫生，她並不想念佛州的其他任何事物。丹尼還沒找到工作，但沃爾瑪承諾會在喬治亞州的一家分店雇用丹尼斯，孩子很高興要搬去新的地方。他們幾乎不需向任何人告別。

六月三十日，他們搬家的前一天，丹尼和羅納爾決定去裝假牙。他們開車帶著孩子去了東坦帕貧民區一間不用預約的牙醫診所，診所隔壁是個毒窟。夫婦倆都有牙齦感染和待拔除的剩餘牙齒，這花了好幾週的時間，因此當他們準備好要製作假牙時，都已完全沒有牙齒了。「這感覺肯定很怪，」丹尼在候診室說。「爸爸明天就能吃多力多滋了，而我已經八年沒吃了。」他走進診間，半小時後出來，微笑時露出一副潔白整潔的牙齒，這副假牙幾乎全由健保給付。假牙使他看起來更年輕，也不會一副寒酸模樣。丹妮爾坐在丹尼腿上，教她父親唸單字：「說『他們』、『斑馬』、『大亨』、『海豚』、『沃爾瑪』」。丹尼開始習慣戴假牙的感覺。「靠著這副假牙，信不信爸爸能再交到女友。」他暗示性地挑了挑了眉。

羅娜爾的假牙花了一個小時才完成。診間裡傳出喊叫聲，她出來的時候暴跳如雷。「上面的假牙弄得我牙齦很痛！」她尖聲叫道。

拉丁美洲裔女牙醫耐心解釋，由於牙齒剛拔不久，羅娜爾的口腔仍然會感到痠痛。她回去之後幾天內都要每十五分鐘就把假牙拿出來，用溫的鹽水沖洗。「如果妳下週回診，我會再幫妳調整。」

「我明天就要離開了，」羅娜爾說。「這太痛苦了。或許你的其他客人可以忍痛，但不好意思我辦不到。這就像牙齦被牙籤戳到一樣痛。」

「但是假牙太鬆了，」牙醫說。「這樣會掉出來。」

「我要走了。我受夠了被人當笨蛋。」

在開車回家的路上，羅娜爾繼續抱怨牙痛，以及嘴巴因裝了假牙顯得特別突出，讓她看起來像一隻大猩猩。丹尼的假牙似乎更合適。「你真幸運，」她說。「你裝假牙後不會痛。我光講話就很痛。」

「那就戴著吧，」丹尼笑著說。

「你這個死王八。」

不久，孩子開始與母親玩發音遊戲，要她唸「斑馬」和「沃爾瑪」。當他們回到公寓時，車裡充滿了歡笑聲，羅娜爾在抱怨之餘也和家人笑了起來。回到家，她把假牙拿了出來，從此再也沒戴過。可能是為了「共患難」，或者也還不習慣，丹尼照做了。

第二天，七月一日早上，丹尼用僅剩的錢租了一輛快五公尺高的巴吉（Budget）卡車，倒車到公寓門口。他和丹尼斯花了一整天把家當裝上車。電視、電腦、沙發、成箱的乾糧、孩子的自行車、丹妮爾的孟漢娜文具用品、丹尼和布蘭特的大批電腦遊戲收藏（羅娜爾受夠了丈夫會連續十個小時沉迷在《魔獸世界》，只用後腦杓對著她）。他們試圖丟棄所有被蟑螂污染的東西，包括黑色的塑膠扶手椅，但要是真有蟑螂跟著遷居喬治亞，丹尼也認了。

當天中午，他們收到來自塔拉哈西的政府公文：失業救濟委員會的仲裁員裁定丹尼被目標百貨合理解雇，他的福利津貼申請遭駁回。「這都是過去式了，於事無補，」他說，接著把信放到一邊。「反正我們要搬到北邊，重新出發。對吧，布蘭特？我真的認為那裡會更好。一切都是嶄新的開始。這麼做不會錯的，在這裡我們根本坐以待斃。」

為了避開車潮和暑氣，他們等到傍晚才出發：丹尼、布蘭特和一隻貓坐在租來的卡車上，丹尼斯、羅娜爾、丹妮爾和其他三隻貓坐在雪佛蘭轎車裡。到了日落時，哈澤爾一家已經將坦帕拋在腦後。

他們在喬治亞州只待了一個多月。

丹尼的朋友交了新女友，她不希望與哈澤爾一家同住。那個傢伙真不夠朋友，不僅要求他們償還電影票的費用、明示暗示他們盡快搬走、以高人一等的傲慢態度對待他們，甚至還取笑羅娜爾的身材，這讓丹尼超不爽。某天，孩子們去樹林裡散步，布蘭特回來時身上有壁蝨。隔天，丹尼斯在院子裡驚動了一巢虎頭蜂，被螫了五、六下。他們趕緊找到一個拖車小屋就搬了進去，地點位於繁忙的高速公路旁。空調壞了，但小孩很害怕會螫人的蟻蜂，所以一家人日夜都待在酷熱的拖車上。好消息是，丹尼找到了一份焊接工作，與一群墨西哥人在悶熱的拖車上工作，時薪十二點五美元。然而，上班第一天丹尼就被落下的鋼材砸到，加重了背部舊傷，隔日，他幾乎無法下床。經過多年的失業和零售業工作，他已經無法勝任體力活。布蘭特適應得不錯，只要有家人和電腦遊戲，他就心滿意足了，然而丹妮爾開始想念她的朋友。她的父母後來也才意識到，他們要定期開八個小時回到坦帕的醫院，幫她調整義肢的旅程將變得又貴又辛苦。在喬治亞州的郊區，每段車程都很遠，丹尼斯上班的新沃爾瑪離拖車有好幾公里遠，羅娜爾從商店買的牛奶在到家前就已經開始變質，他們大部分的錢都花在油錢上。最糟的是孤獨感，他們已經不再和丹尼的朋友聯絡。在坦帕，他們至少還有醫生，還有互助團體。在這裡，他們誰都不認識。

到了八月初，他們受夠了。搬回坦帕與其說是他們的決定，不如說是因為精神崩潰。醫院的一名捐助人在布蘭登附近發現了名叫奔流園的拖車公園。羅娜爾在網路上看了照片，交了四百美元的兩週訂金。他們租了一輛卡車，在星期五午夜前打包離開喬治亞州。第二天早上，當他們抵達奔流園，看到拖車壁上的孔洞，百葉窗的窗戶打不開，沒有門鎖，沒有任何家具，只能無語問蒼天，簡直想跪地痛哭。絕不能讓孩子們住在那裡。他們開車到坦帕的沃爾瑪，要丹尼斯去求公司把七點六美元時薪的工作還給他。然後他們開始尋找汽車旅館。哈澤爾一家或許因為回歸本能，回到了麥克迪爾周圍的地區，他們在南戴爾馬布里公路旁的全城旅社入住一晚四十五美元的房間，旅館就在他們舊家往北幾個街區而已。旅館有一台烤麵包機，他們當天晚上吃了烤熱狗，隔天晚上用圓麵包、番茄醬和切成薄片的起司製作成小披薩來吃。他們把所有家當擺在租來的卡車上，已經比預計還車日晚了一天，這意味著一半的押金將被沒收。他們拿不回奔流園的拖車押金。他們的錢只夠在汽車旅館住大約一個星期。在那之後，在醫院認識的一名女士將暫時收留布蘭特和丹妮爾，丹尼、羅娜爾和丹尼斯則要睡在車上。

丹尼已經窮途末路。他試著表現出堅強的模樣，但內心自責不已——都是因為他考慮不周，沒將整件事情的後果想清楚，而現在一個簡單的決定讓全家的生活陷入困境。有一天，丹尼和他的女兒坐在沃爾瑪停車場的車裡，準備進去買三明治肉、麵包和馬鈴薯沙拉，好在汽車旅館吃晚餐，丹妮爾突然哭了起來。她擔心如果他們再次無家可歸，貓可能會死掉。丹尼總是在孩子面前扮演堅強父親的模樣，但是當他雙手環抱丹妮爾時，他再也止不住淚水，和她一起哭了起來。

在這場危機中，丹尼經歷了痛苦的頓悟。他明白兩件事：所有的事情都必須以丹妮爾的健康為優先考量，再來是他一定要有工作。他擺脫長期以來的麻木感，打起精神，開車跑遍坦帕，在所有徵才的地方投了履歷，管他是快餐店還是別的都沒關係。丹尼斯在沃爾瑪的主管幫丹尼說了幾句好話後，幫他獲得一份卸貨和上架的工作，時薪八美元。憑著他和丹尼斯在沃爾瑪的工作，他得以在南路易斯大道（South Lois

Avenue）上租到每月七百四十五美元的公共住房公寓。這比他們在戴爾馬布里的舊公寓多了一間房，而那間舊公寓只在一點多公里外。他們繞了一圈又回到原點，彷彿上帝要他們打消搬去其他地方的念頭，要他們在這裡安身立命，重整自己的人生。

■

1．譯註：即高一。

2．譯註：應該是有人投海自盡。

大草原上的民間女英雄：伊麗莎白・華倫

伊麗莎白要說的故事有兩個，第一個關於她自己，另一則關於美國。

伊麗莎白・赫林（Elizabeth Herring）是個來自奧克拉荷馬州的好女孩，她父母在黑色風暴事件[1]當中保住了一命，也從未去過海岸邊。他們是保守的衛理公會教徒，很注重得體、端莊的形象。伊麗莎白有三個哥哥，年紀都比她大許多。一九四九年，伊麗莎白出生時，父親的生意夥伴把父親辛苦攢下的積蓄捲走，父親想經營汽車經銷商的夢隨之破碎，之後為清償債務與養家餬口，還得在奧克拉荷馬市區一棟大樓當清潔工。

伊麗莎白（暱稱麗茲）的父母說得一口字正腔圓的英語，教育孩子們說話不能夾雜俚語，也總是以女兒麗茲的成績引以為傲。儘管父親從事清潔工作，麗茲一直相信她們家境穩定，算是中產階級，因此當她發現母親結婚時沒能穿上漂亮的婚紗，她感到十分震驚。

麗茲十二歲那年，父親心臟病發作並遭到降職，他們被醫藥費追著跑，也負擔不起那台有空調的古銅色奧茲摩比（Oldsmobile）轎車，結果失去了它。為了保住他們位於奧克拉荷馬一流學區的房子，麗茲的母親不得不開始打工，母親在西爾斯百貨（Sears）的郵購部門找到一份接電話的工作。麗茲母親上班第一天，女兒看著媽媽淚流滿面地擠進一件舊的束身內衣和黑色洋裝。

「這裙子會太緊嗎？」母親問。

麗茲騙她說很好看。

母親為重返職場而感到非常不滿，她批評老公對不起他們全家，而麗茲的父親因感到羞愧而把自己封閉起來。麗茲則選擇遠離戰火，她這輩子都這樣，不去正視生命中的挫折，而是努力維持表面形象。她除了當褓姆也會在餐廳當服務生，還親手為自己縫衣服。父親載她到西北克萊森高中（Northwest Classen High School）上課時，她都會在學校附近的街區下車，同學才不會看到她們家的乳白色斯圖貝克（Studebaker）老車。麗茲加入高中的「助威團隊」（Pep Club），還獲頒「貝蒂妙廚明日主婦獎」（Betty Crocker Homemaker of Tomorrow award）。

赫林一家人並未經歷六〇年代中期的社會動蕩，奧克拉荷馬仍是實施種族隔離制的地方。麗茲的哥哥小唐（Don）在越南參戰，可想而知他們一家人很支持他，也支持越戰，而麗茲每天上課前都會先祈禱。她知道女孩子只有兩條路可以走，要嘛當護士，要嘛當老師，她很確定自己會選擇後者。

後來麗茲選上了辯論校隊，發現自己其實滿厲害的。她訂閱《時代雜誌》和《新聞週刊》，花了一年的時間鑽研去核武與健保議題，並在奧克拉荷馬辯論比賽當中奪下冠軍。麗茲八歲的時候，電視明星詹姆斯・嘉納（James Garner）曾以校友的身分回返母校，讓麗茲意識到世上能走的路許多，後來加入辯論校隊的麗茲更確信世界之大，必有她容身之處。十六歲那年，她獲得喬治華盛頓大學（George Washington University）的全額獎學金，赫林一家也已經恢復中下階級的地位。

短短幾年後的七〇年代初，小女孩冠上夫姓，成為「伊麗莎白・華倫」（Elizabeth Warren），她的丈夫是一名NASA工程師，兩人在高中就在一起了。後來麗茲在休士頓大學（University of Houston）專攻語言治療學與聽力學，並獲頒理學士學位，還生了一個女兒。幾年後，她丈夫換了好幾份工作，麗茲也一直跟隨他，期間她還在取得了羅格斯大學（Rutgers）法學院學位，也誕下一子。丈夫希望麗茲能留在家裡帶孩子，但她無法就這麼靜下來，一九七八年，兩人離婚後麗茲開始在休士頓大學教法律。麗茲是個官方註冊的共和黨人，因為共和黨支持自由市場，而她認為政府給市場的壓力太大了。

同一年，國會否決了一個成立新消費者保護機構的法案，卻通過了讓人民宣布破產更容易的法案，這方面的研究並不多，華倫最終決定針對這個領域進行學術研究，探討美國人民究竟為何會走上破產法庭。她看待這件事情的態度與母親一樣刻薄。「我想證明他們都是騙子，」她說。「他們在占我們便宜，我想要揭穿他們。」

一九八〇年代，華倫與兩名同事一起進行這項研究。到這裡，華倫想講述的第一則故事，也就是自己的故事，開始與第二則故事有了交錯，故事是這樣的：

一七九二年還是喬治·華盛頓當家，自那時候開始，美國每十到十五年就會發生一場金融危機，導致人民恐慌，銀行紛紛發生擠兌危機，還有信用凍結的現象，最終導致市場崩塌，引發經濟蕭條，人民丟了農場之餘還得面對家庭支離破碎的命運。這樣的循環持續了一百多年，直到經濟大蕭條爆發。而那時候的奧克拉荷馬幾乎全面崩潰。人民都說：「我們可以做得更好」、「我們不用再回到那種大起大落的循環裡。」大蕭條爆發後，美國出現三個新的監管方式：

一、美國聯邦存款保險公司（FDIC）——保護人民存款。

二、《格拉斯—斯蒂格爾法》（Glass-Steagall）——禁止銀行用人民的存款亂來。

三、證券交易委員會——嚴格管制股市。

這些機構與規則讓美國在五十年內都沒再發生金融危機，什麼人民恐慌、市場崩塌和信用凍結都成為過去式。美國人民因此得以安居樂業，榮華富貴，但銀行業變得無聊乏味就是了。史上最強的中產階級就這樣在美國誕生了。

華倫在那幾年裡展開人生，雖然小時候也吃了不少苦頭，但父母和哥哥們都過得還好，她自己到了三十歲也都是沒什麼經濟問題。

然而到了七〇年代末至八〇年代初期，社會形成了這樣的論調：「監管？太麻煩了吧？而且好貴，不要了啦。」因此政府開始對監管工作變得鬆懈。結果呢？結果「儲蓄貸款銀行危機」（S&L crisis）就爆發了。

八〇年代晚期，有七百間金融機構倒閉，華倫和同事們剛好要發表他們針對破產現象所進行的研究，研究結果與華倫預期的完全相反，這也顛覆了她對市場和政府的認知。大多數破產的美國人民才不是什麼只想鑽體制漏洞的無賴，他們大多屬於中產階級，或是立志加入中產階級，並已經使出渾身解數不走上法律途徑。他們很努力在生活，也和華倫的父母一樣很努力想要在一個不錯的學區裡買房，這樣孩子才能待在中產階級或離這個目標更近一點。但他們可能是失業了、離婚了，或是生病了，導致存款都沒了。他們生活愈來愈依賴貸款，但為了不讓自己下半輩子都負債纍纍，最終只能宣布破產尋求庇護。大多數破產的人並非不負責任耍賴，而是恰好相反。

華倫從小就知道欠債的滋味，但長大後她不再和母親一樣認為家裡陷入財務危機很丟臉，而是在漸漸理解父親的立場後認為財務危機是個悲劇，多半與品德無關，而是國家監管鬆懈導致的。銀行愈是催促國會解除監管規則，宣布破產的人民就愈多，人數簡直多得破天荒。

研究工作改變了華倫一生，接下來二十年裡，華倫的研究和寫作工作不曾停止，一九九二年，她受聘到哈佛大學任教。之後華倫還受邀擔任一個聯邦破產法委員會的顧問，她眼睜睜看著信用卡公司和銀行把消費者碾得粉身碎骨後又把數以百萬計的錢捐給國會議員。二〇〇五年，國會在拜登、陶德和希拉蕊的領導下通過一項法案，人民申請破產的權益就此削弱，這對企業遊說團體來說簡直是可喜可賀。對於華府的操作，華倫總算是有些領略了。

讓我們回到第二則故事。

一九九八年，長期資本管理公司（Long-Term Capital Management）倒閉了，還差點害各家投資銀行一起陪葬，可見金融界不僅日益不受政府控制，還在世界各地有著緊密的連接，十分危險。幾年後，安隆（Enron）倒了，其中帳目造假等行為都東窗事發，但白宮和國會仍繼續放寬監管機制。

人民薪資持續不漲，有愈來愈多家庭須依靠貸款才能過活。學校品質日益下滑，父母為了讓孩子可以待在中產階級裡，就必須在適當的學區裡買房，而隨著房價日益飆升，父母只能加倍努力工作（後來華倫和女兒一起寫了一本書，針對這個現象進行討論）。銀行逐漸意識到，原來中產階級才是他們的大金主，所以更銀行開始利用抵押貸款、信用卡和消費性貸款來賺中產階級的錢，沒想到最後連這些支撐銀行的業務也垮了。進行監管的有七個不同的機構，各有自己的目標與方向，但都從不把焦點放在消費者身上，因此銀行要甩開監管局並不困難。這些銀行推出的抵押貸款、信用卡和汽車貸款方案等產品都對消費者愈來愈不利。美國人民向銀行擔保會把錢都還清，銀行卻把客戶的承諾變成一系列債務，再重新包裝成證券賣給投資者。

後來發生了三件事：

利潤暴漲。

獎金爆棚。

空氣中瀰漫著風險。

然後一切都跌入谷底，銀行家還反過來對人民說：「事情大條了，你們不來救我們的話，我們就同歸於盡。」於是美國人民就把銀行救了出來。

華倫醞釀了三十年的故事，在電視節目《每日秀》（The Daily Show）上只花五分鐘就講完了。

這時候的國家已深陷危機之中，這場危機正是她一生都在研究的東西。歐巴馬曾在二〇〇四年見過華倫，他對「掠奪式貸款」很了解，也看了華倫在二〇〇七年法拍危機剛開始時所發表的一篇文章，文章裡她提議成立一個新的消費者金融保護機構。「如果一台烤吐司機著火的機率高達百分之二十，那肯定不會在市面上販售，」華倫在文章開頭寫道。「然而市面上卻能看到一些抵押貸款方案，人民簽下這些方案後淪落街頭的幾率竟高達百分之二十，而且銀行根本不會向他們事先作出聲明。」華倫提議成立一個獨立於國會的新聯邦機構來逼迫銀行和信用卡公司用白紙黑字清楚交代自家的金融產品所涉及的風險與罰款。歐巴馬很喜歡這個提議，並在當選總統後任命華倫為紓困基金的監督委員會主席。

於是華倫去了華府，卻在那裡顯得格格不入。她長得不像華府的女性，髮型就是簡單的短髮，臉上化著淡妝又戴上無框眼鏡，身上穿著老師才會穿的鬆垮毛衣與高領衣服，把她嬌小的身材都藏了起來。

其次，華倫說話的口吻與華府人差得遠了。雖然她是破產法教授，但用字遣詞卻和髮型一樣簡單，因此她也不搞什麼說話委婉與阿諛奉承那一套。另外她好像真的很討厭銀行。她與許多保守派一樣，在目睹那些支撐著以前生活方式的制度一一崩壞後，便走上激進之路。

她有時候也會生氣，會牙尖嘴利，會揚言要留下滿地的「鮮血和牙齒」。雖然她很想親自經營自己一手打造的新消費者機構，但她並未因此違背原則，而是選擇讓那些原本可以支持她政治理想的人物難堪，讓他們自己去回答「納稅人的錢到底去哪裡了？」等尷尬的問題。她才不和他們玩這個遊戲。

從前，美國大草原養育了許多來自民間的政壇豪傑，他們都能言善道，而且內心燃燒著熊熊怒火，像是威廉・詹寧斯・布萊恩（William Jennings Bryan）、羅伯特・拉福萊特（Robert LaFollette）、喬治・諾里斯（George Norris）和小休伯特・韓福瑞（Hubert Humphrey）。華倫彷彿是從那個時代走出來的人，她在聽證會的講台入座，這讓圈內人士深感不安，因為他們看到華倫就會想到在國會山莊盛行多年的腐敗風氣，對這些既得利益者而言，華倫的存在是不可饒恕的。

銀行家都無法原諒華倫。他們把華倫視為「魔鬼的化身」，並向國會砸下重金不讓華倫有機會進入消費者機構做事。他們口口聲聲說華倫太天真了，但實際上他們無法原諒華倫，是因為華倫對他們的遊戲規則了若指掌。

共和黨人也無法原諒華倫。華倫不知退讓，也不懂人情世故，共和黨人無奈只能對她大呼小叫，當著她的面罵她是騙子，並費盡心思打壓消費者機構，因為這女的吃了熊心豹子膽，他們得用刀子指著她才行。有些民主黨人也無法原諒華倫。白宮把華倫視為「眼中釘」，參議員陶德認為要怪就怪華倫自尊心太強，而財政部長蓋特納更是無法忍受華倫，還曾經在一場監督聽證會上氣得差點大吼大叫。

就連總統也不知該拿這個女的如何是好。他們之間有個共同經驗，就是哈佛法學院，而且華倫在乎的議題，歐巴馬也很關注，像是被壓榨的中產階級、公平競爭的重要性，以及金融界貪婪奢侈的風氣。但華倫並非從菁英分子的角度談論這些事，更不會說出「別往心裡去，這不是在針對誰，還是理性點達成協議吧」這種話。正因如此，歐巴馬最忠實的支持者當中也有人開始離他而去，走向華倫的陣營。

二〇一一年夏天，歐巴馬內心煎熬了一番，最終現身玫瑰園（Rose Garden）並宣布將任命華倫的副將理查．柯德瑞（Richard Cordray）為新消費者機構的主席，這才避免了一場他必輸無疑的戰爭。然後他在華倫臉上留下一個熱情的吻。

華倫並沒留下來，她回到麻州競選參議員，希望能與「鮑勃鬥士」和「快樂戰士」[2]一樣，聲音迴蕩在參議院裡鼓舞人心。

1・譯註：指Dust Bowl，一九三〇年代一系列侵襲北美洲嚴重沙塵暴事件。

2・譯註：鮑勃鬥士（Fighting Bob）和快樂戰士（Happy Warrior）分別為參議員羅伯特・拉福萊特（Robert LaFollette）和小休伯特・韓福瑞（Hubert Humphrey）的綽號。

占領華爾街運動始末

凱文・摩爾[1]（Kevin Moore）是土生土長的曼哈頓人。一九八八年，大學畢業後他到一間美國頂尖銀行就職。那一年，長期資本管理公司（Long-Term Capital Management）倒閉，幾乎拖垮整個華爾街，也是《格拉斯—斯蒂格爾法案》實施的最後一年。當時，這些事情對凱文不具任何意義，直到多年後他才了解箇中含意。他是培訓班中最後一位錄取的人（他能得到這份工作，全是因為大部分的應屆競爭者都往西移動，加入矽谷的淘金熱潮去了）——如果有一天要裁員，他會在首波名單裡。

但是凱文很快發現銀行業並不難上手。華爾街故意用艱澀難懂的語言來嚇唬外行人。想闖出一番事業，你只需要熟悉數學或其他舌燦蓮花之術就夠了，擅長前者的人從事交易，嫻熟後者的人專事銷售，一名能言善道的量化分析師就能賺得盆滿缽滿。若你想要爬到華爾街頂端，就必須當個王八蛋，因為你與排在後面的傢伙只有一個差別：你願意踩著五十七個人的屍體往上爬。凱文對於追逐名利興致缺缺。他的目標是盡可能減少工作，過自己想要的生活，也就是能經常出國旅行，享受美食、音樂、設計，認識一些屌咖。他一開始在金融區的銀行工作，年薪八萬美元，外加八千美元獎金。他頭六年收入最高時大概有二十五萬美元。日進斗金是之後才有的事。

二〇〇一年九月十一日上午，凱文正在公司討論當日的交易時，他突然感到一陣天搖地動。突然，大量的紙張飄過窗邊。從建築物的一側能清楚看到世貿中心的北塔竄出熊熊烈火。交易部門的所有電視都在播著CNBC（該電視台壟斷了整個華爾街：CNN在金融報導上不夠扎實，BBC過於溫和國際化，路透社沒有電視台，福斯新聞則被人當成是笑話），CNBC開始播放世貿雙子星大樓的影像。新聞報導肇事的是一架小型飛機，但凱文望向窗外飛機撞出來的大洞，就連瞎子都可以看出那根本不是他媽的小型飛機。那不是飛機該有的航線，一點也不合理。

他回到工作崗位，當美國國債突然飆升時，他正在講電話——倫敦那頭正在購入。他對電話另一頭的人說：「交易完成了。」然後撕掉交易票據。窗外看起來像是一場彩帶遊行，燃燒的碎屑不斷飄過。火勢愈來愈大。交易部門的電視已經切換到CNN，突然直播畫面上飛過第二架飛機。他媽的，又一架飛機！接著……轟天巨響。感覺就像大地震。

「所有人保持冷靜，」交易部門的負責人說。

「誰鳥你，」凱文說。「我他媽要閃人了。」有人說消防隊正在趕來的路上，所有人應該遵照消防演習程序，但是凱文已經走向電梯。「我才不鳥你或他媽的消防演習，」他說。「你想開除我就開除我。我不幹了。」沒有人敢動。這些年薪幾百萬美元的優秀交易員，此刻卻呆若木雞，等著毫無頭緒的智障給他們指示。精明的他們一天到晚在估算價格，這當下卻算不出兩架飛機的影響有多大。

大街上，人群毫不知情地從地鐵裡走出來。一切看似天下太平。凱文坐上通往市中心的地鐵，前往父母的公寓，他可能是地鐵上唯一知道出大事的人。他的同事們按照指示進行疏散，一群人站在街上看著南塔倒下，渾身都是塵埃。危機發生時，你終於發現社會運轉的表面下，沒有人真正清楚他媽發生什麼事。

他就職的銀行不得不將業務遷出城市幾個禮拜。市場出人意料地很快又開始買進，他們的判斷無誤——恐怖攻擊並未帶來多少改變。恐攻或許重創航空業，但情況不比四次慘絕人寰的空難後更糟。聯邦儲備理事會繼續降息。一場金融榮景很快揭開序幕。

二〇〇四年，凱文辭去他乏善可陳的工作，轉而投入一間大型歐洲銀行的自營交易部門，工作雖然沒有任何保障，卻潛力無窮（這無疑是他人生中較為冒險但正確的決定之一）。這家歐洲銀行決定進軍債務擔保證券業務。股市將決定你的公寓大小，是否買得起維京牌爐具，決定誰是超級富豪，誰又是窮光蛋。債券市場則是一翻兩瞪眼，要不是大撈一筆，就是大家都喝西北風：只有贏家能留下，輸的人都掛了。八〇年代以降，信用一直是推動市場的主要動力。後來所有出錯的東西，如結構化信用、信用違約交換都曾是善意的發明，為公司和投資者降低風險或提供財務解決方案。問題出在執行面。二〇〇〇年代中期，當錢淹腳目時，人們的道德指南針開始偏差了。

氣勢猖狂是自營交易部門特有的文化。愚昧的歐洲銀行家想自己的老本出來投資賺錢，因此將管理權移交給紐約和倫敦的交易員。囂張跋扈的英美交易員開著車、喝著酒，四處瞎晃，還朝窗外開槍。自九一一事件過後，自營交易部門就移到了低樓層，好讓替公司獲利的人能保命。因此，年薪數百萬美元的人只能盯著對街的三明治店，而年薪四萬的人資部門小姐卻能坐在高樓層的小隔間，欣賞美不勝收的河川景致。自營交易部門沒有團隊，只有一群操弄銀行資產負債表的傢伙，正努力尋求機會，分得可觀利潤。凱文負責的是信用衍生工具和公司債券，例如航空債務。

當你在自營交易部門，事情做得風生水起時，華爾街上再也找不到更完美的工作。兩年來他迎刃有餘，年收入接近一百萬美元，其中大部分是他的獎金（金額是他以前薪資的數倍），如果他更狠一點應該還能賺更多。他還清了他那間東村（East Village）公寓的房貸，靠薪資生活，把獎金存起來。他從未購買名車或遊艇。他成為紐約頂級餐廳的美食評論家，為窮困潦倒的藝術家朋友買單。這樣的生活他心滿意足了。

把世界搞得一蹋糊塗的不僅是美國房貸市場，還包括全球信貸。凱文是其中一員，在二〇〇〇年代的中期，他眼看著信貸泡沫膨脹。他沒有昧著良心做事，在自營交易部門做得有聲有色，不想搞砸。他不像某些傢伙，嘴巴說著：「把該死的擔保債權憑證印出來就對了，這樣今年獎金就能入袋，等三年後出事時，我們早就遠走高飛了。」但是他知道事有蹊蹺。他任職的銀行來自於歐洲某國家，他在該國交了女友，有一次他去找女友玩時，看到所有人都在使用他就職銀行的提款卡，他心裡感到納悶：「這是一間普普通通的銀行，又不是貝爾斯登或美林欸。」他女友在她的儲蓄帳戶中每存入一美元，凱文便購入四十美元的債券。二〇〇五年某天，德意志銀行的一名銷售員向他推銷一筆巨額交易。該行擔保債權部門負責人利普曼（Greg Lippmann）打算做空房地產市場（他發現佛州和內華達州的人開始繳不出房貸），他可能是整個華爾街大型企業中唯一看到徵兆的債券交易員，但他急需找人幫他承擔信用衍生工具的部分風險。「看看這筆交易，」利普曼說，「所有他媽的房貸都是壁紙。」但凱文沒有答應。這一切說得通：像坦帕那種鳥地方的房子能值多少錢？他老是想不通。但是他對房貸涉獵不深，他沒把握能插手後還能在正確的時間點脫身。結果證明這是明智之舉，假如他一開始就涉入，他將虧損連連。利普曼後來因這筆交易賺進數百萬美元，德意志銀行則賺入十五億美元，但早在這之前凱文就離開了自營交易部門了。

二〇〇五年底，凱文年屆三十，他跟隨老闆進入新興市場部門，因工作而往返倫敦和紐約之間，負責交易公司債券，偶爾還能到布宜諾斯艾利斯和基輔等有趣的城市出差。他在每家航空公司都享有白金會員身分，對一些國外城市非常了解，但對於那種居民會幫皮卡車加滿補助汽油，開四十幾公里去上班的美國小地方，反而很陌生。二〇〇六年，在一片欣欣向榮的大環境中，人們開始盡可能購入金融資產。倫敦的物價高得嚇人，這讓凱文會先在曼哈頓下城的二十一世紀百貨購買一個月份的襪子，帶去倫敦，穿完後直接扔掉，因為在梅菲爾（Mayfair）[2]洗襪子比在紐約買襪子還貴。凱文見微知著，知道繁榮的假象不可能持續，到了年底他開始做空。

他認為這世界有朝一日會被徹底玩完，但在那之前會先歷經三到四次大震盪。信貸市場是一場過度依賴信心的遊戲，當市場開始搖搖欲墜時，每個人都嚇得屁滾尿流，因為大家已經陷得太深。第一次危機出現於二〇〇七年二月，當時美林與貝爾斯登的對沖基金發生一個抵押糾紛。市場狂瀉一週（當然沒人想繼續留下來——泳池裡來了幾隻鱷魚，當然是溜之大吉）。凱文認為這是終局的開始，他並未買回做空的股票，然而市場居然回溫五個月——他大錯特錯。如果他猜對了，他或許能住在五、六百坪的豪宅。

七月，凱文賣出一堆如壁紙的烏克蘭債券後，同部門某個同事走到他面前說：「你是整個部門裡唯一做空的人。你真是個小癟三。」

「這層樓有三百多人，」凱文反唇相譏。「你覺得可能只有我一個做空嗎？要不要賭賭看，價格就在那，從五百萬到一億元，你要什麼我都賣給你。」那個人說他會回頭找他，但是凱文再也沒有他的消息，到底誰才是真正的癟三？

那個月緊接著出現第二次危機。貝爾斯登對沖基金又接到了追繳保證金的要求，但這次基金真的已經跌到一文不值了，貝爾斯登不得不介入關閉整個基金。銀行並未選擇承擔虧損，而是決定進行融資，這也意味著貝爾斯登現在病魔纏身，也因而引發了第三次危機。二〇〇八年三月，貝爾斯登倒閉，凱文的部門是最早抽身的單位之一。

整個二〇〇八年夏天凱文頻頻出國，有時是出差，有時是度假。他造訪了阿根廷、中國、烏克蘭。九月中旬，他於凌晨四點降落在一個前蘇聯國家，打開黑莓機，在Bloomberg應用程式中看到雷曼兄弟申請破產的消息。貝爾斯登只是一家債券抵押的投機商號，而雷曼兄弟的等級非同小可，是全球衍生工具的巨頭，與凱文的銀行往來密切。他花了二十四小時回到倫敦，然後才回到紐約，他卡好了位坐等世界末日的到來。

幾週內，他意識到了市場崩盤的規模。他每天起床，想到待結算（to be unwound）的龐大交易數量就覺得不可思議。這是少數人有機會經歷的重大時刻。你也能一窺人們的真面目。在他身旁的壕溝裡，大頭兵持續作戰，他的上司依然克盡職守，但公司高層卻沒能堅守道德準則。由於銀行與雷曼兄弟的合作關係，某天一位高階管理人員前來尋找代罪羔羊，他說：「這他媽是誰幹的？」高層人員正你推我擠，想要坐進救生艇逃之夭夭，卻同時對下層的人說：「沒事的。乖乖別動，一起度過這次風險，只要公司沒垮，我們明年就能重新開始。」凱文不買單：「媽的，我幾乎可以看到有人拿槍瞄準我。」他只是一個無名小卒，這場棋局的勝敗取決於皇后和國王的決定。到了年底，一半的交易員都拿到不錯的資遣費走人了，凱文也不例外。

他很高興脫離這個行業，以一種超脫獨立的態度看待整件事情。究竟誰該負責呢？對於規模如此龐大的危機，實在很難說。某個層面上來說，他認為金融是狗屁。他才不覺得金融這行業是在實現上帝的旨意，只是一份工作罷了，不帶任何價值。但在同時，良好的金融體系能造福許多人，借貸能維持在低利率，人們不用帶著重重的錢幣，只需在口袋放入一張塑膠卡片就能出門。沒有華爾街當後盾，像矽谷這樣的產業不可能有如此爆發性的成長。

但是，自從所羅門兄弟（Salomon Brothers）這一類私人合夥企業在八〇年代開始公開上市；小型投資銀行陸續轉型為巨型交易所；像瑞銀集團這種不像樣的歐洲銀行也涉固定收益債券[3]業務；當《格拉斯—斯蒂格爾法》遭到廢除，所有規範跟著消失；激勵性薪資暴漲，金錢從天而降時——華爾街的人們顯露出貪婪的本性。有些人是天理不容的罪犯，其他人則是明知故犯。解答究竟該是重新監管，還是道德教育？凱文不知道正確答案。一個像約翰·保羅森（John Paulson）的對沖基金經理居然能靠四處推銷廢紙而在一年內海削三十八億美元，簡直荒謬至極，但是有辦法監管嗎？恢復《格拉斯—斯蒂格爾法》，回到一九五〇年代的做法早就為時已晚。金融巨獸已經被養得太大——華爾街的人才本來就不該投入金融業，而是應該涉足有利國家未來的領域，例如發展綠能或是創造下一次科技榮景。

凱文花了一年時間旅行，拜訪世界各地友人。經濟大衰退的時候，他幾乎不在國內。紐約很快就重整旗鼓了。二〇〇九年春天，有段時間大家還覺得自己搞不好會窮到上不起館子。華爾街也強勢回歸，以超出預期的速度捲土重來。二〇一〇年，凱文獲得另一間歐洲銀行的工作邀約，該行的資產負債表安全許多。過去十年裡，他賺得不夠多，沒辦法徹底金盆洗手，於是他再次投入戰局。在華爾街，這場金融危機如同路上的減速丘罷了。

內莉妮·斯坦普（Nelini Stamp）聽說一間加拿大雜誌社號召民眾於二〇一一年九月十七日星期六中午，到華爾街上群聚抗議。這消息傳遍了整個臉書，她還認識其中一位發起人。但是她來到市中心卻發現警察封鎖了現場，人群早已經離開滾球草地公園（Bowling Green）的銅牛雕像。她聽說人群沿著百老匯大道往北走了幾個街區，來到一個有紅色巨型雕塑的公園。公園叫做祖科蒂公園（Zuccotti Park），沒幾個紐約人知道這個地方。穿過三一街（Trinity Place）後，對面就是九一一事件的原爆點（世貿雙子星大樓舊址即將完工）。內莉妮下午三、四點趕到公園，發現約莫有三百人聚集，她的朋友也在其中。人群站在一個巨型紅色鋼樑雕塑旁邊，三層樓高的雕塑彷彿人類張開的雙臂，高聳入雲。她與朋友在公園裡四處晃了很長一段時間，人潮愈來愈多。這實在是太酷了。幫忙籌辦活動的朋友說：「我們等等要召開全體大會。」內莉妮說：「好喔，我想瞧瞧。」

全體大會從七點開始，地點在百老匯大道旁的花崗岩人行道。有人喊了一聲：「麥克風測試！」其他人回應：「麥克風測試！」

「這是在做什麼？」內莉妮問。

「我們要借用群眾的麥克風。」她的朋友說。

「什麼意思？」

由於他們未申請到使用擴大機的許可證，他們想了一個妙招：也就是發言的人不管說什麼，附近的群眾都要跟著大聲覆誦，透過每次幾個字詞，讓聲音從中心向外傳送，經過二到三次傳話後，人群中的每個人就能聽清楚發言者在說什麼，不需用到麥克風。內莉妮認為，這招能以普通麥克風做不到的方式來團結群眾的力量，相當具有巧思。這場運動沒有領導者，只有經過共識技巧訓練的協調人員。召開全體大會的目的不是要發布命令，而是給民眾抒發憤慨的管道，他們不滿銀行和大企業，不滿他們居然有凌駕於全民與民主體制之上的權力。

大會結束後，群眾分成不同組別；內莉妮選擇了「對外聯絡組」，因為她已經在思考要邀請更多工會加入行動，她也認識許多工運人士。對外聯絡組成員有六、七人，他們一直聊到接近半夜，突然有人送來了幾盒披薩。每個人都在推特瘋狂發文，消息傳到當地一間披薩店，店家決定贊助他們幾盒披薩。內莉妮討厭社交媒體，沒有使用推特的習慣。人們總是表現出社群網路即現實生活的樣子，然而事實並非如此。她使用臉書，因為那是她與少數朋友唯一聯繫的方式。「你在發什麼文？」內莉妮問。

「占領華爾街。」

因為占領華爾街運動，她不得不幫自己弄一個推特帳號。這決定有點瘋狂，整個行動也有點不合常理，但她決定那晚徹夜不歸。她不想離開公園，想知道早晨會發生什麼事。祖科蒂公園是私人管理的公園，籌辦這場運動的人已經做好功課，他們發現布魯克菲爾物業管理公司（Brookfield Properties）必須讓公園二十四小時對外開放。那天晚上，大約有六十人睡在公園。雖是九月，但晚上已經很冷。內莉妮在雪松街（Cedar Street）花壇旁的硬花崗岩路面上鋪了一塊硬紙板，與朋友相互依偎。每天二十四小時不停歇，持續兩個月的占領華爾街運動要到隔天才正式開始（今天只算半天）[4]，這時他們必須睡一下。

當時她二十三歲，來自布魯克林，差兩個學分沒能高中畢業。她的母親是波多黎各人，在時代華納有線公司做客服。她的父親來自貝里斯，與四名女人生了四個孩子，對她的生活漠不關心。內莉妮個子雖小卻精力充沛，有著大大的嘴巴和焦糖色的皮膚；她會依據心情改造自己的髮型，可能是蓬鬆捲髮或是直髮，髮色可能是黑色或是紅褐色。她喜歡穿著緊身衣，搭配短裙和短靴，或是在低圓領上衣外面套上毛衣。她抽駱駝牌香菸，講話速度飛快，伴隨斷斷續續的嘶啞笑聲。二〇一一年初，她在右前臂上刺了一個刺青，上頭是用古荷蘭語寫下的紐約五個行政區的名字，這是因為她喜歡歷史，但同時她也想提醒自己：包括地名在內，世事都是會改變的。以前是，現在也是。

內莉妮童年時她的母親出櫃了，因此內莉妮的外祖父母有段時間與她斷絕往來。內莉妮不懂人們為何要討厭同性戀（對她而言，母親就是母親啊！和一般人沒兩樣。）她母親的伴侶在美邦證券（Smith Barney）工作，一九八八年，旅行者集團／所羅門美邦宣布併入花旗集團那天（美國史上最大的公司併購案），剛好是「帶女兒上班日」。十歲的內莉妮和其他孩子來到大會議室，那裡剛開完記者會。世界上最大的金融服務公司花旗集團將嶄新的標誌投射在螢幕上，右上角帶著紅色小雨傘。當時花旗的總裁桑迪・威爾（Sandy Weill）笑臉盈盈（他已經和柯林頓談好，知道這筆交易唯一的絆腳石《格拉斯－斯蒂格爾法》將被廢除）。內莉妮不知道併購是什麼意思，但是第二天到學校後她開始向朋友炫耀：「你們聽說花旗集團的事了嗎？」

她母親的伴侶在九一一事件前失去工作，接著兩人分手。內莉妮和母親最後在史坦頓島租了房子，鄰居都是愛爾蘭裔和義大利裔家庭。內莉妮喜歡音樂、戲劇和舞蹈。小時候，她曾經有一名經紀人，演了幾部電影，並在VH1音樂頻道的節目《Divas Live 98》上演奏大提琴。後來，家裡經濟拮据，使她不得不放棄學音樂。整個演藝圈是個大型壓力鍋，你必須擁有特定的身材、特定的髮型，二十出頭就出道，而成功的定義呢？與唱片公司簽約，發行爛透的音樂作品？然而，她性格的另一面，即腳踏實地的那一面，則喜歡工人和階級鬥爭的故事。在學校，她喜歡閱讀貼近人們生活的書籍，像是羅斯福總統帶美國走出經濟大蕭條的故事。她對於經典攝影作品《摩天樓頂上的午餐》喜愛有加，照片裡的地點位於紐約洛克菲勒中心，一群工人坐在高懸於曼哈頓上空的橫樑上享用午餐。她還拜讀了勞工烈士喬伊・希爾（Joe Hill）[5]的長篇自傳。她一直以為媽媽是工會成員，當她知道並非如此時，她失望至極。

自從五年級，內莉妮就一直夢想進入拉瓜迪亞市長紀念演藝中學（LaGuardia High School of Performing Arts），但高三時她突然對未來失去信心。她自尊心低落，陷入憂鬱。由於學校學生太多，還有教育體制的漠視，她開始蹺課。因為暑修沒修完，學校不讓她參加畢業典禮，這時她說：「唉呀，管他去死。」她不在乎沒拿到文憑，這讓她母親氣得火冒三丈。內莉妮很遺憾自己讓有色人種的輟學案例多增一例，但學校只想把她當成畢業率的數值指標。隔年，她待在家裡讀書，但是生活極為困頓，她甚至有次應門時還收到法警送來的驅逐通知。

她非找到工作不可，雇用她的是工人家庭黨（Working Families Party）：該黨與工會息息相關，在布魯克林鬧區有數間擁擠不堪、堆滿雜物的辦公室。內莉妮的年薪三萬美元，負責挨家挨戶為當地改革派候選人拉票，宣傳帶薪病假、選舉活動的財務改革等議題。結果，她成了一位明星宣傳員。就算遇到民眾當面甩門，她仍可以從這些人身上看到人性光輝，因此從不氣餒。她還未放棄音樂和藝術，但她也想組織動員，挽起衣袖、捲起褲管，加入戰鬥。

二〇〇八年，歐巴馬當選美國總統，那時她芳齡二十歲。她覺得有黑人總統或許能帶來新氣象，但她也想知道歐巴馬究竟是否能像希拉蕊一樣開放進步（歐巴馬似乎知道如何取悅兩邊）。突然間，社會似乎醞釀著一場民眾運動，人們開始關注「單一支付者醫療衛生系統」[6]之類的議題；如果歐巴馬真的力推這運動，那她會支持他到底。選舉前，華爾街金融危機襲來，她心想：「到此為止了，金融體系要瓦解了。」她以為美國要退回五、六〇年代，以藍領經濟為導向並實施嚴格的監管，但不像當年那樣有許多種族偏見。（像她和母親這樣的移民在那時不配擁有美國夢。）後來歐巴馬上任，事情卻沒任何起色。反而銀行還是重新開門營業，大企業和富人愈賺愈多，其餘的國民卻在水深火熱中。內莉妮和其他社運人士一起遷入位於貝德斯泰地區（Bedford-Stuyvesant）的某間團體住屋，搬進小小的臥室，那裡距離馬西社宅（Marcy Houses）[7]僅兩個街區。因為在經濟蕭條期間為工人家庭黨做宣傳活動，這工作經驗令她不禁認為民主制度的建立是為了透過遊說團體和其他制度來保護資方，而要改變這一切，唯一的方法就是推翻資本主義。

但是這場鬥爭持續太久了，期間歷經一場場小規模拉鋸戰，社運團體大多只能扮演守方的角色，有時只是是要讓某位揚克斯市（Yonkers）的議員連任，有時則是要防止紐約的預算被刪減。憤世嫉俗的聲音甚囂塵上，人們在客廳和酒吧對社會不公大吐苦水，但都成了不足以燎原的小小星火，直到九一一事件十週年後的那個週六，在事發地點東邊的一個街區，終於由一小群人點燃了戰火。

連續兩週，內莉妮都在公園的睡袋裡醒來，搭地鐵上班，趁午休時間帶著在公司印好的一大疊傳單回到市中心，接著回去工作，下班後回到貝德斯泰的家洗澡、換衣服，然後又回到公園出席當晚的全體大會。有參與者告訴她：「你很正。」當晚她又繼續露宿公園。事情來得太快太突然，而她也如閃電般行動。後來，因為運動結識的好友都對她說，運動初期她實在太投入，忙得分身乏術，根本無法與她好好聊天。

不到一週的時間，祖科蒂公園聚集了兩千人。占領者將公園改名自由廣場（Liberty Square），靈感取自開羅的解放廣場（Tahrir Square）。第二個週六，大家沿著百老匯大道走向聯合廣場（Union Square），一邊高呼「不分晝夜，占領華爾街！」和「我們是百分之九十九！」。內莉妮又跑又跳，率領民眾高呼口號，簡直像是個情緒激昂的托鉢僧。後來這運動突然變調。遊行群眾阻礙交通，警察逮捕數十人，她從沒看過的情景真實上演：她的朋友遭強行拖走，她突然眼淚直流。一名穿著白襯衫的警察朝四名女性的臉上噴灑胡椒水。內莉妮和其他人發現他們遊行的影片在 YouTube 上瘋傳，馬上趕回公園舉行簡短的新聞記者會。她對著面前的攝影機說：「我們聚集在此進行非暴力抗爭。」當晚，她的母親在紐約一號有線電視台（New York 1）上看到她，打電話過去。

「我看到妳去參加遊行，妳到底在幹嘛？」

「媽，我在這邊超過一星期了。」

公園、影片和宣傳多管齊下，媒體開始大肆報導占領華爾街運動，相關貼文在部落格和推特瘋傳。開始有歌手、演員和學者在祖科蒂公園露面，不過沒人知道這場運動的宗旨究竟為何。占領華爾街運動採用無政府主義的「平起平坐」模式，因此沒有訴求、結構或領導者。來到公園的訪客一定能感受到空氣中的火花，某些民眾普遍感受到卻長期壓抑或過於分散而無法聚集的怒火，這時一口氣爆發開來，並以混亂無章又千頭萬緒的形式聚集在一處。

內莉妮的上司比爾知道她是占領華爾街運動的一員。他問她：「妳有參加運動，對吧？目的到底是什麼？」

她告訴他，占領華爾街運動非常酷炫，運動正如火如荼展開，參與者還愈來愈多，而且吸引的不僅僅是社運人士，還有形形色色民眾。

「工會希望發動遊行來表達一致支持的立場，可以嗎？」比爾問道。但他們對這運動還抱持著疑慮，畢竟他們不知道運動的目的或最後會演變成什麼樣子。

內莉妮答應幫忙策畫一場走到弗利廣場（Foley Square）的團結遊行，參與者將是數以千計工會成員和學生。她逐漸成了華爾街運動與外界團體之間的聯絡人。雖然「領導者」一詞有違這個場域的精神，但她確實成了一名領導者。她的老闆決定讓她全職投入華爾街運動。即使之後未繼續睡在公園，她每晚也只待在家裡兩、三個小時，天天過著腎上腺素飆升的生活，為工作忙到焦頭爛額。她的名氣引來了部分右派網站的關注，他們大肆宣傳內莉妮與工人家庭黨的關係，以證明整個運動的幕後黑手是已經被搞垮的「即時改革社群組織協會」（ACORN），而且先前工人家庭黨在創黨時該協會的確曾幫過忙。

十月一日，內莉妮和其他七百人在布魯克林大橋上被捕，隔天是星期日，她在晚上接到麥斯的電話。麥斯是她在占領運動期間認識的新朋友，他說週一早上華府有一場會議要召開，主辦單位是社運人士范・瓊斯（Van Jones）[8]籌組「重建夢想」（Rebuild the Dream）——一個為了與茶黨互別苗頭而成立的左派智庫。麥斯是智庫的員工，瓊斯要他從占領運動中挑選一人來演講，但他們在最後一刻發現原本人選居然相信全球陰謀論和外星爬蟲人，因此決定換人。他問內莉妮是否方便搭火車去華府？她凌晨四點三十分抵達紐約市的賓州車站，但是信用卡刷不過，買不了車票，打電話搬救兵，但麥斯窮到身無分文，只好叫醒上司求助，這才幫內莉妮買了張機票，因為搭火車已經趕不上會議。到了華府，她從計程車跳下，衝進會議室，走上台說話時仍上氣不接下氣。

「第一次到公園時，我並未意識到這場活動將改變我的人生，」她說。她一邊竭盡所能靠近台上麥克風，一邊將過去兩個半星期的瘋狂經歷化為言語。「晚上我睡在硬紙板上，開始對勞團和社區組織施壓，要大家過來現場看看。許多人問我訴求到底是什麼。我們不需要訴求。如果我們對華爾街有所訴求，那等於在告訴他們，他們手裡握有權力。但運動的參加者數量龐大，這是我們的力量來源。」

內莉妮不禁開始認為，占領華爾街運動揭開了一場革命的序幕。

祖科蒂是個鋪著花崗岩的矩形小公園，園內種著五十五棵美國皂莢樹，在摩天大樓的陰影下茁壯生長。在西側，面對著正在原爆點上重建的世貿中心龐大工地，排成一圈的鼓手們不停打出節奏狂野的鼓音，為占領者加油打氣，卻讓附近居民不堪其擾。鼓手所在的區域被稱為「貧民窟」，聚集著激進的無政府主義分子和長期無家可歸的遊民。這裡自成一個世界，不歡迎任何外來客。由於警方禁止在園內搭帳篷，過夜的占領者只好在冷冰冰的花崗岩上鋪著防水帆布睡覺。公園中心設了一個個據點，為運動提供自給自足的服務：大家在廚房區的露天環境中烹煮食物，發放給任何排隊的人；在加油充電區，占領運動成員可以領取民眾捐助的濕紙巾、盥洗用品和衣物；在回收區，大夥兒將食物製成垃圾堆肥，輪流踩著一輛固定的自行車，以便為電池提供動力；在圖書館，桌子上堆滿了數千冊書本；在露天工作站，電腦和攝影機二十四小時直播占領運動的現場。

公園東側，沿著百老匯大道的寬闊人行道，名為《人生樂趣》（*Joie de Vivre*）的紅色鋼鐵雕塑下方，占領者與大眾混雜在一起。占領者站成一排、手拿標語，如同販賣商品的小販，吸引路過的遊客、行人和午休上班族駐足旁觀、拍照和聊天。一名老嫗坐在椅子上，大聲朗讀美國現代詩人哈特・克萊恩（Hart Crane）的經典長詩《橋》（*The Bridge*）。另一名婦女則每天靜靜站著，手裡拿著一本批判歐巴馬麾下執政團隊的書《騙子們》（*Confidence Men*）。一位穿著運動外套，頭戴高爾夫球帽的老人則舉著牌子，上面寫著：**支持受監管的資本主義。反對不成比例的貧富差距。急需大規模的就業計畫**。一名戴著安全帽的工會所屬電工，手上標語寫著：**為後代占領華爾街**。一位穿著藍色護士服的女子則寫著：**華爾街的貪婪令本人作嘔，信用已經破產**。穿著牛仔褲的年輕女子則高舉：**貪婪劫持了未來，讓我沒有未來**。還有**我們聚集於此，什麼都不明白，早日習慣吧**，以及**我愈想愈不對勁**。

沒有舉牌的人都在拍照。人群擠得水洩不通，談話聲交疊在一起：「……世界各地的中產階級都被摧毀了，始作俑者之一是……」「目標是要讓所有人一起決定目標是什麼……」「《格拉斯－斯蒂格爾法》是何時生效的？」

兩名友人站在人行道上，一位是三十歲的希拉・摩斯，另一位是二十七歲的瑪扎兒・本・莫舍。希拉有助產士證照，目前待業中。馬扎爾正在攻讀社工學位。希拉早上五點三十分就到公園了，這運動是她畢生引領期盼的機會。瑪扎兒在二〇〇八年曾擔任歐巴馬的競選志工，為他當選感到開心，但從那之後她便不過問政治，甚至在二〇一〇年都沒出門投票。她為此感到羞愧，想要藉機會重新開始。幾個戴著安全帽的工人從世界貿易中心四號樓的工地走來，他們正要去午休的路上，途中看到了標語。其中一名叫麥可的工人向示威者致敬。他說：「我們的工作都化為烏有。有時一整年都沒工作。」他說，「一切都是他們。」他的手揮向金融區的高樓叢林，「限制我們發展的罪魁禍首。銀行、政府，那些手握金權的傢伙。」

兩名中年男子在希拉面前停下，開始用濃厚的俄羅斯口音與她爭論。「古巴、北韓、委內瑞拉，是你們運動的終極目標，」一個俄國人說。

「我老婆是助產士，她有工作啊，」另一個俄國人表示。

「恭喜，那很棒，」希拉說。

「妳也能找到工作。」

「我也很希望就業，但就是找不到。」

「你們是在浪費時間。快去找工作，把時間拿來找工作啊。」

「最重要的是趕快投奔北韓吧，」第一個開口的俄國人說。「那裡才是你們的歸宿。」

一名頭戴棒球帽，在一旁聽對話的四十歲男子對那位俄國人說：「俄羅斯是寡頭橫行的國家。你有發現這與她說的有什麼關聯嗎？」

「那是政府的問題，不是銀行的問題。」

另一個俄國人開始抱怨祖科蒂公園的占領者。「他們在公園裡抽菸！這是違法的。他們自認高人一等。」

希拉說：「對美國人民來說，一切絕對公平。對還是錯？」

「對，」另一個俄國人說。

一群人不約而同說：「錯！」

雷・卡歇爾（Ray Kachel）出生於西雅圖，人生的前五十三年沒踏出過西雅圖周遭。他在電腦產業是個無師自通的通才。一九八四年，他買了人生第一台蘋果電腦，型號是512K；他從西雅圖中央社區大學（Seattle Central Community College）輟學，到一間公司就職，公司主要負責將紙本文件轉化為電子檔。晚上，他投入夜店生活，在 Tugs Belltown 酒館兼差當 DJ，拿歐陸節拍（Eurobeat）、無帽子樂隊（Men Without Hats）、王子的歌曲來做混音演出。週一晚上，他還加入 5 Sides Collide 的樂團，演奏合成器和鼓機，但後來女主唱決定出櫃，當個蕾絲邊，樂團就解散了。名人會到夜店吸食古柯鹼，（有人看到艾爾頓・強至少一次）雷也跟著吸了幾個月，販毒以賺錢買毒。但吸毒讓他感覺不快後，他決定停手。

八〇年代中後期，經濟每下愈況，夜店倒了，他連白天的飯碗都丟了。但是接下來的幾十年，他靠著西雅圖科技業的零星案件維持不錯的生活。他在音訊和影視製作的領域上與時俱進，還會自由接案，做點線上內容編輯。趁科技業案子的空檔，他也在爸媽的清潔公司上班。他將錢花在為數不多的興趣上，例如精釀啤酒，還有豐富的 DVD 收藏。他最喜歡的電影是蘇俄導演安德烈・塔可夫斯基（Andrei Tarkovsky）於一九七九年推出的科幻電影《潛行者》（*Stalker*）。「電影演的是三個人在樹林裡閒晃的故事，是一部在視覺和聽覺上都非常詭異的作品，」雷說。「塔可夫斯基以超長的長鏡頭著稱，善於營造令人莫名不安的環境。」

雷在單房公寓獨居，他相貌平凡，身材矮小，剪著接近平頭的短髮，衣著單調，舉止溫和。父母去世後，他沒什麼朋友，幾乎成了邊緣人。但話說回來，許多科技業人士都不喜歡社交。資訊時代的經濟讓數百萬名技術純熟，具有文化素養的自由業怪人有工作維生。只要新經濟能養活他，雷就能過自己想要的生活。

經濟衰退重創西雅圖時，科技業的工作開始枯竭。他的主要客戶是一家雇用他客製化DVD的公司，老闆去世後，雷發現他的工作機會歸零。他開始節流，戒掉啤酒。二〇一〇年底，他在亞馬遜網站上訂購一個蘋果狀的綠色隨身碟，裡面是披頭四樂團的大全集。但就在訂單出貨前，他取消了訂單。「那時我開始意識到，花兩百五十美元買東西並不明智，」他說。「還好當初做了那決定，因為就算買了，我應該也受不了裡面那種立體混音版音樂。」

二〇一一年三月，雷感到口乾舌燥、焦慮緊張，食慾不振。他發現自己的積蓄即將見底。他能當咖啡師或貨運司機養活自己，但他不認為自己有能力整天與客戶聊天，而且他也好幾年沒開車了。他把履歷丟給每一家有職缺的科技公司，但是只有名叫Leapforce的公司寄來邀約回應。公司主要負責分析網路搜尋結果，雷以「在家獨立職員」的身分簽約，每天用他的蘋果電腦工作，時薪十三美元，但他的工時幾乎馬上縮減至每天二十或三十分鐘。那是他最後一份工作。

夏天來臨，雷在eBay上拍賣他的電腦設備，彷彿一名被乾旱折磨到不成人形，吃起玉米種子的農民。他先賣掉了MacBook Air，接著是iPad，然後是iMac。在他為一千部DVD完成電子檔拷貝後，他將豐富的收藏賣給了不同買家。雷賣掉的最後一件物品是蘋果最先進的編輯軟體Final Cut Pro。「我原本希望不要賣掉這軟體，這樣如果我接到別的案子，就能用別人的電腦工作。但是事與願違。」他從這些交易獲得大約兩千五百美元。九月份，他開始欠繳房租。他領悟到，唯一比無家可歸更悲慘的是在自己的家鄉落得無家可歸。

為了擴大社交圈，從二〇〇九年開始雷在推特發文。在推特上，他遇到許多與他一樣同病相憐、生活困頓的失業人士。九月的倒數幾天，當他準備搬出公寓時，他在推特上看到曼哈頓下城爆發了一場運動。

同樣的問題令華爾街示威者倍感憤慨，讓雷的日常生活有了痛苦的領悟：不公平的體制一直在縱容權貴榨幹中產階級的生活。他對銀行、石油公司和避稅的大型企業極為不滿。他格外關注的問題是用水力裂解法來開採頁岩油與頁岩氣。他也是電視主持人瑞秋·梅道（Rachel Maddow）的狂熱粉絲，他很欣賞她的機智幽默和隨和性格。而且，她在有線新聞節目中開始談到占領華爾街運動。

雷當初以四百五十美元賣掉 Final Cut Pro。有兩百五十美元，就能在美國搭乘灰狗巴士去任何想去的地方。他東邊最遠只到過達拉斯，但紐約的步調如此快速、生活如此多元，充斥著各種賺錢的管道和想法，如果他能想辦法在那裡生存下來，他肯定就能找到立足之地。九月的最後一晚，他在入睡前對自己說：「喔，發瘋有個程度，你不要亂來。」早上醒來時，他思路清晰，腦中只有一個想法：「我拚了。」

雷為數不多的朋友並不知道他的計畫。但是在十月三日晚上，他在自己的 Wordpress 部落格寫下一篇文章，給網路上任何可能看到的人：「即將登上往紐約市的巴士。不知道是否有一天還會回到西雅圖……我曾歷經手足無措的時刻，不停懷疑自己是否徹底失去理智。這很有可能。但懷疑的念頭總是稍縱即逝，我興起冒險之心，已經準備好出發上路。」他拋棄了所剩的大部分財產，只帶著一個小旅行袋和背包上路，裡面裝的東西不多，只有幾件換洗衣物，一個存著幾部電影的行動硬碟，還有一個記憶體足以發送和下載推文的非智慧型手機。巴士在午夜駛離西雅圖。十月六日凌晨五點，雷抵達了曼哈頓中城的港口管理局巴士總站。早上十點，他來到了位於市中心的占領區。

美國皂莢樹的葉子仍舊綠意盎然。公園裡到處是一群群舉著標語的人、鼓手、廚工，還有正在舉行會議的團體和高談闊論、激辯議題的人。雷睡眠不足、饑腸轆轆，但他卻有一種似曾相識的感覺，身旁的一切有種說不上來的熟悉感。他在自由街旁的牆頭坐下，聽著附近幾個人在交談，有種腦袋快爆炸的感覺。就像他一直身處那個空間，與那些人交談過，在他們開口前他完全知道他們接下來要說什麼。突然，有人告訴他，如果他走到公園中央的加油充電區，他可以去沖個澡。在另一個熟悉的時空裡，他應該會選擇不參與占領華爾街，只是去沖澡，繼續以他再熟悉不過、備感愉悅的方式過活，接著他會回到溫暖的床上；但在現實生活中，他根本不能洗澡，還必須面對殘酷的事實——他獨自一人來到陌生的城市，無家可歸、身無分文。所以他如同烏龜縮回自己的世界，一語不發，在公園東側附近的台階上選了個位置躺下，裹著羊毛夾克和防水外套睡著了。

有一天，雷無意間聽到附近的年輕占領者正在談論他的事，他們坐在離他不遠的台階上，彷彿把他當空氣。「他這樣下去不行，」其中一人說。「他沒好好照顧自己。」他們沒說錯，他的鞋子和襪子在暴雨中濕透卻沒整理，連續幾天都還沒乾。雷突然了解他無法如同孤伶伶的衛星般，獨自在這裡生存。他必須設法全心融入團體，這是他從未做過的事。

他自願加入新成立的衛生工作組（Sanitation Working Group）。為了在入夜後保暖，他每天晚上花時間刷洗小徑和人行道，讓身體熱起來。另一名看見雷在工作的占領者，送了他一個睡袋和一塊防水帆布。他結識了新朋友：西恩是一名來自布朗克斯的愛爾蘭移民，他上大夜班，負責幫鋼材噴上阻燃劑，白天時就來祖科蒂公園；還有一名擁有物理學位卻無家可歸的代課老師；克里斯則是居無定所，從佛州塔彭斯普林流浪來紐約——他在YouTube上看到警察噴灑胡椒水的影片，覺得氣憤難平，因此逃票跳上火車來到曼哈頓，以便幫女性占領者捍衛尊嚴。

雷發現了寫著**禁止水力裂解法**的標語，在自己工作告一段落後，他花了幾天時間，在公園南側的人行道上與陌生人交談。這感覺有點像在演戲，但他找到內心深處的聲音，讓可以他大聲說出一切。他定期在推特發文，在西雅圖時，他的推特帳號只有十幾名粉絲，現在卻暴增到超過一千個。

十月八日：這裡有集體生活的特徵。雖然是很奇妙的體驗，卻完全超出我的舒適圈。

十月二十二日：我很意外身旁有一位守護天使。但毫不令我意外的是，他來自布朗克斯，是個語氣柔和、勤奮努力的愛爾蘭人。

十月二十三日：給我親愛房東弗格森先生。我在紐約生活超過兩個星期，這裡不像你說的，我未聞到尿味。

十月二十七日：不斷看到有人提到「警察打人」。我在這裡超過兩週，從沒看到那種事，也幾乎沒聽說過。

十一月十三日：我在西雅圖的舊公寓住了近十年，與另外兩名住戶幾乎不曾往來……我在自由廣場只住了一個多月，卻經常與鄰居互動，還結交了許多新朋友。

因此，在一個大雨滂沱的夜晚，有人趁他熟睡時偷走他的行李袋，雨水灌進他捲起的防水帆布、浸濕他的睡袋時，他沒有驚惶失措。隔天早上，熱心的衛生工作組成員過來清理被水浸泡的東西時，也一併拿走了他的背包（裡面裝著行動硬碟），使雷僅剩的財產只有他那一身衣褲時，他也相當冷靜。他向新朋友求助，得到了乾燥的新睡袋。從那時起，他成為占領運動的一份子。自由廣場就是他的家。

十月十二日星期三，紐約市長彭博和紐約市警局宣布，公園要在週五清場，以進行清潔工作。周邊住戶抱怨公園西側從沒停過的擾人鼓聲，公園骯髒雜亂的模樣，以及隨地便溺的情況。內莉妮花了許多時間與鼓手溝通，請他們減少打鼓時間。她出席當地社區委員會會議，也傾聽居民投訴，最後與居民達成協議，將打鼓時間限制為每天兩個小時。然而，到了市政府宣布清場時，她和其他占領者都認為：抱怨打鼓聲只是市政府設法阻止他們發聲，為了清場而設下的圈套。

他們透過社群媒體發出警訊，紐約市的支持者開始拿起電話打爆現任官員的辦公處，用批判貼文洗版臉書。到了星期四晚上，成千上萬名民眾來到公園，一起阻止警察清場。祖科蒂公園被擠得水洩不通，即使是那些曾質疑占領運動的人，那些討厭鼓手的周邊居民，那些認為社運人士又在老調重彈的人，都紛紛聚集到了公園，因為大家認為政府想要奪走自己很重要的東西，屬於全體所有人的東西。

原則上，占領運動的參與者不會與市長辦公室直接對話（雖然原則本來就模糊不清）。因此，內莉妮的老闆比爾急著與副市長私下談判，希望繼續保持公園開放。由於祖科蒂被前來聲援的群眾塞爆，內莉妮那天深夜回家睡了一小時。凌晨五點她回到公園時，占領者已經醒了。接著一小時內，祖科蒂人潮再度湧現，到了六點，從百老匯到三一街的花崗岩地面上，人群擠得像沙丁魚。內莉妮的電話響起時，天色還沒亮。

「贏了，」她的老闆說。

「什麼？」

「沒人能趕走我們了。快去找貝卡。」內莉妮的朋友貝卡正站在百老匯大道階梯的頂端。她的手機有一則比爾傳來的訊息，內莉妮將訊息大聲唸給群眾聽。

「昨天深夜！」她等著大夥兒以群眾聲浪三次傳話，將消息從東側傳到西側。「我們接到祖科蒂公園業主的訊息！布魯克菲德物業管理公司！他們將延後清潔工作！」第一次的傳話還沒能將消息傳遍公園，民眾便開始歡呼了起來，持續一分鐘未停。民眾舉起成千上萬的手，以無政府主義特有的手勢揮動著手指，意思是「太棒了！」內莉妮再次開口：「因為他們相信可以與我們達成共識！但在此同時！也是因為群眾力量大！」

之後，她幾乎沒印象人生最戲劇性的高潮片刻究竟發生了什麼事，一切如夢似幻。她的朋友麥斯說：「拍成電影的話，那場景一定是重頭戲。」

「你不要毀了這美好時刻，」內莉妮說。

「真不知道哪個演員會扮演妳。」

占領運動開始時，凱文．摩爾的銀行同事們對運動嗤之以鼻。其中有人說：「警察應該掏出他媽的警棍衝進去。」但是在中城下班後（華爾街大部分的公司已經不在華爾街上），凱文決定繞到公園一探究竟。之後他慣性回到那裡。他喜歡公園的奇景和百老匯大道上人們的自由言論。祖科蒂的場景讓他回想起八〇年代的紐約，當時他在念私立中學，聽著饒舌團體 Run-DMC 的歌，有空時會去時代廣場觀看三公術[9]和警察突襲抗議群眾的行動。當時的紐約更加狂野暴亂。占領運動為警察和附近社區造成很大壓力。如果只是坐在那裡就地抗議，手法一成不變，新鮮感很快就會退燒。他們必須盡快找出別的方法，讓議題持續延燒。但凱文也很高興有人在關注這些議題，畢竟部分問題是他在金融業親眼目睹的。

但是占領華爾街運動也有凱文不喜歡的地方。活動需要一名市場總監，他認為他們應該要將炮火對準百分之零點一，因為他是隸屬於百分之一的那一群，但他對政客完全束手無策。他也不喜歡部分抗議者以偏概全，妖魔化整個金融業的從業人員，就如同他在銀行的同事妖魔化公園的所有人一樣。這就像民主黨人和共和黨人，雙方陣營各執一詞卻沒有交集。有一次，他去倫敦出差時，凱文看到部分占領運動的參與者闖入一家公司，開始拿雪球砸裡面的工作人員。但他們搞錯大樓，以為那是投資公司，但那其實只是一間普通銀行的分行。凱文對華爾街的罪行清楚不過，但抗議者的仇恨情緒令他詫異。如果他們想看到改變，就必須訴諸銀行家心中較為良善的那一面。

曼哈頓下城點燃了星火，星火燎原，一路蔓延到全國和全世界。幾周之內占領運動遍地開花，發生了二十五、五十乃至一百場占領活動。占領運動的口號「我們是百分之九十九」簡單卻強而有力，能夠包含不同的不滿和渴望。這個口號成為社交平台 Tumblr 上一個部落格的名字，部落格收集了數百張讀者寄來的人臉照，部分完全遮住，或是在鏡頭前拿著一張紙蓋住一半的臉，紙上寫著關於自己的匿名聲明。一張在黑暗中的臉，紙上寫著：

為了成功，我做了他們說的一切。
我拿到滿分的成績和獎學金。
我上大學，拿到學位。
我背負學貸，卻找不到工作。
我的家門上貼著驅逐通知卻無處可去。
我的戶頭裡只剩四十二美元。
我是那百分之九十九！

一個女人從紙張後方露出模糊的面孔：

我今年三十七歲，擔任時薪八美元的管理職位。我們的助理和總經理月薪上萬，飽食終日，每天只顧談論員工和客戶。我連十分鐘的休息時間都沒有，更沒有三十分鐘的用餐時間。

在付完
保險
聯邦稅州稅
社會保險費
醫療健保之後
我還必須拚命賺油錢，以便能去工作。
我很賭爛！

雖然這些簡短的日常故事，讀者群只有寥寥十幾人，但故事背後所承載的道德力量如同經濟大蕭條時期的文獻研究，或是美國作家史坦貝克（John Steinbeck）的小說。故事說明了為什麼占領華爾街會席捲全球。

媒體使用「收入不平等」一詞的次數暴增五倍，歐巴馬也為此發表了演說，內容談論到了那百分之一。每位名人和公眾人物都對占領運動發表了看法：柯林．鮑威爾的態度有所保留，但也展現同理心，他回想起父母早年在南布朗克斯總能找到工作。勞勃．魯賓談到中位數實質薪資三十年來不停下滑（九〇年代末期除外）：「他們發現了國家經濟所面臨的問題癥結點。」彼得．提爾告訴一位採訪者：「現代社會的歷史中，不平等只能透過幾個方式來解決：共產主義革命、戰爭或通貨緊縮的經濟崩盤。令人不安的是，我們不知道這三者究竟哪一個會實現，抑或是否還有第四種可能？」正在投入參議員選戰的伊麗莎白．華倫說：「我為他們正在做的事提供了大部分的知識基礎。」投身總統選舉的金瑞契在哈佛大學遭到占領抗議者刁難，之後他在愛荷華州一場家庭價值觀論壇上對觀眾說：「所有占領運動的預設前提，都是我們對他們有所虧欠。他們占領公園不付費，使用附近的洗手間不付費，他們向自己不願意付錢的地方乞求食物，他們阻礙那些去上班的人，而正是這些人在繳稅維持廁所和公園的運轉。這麼一來，他們就能自以為是地宣稱自己是道德典範，而我們虧欠他們一切。這是個很好的例子，說明左派已經讓國家的道德體系淪喪到什麼境界，以及我們為什麼要對他們重申一句簡簡單單的話：『洗個澡後趕快滾去找工作。』」當被問到他的看法時，安德魯．布萊巴特回答說：「這取決你要用什麼角度談論占領華爾街，是拉屎角度、公開自慰角度、強姦角度還是猥褻角度？我們的報導涵蓋所有狗屁倒灶的事。」他為紀錄片《民運去偽》（*Occupy Unmasked*）錄製旁白，是他死前完成的最後一項計畫，電影於他去世後上映。Jay-Z 推出自家 Rocawear 品牌的「占領所有街頭」系列T恤，但後來卻倒戈，開始幫百分之一的企業家辯護。「這是自由企業的精神，」Jay-Z 說。「是美國的建國基礎。」

整個十月，占領運動遍地開花。揚斯敦原本於七零年代後期就曾發生試圖阻止鋼鐵廠關閉的「挽救我們的河谷」（Save Our Valley）運動，所以占領揚斯敦運動也吸引了三十幾年前那場運動的部分參與者。十月十五日，七百人走上街頭，穿過格林斯伯勒市中心，他們走過位於伍爾沃斯百貨舊址的銀行和民權博物館，往節日公園方向前進。迪恩．普萊斯是其中一員。他參加了占領格林斯伯勒的計畫會議，遊行結束後與青年交談一番。青年在公園旁邊的 YMCA 停車場內搭起帳篷，為遊民提供義大利麵。他們與迪恩分享自己的人生遭遇：低薪工作、沒有醫療健保、巨額的學貸。這些故事令迪恩忿忿不平，那些出生在五〇到六〇年代的人坐擁一切，吃香喝辣，然後只將剩飯殘羹留給下一代，使得年輕人不得不走上街頭，抗議僵化的體制。但是，迪恩試圖讓占領者看到即將發生的變化，地點就在格林斯伯勒。

在坦帕，抗議者占領公園幾天後，魏德納開始在他的部落格寫下關於占領運動的文章。他將運動比喻為現代版的謝司起義（Shays' Rebellion）[10]，稱呼占領者為「有腦袋的茶黨人士」並發表文章〈致總統先生——請拆掉這面牆（華爾街）〉，他寫道：

占領華爾街只是個開始。這場運動規模看似不大卻強而有力，無論是對既有的秩序還是對國家目前的生活方式，老實說都構成許多危險。當前的生活方式不可能持續。美國成了一個漫天大謊。因為我們所選出來的領導人和企業領導人已經徹底腐敗。真理和後果已經變得無關緊要。謊言和貪婪正在驅使一切。華盛頓特區過去曾是國家的中心，如今它所體現的理想和原則卻遭華爾街和高盛一腳踢開。

數百人的遊行隊伍因占領坦帕來到了一個市區公園。丹尼・哈澤爾本來也想參與，因為他喜歡運動中關於企業貪婪的訊息，但卻忙於沃爾瑪和照顧孩子的工作，再加上沒有油錢，只能作罷。希薇亞・蘭迪斯前往公園，看到了與她一樣的退休人士、背負學貸的學生、不同的家庭，還有房屋被收回的失業者。部分年輕的抗議者似乎過著渾渾噩噩的生活，他們的反資本主義言論使希薇亞憂心不已。她不認同自己是占領運動的一份子，但她帶了自己為派對準備所剩下的起司通心粉給他們吃，還開車載他們去薩拉索塔，參加止贖辯護律師開設的培訓課程。然而幾週過去，加上幾次熱帶狂風的襲擊，許多占領者因私闖民宅被捕後，坦帕市區又恢復到以往門可羅雀的模樣，最後只剩八到十位孤伶伶的抗議者在河邊舉牌，偶爾路過的汽車按一聲喇叭。最後，他們同意移往西坦帕一座偏遠的公園，公園的業主是個脫衣舞俱樂部老闆，他的店名叫做「我的維納斯」。

十月下旬，祖科蒂公園放寬帳篷的規定。那時，雷的代課老師朋友剛好找到人分租公寓，因此將足以抗零度低溫的睡袋和單人帳篷送給了雷。雷在公園南側占據一塊大約四十五公分寬、一百八十二公分長的地面。祖科蒂公園很快就充滿了帳篷，變得難以行走。雷發現帳篷會在公園與民眾間築起一道隱形的牆，使公園變得比較冷清，而且更加骯髒。他每天習慣早起走過幾個街區，看著太陽從東河上升起，步行探索下東城和唐人街後再繞路回到祖科蒂。公園裡如同活在魚缸的生活開始影響他，搖滾樂團XTC的老歌〈感官超載〉（"Senses Working Overtime"）中的歌詞不停在他腦海中循環播放。鼓手圈開始帶著費里尼電影《愛情神話》（*Satyricon*）裡的荒謬色彩。雷不禁懷念起能打開電視逃避現實生活的日子，他在《絕命毒師》（*Breaking Bad*）最後兩集播出前離開了西雅圖，那是繼《火線重案組》（*The Wire*）以來最精彩的電視劇。去星巴克幫手機充電及其他無聊瑣事幾乎耗盡他一整天時間。他在原爆點以北的全食超市（Whole Foods）以食品券購買水果和無糖的八十趴可可巧克力。只要公園的廚房繼續供餐，因為他吃的很少，身上只剩幾美元也沒關係。約莫晚上九點鐘，雷幫自己的單人帳篷拉上拉鍊，用手機在推特上觀看瑞秋·梅道的節目，接著早早入睡，以便趁附近年輕人開始開趴前睡個幾個小時。他每天睡覺的時間從未超過四、五個小時。有一次，公園持續了一整晚此起彼落的嚎叫聲。

雷發現要在占領華爾街運動中保持活躍不容易。他加入了占領中央公園小組，但後來市政府拒絕授權許可，這個小組就解散了。他很少參加在紅色雕塑旁舉辦的晚間全體大會，人群用群眾麥克風開了幾小時的會，卻什麼問題都沒解決。大眾似乎開始失去對占領運動的興趣。運動本身創辦的報紙《占領華爾街日報》（*Occupied Wall Street Journal*）好幾週都在發行同一期的內容。一種響亮而瘋癲的元素似乎滲入了百老匯大道的談話。大道上有數十個「工作小組」，大部分的小組在距離公園幾個街區外開會，地點就在華爾街六十號德意志銀行大樓的中庭裡。然而這些小組的參與者有些是占領運動成員，在關於「整個過程」的孤立對話中，他們認為如果要改善過程，他們必須要將小組分為更小群組，好讓過程「更具包容性」。在中庭開會的社運人士和公園占領者之間逐漸出現了鴻溝。在促進工作組的一次會議上，某人看到雷，以為他是陌生面孔，直接問他為什麼出現在那裡。

雷知道他在公園的目的。「公園具有象徵地位，因此我們必須持續占領公園，」他說。「如果他們說，『好吧，我們聽聽你在說什麼，大家冷靜下來回家去，之後再繼續討論這個問題』，那麼關注會消失，電視台轉播車會消失，人們會自我滿足，回家看真人實境秀，不知道還會有多少幻想泡泡再度破滅。」

當雷對占領運動的幻想逐漸破滅時，內莉妮也開始灰心喪志。最初幾週，一切還很美好時，就連一個人也無法影響七百人的全體大會。可是，當中庭會議縮減至三十到四十人，來自直接民主工作組的兩、三個人就能引起爭論，或是妨礙成員達成共識，破壞整個會議的進展。有時，他們會拿種族歧視或性別歧視來當藉口，所以像麥斯這樣的白人男性確實很難與他們爭論。內莉妮不知道他們是否故意找碴，但她希望有人能出面指責他們：「老實說，你們說的與他們要解決的問題毫無相關。你們夠了吧？」

發起這場運動的，是一群經營加拿大雜誌《廣告剋星》（*Adbusters*）的人士，如今掌控運動的，也是與他們類似的眾多後現代無政府主義知識分子。內莉妮對自己沒能從高中畢業感到自卑，《廣告剋星》那一批人讀了許多她從沒聽過的書，有時甚至讓她感到自己不夠激進。身為運動人士，她擔心占領運動開始變得狹隘，想知道如何將占領運動轉變為能達成實際目標的長期運動，例如讓人們決定關閉在大銀行的帳戶，以及讓居無定所的人住進止贖房屋。她認為占領運動應該在某個時間點提出訴求。她甚至開始認為，也許該是離開祖科蒂公園的時候了。

十一月，隨著美國皂莢樹的葉子變黃，占領運動的熱潮也開始退燒。公園瀰漫著絕望的死寂，如同身處貧民棚屋區，而非靜坐抗議。在雷帳篷的周圍，一張破舊的沙發引起了軒然大波。克里斯（那名看到女性被噴胡椒水而從佛州過來的流浪者），把沙發從曼哈頓的某條街上搬了回來。但沙發引來了對運動沒有興趣的流浪漢，還占用了可以放兩個帳篷的空間。經過討論後，沙發移交給了鼓手圈。某天晚上，沙發又被退回來了。當雷躺在一兩公尺外拉上拉鍊的帳篷裡時，一直喝著伏特加的克里斯和另一名男子為了沙發起口角，克里斯揍了對方，遭到警方逮捕，幾天後才被釋放。

十一月十五日午夜剛過，內莉妮在貝德斯泰的房間接到電話，是她在占領運動中認識的朋友尤坦姆打來祝她二十四歲生日快樂。兩人聊天時，她滑了一下推特。她最喜歡的嘻哈樂團之一 The Roots 的鼓手 Questlove 在十一點三十八分發了推文：「天哪，剛開過南街，經過#占領華爾街。馬上要出事了，我發誓看到一千個鎮暴警察正要進行突襲行動，#大家注意安全。」

內莉妮告訴尤坦姆：「我覺得警察要突襲公園了。」

雷在一陣喧鬧聲中醒來。他很快知道人們在說什麼：警察要來了。公園的燈被關閉，只剩北邊強光燈打在帳篷上。雷穿上鞋子，走出帳篷，看到警察正一邊穿過公園，一邊發傳單，上頭指示占領者趕快離開，否則等著被捕。擴音器在宣布同樣的消息：基於火災和公衛考量，祖科蒂公園已經暫時關閉。雷很快把帳篷收了起來。他將隨身物品裝進一個塑料垃圾桶，連同睡袋和墊子一起帶出公園。當雷穿過百老匯大街時，一群警力衝入公園，摧毀路上的一切。

內莉妮搭乘計程車，於凌晨一點趕到曼哈頓下城。四處可見身穿防暴裝備的警察，自由街以北的百老匯大道都遭封鎖，警車停滿街道。囚車、垃圾車、裝滿金屬路障的平板卡車，甚至有挖土機在隆隆聲響中駛過百老匯大道，直升機在高空盤旋，探照燈來回打在金融區。一個街區外，紅色雕塑沐浴在泛光燈下，擴音器嗡嗡作響，持續播報，說著無法辨別的話語。大街上擠滿著剛聽到消息的人，他們衝向市中心，對著警察大吼：「去你媽的！滾出我的國家！」「逮捕真正的犯人！」「你們讓賓拉登開心死了！感謝你們為塔利班服務！你們讓在伊拉克和阿富汗犧牲的兄弟姊妹感到驕傲！服務和保護美國——你們到底在保護誰？」人們開始高呼：「我們是百分之九十九！」然後是：「這就是警察國家的模樣！」

「我知道警察國家長什麼樣子，」一名黑人警察說。「才不是這樣。」

內莉妮與紐約警局的部分人士關係甚密，她的兩個阿姨和她媽的友人都是警察。她曾經將警察野蠻的行徑歸咎於高層的行政人員，但經歷聯合廣場的逮捕事件後，她心想：「好吧，所有的警察高官都瘋了。」最後，她的想法一轉，也許低層還是有一兩個好人，但是她對體制的敬意完全蕩然無存。

當時她與一群人沿著百老匯大道被逼退到少女巷（Maiden Lane）附近，她轉身背對警察，舉起雙手，不給他們藉口逮捕她。她在與人通話，在轉過身的同時，她感到右邊臉頰被東西噴到。她的隱形眼鏡彈出，右眼像是被噴到檸檬汁般灼熱。她和其他被噴到的人躲進商店，買了牛奶和水沖洗眼睛。過了一會兒，她看到朋友傑若米遭警方逮捕，她大叫衝過去，遭一名警察抓住，但人群把她拉回去，她成功掙脫。可是，到了凌晨三點左右，她與朋友沿百老匯大道往北走時，一輛警車在她身旁停了下來，「就是她，就是她！」三名警察跳下車，將她壓倒在地，她同時大喊：「我的帽子！」

警察將她銬上金屬手銬，開車載她回公園，然後將她押上廂型車。她與四名警察坐在一起，時間如此難熬，感覺起來好像有幾個小時。她告訴一位警察說她正在生理期，他表示同情，他自己也有個十來歲的女兒。最後，他們開車將她送到警察廣場一號[11]歸案。進去警局途中，她看到剛被釋放的朋友尤坦姆。「生日快樂，親愛的，」他說。「回頭見。」

內莉妮在監獄度過了她二十四歲生日的頭一個晚上，嘴巴唱著革命歌曲，思考下一步，試圖讓自己入睡。

金融區變成戰場之際，雷唯一的念頭就是走為上策。他沿著每天早晨散步的路線，帶著他的家當。他經過紐約聯邦儲備銀行，走過大通曼哈頓銀行（他在華盛頓互助銀行開戶的戶頭還剩四十二美分，這家銀行在金融危機中陣亡，後來被大通併購），走過美國國際集團大樓，然後沿著羅斯福大道走向東河。他想遠離所有的喧囂。

他在布魯克林大橋的南邊找到一個安靜的地方，坐在長椅上發推文：「我比平時更早來到了我最喜歡的散步地點。我想我不夠格當一名占領者，因為我拋下了我的同志們。」警用直升機時不時出現在頭頂上，但他躲得很好。

雷不停刷著推特，但是到了凌晨四點，仍然沒有任何被驅逐的占領者將再次聚集的消息。他的手機快沒電了。他孤身一人，在紐約無家可歸。

破曉時分，天空下起雨來。被金屬路障團團包圍的祖科蒂公園空無一人，只有身穿灰綠色背心的保安人員。祖科蒂恢復至以往樸素的花崗岩矩形空間，靜待著第一批上班族在華爾街上展開他們的一天。

■

1．原註：此為化名。
2．譯註：倫敦的金融區。
3．譯註：指一直支付固定利率收益直到期滿為止的債券，像是市政公債、政府公債、公司債等。
4．譯註：不過，九月十七日仍算是運動的第一天。這天剛好是美國憲法簽署的日子，非常具有特別意義。
5．譯註：美國早期的工運人士，後來因為涉入謀殺案而遭處決，許多人都認為是冤案。
6．譯註：即“single-payer health care”，由單一機構來支付全民的健康照護費用。台灣衛福部的中央健保署就是屬於這類機構。
7．譯註：饒舌樂巨星Jay-Z就是來自於馬西社宅。
8．譯註：范．瓊斯曾擔任歐巴馬總統的特別顧問，已於二〇〇九月辭職，占領運動發生於二〇一一年九月。
9．譯註：用三張撲克牌讓人猜牌的把戲，是一種騙術。
10．譯註：在獨立戰爭期間發生於麻州的起義行動。

11．譯註：紐約市警局總部。

二〇一二年

要選總統？先掏二十億美元出來[1]……但是到了星期五，參與共和黨總統大選黨內初選的紐特·金瑞契有了一位大金主：賭場大亨艾德森[2]捐了五百萬美元給支持金瑞契的超級政治行動委員會「贏得我們的未來」（Winning Our Future）。[3]……「你兩年前就已經從大學畢業了。過去這兩年都是我們在負擔你的生活開銷，我們覺得已經夠了。」「你知道現在經濟有多糟糕嗎？我的意思是，我所有朋友都有父母金援。」[4]……下雨了，崔沃恩身穿帽T，朝一個叫做雙子湖隱居處（the Retreat at Twin Lakes）的門禁社區方向走回去。他路過十二家店面，其中有四家是空著的。他途經許多標誌和告示牌，上面都寫著「現正出租！」和「出租優惠！」的告急字樣。從這短短路程就能看出桑佛市[5]在經濟崩潰後的遭遇有多慘[6]……@BarackObama：「同性伴侶應享有合法結婚的權利。」——歐巴馬總統[7]……**兩名NFL美式足球員公開嗆聲反同婚**[8]……在《飢餓遊戲》（*The Hunger Games*）中，抽籤選中的年輕人相互殘殺，抱著不是你死就是我活的心態奮力一搏。這個暴行是專制政權「施惠國」每年必定舉辦的儀式。一場毀滅性的戰爭促成「施惠國」這個破敗國家的建立[9]……**為什麼億萬富翁認為歐巴馬在迫害他們？**[10]……凱利夫婦（The Kelleys）以舉辦奢華的派對而聞名。他們的派對提供精美的自助餐、大量的香檳、代客泊車服務以及雪茄，與會嘉賓都是附近麥克迪爾空軍基地的高階軍官，包括退役上將大衛·裴卓斯（David H. Petraeus）和現任駐阿富汗美軍司令約翰·艾倫上將（John R. Allen）[11]……**臉書首次公開募股是怎麼搞砸的？**[12]……有百分之四十七的人無論如何都會把票投給歐巴馬總統。好的，有百分之四十七的人支持他。這些人依賴政府，認為自己是受害者，認為政府有責任照顧他們，認為他們有權享有健保、充足的食物和居住的需求[13]……《新創公司：矽谷》（The Start-Ups：Silicon Valley）系列節目追踪六名企業家的人生故事，十一月五日將在該頻道首播。其中一位執行製作人伊凡・普拉格（Evan Prager）表示[14]……我們看到靈魂在發光／每一分鐘逐步靠近[15]……**歐巴馬的選前之夜**……「有更好的事物在等待我們」……**選區劃分改變，共和黨面臨新問題**……然後我們躍過欄杆，我們開始失敗／我們蜷縮起來，但這還不夠／想一想我們離目標有多近／我想像地上的巨人一樣行走[16]。

■

1．編註：出自美聯社二〇一二年十二月七日新聞，報導描述共和黨總統候選人米特・羅姆尼新籌到八千六百萬美元，使得二〇一二年總統競選資金超過二十億美元。根據非營利組織「回應政治中心」統計，這屆總統競選活動資金最終超過二十七億美元，創下歷史新高。
2．譯註：Sheldon Adelson，賭城拉斯維加斯大亨。
3．編註：出自《紐約時報》二〇一二年一月十日新聞。
4．編註：出自美劇《女孩們》（Girls, 2012）第一季第一集中的台詞。
5．譯註：Sanford，位於佛州。
6．編註：出自《紐約時報》二〇一二年四月一日新聞。
7．編註：歐巴馬二〇一二年五月九日的推文，使他成為首位公開支持同性戀婚姻的在任美國總統。
8．編註：出自《沙龍》雜誌二〇一二年十月二日新聞。
9．編註：出自《每週娛樂》雜誌二〇一二年四月三日關於《飢餓遊戲》的影評。

10．編註：出自《紐約客》二〇一二年十月八日文章《巨富的諷刺》（"Super-Rich Irony"）。

11．編註：出自《(紐約時報》二〇一二年十一月十三日新聞。

12．編註：出自CNB電視台二〇一二年五月二十一日新聞。Facebook於二〇一二年五月十八號通過首次公開募股後正式在納斯達克上市，集資一百八十四億美元，但上市後股價一度重挫。

13．編註：出自ABC共和黨總統候選人米特・羅姆尼二〇一二年總統大選演講。

14．編註：出自新聞網二〇一二年十月十日文章。

15．編註：出自歌曲〈像巨人一樣行走〉（"Walk Like A Giant"），收錄於美國歌手尼爾・楊（Neil Young）的專輯《迷幻藥》（*Pstchedelic Pill,* 2012）。

16．譯註：與前面那一句「有更好的事物在等待我們」都是引自歌手尼爾・楊（Neil Young）的作品〈像巨人一般昂首闊步〉（"Walk Like a Giant"）。

矽谷之三

提爾上次參加世界經濟論壇（World Economic Forum）是在二〇〇九年一月。對於菁英人士而言，參加達沃斯（Davos）的經濟論壇是顯示自己有高能見度的地位指標，但那年與達沃斯沾上邊，會讓人以為你是搞垮世界的罪人。提爾離開後下定決心，他接下來的十年要「賣空地位，買空實質」——擺脫虛名，多做點事。如果美國正以某種形式在鬆脫瓦解（unwinding），那麼地位指標只會帶來意想不到的麻煩。在一個螺絲鬆掉凡事搞砸的社會（screwed-up society），地位指標不會是真實正確的東西。任何地位高的事物都不值得投資。

全球金融危機過後，提爾對於過去和未來提出了自己的一套理論。

他的理論可以回溯到一九七三年（提爾說，「那是五〇年代以來美國經濟榮景的最後一年」）。那年世界發生石油危機，美國的薪資中位數[1]開始凍結，始終漲不上去。七〇年代是問題浮上檯面的十年。許多機構停止營運，科學技術面臨瓶頸，成長模式崩毀，政府不像之前無往不利，中產階級的既有生活方式在開始磨損。八〇年代時，提爾從高中畢業之際（一九八五年），一切看起來非常樂觀，潛力無窮。接著九〇年代，網路成為新天堂，許多人一夕致富，使用滑鼠的日常生活看起來美妙不已。歷經千禧年和網路泡沫破裂之後，美國經濟陷入十年低迷——美國第四十三任總統布希就職後，暴力事件和戰爭頻傳，經濟一蹶不振（華爾街除外）進而引發二〇〇八年的大震盪和新的經濟蕭條。經過四十年來的起起落落，景氣又蕭條了起來。

在中間那幾年很難看清這一切，因為那時強況似乎正在好轉。在矽谷更難看清，因為在網路泡沫破裂之後幾年，矽谷的狀況仍在水平之上，包含Google上市、臉書和其他社交媒體的崛起。但是在矽谷以東四十幾公里處，人們生活慘澹，他們房產價值只剩下一半（而且房子是他們僅剩的資產）。事實上，中間二十幾年就像是七〇年代後的秋老虎，持續發威相當長的一段時間，但一切似乎不可能回到事發前夕，從原點重新開始。如果你從一九八二年雷根執政期間終結了經濟衰退開始算，到二〇〇七年房地產市場崩盤，那麼美國經濟算是興盛了四分之一個世紀之久。但這段秋老虎發威的時期，相同的主要機構繼續營運不佳，中間也屢次遭遇經濟衰退和金融恐慌。所以，這二十五年間儘管經濟還不錯，但卻有接而連三的泡沫：債券泡沫、科技泡沫、股票泡沫、新興市場泡沫、房地產泡沫等，泡沫一個接一個破滅，代表著它們是治標不治本的解決方案，也許只是規避長期問題、分散注意力的方式。這數量眾多的泡沫居然能讓廣大民眾趨之若鶩，據此顯然可以看出國家的根本早已出了問題。

二〇一一年春天，共和黨總統候選人羅姆尼來到矽谷拜票兼募款，他順道經過提爾在舊金山的家，與提爾共進早餐。羅姆尼說他的競選活動將主打經濟，而非社會問題，他會讓數字替他的論點背書。提爾認為羅姆尼優雅高尚、才華洋溢，送給他一句帶有預測意味的諫言：「我認為態度最悲觀的候選人會勝出。理由是，如果候選人過於樂觀，那表示他不夠深入民間。」換句話說，羅姆尼的策略不能只是一味攻擊歐巴馬無能，不能說「換人做做看」的話情況就必定會大幅好轉。一九八〇年的雷根如果以此論調攻擊卡特，或許能奏效，但在八〇年代，只有半數的民眾認為自己的孩子會過得比自己辛苦——在二〇一一年，這比例已經趨近百分之八十。假設羅姆尼的說詞改成「換人做做看」的話情況可能會大幅好轉，但要達到目標並不容易，換總統只是個開始，這樣或許會睿智一點。不過羅姆尼終究聽不懂。他還是認為樂觀的候選人終將當選。他認為美國仍一如往常，正在順利運轉。

例如說資訊時代？那可不是風生水起的年代嗎？靠資訊時代致富的提爾卻不這麼想了。

提爾從牛仔褲的口袋裡掏出 iPhone 說：「我不認為這手機是科技性的突破。」這時他在帕洛奧圖市中心的威尼斯咖啡店：二〇〇一年，提爾和馬斯克就是在這裡喝咖啡，決定讓 PayPal 公開上市。距離咖啡店五個街區外是 PayPal 原本在大學道上的辦公室，對面是臉書原本的辦公室（如今已成為帕蘭泰爾的據點），距離山景城的 Google 園區將近十公里。從威尼斯咖啡店往一個方向走一公里多，或從另一個方向走半個街區，就會抵達那打造出新經濟的世俗聖殿——蘋果商店。這家店可說是矽谷蛋黃區的中心點，店裡的一張張桌子坐著儀容整齊、健康陽光，打扮隨興的人，一邊用著蘋果的裝置，一邊討論創意想法和天使投資。

在提爾看來，與阿波羅太空計畫或超音速噴射機相比，智慧型手機的發明看起來微不足道。一九七三年前的四十年，科技以一日千里的速度成長，薪資翻漲了六倍。從那時起，美國人就沉迷於單純的小工具，忘記科技進步的應用可以多麼廣泛。

提爾心愛的書單裡面有一本《美國的挑戰》（*The American Challenge*）[2]，作者是法國作家薩文—史萊坡（J.J. Servan-Schreiber），該書問世於一九六七年，與提爾同一年誕生。薩文—史萊坡主張，美國的技術和教育動力遙遙領先全世界，他認為到了二〇〇〇年，美國將成為後工業化的烏托邦。人們的交流不再受時間和空間阻礙，貧富差距縮小，電腦將解放人類：「每週只有四個上班日，每天七個小時。一年將只有三十九個工作週和十三週的假期……這一切將在一個世代內實現。」資訊時代如期報到，但烏托邦並未跟著實現。汽車、火車和飛機沒有比一九七三年進步多少，石油和食品價格卻不斷上漲，透露著能源和農業技術發展徹底失敗。電腦沒能為中產階級創造足夠就業機會，導致這階級的存續受威脅，沒能在製造業和生產力上帶來革命性的躍進，也沒能提升各階層的生活水平。提爾認為網路「為人類帶來的都是好處，但好處不大」。蘋果「主要是設計上的革命家」。推特將在未來十年為五百人提供就業保障，「但是推特為整體經濟創造了多少價值？」讓提爾一夕致富的臉書「整體而言還算正向」，因為臉書產生很激進的效果所以遭中國封鎖。但是對於人們讚賞有加的社群媒體時代，提爾的評論就僅只於此。他投資那麼多公司，員工人數加總大概不超過一萬五千人。「在進步停滯的同時，卻出現令人頭昏眼花的巨大變化。」

資訊本身就是問題的徵兆，因為資訊創建了許多虛擬世界，而這取代了真實世界的進步。「整個網路世界帶著逃避主義的氣息，」提爾說。「過去十年，網路公司如雨後春筍般興起，創辦人似乎都帶有自閉傾向，輕微的亞斯伯格案例比比皆是，他們不需要借助行銷，因為這些公司在本質上帶著詭譎的反社交天性。Google就是這類公司的原型。但是，在一個支離破碎、功能失調的社會中，這可能就是人們可以創造最多價值的地方。我們身處的世界烏煙瘴氣，事情變得異常艱辛、棘手，政界也是黃鐘毀棄，好人難以當選，體制無法正常運行。至於網路的虛擬世界裡，找不到任何實質的東西，電腦只有0和1，他們可以重新改寫程式，想讓電腦做什麼就做什麼。或許在這國家，這就是人們可以貢獻心力的最佳方法。」

問題歸結至此：美國人發明了現代生產線、摩天大樓、飛機和積體電路，卻對未來不抱持任何信心。自一九七三年以來，未來就一直在走下坡。提爾稱之為「科技放緩」。

舉例來說：他成長時所閱讀的五、六〇年代科幻小說，經常以烏托邦的筆法描述太空旅行和海底城市，如今看來就像遠古時代的產物。現代的科幻小說都是以科技失敗、失控為主題。「一九七〇年代，排名前二十五的科幻小說選集內容大概是『我和我的機器人好友一起到月球散步』，」提爾說。「到了二〇〇八年，則變成『激進派伊斯蘭聯邦統治了整個銀河系，有人以追捕和獵殺行星為樂。』」提爾與帕克（Sean Parker）和兩名朋友一起創立名為創始人基金（Founders Fund）的早期風險投資公司。公司在網路上發布關於未來的宣言，以抱怨開場：「我們想要飛行汽車，卻只得到一百四十個字元[3]。」

造成科技放緩的原因不是單一的。或許如今再也沒有簡單的科技問題，人們早在十幾二十年前就已經克服那些問題，剩下的淨是些棘手難題，例如發展人工智慧。或許科學和工程在聯邦補助減少的同時也失去了原本的優越地位。說到底，提爾是個自由放任主義者，所以他認為科技放緩的主因是能源、食品和藥品的發展受到過度監管。（所以說，電腦業是成長最快且受監管最少的行業，這並非偶然。）再來是狹隘的環境保護主義，為了讓所有的解決方案看起來響應環保，所以壓根就沒有人去討論是否該多興建幾百個核電廠。難道美國在失去蘇聯這個頭號勁敵後，連帶失去了軍事創新的動力和更大程度的犧牲意願？（這個想法令提爾格外不安，因為他深深厭惡暴力。）難道持久的和平讓人民不需如往常般賣命工作，所以說一九七五年的阿波羅－聯合號太空對接計畫（Apollo-Soyuz）為太空競賽畫下句點後[4]，就注定了未來的衰微？也許教育，尤其是高等教育也是問題的一部分。提爾有個較年輕的朋友描述他在耶魯大學的新生訓練，學務長告訴新生：「恭喜各位，你們注定一帆風順。」人永遠不該有認為自己一帆風順的時刻。

身為菁英中的菁英，提爾將他的思想炮火對準自己的階級，或是等級與他差一截的菁英族群——年薪二、三十萬的專業人士。菁英變得不思進取，如果他們沒能發現科技放緩的事實，那是因為他們自身的成就讓他們過於樂觀，財富不均使他們看不到俄亥俄州等地方的困境。「如果你在一九五〇年出生，收入在前百分之十，那麼這二十年來，所有一切將自動加值。六〇年代末，你進入頂尖研究所，七〇年代末，你在華爾街找到好工作，搭上經濟成長期的順風車。你的故事反映出六十年來一帆風順、不曾間斷的進步。然而對於大多數六十歲的美國人來說，他們的人生經歷並非如此。」體制運行了很長一段時間，如今已經黔驢技窮。失敗的體制急需新的方向，也許是馬克思主義，也許是自由放任主義，但體制將被推上不受控制、充滿變數的軌道。

提爾的論點在整個政界，從右派到左派都找不到知音。右派陣營不再認真思考創新，而是擁抱了市場基本教義派[5]（羅姆尼始終無法理解提爾觀點的原因就在於此）。左派陣營則是對創新過於沾沾自喜（只要撒更多錢就對了），實際上卻潛藏著說不出的悲觀。歐巴馬總統認為除了控制經濟衰退外，其他事情愛莫能助，但他不能像卡特那樣在演講中公開宣稱「美國的經濟生病了」（看到卡特的下場後，沒人敢再說這種話），所以他描繪的未來前景空泛無比，給人很怪的感覺。歐巴馬和羅姆尼的都站錯立場了：前者認為美國例外主義已經不合時宜，應當放棄，後者則認為不然。雙方都不願意告訴美國人他們不再是天之驕子，應當嘗試東山再起。

提爾不再是對沖基金鉅子，但是他開始發表文章，以及在美國各地愈來愈頻繁舉辦的精英論壇（與網路研討會）上抒發己見，扮演他在史丹佛夢想過的角色：激勵人心的公共知識分子。二〇一二年夏天，他應邀前往科羅拉多州亞斯彭舉行的《財星》科技腦力激盪會議（Fortune Brainstorm Tech conference），會中他與 Google 董事長施密特（Eric Schmidt）針對科技的未來展開激辯。施密特剛好是提爾最看不慣、能讓他最感到不爽的樂觀自由主義者。施密特告訴所有與會人士，電晶體、光纖和大數據正在讓世界的人民生活受益，根據摩爾定律（Moore's Law），電腦的計算能力每隔兩年會翻倍，而且預估至少還能穩定成長十年。

「艾瑞克，我認為你幫 Google 做了很了不起的宣傳，」提爾說道。

主持人打斷他。「你曾答應我們要表現出友善的態度。」

「我是在稱讚他盡忠職守，」提爾的藍色西裝外套扣著中間的扣子，白色襯衫上方解開了幾顆扣子，他開始講述對科技放緩的觀點。身為自由放任主義者，他將大部分責任歸咎於監管。「我們基本上已經監管了所有一切與物質世界相關的事情，」他說。「而唯一能放手去做的事情就藏在位元世界裡。這就是為什麼我們的電腦和金融業能一日千里的原因。在過去的四十年中，只有這兩個領域擁有大規模的創新。如今金融業也開始遭到監管，唯一剩下的就是科技業，如果你是一台電腦，那應該前途無量。這就是 Google 的立場。」

施密特笑著抑制他的惱怒。主持人指著 Google 董事長。「你應該不是暗指他是電腦吧，是嗎？」

「你可知道，在許多情況下，他們喜歡電腦勝過人類，」提爾說。「這就是他們與社群網路革命失之交臂的原因。但是，如果你從未來四十年的角度來看，假設你是電腦，那麼摩爾定律對你再有利不過。但是這究竟對人類有什麼好處，這能轉化為人類經濟進步的動力嗎？」

提爾喜歡醜化任何受尊崇的見解。二〇〇九年，他的文章〈自由放任主義者的養成〉（"The Education of a Libertarian"）於網路上瘋傳一時，遭到思想端正的人群起圍剿，他在文中寫道：「人們能對美國政治感到樂觀的最後十年非一九二〇年代莫屬。自一九二〇年以來，享受社會福利的人數急速增加，女性獲得公民權（自由放任主義者要從這兩個群體爭取支持簡直難若登天），導致『資本主義式民主』成為自相矛盾的詞彙。」提爾進一步解釋他無意剝奪女性的投票權，但是由於民主與自由無法並容，他想找到避開民主的道路。他長期捐款支持不同的政治議題。二〇一九年，歐基夫（James O'Keefe）槓上爭議性社運團體「即時改革社群組織協會」（ACORN），他的變裝偷拍影片導致該團體的解散，而提爾在這事件中也捐款援助歐基夫。二〇一一和一二年，他捐贈了兩百六十萬美元給朗恩・保羅（Ron Paul）的政治行動委員會，向支持自由市場的成長俱樂部（Club for Growth）捐贈一百萬美元，同時在自己位於舊金山聯合廣場（Union Square）的公寓當中，為保守派同性戀組織 GOProud 舉辦募款活動，並邀來安・庫爾特（Ann Coulter）當主講人。但是他愈來愈想脫離政治，因為在實現改革的道路上，政治的改革效率不彰。他青少年時代的信念仍然不變，但除非太陽打從西邊升起，否則美國人不可能投票給自由放任主義者。

然而另一方面，科技卻可以未經他人同意就改變世界。在同一篇文章中，他寫道：

在這個時代，自由放任主義者的偉大使命就是設法擺脫任何形式的政治，從極權政治、基本教義派導致的災難，到不經思考的街頭遊行，只為了實現所謂的「社會民主」等等…我們處於政治與科技之間的致命競賽…世界的命運可能取決於一個人的力挽狂瀾，只要他能建立或推廣一種機制，讓資本主義在世界上

安全運行就可以了。

提爾立志成為那個人。

在矽谷一個細雨綿綿的春日早晨，提爾穿著風衣和牛仔褲，開著深藍色的賓士SL500，在一〇一號高速公路和海灣之間的工業園區裡尋找一個地址。地址是Halcyon Molecular公司的所在地，該公司希望徹底解決人類的老化問題。提爾是公司最大的投資者，也是董事會成員，他開車時沒繫安全帶。他在該不該繫安全帶的問題上搖擺不定：贊成的論點是繫了會更安全，反對的論點是如果你知道自己不安全，你反而會更小心開車。但根據實際經驗，如果你繫好安全帶又同時小心駕駛，那最安全不過了。他左轉並繫好了安全帶。

儘管在安全帶問題上舉旗不定，提爾在三歲歷經死亡的啟蒙後，始終對死亡懷有一種原始的沮喪感。儘管大家都說「人難逃一死」，但他覺得那就是一種「意識型態」，拒絕予以承認。他認為這只是一個待解決的問題，而且愈早愈好。以目前的醫學發展來看，他預計自己能活到一百二十歲。鑑於人的壽命有無限延期的可能性，這實在是個令人遺憾的折衷。但是一百五十歲似乎不再遙不可及，永生也並非天方夜譚。賈伯斯生前的最後幾年曾發表演說，訴說罹癌後死亡反而成爲他最大的動力，但是提爾並不認同。死亡讓人提不起勁，最終令人灰心喪志，為所有事物染上絕望的色彩，為人們企圖實現的目標上了枷鎖。如果人們每天活得像永生不死般，那生活才會更健康。如果人們會永遠不停遇見對方，就會更加善待彼此。經典老歌〈美國派〉（American Pie）中有一句歌詞：「沒有時間重新來過。」自己衰老的想法就像美國的衰敗一樣：任誰都想活在一個重新開始永遠都不嫌晚的地方。

二〇一〇年，提爾的朋友和創始人基金的合夥人諾塞克（Luke Nosek）向他推薦了一家初創生技公司。該公司正在研發一種技術，透過電子顯微鏡讀取人類基因組的完整 DNA 序列。有了這項技術，醫生能迅速瞭解病人的基因組成，費用大概一千美元。Halcyon Molecular 的技術有望為偵測和逆轉遺傳疾病帶來突破性的進步，提爾決定讓創始人基金成爲第一個外部投資者。他對電子顯微鏡 DNA 定序一竅不通，該公司的年輕科學團隊也還在探索階段，這是尚待發掘的領域，因此令提爾格外興奮。他們的才華和熱情打動提爾，當他們提出五萬美元的資金要求時，提爾給了他們第一輪五十萬美元的資金。

提爾終於找到 Halcyon Molecular，停好車後快步走進公司。走廊上，一排海報寫著粗體大字：**如果我們還有更多時間的話，會怎樣？**一張充滿未來風格的圖書館照片，在巨型籠子裡放滿金屬書架，標題寫著「世上已知有 129,864,880 本書。你讀了幾本？」會議室正開著全體會議，參與者大約四十人，年齡幾乎落在二十多到三十多歲。他們輪流對團隊的工作進度進行幻燈片簡報。公司創辦人安德雷格（William Andregg）偶爾發問。安德雷格二十八歲，身材高瘦，身穿工作褲，粉紅色的扣領襯衫未塞進褲子裡。某天，安德雷格還是亞利桑那大學生物化學系的大學生時，他列出了一張清單，上面寫滿他一生想做的事情，包括造訪其他星系。突然間，他發現自己根本不可能活那麼久，可能甚至連一小部分都完成不了。他鬱悶了好幾個禮拜，最後決定將「解決老化」列為清單的首要之務。最初，他在使用那四個字時相當謹慎，但提爾鼓勵他將「解決老化」打造成公司的招牌訊息：雖然部分人士可能認爲這是癡人說夢，但相對的也會吸引其他人上門。

會議上，提爾皺著眉、噘著嘴，聚精會神地在黃色分行記事本上做筆記。「我知道這麼問很危險，但是你預計需要最多或最少時間完成原型 A？」

「初夏能完成百分之五十，」站在螢幕前的科學家回答，他手裡拿著雷射筆，從頭髮和鬍子看來，他的理髮師應該是一隻獼猴。「夏末時完成百分之八十。」

「很棒。」

那一週會議的議程之一，是幾名公司人員上台自我介紹。安德雷格的弟弟麥克（Michael Andregg）也是公司的科技長，他展示一張幻燈片，上面列出了他的嗜好和興趣：

人體冷凍技術（如果其他方法都行不通的話）

躲避球

自我提升

個人數位存檔

透過人工智慧或上傳意識實現超級智能

走出會議室時，提爾提出幾個商業建議：公司中的每個人應該在下週一之前列出他們認識的人裡面最聰明的三個。「我們應該盡可能打造人脈網絡，」他告訴所有與會者。過去在PayPal他就是這麼做。「我們要將這間公司當作一間超級成功的企業來經營。一旦達到那個轉折點，你就會面臨超乎想像的徵才壓力。」

對提爾而言，將生物學與電腦結合起來，藉此延長人類壽命，正是他投入精力和資金，想在未來實現的那種激進目標。在政治與科技之間的致命競賽中，他將資金投入了機器人技術（電腦駕駛的汽車將一勞永逸地解決交通堵塞的問題，美國也不必再開闢新的道路）。賣掉PayPal之後，提爾的老同事馬斯克成立了太空探索科技公司（SpaceX），致力於開發平價的商業太空旅行，而創始人基金也成爲第一個外部投資者，提供兩千萬美元的資金。提爾也透過他的基金會資助奈米科技的研究。他捐贈三百五十萬美元給瑪土撒拉基金會（Methuselah Foundation），該會的宗旨就是逆轉人類老化。他還支持一家名爲 Humanity Plus 的非營利組織，致力於實現超人類主義，即透過科技改造人類軀體。一位朋友告訴提爾，有一個真人實境秀，節目專找一些其貌不揚的女性透過整形手術、抽脂和牙齒美白等極端手段，對自己的外貌進行大改造，他頓時興致盎然，他想知道是否還有其他技術能改變人體。

他同時是海上家園研究所（Seasteading Institute）最大的贊助人和董事會成員。該機構是一個自由放任主義的非營利組織，由帕特里・佛里曼（Patri Friedman）創立，他是知名經濟學家米爾頓・佛里曼（Milton Friedman）的孫子，曾在 Google 當過工程師。「海上家園」的目標是在公海的浮動平台上建立新的城市國家，藉此規避法律或規範管轄。該組織志在創立規模更簡單的小政府，以迫使現有政府在競爭壓力下實施改革。（提爾認為美國憲法問題多端，應該廢除。）

如果真要說出一項突破性的技術，那大概非人工智慧莫屬。隨著電腦能自我成長，電腦最終將超越人類，帶來不可預測的結果，而這現象就是所謂的「奇點」（singularity）。無論好壞，這結果至關重要。創始人基金投資一間英國人工智慧公司 DeepMind Technologies，提爾基金會還會每年撥款二十五萬美元給一間叫做奇點研究中心（Singularity Institute）的矽谷智庫。人工智慧解決問題的能力超乎人類想像。奇點的概念如此怪誕又難以捉摸，使得關注的人不多，完全不受監管，這也是提爾特別喜歡關注的領域。

然而在另一面，有些問題導致部分美國人掙扎求生（例如食物與能源），但提爾卻選擇袖手旁觀。這兩個領域所受到的監管太多，過於政治化。他的投資的確有某種程度的不平等傾向，但事實上所有科技進步多少都有不平等之處，因為就算有所創新，創新者也很少能讓所有人都享受到。延長壽命的技術就是最顯著且極端不平等的例子：只有生者能享受，已經死去的人當然沒辦法。第一個活到一百五十歲的人大概很富有，但是提爾相信，每項技術的突破最終會使多數人生活受益，而如果將科技託付給公投，這一切都不會實現。

Halcyon Molecular 公司的科學家都是來自研究型大學的「難民」：他們看破學術研究的紅塵，相信唯有創立公司才能改變世界。對提爾來說，這種人才不可多得，他認爲教育是美國經濟大環境中最新的泡沫。他覺得大學行政管理人員與次級房貸經紀人沒兩樣，稱呼那些背負學貸的畢業生是已開發國家中碩果僅存的契約勞工，就算申請破產也無法重獲自由。對於體制的自我滿足以及對進步的盲目信念，恰好就體現在人們追求菁英學位的態度：只要我的孩子進了好學校，就能繼續向上流動。大學教育已經成了一份所費不貲的保單，擁有槍枝也是。「未來看起來不太光明，但是如果你有一棟房子、一把槍、通電的圍欄和大學學位，那你能勉強過個像樣的人生。如果你沒有這些條件，那你勢必前途無亮。到底哪裡出了問題？爲什麼會這樣？如果爭論都圍繞著如何讓所有人擁有槍支，那我們就是在忽視犯罪的問題。」在經濟委靡的環境中，教育已經淪為一種地位遊戲，變成「純粹攸關地位」，與個人和社會的益處「徹底脫鉤」。

在矽谷，證據就近在咫尺。曾經名列前茅的加州公立學校，如今在全國州立學校系統中排名四十八，正面臨著長期缺乏補助，岌岌可危的困境。愈來愈多家庭選擇送孩子去念私立學校，但這也同時造就了美國史上的新現象：公共教育的私有化。許多矽谷繁榮區域的學校開始透過大規模募款來維持名列前茅。伍德塞鎮（Woodside）的一所小學有四百七十個學生。一九八三年，第十三號公投案通過五年後，某個基金爲了確保一位特教老師不會因預算刪減遭裁員，開始提供資金給學校，學校現在每年會收到基金會兩百萬美元的資金，還能在年度的晚間拍賣活動募得至少五十萬美元。二〇一一年的拍賣會主題是「搖滾明星」，你能看見家長身穿豹紋裝和緊身迷你裙，頭戴搖滾萬萬歲（Spinal Tap）或蒂娜・透娜（Tina Turner）的假髮入場，在派對上吃著 Jumpin' Jack Flash 烤腹肉牛排，伴隨八〇年代樂團 Notorious 的音樂起舞。在拍賣師炒熱的氣氛中以超高價競標「我的棒棒烤肉店！」和「搖滾女神度假村」門票。參觀艾利森（Larry Ellison）著名日式花園的門票也被人以兩萬美元的高價標下。（艾利森是資料庫公司 Oracle 的執行長，位居美國富豪榜第三名，也是十年來薪資最高的高階主管）。一對房地產投資商伉儷則以四萬三千美元標下在私人豪宅舉辦的美劇《廣告狂人》（Mad Men）主題十六人晚宴（主打「在香菸和美酒中及時行樂，盡情放縱」）。

而在十來公里外的東帕洛奧圖，小學除了沒有基金會贊助，還長期欠缺教科書和教室用品。加州的公立學校仍然每下愈況。

加州的大學也是如此。原本一流的加州大學系統在短短四年內預算被刪減了近十億美元，比例超過四分之一；二〇一二年，加州大學再次遭逢數十億美元的預算刪減，正處於崩潰邊緣。同年，史丹佛大學卻對外宣布，在爆發金融危機和經濟衰退的大環境中，該校還是透過五年期資金籌募活動中募得六十二億美元，創下高等教育史上募款金額新高。在矽谷快速成長的同時，史丹佛蓋了新的醫學院、商學院、工程中心、設計學院、跨學科法學大樓、環境和能源大樓、奈米研究和技術中心、認知和神經生物學造影大樓、生物工程學中心、汽車創新設施和音樂廳。史丹佛催生了五千多家公司，註冊了八千項專利發明，為學校賺進十三億美元的專利費。七〇年代曾經空空如也的校園區域，現在看起來就像是《綠野仙蹤》裡閃亮璀璨的奧茲王國。

提爾認為，在一個階級分明的社會中，人們盲目追求教育是體制失效的又一徵兆。他對史丹佛讚譽有加，自己曾在那就學七年，現在偶爾還會回母校開設課程。然而，史丹佛大學似乎與矽谷有點脫鉤：新的公司創辦人都是學生而非教授，教授愈來愈專精於艱深難懂的領域。他不欣賞利用大學來尋找學術專攻領域的做法。他認為主修人文學科尤其不明智，因爲人們通常最後會走上預設的道路——法學院。學術研究也同樣讓人充滿疑慮，人們研究的內容通常保守又狹隘，常在一個小圈圈中互爭高下，而不是追求突破。最重要的是，大學教育中並未開設創業這個學分。

提爾考慮過自己創辦大學，但他最後認為要家長放棄史丹佛大學和長春藤聯盟等名校實在太難了。後來，有一次從紐約飛回舊金山的飛機上，他和諾塞克想出了一個主意：他們提供天賦異稟的年輕人一筆資金，讓他們能離校開創自己的科技公司。提爾喜歡馬上行動、引起矚目（他經常如此），所以第二天在舊金山舉行的 Tech Crunch 年度會議上，他宣布創立「提爾獎學金」：計劃將挑選二十名二十歲以下，懷有翻轉世界想法的年輕人，每人在兩年之間能得到十萬美元的創業資金。有人批評提爾教壞年輕人，引誘他們追逐財富，在教育上抄捷徑。提爾則指出，獲獎者能在計畫期滿後重返校園。但是他的計畫很大部分的確是要給頂尖大學一點顏色瞧瞧，試圖搶走他們最好的學生。

提爾結束造訪 Halcyon Molecular 生技公司，開車沿著半島向北來到克萊瑞姆的舊金山辦公室。他接下來要進行面試（他已經從原本六百人的申請中，篩選出五十人進入最終面試，接下來是其中幾位）。第一位坐在深色會議桌的面試者是安德魯．許（Andrew Hsu）。安德魯是來自西雅圖附近的美籍華裔研究生，這位年僅十九歲的天才嘴裡仍戴著牙套。他五歲時就能解開簡單的代數問題，十一歲時，他和兄弟共同創辦名叫世界兒童組織（World Children's Organization）的非營利組織，主要為亞洲國家的孩童提供教科書和疫苗。十二歲時，他就讀華盛頓大學。到十九歲，他已在讀史丹佛大學神經科學博班四年級，而且取得了博士候選人資格，但卻決定離校創業。他要根據最新的神經科學研究，開發製作教育性質的電腦遊戲。「我的主要目標是同時破壞教育和遊戲領域，」他的語氣簡直是提爾的翻版。

提爾擔心公司會吸引秉持非營利態度的員工，他們可能會認為「工作重點不是在賺錢，是在做好事，因此不必那麼努力工作。這在潔淨技術領域是個氾濫的問題，該領域吸引了許多才華洋溢的人，相信自己正在從事有利世界的工作。」

「所以他們沒那麼努力工作嗎？」安德魯問。

「你有想過如何解決這個問題嗎？」安德魯問。

「所以你的意思是說，就只因為公司涉足教育，這有可能變成問題？」

「沒錯，」提爾說。「我們對於投資這類公司持保留態度，就是因為擔心公司最後會吸引沒有全力以赴的人。這也是我個人認爲那些公司至今沒辦法成功的原因。」

安德魯抓到了提爾的風向：「可是，我要開設的是一家遊戲公司。我不會以教育初創公司來定位它，我會強調這是遊戲初創公司。我想要招募的是專業的遊戲工程師，我想這種人不會在工作上懈怠才對。」

安德魯最終會拿到提爾獎學金。另一名受獎者是來自明尼蘇達州的史丹佛大二學生。自九歲起，他便一直深入研究能源和水資源的匱乏問題，還試圖打造世上第一台永動機。「兩年實驗未果後，我突然發現即使解決了永動機的問題，我們也不會拿來用，因爲成本太高了，」他告訴提爾。「太陽是取之不盡、用之不竭的能源，而我們卻沒能充分利用。因此我開始將心力放在降低成本。」

十七歲時，他認識了光電向日鏡（photovoltaic heliostats），又叫太陽追踪器，即「將太陽引導到特定一個點的雙重連接追蹤鏡」。如果他能設法以夠低的價格生產光電向日鏡，那麼太陽能就有機會在經濟上與煤炭競爭。在史丹佛，他開設了一間公司來研究這個問題，但是學校不願讓他把工作時間拿來折抵學分。因此，他選擇休學，申請提爾獎學金。

「我覺得我從史丹佛撈到許多好處」他說。「我住在叫作 Black Box 的創業住宅，離學校只有十二分鐘。這實在是棒透了，因爲住所離我的辦公室非常近，還有浴缸和游泳池，週末時還能去史丹佛找朋友。不但能繼續維持社交，還能同時從事自己熱愛的事情。」

接著進來面試的是兩名史丹佛大學新鮮人。一名是叫史丹利・唐（Stanley Tang）的創業人士，另一名是叫托馬斯・施密特（Thomas Schmidt）的程式設計師，兩人想要開發名爲 QuadMob 的 APP，讓使用者從地圖上即時得知好友的位置。「只要手機拿出來，就能知道朋友在哪裡，無論是在圖書館還是健身房，」來自香港的唐說。他已經寫了一本書叫做《e 富翁：十四網路富翁的幕後故事》（*eMillions: Behind-the-Scenes Stories of 14 Successful Internet Millionaires*）。「每週五晚上我會去參加派對，但不知為何我老是把朋友搞丟，他們分散到不同人群裡。我總是必須發訊息問他們：『你在哪？你在幹嘛？你和誰在一起？』我必須發這類訊息給十個朋友，這實在很麻煩又很困擾，因此透過這款程式，我們能解決自己親身經歷過的痛苦，可能這是大多數大學生都有過的痛苦經驗。」

同樣來自明尼蘇達州的施密特負責解釋應用程式名稱的由來。「七、八〇年代時，在臉書問世、網際網路出現前，史丹佛的四方院中心（Quad Center）是大家聚集聊天的地方，人們會聚集在那裡聊天放鬆。現在，除了遊客和騎車經過的人，根本沒什麼人。我們覺得人們就這樣沒了社交互動很愚蠢。那裡有趣的人許多，而你卻沒有機會去認識他們。」

提爾問唐 QuadMob 將如何翻轉世界。「我們正在重新定義大學生活，讓人與人的交流更頻繁，」他說。「當這延伸到大學生活之外，我們就能重新定義社會生活。我們認為自己正在搭起虛擬與現實世界的橋樑。」

提爾不是那麼肯定。這計畫聽起來就像許多其他的初創公司，希望在臉書和 Foursquare 之間找到空隙。當然，這無法幫助美國突破科技放緩的瓶頸。QuadMob 的面試者無緣獲得提爾獎學金。

那天晚上，提爾在舊金山海港區的豪宅舉辦小型晚宴。屋主到底是個什麼樣的人？只有棋盤和那個擺滿科幻小說與哲學書的櫃子能透露蛛絲馬跡。黑衣金髮的服務生重新斟滿酒杯，招呼客人前來晚餐。餐桌上每個座位上都擺著一份菜單，上面印著三道菜，包括水煮野生鮭魚佐烤蘆筍、青蔥和黑米，配上青檸味的法式酸辣醬，或是香煎甜椒玉米糕配炒冬菇、燉煮羽衣甘藍，焦糖甜洋蔥，還有法式尼斯橄欖泥。

這場正式的燭光晚宴上，提爾的賓客如同宴會主人一樣格格不入。座上賓包含大衛・薩克斯：提爾在史丹佛和 Paypal 的朋友、《多樣性神話》的共同作者，也是企業用網路社交平台 Yammer 的創辦人。還有路克・諾塞克，另一名「Paypal 黑手黨」成員、創始人基金的生物科技專家，也是阿爾科生命延續基金（AlcorLife Extension Foundation）的成員，該基金是一個致力於人體冷凍技術的非營利機構，諾塞克已經簽署同意書要在他死後的身軀內灌滿液態氮，待未來新技術問世，他便能將身體恢復到完全健康的狀態。接著是人工智慧專家伊利澤・尤考斯基（Eliezer Yudkowsky），奇點研究所的共同創辦人。他雖然只念到八年級，卻自學成才，在網路上發表長達千頁的同人小說《哈利波特與理性方法》（*Harry Potter and the Methods of Rationality*），內容透過科學的方法為哈利的巫術能力提供解釋。還有海上家園研究所的創辦人帕特里・佛里曼，他身材矮小，留著一頭黑色短髮和修剪整齊的鬍鬚，古怪滑稽的穿著讓人聯想到《罪與罰》[6]的主角拉斯科尼科夫。他住在山景城的一個「意識社區」，以自由戀愛主義和自由放任主義者自居，並經常寫部落格和在推特發文：「多元之愛與競爭型政府的相似處：更多選擇，還有競爭，都會帶來更多挑戰、改變和成長。倖存下來的會更強大。」

諾塞克晚宴上對大家說，世界一流的企業家都有同樣的特徵：緊抓住一個理念，奉獻到底。創始人基金會就是要當這些高人的後盾，讓他們有機會自己管理公司，保護他們免於風險資本家的干預，因爲資本家經常聘請循規蹈矩的高階主管取代他們。

提爾延續話題。他說，懷有雄心壯志的美國年輕人會去四個地方發展：紐約、華府、洛杉磯和矽谷。前三個地方已經飽和，消耗殆盡：金融危機後，華爾街失去光環；歐巴馬總統任內，華府洋溢的機會潛力已經畫下句點，好萊塢多年前就已不再是文化聖地。唯有矽谷仍吸引著逐夢的年輕人。

諾塞克回憶他在伊利諾伊州讀高中時，有一門英文課被當，因爲老師說他作文欠佳。如果當時有像提爾獎學金這樣的計畫，他和其他像他一樣的人則能避免許多痛苦。太多資賦優異的人上完大學和研究所，卻對未來沒有一丁點規劃。提爾獎學金將成為伯樂，找到這些千里馬，在他們可能迷失方向或被體制摧毀前，幫助他們成爲企業家。

提爾說，教育就像一場「過關賽」，由一系列困難重重的關卡組成。「大家一直試圖保持領先。問題在於進入大學後，卻發現自己不再能當第一名，任誰的信心都會大受影響。」

桌子上有酒，但是賓客講話比喝酒多。整個晚宴上，眾人圍繞著兩個話題打轉：企業家的優越性和一文不值的高等教育。九點四十五分時，提爾突然把椅子往後推。

「大多數晚餐不是吃太久就是不夠久，」他說。

他送賓客出宅邸，踏入涼爽的舊金山夜晚。不遠處藝術宮燈火通明，圓頂倒映在池上。向南四十幾公里處，矽谷的實驗室還燈火通明。往東四十幾公里，人們則是忙著掙扎求生。提爾獨自回到樓上，開始回覆電子郵件。

1．譯註：即“median wage”，並非平均薪資，而是「全體受僱員工按總薪資由小到大排列，取位於中間點的數字，即總薪資在中位數以上的人數和總薪資在中位數以下的人數是相等的。」（資料來源：行政院主計處網站。）

2．譯註：原書名為*Le défi américain*。

3．譯註：意思是科技只發明出推特等社交軟體。早期推特的發文只能在一百四十個字元以下。

4．譯註：這是美蘇兩國合作的計畫，所以說為競爭劃下句點。

5．譯註：認為市場應受到最小程度管制的思維方式。

6．譯註：俄國小說家杜斯妥也夫斯基的代表性小說。

傑夫・康諾頓之七

後來康諾頓移居到薩凡納市（Savannah）。他想要回到南方靠海的地方生活，因此買了一棟十九世紀末維多利亞時期風格的三層樓房，屋頂是尖錐狀的。新房子比喬治城那棟大兩倍，卻只需一半的錢就買到了，房子座落在城裡幾個美麗的廣場附近，廣場上橡樹林立，處處可見西班牙苔蘚。

但在這個古雅別致的面紗底下，薩凡納也不過是這次風暴的受災戶之一。康諾頓居住的社區裡有一棟兩百八十坪的房子，標價從三百五十萬元跌到一百五十萬元；這裡還有一名導遊帶人到處遊覽薩凡納的古跡，他其實是一名失業的抵押銀行家；康諾頓移居薩凡納後不久，鄰居們邀請他參加他們每個月都會辦的聚餐活動，當月的主辦人年過六旬，看似是個富翁，手裡還有些房地產。聚餐結束一個禮拜後，康諾頓聽說老翁輕生身亡了，有謠言傳他因財力透支而走上絕路。

康諾頓每個禮拜都會去當地的法律服務中心提供義務服務。他也收養了一隻鬆獅犬與黃金獵犬的混種流浪狗並取名為奈麗（Nellie），奈麗不但歷盡過滄桑還飽受心絲蟲病之苦，所以容易緊張兮兮。奈麗打完針後康諾頓把牠帶回家並開始抗生素治療。有一晚奈麗的呼吸變得很急促，一秒吸吐三、四次，康諾頓徹夜守在奈麗籠子旁邊安撫牠。奈麗在家靜養十天後，康諾頓把牠帶到附近的公園，幾個星期後奈麗就安頓下來，一直陪伴在康諾頓身邊。

在華府，康諾頓與大家一樣，每個星期天早上都會看電視並在不同的談話節目之間切換，節目進廣告時就閱讀《紐約時報》與《華盛頓郵報》等報刊。談話節目邀請到的主持人與嘉賓沒有一個不是大人物，他們的談話內容都會在華府製造話題。但這種行為在薩凡納會讓人覺得很荒謬。康諾頓在華府認識的朋友們幾乎都和他疏遠了，仿佛他移居到地球另一邊，唯有和康諾頓很要好的朋友才留在他的生命裡。只要有錢，康諾頓要把美國的各種毛病拋到九霄雲外，置之不理也沒問題，他大可死了改變華府這條心，在脫離泥沼後好好享福，美國長期以來的衰亡從此就與他毫不相干。但康諾頓長期懷抱的理想還是常讓他心動，膺任公職與追隨拜登的誘惑也始終揮之不去，讓康諾頓心癢癢的。偶爾會有人向康諾頓丟球，說白宮有職缺或某某非營利組織有很棒的工作機會，但康諾頓從沒答應過。

康諾頓不想再回到以前的生活，他與過去一刀兩斷，以免因招架不住而走回頭路。他每天早上都忙於寫作，而奈麗就躺在他腳邊。康諾頓把在華府所經歷的點點滴滴都寫在書裡，書名是《投桃報李：為何華爾街總是贏家》（*The Payoff: Why Wall Street Always Wins*），這本書會說明一切。

坦帕之五

八月底，共和黨人原本要在坦帕召開代表大會，卻因為艾薩克颶風來攪局，取消第一天的活動。登陸前的最後一小時，颶風突然往西轉向墨西哥灣，坦帕雖下著滂沱大雨卻安然無恙。同時，五萬名共和黨人、媒體人員、抗議者、安全人員和看好戲的人大量湧入市區。迎賓委員會做足準備：在新河濱步道設置人員管制、重新安排會議大廳附近的交通路線，以及使用黑色鐵鍊圍籬、混凝土路障和希爾斯伯勒郡垃圾車把市區空間於以分隔。當地人選擇出城或是繞道，取消大會活動的星期一，市區辦公大樓和地面停車場幾乎空無一人。雖然少了車流交通，這座城市離珍・雅各的天堂更遠了：人行道冷冷清清、街道上只有警衛聚集在各個街口、跨坐在黑色摩托車上的坦帕警察、來自佛州各郡的警長代表、州警、穿著迷彩軍服的陸軍國民警衛隊、私人保全、身穿特大號白色T恤的黑人臨時工（T恤上頭只簡單寫著「**工作人員**」）。武裝小艇在希爾斯伯勒河上來回巡邏，直升機在高空盤旋飛行。所有公共垃圾桶不見蹤影。坦帕並未比現在更安全——或更像死城的時候了。

二〇〇八年，共和黨在明尼阿波利斯市（Minneapolis）舉辦的代表大會發生了警力強勢驅離抗議民眾的事件，接著二〇一一年出現「占領華爾街」運動，各種事件的餘波盪漾使得有人預言二〇一二年的坦帕將重演一九六八年芝加哥的抗爭事件，因此市政當局也為防範暴動而做好萬全準備。大會開始前幾天，魏德納部落格文章詞藻的誇張程度達到了新的巔峰：

……除非身處其中，否則你很難想像自己最熟悉的城市會變成戒備森嚴的戰區。開車上班途中，我赫然發現我正處於坦帕／聖彼得堡共和黨代表大會的原爆點……莫非失敗的民主體制讓我們如此對立？位於我辦公室附近的聖彼得堡警局大樓成了一座碉堡，那一排又一排、綿延數十公里的水泥路障和圍籬，讓人看了怎能不心寒。我們的統治階級居然如此大費周章，只是為了將農民、無產階級排除在外，而這無疑是我國政治最令人痛心疾首之處。

魏德納激進的思想無法在美國的政治光譜中找到歸宿。雖然他認為全球應該響應抵制還債，他終究是個自由放任主義者（libertarian），因此終究選擇向共和黨保守派大老朗恩．保羅（Ron Paul）靠攏。由於保羅未表態支持共和黨的被提名人羅姆尼，黨中央祭出各種處分，包括禁止他的代表攜帶標語進入坦帕會議廳，剝除他二十個緬因州代表的資格，還禁止保羅在大會上發言，魏德納為此宣布與共和黨一刀兩斷，放棄他終身黨員的資格。不過，他也不會投身民主黨（因為民主黨是歐巴馬的政黨，而歐巴馬正是「國家主義的首腦」），「我選擇變成『無黨籍』！」他鼓勵他的讀者追隨他。魏德納開車帶著他的新婚妻子和他們四週大的嬰兒離開戰區，前往佛州郊區，等著看這場「有趣至極的奇觀大會」結束。

西克勒負責為《聖彼得堡時報》報導共和黨代表大會，報社在那一年改名為《坦帕灣時報》（*Tampa Bay Times*）。他的採訪對象是佛州代表團。黨內初選時，佛州共和黨因為將初選時間提前，遭到黨中央懲處，代表團被放逐到棕櫚港的因尼斯布魯克高爾夫球溫泉度假飯店，距離會議大廳有一個小時的車程。某天晚上，代表團因公車堵塞和設施故障，凌晨三點才回到飯店房間。西克勒藉此寫了篇反諷文章，想像坦帕灣如果像夏洛特一樣有通勤鐵路，那晚的結局可能會截然不同。（民主黨代表大會將於下週在夏洛特召開）。

代表大會結束後，西克勒將前往報社的塔拉哈西分部，負責內容包含採訪州長史考特。他過去的記者生涯在跑市政廳和各郡管理委員會、調查所有權、描述止贖房屋的分布概況。在先前報導工作的領域裡從未與傳播戰略顧問打過交道，也不會有媒體的猛烈批評砲火，他只需要和其他記者一樣，挖出愚昧又貪腐的骯髒內幕就行了。由於他從未報導過真正的政治活動，他一顆心七上八下，卻也同時躍躍欲試，腎上腺素和恐懼感在體內飆升，腦海裡想的都是該如何提問。

例如，他應該問史考特州長母親什麼樣的問題？第二天晚上，她現身大會現場，身穿黑色裙子和碎花上衣，與佛州代表團一起面向舞台，聽著電視連續劇《北國風雲》（Northern Exposure）的演員珍妮．透納（Janine Turner）發言（珍妮與多數在場的女性一樣，她也將頭髮染成金色），等待被提名總統候選人羅姆尼的妻子上台致詞。他應該向史考特太太拋出棘手的問題嗎？有意義嗎？即使如此也不太可能獲得什麼新聞素材。她甚至可能不會回答他。他決定不打擾她，讓她專心聽演講好了。

西克勒擔心自己沒有大聯盟水準般的速度和嫻熟。他知道自己需要配合史考特，聽出州長發言的細節，在「州情咨文」演說後扮演浮誇評論家的角色，與州長手下做一些交易，好讓自己保有這場遊戲的參賽資格，也有人會回自己電話。他仍然不太習慣這種高層政治的報導方式。他比較擅於在公開世界運作，因為他能靠挖掘到的事實逼他人做出回應。西克勒的強項在於挖掘事實，而且在這職業生涯的新階段，他決定要盡力維持這原則。

儘管代表大會在坦帕舉行，大廳裡卻很少聽聞人們提到房地產危機、幽靈小社區、機器簽名、抵押貸款欺詐、破產或流落街頭。沒有任何講者提到華爾街、放貸方、開發商和地方官員如何成為這場大浩劫的幫兇，使坦帕灣至今仍餘波盪漾。沒有人為烏莎、麥克、已故的傑克或哈澤爾家族發聲。相反的，聲名赫赫的共和黨人陸續上台，大力吹捧著成功的企業家和冒險的投資客。

說真的，共和黨人對於他們提名的候選人無感。他們選擇羅姆尼，就像民主黨當年選擇約翰・凱瑞（John Kerry）一樣，只是希望廣大選民比黨內人士更喜歡他。讓共和黨支持者狂熱不已的，並非這位呼聲最高的被提名候選人，而是他們對現任美國總統與他治下美國的強烈仇恨，而且這深刻的仇恨情緒中不帶絲毫關懷愛護的成分。自二〇〇九年以來，這股仇恨情緒為共和黨的基層注入了一股新生活力。你無法在冷冰冰的代表大會上感受到共和黨的核心精神，大會只有死忠的代表和擁有特定資格的訪客才能出席參與。巴士穿過堵塞的單行道停下，參加大會的人步行經過單一檢查站，穿著大紅洋裝和高與鞋穿梭在水泥路障間，在黑暗的跨城高速公路下行走，四處尋找賣瓶裝水的商店，直到大汗淋漓，汗水浸濕運動外套的腋下。

距離紐特・金瑞契首次參加眾議員選舉已經四十年了。他來到坦帕，與妻子卡莉絲塔在媒體前拍照合影，壯碩的身材在扣起來的西裝下顯得格外明顯。他前往自己開設的「紐特大學」工作坊每天演講兩小時，就連大會活動取消的那一天也不例外，工作坊地點在坦帕西岸地區溫德姆飯店的皇家棕櫚宴會廳，主題是「美國能源的未來」，任何有興趣的民眾都能入場聆聽。《早安！喬》的主持人也到場，聽了一會兒工作坊後便在走廊上與金瑞契來了段脫口秀。金瑞契與羅姆尼不合是眾所皆知的事。《早安！喬》的主持人問金瑞契是否為了表態支持羅姆尼而出席坦帕大會？「關於這件事情，你如何放下個人恩怨？」

「我想我們都有共識，說到底我們都是美國人，」金瑞契說。「我們能以希特勒、東條英機或赫魯雪夫做不到的方式團結在一起，因此才能如此強大。」他以「公民團結高於政治」作為解套，笑了起來，笑容讓他看起來像一名自以為巧妙地回答問題的男孩。「我認為我能參選是非凡的機遇，我能上您的節目也是難得的機會。我非常享受當一位公民。」

《早安！喬》的主持人與金瑞契開了幾個玩笑，向他致謝後匆匆離開了飯店。金瑞契轉向法國的電視攝影機，記者詢問他投給被提名候選人的理由。金瑞契收起笑容，整張臉垮了下來，嘴角下垂彎成一道溝槽，在蓬鬆白髮下，他瞇起眼睛，目光嚴肅、冷峻：「說到底，歐巴馬代表著極端的價值觀，美國會為此受害，」金瑞契不假思索地說道。這答案從自他口中說出成千上萬次了，多到無法得知他的答案是否出自真心，是否比他說「我們都是美國人」時更為誠懇，是否他曾意識到這句話的自相矛盾之處。但這都不重要，因為他已經走回皇家棕櫚宴會廳，在那裡他還有更多高見要發表，更多會談要進行，因為沒說話簡直會要他的命。

金瑞契是凱倫．賈洛奇最崇拜的偶像之一。她的首選赫爾曼．凱恩（Herman Cain，凱恩曾讓凱倫當上郡委員會會長）退選後，她就改在佛州初選中支持金瑞契。大會舉辦那一週的某晚，在坦帕劇院舉行的信仰與自由集會（Faith and Freedom Rally）上，她聽到了金瑞契及其他偶像的談話，例如菲莉絲．施拉夫利（Phyllis Schlafly）[1]：她雖高齡八十八歲，但一副寶刀未老的模樣，看起來仍像一九六四年幫高華德（Barry Goldwater）競選總統的那名家庭主婦（凱倫也是，所以把她當偶像）。凱倫已經坦然接受了共和黨在二〇一二年推出的提名候選人，（「只要不是歐巴馬，誰都可以」）但是她不太在乎共和黨大會，她一生都盡力避開這種圈內政治活動。從某種意義上來說，凱倫不需要到場，因為在坦帕邊緣人已經成功進入議會，站上質詢台和各種平台。他們甚至製作了一塊標語譴責《二十一世紀議程》——這發布迄今已二十年的聯合國決議仍是反鐵路團體的眼中釘。

凱倫找到一份全新的正職工作。年初，她成為希爾斯伯勒郡「促進美國繁榮協會」（Americans for Prosperity）的駐地主管，該會是由天然氣億萬富翁科氏兄弟（Koch brothers）贊助的組織，倡導自由企業體制。代表大會前一週，她在北坦帕一家小型單排購物中心成立駐地辦公室，隔壁是塞爾維亞按摩店，樓上是房地產公司。凱倫想藉由撥打數千通「倡議」電話來找出潛在支持者，鼓勵他們造訪協會網站。辦公室裡的桌子空空如也，正等待著電話、電腦和志工上門。某晚，一群人來看《誰是約翰・加爾特？》（*Who Is John Galt?*），那是蘭德的小說《阿特拉斯聳聳肩》改編電影的第三集。賈洛奇沒讀過這本書（她不太看書的），但她對完全認同小說的寓意。她找到了人生目標，她所加入的全國組織財源不虞匱乏，讓她能以信徒般專心致志的精神投入工作，任何事物或論點都不足以撼搖她堅定的世界觀。她總是覺得自己和丈夫向來循規蹈矩，從未投機取巧或尋求外界幫助，而且就是這感覺奠立了她的政治立場。

這是凱倫多年來的第一份工作。當初籌畫坦帕 9/12 計畫時，她曾發誓不投身政治，但這時她需要薪水來維持家計。然而就算沒有薪水，對於當志工她也甘之如飴。「這是我的心之所在。」

哈澤爾一家也短暫收看了代表大會，但收看時間遠不及他們觀賞電音組合笑本部（LMFAO）的音樂錄影帶〈我知道我很性感〉（Sexy and I Know It），布蘭特和丹妮爾一邊看一邊在客廳跳舞；遠不及羅娜爾在租來的筆記型電腦上參加迪士尼樂園抽獎和現金抽獎，也遠不及丹尼玩電腦遊戲《英雄聯盟》三十級排名賽的時間。

丹尼和羅娜爾並非對政治完全冷感。他們思考和談論政治的時間比以前多。在沃爾瑪工作的人總是會在情勢逼迫下不得不面對政治。丹尼的時薪為八點五美元（丹尼斯工作兩年後的時薪為八點六美元），而他非常厭惡這份工作。他看不慣管理人員的傲慢態度，不喜歡他們將舊的馬鈴薯和洋蔥推到箱子後面，討厭客戶在他上架商品時打擾他，問他該死的香蕉放在哪裡，不滿他被稱為「工作夥伴」而不是老派的稱呼「員工」，不服這間店每月花三萬美元租來假的坦帕警車，停在門口嚇阻順手牽羊的顧客。休息時間，丹尼走到停車場，一身卡其制服長褲和藍色襯衫，抽起三零五香煙（他在沃爾瑪工作後養成的習慣），回想起以前的焊接工作。他喜歡骯髒的工作，那種讓人能做出點東西，一天下來很有成就感的工作。他是藍領階級，如果他能想辦法取得貸款，成立自己的焊接廠，他會活像個國王般幸福，但那是天方夜譚。他在某個地方看過，現在有百分之四十七的美國人窮到交不出所得稅。百分之四十七！這是怎麼回事？貪婪。這一切要歸咎於貪得無厭的企業。有時，他認為不如淘汰貨幣制度算了，回到以物易物的方式，用小麥換取牛奶和雞蛋。像他這樣的人每天做牛做馬，鞠躬哈腰協助顧客（這些顧客都是勞動市場的主力），一年只賺一萬美元，而坐在辦公桌後面飽食終日的傢伙卻能賺八、九百萬。這哪裡公平？富者愈富，窮者愈窮。讓人永遠無法翻身。到最後只能適應，這就是人生。這時他工作只是為了孩子，希望他們能過得比他更好。

世界上的富豪，丹尼唯一欣賞的是比爾．蓋茲，因為他以合法正當的方式賺錢，接著把錢花在拯救第三世界國家。沃爾瑪創辦人山姆．沃爾頓（Sam Walton）在世時看起來相當正派，但是死後他的子女開始爭權奪利。如果有機會，羅娜爾想要與巴菲特（Warren Buffett）、歐普拉（Oprah）見面，和蜜雪兒．歐巴馬（Michelle Obama）握手。她誠實待人，會和孩子一同嬉戲跳繩，還讓孩子吃得很健康。此外，羅娜爾喜歡收看《秘密百萬富翁》（Secret Millionaire），每週的節目會安排一位有錢人體驗如窮人般的生活，等節目結束時，有錢人通常會改變想法，捐出數十萬美元給慈善機構。她對其他事物背後的貪婪，卻有惶惶不安的觀察：「在一切美好事物背後籠罩著恐怖的噩夢，如同一朵烏雲，日益膨脹，將一切吞噬並奪走人們的生活。」

儘管如此，羅娜爾還是選擇一律在沃爾瑪採買東西，因為沒有任何店家比他們便宜，肉類是例外。丹尼和丹尼斯告訴她，店內食物架常有好幾個小時都沒放在冷藏櫃裡。但其他一切還是在沃爾瑪採買，現實考量下任誰都沒有選擇餘地。丹尼開始認為沃爾瑪和石油大亨操控了整個世界；當全家人進去購物時，他獨自留在車上。

大會召開前不久的某天早晨，他在休息時間與同事抱怨他有多討厭這份工作。這番話傳回到他主管耳裡，主管跑到蔬果櫃前與丹尼對質，並在顧客面前狠狠羞辱他。隔天，丹尼醒來，主管的侮辱言猶在耳，他嚥不下這口氣，受創的自尊心被點燃，他決定曠職。全家又退回了原點。

大會的最後一天，丹尼、羅娜爾、丹尼斯、布蘭特和丹妮爾坐在客廳裡收看 HGTV。布蘭特的頭髮剪短了，他現在九年級，加入美國陸軍初級預備軍官訓練團（Junior ROTC）[2]。丹妮爾在電腦前做功課。哈澤爾夫婦沒辦法把她弄進好的中學，只好幫她註冊了希斯伯勒網路學校六年級（起先還算順利，直到他們付不起網路費，學校課程中斷）。丹尼喝著減糖百事可樂，幫助丹妮爾完成她的作業。他為一時的衝動失去工作，感到後悔莫及。

聽完被提名候選人妻子的致詞，羅娜爾氣憤難平。「她說的話全都是裹著糖衣的謊言，真不明白他們怎麼看不出她有多假掰。『我得過乳癌、我得過多發性硬化症』，但是嘴巴卻說想撤掉美國計劃生育聯盟（Planned Parenthood）。這計畫就是要幫助那些無法負擔乳房X光攝影、子宮頸抹片檢查和癌症預防的婦女。婦女如果診斷出罹患乳癌，沒錢要叫她怎麼治療？」

丹尼說：「這麼說好了，如果你想改變這個國家，你就得讓沒有從政過的素人進白宮，像我這樣庸庸碌碌的老百姓。每天捲起袖子，除了苦幹實幹以外，沒做過別的事的人，」說到這他喝了一口百事可樂。「我們生活不寬裕，但不至三餐不繼。雖然談不上是多好的生活，但是頭上至少還有屋頂。」

「這是自由的代價，」丹尼斯說。「我回家有床可睡，桌上有三餐，有汽水和茶可以喝，就心滿意足了。我也希望像每個人一樣擁有更多，但是只要世界按照自己的方式運轉，人們做自己的決定，那事情就永遠不可能完美。」

這是八月三十日。十五分鐘車程外的地方，共和黨人開了一場耗費一億兩千三百萬美元的大會，而哈澤爾家付清所有帳單後，必須靠僅剩的五美元撐到九月一號。

1．譯註：美國保守派社運人士。

2．譯註：ROTC是大學層級的預備軍官訓練團，Junior ROTC則為中學層級。

泰咪・湯瑪斯之六

二〇一二年春天，泰咪將皮包留在龐帝克轎車內，走向陶德巷裡磚屋的寬闊前門。她找不到街道地址，想著前窗下的玫瑰花園怎麼不見了，但的確就是這棟房子沒錯，右側有座弧形露台，還有那棵有次她因為爬上去而被打屁股的樹。在她鼓起勇氣敲門之前，狗早已開始吠叫。門打開了，走出一位滿頭白髮的矮小白人女性。

「什麼事？」這位女士有O型腿，穿著運動褲和運動衫，衣服上寫著「BODYWORKS。」

「嗨！」泰咪仍站在門前台階周圍的環形車道上。「我知道您可能很好奇，不知道我為什麼要站在妳家車道上。」

女人先將還在吠叫的狗帶離，又回到了大門。

泰咪說：「我可以上前和您握手嗎？」

「嗯。」

泰咪走上前去，女人接受了，卻仍帶有一絲戒心。「我的名字叫做泰咪・湯瑪斯，我想要告訴你原本住在這棟房子裡的——」

「柏尼爾？」

「柏尼爾夫人。我的曾祖母曾替她做事，我對她只剩下模糊的印象。柏尼爾女士過世時，我們其實又在這裡待了一段時間。」

「嗯嗯，了解。」

「我對這棟房子有好多鮮明的回憶，」泰咪的聲音開始變得沙啞。「我一直在想，這些究竟只是回憶，還是真實發生過的事。」她提起了玫瑰花園和環形露台、樓上的宴會廳、主樓梯和莉娜女士的長型浴室，還有金色瓷磚與直立式淋浴間。「我從幼稚園起就住在這裡，」泰咪說。「我也不知道還能說些什麼。」

女人知道這些回憶都是真的，但卻是泰咪的眼神和聲音中的情感使得她開口：「你可以進來看看，我正在重新裝修。」

泰咪踏入門內，主樓梯就在眼前，只是鋪著破損梯毯的一段階梯而已。她以前曾在門廳和起居室學會了如何騎腳踏車，現在空間看起來卻比記憶中還小得多。地板硬木有著相同的圖樣，但地板上的亮光漆早已剝蝕，充滿了刮痕。地板上的呼叫鈴也已經不在。

這位白髮女士姓塔博（Tupper）。房子在一九七六年的價格為二十萬美元，現在卻不值這價錢。她的丈夫曾是帕卡德電器公司管理階層的一員，但他早已不在人世、孩子們也都已經搬離，她繼續講述著現在的破敗時局，有著獨居人士完全沉浸在某件事中的專注。「就像我說的，我也活不久了。原本的地毯……我沒有換地毯就是因為這幾隻狗。現在的地毯底布都太粗糙了，會傷到地板的，老是刮壞東西。底布必須夠軟才行，不然就算下面再加上襯墊也於事無補。」

塔博太太才剛上完芭蕾舞課。她在這年紀還在跳芭蕾，但膝蓋也會隨著年齡退化，她再也無法以腳尖舞動。泰咪跟著她來到一個個房間，看著牆面和天花板，迷失在回憶中（吊燈是原本那一座嗎？），再回到現實。塔博太太身處在這棟房子中，在傷痛中緩緩振作起來，想著要在死前將房子售出，而泰咪立刻就知道該如何和眼前的老太太結交。

當他們走出環型露台面向花園時，塔博太太突然看著泰咪，像是才剛剛認識她：「我懂舊地重遊的感覺。」

她和姊妹出生於俄亥俄州，後來跟著有錢的父母來搬去華府，接著被棄養在兒童之家，不久前她才剛回到華府到那兒童之家舊地重遊。「我小時候還有感化學校。當媽的如果不好好顧小孩，小孩不乖的話就得送進感化學校。如果你不想照顧他，那就把他留在兒童之家。完全沒錯，就是這樣。我得到的，比我能給孩子的還要多。」

塔博太太的後院面朝一處空地，那是瑞延高中（Rayen High School）的舊址。瑞延原是泰咪的前夫貝瑞，也就是她長女生父就讀的學校，泰咪在街上被子彈射穿頭顱的摯友捷妮瓦也是。這間學校建造於一九二二年，於二〇〇七年關閉後旋即被拆除。塔博太太很高興那間學校消失了。在她家和學校之間的房子原是個毒窟，瘸子幫和血幫還曾經在那裡幹架。有一次，兩個拿槍的男孩還追著另一個男子跑，被追趕的男子闖入她的圍籬，直接跑進房屋門廊。塔博太太讓他坐下，問了他一些問題，但這人只說自己是瘸子幫的人，另外兩人則屬於血幫，那兩人窮追不捨，而他只是想要保住自己的命。幾天後，他帶著槍回到那座毒窟，因為他受夠了。塔博太太在三樓聽見了槍聲，而後是一位男孩哭喊自己的母親。有個男孩死在學校操場，另一個則躺在車道上，等塔博太太叫的救護車抵達時，他早已回天乏術。

「這是一九八〇年代末期到一九九〇年代初期發生的事嗎？」泰咪問道。

「差不多。」

「你記得他們的名字嗎？」

「不記得，報紙上也未刊登。他們之所以追殺他，可能只是為了毒品或女人，但他什麼也沒說。」

「大概是為了毒品吧，」泰咪說。

「沒錯。我那時也不清楚，因為他看起來好年輕，真可惜。」

「是啊。」

塔博太太說：「他們十三、十四歲時，我覺得讓他們待在感化院會有幫助。但『感化』又是什麼意思？院方可以把他們感化成好公民，接著去當兵。反正父母根本不在乎他們，感化院就可以接手。妳懂嗎？感化院讓他們覺得生命還有些意義。讓他們可以接受良好教育，那裡也很好玩，還有馬戲團可以看。這些都是我的經驗。天冷了。」

「我的眼眶都濕了，」泰咪說道。

她待了超過一小時。塔博太太一開口就說個沒完，泰咪感覺可以在那邊待上一整天，但她必須回去工作。離開前，泰咪詢問自己是否可以再回來喝杯茶，或是帶著午餐過來。

「非常歡迎，」塔博太太回答。

泰咪開著龐帝克轎車離開，經過她曾經在裡頭餵食天鵝的克蘭達爾公園。那棟房子比她記憶中還要小得多，也沒有那麼氣派。屋況沒有維持得很好，附近鄰居也愈來愈龍蛇雜處。但泰咪站在門廳，想起母親快步下樓說著自己不想待在那裡，因為她覺得房子鬧鬼；站在廚房時，想起奶奶喊她過去幫忙洗衣服。泰咪沉浸在這些時刻中，感覺再次與兩位親人更加靠近。

亞克朗市中心附近的州際公路旁，座落著一棟二樓已經燒燬的磚砌建築，前廊咖啡廳（Front Porch Café）便位於一樓。裡頭有幾位黑、白人女性和眾多黑人男性坐在桌前，共為五十人，其中有許多都有過前科。威金斯女士也在裡面，身上T恤印有大大的歐巴馬照片。泰咪就站在螢幕前方，穿著牛仔褲和一件紫白漩渦紋路的寬鬆人造纖維襯衫。她蓄著短髮，頭頂染成了棕紅色。

幾天前，威金斯女士造訪了克利夫蘭的某座社區中心，在坐滿老人的房間內談論社會安全和醫療照護，女人專心聆聽，男人則玩著多米諾骨牌。在克利夫蘭，泰咪由手下的其中一位領袖陪同，也就是已經七十一歲的葛羅莉亞女士。葛羅莉雅女士負責探討仰賴退休福利度日的議題，說明這個制度有哪些危機，但聽眾不是很了解葛羅莉亞女士在說什麼，因此泰咪得負責大部分的演說，同時安裝他們隨處攜帶的投影機，用來播放石油天然氣億萬富翁科氏兄弟（Koch brothers）的影片。查爾斯（Charles）和大衛（David）兄弟倆在影片中的樣子，是卡通版章魚身上長出的兩顆頭顱。影片播完後，其中一個女人琳達問道：「科氏兄弟是哪來的？我們怎麼都沒聽過？」另一個女人梅貝爾則說：「科氏兄弟想讓黑人替他們買單。」克利夫蘭的行程結束後，泰咪在揚斯敦還有一場食物政策委員會（Food Policy Council）的會議，接著必須為一場弱勢族群健康會議準備簡報。這段期間，她也正籌備與馬克（Mark）即將在坦帕市附近海灘舉行的婚禮。馬克是一位屋頂工人，他們倆在東方高中念書時就認識。而突然間，馬克來自東克利夫蘭的叔叔冒出來說自己有財務困難，這位叔叔就順理成章地和他們一起住在泰咪位於自由鎮的家中。

她累了。

「我長大的地方，只要坐在門廊上，就可以聞到空氣中的硫磺味，」泰咪在前廊咖啡廳向這群人說。

「社區裡所有人都有工作，我們那時大約有十五萬人。猜猜看發生了什麼？有天，工作突然間消失。一九七七年，工廠停止運作。我們在十年內失去了超過五萬份工作。我成年後還算幸運，能夠到帕卡德上班。帕卡德在全盛時期可提供一萬一千份工作，後來卻減少到三千，我們離開時，剩下的工作已經不到六百個。我只想讓各位知道，揚斯敦的故事正是美國任何老舊工業城市的縮影。」

MVOC的揚斯敦調查地圖被投影在螢幕上，東區呈現一片綠色。「我曾祖母非常辛勤工作、為雇主打掃家裡、洗衣煮飯，好讓我們能夠有一個家。那棟房子現在所處的街道上，一共有四棟房子。有兩棟為空置狀態，而其中一棟屬於我們。大多數社區居民的生活模式都是這樣。」

泰咪照著前一天做的筆記，將自己的人生故事一寫成一篇講稿，教導聽眾如何訴說自己的故事，在總統大選期間的活動中分享這些經驗，為的是替俄亥俄州人民爭取更好的工作機會。

「看著孩子，看著社區面臨的困境，你怎麼還忍心繼續任由那些受到工會保護的優渥職務逐漸消失，就像我們在帕卡德電器公司失去的工作？從來沒有人說過我會無法在那裡待到退休。俄亥俄州的人民需要工作，我們需要能夠在俄亥俄州生活的工資。工作就是我們與周遭一切的連結網絡。」

二〇一二年，俄亥俄州的工作機會開始緩慢地增加，這樣的趨勢也可見於揚斯敦周圍地帶：猶蒂卡頁岩區[1]的天然氣探勘在馬霍寧谷如火如荼；城鎮西北方通用汽車廠房增加了新的輪班時段；汽車零件工廠的製造部門也有了職位空缺；甚至還有些來自鋼鐵廠的工作。然而到目前為止，這些新的機會卻是最迫切需要工作的人們難以企及，像是仍定居於揚斯敦、經濟困窘又長期失業的男男女女，尤其是那些曾經坐過牢的人，前廊咖啡廳裡的許多聽眾都是如此。MVOC 並沒有制定經濟發展策略。他們的就業推廣活動只呼籲私人雇主先僱用當地人，鼓勵他們給更生人一次機會。萬不得已時，才讓政府為人民提供工作機會。

「我十五歲懷孕時，我曾祖母的心都碎了，」泰咪一邊說，一邊為演講做總結。「我必須從高中畢業，因為我明白若想給女兒更好的生活，這是唯一的途徑。我在這個社區中把三個孩子拉拔長大，他們也都已經搬走了。揚斯敦可以再次成為非常宜居的地方，本應如此。」

泰咪的組織工作非常忙碌，幾乎沒有時間為選舉拉票。但十一月五日，她仍花了兩個小時和柯克．諾登在東側的林肯公園周圍挨家挨戶地拜票，這是她自小長大的區域。有謠言說某份文件正在鄰里間流傳，誤導居民，聲稱只要簽署那份文件就可以代替投票。所以泰咪逢人就問他們是否已經投票，或是準備要投票，問對方是否需要載他們一程到投票所。讓她驚訝的是，民眾對歐巴馬的熱情程度更甚於二〇〇八年他初次參選時，根本沒人在意這個國家是否已準備好，或是黑人總統究竟能不能好好把第二個任期做完。

他在隔夜當選連任時，泰咪覺得自己比第一次還要感動。她每天都很關注選情，俄亥俄州雙方的民調結果又非常接近，讓她擔心歐巴馬可能會輸掉選舉。泰咪原本對這次選舉很是悲觀：要是歐巴馬輸了，她一直以來招募培訓的人們（像是威金斯和葛羅莉亞女士，還有前廊咖啡廳裡的那群聽眾），可能都會覺得一切心血都是徒勞，她也等於是虛擲這幾年的光陰。泰咪不讓自己去想歐巴馬贏了又會如何。等選舉結束時，她心想：「天哪，我們算是有機會真正做些事了。」

■

1．譯註：阿帕拉契盆地的地層單位，範圍包含美國東北部以及與加拿大接壤的部分地區。

迪恩・普萊斯之七

二〇一一年春天，大約是從普萊斯開始不去紅樺的那一陣子，有一天，他坐在羅京安郡經濟發展局裡瀏覽那裡展示的文獻，發現了一項關於北卡羅萊納州廢棄食用油的研究，作者是布恩市（Boone）阿帕拉契州立大學（Appalachian State University）的某位教授。研究論文中有一張圖表呈現了北卡羅萊納州一百個郡的個別人口數、每個郡的餐館數量以及這些餐館丟棄的食用油加侖數。事實證明，即使是在最小最窮的郡，每個郡裡的居民，無論男女老幼，個別使用的油量每年都是大約是三、四加侖。一個郡一年製造的廢棄食用油量和該郡校車每年所需的燃料量是直接相關的。

普萊斯從椅子上站起來。就像他第一次得知石油頂峰的時候一樣，他的雙膝無力，腳步踉踉蹌蹌地往後退。自從離開紅樺獨自一人出去闖之後，他一直在找東西來替代芥花油，因為只要汽油價格保持在每加侖五美元以下，芥花油就無利可圖。紅樺模式為什麼會失敗就是這個原因，普萊斯對所有願意聽他講話的人都提過這一點。另一方面，廢棄食用油價格低廉：有些餐館會用每加侖五十美分的價格把油賣給專業的回收業者，有的則是完全不收費，有的甚至會付費請人清掉。炸雞、雞肝和雞胗、手撕豬肉、魚、炸玉米餅、炸秋葵以及炸薯條，幾乎所有在北卡羅萊納州餐館吃到的東西都是用油亮的紅棕色植物油烹調。這些在油鍋篩網裡冒泡的熱油，使用過後都必須處理掉。

清運廢棄食用油的回收業者被稱為動物油脂提煉業者（renderers）。除了飯店用油之外，他們還會回收動物屍體，包括屠宰場的豬、羊和牛，肉販和餐館不要的動物內臟，動物收容所安樂死的貓狗，獸醫診所裡死去的寵物，動物園往生動物，車禍死亡的動物。成堆的動物遺體會用卡車先載到提煉廠，推入大鍋絞碎和切碎。然後生肉產品會被倒入壓力鍋，讓脂肪在高溫下與肉和骨頭分離。肉和骨頭會絞碎製成寵物食用的動物蛋白罐頭。動物脂肪則會轉化為黃油脂，可回收用來製造唇膏、肥皂、化學製品和牲畜飼料。因此，牛吃了牛，豬吃了豬，狗吃了狗，貓吃了貓，人類吃了用動物屍體餵養長大的動物，或者將這些動物的脂肪塗在臉上和手上。動物油脂提煉是美國最古老且神秘的行業，最早可以追溯到用牛和豬的油脂製作蠟燭的時代。有一本關於這個行的書叫做《動物油脂提煉：看不見的產業》（*Rendering: The Invisible Industry*）。就像清洗下水道一樣，這是一種噁心但必要的服務，沒有人會想深入追究。這些公司頗為自我約束，工廠建造在遠離人群居住的地方，幾乎不會允許外人進入工廠，或甚至根本沒人知道工廠的存在，除非風吹錯了方向，有味道飄散出去才會注意到。

動物油脂提煉業者將收集到的廢棄食用油變成黃色油脂，但這種油脂的用途與動物油脂是有區別的。近年來業者才想出這種新用途：相較於動物油脂，這種油脂的凝結溫度更低，還能完全燃燒，所以適合用來製造燃料。

當他讀到阿帕拉契州立大學的研究報告，看到圖表顯示每一個郡的人口和廢棄食用油的加侖數時，普萊斯一瞬間將這些全部串連起來。生質柴油業的幼苗遍布北卡羅萊納州各個小角落。如果在北卡真是這樣，那在田納西州和科羅拉多州也會是如此。

「這可以追溯到甘地，」普萊斯說。他買了一本《甘地精選集》（*The Essential Gandhi*），讀到他提倡的「排斥英國貨」（swadeshi）運動，這意味著印度必須自給自足和獨立自主。「甘地說，向你最遠的鄰居買東西，但卻對你最近的鄰居視而不見是一種罪過。這並非大量生產，而是由群眾進行生產。我和社區大學的人談過，他們都想要啟動生質燃料計畫，但卻因為沒有原料而無法展開下一步，這部分每一階段製程都是由大公司所把持。要改變現狀就必須想出大破大立的手法，從整個環節中最弱的部分下手，而廢棄食用油正是其中最弱之處。這是一個古老過時的行業，已經有一百三十年的歷史，堪稱是現代的馬鞭製造者[1]（buggy whip makers）。他們知道舊有商業計畫的生命週期即將走到盡頭，因為所有社區裡可以用來製造生質燃料的唯一材料都在他們手裡。」

他的書架上有一本《繁榮聖經》（*Prosperity Bible*），這是一部經典的致富秘笈。另外一本叫做《有錢人才知道，財富就在家裡面》（*Acres of Diamonds*），普萊斯非常喜歡，喜歡的程度僅次於《思考致富》。這本書是浸信會牧師羅素·康維爾（Russell Conwell）在一八九〇年首次出版的講稿，而且在一九二五年去世前，同樣的內容至少讓他講過六千次。南北戰爭期間康維爾是北軍的上尉，一八六四年因為在北卡羅萊納州擅離職守而遭開除。後來他負責撰寫關於美國前總統格蘭特（Grant）、海斯（Hayes）和加菲爾德（Garfield）的競選傳記[2]，後來在費城成為一名牧師。康維爾憑著演講名利雙收，有錢到足以創辦天普大學（Temple University），並擔任該大學的第一任校長。他聲稱演講內容是根據一名阿拉伯導遊提供的故事。一八七〇年他在巴格達僱用該名導遊帶他遊覽尼尼微（Nineveh）和巴比倫的古蹟。在導遊的故事中，有一位佛教僧侶拜訪了名為阿哈菲德（Al Hafed）的波斯農夫。僧侶告訴阿哈菲德，鑽石是上帝用滴落的陽光凝結製造而成的，他總是會在「一條流過白沙的河流和高山之間」找到鑽石。因此，阿哈菲德賣掉了自己的農場，前去尋找鑽石。他的尋寶之旅將他帶到了西班牙，但他從未找到任何鑽石。最後，衣衫襤褸的他在絕望之際投入巴塞隆納海岸的大海。與此同時，有一天早上，阿哈菲德的農場新主人帶他的駱駝去喝水，在一條覆蓋白沙的淺水溪看到一塊閃閃發光的石頭。原來，阿哈菲德的農場就坐落在戈爾孔達（Golconda）鑽石礦場上面，面積好幾英畝。戈爾孔達是古代最大的鑽石礦床。

康維爾的演講有兩個寓意。第一個寓意是阿拉伯導遊提供的：與其在其他地方尋求財富，不如在自己的花園裡挖，你會發現財富就在你周遭。第二個寓意是康維爾自己加的：如果你有錢，那就是你應得的；如果你很窮，那也是因為你應有這種遭遇。答案就在你的腦中。這和希爾的想法相同，他認為人類本身就存在著神性，疾病來自於大腦，可以透過健全的思想治癒。這樣的想法被稱為新思潮（New Thought），是卡內基和洛克菲勒那個鍍金時代（Gilded Age）孕育出來的哲學思想。鍍金時代和普萊斯所處的年代一樣，貧富差距懸殊。美國心理學大師威廉・詹姆斯（William James）稱這種哲學為「心靈醫治運動」（the Mind-cure movement），而普萊斯深受吸引。

普萊斯的境遇和古代波斯人有所不同，在展開尋找財富之旅後，他回到自家農場挖掘屬於他的財富。遍布幾英畝的鑽石！這些鑽石必然在他周遭，就在他的腳下。鑽石在二二〇號美國國道上他停下來吃早餐的P&M餐館櫃檯後方，在麥迪遜鎮Fuzzy烤肉餐廳的廚房裡，也在他家房子旁邊波強哥炸雞店的油炸鍋中，就是那間他親手創立，但後來卻痛恨不已的炸雞店。

遍布幾英畝的鑽石！

普萊斯開始思考如何切斷古老神秘的動物油脂提煉公司與廢食用油之間的合作。在北卡羅萊納州和維吉尼亞州一帶，許多規模較大的餐廳和連鎖店都和蛋白谷（Valley Proteins）這一家回收廢棄食用油的大公司簽了長期合約。其他餐飲業者則是把事情交給當地任何願意接收廢油的動物油脂提煉商。普萊斯必須找到辦法，讓所有餐廳都把廢棄食用油給他。

當卡崔娜颶風襲擊墨西哥灣沿岸地區時，北卡羅來納州的公立學校因為校車沒有柴油可用而暫時關閉了幾天。該州每個郡的交通都依賴巴士車隊，而這些巴士都是吃柴油的。在二十一世紀初，柴油價格是每加侖五十美分。到了二〇一一年春天，柴油價格已經超過四美元。這符合永續發展的精神嗎？這些學校飽受數十年來最嚴重的預算短缺危機威脅，在經濟衰退期間解雇了許多教師和助教，現在竟然還要支出數以百萬計燃料費？普萊斯讀到一篇文章，內容是關於和母親同住在華倫郡（Warren County）一條鄉間小路上的某位九歲女童。由於校車無法繼續負擔油錢成本開到她家的小路上載人，女童只好多走一英里路到校車停靠的地方搭車。

公立學校往往是每個郡的最大雇主。如此看來，通往美國夢的大門就在各家學校，各校也肩負整個國家的未來。普萊斯開始意識到，如果他能夠讓學校加入他的陣營，那麼他就有可能把手伸向所有廢棄食用油。他想出一個可以這麼做的辦法。

要是北卡羅萊納州的每一個郡都能自行生產生質柴油，供郡內的校車使用，會怎樣呢？想一想這可以省下多少納稅人的錢，有多少老師會願意在學校留任，有多少孩子能變得更健康，環境會變得有多乾淨？全部只需要可靠的原料和相對便宜的精煉廠就能夠辦到。如果普萊斯往返各郡，自願提供服務，收集當地餐館的廢油，然後在郡內自行建設的精煉廠將廢油加工製成可供校車使用的燃料，會怎樣呢？到頭來，有了正確的設備，普萊斯就可以將芥花籽粉碎製成食用油，出售給餐廳油炸食物，接著再收集廢棄食用油，將其轉化為燃料。這樣一來，他就可以把農民帶入這個循環鍊之中，並重複利用同一批油兩次。

這就像把一桶又一桶滿滿的錢交給學校。餐廳都會想要登記加入計畫，獲得幫助孩童的美名。有一天，普萊斯為他的計畫想出了一個完美的譬喻，名為「校園募款終極計畫」（the ultimate school fundraiser）。

他從住家附近開始著手。想要見到羅京安郡行政管理委員會的委員們並不容易，他們的手下都會試圖阻擋。然而，由於普萊斯堅持不懈的努力，在錘子敲下去的第一百零一下時，對方態度終於鬆動，他獲得機會訂下日期上台報告他的構想。委員們對於他的演講內容很有興趣，格林斯伯勒的報紙還刊登了一則相關新聞，但那之後普萊斯就未聽到任何下文。他認為委員會並未完全信服他的說辭。幾週之後，他在二二〇號美國國道上的 P&M 餐館遇見了委員會主席。主席告訴普萊斯：「我收到了許多來自地方商人的電子郵件，他們告訴我，做這件事的時機未到。」

「那些商人是誰？」普萊斯問道。

「你知道我不能告訴你。」

「你為什麼不能告訴我？」

想必是他的死對頭提格搞的鬼。提格就是切斷他巴塞特卡車休息站燃料供應的當地汽油商，導致他休息站關門大吉、房子接著被迫拍賣的元兇。提格可能在報紙上看到了那篇文章，然後打電話給了委員會。普萊斯不確定他的猜測對不對，但他堅信事實必定是如此。先知在他所屬的土地上一向都是被社會排擠的人。感謝上帝，幸好北卡羅萊納州境內還有另外九十九個郡。

普萊斯在當地的二手車行花了三千五百美元，買了一輛一九九七年的本田喜美（Honda Civic）。他開著這台里程數已經三十一萬公里以上，冷氣還壞掉的車，在維吉尼亞州到處宣傳他的想法，從阿帕拉契山脈地區到沿海平原一路尋找遍布幾英畝的鑽石。

普萊斯家地下室有一間套房，他以兩百二十五美元的月租租給二十五歲的麥特・歐爾（Matt Orr）。歐爾在該區長大，平日沒事幹就是喝酒、抽煙、開趴，後來他為了成為有一個有紀律的人而加入部隊，曾於二〇〇六至二〇〇七年伊拉克戰爭期間赴前線服役。親眼目睹提克里特（Tikrit）的景象之後，他覺得美國看起來美多了。父親從格林斯伯勒機場接歐爾返回斯托克斯郡的家，沿路只見樹木、山坡和綠草，他感覺自己正在從一場噩夢中醒過來。但跟著他回到家的還有戰爭的創傷經歷，而且眼下他根本找不到任何報酬高的工作。他因為在第二十五步兵師當過技師而獲得一家汽車零件店雇用，但這家店給他的最高工資就是七點七五美元時薪。辭職後，他曾經在一家銅管工廠短暫工作過，這工廠正是普萊斯以前高中畢業去的那一間，但是麥特的時薪是八美元，比普萊斯一九八一年時的工資還要低。再度辭職之後，麥特獲得一份在麥迪遜的凱馬特分店擔任「防損經理」的工作。他每天必須花十個小時注意是否有入店行竊的扒手，以非暴力手段制止那些被他抓到的人，這當中就包括一名四十歲的無業男子，他因為遭到母親踢出家門，所以試圖偷走店內帳篷。這不是麥特回到美國想要的，他先前希望能夠有一番作為，但他無法拒絕凱馬特的十美元時薪。後來，凱馬特將他的薪資打回到每小時八點五美元。

真正讓麥特沮喪的是，在美國一切都變得貨幣化，所有的東西不過就是最低成本下的最大利潤。全都是關於我、我、我，沒有人願意幫助別人。說客和政客貪污腐敗，他們從資源最少的人手中奪走了一切。當他獨自一人待在普萊斯家的地下室喝啤酒放鬆時，他最喜歡做的事情就是觀看重播的《安迪．格里菲斯秀》。美國在《安迪．格里菲斯秀》的年代是一個更好的國家。如果他可以選擇在任何一個年代生活成長，那必定是五〇年代，因為那是美國最後的美好時光。他討厭這麼說，但事實就是這樣。

普萊斯盡可能幫助麥特，但是在麥特拖欠五個月的房租不繳之後，他不得不要求他搬走。

即使是在格里菲斯為「歐記健保」（Obamacare）做廣告宣傳之後，《安迪．格里菲斯秀》在該地區仍然很受歡迎。每天下午節目都會重播，因為節目中梅貝里小鎮（Mayberry RFD）的原型就是維吉尼亞州邊境的芒特艾里。如今芒特艾里只不過是無數嚴重受創的紡織小鎮之一，只能竭盡全力保持主街的古樸外觀以吸引遊客目光。商店的櫥窗展示著海報、照片以及印有節目中那幾張愚蠢、使人安心的清一色白人臉孔紀念品。七月底格林斯伯勒的破產聽證會一結束，幾天後普萊斯驅車一小時到芒特艾里見一位市政委員會的女士。過去四個月以來，他一直在想辦法獲得至少一個郡的同意簽署提案，他全州開車跑透透，與不下三十名郡內官員談話，全都無功而返。他們就像旅鼠一樣，等著第一隻帶頭跳出去，但因為某些理由而裹足不前。

普萊斯已經好幾個月未和辛克說話了。他不想要讓辛克發現他的新主意，因為在普萊斯心裡，辛克是個海盜，一個現代海盜。任何普萊斯提供給他的想法，辛克都會盜走並聲稱是屬於自己的。他和辛克從未形成希爾在書中提及的「策劃者聯盟」。辛克不相信普萊斯對他說一加一大於二的那套想法。辛克是支持茶黨運動的共和黨支持者。有一次，普萊斯與一位菸農喝啤酒時，談到了合夥的話題。菸農說：「只有兩件事和夥伴一起做是好的，那就是跳舞和做愛。」目前，普萊斯只能靠他自己。

普萊斯去芒特艾里拜訪的女士名為泰瑞莎．路易斯（Teresa Lewis）。兩人在路易斯位於市鎮中心外一家商場裡面的辦公室會面，這個空間是路易斯用來進行工作媒合服務的地方。路易斯年約五十出頭，染著一頭金髮，身穿藍色套裝和配戴珍珠飾品。辦公室牆上有一張貓王的海報，還有馬侃和該州共和黨參議員的照片。普萊斯將罐裝的芥花種子和芥花油放到路易斯桌上，解釋他的計畫概念。

他說：「這真的是基層社區共同努力的成果，不僅涉及農民，餐廳老闆、學校體系和政府都參與其中。」

「好吧，迪恩，」路易斯緩了口氣說。「所以這件事有什麼阻礙呢？你的計畫聽起來沒有任何不利因素。」

「完全沒有。」

「這裡是一個大型農業社區。菸草賺了錢，我們城裡才有那麼多建築，」路易斯微笑說道。

「我說迪恩啊，你用了兩個詞，『永續發展』和『綠色』。這裡的人不喜歡這樣的說法。」

路易斯給普萊斯上了一堂地方政治的課。沒錯，她當然是共和黨人，但她也支持美國商會（Chamber of Commerce）、聯合基金（United Fund）與公民改革運動，而不是支持茶黨的那種共和黨人。二〇一〇年，她競選芒特艾里市長時敗給了一位立場非常保守的女性候選人。該名候選人曾經當過紡織工人，還是電視名嘴格倫・貝克的粉絲。茶黨人士接管了薩里郡行政管理委員會。委員會上，實施路邊回收措施的提案激起了正反意見雙方的熱情，一些反對者將提案形容為支持自由、環保的大政府構想，會增加芒特艾里納稅人的負擔。路易斯當時投下了決定性的贊成票。當年那些戰役至今仍讓她很受傷。

路易斯說：「這裡的人喜歡『省錢』，喜歡『農業』，喜歡『把收入爭取回來』這樣的說法。他們也喜歡『替代來源』。你講『替代』得到的反響和『永續發展』不會是一樣的。」

「是的，女士。」

她說：「你遇到的五名委員會成員都是上屆選舉產生的超級保守派分子。我喜歡你這個人，我只是想要提醒你，你用的這些詞彙他們不喜歡。」

路易斯說，她會幫普萊斯傳達他的想法給薩里郡的委員會，但幾週過去，他未聽到任何明確的消息。

普萊斯開著二手的本田車跑了八千多公里。他帶著那些瓶瓶罐罐，頭頂著已經褪色成粉色的紅色可口可樂棒球帽，跑遍整個州。他與任何願意聽他說話的人交談。他談話的對象有皮埃蒙特生物燃料公司（Piedmont Biofuels）的嬉皮，該公司是一間員工共有的合作組織，鄰近北卡羅萊納州繁榮進步的教堂山市（Chapel Hill），那裡是外地人遷居該州的首選地。他談話的對象還有格林斯伯勒的一名學校董事會成員，這位校董非常右派，右派到連他自己都不確定公立學校是否應該存在。

他與華倫郡一位退休的黑人女眾議員伊娃・克雷頓（Eva Clayton）談話。他們坐在她位於羅里（Raleigh）的辦公室內，普萊斯說：「我的看法是，目前的經濟模式顯然無法提供當前人口所需的足夠工作機會。因此，我們必須開始換個方式思考，而我認為新興的綠色經濟確實是一種不同的思維方式。除了能源之外，我看不出來還有任何其他方式可以啟動綠能經濟。」身材嬌小、舉止優雅的克雷頓，面無笑容地問道：「嗯哼。所以你的訴求是什麼？」普萊斯回答說：「我們要求餐廳經營者加入這項運動，他們可以直接捐贈，或者是以折扣價把油賣給我們。第二件事則是與學校董事會合作，讓校車司機引進這種新燃料用於校車上。我們播下種子，這是一切的開端。有了大家的配合，下一步就是種植芥花。」克雷頓問：「我們要求農民種植芥花？」普萊斯說：「就是種植芥花。我們會蓋一個小型設施粉碎芥花籽，然後榨油。」克雷頓拿了普萊斯的罐子，移到會議桌上方，她說：「你要讓農民種這個。」普萊斯說：「是的，女士。要讓農夫投入種植不過就是錢的問題而已。」克雷頓說：「普萊斯先生，我知道您的確可以幫助這些困苦的人，但問題是現在苦難就在眼前。『我現在需要食物，我現在需要繳帳單！』實現您說的構想還需要一兩年的時間。」克雷頓終於面露微笑。「然而，這些想法可以帶來希望，但前提是大家都願意把事情做得更好。」

華倫頓（Warrenton）一座軍火倉庫翻新後的展場舉辦了綠色就業博覽會，普萊斯在一群求職者面前發表演說，台下三百人有百分之八十是黑人。在去華倫頓之前，他已經做過一些研究，瞭解位於小鎮八公里外，一個叫做靈魂城市（Soul City）的社區。靈魂城市創立於七〇年代，發起人是黑人民權運動領袖弗洛伊德．麥基西克（Floyd McKissick）。在克雷頓和她丈夫的幫助下，五千英畝的貧瘠菸草農地搖身一變成為社區。靈魂城市最初的構想是一個自給自足的多元種族社區，計劃為一萬八千人提供住房。在麥基西克加入共和黨之後，尼克森（Nixon）政府根據「模範城市計畫」（Model Cities program）提供了一筆聯邦補助款。普萊斯的父親痛恨靈魂城市的構想，當時聽到消息後還大為光火。不過，這個社區的人口一直在幾百人上下徘徊，也沒有任何商家進駐，只能緩慢走向死亡。到了二〇一一年，社區裡以「解放」和「革命」命名的街道上只剩下一家遭到破壞的醫療診所和一些兩房屋舍，隔壁就是紅土玉米田。

普萊斯讀過靈魂城市的相關資料之後，內心十分震撼，他在綠色就業博覽會上起身說：「我的名字叫做普萊斯，但我希望你稱呼我為綠色迪恩（Green Dean）。我認為金恩博士（Martin Luther King）是有史以來最偉大的人物。」如果他父親地下有知，聽見這句話之後大概會氣到跳起來吧！當年國會在辯論是否將金恩的生日定為國定假日時，他的父親曾說：「如果他們再殺死四個金恩，你就可以放一個禮拜的假了。」普萊斯一直以為金恩充其量只是黑人領袖，而不是所有人的領袖，但是近幾年他的想法變了。這些以黑人為主的群眾不太可能常聽到有操著南方口音的白人說這樣的話，而現在普萊斯面對他們繼續說道：「金恩曾言：『我們所有人都乘坐不同的船來到這裡，但現在我們都在同一條船上。』」他聽到人群中有人倒吸了一口氣。「四十年前還有另外一個人來到華倫郡，這人就是麥基西克。」他又聽到倒吸一口氣的聲音，來自人群中的老年人。「麥基西克也有一個夢想，那就是為所有人建造一座城市，無論你的膚色是白色、黃色、黑色、棕色還是綠色，都可以享有平等機會，攜手合作。我在這裡告訴大家這個夢想仍然存在！麥基西克是一個很有遠見的人。他力爭上游，但是潮流已經轉向，而我們只能隨波逐流，因為廉價的能源正逐漸遠離這裡。廉價的能源使全球化得以發生，而有辦法逆轉全球化趨勢的，將是成本較高的能源，這點可以追溯到甘地。甘地說，向你最遠的鄰居買東西，但卻對你最近的鄰居視而不見，那是一種罪過。」普萊斯還告訴他們如何在這個北卡羅萊納州最貧窮的郡自行生產能源。

他們慢慢咀嚼普萊斯字句，全都聽了下去。之後，有人大喊：「綠色迪恩！綠色迪恩！」一位藍眼睛的老年黑人男性告訴他：「如果我有一百萬美元，我一定會投資你的計畫。」他在華倫郡找到幾英畝的鑽石，但是行政管理委員會的人並未感受到該有的急迫感，花了幾個月的時間來來回回仔細檢視計畫，卻沒有進一步動作，普萊斯的演說成為空談。

他在海波恩特市附近和有兩個孩子的五十五歲白人單親媽媽凱西．普羅克特（Kathy Proctor）談話。普羅克特在金融業掀起倒閉風潮，政府以《緊急經濟穩定法案》進行紓困那段期間失去了家具工廠的工作。她利用失業救濟回到學校唸書，在溫莎市的社區大學攻讀生物科技。她這麼做不僅是為了找到新出路，還有為了她的兩個女兒樹立榜樣。有一天，歐巴馬總統到這所大學宣揚二度就業培訓和生產製造。當他經過普羅克特的實驗室詢問是否有人有故事分享時，普羅克特告訴了歐巴馬她的故事。後來普羅克特才得知，她成為蜜雪兒・歐巴馬（Michelle Obama）邀請參加二〇一一年國情咨文演說（State of the Union address）的嘉賓。她在二〇〇八年總統大選根本未把票投給歐巴馬女士的丈夫，但她下次有可能會這麼做。當總統在演講中提到普羅克特的名字時，她感到非常驚訝，攝影機甚至捕捉到了這名留著一頭平直而稀疏的黑髮矮胖女性，轉身向旁邊坐在第一夫人包廂裡的人說：「我上電視了。」

等到普萊斯去看普羅克特時，普羅克特已經受雇於一家線上二十四小時維生素配送中心，負責品管工作。兩人一起坐在普羅克特家擺放著深棕色家具的狹小客廳，這些家具都是她過去大半人生工作的當地工廠製造的，而該工廠已經倒閉。她的新工作年薪是三萬美元，雖然比家具工廠給的工資低，也不是她獲得副學士學位後所想要的實驗室工作，但好歹待遇比最低工資高，讓她不至於流落街頭，能付得起帳單。

普萊斯也描述了他遇見歐巴馬的經過，然後向她介紹了他的計畫。

「我對生質燃料一無所知。」朝氣蓬勃又富有好奇心的普羅克特說道。

「讓我們開創一個新行業，」普萊斯笑著說道。

「我們有可能做得到。我對這個很感興趣。這行業一定會起飛。普萊斯，你做這個多久了？」

「我從二〇〇五年開始一路奮鬥到現在。」

隔天，白宮邀請普羅克特到格林斯伯勒一所社區大學去聽歐巴馬的演講。她對普萊斯說：「如果我明天有機會與總統交談，我會向他提起你的構想。」

普萊斯和普羅克特舉手擊掌，但是他不再對總統抱有太大期望。在紅樺任職期間，他曾以為歐巴馬或佩列洛當選會帶來改變，讓他的想法得以實現。儘管美國政治嚴重兩極化，歐巴馬仍因為取得國會多數席位，有大好機會可以推行政策，但是他卻未能集結力量通過總量管制與碳排放交易制度的法案。歐巴馬失敗了，佩列洛則是任期屆滿離開，轉而為華府一家智庫工作。改變不會來自新的法律，也不會來自華府或位於羅里市的州政府。反倒可能來自斯托克斯代爾。美國陷入困境，沒有任何政治人物可以解決這個問題，美國需要的一名企業家。「這就像是大壩裂開一條縫，水開始滲入，不久之後就會整個崩塌，我認為當今的經濟狀況就是這樣。只要能切斷動物油脂提煉業者與餐廳之間的關係，就能把裂縫補起來。」

這是普萊斯的信念，也是他的信仰。四十八歲的他，沒有工作，沒有伙伴，口袋沒什麼錢，開著車從一個郡來到另一個郡，與數百人交談，翻起了一些浪花但終究成不了氣候，這幾個月是對他信仰的最大考驗。或許他不知道該如何與郡內的官員講話。他們比農民更加謹慎，知道這些人需要幫助，但害怕邁出看不見未來的第一步，而這正是信仰的實際定義。有時，當普萊斯在描繪他的願景時，他可能會想得太遠而開始失焦。他發的一本小冊子上寫道：「我們拿辛苦賺來的納稅錢支持和我們正在打仗的恐怖分子和聖戰士。我們富足他們生活的同時，卻過著連基本的基礎設施都難以維持的日子。」這番言論嚇壞了不少學校行政高層。

有一次，普萊斯開車在富蘭克林郡時，他的兒子萊恩從學校打電話給他。一位副警長在派送傳票時，發現普萊斯家房子的門半開，擔心是有小偷闖入，所以正在找他。傳票來自一家食品公司，因為該公司並未接獲馬丁斯維爾紅樺已經破產的通知。普萊斯的母親難掩擔憂。這是不是有點太瘋狂了？他什麼時候才能賺錢？該是放棄理念，找一份普通工作的時候了嗎？

他周圍的一切支離破碎。

十月的某一天，普萊斯開車經過福賽斯郡（Forsyth County）時，在一個名為鄉村大廳（Rural Hall）的小地方停了下來，這裡是整個州或甚或全國最後幾個還在燻製菸草農夫合作社（Old Belt Farmers Co-Op）舉辦菸草拍賣會的地方。當時正值產季末了，散發著強烈菸草味的寬大倉庫幾乎是空的，有六到八個穿著高爾夫球衫的男子來回穿梭於一排排一百二十幾公分高的菸草捆。每當他們從一捆菸草移動到下一捆時，買家都會抓起一把把金棕色的菸葉，而拍賣師則是以磅為單位叫價，「十五元……十元……十元……十元……五元……」。其中有一位買家是來自維吉尼亞州貝利香菸公司（Bailey's Cigarettes）的男子，他出價喊：「八十。」拍賣師說：「八十，貝利公司」。店員寫在紙片上之後，把紙片一拍，貼到菸草捆上。另一位買家來自肯塔基州。他說：「菸草最好賺。從小我就常聽人這樣說，其他都沒有鳥用。」幾個人和普萊斯一樣都是剛剛進來看拍賣，他們都是搞不懂這一套拍賣制度的退休農民和倉庫工人。

出售菸草的年輕農民斜倚在菸草捆上，隔著一段距離看向身穿高爾夫球衫的年長男性。那些人正在拍賣他一部分的農作物。他和位於丹維爾的大型菸草公司日菸國際（Japan Tobacco International）有合約關係，拿來拍賣的菸草是公司淘汰掉的。農夫名叫安東尼・柏透（Anthony Pyrtle），他表示今年柴油價格高漲，如果還能賺錢的話那他真是太幸運了。與他一起長大的好友肯特・史密斯（Kent Smith）來幫忙卸貨。史密斯任職於一家製銅工廠，他的時薪是十四點五美元。史密斯說：「我以前認為他很幸運不用在工廠工作。但現在我想我過得比他還好。」

柏透聽說過普萊斯和紅樺。普萊斯告訴他：「這個國家應該以每加侖六美元的價格支付你生質柴油的費用，而不是將三美元送給沙烏地阿拉伯。」

柏透說：「如果真能那樣，那我會馬上改種玉米或是其他任何我能找到的燃料作物。」

普萊斯走出燻製菸草農夫合作社，上了他的本田汽車。當他還是個小男孩的時候，拍賣會是地區性的慶祝活動，場內氛圍興奮刺激、人人手握現金，會在聖誕節大採購。菸草倉庫裡擠滿了來社交和討論政治的人，而如今拍賣已經變成私下倉促進行的髒活，只有少數人旁觀，而柏透只求不賺不賠。

或許是為了改變一下心情，普萊斯開車穿過斯托克斯郡的小路回家。郡長告訴他，斯托克斯郡有三成的人付不起餐桌上的食物，自殺率是全國平均的兩倍。普萊斯的會計師住在斯托克斯郡，他的繼子上高中後失去了八個朋友，其中三個是自殺的。普萊斯開車經過一個叫核桃灣（Walnut Cove）的小鎮，把車停在東斯托克斯外展服務部（East Stokes Outreach Ministry）。外展服務部前方有一個公益食品儲藏室，合板架子上放著罐頭和一袋袋寵物食品，冰箱裡則是有當地獵人捐贈的鹿肉。經營食品儲藏室的女士告訴他，一位先前值勤時受了槍傷的警察，一個星期前來這裡要食物。他正在領取工人撫恤金，但沒想要申請身心障礙補助。有一位手骨折的法院速記員也來要了食物。外展服務部的辦公室貼了一個公告：「由於資金短缺，今年不會發放燃料或煤油津貼。我們正在盡可能保持食品儲藏室充足。請盡快安排申請其他暖氣津貼。」一個插著氧氣鼻管的肥胖女人，手裡拿著一張服裝兌換券，正在等待領取加大尺碼的短袖上衣。她說：「我們是一家九口，生活還過得去。」負責人告訴普萊斯：「你意識到我們生活所處的經濟環境，只要一個輪胎爆胎或一個月未拿到薪水，大多數人的世界將因此遭逢巨變。」

普萊斯離開的時候不禁渾身顫抖。多虧了上帝的恩典他才逃過一劫。這種事一旦發生在自己身上，幾乎沒有脫身的可能。想一想有多少次他相信自己會有所突破，在最後一刻卻又回到原點，發現自己他比起任何時候都離目標更加遙遠。開車回家途中，他腦海響起一首古老的教堂讚美詩歌。

當我不見基督尊容，
時間何等無味、可厭！
美景、珍禽、花卉，

對我就不再美好。

多麼無味可厭。一股冷意湧上普萊斯心頭，他開始放聲大哭。然後有一個聽起來很像他夢到老舊馬車道的聲音告訴他：「這是**唯**一可行的辦法。」

而後普萊斯取得重大進展。

十月的一個晚上，普萊斯正在讀《繁榮聖經》時看到了十九世紀作家崔恩（Ralph Waldo Trine）說過的一句話：「永遠不要先去做第二件事。」

他突然意識到為什麼他在和學校溝通時困難重重，因為他先跑去做了第二件事。他告訴學校，如果該郡建造一座四十五萬美元的反應器，他們就可以自行生產燃料給為校車加油。問題就是這些郡都沒有錢，不管怎麼說這個計畫都太冒險，也太複雜了，以致於他們無法理解。尤其是當他開始講下一階段要種植芥花和生產食用級芥花油的時候，更是如此。他當初就向克雷頓解釋了三遍，甚至還不確定對方是否聽懂。他完全把順序搞反了。第一件該做的事情就是拿到油！否則，你要怎麼知道一個郡應該建多大的煉油廠？他原本應該只和學校說，會用學校的名義收集餐廳的廢棄食用油，將油賣給現有的生質柴油公司，給他們一半的利潤。這筆錢可以把教師留下來或是用在他們想要的其他任何地方。用他們可以理解的比喻來說明，這只是一次簡單的現金捐贈，一次學校募款活動。如此一來，當地的餐廳老闆也能理解為什麼要將油賣給普萊斯。蓋油廠，製造燃料，讓農民種植芥花，這些都可以之後再做。

大約是他獲得啟發的那段時間，普萊斯遇到了叫史提芬・卡德威（Stephan Caldwell）。卡德威當年三十二歲，來自俄亥俄州某個小鎮，他是口腔外科醫生和富有蘋果農夫之子。他在羅里展開廣告事業，但後來整個行業受到金融危機打擊，因此決定退出廣告業，轉而從事他一直鍾愛的機械業和農業。他的興趣將他引導到生質柴油領域，成立了一家名為綠循環（Green Circle）的小型廢油回收公司。他與一名姓貝爾福特（Barefoot）的退休焊工租了一家店，店鋪距離約翰斯頓郡（Johnston County）一塊寂靜農地上的豬隻屠宰場一千六百公里遠。普萊斯去參觀綠循環，他覺得卡德威的廠房看起來和紅樺的很像，聞起來也差不多，差別只在這邊是新地方而已。

每個在皮埃蒙特做生質柴油的人都知道紅樺。關於紅樺，傳到卡德威耳中的並非正面評價，包括未付錢給農民，賣的燃料品質糟糕。儘管如此，他很欣賞普萊斯的熱情，也認為有些錯是別人犯的，不該歸咎於普萊斯。文靜而勤奮的卡德威勉強靠著與羅里周圍幾家餐廳的合約過活，長時間抽送廢油讓他和老婆的關係有點緊張。

普萊斯提出的構想遠遠多於卡德威希望自己能夠做到的。卡德威有普萊斯欠缺的工廠、設備和卡車三項基礎設施。他還擁有平面設計的學位。當普萊斯告訴卡德威他獲得的啟發時，卡德威花了一個週末的時間繪製了一本綠色和黃色的生動小冊子，名為《給學校的生質柴油》（*Biodiesel 4 Schools*）」。小冊子以簡潔明瞭的方式說明新概念，任何官僚再笨都能夠看懂這是在做對的事。

感恩節期間，普萊斯和卡德威決定將綠循環轉為合夥企業。普萊斯認為應給他更有利的七三分，因為卡德威的商業模式並未成功，但是卡德威說服他五五和四五分，這樣才比較像是真正的合作夥伴。普萊斯帶著小冊子回去見今年初會面過的一些官員，這當中他已經與某些人談過八、九次。就在聖誕節前夕，他打電話給皮特郡（Pitt County）教育委員會的一位農業專家，兩人四月見過面之後就沒有任何下文。普萊斯告訴他：「我錯了。我回過頭從錯誤中吸取了教訓。現在我知道什麼是對的。請讓我再回來發做個報告。」

皮特郡在北卡羅萊納州東部。與皮埃蒙特不同，皮特郡的地勢平坦，而且因為可以看到閃亮的銀色光芒，你就知道有海岸在附近。不過，皮特郡和皮埃蒙特一樣的地方是，當地菸草業逐漸消失，而且具備普萊斯認為能夠成功的三大關鍵：農田休耕、到哪裡去都要開車開很遠，以及郡政府所在地格林維爾市有大量餐廳。在聖誕節和新年期間，管理皮特郡各學校的財務長邀他開會，財務長仔細聽完他的話後，大喊：「這太妙了！」

這些話令普萊斯內心深感安慰。他仍然必須把這一套兜售給其他十幾位官員，這些人想方設法找出漏洞，確保學校不是與一個沒有信用的經營者或不受控的獨行俠簽約。二〇一二年三月五日，皮特郡學校委員會一致投票通過與綠循環達成協議，扣除公司成本後，雙方售油的獲利對分。普萊斯用了整整一年的時間才拿下首勝。

他當時正在讀賈伯斯（Steve Jobs）的傳記，裡面談到任誰如果確信自己有個想法能改變世界，但卻還沒有其他人知道，這種人可說是鶴立雞群。普萊斯認為那就是他當下所處的位置。皮特郡和北卡羅萊納州可能會成為生質燃料產業的矽谷，跟著經濟起飛。幾英畝的鑽石礦藏都在格林維爾。

奇怪的是，這個想法必須先小到變成學校募款活動，才有人願意去嘗試。普萊斯不得不扮演像是巧克力曲奇餅乾推銷員的角色。這份工作可說是困難重重，可沒賈伯斯創造 Apple II 個人電腦的過程那樣幸運。普萊斯拜訪一家又一家餐館。他和丹尼連鎖餐廳（Denny's）的經理站在櫃檯，他說：「我們會免費幫你收走廢棄食用油，而你會獲得相應的宣傳廣告，我們讓所有父母都知道丹尼連鎖餐廳在支持學校。」在一家泰式餐廳的廚房裡，餐廳老闆問他：「你是老師嗎？」普萊斯回答：「我代表各校來和你談，我們正在推廣這項幫學校省錢的計畫，我們還試圖在皮特郡創建一個新產業。」他與格林維爾最大燒烤餐廳老闆的母親聊了兩個小時，卻一無所獲。中國餐館最容易打動，因為許多業者渴望融入社區。截至二〇一二年六月，已經有九十三家餐廳與他合作。而到了八月，綠循環每週生產兩千加侖的生質柴油。

某天晚上，普萊斯和卡德威兩位合夥人天黑後開著卡德威的皮卡四處逛。他們開進一家購物中心，停在一燒烤店後方的空位。卡德威穿越廚房，經過冒泡的油炸鍋，來到佛萊迪經理的小小辦公室，上面有標語寫著「我是紅脖子，我驕傲」（REDNECK PROUD）。他拿了鑰匙，然後出去打開煤渣磚小屋的門，裡面放了七個裝滿餐廳廢油的金屬桶。他和普萊斯從卡車車廂上的油箱把軟管拉進小屋，將吸油口插入第一個油桶，然後啟動幫浦。這種油是黑棕色的，摻雜一些動物脂肪，從桶口看到廢油表面的油脂閃耀，如夜空中的星系迴旋。小屋的另一側是裝滿豬骨、豬肩和豬腳等豬肉部位的桶子，這些會由大型動物油脂提煉公司運走。空氣中瀰漫肉品剛要開始腐敗的焦味。桶子、軟管、卡車車廂和他們的手，全部都黏滿了乾掉的油。這種黏黏的感覺讓普萊斯想起小時候烘烤菸草葉時焦油掉到手上的情況。經過幾個月的思考和交談，他很高興能夠做些體力活。

因為卡德威的幫浦洩氣，原本只要二十分鐘的工作拖到一個半小時才完成。他們付給燒烤店一百零八美元，開車載走兩百四十加侖的廢食用油。如果把這些油拿去賣給生質柴油公司，一加侖就可以賺進二點五美元，也就是說一共進帳六百美元。他們計畫的最終目標是利用廢棄食用油自行生產生質燃料。

他們載著裝滿廢食用油的油箱到處開，普萊斯朝乘客車窗向外看所有的餐廳。每個商店街肯定有三或四家餐廳。而當你再想想醫院、大學、美式足球球場，我的天啊！

普萊斯說：「天殺的，看看這些油，到處都是啊。我們會把油拿到手，老弟。我們會拿到手的。」

卡德威說：「一開始很不起眼，有一天我們會發達的。」

「這就是生財之道啊，老弟！」

普萊斯清楚知道一旦他賺到錢，會如何處理這筆財富。他已經想了許多年，也只有告訴過幾個人。每天晚上他都會在睡前最後一刻想這件事。首先，他要蓋一棟大房子，一幢豪宅。他要的是格林斯伯勒十九世紀牛仔褲大亨摩西·康恩（Moses Cone）的那種豪宅，可以遠眺藍嶺山脈，有山牆、屋頂天窗和巨大的前廊，全部都漆成白色。不過，普萊斯的房子不用電網，有地熱供暖、空調以及屋頂上的太陽能板就夠了。

然後，他會收容遭到遺棄的孩子，填滿這棟延伸出去的房子。房子會座落在農場，一個有在運作的農場，這樣他就可以教導這些孩子那些沒人想要學的技能和農場人生的真諦。他會教他們成為傑佛遜口中的農民，成為最有價值、最生氣蓬勃、最獨立自主、和最品德高尚的公民。

他知道房子會在哪裡：在普萊斯家族的菸草農場上，就在山坡上靠近墓地的地方，四個世代的普萊斯成員長眠此地。他的父親，「一個蒙主恩典救贖的罪人」，是最後安葬入土的人。遲早有一天，這裡也會成為普萊斯的埋骨之地。對於是否該在那片土地上安置房子，他不是沒有疑慮，因為他的貧窮思維就是來自那裡、那個家庭。他曾試過拔除附近的雜草、澆灌種子，但是當他在那些墳墓附近走動的時候，貧窮思維又重新浮現他的腦海。但這不就他把房子蓋在那裡的原因嗎？那裡難道不是他最終獲得自由的地方嗎？即使破產案重啟，普萊斯的抵押物將會被拍賣，導致他失去他那一部分的家族農地，再加上他的宿敵，那個賣油人緊咬他唯一剩下的資產，也就是那塊土地不放，他統統覺得無所謂。他仍然夢想著建造一座白色大房子，裡面滿滿都是孩子。他會拿回他的土地。

■

1．原註：指該行業老舊過時，趕不上時代。

2．譯註：這三位共和黨總統在獲得提名後，康維爾就主動訪問他們，為其撰寫傳記，於競選期間出版。

誌謝

非常感謝本書諸多故事的主角們，是他們讓這本書有了靈魂。

再來要感謝這一路走來給予協助的貴人，謝謝來自夏洛茨維爾市（Charlottesville）的喬治・吉列姆和佩吉・吉列姆（George and Page Gilliam）；來自楊斯敦市（Youngstown）的雪莉・李・林肯（Sherry Lee Linkon）和約翰・魯索（John Russo）；北卡羅來納州斯托克斯代爾鎮（Stokesdale, North Carolina）的芭芭拉・普萊斯（Barbara Price）；《坦帕灣時報》（*Tampa Bay Times*）的記者與編輯們；特別感謝來自坦帕市的潘喬・桑傑士（Pancho Sanchez）一家。另外也要感謝柏林美國學院（American Academy in Berlin）與蓋瑞・史密斯（Gary Smith）於二〇〇九年頒發的赫茲伯倫克獎助金（Holtzbrinck Fellowship），以及紐約公共圖書館（New York Public Library）的珍・史特勞斯（Jane Strouse）與卡爾曼中心（Cullman Center）邀請我在二〇一一年喬安娜・傑克遜・高德曼美國文明與政府紀念講座（2011 Joanna Jackson Goldman Memorial Lectures in American Civilization and Government）上演講。

感謝各領域專家的幫助，謝謝南希・艾倫（Nancy Aaron）、凱瑟琳・安德森（Kathleen Anderson）、尼爾・貝爾頓（Neil Belton）、茱莉亞・包蒂羅（Julia Botero）、萊拉・碧歐克（Lila Byrock）、彼得・坎比（Peter Canby）、瑞・奇寶德（Ray Chipault）、羅德里戈・柯若（Rodrigo Corral）、湯姆・艾爾力克（Tom Ehrlich）、樊嘉揚（Jiayang Fan）、提姆・法瑞爾（Time Farrell）、艾美・哈諾爾（Amy Hanauer）、史蒂芬・海恩茲（Stephen Heintz）、亨利・考夫曼（Henry Kaufman）、艾麗莎・李維恩（Alissa Levin）、強納森・利平科特（Jonathan Lippincott）、蕾貝卡・

米德（Rebecca Mead）、愛麗・柏金斯（Ellie Perkins）、克里斯・彼得森（Chris Peterson）、克里斯・理查斯（Chris Richards）、南蒂・羅德里戈（Nandi Rodrigo）、里記・史凱勒（Ridge Schuyler）、傑夫・瑟若依（Jeff Seroy）、麥可・史皮斯（Michael Spies）、史考特・史達頓（Scott Staton）、朱麗・泰特（Julie Tate）、馬修・泰勒（Matthew Taylor）、莎麗塔・維愛馬（Sarita Varma）、雅各布・威斯柏格（Jacob Weisberg）、桃樂絲・維肯頓（Dorothy Wickenden）、勞拉・洋（Laura Young），以及阿維・傑尼爾曼（Avi Zenilman）。特別感謝莎拉・夏芬（Sarah Chalfant）、強納森・葛拉希（Jonathan Galassi）、大衛・芮姆尼克（David Remnick）、艾利克斯・史塔爾（Alex Star）和丹尼爾・澤陸斯基（Daniel Zalewski），沒有比你們更棒的專家了。

最後要感謝我的家人與朋友一直以來的鼓勵，以及在各方面分享他們的獨到見解，讓我可以維持工作熱忱。感謝丹尼爾・博格納（Daniel Bergner）、湯姆・卡西亞託（Tom Casciato）、比爾・費尼根（Bill Finnegan）、凱西・休斯（Kathy Hughes）卡羅・傑克（Carol Jack）、麥可・珍維（Michael Janeway）、安・派克（Ann Packer）、南希・派克（Nancy Packer）、艾亞爾・普雷斯（Eyal Press）、貝奇・莎勒坦（Becky Saletan）、鮑勃・希克爾（Bob Secor）、瑪麗・希克爾（Marie Secor），也特別感謝戴克斯特・費爾金斯（Dexter Filkins）。但最感謝的是勞拉・希克爾（Laura Secor），沒有她就不會有今天的一切。

參考書目

這本書能寫成，全歸功於書中幾位主角們在數百小時的採訪過程中與我分享他們的故事，以及知情人士所提供的資訊與見解。本書也參考了許多文獻，其中較為重要的資料均於下方列出。書中的名人小傳也參考了第二手資料，較為適用的文獻亦列於以下書目中。名人小傳裡所使用的引文以及對人物的轉述皆出自已經出版的書籍、文章與歌曲。此外，本書透過特定年間所發生的不同事件，拼湊出某些年分的樣貌，參考的是一些報章雜誌、書籍、演講、歌曲、廣告、詩詞、電影和電視節目，這些作品都在那一年裡創作、製作或發行，欲知詳情，請參考：www.fsgbooks.com/theunwinding。最後，雖然本書並非小說，但深受約翰．多斯帕索斯（John Dos Passo）於一九三〇年代出版的「美國三部曲」（U.S.A trilogy）所啟發。話說「美國三部曲」是時候該重出江湖，再次與大家見面了吧？

故事

迪恩・普萊斯與皮埃蒙特（Dean Price and the Piedmont）

Allen Tullos, *Habits of Industry: White Culture and the Transformation of the Carolina Piedmont* (Chapel Hill: University of North Carolina Press, 1989).

傑夫・康諾頓與華盛頓特區（Jeff Connaughton and Washington, D.C.）

Joe Biden, *Promises to Keep* (New York: Random House, 2008).

Jeff Connaughton, *The Payoff: Why Wall Street Always Wins* (Prospecta Press, 2012). The author generously shared an early draft.

Robert G. Kaiser, *So Damn Much Money: The Triumph of Lobbying and the Corrosion of American Government* (New York: Vintage Books, 2010).

泰咪・湯瑪斯與揚斯敦（Tammy Thomas and Youngstown）

Barry Bluestone and Bennett Harrison, *The Deindustrialization of America: Plant Closings, Community Abandonment, and the Dismantling of Basic Industry* (New York: Basic Books, 1982).

Terry F. Buss and F. Stevens Redburn, *Shutdown at Youngstown: Public Policy for Mass Unemployment* (Albany: SUNY Press, 1983).

Stephen F. Diamond, "The Delphi 'Bankruptcy': The Continuation of Class War by Other Means," *Dissent* (Spring 2006).

David M. Kennedy, *Freedom from Fear: The American People in Depression and War, 1929– 1945* (New York: Oxford University Press, 1999).

Sherry Lee Linkon and John Russo, *Steeltown U.S.A.: Work and Memory in Youngstown* (Lawrence: University Press of Kansas, 2002).

John Russo, "Integrated Production or Systematic Disinvestment: The Restructuring of Packard Electric" (unpublished paper, 1994).

Sean Safford, *Why the Garden Club Couldn't Save Youngstown: The Transformation of the Rust Belt* (Cambridge, MA: Harvard University Press, 2009).

彼得・提爾與矽谷（Peter Thiel and Silicon Valley）

Sonia Arrison, *100 Plus: How the Coming Age of Longevity Will Change Everything, from Careers and Relationships to Family and Faith,* with a foreword by Peter Thiel (New York: Basic Books, 2011).

Eric M. Jackson, *The PayPal Wars: Battles with eBay, the Media, the Mafi a and the Rest of Planet Earth* (Los Angeles: World Ahead Publishing, 2010).

David Kirkpatrick, *The Facebook Effect: The Inside Story of the Company That Is Connecting the World* (New York: Simon & Schuster, 2011).

Jessica Livingston, "Max Levchin," in *Found ers at Work: Stories of Startups' Early Days* (New York: Apress, 2008).

Ben Mezrich, *The Accidental Billionaires: The Founding of Facebook* (New York: Anchor, 2010).

David O. Sacks and Peter A. Thiel, *The Diversity Myth: Multiculturalism and Political Intolerance on Campus* (Oakland, CA: The In de pen dent Institute, 1998).

坦帕（Tampa）

Richard Florida, *The Great Reset: How New Ways of Living and Working Drive Post-Crash Prosperity* (New York: HarperCollins, 2010).

Alyssa Katz, *Our Lot: How Real Estate Came to Own Us* (New York: Bloomsbury, 2010).

Robert J. Kerstein, *Politics and Growth in Twentieth- Century Tampa* (Gainesville: University Press of Florida, 2001).

Paul Reyes, *Exiles in Eden: Life Among the Ruins of Florida's Great Recession* (New York: Henry Holt, 2010).

人物小傳

紐特・金瑞契（Newt Gingrich）

Adam Clymer, "The Teacher of the 'Rules of Civilization' Gets a Scolding," *New York Times* (January 26, 1997).

Steven M. Gillon, *The Pact: Bill Clinton, Newt Gingrich, and the Rivalry That Defi ned a Generation* (New York: Oxford University Press, 2008).

Newt Gingrich, *Lessons Learned the Hard Way* (New York: HarperCollins, 1998).

Newt Gingrich, *To Renew America* (New York: HarperCollins, 1999).

Newt Gingrich with David Drake and Marianne Gingrich, *Window of Opportunity: A Blueprint for the Future* (New York: Tor Books, 1984).

John H. Richardson, "Newt Gingrich: The Indispensable Republican," *Esquire* (September 2010).

Gail Sheehy, "The Inner Quest of Newt Gingrich," *Vanity Fair* (September 1995).

歐普拉（Oprah Winfrey）

Barbara Grizzuti Harrison, "The Importance of Being Oprah," *New York Times Magazine* (June 11, 1989).

Kitty Kelley, *Oprah: A Biography* (New York: Three Rivers Press, 2011).

Ken Lawrence, *The World According to Oprah: An Unauthorized Portrait in Her Own Words* (Kansas City, MO: Andrews McMeel, 2005).

瑞蒙・卡佛（Raymond Carver）

Raymond Carver, *Fires: Essays, Poems, Stories* (New York: Vintage Books, 1984).

Raymond Carver, *What We Talk About When We Talk About Love: Stories* (New York: Vintage Books, 1989).

Raymond Carver, *Where I'm Calling From: Stories* (New York: Vintage Contemporaries, 1989).

Conversations with Raymond Carver, Marshall Bruce Gentry and William L. Stull, eds. (Jackson: University Press of Mississippi, 1990).

Carol Sklenicka, *Raymond Carver: A Writer's Life* (New York: Scribner, 2010).

山姆・華爾頓（Sam Walton）

Bob Ortega, *In Sam We Trust: The Untold Story of Sam Walton and How Wal- Mart Is Devouring America* (New York: Crown Business, 1998).

Sam Walton with John Huey, *Sam Walton, Made in America: My Story* (New York: Doubleday, 1992).

柯林・鮑威爾（Colin Powell）

Karen DeYoung, *Soldier: The Life of Colin Powell* (New York: Knopf, 2006).

John B. Judis, *The Paradox of American Democracy: Elites, Special Interests, and the Betrayal of Public Trust* (New York: Routledge, 2001).

Colin L. Powell with Joseph E. Persico, *My American Journey* (New York: Ballantine, 1996).

愛麗絲・沃特斯（Alice Waters）

Thomas McNamee, *Alice Waters and Chez Panisse: The Romantic, Impractical, Often Eccentric, Ultimately Brilliant Making of a Food Revolution* (New York: Penguin, 2008).

Alice Waters with Daniel Duane, *Edible Schoolyard: A Universal Idea* (San Francisco: Chronicle Books, 2008).

勞勃・魯賓（Robert Rubin）

William D. Cohan, *Money and Power: How Goldman Sachs Came to Rule the World* (New York: Doubleday, 2011).

William D. Cohan, "Rethinking Robert Rubin," *Bloomberg Businessweek* (September 30, 2012).

Jacob S. Hacker and Paul Pierson, *Winner- Take- All Politics: How Washington Made the Rich Richer— And Turned Its Back on the Middle Class* (New York: Simon & Schuster,

2010).

Bethany McLean and Joe Nocera, *All the Dev ils Are Here: The Hidden History of the Financial Crisis* (New York: Portfolio/Penguin, 2010).

Robert B. Reich, *Locked in the Cabinet* (New York: Vintage Books, 1998).

Robert E. Rubin and Jacob Weisberg, *In an Uncertain World: Tough Choices from Wall Street to Washington* (New York: Random House Trade Paperbacks, 2004).

Jay- Z

Zack O'Malley Greenburg, *Empire State of Mind: How Jay- Z Went from Street Corner to Corner Offi ce* (New York: Portfolio/Penguin,

2011).

Jay-Z, *Decoded* (New York: Spiegel & Grau, 2011).

Jay-Z, "December 4th," *The Black Album* (Roc-A-Fella/Def Jam, 2003).

Jay-Z, "Empire State of Mind," *The Blueprint 3* (Roc Nation, 2009).

Jay-Z, "Rap Game/Crack Game," "Streets Is Watching," "You Must Love Me," *In My Lifetime Vol. 1* (Roc-A-Fella/Def Jam, 1997).

Jay-Z, "Can I Live," "Dead Presidents II," "D'Evils," "Regrets," "22 Two's," *Reasonable Doubt* (Roc-A-Fella, 1996).

Jay-Z, "Brooklyn Go Hard" (Roc-A-Fella/Def Jam, 2008), "Glory" (Roc Nation, 2012).

Kelefa Sanneh, "Gettin' Paid," *New Yorker* (August 20, 2001).

Toure, "The Book of Jay," *Rolling Stone* (December 15, 2005).

Kanye West, "Diamonds from Sierra Leone," *Late Registration* (Roc-A-Fella/Def Jam, 2005).

安德魯・布萊巴特（**Andrew Breitbart**）

Christopher Beam, "Media Is Everything. It's Everything," *Slate* (March 15, 2010).

Andrew Breitbart, *Righ teous Indignation: Excuse Me While I Save the World!* (New York: Grand Central Publishing, 2011).

Chris K. Daley, *Becoming Breitbart* (Claremont, CA: Chris Daley Publishing, 2012).

Rebecca Mead, "Rage Machine," *New Yorker* (May 24, 2010).

伊麗莎白・華倫（**Elizabeth Warren**）

Suzanna Andrews, "The Woman Who Knew Too Much," *Vanity Fair* (November 2011).

Noah Bierman, "A Girl Who Soared, but Longed to Belong," *Boston Globe* (February 12, 2012).

Harry Kreisler, *Po liti cal Awakenings: Conversations with History* (New York: The New Press, 2010).

Teresa A. Sullivan, Elizabeth Warren, and Jay Lawrence Westbrook, *As We Forgive Our Debtors: Bankruptcy and Consumer Credit in America* (New York: Oxford University Press, 1989).

Teresa A. Sullivan, Elizabeth Warren, and Jay Lawrence Westbrook, *The Fragile Middle Class: Americans in Debt* (New Haven, CT: Yale University Press, 2000).

Jeffrey Toobin, "The Professor," *New Yorker* (September 17, 2012).

Elizabeth Warren, interview by Jon Stewart, *The Daily Show with Jon Stewart*, Comedy Central, April 15, 2009, and January 26, 2010.

Elizabeth Warren and Amelia Warren Tyagi, *The Two- Income Trap: Why Middle- Class Mothers and Fathers Are Going Broke* (New York: Basic Books, 2003).

國家圖書館出版品預行編目(CIP)資料

螺絲愈來愈鬆：從政客、名流和小人物,記錄當代美國走向內在瓦解與重建的心靈史/喬治.派克(George Packer)著；王姿云,張苓蕾,黃好萱,謝濟真譯. -- 初版. -- 新北市：黑體文化出版：遠足文化事業股份有限公司發行, 2022.01

面；　公分. -- (黑盒子；1)

譯自：The unwinding : an inner history of the new America

ISBN 978-626-95589-0-2(平裝)

1. 美國史　2. 社會問題　3. 發展危機

752.26　　110021419

特別聲明：

有關本書中的言論內容，不代表本公司／出版集團的立場及意見，由作者自行承擔文責。

遠足文化　　讀者回函

黑盒子1

螺絲愈來愈鬆：從政客、名流和小人物，記錄當代美國走向內在瓦解與重建的心靈史

THE UNWINDING: An Inner History of the New America

作者・喬治・派克（George Packer）｜**譯者**・王姿云、張苓蕾、黃好萱、謝濟真｜**審訂**・陳榮彬｜**責任編輯**・徐明瀚｜**封面設計**・徐睿紳｜**版型設計**・林宜賢｜**出版**・黑體文化｜**副總編輯**・徐明瀚｜**總編輯**・龍傑娣｜**社長**・郭重興｜**發行人兼出版總監**・曾大福｜**發行**・遠足文化事業股份有限公司｜**電話**・02-2218-1417｜**傳真**・02-2218-8057｜**客服專線**・0800-221-029｜**客服信箱**・service@bookrep.com.tw｜**官方網站**・http://www.bookrep.com.tw｜**法律顧問**・華洋國際專利商標事務所・蘇文生律師｜**印刷**・通南彩色印刷有限公司｜**排版**・菩薩蠻數位文化有限公司｜**初版**・2022年1月｜**定價**・650元｜**ISBN**・978-626-95589-0-2